**American Hotel & Lodging Educational Institute**

## 美国饭店业协会教育学院系列教材

- 《饭店业计算机系统》
- 《国际饭店管理》
- 《饭店业督导》
- 《饭店与旅游服务业市场营销》
- 《餐饮经营管理》
- 《度假饭店的开发与管理》
- 《饭店财务会计》
- 《饭店客房管理》
- 《会展管理与服务》
- 《饭店业管理会计》
- 《前厅部的运转与管理》
- 《饭店业人力资源管理》
- 《共管公寓度假村和度假产权管理》
- 《饭店业质量管理》
- 《饭店法通论》
- 《饭店设施的管理与设计》
- 《当今饭店业》
- 《餐饮卫生质量管理》
- 《餐饮经营的计划与控制》

# HOSPITALITY TODAY
# AN
# INTRODUCTION
# 当今饭店业 （第六版）

## AH&LA

作者/ Rocco M. Angelo
Andrew N. Vladimir

主译/ 李 昕

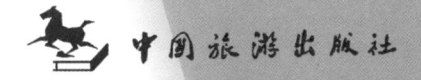

中国旅游出版社

## 作者简介

Rocco M. Angelo（罗科·M·安吉洛） 佛罗里达国际大学饭店管理学院副院长、注册饭店管理师（CHA）。安吉洛先生有6年时间在纽约的莱文索尔和霍华茨管理咨询服务公司任经理，负责管理和指导经济方面的可行性研究、饭店和餐馆经营和控制分析以及美国、加拿大和加勒比地区的旅游研究。安吉洛先生在福特汉姆大学和康奈尔大学饭店管理学院获得理学学士学位，在迈阿密大学获得工商管理硕士学位。他曾在康奈尔大学、纽约大学、瑞士格里恩国际中心讲授课程。

Andrew N. Vladimir (安德鲁·N·弗拉迪米尔) 弗拉迪米尔先生在耶鲁大学获文学学士学位，在佛罗里达国际大学饭店管理学院获理学硕士学位，是哈佛大学商学院高级管理课程的毕业生和注册饭店培训师（CHE）。现在是佛罗里达国际大学饭店管理学院的副教授，讲授服务管理、邮轮公司管理、营销沟通和促销策略等课程。

## 主译简介

李昕 教授，1982年毕业于大连理工大学科技英语专业。后留学美国和加拿大，分别攻读硕士和博士学位，获得美国得克萨斯理工大学（Texas Tech University）教育学硕士学位和加拿大萨斯卡彻温大学(University of Saskatchewan) 哲学博士学位。归国后在大连大学旅游学院任教11年，担任该院教授、院长；现任澳门科技大学国际旅游学院教授、博士生导师。曾经主编两部"普通高等教育'十五'国家级规划教材"和一部"普通高等教育'十一五'国家级规划教材"，主编和主译10余部著作、译作和教材，参与并主持辽宁省及大连市的多项旅游规划与开发项目。

# 出版说明

2011年，中国旅游出版社对美国饭店协会教育学院系列教材进行全新的中文改版。面对饭店行业发展的需要和旅游市场的需求，中国旅游出版社在比较了国际上著名饭店职业教育教材体系和职业培训体系的基础上，于2002年选择了美国饭店协会教育学院的职业教育课程体系，精心挑选并引进了适合中国国内饭店业使用的19本教材的版权，组织国内旅游教育界、旅游研究机构和饭店业专家进行翻译。9年来，这套丛书在饭店实业界和教育培训领域都树立了良好的口碑，产生了极大的影响力，培养了一批新时期的具有国际管理理念的饭店从业人员。

随着全球旅游业的飞速发展和各种新业态的涌现，第一版中文译本的部分内容已略显陈旧，而"三十而立"的中国旅游业也对企业经营管理人员的素质提出了更高要求。因此，在首批引进的美国饭店协会教育学院系列教材的基础上，中国旅游出版社对第一版中文译本进行了陆续改版，在更新内容的同时，也对第一版中文译本的疏漏之处进行修订，每一本改版教材都经过了译者的精心翻译和编辑的精心加工。

美国饭店协会（American Hotel & Lodging Association，简称AH & LA）是美国饭店业权威的管理和协调机构。美国饭店协会教育学院（Educational Institute，简称EI）隶属于美国饭店协会，从事酒店管理教育培训已经有50余年的历史，是世界上最优秀的酒店业教育及培训机构之一，其教材和教学辅导材料集合了美国著名酒店、管理集团及大学等研究机构的权威人士多年的实践经验和研究成果，有许多是作者的实际体验和经历，使读者从中能够见识到饭店工作的真正挑战，并帮助读者训练思考技巧，学会解决在成为管理人员后遇到的类似问题。截至目前，全球已有13,000多家酒店集团采用AH&LA–EI的职业资格标准，并参加其职业资格认证；此外，AH&LA–EI的教材还被全球2,300多所大学与学院广泛使用，

1

且学分互认互换。

我们期望这套教材的引进能够更好地为中国饭店业的发展服务,也希望能满足饭店从业者提高职业技能和素质的迫切需求,为其成为国际化的管理人员贡献一份后援之力。

如果我们的目的能够达到,我们将以此为自豪。我们为实现中国从世界旅游大国向世界旅游强国的迈进而做出了努力。

中国旅游出版社

2011 年 1 月

# 目　录

前　言 ·················································································（Ⅰ）

作者简介 ·············································································（Ⅲ）

学习教育学院课程的提示 ·······················································（Ⅴ）

序言：旅游简史 ····································································（1）

## 第一部分　导　言

**1. 服务产生差别** ······························································（23）
　　什么是服务 ··································································（26）
　　服务行业中的管理与营销面临的挑战 ·································（28）
　　　　产品的性质 • 顾客在生产中的作用 • 人是产品的一部分 • 保持
　　　　质量控制 • 没有库存 • 时间的重要性 • 不同的销售渠道
　　在不尽如人意的条件下提供最佳服务 ································（32）
　　　　战略计划 • 生产能力受约束的行业中应对挑战的计划
　　服务的战略眼光 ····························································（36）
　　　　瞄准一个细分的市场 • 重视服务战略
　　兑现服务承诺 ································································（40）
　　　　提供优质服务的关键 • 迪士尼风格的服务
　　小结 ············································································（45）
　　注释 ············································································（46）

主要术语 ················································ （46）
　　复习题 ·················································· （47）
　　网址 ···················································· （47）

**2. 旅行和旅游业** ········································ （51）
　　变化中的世界 ············································ （52）
　　旅行和旅游业的性质 ······································ （54）
　　旅行和旅游行业中的各种相互关系 ·························· （57）
　　人们为什么要旅行 ········································ （58）
　　　　心理分析研究
　　旅游的社会影响 ·········································· （65）
　　　　旅游开发计划
　　小结 ···················································· （68）
　　注释 ···················································· （69）
　　主要术语 ················································ （69）
　　复习题 ·················································· （70）
　　网址 ···················································· （70）

**3. 探索饭店业的职业** ···································· （73）
　　今天的饭店业 ············································ （74）
　　　　住宿业 • 餐饮服务业
　　饭店业的职业 ············································ （76）
　　　　选择一个行业部门
　　职业选择 ················································ （81）
　　　　住宿业 • 餐饮服务 • 俱乐部 • 邮轮公司
　　寻找工作 ················································ （92）
　　　　你首先需要做的工作
　　小结 ···················································· （97）
　　注释 ···················································· （98）
　　主要术语 ················································ （98）
　　复习题 ·················································· （99）
　　网址 ···················································· （99）
　　附录A　主要的饭店管理岗位 ······························ （102）

附录 B　主要的餐饮服务管理岗位 ················································ (103)
　附录 C　个人简历实例 ······························································ (104)

## 第二部分　饭店的组织

**4. 了解餐馆业** ············································································ (107)
　当代餐馆业 ············································································ (108)
　　　餐馆业的行业细分
　新建一个餐馆 ········································································ (123)
　　　餐馆为什么会倒闭•建立一个成功的餐馆
　小结 ······················································································ (131)
　注释 ······················································································ (131)
　主要术语 ················································································ (132)
　复习题 ··················································································· (133)
　网址 ······················································································ (133)

**5. 餐馆的组织与管理** ·································································· (137)
　成功地组织餐馆 ······································································ (138)
　　　客人•环境氛围•菜单
　餐馆的控制 ············································································ (151)
　　　财务控制•经营控制
　小结 ······················································································ (167)
　注释 ······················································································ (168)
　主要术语 ················································································ (169)
　复习题 ··················································································· (170)
　网址 ······················································································ (171)

**6. 了解饭店世界** ········································································ (173)
　饭店：一个充满活力的产业 ····················································· (174)
　　　产业趋势
　饭店的客人 ············································································ (176)
　饭店分类 ················································································ (181)
　　　位置•所有权•价格•其他饭店类别

3

开发和计划新饭店 ································································ (207)
　　　　选址 • 可行性研究 • 筹措资金
　　小结 ································································································ (215)
　　注释 ································································································ (216)
　　主要术语 ························································································ (217)
　　复习题 ···························································································· (219)
　　网址 ································································································ (220)

**7. 饭店组织与管理** ·············································································· (225)
　　饭店是如何组织的 ········································································ (226)
　　　　收入中心与成本中心
　　收入中心 ························································································ (228)
　　　　客务部 • 餐饮部 • 其他收入中心
　　成本中心 ························································································ (252)
　　　　营销部 • 工程部 • 财务部 • 人力资源部 • 安全部
　　遵守美国残疾人法案 ···································································· (257)
　　控制系统 ························································································ (258)
　　　　财务控制 • 质量控制
　　小结 ································································································ (265)
　　注释 ································································································ (266)
　　主要术语 ························································································ (268)
　　复习题 ···························································································· (270)
　　网址 ································································································ (270)

**8. 俱乐部管理** ······················································································ (273)
　　俱乐部产生的背景 ········································································ (274)
　　俱乐部的类型 ················································································ (276)
　　　　城市俱乐部 • 乡村俱乐部 • 其他俱乐部
　　俱乐部的所有权 ············································································ (282)
　　　　股权俱乐部 • 团体或者开发商俱乐部
　　俱乐部的组织 ················································································ (284)
　　　　俱乐部经理

4

俱乐部的经营 ………………………………………………… (290)
　　收益•费用•控制
小结 ………………………………………………………… (296)
注释 ………………………………………………………… (297)
主要术语 …………………………………………………… (298)
复习题 ……………………………………………………… (298)
网址 ………………………………………………………… (299)

## 9. 会议产业介绍 ………………………………………… (301)
会议的类型 ………………………………………………… (302)
　　协会会议•公司会议•商贸展览会/博览会
民间与政府组织的角色 …………………………………… (308)
会议在何处举行 …………………………………………… (308)
会议策划程序 ……………………………………………… (309)
　　会议计划•选择会议地点•选择会议场所
会议产业中的职业 ………………………………………… (313)
　　与会议策划相关的旅行和旅游职业
小结 ………………………………………………………… (318)
注释 ………………………………………………………… (319)
主要术语 …………………………………………………… (320)
复习题 ……………………………………………………… (320)
网址 ………………………………………………………… (321)

## 10. 浮动的度假饭店：邮轮业 …………………………… (325)
早期的航游 ………………………………………………… (327)
　　交通和移民•新乘客和新方向
现代航游业的诞生 ………………………………………… (330)
　　"嘉年华"的诞生•当今航游业
邮轮的组织 ………………………………………………… (335)
　　船长•饭店经理•其他高级职员
世朋邮轮公司：一个质量管理的案例研究 ……………… (351)
　　重视服务•服务提供系统的重要性•具体的操作程序•
　　认真对待乘客的意见•全员参与•机会•问题•乘客期

5

望个性化服务•感情移入是一个重要的因素

  小结⋯⋯⋯⋯⋯⋯⋯⋯⋯⋯⋯⋯⋯⋯⋯⋯⋯⋯⋯⋯⋯⋯⋯⋯（362）
  注释⋯⋯⋯⋯⋯⋯⋯⋯⋯⋯⋯⋯⋯⋯⋯⋯⋯⋯⋯⋯⋯⋯⋯⋯（364）
  主要术语⋯⋯⋯⋯⋯⋯⋯⋯⋯⋯⋯⋯⋯⋯⋯⋯⋯⋯⋯⋯⋯⋯（365）
  复习题⋯⋯⋯⋯⋯⋯⋯⋯⋯⋯⋯⋯⋯⋯⋯⋯⋯⋯⋯⋯⋯⋯⋯（366）
  网址⋯⋯⋯⋯⋯⋯⋯⋯⋯⋯⋯⋯⋯⋯⋯⋯⋯⋯⋯⋯⋯⋯⋯⋯（366）

**11. 博彩和博彩饭店**⋯⋯⋯⋯⋯⋯⋯⋯⋯⋯⋯⋯⋯⋯⋯⋯⋯⋯（369）
  博彩史话⋯⋯⋯⋯⋯⋯⋯⋯⋯⋯⋯⋯⋯⋯⋯⋯⋯⋯⋯⋯⋯⋯（370）
    美国的博彩业
  博彩饭店⋯⋯⋯⋯⋯⋯⋯⋯⋯⋯⋯⋯⋯⋯⋯⋯⋯⋯⋯⋯⋯⋯（373）
    组织和管理•赌场经营
  小结⋯⋯⋯⋯⋯⋯⋯⋯⋯⋯⋯⋯⋯⋯⋯⋯⋯⋯⋯⋯⋯⋯⋯⋯（391）
  注释⋯⋯⋯⋯⋯⋯⋯⋯⋯⋯⋯⋯⋯⋯⋯⋯⋯⋯⋯⋯⋯⋯⋯⋯（392）
  主要术语⋯⋯⋯⋯⋯⋯⋯⋯⋯⋯⋯⋯⋯⋯⋯⋯⋯⋯⋯⋯⋯⋯（393）
  复习题⋯⋯⋯⋯⋯⋯⋯⋯⋯⋯⋯⋯⋯⋯⋯⋯⋯⋯⋯⋯⋯⋯⋯（394）
  网址⋯⋯⋯⋯⋯⋯⋯⋯⋯⋯⋯⋯⋯⋯⋯⋯⋯⋯⋯⋯⋯⋯⋯⋯（394）

## 第三部分　饭店的管理

**12. 管理和领导饭店企业**⋯⋯⋯⋯⋯⋯⋯⋯⋯⋯⋯⋯⋯⋯⋯⋯（399）
  管理者的工作⋯⋯⋯⋯⋯⋯⋯⋯⋯⋯⋯⋯⋯⋯⋯⋯⋯⋯⋯（400）
    管理的任务
  管理理论的发展⋯⋯⋯⋯⋯⋯⋯⋯⋯⋯⋯⋯⋯⋯⋯⋯⋯⋯（405）
    古典学派•行为学派•定量方法学派•系统方法学派•
    权变学派•质量中心学派•顾客中心学派
  再造⋯⋯⋯⋯⋯⋯⋯⋯⋯⋯⋯⋯⋯⋯⋯⋯⋯⋯⋯⋯⋯⋯⋯（418）
  领导的重要性⋯⋯⋯⋯⋯⋯⋯⋯⋯⋯⋯⋯⋯⋯⋯⋯⋯⋯⋯（421）
    策略一：远见卓识•策略二：有效沟通•策略三：坚定不移•
    策略四：自我完善•服务组织与员工的力量
  结论⋯⋯⋯⋯⋯⋯⋯⋯⋯⋯⋯⋯⋯⋯⋯⋯⋯⋯⋯⋯⋯⋯⋯（425）
  小结⋯⋯⋯⋯⋯⋯⋯⋯⋯⋯⋯⋯⋯⋯⋯⋯⋯⋯⋯⋯⋯⋯⋯（425）
  注释⋯⋯⋯⋯⋯⋯⋯⋯⋯⋯⋯⋯⋯⋯⋯⋯⋯⋯⋯⋯⋯⋯⋯（427）

主要术语……………………………………………………………（430）
复习题……………………………………………………………（431）
网址………………………………………………………………（431）
附录　八种管理/领导角色………………………………………（433）

## 13. 人力资源管理……………………………………………（437）
劳工趋势…………………………………………………………（438）
　　人口结构的变化●离职率高●法规
人力资源计划……………………………………………………（443）
　　真心关心员工●明确岗位职责●制定生产率标准●招聘
　　最合适的候选人●遴选最佳应聘者●实施持续培训计划
　　和职业发展计划●激励和留住员工●对员工进行评估
小结………………………………………………………………（463）
注释………………………………………………………………（465）
主要术语…………………………………………………………（466）
复习题……………………………………………………………（466）
网址………………………………………………………………（467）

## 14. 饭店业营销………………………………………………（471）
营销的概念………………………………………………………（472）
　　营销的4P●制订营销计划
销售管理和人员推销……………………………………………（483）
　　如何成为成功的销售员
广告………………………………………………………………（486）
　　广告的定义●广告发布者的需要●广告代理商●
　　制作有效的广告
公共关系…………………………………………………………（500）
公开信息…………………………………………………………（503）
促销………………………………………………………………（504）
调节你的营销资金………………………………………………（506）
小结………………………………………………………………（509）
注释………………………………………………………………（511）
主要术语…………………………………………………………（513）

复习题 ······················································· (515)
　　　网址 ························································ (515)

15. 管理公司如何管理饭店 ········································ (519)
　　　为什么会出现管理公司 ········································ (520)
　　　管理公司的发展 ·············································· (521)
　　　管理合同 ···················································· (525)
　　　　　合同条款 • 优点与缺点
　　　小结 ························································ (531)
　　　注释 ························································ (532)
　　　主要术语 ···················································· (533)
　　　复习题 ······················································ (534)
　　　网址 ························································ (535)

16. 特许经营充满商机 ············································· (537)
　　　什么是特许经营 ·············································· (538)
　　　　　特许经营的类型
　　　特许经营的历史 ·············································· (540)
　　　　　产品或商标型特许经营 • 经营模式特许经营
　　　特许经营如何运作 ············································ (545)
　　　　　初期投资 • 特许经营规则
　　　拥有一家特许经营店 ·········································· (548)
　　　　　有利因素 • 不利因素 • 特许经营授权商的有利因素和不利因素
　　　特许经营的问题 ·············································· (555)
　　　小结 ························································ (555)
　　　注释 ························································ (557)
　　　主要术语 ···················································· (557)
　　　复习题 ······················································ (558)
　　　网址 ························································ (559)
　　　附录　统一特许经营权提供公告 ································ (561)

17. 饭店管理中的道德问题 ········································ (565)
　　　什么是道德 ·················································· (566)

8

社会责任和商业道德·················································（567）
　　如何了解我们的价值●做生意和玩扑克牌一样吗●
　　诚实永远是最好的行为方式吗●探索公共道德的基础
饭店业中的道德问题················································（576）
　　环境问题●歧视●性骚扰●工作场所中的艾滋病●
　　广告措辞●真实菜单法
必须要有道德规范吗················································（589）
　　道德测试
小结·······································································（592）
注释·······································································（593）
主要术语·································································（596）
复习题····································································（596）
网址·······································································（596）

**译后记** ·································································（598）

# 致 谢

本书仅靠两名作者的工作是不可能完成的。在本书6个版本的出版过程中，许多人花费了大量心血和时间参与了本书的编辑和整理工作。

我们在书中广泛地采用了我们在业界的一些朋友的观点和提供的一些案例。我们特别要感谢下述人员的贡献（排名不分先后）：皇家加勒比国际邮轮公司（Royal Caribbean International）主席和首席执行官理查德·费恩（Richard Fain）；州际饭店集团（Interstate Hotels & Resorts）首席执行官汤姆·休伊特（Tom Hewitt）；美国的法国洗衣房餐厅（The French Laundry）主厨和拥有者汤姆·凯勒（Tom Keller）；研究和品牌策略公司（Research & Brand Strategy）执行副总裁丹尼斯·马泽勒（Dennis Marzella）及研究伙伴耶萨威克、佩珀戴恩、布朗和拉塞尔；西拉斯韦加斯赌场和住宅公司（W Las Vegas Casino and Residences）开发副总裁马克·伯萨（Mark Birtha）；里兹－卡尔顿基比斯坎酒店（Ritz-Carlton Key Biscayne）总经理马可·塞尔瓦（Marco Selva）；迈阿密海滩洛伊斯酒店（Loews Miami Beach Hotel）人力资源部前总监萨比纳·托纳雷利－弗雷（Sabina Tonarelli-Frey）；中佛罗里达大学罗森酒店管理学院副教授德博拉·布赖特博士（Deborah Breiter）。

最后，我们还要感谢我们在美国饭店业协会教育学院的团队对我们的支持和鼓励：教育学院院长和首席运营官罗伊·肯宁顿（Roy Kennington）；高级副院长乔治·格拉泽（George Glazer）。特别要感谢杰出的编辑吉米·珀维斯（Jim Purvis），他提出了大量的有见地的分析和建议，为本书作出了很大的贡献。几乎书中的每一页都能反映出他极高的水准。谢谢吉米！

罗科·M·安吉洛<br>
于佛罗里达州基比斯坎

安德鲁·N·弗拉迪米尔<br>
于佛罗里达州科科纳特格罗夫

# 前　言

在《当今饭店业》第六版中，我们继续致力于构筑行业通往教室的桥梁。与前五版相比，新版本汲取了更多业界专家的经验。由于《当今饭店业》一书描述的是饭店业的真实世界，因此我们还概括介绍了一些行业改革者，他们改革了饭店业的基础结构。我们修改和更新了课程的内容，补充了一些新照片、插图和网址，力求跟上业界技术发展的步伐。然而，本书的宗旨并未改变，即让学生们做好从事饭店职业的准备，并展示和介绍饭店管理层的机会。这些机会包括各种旅行和旅游行业中的职业，而这些行业包括：饭店、餐馆、院校、私人俱乐部、赌场和博彩饭店、咨询公司及邮轮。

"序言"展示了当代饭店世界的发展过程。由于饭店业是一个服务行业，并且当今的竞争市场十分强调服务的重要性，因此"服务产生差别"是本书的第1章。第2章概述了旅行和旅游业，饭店业只是其中的一部分，这一章还展示了饭店业中不同行业之间的相互关系。同时还讨论旅游的激励因素及旅游发展的趋势，以及人们目前关注的旅游业对社会的影响。第3章论述饭店业的职业，向学生们介绍饭店业中的诸多工作职位及到哪里去寻觅这些职位。这一章还讨论书写简历的技巧和如何准备面试及在面试过程中的行为举止。第3章是本书导言部分的最后一章。

第二部分"饭店的组织"中的章节详细介绍了饭店业中的主要部门。第4章和第5章描述了餐饮服务组织和其中的职业机会。第6章分别介绍了各类饭店并概述了连锁饭店和独立经营饭店的区别。在第7章，我们解释饭店是如何被组织起来的，并讨论饭店经理们在其企业中，如何运用财务控制和质量控制手段吸引客人并为投资者赢利。

许多饭店专业的毕业生都在私人俱乐部中寻求发展机会。在第8章中我们论述俱乐部的类型及组织和经营模式。第9章论述最近几年已经成为一个独立职业轨道的一个行业部门：会议策划。我们阐述了各种类型的会议、会议举办人、会议地点及会议策划步骤。这一章的结尾审视了会展领域中的职业。

I

第 10 章"浮动的度假饭店：邮轮业"，介绍饭店业中发展最快的一个行业。邮轮公司不断加大在饭店学校招聘的力度，本章有助于学生更多地了解这一令人兴奋的职业选择。这同样也适用于第 11 章"博彩和博彩饭店"。博彩业已成就数十亿美元的生意，而且还在发展。随着越来越多的博彩饭店和博彩度假饭店开张营业，这也为饭店专业的毕业生创造了越来越多的就业机会。

第三部分"饭店的管理"，首先用一章的篇幅介绍了管理理论和实践。第 12 章讨论管理理论的发展过程，从弗雷德里克·泰勒和亨利·法约尔的古典理论到戴明、朱兰和克罗斯比的质量理论及汤姆·彼得斯和罗伯特·沃特曼的顾客中心理论。这一章还论述流程再造，采用这种方法，企业可以极大地提高生产率和服务质量。本章结尾部分论述经理如何成为领导者。

第 13 章论述人力资源计划、结构和运作方式。同时还讨论劳动力的发展趋势及人力资源开发计划在当今饭店业中的重要性。

第 14 章涉及饭店业营销的全部要素，包括产品、地点、价格和促销，还包括营销计划、销售管理和人员推销、广告、公共关系、公开信息和销售促进。第 15 章和第 16 章分析管理公司和特许经营，它们在近数十年内促进了饭店业和餐馆业史无前例的发展。

我们在本书的最后一章讨论道德的重要性。这一章因其讨论饭店的道德问题而获得了国际服务和旅游业质量与道德协会奖。之后我们又对本章进行了修改并增加了关于饭店业中的道德行为的新内容。

## 作者简介

**罗科·M·安吉洛**（Rocco M. Angelo）（左）是佛罗里达国际大学饭店管理学院副院长，自1993年以来，他就是学院的埃尔斯沃斯·M·斯塔特勒荣誉教授。他还是注册饭店管理师（CHA）。在加入佛罗里达国际大学以前，安吉洛先生有6年时间在纽约的莱文索尔和霍华茨管理咨询服务公司任经理，负责管理和指导经济方面的可行性研究、饭店与餐馆的经营和控制分析以及美国、加拿大和加勒比地区的旅游研究。他管理过一家私人俱乐部/饭店，并在阿拉玛克和罗易斯饭店的许多管理岗位上工作过。他曾是潘耐尔·科尔·福斯特公司的咨询师。安吉洛先生在福特汉姆大学和康奈尔大学饭店管理学院获得理学学士学位，在迈阿密大学获得工商管理硕士学位。他曾在康奈尔大学、纽约大学、瑞士格里恩国际中心讲授课程。

安吉洛先生是美国俱乐部经理协会俱乐部管理学院顾问、美国餐饮协会有限公司成员、达德县旅游学院和美国饭店协会教育学院顾问委员会成员。他也是美国饭店业基金会奖学金和助学金委员会成员、加勒比饭店培训学院的理事，以及康奈尔国际饭店协会的前主席。

安吉洛先生是《可行性研究实务指南》（A Practical Guide to Understanding Feasibility Studies）一书的作者。他居住在佛罗里达州的基比斯坎。

**安德鲁·N·弗拉迪米尔**（Audrew N. Vladimir）以其在旅游业卓越的贡献而成为国际公认的营销咨询专家。他曾是佛罗里达国际大学饭店管理学院的副教授，讲授服务管理、邮轮公司管理、营销沟通和促销策略等课程。

在加入佛罗里达国际大学以前，弗拉迪米尔先生在百慕大政府任旅游局长，他是任该职位的唯一一名非百慕大公民。他的部分职责是作为百慕大政府的首席旅游主管官员，管理政府的营销、广告和公共关系计划。

弗拉迪米尔先生在其职业生涯的大部分时间里从事营销和广告工作，其重点是饭店、旅行和旅游。他曾在美国最好的广告和公共关系公司担任高级管理职务，这些公司包括：扬和鲁比卡姆公司、诺曼克莱格和库麦尔公司、肯扬和艾克哈特公司、路德芬公司。另外，他还亲自管理自己在波多黎各的圣胡安、佛罗里达州的迈阿密以及华盛顿州的西雅图的广告和公关公司。他自己还拥有两家旅行社。

在其职业生涯中，弗拉迪米尔还曾供职于麦当劳、索恩斯塔饭店集团、露威斯饭店集团、国际度假饭店、美国三角航空公司、法国航空公司和阿拉斯加旅游公司等企业。他还3次在美国旅行商协会世界代表大会上讲演。

弗拉迪米尔先生是《21世纪旅行、旅游和饭店业完全营销手册》（The Complete Twenty-First Travel, Tourism and Hospitality Marketing Handbook）（Prentice-Hall, 2004）、《销售海洋：透视邮轮业》（Selling the Sea: An Inside Look at the Cruise Industry）（John Wiley & Sons, 1997）和《广告基础》（Fundamentals of Advertising）（Crain Books, 1984）三本书的作者或者合著者。他曾为杂志和报纸写过数百篇有关旅游的文章，并且作为专家证人参与过许多涉及饭店和邮轮行业的诉讼。

弗拉迪米尔先生在耶鲁大学获文学学士学位，在佛罗里达国际大学饭店管理学院获理学硕士学位，还是哈佛大学商学院高级管理课程的毕业生和注册饭店教师（CHE）。他是饭店业荣誉协会德尔塔·德尔塔·菲（Delta Delta Phi）成员，曾两次荣获佛罗里达国际大学杰出教育奖。他居住在佛罗里达州的科科纳特格罗夫。

# 学习教育学院课程的提示

和许多其他活动一样，学习是一种技能。也许你已经很熟悉下列的学习诀窍，但我们想再次强调其重要性。

**态度引起差异**

如果你想学，你就会觉得这个很简单。你的态度对于课程的学习有重要作用。我们希望可以助你成功。

**计划与组织学习**

- 安排一个固定的时间和场所来学习，保证不被干扰或分心。
- 在每一个学习阶段之前，提前决定打算完成多少任务。切记学习内容要简明，不要试图一次就完成很多任务。

**课程的学习**

- 在每一章学习之前，请注意章节的概述和内容提要，还有章节末尾的小结，可以帮助你对本章有一个大概的了解。
- 然后再回到章节开头，认真研读，关注包括内容提要在内的各种内容，向自己提出以下问题：
    ——我是否理解了这些内容？
    ——我现在和未来该如何运用这些信息？
- 在页边的空白处，最重要内容旁做笔记，或在重要部分下划线，来帮助学习，先通读一遍，再复读一遍，画出重点。
- 手边放一本字典，遇到不熟悉的词，而在章节关键术语中又没有提到的，查一下字典。
- 尽量多研读几遍，读得越多，学得越好。

**测试你所学的知识**

- 由教育学院为这门课程所开发的测试题，可以用来衡量你的学习程度。
- 章节末尾的复习小测验将帮助你了解对课程的掌握程度，会指示哪些地方还需要进一步学习，复习小测验对于其他的学习也很有帮助。
- 复习，准备考试。
  ——内容提要
  ——笔记
  ——要点
  ——每次作业后的问题
- 在开始测试之前，认真阅读考试说明，浏览一下问题。

我们希望通过这次课程的学习，可以促使你进一步参加各种安排周详、具有长期职业计划的培训和教育活动，以得到专业的提升和发展。

# 序言
## 旅游简史

由于"旅行"（travel）一词对大多数人来说意味着乐趣和冒险，因此，人们经常忘记了"旅行"（travel）一词实际上是由法语"travail"派生而来的。"travail"一词的含义是"辛苦和劳累"。史前的人们由于寻找食物和住所而到处游荡，他们的旅行谈不上乐趣。自从有记载的历史以来，旅行一直是一项艰辛的工作。事实上，只有在当代，旅行才成为一种比较舒适的活动。

商务活动是早期旅行的重要激励因素。早在公元前3000年，从东欧到北非，从印度到中国的旅行线路就已经建立起来了。骆驼是驮运物品的最好动物，一峰健康的骆驼可以负重600磅的货物。公元前1200年，腓尼基商人的船队就定期来往于地中海，沿着海上航线从英国到达非洲。

罗马人首先开始大规模地在陆地上旅行。他们的愿望是扩大罗马帝国，这种愿望推动他们派出探险和远征队，然后大规模地修路。第一条重要的罗马公路是阿皮亚大路，于公元前312年开始修建。公元200年，罗马人修建了很多贯穿罗马帝国的公路，从不列颠北部的哈德良长城通往撒哈拉大沙漠，这些公路每隔15英里至30英里就建有更换车轮的修理站和休息室。

古代人也为了娱乐而旅行。基督耶稣诞生前的几百年，希腊人和"野蛮人"（希腊人将任何非希腊人都称为"野蛮人"）旅行去参加奥林匹克运动会。关注健康也促进了早期旅游业的发展。人们认为，一些地方的水有治疗功效，因此，他们到那些地方进行休息和康复治疗。罗马人在远离罗马的英国巴斯修建了温泉洗浴胜地。

随着有组织的宗教的发展，朝圣活动在世界很多地方兴起。穆斯林旅行去麦加，基督教徒到欧洲或更远的地方朝圣。中世纪基督教朝圣的潮流在杰弗里·乔叟于14世纪撰写的《坎特伯雷故事集》中有记载。该书中的叙述人是一个快乐的旅馆经营者，他在英国南部的塔巴德旅馆接待了29位朝拜者，然后又与他们一同旅行，使旅途变得非常愉快。

第一个长途旅行的欧洲人是马可·波罗。对财富的渴望驱使这个威尼斯人在1275年到忽必烈汗帝国的"野蛮人殿堂"做生意。20年后，马可·波罗从远东回来，写了一本关于他这次探险旅行的书，书名是《寰宇记》（又称《马可·波罗游记》——译者注）。由于他声称在国外得到了很多财富，这本书后来被誉为"百万财富"而家喻户晓。他的探险经历唤起了欧洲各国宫廷的遐想。几乎可以肯定的是，这本书的一个读者最终出发并找到了马可·波罗在书中所列举的景观，这个人的名字叫克里斯托弗·哥伦布。[1]

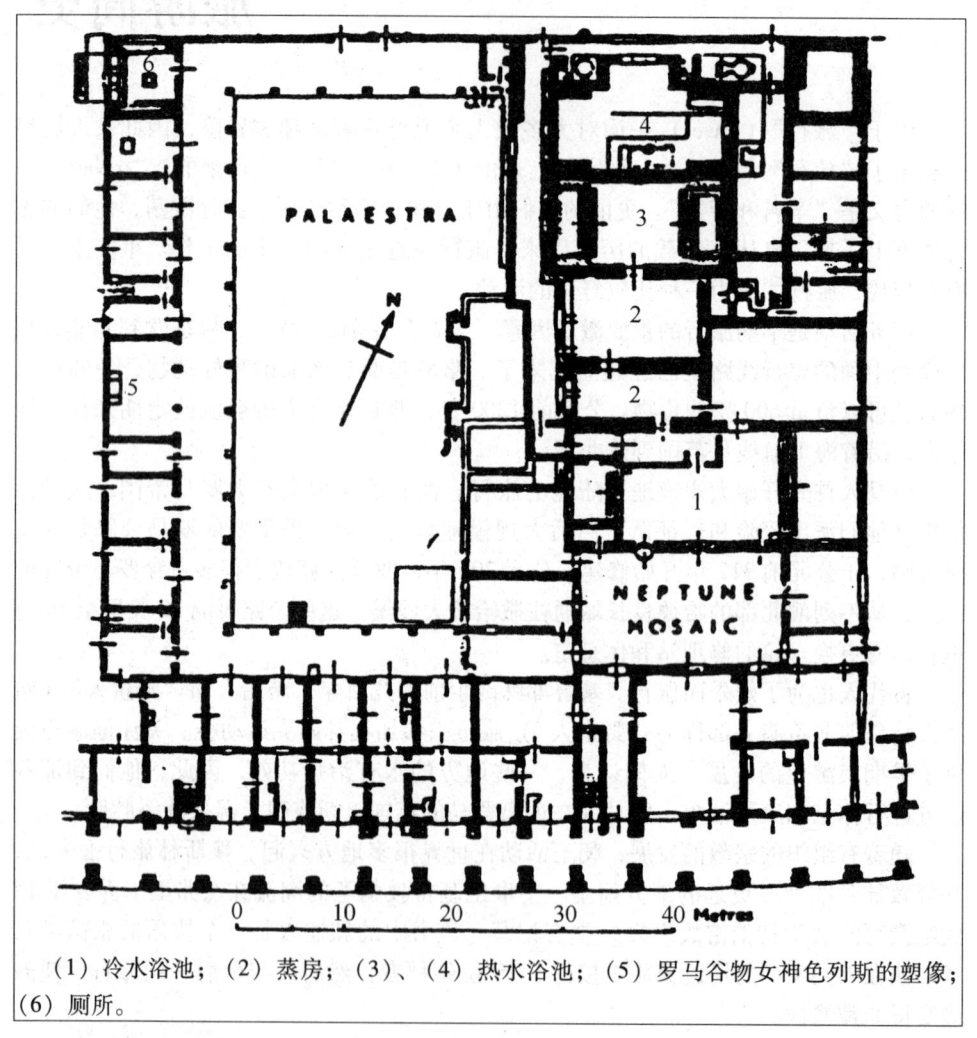

（1）冷水浴池；（2）蒸房；（3）、（4）热水浴池；（5）罗马谷物女神色列斯的塑像；（6）厕所。

一个罗马温泉浴池。

资料来源：拉塞尔·梅格斯，《罗马·奥斯提亚》（第二版），克莱恩顿出版社，1973年。

在杭州，马可·波罗最感兴趣的是那些大量而充裕的食品。食品历史学家雷伊·坦尼希尔指出：

> 许多国家都有自己的小餐馆，但是，在那个时期，没有一个国家的小餐馆像中国的小餐馆那样先进和多样化。与普通餐馆同时存在的有快餐店、旅馆、客栈、茶馆、面馆和酒馆，每家都有自己厨师的特色菜——冰镇水果或蜜饯、猪肉包子、馄饨、烤肉、鱼汤等。店主每天从凌晨1点到黎明前匆忙赶到杭州10个最大菜市场中的一个，采购客人下酒用的猪肉、蚕蛹或大虾，还有牡蛎和贝类或供穷人食用的豆腐。
>
> 根据马可·波罗的记载，鱼市有一个特别的场面。每天"渔民将大量的鱼从25英里以外的下游海边运到市场。根据不同的季节，也有很多不同的淡水鱼，这为渔民提供了持续不断的工作"。有这么多鱼在市场上出售，"你可能会认为，这些鱼根本无法卖掉。但是，几个小时后这些鱼就被销售一空"。[2]

到了13世纪，贸易成为旅行的主要目的。航海技术的改进和指南针的发明减少了在长期和艰难的海上航行中存在的许多不确定因素。在14世纪和15世纪，世界地图的改进及2个桅杆和3个桅杆帆船的发明帮助人们涉足海洋，进行进一步的探索。

在文艺复兴时期（从14世纪的意大利到17世纪的欧洲），为了文化和艺术的目的而进行旅行变得很普遍。很快，贵族、外交官、学者和其他青年男女也开始在欧洲大陆旅游，人们称之为"大修学旅行"（The Grand Tour）。巴黎、罗马、佛罗伦萨、威尼斯、慕尼黑、维也纳和中欧的其他城市成为时髦的旅游地点，这些城市的度假村和温泉胜地也相应地发展起来，为来访的旅游者提供住宿。

旅游接待业的象征物在这一时期首先出现。最早到西印度群岛的探险家被那里的菠萝所吸引，并将菠萝带回欧洲种植在暖房里。到了17世纪，菠萝在社会和皇室中已经成为非常普遍的象征物。不久，以菠萝为主题的雕刻出现在他们的家具上，表示慷慨大方。殖民者移居北美洲时，带来了一些这样的家具。从长途旅行返回家园的船长经常将菠萝挂在门上，或挂在大门的门柱上，以此告诉大家他们回来了，并邀请朋友们前来聚会庆贺。今天，菠萝仍然是好客和欢迎的象征，你可以在饭店、餐馆和家的入口处发现菠萝的雕刻。

## 运输革命

随着蒸汽船、火车、汽车和飞机的发展，现代技术已成为旅行的主要动力。这些新型的运输方式减少了长距离旅行所花费的时间和费用，因此越来越多的人可以进行远距离旅行。

## 蒸汽船

17 世纪和 18 世纪到新世界探险和牟利的旅行打开了海上航线，加速了 19 世纪连接欧洲和美洲的跨大西洋班轮的发展。

1838 年，"天狼星号"是第一艘横跨大西洋的蒸汽船。1840 年，塞缪尔·丘纳德开辟了运载普通旅客的横跨大西洋航线，他建立了英国—北美皇家邮船公司。该公司后来以他的名字命名，称为丘纳德轮船公司。海上航行成为最浪漫和最奢侈的旅行方式，但只有少数人能够负担得起。

早期蒸汽船的乐趣和奢侈被认为是供上等阶级享受的。但实际上，乘船旅行的人们在旅途中经常感到很不舒服。哈丽特·比彻·斯托描述了她 1854 年穿越大西洋的一次航海旅途：

> 夜晚！甲板上美丽的夜晚！——睡在你自己的铺位，耳畔聆听着海水的嘶鸣声、海浪的涌动和咆哮声。12 点钟，服务员关掉了灯，这时只有你在这里！和乔纳在鲸鱼腹中的黑暗和阴沉相比，有过之而无不及。你极度无助和茫然地躺在这里，感觉自己在上下左右来回翻滚，永无停顿，就像澡盆中漂着的软木塞子，犹如被装在桶里扔进了大海的感觉。[3]

最著名和最悲惨的航海旅行是"泰坦尼克号"的航行。这艘 46,329 吨的邮轮拥有船舶世界中前所未有的豪华等级。一位作家称，"泰坦尼克号"的处女航行是"百万富翁的专用船"。1912 年 4 月 12 日，该船离开码头，2,000 多名乘客和船员在欢乐的聚会中开始了进入北大西洋的航行。只有 705 人在此次航行中生还。1912 年 4 月 14 日晚，"泰坦尼克号"撞上了冰山并沉没，这是客轮航海历史上最悲惨的一天。一位在这次悲惨的海难中生还的妇女后来在她的日记中这样描述那个星期日的夜晚：

> 我们在里兹餐厅吃了最后一顿晚餐。这是最后的奢侈。餐桌上摆放着粉红色的玫瑰和白色的雏菊花，女人们身穿闪闪发光的绸缎礼服，男人们完美无瑕，容光焕发，管弦乐队演奏着普契尼和柴可夫斯基的乐曲。食品无与伦比：鱼子酱、龙虾、埃及的鹌鹑、凤头麦鸡蛋、温室葡萄和鲜桃。那个夜晚寒冷并晴朗，海水像玻璃一样平静。但是，在短短的几个小时内，除了布鲁斯·伊斯梅、戈登·达夫和一位卡特先生，那个房间里的所有男人都死了。[4]

"泰坦尼克号"邮轮1912年进行处女航行,它是当时最豪华的海上邮轮。

尽管有如此的灾难,大西洋的客运航线仍在继续,大型远洋邮轮,如"玛丽皇后号"、"S.S.法兰西号"和"美国号",都成为它们各自国家的世界著名的邮轮旗舰。20世纪50年代末,在商务喷气飞机进入大西洋航线之前,邮轮一直是豪华旅游的主要形式。很快,大型邮轮成为浪漫历史的遗物。现在,"玛丽皇后号"永久停泊在加利福尼亚的长滩,作为饭店经营。"S.S.法兰西号"改为"挪威号"在挪威邮轮公司开始了新的生活。其他的老船由一些小邮轮公司经营,仍然在海上乘风破浪。

## 铁路

最早的火车头于1804年在英国制造。1830年,英国利物浦到曼彻斯特之间的铁路的开通,标志着铁路时代的开始。1年之后,美国的第一条公共铁路——南卡罗来纳铁路开始运营。企业家们很快便感觉到铁路对旅游发展的影响。1841年,一个叫托马斯·库克的传教士组织了570人乘火车从莱斯特到拉夫伯勒参加一个戒酒会,这使他赢得了人们公认的世界上旅行代理商第一人的称号。

在19世纪，铁路的出现使得普通美国人的出门远行成为现实。（密歇根州档案馆供稿）

19世纪后半叶，欧洲和其他地方的铁路飞速发展。1869年，联合太平洋和中太平洋铁路在犹他州奥格登附近的普罗芒托里角接轨，第一次使乘铁路穿越美国的旅行成为可能。1891年，连接欧洲和亚洲的穿越西伯利亚的铁路开始修建。

铁路旅行在欧洲普及之后，在欧洲主要城市，人们最希望建造饭店的地方是铁路车站附近。在美国，饭店和餐馆修建在穿梭于国内的铁路轨道旁边。在很多情况下，饭店在铁路修到之前，甚至在一个城市形成之前就已经建成。人们认为，恰当的饭店会吸引人们修铁路，有了铁路，就会有安家者和商务活动。维多利亚小说家安东尼·特罗洛普访问了北美洲，他在书中这样描述这次访问：

在美国各州，新拓居住地的明显标志是一家五层楼饭店，内设1个办公室、1个酒吧、1个挂衣间、3间男士会客室、1个女士入口和200间客房……住在这200间客房中的人来自何处？谁为华而不实的沙发和女士会客室内的数不清的椅子付钱？在其他所有国家，饭店一般都希望旅游者或旅居的陌生人光顾。但是在美国并非如此。当新饭店在荒芜之地建立起来时，人们设想肯定会有人到这个地区来，因为饭店的存在表明，这个地区有人居住。和铁路一样，饭店本身可以创造人口。我们的铁路铺进了城镇，但是在美国则是城镇引来了铁路。饭店也引来了铁路。[5]

饭店的建立往往先于铁路的修建，甚至在城镇出现之前。（密歇根州档案馆供稿）

铁路的发展也使度假地应运而生。卡茨基尔山是很流行的从纽约市出发的铁路一日游项目，卡茨基尔山最终成为"罗宋汤巡回游"的发源地，在20世纪30年代、40年代和50年代，许多知名的演艺界人士在这个群山区度假地演出（卡茨基尔山是犹太人常去的地方，而犹太移民喜欢俄国和东欧的罗宋汤，因此，该地区的夜总会和剧院的表演被称为"罗宋汤巡回游"——译者注）。卡茨基尔山度假区的两个最著名的度假地是哥罗星格和康科德。铁路公司很快就开始开发它们自己的度假地。在佛罗里达州，亨利·弗拉格勒在棕榈滩修建了听涛山庄（The Breakers），他在迈阿密和基伟斯特也修建了饭店，为他的弗拉格勒铁路的乘客提供住宿。在西弗吉尼亚，切萨皮克和俄亥俄铁路公司开发了绿蔷薇度假地（Greenbrier Resort）。

火车的出现明显地增加了商务旅游。商务旅游的发展使商务游客增加了对饭店服务质量统一标准的要求，这样他们从一个城市到另一个城市就能够享受到同样的服务。

## 汽车

19世纪末，马（短途）和火车（长途）是在美国和欧洲大陆旅行的两种主要方式。自行车发明之后这种情况发生了变化。自行车在巴黎发明，1867年在巴黎博览会上第一次将自行车引入欧洲社会。许多人认为自行车与马相比，是更快、更安全、更可靠和更便宜的交通工具。自行车不需要喂食或照顾，它们不可能突然发脾气将骑车人扔下来。但是，自行车需要良好并且路面坚硬的道路，如果你想骑自行车快速长途旅行的话，尤其如此。

自行车的日益普及增加了对铺筑路面的需求。正是这些路面坚硬的道路，使机动车变成了一种实用的交通工具。毫不奇怪，最初的许多机动车是由自行车制造商制造的。自行车经销商将机动车视为改良式的自行车。美国威尔斯公司、英国罗弗公司、德国奥派尔公司和法国标致公司都是自行车制造商。他们认识到，他们的许多客户实际上需要的是快速的个人交通工具，不是自行车，汽车才是符合客户需要的最佳交通工具。

汽车作为方便和廉价的旅行方式，其潜在优势只有在路况良好的情况下才能充分发挥出来。（密歇根州档案馆供稿）

和最初的自行车一样，最初的汽车也在巴黎诞生。1889年制造的最早的标致汽车是由蒸汽发动机驱动的笨重的三轮自行车。利昂·瑟波来特是瞬时蒸汽发动机的发明人，他在三轮自行车上安装了自己发明的发动机，1890年从巴黎出发行程295英里来到里昂。[6]与此同时，各种设计的蒸汽动力汽车也在美国被制造出来。1891年，在密歇根州的兰辛，兰塞姆·E·奥尔兹制造出最早的汽车，并以400美元的价格将该车卖给伦敦专利医疗公司，供该公司设在印度孟买的办事处使用。[7]不久，两个美国公司——自力推动车和斯坦利蒸汽机公司——批量生产出蒸汽汽车，因此其售价只有600美元。但是，蒸汽机效率很低，人们对电动汽车的兴趣只持续了较短的一段时间，因为电池的容量有限，这就严重限制了电动汽车的使用。

直到汽油发动机完全成熟（1860年由埃蒂安·勒努瓦首先发明[8]），现代汽车才成为现实。第一个将汽油发动机安装在汽车上的人是德国工程师戈特里伯·戴姆勒。戴姆勒和他的助手威廉·梅巴克在1885年和1889年期间生产了4辆实验性的汽车。他们的发动机是现代汽车发动机的雏形。[9]不幸的是，戴姆勒将其中的一辆汽车撞到了墙上，这也是历史上第一起汽车事故。

热衷于脚踏车并拥有优质道路网络的法国人最先发现了汽油驱动的汽车的潜力。1901年，大约130家汽车制造商在巴黎塞纳河一带从事汽车制造，从而使巴黎中心区成为世界汽车制造的中心。[10]与此同时，美国也开始生产汽车。1900年至1908年，美国有485家公司进入汽车制造业。它们的客户大多数是富有的专业人员，它们利用汽车进行商务旅行。

亨利·福特首先认识到，如果制造出便宜的汽车，每个人都会希望拥有一辆。1908年，他引进了T型轻便汽车，功率为20马力，重量为1,200磅，售价为825美元。1916年，他使用装配线大量生产汽车，使汽车的价格降到345美元。T型汽车虽然不如德国和法国同期制造的欧洲汽车时髦、精致，但是，汽车很结实，很容易驾驶和维修。汽车的底盘很高，美国的四轮马车留下的车辙对其毫无影响，这足以使T型汽车取得非凡的成功。

汽车完全改变了人们的生活方式。人们不必在居住的城市内购买他们需要的每一样东西。人们可以居住在远离工作地点的地方。随着人们搬离拥挤的城市，郊区开始发展起来。小型的、自给自足的农业社区失去了他们的许多生意，他们开办了很多依靠旅游者生存的企业。随着越来越多的美国人拥有汽车，旅游和观光变得更加普及了。但是，人们没有地方住，建在小镇中的饭店一直为商务客人提供住处，没有为带孩子的家庭提供服务的设施。在20世纪30年代铁路两旁的食宿设施开始建设以前，开车旅行的人们只能带着帐篷在野外宿营。直到第二次世界大战之后，我们今天看到的高速公路饭店和餐馆连锁店才开始构思和修建。

今天，美国拥有2.37亿多辆汽车，美国人每年的旅行距离超过2万亿英里。事实上，大约87%的日常旅行是个人自驾汽车旅行[11]。由于经济、灵活和方便，所以驾驶汽车旅行始终是一种流行的旅行方式。

## 飞机

第一次世界大战的结束标志着大西洋两岸商务飞行的开始。当然，其动力是在战争中积累的航空飞行经验及有很多接受过培训的飞行员和机械师，这使新型的运输方式得到拓展。1919年，英国起飞了第一架横跨英吉利海峡的商务飞机，将伦敦和巴黎两大商都连接在一起。每个航班需要飞行2小时30分钟，使用的第一批飞机是改装的轰炸机，驾驶员和乘客都坐在开放式的座舱内。

1918年，美国陆军通讯兵团和美国邮政公司联合开创了首批美国商务飞行。这些飞机只运送邮件。但是，很多在战争中学会飞行的飞行员从政府那里买到剩余的飞机，为各个地方的乘客开始了独立和不定期的服务。很快，运送邮件和旅客的定期航班开始往来于各主要城市之间。

许多第一次世界大战的飞行员在战后开创独立的、非定期的空中运输服务，但没有考虑到乘客是否舒适。（密歇根州档案馆供稿）

年轻的特技飞行员查尔斯·林德伯格为了获得奖励给第一个独自飞越大西洋的

人的25,000美元奖金，决定飞越大西洋，这个行动极大地推动了航空事业的发展。查尔斯在翻着筋斗的飞机机翼上的表演曾经令全国各地的人们目瞪口呆。1927年5月20日上午7点55分，林德伯格从纽约长岛罗斯福机场出发，33小时39分钟后降落在巴黎的勒泊格。林德伯格的飞行证明飞机是长距离旅行的实用工具。结果，那些一直在犹豫是否投资于这种新式运输工具的投资家们纷纷投资商务航空业。

1927年，第一次世界大战时期年轻的飞行员朱恩·特里珀创建了泛美航空公司，获得美国政府的邮递合同，负责从佛罗里达州基伟斯特到古巴哈瓦那的邮件传递业务。第一架能满足公共飞行需要的载客飞机DC3于1936年投入使用。1958年，第一架波音707飞机投入使用。它宣布了喷气飞机时代的开始，这极大地激发了旅游和商务旅客市场的发展。

几乎从一开始，商务航空业就对饭店业产生了实质性的影响。飞机使大规模长距离的运输成为可能。原来只能乘船前往的度假区域，如加勒比海和夏威夷，现在可以有大量的游客度假。飞机给饭店业带来了实惠。

## 纵观饭店业

几乎没有人知道至少有三个"圣人"曾经参与为他人提供住宿接待的工作。第一个是圣·朱利安，他是一名医院骑士团员。虽然很多人认为这只是一个神话，但是他的名字已经列入了《牛津圣人词典》(Oxford Dictionary of Saints)，并且有3个英国教堂供奉他。[12]此外，他还被画在沙特尔和鲁昂大教堂的彩色玻璃窗上。他成为旅馆业主和旅行者信奉的神圣。1月29日是那些祭祀他的人们的节日。

据传说，有一天朱利安离家外出，这时一对旅行夫妻敲响他家的门。他的妻子把门打开。她给疲劳的旅行者食物和水，并让他们在她的床上休息，然后她去市场采购。当她离开家时，朱利安（当时还不是圣人）回到家，发现一个男人和女人睡在他的卧室中。他认为他的妻子和另一个男人睡觉，就将这两个人当场杀死。当他离开家时，遇到了从市场回来的妻子。由于这段经历，他决定用自己的余生向陌生人提供住宿接待。

虽然不那么多彩有趣，但法国修道士圣·阿曼德（584~679年）被罗马天主教视为旅馆业主的神圣，并把他的纪念节日定为2月26日。[13]圣·阿曼德从法国勃第开始他的传教士工作。他的工作使他走遍欧洲并在比利时修建了好几个寺院。他的寺院被认为是疲倦的游客可以得到舒适住处和可口食物的好地方，他一直被人们认为是一流的经理。

第三个"圣人"是圣·诺泊加，在她的家乡奥地利的埃本/毛拉赫有一座教堂供奉她。教堂文献将她描述为"为仆人的幸福献出她的一生的农家女孩"，她被认为是餐饮服务的"圣人"。

## 住宿业的历史

没有人确切地知道最早的旅馆何时开始营业。自有记载的历史以来，就有关于旅馆的记载。可以肯定的是，第一个旅馆是为旅客提供住处的私人住所。公元前500年，希腊古城科林斯等城市确实有很多为游客提供食品、饮料和床位的设施。

圣·阿曼德是旅馆业主的神圣。（《住宿业杂志》提供）

早期的罗马旅馆提供房间，有时提供食品，尽管他们的接待是否殷勤周到仍然是个未解决的问题。《康奈尔季刊》（Cornell Quarterly）引用了《旅馆业主法》的一段话："在古罗马，平民和他们的房屋一般受人歧视，希腊也如此。罗马是一个骄傲的民族,他们认为经营旅馆是一种低等的工作,因此他们通常将这类设施交给奴隶经营。"

在中世纪,建在公路旁边的旅馆的声誉受到人们的怀疑。一首佚名的英文诗这样描写威尔士的一家缺少接待服务的旅馆:

> 如果你要去多格利,
> 千万别住进狮子饭店,
> 因为没有东西果腹,
> 也没有人回应铃声!

在这一时期,店主掠夺和抢劫游客是司空见惯的。[14]甚至在今天,关于不讲道德的旅馆业主的传说仍然是我们传统文化的一部分。在流行音乐喜剧《悲惨》(Les Misérables)中,最有趣的人物之一是旅馆业主特纳迪尔,他唱道:"有虱子要收他们钱,有老鼠再多收一点!"[15]

17世纪中叶,英国和欧洲大陆的私人旅馆已经发展得比较成熟,旅馆的名声也有所提高。塞缪尔·约翰森描述了风行那个时代的观点:"一家好旅馆或客栈能给男人们带来无拘无束的欢乐。"[16]在那个时代,旅馆是重要的集会场所,政治家和文学家们定期聚集在这些小旅馆内。一个历史逸事收集者讲述了托马斯·泰尔福特的故事,托马斯是一位英国工程师,他被认为是一个著名的人士和快乐的伙伴。故事这样描述:"在伦敦,他住在查灵十字街的海船旅馆,那里总是聚集着他的很多朋友。一个新店主买下了这家旅馆。他不知道泰尔福特将要搬进自己在阿槟顿街的房子。他知道了这件事后,非常沮丧。'不要离开!'他惊叫着,'我刚为你支付了750英镑'。"[17]在法国,按天、星期或更长时间出租房间的大型建筑被称为菜肴旅馆。1760年,德文郡第五世公爵在伦敦命名一个住宿设施时,第一次使用了"饭店"(hotel)这个词。[18]

美国第一家饭店于1794年开业,是位于纽约市的"百老汇街城市饭店"(City Hotel on Broadway),拥有70间客房。历史学家丹尼尔·伯尔斯汀指出,美国饭店的作用与欧洲饭店的作用截然不同:

> 由于缺少王室宫殿作为"社交"中心,美国人在社区旅馆内营造了类似的环境。饭店通常是慷慨大方的私人娱乐中心(这里的活动受到公众的瞩目),也是最重要的公开庆祝活动中心。旅馆大堂像皇宫的外殿一样,成为人们消磨时间的去处、汇集流言蜚语的中心,以及展示身份、富有和权力的首选地点。[19]

1829年在波士顿开业的特雷蒙特饭店（Tremont House）是最早在建筑上明显地反映出这个目的的一个饭店，该饭店拥有170间客房。饭店两旁有带柱子的大理石门廊，其公共房间装饰着爱奥尼亚式圆柱，其设计给人一种富丽堂皇的感觉。特雷蒙特饭店是第一个拥有行李员、前台员工、客房门锁和为客人提供免费肥皂的饭店。它被认为是美国的第一个现代饭店。其设计者艾塞亚·罗杰后来又建造了许多饭店，成为19世纪最有影响的饭店建筑师之一。

　　饭店是公众能够体验到新技术的第一个地方。特雷蒙特饭店是美国最早安装了上下水管道设施的大型建筑之一。波士顿的东方交易所饭店（Eastern Exchange Hotel）是第一个安装了蒸汽暖气的公共建筑。电梯也首先在饭店中使用。纽约的第五大道饭店（Fifth Avenue Hotel）在1859年安装了一部电梯。托马斯·爱迪生1879年宣布发明了白炽灯泡后不到3年，这种灯泡就在饭店中试用。纽约市的帕克街埃弗雷特饭店（Hotel Everett on Park Row）是第一个采用电力照明的饭店。[20]

　　**住宿业先驱者**　世界最早的著名旅馆经营者之一是一名法国人，他十几岁就开始了他的旅馆经营事业。塞扎·里兹（César Ritz，1847~1935年）后来成为瑞士卢塞恩国家大饭店（Grand National Hotel）和伦敦塞沃伊饭店（Savoy）的经理，他让管弦乐队在餐厅现场演出，他要求进入餐厅的人必须身着晚礼服，并限制无人陪伴的女子进入餐厅。[21]后来，里兹回到巴黎创建了著名的里兹饭店，这个名字在全世界成为豪华和质量的代名词。里兹是第一个在每个客房房间内设置卫生间、壁橱和电话的饭店经营者。里兹不放过任何细小的事情。他发明了丝绸灯罩，因此饭店的电灯泡放射出的杏黄色光线，照在女士的脸上不像过去的光线那样刺眼。饭店开业那天，里兹认为餐厅的餐桌高了两厘米，他在客人到达之前将所有的桌子腿都锯掉两厘米。[22]

　　里兹在事业中最紧密的合伙人之一是乔治·奥古斯特·埃斯科菲尔（Georges Auguste Escoffier）。埃斯科菲尔凭借自己的能力而闻名于世，开始以厨师闻名，后来以改革厨房管理技术而闻名。埃斯科菲尔写了一本烹饪书，书名是《厨艺指南》（Le Guide Culinaire）（该书现在被称为《埃斯科菲尔》）。许多重要的饭店现在仍然按照这本书中的烹饪方法烹制菜肴。

　　美国最古老的、现在一直在经营的饭店是波士顿学校街的帕克旅馆（Parker House）[现在的名称是欧米尼帕克旅馆（Omni Parker House）]。马萨诸塞州的一个餐馆老板在1855年创建的帕克旅馆在很多方面都有创新。帕克旅馆是最早背离美国式收费制、接受更灵活的欧洲式收费制的旅馆之一（按照欧洲式收费制，客人分别支付房费和餐费）。它还是第一个在任何时间（而不是按固定时间）都向客人提供膳食的旅馆，也是波士顿第一个安装了客人电梯的建筑。[23]毫无疑问，根据詹姆斯·比尔德的描述，帕克旅馆最著名的发明是"帕克旅馆面包卷"，这是一种松软的甜面包卷，"食用时要抹很多黄油"。[24]

1855年在波士顿开业的帕克旅馆向全世界提供近乎完美的帕克旅馆面包卷。

埃尔斯沃思·斯塔德勒第一个认识到统一饭店标准的必要性。1878年，他在西弗吉尼亚的威灵开始他的饭店生涯，当时他是一名旅馆侍者。1908年，斯塔德勒在纽约布法罗开设了第一个以他的名字命名的饭店。饭店里的每个房间都备有电话、现代管道、冰水、有照明的大型壁橱和其他客人用品和设施。不久，他在克利夫兰、底特律、圣路易斯和波士顿又开设了多家斯塔德勒饭店。斯塔德勒的天才在于他创造连锁店服务和简单化的经营的能力。他早晨向客人提供免费报纸，还为客人提供收音机，不另收费，他甚至制定了《斯塔德勒服务规则》，所有员工必须牢记和随身携带这些规则。

另一个连锁饭店的先驱者是康拉德·希尔顿，他于1887年生于新墨西哥淮州地区的圣安东尼奥。年轻的康拉德开始他的饭店生涯时是在家里向旅客出租房间。1919年，他在得克萨斯州西斯科买下了他的第一家饭店——莫泊雷饭店。希尔顿在一生中不断地购买饭店（他于1979年逝世），包括沃尔多夫—阿斯托里亚饭店，他的公司于1949年购买了该饭店的控股权，于1954年购买了全部斯塔德勒连锁饭店。

波士顿的投资者欧内斯特·亨德森于1941年创建了曾经是世界上最大的饭店连锁集团——喜来登连锁集团。20世纪30年代中期，亨德森和他的合伙人罗伯特·洛厄尔·穆尔在新英格兰购买了几个饭店，从而开始了他们的连锁经营。其中一家饭店的楼顶上有一个标有"喜来登"名称的昂贵的灯光标志。去掉这个标志需要花很多钱，所以业主们决定保留这个标志，未来的所有饭店都使用这个标志。[25]亨德森的主要兴趣是创造新的资金筹措方式和提高财产价值的其他方法。

在美国公路沿线修建标准的住宿设施的理念是凯蒙斯·威尔逊发明的，威尔逊原来是田纳西州孟菲斯的一个电影院经营者和土地开发商。一次全家外出度假归来后，威尔逊很不高兴，因为他认为他住的汽车旅馆达不到标准，而且老板多收了他的钱。1952年，威尔逊在孟菲斯修建了他的第一个假日饭店。该旅馆的独特之处是

位于田纳西州孟菲斯的第一个假日饭店。（洲际酒店集团供稿）

设有一个餐厅，当时大多数汽车旅馆都没有餐厅，而且每个房间都有两张双人床。威尔逊认为不应该向父母收取他们孩子的住宿费。他自己有3个孩子，在那个使他恼怒的汽车旅馆里，他为孩子们支付了额外的住宿费。威尔逊在营销方面的另一个发明是大型饭店标志（通过多年的剧院经营，他认识到了独特标志的价值）。威尔逊还认识到了留住客人的价值。他让他的经理们用电话为那些在旅途中想住其他假日饭店的离店客人预订客房。与斯塔德勒一样，威尔逊为住店客人提供一些免费的"额外服务"：免费电视，免费冰块，每个房间都有电话。

## 餐饮服务的历史

17世纪，饭店在大西洋两岸都站稳了脚跟，这时餐馆也得到了长足的发展。据《食品的历史》（Food in History）一书的记载，专业化烹制食品不是新概念：

众所周知，尼布甲尼撒时期的美索不达米亚地区的人和中世纪近东地区的人宁愿不在家里烹制食品，而到市场上购买五香肉丸子、烤羊肉、鱼饼、薄饼和甜杏酱。购买制成食品的习惯可能来自阿拉伯世界，经过西班牙传入欧洲……[26]

法国路易十四世国王在欧洲极力激励人们烹制精美食品的兴趣。他使就餐成为正式的活动。第一个有别于旅馆、小酒馆和小吃店的餐馆于1765年在巴黎的博朗哥开业。第一个伦敦餐馆（主要供应法国食品）直到1830年才建成。[27]托马斯·杰弗逊在法国当公使时，学会了品尝法国食品和葡萄酒。当他成为总统时，他在白宫的宴会上使用这些法国食品和葡萄酒。1832年，美国的第一个大陆式餐馆、纽约市的戴尔曼尼科斯餐馆（Delmonico's）开业。

**餐饮服务先驱者** 铁路促进了饭店的发展，美国的第一个连锁餐馆的建立也得益于铁路的发展。1875年，40岁的英国移民弗雷德·哈维在堪萨斯太平洋铁路沿线开设了两个小型餐馆。[28]不久，他又在艾奇逊、托皮卡和圣菲铁路沿线开设了多家餐馆。哈维坚持提供精美食品并重视质量。他的菜单上的精美食品包括新鲜牡蛎、海龟、配有白兰地酒的奶油桃布丁，清洁的餐厅里装饰着精美的布巾。哈维的餐饮服务生也很有名，这些服务生被称为"哈维女孩"。在缺少服务质量的那个时代的西部地区，这些女孩代表着清洁、礼貌和好客的完美标准。

1925年，霍华德·约翰逊在马萨诸塞州的伍拉斯顿购买了一个小杂货店。为了增加杂货店的收入，不久他开始出售巧克力冰淇淋产品。冰淇淋销量非常好，所以，约翰逊又增加了其他口味的冰淇淋,最后发展到 28 种口味,结果 "28 风味"(28 Flavors)变成他的商标。约翰逊是最初的连锁店经营者之一。到 1940 年,他已经拥有了 100 家路边餐馆,出售霍华德·约翰逊的冰淇淋和其他食品。

与斯塔德勒一样,约翰逊着眼于标准化和质量控制。霍华德·约翰逊的每个连锁餐馆的建筑、装修和座位安排都有统一的标准。约翰逊还建立了一个食品供应中心,以保证其餐馆食品的一致性和质量。该食品供应中心向全国的霍华德·约翰逊连锁餐馆输送加工好的冷冻主菜。约翰逊要求其连锁餐馆必须从他的供应中心购买所有产品,并严格按照他规定的标准经营餐馆。

雷·克罗克于 1955 年 4 月 15 日在伊利诺伊州德斯普兰斯创立了第一家麦当劳特许经营餐馆。建立在原址上的"第一家餐馆/博物馆"几乎是第一家餐馆的复制品(为了方便参观者和员工,馆内设置了少量售餐点)。路边的快捷标志(Speedee)是当年的原件。(麦当劳公司供稿)

最后,还必须要提到麦当劳的创始人雷·克罗克(Ray Kroc),否则关于餐饮服务先驱者的讨论就不完整。克罗克 52 岁时是一名奶昔机推销员,他去拜访在加利福尼亚州的圣贝纳迪诺开汉堡包店的两个兄弟。这两个兄弟无意扩大自己的经营概念,他们的经营概念的标志是大型灯光装饰的金色拱形,但是克罗克对这个标志十分感兴趣。克罗克购得了40年特许经营权。克罗克首先在美国国内拓展他的连锁餐馆,然后推向世界。麦当劳的成功在很大程度上取决于它承诺的"QSC&V",即质量(quality)、服务(service)、清洁(cleanliness)和价值(value),以及采用的霍华德·约翰逊最初提出的标准化理念。

## 注释

[1] *Encyclopedia Britannica*, 15th ed. (Chicago: Encyclopedia Britannica Inc., 1975), p. 757.

[2] Reay Tannahill, *Food in History* (New York: Crown Publishers, 1988), p. 138.

[3] Cited by Robert Wechsler in *All in the Same Boat: The Humorists' Guide to the Ocean Cruise* (Highland Park, N.J.: Catbird Press, 1988), p. 44.

[4] Ellen Williamson, *When We Went First Class* (New York: Doubleday, 1977), p. 112.

[5] Daniel J. Boorstin, *The Americans: The National Experience* (New York: Vintage Books, 1965), p. 141.

[6] James J. Flink, *The Automobile Age* (Cambridge, Mass.: The MIT Press, 1992), p. 6.

[7] Ibid.

[8] Ibid., p. 10.

[9] Ibid.

[10] Ibid., p. 18.

[11] These statistics were found in *Highway Statistics* 2004, U.S. Department of Transportation; and the Bureau of Transportation Statistics, www.bts.gov.

[12] David Hughes Farmer, *Oxford Dictionary of Saints* (Oxford: Oxford University Press, 1987), pp. 243–244.

[13] Mark Collins and Robert J. Collins, "In Noble Footsteps", *Lodging*, April 1995, p. 158.

[14] "The Evolution of the Hospitality Industry", *Cornell Quarterly*, May 1985,

p. 36.

[15] *Les Misérables* by Alan Boubil and Claude-Michel Schonberg, based on the novel by Victor Hugo. Lyrics by Herbert Kretzmer. Copyright 1985 Exallshow Ltd.

[16] Samuel Johnson, 21 March 1776, in *Boswells Life of Johnson*, L. F. Powell's revision of G. Hill's edition, Vol. 2, p. 452.

[17] Clifton Fadiman, *The Little, Brown Book of Anecdotes* (Boston: Little, Brown, 1985), p. 536.

[18] Donald A. Lundberg, *The Hotel and Restaurant Business*, 4th ed. (New York: Van Nostrand Reinhold, 1984), p. 21.

[19] Boorstin, p. 135.

[20] Ibid., p. 139.

[21] Richard A. Wentzel, "Pioneers and Leaders of the Hospitality industry", reprinted from *Hospitality Management* by Robert A. Brymer (Dubuque, Iowa: Kendall Hunt, 1991), p. 29.

[22] "The Cowberd Who Made the Ritz Ritzy", *Lodging*, December 1993, p. 56. This article was adapted from a story by Mary Blume, published in the *International Herald Tribune*, 12 October 1993.

[23] "Eating In, All-American Fare", *Lodging*, September 1994, p. 112.

[24] Ibid.

[25] Larry Littman, "Despite Its Rocky Start, Hotel Industry Continues to Flourish into the 1990s", *Travel Agent Magazine*, 26 February 1990, p. 62.

[26] Tannahill, pp. 173 – 174.

[27] Ibid., p. 327.

[28] Information in this and the following paragraph is cited from John Mariani, "Working on the Railroad", reprinted in *Restaurant Hospitality*, January 1992, p. 71, from Mariani's *America Eats Out* (New York: Morrow, 1991).

# 第一部分
# 导言

希腊圣托里尼岛景色。(照片由 Cornel Achirei-PixAchi 提供)

（照片由喜达屋酒店及度假村国际集团提供）

# 1 服务产生差别

## 概要

什么是服务

服务行业中的管理与营销面临的挑战
  产品的性质
  顾客在生产中的作用
  人是产品的一部分
  保持质量控制
  没有库存
  时间的重要性
  不同的销售渠道

在不尽如人意的条件下提供最佳服务
  战略计划
  生产能力受约束的行业中应对挑战的计划

服务的战略眼光
  瞄准一个细分的市场
  重视服务战略

兑现服务承诺
  提供优质服务的关键
  迪士尼风格的服务

小结

## 学习目的

1. 学习"服务"的定义及服务业与制造业的区别。

2. 掌握战略计划的重要性；战略计划的过程；生产能力受约束的行业中应对挑战的计划。

3. 了解服务的战略眼光的基本内容；提供优质服务的关键；迪士尼的四个基本服务要点。

在世界的许多地方，饭店业已经是一个成熟的行业。也就是说，它已经度过了快速成长和改革的阶段。现在没有多少新发明能影响我们出门在外的食宿方式。过去，客人们会很容易地感觉到这家饭店或餐馆在形式上或者品牌上与另一家的不同，因为每家在各自的市场领域里都是独树一帜的。假日饭店集团（Holiday Inns）、凯悦酒店（Hyatt）、麦当劳以及T. G. I. 星期五餐馆（T. G. I. Friday's）都具有与众不同之处。在同一个公司的所有连锁店中，其建筑、装潢、供客人享受的设施和环境及菜单都是相同的。但是不同的连锁公司之间却存在着明显的不同。你能够在麦当劳买到汉堡包，但是如果你想吃鸡，就必须光顾肯德基。所有的假日饭店都设有游泳池，但是天天旅馆（Days Inn）却没有。

现在这些区别中的大部分已经不复存在了。随着饭店连锁店和餐馆连锁店为适应更广阔的市场而重新定位，它们的独特性正在消失。不仅在肯德基可以买到鸡，在麦当劳、汉堡王（Burger King）和温迪餐馆（Wendy's）也可以买得到。唐恩都乐（Dunkin' Donuts）出售硬面包圈，但是如果你想买一碗辣椒，你可以到温迪餐馆去买，也可以到红辣椒餐馆（Chili's）去买。不少天天旅馆现在都设置了游泳池。饭店之间的区别正在淡化。例如，前庭以前只是凯悦酒店的独家标志，但现在许多饭店都有前庭，甚至在许多豪华邮轮上也很常见。

由于在设施和产品方面的明显区别已经消失，因此顾客们从其他方面来比较不同品牌的饭店。选择面很宽。其中的一个不同点是方便性。一些连锁饭店几乎在每个主要城市都有多家分店，但是有些连锁饭店的分店则很少。另一个不同点是价格。澳拜客牛排店（Outback Steakhouse）的牛排要比莫顿餐馆（Morton's）便宜得多。

但是大多数顾客心中最有说服力的比较因素是**服务**。为什么？其主要原因与当今人们繁忙的生活方式有关，这种生活方式决定了我们要优先考虑的因素。大量的双薪家庭和越来越多的单亲家庭的出现，使时间成为我们今天生活方式中优先考虑的因素。今天很少有人能够奢侈地花费很多时间逛商店，以得到最实惠的价格、最高的品质或者最快的服务。现实的态度是：我们需要这些东西，这些东西是已知的，

当今饭店业　AH&LA　HOSPITALITY TODAY An Introduction

圣莫尼卡海滩洛伊斯酒店的大堂以其与众不同的装潢迎接客人。（洛伊斯酒店供稿）

如果得不到我们期待的东西，我们就会不满意。

还有另一个因素在起作用。许多研究表明，在过去的50年里生活的压力越来越大。你死我活的竞争已不再是委婉的词语而是活生生的现实。其中的一个解决办法是购买一种服务，这样我们就不必事必躬亲。这样做不仅可以缓解我们日常生活中的一些压力，而且我们还会觉得自己被呵护、被照料，会觉得自己更重要，因为有人为自己做饭、整理床铺和提供娱乐。服务就是"期待"，这就是贯穿本章的内容。

## 什么是服务

服务的一般定义是："为他人工作。"但是这个定义与"服务"这个词的真正意义相差很远。如果一个顾客在一个餐馆就座，点了一个中等熟度的牛腰排，等了30分钟后，他得到了一个烤鸡胸，我们很难将此称之为"服务"。尽管它符合"为他人工作"的定义。

为了更好地理解服务的含义，让我们看一看世界上最受赞誉的饭店之一，看一看它的真正的服务经验。根据许多旅行作家的印象及对经常旅行的人所作的调查，世界上最好的饭店之一是曼谷的文华东方酒店（Mandarin Oriental）。一些著名的作家，如詹姆斯·米切纳尔和诺尔·科华德都曾在该饭店居住期间写就了书稿。文华东方酒店的服务堪称无与伦比。这是怎样取得的呢？

在文华东方酒店预先登记的客人会被问及他们将乘坐的航班号及是否需要从机场到酒店的豪华轿车服务（曼谷的交通很糟糕，很难找到出租车，文华东方酒店的豪华轿车的价钱与出租车相同）。客人一出曼谷机场的海关就受到酒店经理助理的问候。他拿过客人的行李牌并同时通知豪华奔驰轿车，在客人等待行李和汽车的时候，他办好客人的入住登记手续并记下客人的信用卡信息。他们离开机场时，经理助理用无线电话将客人的名字和车牌号告诉酒店。他们的车抵达饭店门口时，门童称呼客人的名字问候客人。此时，另一位经理助理立即陪同客人直接到房间。根据客房等级的不同，文华东方的服务还不限于此。每间客房都有印有客人名字的专属文具。入住套间的客人一到，一位服务员会立即上前问候并帮助打开行李和熨烫褶皱的衣服。每个房间的水果盘每日添加多次。所有的饭店员工都会称呼客人的名字问候客人。为保证这种水准的服务，饭店的员工与客人的比例是3:1，在大多数国家这个比例几乎是不可能获得经济效益的。更值得一提的是，该酒店还开办了一所全国最好的饭店学院。优秀毕业生会被文华东方酒店聘用，其余的人也都能很容易地在其他饭店和餐馆找到工作。

文华东方酒店所作的每一步都超过了客人对入住该饭店的期望值。首次光临的客人没有想到会有一位经理助理在机场恭候，而且等待行李的同时就能办好入住登记手续，抵达时会受到冠名问候，由另一位经理助理而不是行李员陪同去房间，在房间里能看到自己的专属文具，等等。正是这种超越客人期望值的服务能力，使该酒店赢得了卓越的国际声誉。

餐馆和饭店的客人都会有一定的期望。想一想，我们认为好餐馆的"优质服务"应该包含什么？客人在打电话预订的时候就对餐馆的服务产生了第一印象。电话那端的人是否彬彬有礼？他们是真心实意地接受你的预订还是认为预订电话是多余的打扰？下一个印象可能是替客人泊车。泊车的速度快不快？客人受到热情接待还是只得到一张停车票而已？当客人走进店门时谁恭候他们，怎样恭候？餐厅的接待人员是否整洁得体、彬彬有礼并且关注客人的需求（例如，立即引领到座位或一张非吸烟区的桌子边坐下）？客人坐下后，是否很快就被服务员注意到（通常只要眼睛光顾到即可）？是否马上就将水和面包送到桌子上？需要等待多久才可以开始点菜？所点的食物能否及时送上？客人是否得到他们所点的食物并且符合要求？服务员是否记住了谁点了什么？这些只是客人评价餐馆的一些标准。如果这个过程的所有步骤都做得比预期的好，即现实比预期好，那么客人对服务的评价就会是"中上"或者"上"。如果现实与预期相符合，客人得到了他们所预期的东西，不多也不少，那么服务是令人满意的。但是如果现实不如预期，客人对服务的评价就是"差"。

需要进一步注意的是：在对服务的评价中，价格起着非常重要的作用，因为它会对顾客的期望值产生影响。如果顾客在快餐店买了一个汉堡包，那么他对这个汉堡包的期望值绝对不同于他在豪华饭店的正餐馆所买的那个汉堡包。因为花的钱多，所以他对后者的期望值也就更高。

记住这一点是非常重要的：我们应该考虑的因素是接受服务者（顾客）的期望值，而不是提供服务者的期望值。经理们常常这样设想，如果他们认为自己提供的是优质服务，那么这些服务就一定是优质服务。他们的期望值可能与顾客的期望值完全不一样，让经理们认识到这一点是很难的。

在这样的背景之下，我们现在需要给服务，或者更具体地说，给优质服务下一个更精确的定义。一种方法是，将服务看做是一种以直接满足顾客需求为目的的表演。这是一个非常好的比喻，它常常被论述服务管理的书所引用。赞成这种方法的人认为，顾客在饭店和餐馆中的经历与他们在剧场中的经历相似。在剧场里，观众所观赏到的仅仅是舞台上的演出，舞台就是前台。然而很多的事情都发生在幕布的后面——后台。饭店也使用这些从剧场中学到的术语。可以把饭店员工比作舞台上的演员。在迪士尼度假饭店和主题公园中，所有的员工从进入顾客视线的那一刻起，就成为剧中人物的扮演者，并且开始在舞台上演出。通过套用演出的术语，迪士尼

27

提醒他们的员工不要忘记：任何时候的表演都要按客人所期望的方式进行，不要以自己喜欢的方式进行！

所以，我们为"优质服务"下的定义是：按照顾客们的希望和预期去满足他们的需要。显然，"最佳服务"意味着要超越他们的期望值。

## 服务行业中的管理与营销面临的挑战

在传统上，人们描述和研究服务业（包括饭店业）中的管理和营销所采用的方法与产品制造业相同。这种观点认为，管理就是管理，营销就是营销。只要你懂得了基本原理，那么不论是在餐馆里推销一碗汤，还是在超级市场推销一瓶汤罐头，它们之间没有什么区别。

我们现在已经不这样认为了。事实上，有很多非常重要的差别影响着服务企业的管理模式。生产**无形产品**（例如，舒适、安全和愉悦的体验）的饭店和餐馆与那些生产有形产品（例如，汽车或盒装麦片）的企业面临着非常不相同的管理和营销挑战。克里斯托弗·H·洛夫洛克找出了两者之间的不同。[1] 对饭店业来说：

- 产品的性质不同；
- 顾客更多地参与生产过程；
- 人是产品的一部分；
- 保持质量控制标准比较难；
- 提供的服务不能储存；
- 时间的因素更为重要；
- 销售渠道不同。

让我们进一步讨论这些不同点并且思考一下它们的内涵。

### 产品的性质

制造业的产品是有形产品。我们可以把产品拿起来、带走，或者用其他方式处置。如前所述，服务是一个表演或者过程。对一个饭店或者餐馆的服务进行市场营销，虽然涉及一些物品，例如床和食品，但是仍然与产品的营销不一样。例如，客人选择饭店时，他们会考虑如下因素：地理位置、服务设施（水疗设施、商务中心等等）及他们预期的服务内容。他们打电话预订时，饭店通常根据客房的价格、大小或位置预留某一类型的客房，但是很少预留具体的房间（除非是残疾人的专用房间），具体的房间在客人登记入住时才确定。客人抵达后，他们使用饭店的设施、在饭店就餐，但这不是他们购买的全部内容。他们同时还购买了饭店工作人员提供的服务：送餐服务、行李服务、洗衣服务，所有这些服务都是无形的。饭店必须在管理有形产品的同时也管理这些无形的服务产品，必须说服潜在的客人购买饭店提供的服务，这些服务是不能用图片展示的，有时甚至无法用语言充分描述。

## 顾客在生产中的作用

在制造业中，顾客不参与产品的生产。汤是在工厂生产和包装的，顾客只是在超级市场或便利店购买。生产汤的工人看不到喝汤的人，喝汤的人想喝汤时也不必到工厂去。生产和消费这两个活动是完全分开的，但是在服务行业，则是另外一种情况。

餐馆或饭店在实际意义上其实是一个工厂。这个工厂为来到这里的顾客生产服务产品，顾客能亲眼看到员工把各种服务组合在一起，顾客甚至可以参与生产服务的过程，例如，当顾客自己在色拉台选配色拉时，他们就成为食品生产和服务过程的一部分。一些服务比另一些服务更需要员工和顾客的相互作用。但是由于这是服务（产品）的一部分，因此应该对员工和顾客的相互作用进行管理，这是制造业的经理从未遇到过的问题。

## 人是产品的一部分

在饭店或餐馆这类服务行业中，顾客不但与员工接触，而且还与其他顾客接触。这样，其他顾客就成为产品（我们将其定义为"表演"）的一部分，这些其他顾客通常可以影响服务的质量。你看电影或看演出时是否有这样的经历？你身后的观众不保持安静，这使你很扫兴。如果你到餐馆去是为了享受一个宁静浪漫的夜晚，而邻桌有12位客人在大声喧哗，庆贺某人的生日，你会有什么样的感觉？商务旅客在一个城市饭店预订了一间每晚300美元的房间，但是入住登记却因为刚刚到达了一车游客而被推迟，或者一个会议团体坚持要比他人提前用早餐，以便能准时参加他们的第一次会议，这些都会使这位商务旅客感到很烦恼。同样，如果你盛装去参加一个高雅的招待会，其他客人的衣着也会增加你的兴致。

总之，与顾客打交道的所有人员，既包括其他顾客也包括员工，都是服务产品中不可分割的部分。他们通常是决定各个饭店之间的服务质量差别的主要因素。

## 保持质量控制

工厂生产一个产品时，出厂前可以对其进行质量检查。只要有恰当的质量控制程序和进行恰当的质量检查，残次产品就不会出厂。但是服务和其他舞台表演一样，是在实时进行的。这就意味着错误是不可避免的。克里斯托弗·H·洛夫洛克教授引用了一个假日饭店总经理的一段话，这位总经理原来曾经当过包装食品营销员：

员工是饭店和餐馆提供的产品的一部分。因此,员工的服务态度在提供"服务产品"(例如,"友好"和"美好的经历")的过程中起重要作用。(田纳西州纳什维尔盖洛德奥普瑞兰度假酒店和会展中心供稿)

  我们不能像宝洁公司的质量控制工程师那样在生产线上控制产品的质量……你购买一盒"象牙"牌肥皂时,你有99.44%的把握,这个产品能够把衣服洗干净。但是你购买"假日饭店"的一间客房时,你对下面这些因素的把握程度会低一些,例如,我们是否能让你睡一个不受干扰的好觉;其他客人是否会把墙壁弄得砰砰响;在其他饭店里可能发生的不愉快事情是否会在这里发生。[2]

## 没有库存

  制造商可以将他们的产品存放在仓库中供需要时使用。然而,由于服务是现场表演,不可能事先制造出来,或者贮存起来备用。这就意味着有时会出现供不应求的现象。如果饭店客满，就会拒绝接待客人；餐馆的客人也可能要等候1小时或更久才有空桌。为此，对服务进行营销的重点通常是控制需求。

## 时间的重要性

由于大部分饭店的服务是在"工厂"里提供（表演）的，顾客必须到现场才能接受服务（除非是从餐馆订购外卖食品，即便如此，也会涉及送餐服务，这时候时间是一个关键的因素）。顾客来到后，他们就期望得到"及时"的服务，也就是希望"即要即得"。在餐馆，顾客不但期望立刻点菜，而且期望食物能在合理的时间内送到。因此，与生产产品相比，时间在生产服务的过程中通常起着更重要的作用。顾客必须要等待有人来"表演"服务，可能要等一小会儿，也可能要等很长时间。但是如果他们需要制造产品，则不用等待，因为产品已经存放在货架上了。由于顾客必须要等待才能得到服务，因此饭店企业就必须制定策略，使顾客在等待服务的期间不会感觉到被忽视或者被轻视。

其他客人是人们在整个饭店体验中的一个重要部分。（田纳西州纳什维尔盖洛德奥普瑞兰度假酒店和会展中心供稿）

31

## 不同的销售渠道

制造产品的公司用卡车、火车或飞机将产品从工厂运送到批发商、分销商或零售商手中，然后由他们将产品销售给最终用户。但是服务性公司的情况就不同了，顾客直接进入工厂或者直接与工厂接触。例如，饭店的顾客可能用电话或者直接到前台预订房间。不论哪种情况，服务企业都必须训练员工与顾客打交道的营销能力。制造产品的员工则基本上不需要这种技能。即使有中间人参与（例如旅行社），向顾客传送服务也需要很多"人际关系技能"，而向顾客传送物理产品，例如，把产品从工厂传送到仓库，然后再传送到零售商店，则不太需要这种技能。

## 在不尽如人意的条件下提供最佳服务

服务行业的高层管理人员应具备的最重要的经营能力是计划未来的能力。尽管日常经营可以由其他人实施，但是必须有人考虑下一年甚至更远的工作。这就是高层管理者的工作，即为任何需要成功的企业制定生存战略。这也是提供最佳服务的关键，而且必须从组织的最高层做起。

## 战略计划

宏观的长期计划被称为战略计划。公司必须为自己制定总体业务目标，否则就必定会迷失方向和不知所措。这些总体目标通常被称为公司的宗旨，并以宗旨陈述的形式出现。下面是星巴克的宗旨陈述全文，星巴克被《财富》杂志评选为全美国最受欢迎的公司之一：

将星巴克建成全球极品咖啡的翘楚，同时在公司不断成长的过程中，始终坚持自己一贯的原则。

下列6项原则将帮助我们判断我们决策的正确性：

- 提供完善的工作环境，并创造相互尊重和信任的工作氛围。
- 秉持多样化是我们企业经营的重要原则。
- 采用最高标准进行采购、烘焙，并提供最新鲜的咖啡。
- 时刻以高度热忱使顾客满意。
- 积极贡献社区和环境。
- 认识到赢利是我们未来成功的基础。[3]

请注意下述词句的使用：极品（finest）、一贯的原则（uncompromising）、完善的工作环境（great work environment）、多样化（diversity）、最高标准（highest standards of excellence)、使顾客满意（satisfied customers） 和赢利（profitability）。你将会认识到这些概念的重要性。

下面是希尔顿酒店集团的宗旨陈述，这个宗旨陈述很简洁：希尔顿要成为全球旅行者的首选（To be the first choice of the world's travelers）。[4]

**战略计划过程** 制定了明确的宗旨之后，公司应该采取一系列的步骤以使该宗旨变成导向力。

**进行 SWOT 分析** SWOT 代表：优势（strengths）、弱势（weaknesses）、机会（opportunities）和挑战（threats）。为了进行 SWOT 分析，公司要审视自身所处的内部和外部环境。经营的优势和弱势是什么？存在的发展机会是什么？来自竞争对手或者源于趋势变化的挑战是什么？这个分析的最终目标是判断公司对当前市场的适应性。

**制定战略** 战略计划可能包括增加部门；吸引新的市场份额，例如，重视节食的人群；开发新产品。万豪酒店采用了最后一种战略，新开发了 3 种类型的万豪酒店品牌：第一个是万怡饭店，即庭院饭店（Courtyard），面向那些希望入住有限服务酒店的旅行者；第二个是住宅旅馆（Residence Inn），面向那些驻留时间较长的客人；第三个是公平旅馆（Fairfield Inn），面向那些花钱精明的商务旅行者，即"走南闯北"的生意人。

**实施战略** 制定了战略之后，必须予以实施。如果一个餐馆连锁店吸引节食顾客的战略是在菜单上增加色拉，那么这个连锁企业必须创造一种在其所有分店中都能采用同一种方式配制的色拉。同时必须要求所有的供应商供应一致的色拉原料，采用相同的制作方法。

公司在实施战略之前，还要注意下面的问题：

- **领导** 经理们必须向他们的员工解释战略计划。继续以餐馆连锁店为例，连锁店的经理必须向员工解释为什么要增加色拉，并且要使他们相信，尽管这个战略需要增加工作量，但是它将会为员工和企业带来好处。
- **组织结构** 有时候为了实施一项战略必须改变组织结构。当塔科钟快餐店（Taco Bell）决定集中力量改进其对顾客的服务时，它取消了分店经理们每周 15 个小时的文书工作，使他们有时间指导员工和满足顾客的要求。
- **公司文化** 为了实施一项战略，必须让员工接受公司文化或者经营方式。他们必须具有共同的价值观和职业道德。迪士尼在两天的岗前培训中向新员工介绍公司的历史。一遍又一遍地讲述沃尔特·迪士尼的人生故事，放映早期的米老鼠动画片，教新员工掌握迪士尼的语言、迪士尼公司专用的词语和概念。这些有助于促进形成家庭感或"亲族"感。

**监控和评估结果**　实施了战略以后,经理必须对其进行监控以保证它们起作用。例如,万豪酒店仔细阅读顾客的意见卡;达美乐比萨店(Domino's Pizza)通过电话向顾客作调查;佛罗里达州卡普提哇岛上的南海农场召开重点顾客小组会。

蒂姆·佛恩斯塔尔是 SGE 公司的创始人,这是位于西雅图的一家餐馆管理公司。佛恩斯塔尔设定了一个目标,要求保证让他餐馆里的所有顾客都满意。然后他制订了一个计划以实现这个目标。他提出了一个公司口号:"保证永远让你满意"(Your Enjoyment Guaranteed Always)。他把这个口号缩写成 YEGA,使所有的员工都能记住。佛恩斯塔尔召开了一系列会议解释自己的想法,然后让全体 600 名员工都签了一份合同,保证他们将贯彻执行 YEGA 承诺。佛恩斯塔尔说:"我们创立了一个 YEGA 标志并将其印在很多地方,例如报告表、培训手册、墙壁标志。我们创办了《YEGA 新闻》,散发 YEGA 徽章、衬衫、姓名牌甚至内衣。我们宣布,不履行 YEGA 可以成为解雇的理由。"最后一步是授权员工实施 YEGA 目标。基于这种想法,佛恩斯塔尔认为,员工能够而且也应该尽力使顾客高兴。"如果出现差错或者延误,包括杂工在内的任何员工都有权向顾客赠送葡萄酒或者甜食,必要时甚至可以免收全部餐费。"[5]

## 生产能力受约束的行业中应对挑战的计划

如前所述,服务企业和制造公司的一个重要不同点是,服务企业不能将制成的产品存放起来。在生产物理产品的过程中,供需的高峰和低谷在某种程度上可以在需求之前,用停产和库存的方式来管理。因此,几乎不需要用即刻生产的方式来满足需求。

由于服务行业不能制造和贮存服务,它们能否赚钱取决于能否有效地使自己的生产能力在特定的时间内和消费者的需要相适应,这种生产能力包括员工、设备及经营库存之类的资源。要做到这一点是非常困难的。如果需求不足,由于为顾客服务的员工过剩,就会浪费生产能力;如果需求大于生产能力,则顾客数量太多,员工或者空间设施无法满足顾客的需要,则会导致生意流失。换句话说,饭店和餐馆是**生产能力受约束的行业**,因此一定要持续不断地管理供给(生产能力)和需求。

**管理供给**　首先让我们看一看管理供给的战略。就饭店和餐馆而言,它们提供由服务"工厂"制造出来的产品的能力是固定的。一个饭店的床位数是固定的;一家餐馆的座位数也是固定的。如果需求大于供给,也就是说,客人的数量大于饭店的床位数或餐馆的座位数,饭店和餐馆的生产能力也是不能改变的。这就意味着在很大一部分时间内,饭店和餐馆必须遵循**均匀生产能力战略**,不管需求有多大,饭店和餐馆只提供相同水平的供给能力。

然而,有些饭店公司可以遵循**追踪需求战略**,即生产能力可以根据需求在有限的范围内进行调整。饭店通常都会有部分机动的余地,例如会议的预留空间。饭店公司的另一种通用策略是拥有一定数量的非全日制员工，他们只是在需求增加时才来上班。饮食公司出租多余的设备，需要的时候也可以用这种方式增加供给能力。最后，公司还可以对员工进行跨工种培训以便他们能够在需要的时候临时替补做其他工作。从长远看，饭店或餐馆可以用扩大现有资产或新建大型设施的方式来增加接待能力。

**管理需求** 因为饭店和餐馆的接纳能力是有限的，所以战略计划的重点应该放在管理需求上。服务行业的管理者的目标之一就是将无法接纳客人（因为运营能力已经饱和）时期的需求转移到有能力接纳客人的时期。做法之一是在淡季促进业务。有些餐馆推出提前就餐的特别价位以增加清晨的需求，同时在大厅里开设"快乐时光"（打折促销时段）以增加晚餐前的需求。

虽然服务不能被库存，但是需求有时候是可以被库存的。例如，经理或员工可以鼓励客人排队或者坐在餐馆的大厅里等候空桌。接受预订也是把需求放到库存中的一个例子。

很多邮轮公司每年都按照季节的变化改变停靠港口，力图用这种方式管理需求。（荷美邮轮公司供稿）

饭店业最常用的影响需求的方法是调整价格。除非被人们充分理解，否则运用价格战略来控制需求是有风险的。饭店每天都面临价格决策，例如，是以较低的团队价位接受一个会议或大型会议的预订，还是保留这些客房以更高的价位给那些商务散客。管理人员作决策时使用的一个工具是收益管理。

有时产品本身也可以变化以帮助平衡供求关系。餐馆通常对午餐和晚餐提供不同的菜单和服务水准。例如，邮轮调整自己的行程，在冬季停靠加勒比的港口，在夏季停靠阿拉斯加的港口。有时可以同时提供不同的服务水准，以满足不同群体的需求水平。例如，航空公司的头等舱、公务舱和经济舱都设置在同一架飞机上；在饭店设置行政楼层。

最后，沟通策略在平衡需求中也起着很重要的作用。一个经过缜密考虑的广告计划能够帮助度假村对需求施加影响，用特定的价位在淡季吸引新的市场份额；同样，在正常季节，可以把目标瞄准那些愿意支付全价的客户群体，以保持高水平的需求。

促使人们采用这些策略的原因是，饭店和餐馆都面临一个严酷的现实：由于其本身物理设施的原因，饭店和餐馆的固定成本都很高。这些固定成本无法降低，因此必须找出能最大限度发挥饭店和餐馆潜力的战略和策略。一旦达到这个盈亏平衡点，生意上稍微有所增长，就会产生可观的效益。

## 服务的战略眼光

哈佛商学院工商管理教授詹姆斯·海斯科特指出，所有成功的服务公司都具有他所谓的"服务的战略眼光"，即服务企业管理者使用的蓝图。蓝图的内容包括：（1）瞄准一个细分的市场；（2）重视服务战略。[6]让我们通过海斯科特和其他人列举的案例和观点详细讨论这些内容。

### 瞄准一个细分的市场

任何一件产品或服务都不可能适合所有的人。有些人希望住在设有好餐厅的饭店，因为他们在旅行中愿意享用美食；另一些人不太在意食物，但是重视饭店的健身房和水疗设施，以便自己能够得到放松和锻炼；一些旅游者希望客房舒适并有一张书桌，这样他们可以在这里工作；另一些人则不打算在客房逗留很久。同样，一家餐馆也不可能取悦所有的人。人们对食物的口味各异，对于什么是愉快的外出就餐经历的看法也不一样，他们愿意付多少钱吃一顿饭的想法也不一样。

酒店产品的家具陈设、装饰风格、房间布置和设计都应该符合目标市场的需要和愿望。一些目标市场的顾客希望房间很舒服但不要太多的附加设施，而另一些顾客则寻求度假体验。（丽笙阿鲁巴酒店，照片由卡尔森国际酒店集团提供）

由于饭店和餐馆不可能取悦每个人，于是他们挑选出某些消费群体或者细分的市场，力图使这些消费者认为他们提供的产品和服务优于其他竞争对手。例如，麦当劳的基本客户群是那些有小孩的家庭。温迪餐馆（Wendy's）则瞄准那些喜欢现点现做汉堡包的成年人，从历史上看，温迪餐馆从来也没花气力吸引儿童。福德鲁克斯（Fuddruckers）是高端汉堡包餐馆，其环境设计面向成年人，出售体积大、价钱昂贵的汉堡包和啤酒。波士顿的欧米尼帕克旅馆（Omni Parker House）专注于接待商务散客，不接待大巴车旅行团队，除非是7月和8月的周末，这时是传统的淡季。只有在大批商务旅客不入住的时候，才会提供小型周末度假包价服务。

## 重视服务战略

饭店业采用的不同服务概念不是一些杂乱无章的营销想法。一家饭店或餐馆，包括它的服务，都是经过精心设计的，以适应有限的市场细分，提供服务的方式也要迎合目标市场消费群体的期望值。

研究显示，大多数人们相信，购买无形服务，如度假或者餐馆中的一顿饭，比购买一件制造产品更具风险。对于一件制造产品，购买者很清楚他花钱购买了什么，而无形产品很可能会出现意想不到的情况。正是这个不确定因素向服务行业提出了最大的挑战。这就是管理者和员工一定要始终如一地提供符合标准的服务的原因。

**服务标准**　成功的饭店公司的管理部门集中大量的精力制定服务质量标准，通过培训将这些标准传授给员工，并且评估员工的绩效。例如，一项经常制定并且易于评估的服务标准是"等候时间"。汉堡王（Burger King）和麦当劳对顾客等待他们所点的食品的时间都制定了严格的标准。许多航空公司和饭店的电话预订系统都非常繁忙，它们对顾客打进电话后需要等待多久才被接待都制定了时间限制。餐馆告诉顾客需要等候的时间通常要比实际等候的时间长，以此来调节顾客的预期。如果顾客在预期的时间之前得到座位，他们就会感觉受到了特别的关照，这样就强化了他们获得优质服务的感觉。

餐馆常用的另一个质量控制方法是制定顾客入座后侍者用多长时间才能走上去为其服务的标准。在一些餐馆，这个标准是服务员在顾客入座后立即到餐桌前向顾客说："我马上就来。"另外的餐馆可能会要求同时将面包和黄油送到，进一步表示知道顾客入座了。

必须要特殊制定提供服务的方式，以满足目标市场的期望。在王牌国际索纳斯塔海滩度假酒店，服务员做夜床服务时，将花瓣放到床单上，这是节俭型酒店很少见的一种服务。（索纳斯塔国际酒店集团供稿）

在与顾客接触时提供始终如一的服务是一项非常复杂的工作，一些薪酬最低的员工与顾客接触的频率最高，这就使这项工作更复杂。一位万豪酒店的原总经理讲述了他处理这个问题的策略：

>《万豪酒店行李员手册》要求我们穿制服的门童懂得，对我们的许多客人来说，他们代表了最重要的第一印象和最后印象，因此他们站立时必须保持端庄有礼，坐下时不得斜靠墙壁或者双腿高跷……行李员通常被客人下意识地看做是"马里奥特（万豪）先生本人"，因为客人来访时，很多时候与行李员说话和接触的机会要比与饭店中的其他员工多……要训练他们面带笑容，并且尽其所能使客人感到宾至如归和受到特殊关照。"[7]

万豪酒店制定了严格的标准，包括所有工种的服务标准，并且以书面形式将这些标准传达给员工，在培训中进行训练，万豪酒店的这种做法是很有名的。公司通过经常性的检查不断评估标准的执行情况，还通过分红、持股和其他奖励措施鼓励员工提供优质服务。

**调整工作的内容**　一个有效的服务战略也必须提供一种手段，使生产率水平能满足公司的经济目标和顾客的期望值。服务业公司的管理者采用的方法之一是调整工作的内容，即改变工作的性质或工作的方式。例如，在伯尼哈纳餐馆（Benihana），厨师当着顾客的面在日式的烤架上烹制食品，此时的厨师身兼两职：侍者和厨师。赫斯克特教授注意到："伯尼哈纳餐馆的服务理念的内涵是：以合理的价格将高质量的食物与娱乐结合在一起，并保持日本餐馆的异国情调，伯尼哈纳餐馆的顾客乐于接受这种既有很高的经济效益又可以让顾客一览无余的工作组合。"[8]

**工资总额控制**　在控制服务的质量的同时也要控制工资总额及其他因提供服务而涉及的成本。为了提供优质服务，任何饭店或餐馆都可能全天安排额外数量的员工进行工作，但是这样做是没有经济效益的。每个饭店都应该在自身经济条件允许的情况下，提供最佳服务，至少也应该提供优质服务。那些竭尽全力控制服务质量的公司也擅长控制劳动力成本和其他成本，因为很明显，这两者是密切相关的。工资总额的控制可以通过员工培训和精细安排班次的方式实现，两者结合在一起几乎一定能够提高生产率，能够提供更好的服务。

还记得西雅图的餐馆老板蒂姆·佛恩斯塔尔和 YEGA 吗？佛恩斯塔尔设计 YEGA 的部分原因是为了帮助自己找出运行不良的系统，控制那些与价格不符的成本。每一次因为员工的劣质服务而免收顾客餐费的事件都要报告，佛恩斯塔尔认为这是"系统故障的成本"。每赠送一顿免费餐，佛恩斯塔尔都会问："为什么系统会出故障？"而不是问："为什么员工会失误？"事实证明，提出这样的问题是非常有效的。

"在一家餐馆，我们根据一连串的关于上餐太慢的投诉，寻找失误者，首先找到了厨房，然后找到了一个厨师。但是进一步调查却发现，有几个太复杂的菜肴无人能够很快地烹制出来。"一个服务策略帮助发现了一个生产上的问题。[9]

## 兑现服务承诺

在这一章中，我们已经提到了许多关于服务的理论和理念。然而，最基本的还是要做好服务，即兑现一个公司对其业主、员工和顾客所作的承诺。在宗旨陈述中写这样的内容是很容易的："我们要成为一个最好的、积极向上的住宿业公司"或"我们的目标是与同等级的餐馆连锁店相比我们提供的服务最好"，但是你将怎样做呢？要真正实现这样的目标应该采取什么措施？

对于如何提供卓越的服务，人们已经提出了数百个建议。任何一个有一定规模的书店中都至少有五六本书论述那些可操作的、经过检验的理念。哈佛商学院已经出版了数百个案例，详细描述公司成功和失败的原因。有很多培训公司提供关于服务的各个方面的讲座。尽管可以获得这么多信息，但是令人惊奇的是，在饭店业仍然存在这么多低劣的服务。

### 提供优质服务的关键

每个人都懂得，顾客希望最佳服务，更好的服务会带来更高的利润。但是，理解是一回事，实际做则是另一回事。本章不提供简单的成功窍门，也不提供能够使一个一星级餐馆或饭店变成三星级或四星级餐馆或饭店的处方，没有这么简单的事。但是有很多事情，任何重视优质服务的组织都可以做得到。以下是其中的5项：

**不要忘记自己的身份** 关于这一点，这里有一个关于"人民快车"（People's Express）的经典故事。在20世纪80年代初，"人民快车"是航空公司中的宠儿。建立"人民快车"的初衷是成立一个航空公司，承诺向那些愿意接受有限服务的休闲旅行者提供非常廉价的飞机票。航班的时间不是最方便的；乘客不能提前买机票，而要上了飞机后才能买票；在机场，乘客要自己提着行李登机；如果他们希望在飞机上用餐，他们必须付钱。"人民快车"员工的岗位职责也不是单一的，需要做什么，他们就做什么。例如，驾驶员也帮助做地面上的工作，这种措施使"人民快车"节约了劳动力成本。由于采取了这个简单的战略，在短短的5年里，这个公司的价值就增长到近10亿美元。

随着"人民快车"的发展，它有了更多的顾客和飞机。它决定要为商务旅行者服务，于是它增加了头等舱。很快，公司规模的扩大意味着需要改变以往的经营方式。潜在乘客不多时，可以不用预订，但是，如果数千名乘客同时出现在机场，航空公司就需要采用某种手段来预知谁要在何时去何处。这就意味着需要一个昂贵的计算机预订系统，还需要懂得如何操作预订系统的工作人员，这就和大型航空公司一样了。公司只有少量飞机的时候，请驾驶员帮助做地面上的工作可以行得通，但是如果飞机超过了100架，就需要飞行员去驾驶飞机了。所有这些都影响了公司保持低成本运营的能力。更糟糕的是，现在它需要与主要航空公司竞争了。它忘记了以往的成功是由于自己是一个以休闲旅行者为目标的经济型航空公司。在其第一架飞机离地升空后的第5年，"人民快车"被卖掉了，永远地留在了地面上。

客人从门童的服务中体会到的"关键时刻"比从其他员工那里经历到的多。（厄尼·皮克供稿）

　　成功的公司为每一个市场细分都制定了服务战略，并且坚持这种服务战略。这些公司要求公司的每个员工都了解公司销售的产品，都了解公司的产品销售给谁。他们不提供公司不销售的产品，因为提供公司不销售的产品会使消费者感到困惑或者生气。

**鼓励每位员工都像经理一样行使职责**　经理们懂得回头生意的重要性，而员工未必懂得。以服务为主的公司应该激励、培养和授权员工把公司当做自己的企业。这意味着，任何人遇到问题的时候，不管他是员工还是客人，都要真正地表示关心。同时还意味着要确保他们能够解决所遇到的问题，这也要求授予他们作出必要决策的权力。威廉·H·达维多和布罗·尤塔尔在他们合著的《全面顾客服务：最根本的武器》（Total Customer Service：The Ultimate Weapon）一书中谈到大使套房酒店（Embassy Suites）。该酒店使用了一种倒三角形的组织结构图，戏剧化地表现一线员工，也就是直接与客人接触的员工，他们是组织中最重要的人物。酒店经理们是不容易接受这个理念的，他们不相信，在取悦顾客方面，前台员工的作用会比自己更重要。为了达到这个目的，大使套房酒店雇用了一些有正确态度的经理，然后训练他们去帮助他们的下属。[10] 大使套房酒店还将员工的薪酬与饭店的绩效挂钩。员工能看到每天的顾客意见、饭店的入住率和卫生情况的评定结果。当饭店达到或超过季度目标时，员工就会得到一份奖金，奖金的发放依据是他们的工时工资和工时，而不是他们的职位。[11]

**正确处理关键时刻**　为了获取最大利润，许多成功的饭店公司都采用了计算机和其他现代技术。但是这样做有时会产生非人性化的氛围，客人可能会感到他们只被当做数字来对待。为了消除客人的这种感觉，一些公司找出了他们所谓的**关键时刻**。斯堪的纳维亚航空公司系统（SAS）的首席执行官简·卡尔森在20世纪80年代初推广了这个概念。卡尔森了解到，在对服务水准的理解方面，斯堪的纳维亚航空公司与其顾客存在着巨大的差异。卡尔森这样解释："我们1000万个顾客中的每个人都与大约5名斯堪的纳维亚航空公司的员工接触，每次接触平均持续15秒钟。这样，斯堪的纳维亚航空公司的形象每年在我们顾客的脑海里出现5000万次，每次15秒钟。这5000万次'关键时刻'是最终决定斯堪的纳维亚航空公司成功或者失败的时刻。我们必须在这些时刻里向我们的顾客证明斯堪的纳维亚航空公司是他们的最佳选择。"[12]

服务性行业应该尽力保证正确处理这些"关键时刻"。对于饭店，一个很重要的"关键时刻"发生在客人登记入住或者退房的时候，因为这些时候客人与饭店的员工面对面接触。尽管客人登记入住和退房时一定要办理很多例行手续，但对每个客人都要给予个性化的关注，这样他们就会感到自己的需要得到了重视。其中的一个做法是，前台员工一定要受过专门训练，知道要把目光从电脑的屏幕转移到客人的脸上，对客人表示亲切的欢迎（如有可能，应该称呼客人的名字），而后在为客人办理手续的过程中，继续面带微笑并与客人进行目光交流。这些看起来似乎很小的举止对全面营造一种专注和取悦客人的服务氛围具有深远的意义。

**雇用好员工并使他们愉快**　员工离职是最佳服务的最大敌人。新来的人员不知道他们应该达到什么样的目标，他们可能没得到足够的培训或者是得到了错误的培训。他们常常对提供优质服务的准备不足。最佳的公司都不遗余力地招募、雇用并留住那些具有合适品格的人员。（当今的许多公司在招聘时都把态度置于技能之上。在工作中可以学到的技能比较容易提高，但是员工的态度很难转变。）服务至上的公司认为自己的员工与顾客同样重要。这就意味着，应该认真培训员工，激励员工并且奖励员工。这个策略肯定要比不断地寻找和培训新员工更节约成本、更成功。

**及时作出反应**  大多数客人都不愿意等候。对他们来说，等候是劣质服务的标志。在提供有限服务的餐馆，即使等候5分钟也似乎很长。在家庭餐馆中，大多数客人期望他们点的食物在30分钟之内送到桌上。没有人愿意在预订飞机票、预订饭店房间或者租赁汽车的时候等待太久。排长队等候入住登记和退房意味着灾难。所有这些都不是必然要发生的坏事。成就卓越的公司都不断地监控其客人等候的时间，同时想办法减少等候时间或者至少减少等候的痛苦。

每一个组织和每一种情况都是不一样的。经理们需要制定自己的关键服务标准和实施方法。这是能否打赢这场取悦顾客的战斗的关键。

## 迪士尼风格的服务

仔细研究沃尔特·迪士尼公司在其主题公园及度假饭店提供服务的方式，可以深入了解如何持之以恒地提供最佳服务。首先让我们看一看迪士尼公司的四个基本服务要点：安全、礼貌、展示和效率。

安全当然是一个重要因素，在主题公园中尤其如此，因为潜在的事故危险随时都存在。如果一位使用助行器的老人要乘坐游览车游览魔幻王国中的鬼屋，当这个游客在别人的帮助下走上步行道时，角色成员（cast member）（所有员工都被称为角色成员）有权停车。与此同时，向车上的游客播放这样的录音："女士们、先生们，魔鬼和妖怪们夺权了，但不过只是一小会儿。"这只是培训角色成员如何处理潜在安全问题的一个例子。

礼貌产生于迪士尼对待其员工的态度，进而通过专门的接待游客技巧的培训得到强化。迪士尼有一句名言："我们没有前线与后方之分。"迪士尼还认为，不管客人是对还是错，客人永远是客人。这就是说，允许客人犯错误，同时又不失其尊严，绝对不要谴责客人，也不要让客人被迫采取守势。如果游客的汽车钥匙被锁在车内，员工会做出积极的反应，尽管他们知道所发生的事并非是他们的过错。他们会尽力安慰游客以缓解紧张的局面。体态语言也被认为是礼貌的一部分。迪士尼要求角色成员在给游客指路时使用"迪士尼手势"。"迪士尼手势"是用整个手掌或者两个手指，千万不要用单个手指（使用单个手指指路被认为是粗鲁的）。礼貌标准的另一个方面是迪士尼角色成员与游客的交流方式。上午，游客们精力充沛，兴致勃勃地准备开始一天的冒险经历，工作人员也应该乐观健谈。到了晚上，人们都很疲惫，准备回旅馆或者回家，这时就要尽量减少不必要的谈话。

在沃尔特·迪士尼主题公园，服务是一种"演出"，重视与游客的交流，满足游客的需要。（佛罗里达州奥兰多沃尔特·迪士尼世界供稿）

另外两个服务要点——展示（娱乐节目）和效率——在迪士尼的整个运营过程中也是显而易见的。在每个排长队等待参观的景观外面都设置播放录像的屏幕，都有迪士尼卡通人物出现，还有现场表演，供游客享乐。游行、专场表演和烟火将人群吸引到公园里的特定区域。佛罗里达的迪士尼世界有效地为游客解决了一个反复出现而且令游客窘迫的问题：记住自己在停车场中停车的位置，这个停车场比加利福尼亚的整个迪士尼乐园还要大。如果游客找不到自己的汽车，工作人员只需要询问他们抵达的时间即可。根据这个信息可以很容易地告诉游客到哪里去寻找他们的汽车，因为汽车停放时是按照时间顺序排列的！

迪士尼的高级管理人员估计，每个角色成员每天大约会遇到60个关键时刻。很明显，迪士尼将优质服务定义为在每个关键时刻中超越游客的期望值。迪士尼公司用关注最小细节的方式帮助其角色成员超越游客的期望值。这种细微的方法是卓有成效的，游客们一次次地重游迪士尼，使迪士尼世界成为全球最大的旅游胜地。

## 小结

由于硬件和产品的明显的差别已经减弱，消费者从其他方面来区别不同的饭店和餐馆品牌。大多数消费者头脑中印象最深的差别是服务。优质服务的定义是按照顾客的要求和期望去满足他们的需要。最佳服务源于超越顾客的期望值。

与专门经营有形产品的公司相比，经常经营无形的服务产品的饭店面临着完全不同的管理和营销挑战。对于饭店行业来说，其产品的性质不同，顾客更多地参与生产过程，人是产品的一部分，保持质量控制的标准更困难，没有库存，时间因素更为重要，销售渠道不同。

宏观的长期计划被称为战略计划。公司必须为自己制定总体经营目标，否则就必定会迷失方向和不知所措。这些总体目标通常被称为公司的宗旨，并以宗旨陈述的形式出现。确定了明确的宗旨之后，公司就应该采取一系列的步骤：进行SWOT分析，制定战略，实施战略，监控和评估结果。

饭店和餐馆是生产能力受约束的行业，因此一定要持续不断地管理供给和需求。可以通过限制供应的方式对其进行管理；但是对饭店业来说，更有效的措施是重视需求管理。需求可以转移，可以库存，还可以通过改变价格、改变服务水准，或者采取沟通策略（例如广告）来影响需求，从而达到控制需求的目的。

所有成功的服务公司都具有"服务的战略眼光"，即服务企业管理者所使用的蓝图。蓝图的内容包括：（1）瞄准一个细分的市场；（2）重视服务战略。此外，成功的饭店公司的管理部门集中精力制定服务质量标准，通过培训将这些标准传授给员工，并且评估员工的绩效。调整工作的内容是另一个有效的战略措施。

各个公司都找到了很多方法来保证它们按承诺提供优质服务。每个组织和具体情况都不一样。沃尔特·迪士尼公司为接待服务公司如何始终如一地提供最佳服务提供了一个案例。

## 注释

[1] Christopher H. Lovelock, *Services Marketing*, 2nd ed. (Englewood Cliffs, N. J.：Prentice-Hall, 1991), p. 7. The authors gratefully acknowledge the concepts formulated by Dr. Lovelock, upon which much of the following discussion is based.

[2] Ibid., p. 9.

[3] www.starbucks.com/aboutus/environment.asp.

[4] Quoted from Hilton Hotels' Web site, www.hiltonworldwide.com.

[5] Timothy W. Firnstahl, "My Employees Are My Service Guarantee", *Harvard Business Review*, July – August 1989, p. 29.

[6] James L. Heskett, *Managing in the Service Economy* (Boston：Harvard Business School Press, 1986), pp. 5 – 25.

[7] Ibid., pp. 96 – 97.

[8] Ibid., p. 93.

[9] Firnstahl, p. 30.

[10] William H. Davidow and Bro Uttal, *Total Customer Service*：*The Ultimate Weapon* (New York：Harper Perennial, 1989), p. 115.

[11] Embassy Suites is now part of the Hilton Corporation.

[12] Jan Carlzon, *Moments of Truth* (Cambridge, Mass：Ballinger, 1987), pp. 21 – 29.

## 主要术语

生产能力受约束的行业（capacity-constrained businesses）　　指那些生产出来的

"产品"或者服务不能库存或者贮存起来供将来使用的行业。这些行业的成功与否取决于它们在特定的时间内能否有效地使其生产力与消费者的需求相匹配。

**追踪需求战略**（chased-demand strategy） 一种管理战略，即生产能力可以根据需求在有限的范围内进行调整。

**无形产品**（intangible products） 以饭店业为主业的组织的主要产品。无形产品，例如舒适、享受和愉悦的经历，它与顾客的情感幸福和期望值相关。与汽车或者盒装麦片之类的有形产品相比，无形产品给管理和营销带来了截然不同的挑战。

**均匀生产能力战略**（level-capacity strategy） 一种管理战略，即不管消费者的需求有多大，只提供相同水平的供给能力。

**关键时刻**（moments of truth） 顾客与员工相互接触的重要时刻，这些时刻使员工有机会给顾客留下良好的印象、改正错误并且赢得回头客。

**服务**（service） 按照顾客的要求和期望去满足他们的需要。

**SWOT** 优势（strengths）、弱势（weaknesses）、机会（opportunities）和挑战（threats）4个英文单词的缩写形式。SWOT分析能够帮助公司评估自己对当前市场的适应性，也是战略计划过程的一个重要步骤。

## 复习题

1. 如何定义"优质服务"？"最佳服务"包括什么内容？
2. 服务业在管理和营销其产品和服务时面临什么挑战？
3. 饭店和餐馆提供哪些无形产品？
4. 战略计划如何帮助饭店提供优质服务？战略计划的过程是什么？
5. 生产能力受约束的行业，例如饭店和餐馆，如何管理供给和需求？
6. 服务的战略眼光的内容是什么？它如何帮助企业提供优质服务？
7. 哪五件事有助于企业提供优质服务？
8. 迪士尼的四个基本服务要点是什么？

## 网址

访问以下网址，可以获得更多的信息。谨记：互联网地址可能不事先通知而改变。如果该网址已不存在，可以用搜索引擎查找另外的网址。

### 饭店公司/度假饭店

Days Inn
www. daysinn. com

Embassy Suites
www. embassy-suites. com

Hilton Hotels
www. hilton. com

Holiday Inns
www. holiday-inn. com

Hyatt Hotels and Resorts
www. hyatt. com

Mandarin Oriental Hotel Group
www. mandarin-oriental. com

Marriott International
www. marriott. com

South Seas Plantation
www. southseasplantation. com

Walt Disney Corporation
www. disney. com

### 餐馆公司

Burger King
www. burgerking. com

Chili's Grill & Bar
www. chilis. com

Domino's Pizza
www. dominos. com

KFC
www. kfc. com

McDonald's
www. mcdonalds. com

Olive Garden
www. olivegarden. com

Outback Steakhouse
www. outbacksteakhouse. com

Pizza Hut
www. pizzahut. com

T. G. I. Friday's
www. tgifridays. com

Taco Bell
www. tacobell. com

Wendy's
www. wendys. com

瑞士克莱恩·蒙塔纳（Crans-Montana）的高山滑雪胜地。

# 2 旅行和旅游业

## 概要

变化中的世界

旅行和旅游业的性质

旅行和旅游行业中的各种相互关系

人们为什么要旅行
　　心理分析研究

旅游的社会影响
　　旅游开发计划

小结

## 学习目的

1. 了解世界上近期发生的影响旅行和旅游业的变化、旅行和旅游业的规模、这个行业中的各种相互关联性的重要性。

2. 总结人们出行的原因、旅游倾向及旅游研究的种类。

3. 了解旅游和旅游业对旅游目的地的社会影响及合理的旅游开发计划的内容。

51

在构成旅行和旅游业的若干行业中，饭店业只是其中之一。在本章中，我们将了解旅行和旅游业的范围及其经济影响，然后分析该行业内各种相关行业的关系。在本章结尾，我们将讨论人们为什么要旅行及旅行和旅游的社会影响。

## 变化中的世界

有史以来，世界就一直沿着进化的道路发展。但从未发生过像20世纪那样显著的变化，第二次世界大战后的变化尤为显著。1945年以后的变化速度是前所未有的，当我们开始进入21世纪的时候，也没有任何迹象显示变化的速度将减缓。

在众多的因素中，科学技术是改变我们生活方式的首要因素。技术的进步使世界的大部分地区由农业社会变成了工业化社会，并且从20世纪50年代始进入了信息化社会。科学技术为我们提供了各种手段，使旅行变得更快捷、更便宜，使生产产品的效率更高，使全球性的通信联络在瞬间即可完成。互联网、电子邮件、手机、语音信息、电话会议和传真机使我们交流信息的速度能和我们的思维同步。卫星和光纤电缆连接北美、欧洲和远东，每天更快、更清晰地传递语音和电子信息。更值得一提的是，新的信息传输技术可以传递更大容量的信息和电话。未来学家约翰·奈斯比特和帕特里夏·阿伯丁写道："我们即将有能力以光的速度在任何地方与任何人交换任何形式的信息，包括语音、数据、文字和图像。"

世界人口在不断增长。今天，在这个星球上有65亿多人，预计到2050年将达到90.7亿。[1]世界人口不但在增长，而且在趋于老龄化（图2-1）。在世界的许多地方，由于出生率下降，在人口结构中老年人将占很大的比例。随着我们年龄的增长，我们会积攒更多的财富。因此我们可以预见，将来会有更多的人能够出去旅游，能够在餐馆就餐。在美国，50岁以上的人拥有全国一半的可自由支配收入，而65岁以上的人所占有的可自由支配的收入是25~34岁年龄段人的2倍。在刚刚过去的10年里，60岁以上的人为户主的美国家庭的净资产增长了30%。[2]

还有很多趋势对旅游产生影响。在一些国家，休闲的时间正在增加。美国劳动者的法定假日少于其他发达国家。普通美国人每年有10天法定假日（日本人和加拿大人也如此），德国人每人每年有18天法定假日，瑞典和丹麦公民每人每年有30天法定假日。

许多家庭是双薪收入。这意味着人们有更多的可自由支配的资金用于旅游，人们为了消除紧张工作的压力更需要外出度假。但是一个家庭中有两个人工作也意味着要缩短度假的时间。人们现在的休假趋势是进行多次短期度假，而不是一次长期度假。

旅游中的季节因素已经变得不太重要了。其部分原因是，现在的休假趋势是什么时间能休，而不是什么时间想休。另外，越来越多的旅游胜地也倾向于"控制气候"。例如，日本有一个25层楼高、长度等于6个美式足球场的室内滑雪场。同时可容纳3,000名滑雪者，其温度保持在28℉（-2.2℃）。

图2-1 世界主要地区的年龄中位数

| | 年龄中位数（岁） | | |
|---|---|---|---|
| | 1950年 | 2005年 | 2050年 |
| 世界总计 | 23.9 | 28.1 | 37.8 |
| 较发达地区 | 29.0 | 38.6 | 45.5 |
| 次发达地区 | 21.4 | 25.6 | 36.6 |
| 非洲 | 19.0 | 18.9 | 27.4 |
| 亚洲 | 22.0 | 27.7 | 39.9 |
| 欧洲 | 29.7 | 39.0 | 47.1 |
| 拉丁美洲和加勒比地区 | 20.2 | 25.9 | 39.9 |
| 北美洲 | 29.8 | 36.3 | 41.5 |
| 大洋洲 | 28.0 | 32.3 | 40.5 |

资料来源：联合国人口司《世界人口预测》，2004年修订版。

由于越来越多的人意识到了污染和过度开发带来的问题，因此生态旅游得到了发展。世界各地的人们都渴望去亚马孙热带雨林、阿拉斯加的冰川和澳大利亚的大堡礁。年轻旅游者的日渐富裕激活了新兴的冒险旅游业。越来越多的人希望到遥远的或者很难到达的地方旅行，例如新几内亚的中部或北极。巡航游旅行满足了人们的这些愿望。

总之，全世界正在发生着巨大的经济、社会和政治变化。对于旅游业，有些变化是好兆头，有些却不然。

资料来源：埃德·费舍尔，《纽约人杂志》，1988年。

## 旅行和旅游业的性质

1981年美国参议院制定了《国家旅游政策法规》（*National Tourism Policy Act of 1981*），以鼓励旅游业的发展，该法规给**旅行和旅游业**下的定义如下：

可以完全或者部分地提供人们到住宅社区以外地区进行与日常活动无关的旅行所需要的交通工具、物品、服务和其他设施的行业和机构的综合。

另一个定义的含义与此相同，但是比较明晰，因此我们将采用这个定义。这是乔治·华盛顿大学旅游研究教授道格拉斯·富来彻林提出的。富来彻林给旅行和旅游业下的定义是这样的："一些组织和机构的集成，他们的全部或者绝大部分收入来自向旅行者出售旅行所需的产品和服务。"图2-2列举了旅行和旅游业的组成部分。

"住宿业"和"餐饮业"与非营利性的食品服务机构一起构成了饭店业。你可以看到，饭店业只是旅行和旅游业的一部分。

图2-2 旅行和旅游业

| 住宿 | 旅行社 | 行李 |
|---|---|---|
| 旅店/度假饭店 |  |  |
| 汽车旅馆 | 旅游公司 | 建筑/房地产 |
| 青年饭店 |  |  |
| 大篷车露营地 | 饭店/餐馆供应商 | 酒厂/啤酒厂/制瓶厂 |
| 交通 | 出租汽车公司 | 汽车/飞机制造厂 |
| 航空公司 | 照相机和胶卷 | 汽车燃油生产商 |
| 邮轮 | 地图、导游书 | 服装生产商 |
| 铁路 | 购物中心 | 通信网络 |
| 租赁汽车 | 汽车修理站 | 教育/培训机构 |
| 巴士客车 | 体育比赛 | 娱乐/体育设备 |
| 旅游景区 | 银行服务 | 食品生产商 |
| 人工 |  |  |
| 天然 | 预订系统 | 广告媒体 |
| 餐饮 | 汽车俱乐部 | 制图/印刷商 |
| 餐馆 |  |  |
| 快餐 | 娱乐/艺术场馆 | 纪念品 |
| 酒类供应店 | 博物馆/历史名胜 |  |

资料来源：世界旅行和旅游理事会，《旅行和旅游：新千年的就业机会》。

确定旅行和旅游业规模的一种方法是统计旅行者在产品和服务上所花的钱。遗憾的是，不可能得到精确的结果。大家都赞同这一点——航空公司和度假地的生意几乎全部来自旅行者，那么礼品店和加油站的生意来自哪里呢？在总体上，无法了解这些行业的顾客中旅行者占多少百分比，当地居民占多少百分比。由于地理位置的不同，他们生意的来源是多种多样的。尽管无法知道他们收入的多大比例来自旅游者，但是出于统计的目的，这些行业的总收入还是包括在旅行和旅游业的规模和范围之内的。

统计学家和经济学家通过计算这些行业的总收入来衡量旅行和旅游业的规模，但是这些数字并不能全面地说明问题。例如，人们会提出这样的问题，某家饭店的收入可能不是衡量其对周边社区经济影响的真实尺度。衡量饭店对周边社区经济影响的真正因素包括：饭店支付给员工的工资，因为员工要用工资付房租、购买服装并为家人购买食品；饭店向地方、州及联邦政府缴纳的税款；向饭店出售产品和服务的当地公司所获得的利润；饭店可提供的工作岗位数量，这些工作岗位可能会使一部分人不用去领取福利救济。

世界旅行和旅游理事会提供了下列例子，说明旅游对于其他行业的影响：
- 美国航空公司在迈阿密—戴德县地区对就业的影响进行研究时，发现该公司提供的就业岗位占当地工作岗位总数的10%。在这些岗位中有10%是航空公司直接提供的岗位，另外10%是那些从航空公司员工的消费中获益的公司提供的岗位。其余的80%就业机会来自饭店、餐馆、百货商店及其他依靠美国航空公司乘客的消费而生存的当地公司。
- 据估计，伦敦的商店至少有20%的销售额来自外国游客。
- 调查显示，50%的照片是由旅游者拍摄的。[3]

业界的分析家把这些间接的或者隐藏的利润称为**乘数效应**。乘数效应的计算方法是这样的，将某一个地区的旅游者的全部消费总和乘上一个系数（即乘数），就得出这些消费所带来的额外收入。虽然世界各地的不同城市和不同国家的乘数效应差别很大，但是许多业界分析家通常把1.6作为一个比较合理的乘数。

虽然很难精确地确定旅游业的规模，但是现有的一些数字还是很惊人的。根据世界旅游组织（UNWTO）公布的信息，2004年全世界的入境旅游人数达7.63亿，国际旅游消费达6,227亿美元。入境旅游人数最多的国家是法国、西班牙和美国，而中国、意大利和英国的入境旅游人数都超过2,500万（图2-3）。

图2-3 入境旅游者最多的国家和地区

| 国　　家 | 入境旅游者人数（百万） |
| --- | --- |
| 法国 | 75.1 |
| 西班牙 | 53.6 |
| 美国 | 46.1 |
| 中国 | 41.8 |
| 意大利 | 37.1 |
| 英国 | 27.8 |
| 中国香港 | 21.8 |
| 墨西哥 | 20.6 |
| 德国 | 20.1 |
| 奥地利 | 19.4 |
| 加拿大 | 19.2 |
| 土耳其 | 16.8 |

资料来源：世界旅游组织，2005年5月。

## 旅行和旅游行业中的各种相互关系

　　旅行和旅游业的一个重要特征是其整体中各个部分之间的相互关联性。一次旅行可能会包括：乘坐一次飞机、租一次汽车、在旅馆中住一次、在餐馆吃几次饭和购买几件礼品。每一个环节都必须不出差错，这样旅游者才能得到一次愉悦的全程经历。

　　例如，假设史密斯夫妇决定从他们明尼阿波利斯的家出发去佛罗里达奥兰多的迪士尼世界度假。他们的全部旅行经历决定他们这次度假之旅的质量及他们是否能成为迪士尼世界的回头客。例如，史密斯夫妇飞往佛罗里达的旅途可能很愉快，但是后来由于租来的汽车发动机过热，他们被迫滞留数小时，缩短了那一天在"未来社区实验典型中心"（EPCOT）的游览时间（EPCOT是佛罗里达州迪士尼世界的游乐场之一，由"未来世界"和"世界橱窗"两大部分组成。——译者注）；或者他们入住的饭店正在重新装修，所以游泳池和餐馆都关闭，通常赏心悦目的大厅装饰也被吊布和脚手架遮挡起来；更糟糕的是，假设他们在一个特别的高峰时间抵达魔幻王国，发现停车场已经关闭而且当天不再接纳任何游客。以上任何一个意外都会使他们的度假扫兴。

　　旅行业中的各个行业或者部门之间存在一种共生关系，即一种相互依存的关系。其中的任何一个部门要想成功地使史密斯夫妇满意，所有的部门都必须做好自己的工作。如果饭店使他们感到不舒适，史密斯夫妇在迪士尼世界可能会玩得很开心，但是仍然会觉得他们的这次度假美中不足；如果饭店做得很好，但是迪士尼世界拥挤不堪，他们的总体经历也可能是消极的。无论出现哪种情况，如果史密斯夫妇不再重游迪士尼世界或者告诉他们在明尼阿波利斯的朋友们自己的迪士尼世界之旅是一个扫兴的经历，那么从长远看，该地区的旅游生意将会受到影响。

　　一些旅游目的地完全意识到了这种相互关系的重要性，因此它们竭尽全力控制旅游产品的所有环节。例如，面积只有21平方英里（约54.39平方公里）的百慕大监督其全部饭店、餐馆和游览景点的标准，因为它相信，如果一位旅游者住了一间很糟糕的旅馆房间或者是吃了一顿很糟糕的饭，他（她）会带着对整个岛屿的消极印象回家。由于百慕大40%以上的旅游生意来自回头客，所以它承担不起让游客失望所带来的损失。

　　考虑本企业如何吸引顾客的时候，饭店业的业主和经营者经常会低估旅行和旅游业中的各种相互关系的重要性。像夏威夷这样的度假地完全要依靠航空公司运送游客。如果飞机票的价格太高，那么无论采用多么强有力、多么有效的营销措施，其旅游生意都会受到影响。大西洋城对于来自纽约的豪华大巴旅行团而言是个非常成功的旅游目的地，这完全是因为在过去的20年里大西洋城发展起来的博彩业。现在赌场依赖巴士，而巴士也依赖赌场。离开了对方，谁也不能成功。

## 人们为什么要旅行

几个世纪来，旅行以商务、健康、社会和文化为目的而发展起来。但是在最基础的层面，可以这样认为，人们旅行的主要原因是去收集信息。因为我们想知道我们最喜欢的阿姨在纳什维尔生活得怎么样，所以我们去看望她。商务人员要去他们在芝加哥的总部看看那里的情况或者去了解一下马德里的顾客对其产品的看法。我们中的一些人到法国旅行，要看看葡萄酒商如何种植葡萄和酿制葡萄酒。另一些人去莫斯科和北京是为了进一步了解俄罗斯和中国的文化。

旅行是我们生活中的一个重要部分。它有助于我们了解自己和他人。它既是社会迅速变革的结果又是原因。科学技术在这里起巨大的作用。商业喷气式飞机缩短了异国他乡的距离，通信卫星将世界各地的新闻事件送到我们的客厅，而互联网通过我们的个人计算机把我们与全世界的人和地点连在一起。这些技术激发了人们到国外旅行的兴趣。

决定人们旅行消费数额最重要的3个因素是：就业、可自由支配收入和家庭财富。有旅行欲望的人们手中的钱越多，他们就越可能去旅行，就越可能更经常地去旅行，就越可能到更远的地方去旅行。虽然和休闲旅行相比，商务旅行受经济下滑的影响比较小，但还是不可避免的；在经济萧条时期，公司会无一例外地紧缩旅行预算。研究表明，国际旅行对汇率的变化是非常敏感的。旅行者本属货币的购买能力影响旅行目的地的选择和出行时间的选择。

需要指出的是：不是所有的人都有旅行倾向。有些人天生就愿意待在家里。还有一些人有晕动症，或者不愿意坐飞机，或者不管经济条件如何，都不想去旅行。心理学家弗兰克·法利对旅行者和非旅行者的行为进行了研究。法利指出："对旅行犹豫不决的人可能是由于根深蒂固的恐惧感。但是旅行者遇到不确定因素和冒险时，会显得沉着镇定。和待在家里的人相比，旅行者不忧虑、不拘谨、不屈从、更自信。"[4] 法利还发现了爱好旅行的人和情愿待在家中的人之间的另外一些不同之处：

> 非常热爱旅行的人们在生活的许多方面都愿意冒险。不仅陌生之地对他们有吸引力，他们也会冒风险投资。但是他们的冒险是有理智的，这种冒险的基础是他们深信自己能够掌握自己的命运。他们享受生活，喜欢游玩，愿意热闹和聚会。[5]

人们旅行的原因可以分成五大类：

1. 娱乐。娱乐包括休闲和与体育运动、娱乐消遣及休息相关的活动。海滨度假、滑雪度假及冒险旅行，例如"白水激舟"，都属于这一类。加勒比、迪士尼世界及国家公园这样的旅游目的地在很大程度上都得益于娱乐旅行。

2. 文化。人们也为文化目的而旅行，希望了解他们感兴趣的东西和地方。人们可能对历史、民族或教育感兴趣，也可能对与艺术或宗教相关的事物感兴趣。著名的战场，例如法国的诺曼底海滩或宾夕法尼亚葛底斯堡起伏的山峦、梵蒂冈的圣彼得大教堂、加利福尼亚的纳帕峡谷、肯尼亚的国家公园及中国的长城，所有这些都有着教育、宗教、历史或民族意义。旅游目的地常常利用这些特征，举办专门的活动和节庆。例如，萨尔茨堡音乐节和里约热内卢与新奥尔良的"油腻的礼拜二"（Mardi Gras）都是大型的文化节，举办者都对其进行猛烈的市场促销宣传（"油腻的礼拜二"是天主教的狂欢节，美国的新奥尔良、巴西的里约热内卢和法国的尼斯是世界上庆祝这一节日最有名的3个城市。——译者注）。许多旅游目的地和当地的相关企业都有自己的网站，网站上登载大型活动、名胜景点和旅游者可做的其他事情（图2-4）。

图2-4 方便旅游者使用的网页实例

新奥尔良网站的网页上包含丰富的信息，供那些希望在该地区度过美好时刻的游客们使用。（新奥尔良网站提供）

当今饭店业　AH&LA　HOSPITALITY TODAY An Introduction

很多人以多种消遣活动的方式度假。

3. 商务。商务旅行是旅行中的重要部分，包括个体商务旅行者和参加会议或会展的旅行者。现在的趋势是将商务旅行和娱乐旅行结合起来，这样商务会议就可以在度假饭店、主题公园甚至在游船上举行，而且配偶和孩子也常常同行。

4. 探亲访友。研究显示，很多旅行都涉及探亲访友。然而，这类旅行很难用精确的标准衡量，而且与娱乐、文化或商务旅行相比，它的经济影响很小。

5. 健康。许多人旅行的目的是去疾病诊断中心，到诊所、医院或温泉接受治疗，例如明尼苏达州罗切斯特的梅奥诊所或者亚利桑那州图森的峡谷牧场。这类旅行的经济影响同样也很小。

美国旅游信息中心做了大量的研究工作，以确定美国人的旅行类别和参加人数。根据该中心提供的信息，每年有1.5亿美国人离开家进行1次以上的旅行。正如我们所指出的那样，一些群体的旅游倾向比较高。美国旅游信息中心在一项调查中确认了这些群体（图2-5）。

图2-5 美国人的旅游倾向

| 旅游倾向比较高 | 旅游倾向比较低 |
| --- | --- |
| 已婚 | 寡居 |
| 男性 | 女性 |
| 35~44岁 | 65岁以上 |
| 研究生学历 | 中学未毕业 |
| 专业人员/管理人员 | 蓝领 |
| 拥有自己的住房 | 租住房子 |
| 家庭收入为5万~7.5万美元 | 年收入低于1万美元 |
| 双薪家庭 | 无薪水人员 |

资料来源：美国旅游信息中心。

## 心理分析研究

另一种有助于了解旅行者和不断变化的旅行方式的方法是心理分析。**心理分析研究**对人们的行为进行分类的方法不是依据年龄、受教育程度或性别，而是依据生活方式和价值观。作某些决策时，心理分析信息比**人口统计学信息**更有用，例如一个度假饭店应该提供什么样的客用设施或应该如何对一个特定的旅游目的地进行促销宣传。例如，百慕大政府在美国进行了心理分析研究，以确定哪些群体最愿意到百慕大度假。通过对潜在度假者进行抽样调查，发现了3个典型群体：
- **价格和数量群体**。这个群体感兴趣的是，花最少的钱看尽可能多的东西。他们希望以很便宜的价格用9天的时间去10个国家。他们认为，最好的邮轮线路应该价格最便宜，并且访问的港口最多；好的旅馆应该提供廉价的住宿，游客从旅馆可以步行到希望游览的每一个地方。
- **阳光和冲浪群体**。这个群体中的人到海滨度假，他们可以躺在那里晒太阳。价钱很重要，但更重要的是要找到一个旅游目的地，那里有宜人的气候，有充足的阳光和美丽的沙滩，在这里他们可以在阳光中沐浴，在碧水中畅游。
- **质量至上群体**。度假经历的质量对这个群体至关重要。这个群体的成员认为，他们辛辛苦苦地工作才换取了这个假期，现在是他们放松和被别人照顾的时候了。这个群体要求旅游目的地和住宿条件应该是一流的或者是豪华的。他们认为服务的质量非常重要，他们希望得到大量过分奢侈的照顾，并情愿为此支付合理的价钱。他们还希望品尝到美食家的饭菜，观看到精彩绝伦的演出。

扬基洛维奇（Yankelovich）是一个市场营销研究公司，专门从事心理分析研究。多年来，它一直研究社会变革对美国人消费行为的影响。该公司的抽样调查样本为4,354个消费者，从中获取的信息被认为在美国总人口中具有代表性。每年，调查结果都被制成表格，通过一个名为《扬基洛维奇透视》（*Yankelovich MONITOR*）的刊物提供给订阅者。这个刊物跟踪人们一些行为变化的趋势，例如，人们计划的度假形式、外出就餐的习惯及购物的态度。[6]

《扬基洛维奇透视》的研究显示，旅游市场发生了巨大变化。《扬基洛维奇透视》认为，今天消费者的旅游动机受3个关键价值观的影响：自我创造性（self-invention）、个人的本真性（personal authenticity）、优势的无形性（advantage intangibles）。了解构成消费者行为的这些新要素可以帮助我们制定新的策略和方法，以吸引新客人，召回老客人。

过去，消费者行为通常受市场中的外力驱动，例如，航空公司、邮轮公司、巴士旅游公司和度假地提供的包价度假和旅游。但是情况已经发生了变化。《扬基洛维奇透视》认为，营销商和消费者就一直谁应该决定在什么时候、用什么方式、提供什么产品和服务进行着斗争，但是最终的获胜者是消费者。今天，消费者掌握了控制权，而由于其自我创造的新需要，他们制定了新的规则和界限。他们期望来自市场的新组合方式、新答案、新的调整和变化。他们希望产品和服务能够更好地满足其需要和欲望。

今天的消费者比20世纪90年代的消费者更有见识。他们知道为了做出正确的购买决策，应该如何和到哪里去寻求帮助。所有人都被连接在一起，新技术和新工具消除了原有的限制。消费者对自己作出正确决策的能力非常自信。与此同时，他们更持怀疑态度。他们吸取了宝贵的教训："他们不能、现在不会、将来也不会相信公司会很好地招待他们或者满足他们的需要。他们的箴言是：寻找其他方式确信你得到了你想要的东西。"

阳光和冲浪群体中的度假者寻求美丽的海滩，在这里他们可以沐浴阳光，在清澈的海水里游泳。

　　对今天的消费者而言，可能性是壁垒。不必道歉，你就可以成为你想成为的人。当《扬基洛维奇透视》询问消费者，他们是否同意"合适比不同更重要"这个陈述的时候，只有29%的人表示同意，少于2000年的41%。
　　个人的本真性是影响旅游购买行为和其他消费者行为的第二个重要组成要素。"自我创造性在继续发展。随着消费者可以越来越轻松自在地想出和创造出各种提高生活质量的办法，他们获得了继续探险的勇气，通常是探索新的领域。他们希望继续搞清楚他们的个人需要是什么，什么使自己的生活方式变得有意义，《扬基洛维奇透视》将其称为个人的本真性。人们感觉到自己有足够的能力决定重大事情，即'我在这里'。"

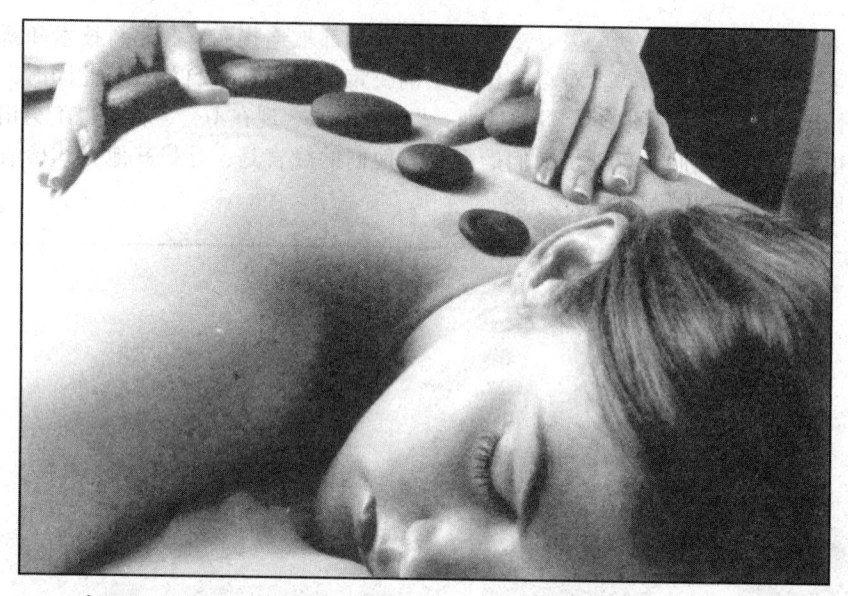

度假体验的质量对质量至上群体至关重要。这个群体的成员认为他们努力工作就是为了这次度假，现在轮到他们自我放松和被人伺候了。他们希望被呵护，也愿意为此付出合理的费用。

非常简单，消费者希望按照自己的鼓点前进。只有1/3（33%）的消费者说，他们关注其他人对其选择的评价。大约2/3（67%）的消费者说，他们按照自己的鼓点前进，并不介意他人说什么和想什么。也就是说，那些吹嘘自己的产品最受欢迎的广告宣传活动越来越没有效果。谁会在意？消费者已经知道，"只有他们自己知道什么对他们是对的。营销商不知道，其他人也不知道，秘诀必须来自内部"。

所有这些对营销商的启示是，他们需要把控制权交给消费者。让消费者决定应该做什么，不要说"相信我"。人们不希望受支配，因此请求信任是不会起作用的。每个人都希望写自己的脚本：他们是谁，他们想做什么，他们想要怎样做。聪明的营销商可以采用让消费者易于获得他们需要的信息的方式来帮助消费者。

优势的无形性是构成消费者行为的第三个要素。《扬基洛维奇透视》过去几年的调查继续显示，时代的特征是物质超级充裕。人们到丰富的物质之外广泛地寻求满足也是这个时代的特征。由于人们被如此丰富的物质所包围，因此甚至连特殊的东西也没有什么意义了。每个人都在问自己："所有这些东西的含义是什么？我为什么需要它？它实际上对我有什么用？"

我们大家都希望高质量的生活，但是越来越多的消费者都在寻找更确切的高质量生活的定义。过去被认为是奢华的东西现在却被认为是普通的东西；我们希望更多的东西。下面是在过去的一些年里形成的一些优势的无形性：

- 珍视本真性。消费者期望感觉真实的东西，而不是炒作性、表面性或者炫耀性的东西。他们希望能够从表面读懂别人和承诺，而不愿意去领悟其内在的含义。他们不希望由于放松警惕而处于不利地位。
- 感觉高于预期。从服务到选择，消费者都对市场寄予很高的期望。
- 坚定的家庭立场。今天的很多消费者都崇拜家庭，尤其是 X 一代，他们自己的家庭通常是摇摇欲坠的。随着生活节奏的加快和很多其他联系变得短暂和消失，人们更重视家庭纽带和习俗。
- 精神性。越来越多的消费者都注意他们日常所做的事情和购买的东西之外的东西。

生活方式和消费者行为中的这些主要趋势的底线使吸引消费者的老方法已经不起作用了。营销商正在学习提供产品设计、情感和体验方面新的不同点。每个交易都要有无形的报酬。再也没有普通产品的余地了。人们不希望在普通酒店过夜或者吃普通的食品。一切都必须在这个方面或者那个方面与众不同。新消费者的思维倾向是，如果你善于挑选新的选择，那么没有理由坚持老的东西。

## 旅游的社会影响

饭店、餐馆和旅游景区、景点可以造就和改变一个地区的生活。例如，在决定建立地中海俱乐部（Club Med）之前，墨西哥的华特尔科只是一个在地图上几乎找不到的小镇。沃尔特·迪士尼世界永远地改变了奥兰多和佛罗里达的特征。

旅游者到任何旅游目的地都会带来金钱和就业机会，但是同时也会带来问题。只要增加一个地方的旅游量，就必须提供额外的公共服务，例如警察、消防人员、水处理厂和固体垃圾处理设施。这就可能增加居民的生活成本，犯罪率也可能上升。新建机场带来了污染和噪声；新建饭店和购物街改变了当地的景观特征。以前对公众开放的海滩或其他设施，可能要限制居民进入或者不允许居民进入。

因为这样或那样的原因，许多人感到旅游者对他们的社区产生了负面影响，因此他们不赞成鼓励旅游业发展的计划。有些地区对于旅行和旅游业带来的利益所持的态度是矛盾的，因此并不支持吸引旅游者或开发旅游设施。其他地区，例如佛罗里达的门罗县（基韦斯特所在地）则认为，他们对旅游的发展可能有些失控，所以现在正试图采取抑制措施（基韦斯特是美国佛罗里达群岛最西端的旅游胜地——译者注）。

在发展中国家和第三世界国家中存在另一些问题。一个问题是旅游者与从业员工之间存在着巨大的经济差别,旅游者住在豪华的度假饭店,而从业员工则第一次亲眼看到那些能够改变其前程和价值观的崭新的生活方式和行为。当地居民常常竭力效仿旅游者的衣着风格和消费模式,一个地区的文化和传统价值会被侵蚀,也常常导致种族关系的紧张。旅游业的季节性还带来了另外一个大问题,旅游季节结束后,通常会出现大批离职或失业的工人,他们无处可去,而且很难有机会谋得类似的工作。

当今的饭店业经理们更加关注旅行和旅游业的社会成本。现代的计划方法更重视进行影响研究,考虑不断增长的旅游业给一个地区带来的社会和环境变化,许多国家都在旅游淡季举办引人注目的市场促销活动,以吸引游客和保持高就业水平,例如土耳其发展艺术品和手工艺品的生产,这样工人就可以在旅游淡季为旅游者生产这些艺术产品。

西雅图的华盛顿大学社会学教授皮埃尔·L·伯格对旅游的文化影响进行了深入的研究。他认为,从总体上看,旅游的影响是积极的:

> 旅游以其复杂和不可预见的方式,不仅改变东道主的自我行为,而且改变他们的自我定义。旅游非但不能破坏当地的文化,而且通常可以改造和复兴当地的文化。在所有对封闭的当地文化产生影响的外部接触因素和现代化因素中,旅游的破坏作用可能是最小的,准确地说,这是因为旅游将市场价值植入到多样性文化之中。虽然对真实性的追寻有的时候一开始看起来会破坏和腐蚀当地文化,但是它可以恢复和振兴在其他现代化力量冲击下日益衰弱的传统文化,这些现代化力量包括工业化、城市化、基督教化、西式的学校教育……当地居民通常有活力恢复先祖的传统,创造新事物,重新定义真实性,抵御地球村的侵蚀。重述马克·吐温的一段话,第三和第四世界文化死亡的消息言过其实了。另外,在文化衰亡的地方,几乎没有人将之归罪于旅游。[7]

解决旅游业带来的一些问题的答案之一是发展生态旅游。生态旅游是一个频繁被误用的术语。生态旅游协会给生态旅游下的定义是:"保护环境并维持当地人民福祉的负责任的旅行。"[8] 经常登载论述生态旅游文章的《旅行者》杂志(*Condé Nast Traveler*)认为,发展中国家最适合发展生态旅游,因为这些国家快速增长的人口威胁着野生动物和它们的栖息地。"如果把旅游给这些国家带来的资金用于帮助当地的经济,而且人们能够看到保护环境带来的实质性利益,这就是生态旅游。只有当生态旅游能提供足够的就业机会或者能够筹集到足够的收入,可以用其采取措施抑制对环境的破坏时,生态旅游才会有效。如果当地居民认为森林只能用来当柴烧,他们就会继续地砍伐和焚烧。在非洲，部落里的人会屠杀践踏他们庄稼的大象，但是如果旅游业能够给他们带来足够的收入，他们就会停止这种做法。"[9]

旅行和旅游业中有一些私人经营者在一些环境脆弱的地区经营旅游业务，他们不仅对环境敏感而且对居民也很敏感。一些经营者煞费苦心地开发度假村，竭力将其与当地的文化和周边的景观融为一体。另一些经营者则雇用和培训当地的导游，支持保护环境的科学研究。这些参与生态旅游的旅游经营者都很谨慎，以便将他们企业对环境或者文化的影响降低到最小。这些措施是真正的生态旅游的标志。

根本的一点是：旅行和旅游是一种行业，它有利润也有成本。社会和政府必须承认一个问题的两个方面，制订适当计划对其进行平衡。

今天很多度假饭店都竭力与其周围的景观融为一体。图为位于亚利桑那州无忧度假地的拥有215间客房的巨石度假和黄金门温泉酒店，单层的客房建筑（被称为"土屋"和"普韦布洛别墅"）分布在美丽的巨石山的山脚下。（亚利桑那州无忧度假地巨石度假和黄金门温泉酒店供稿）

## 旅游开发计划

一个负责任的旅游开发计划的逻辑顺序包括下列5个步骤：

1. 确定项目的范围。打算建什么？能否以对社会、环境和经济各方面都有利的方式进行该项目的建设？

2. 分析市场。这个项目将会满足什么需求？现有的基础设施是否支持这个项目？季节性的问题怎么解决？潜在的需求是什么？谁是竞争对手？是否存在可用的劳动力？

3. 制订一个总体计划。土地如何使用？在什么地方建什么项目？是否有必要新建道路、机场或港口设施？

4. 确定项目将由谁来开发。有些项目由政府建造，有些项目由私人开发商承建。最成功的项目要求这两个方面都参加。以墨西哥的坎昆为例，将该地区开发成为度假胜地的项目首先由政府发起，然后与希望到墨西哥扩展业务的国际饭店经营者共同开发。

5. 制订一个时间表。这是一个长期计划还是一个短期计划？所有的工作都同时展开，还是分阶段逐步完成？

## 小结

科学技术使我们能更快捷、更便宜地旅行，使更少的农民能够提供更多的食品，能更高效地制造产品，能在瞬间完成与世界各地的通信联络。世界的人口正在变化，如今人口的数量比以往任何时候都多，并且还在不断地增长，同时人口也变得更老龄化。在20世纪后期，世界各地发生了巨大的经济、社会和政治变化，在我们开始进入21世纪的时候，这种变化的步伐没有减缓的迹象。

影响旅游的趋势很多，包括不断增多的休闲时间、可用于旅游的可自由支配资金的增加、旅游季节性的淡化、不断增加的生态旅游及探险旅游。今天的很多趋势都是旅游的好兆头；而另一些趋势，例如，恐怖主义的增加，却不是旅游的好兆头。

旅行和旅游业现在是世界最大的行业。我们无法仅仅以收入来衡量它的规模，只有将诸如工资和购买食物的消费加到一起才可以衡量出它更真实的规模。此外，要了解旅行和旅游业的全貌，就必须考虑乘数效应。

旅行和旅游业由许多部分组成，例如航空公司、饭店、餐馆及景区景点。它们都是相互关联的，任何一个部门的成败都会影响其他的部门。

今天的很多消费者在购买饭店客房、就餐以及进行旅行安排时，都希望能够主宰决策的过程。他们自己进行调研，使用互联网和其他资源，然后自己决定想看什么和做什么，而不参加有导游的游览。他们花钱谨慎，但是并不节省；只要物有所值，他们就愿意把钱花在旅行以及其他商品和服务上。他们受3个关键价值观的激励：自我创造性、个人的本真性和优势的无形性。

当然人们也关注旅游对文化的影响。有些人认为，旅游的影响是有害的，而另一些人则认为，旅游能促进经济增长，可以保护而不是破坏本土文化。

# 注释

[1] United Nations Population Division, 2005.

[2] Fred Brock, "Seniority", *New York Times*, July 2, 2000.

[3] These examples are excerpted from "Travel and Tourism-Jobs for the Millennium", published by World Travel & Tourism Council, January 1997. Many of the examples and figures in this chapter are based on material supplied by this organization, for which the authors are grateful.

[4] Daniel Goleman, "Head Trips", *American Health*, April 1988, p. 58.

[5] Ibid., p. 58.

[6] The information in the following paragraphs is from YPBR Yankelovich, Inc. 2006 *National Leisure Travel MONITOR* and is used with permission.

[7] Pierre L. van den Berghe, "Cultural Impact of Tourism", VNR's *Encyclopedia of Hospitality and Tourism* (New York: Van Nostrand Reinhold, 1993), p. 627.

[8] "Can Ecotourism save the Planet?" *Condé Nast Traveler*, December 1994.

[9] Ibid.

# 主要术语

**人口统计学信息**（demographic information） 全部人口的统计学信息（例如年龄和收入），通常在确定市场时使用这些信息。

**乘数效应**（multiplier effect） 旅行和旅游业给一个地区带来的隐性或者间接利润。乘数效应的计算方法是这样的，将一个地区旅游者的全部消费总和乘上一个系数（即乘数），就得出这些消费为该地区带来的额外收入。

**价格和数量群体**（price and sights group） 这个群体中的旅游者感兴趣的是，在度假时，花最少的钱办最多的事。

**心理分析研究**（psychographic research） 根据生活方式和价值观念对人们的行为进行分类的研究。

**质量至上群体**（quality group） 这个群体中的旅游者认为，度假的质量最重要。他们希望并且愿意把钱花在一流的酒店和服务上。

**阳光和冲浪群体**（sun and surf group） 这个群体的旅行者追求的度假地点要有宜人的气候、有充足的阳光和美丽的沙滩。

**旅行和旅游业**（travel and tourism industry） 一些组织和机构的集成，它们的全部或者绝大部分收入来自向旅行者提供产品和服务。

## 复习题

1. 科学技术如何改变我们的生活方式？还有哪些经济和社会趋势影响旅行和旅游业？
2. 旅行和旅游业的组成部分是什么？如何确定旅行和旅游业的规模？
3. 什么是乘数效应？
4. 旅行和旅游业的各个组成部分是如何相互关联的？
5. 人们为什么要旅行？
6. 什么是心理分析研究？它如何帮助旅行和旅游业？
7. 旅行和旅游业影响当地社区的方式有哪些？

## 网址

访问以下网址，可以获得更多的信息。谨记：互联网地址可能不事先通知而改变。如果该网址已不存在，可以用搜索引擎查找另外的网址。

## 协会

Pacific Asia Travel Association
www. pata. org

Travel Industry Association of America
www. tia. org

Travel & Tourism Research Association
www. ttra. com

## 组织和资源

Caribbean Tourism Organization
www. doitcarribean. com

World Travel & Tourism Council
www. wttc. org

Ecotourism Society
www. ecotourism. org

Yankelovich
www. yankelovich. com

World Tourism Organization
www. world-tourism. org

迈阿密海滩酒店。(照片由厄尼·皮克提供)

# 3 探索饭店业的职业

## 概要

今天的饭店业
    住宿业
    餐饮服务业

饭店业的职业
    选择一个行业部门

职业选择
    住宿业
    餐饮服务
    俱乐部
    邮轮公司

寻找工作
    你首先需要做的工作

小结

## 学习目的

1. 了解住宿业和餐饮服务业的构成与规模、饭店职业的优点和缺点，与个人性格相关的3种个人技能领域：处理数据的技能、人际关系技能及处理事务的技能。

2. 归纳总结住宿业中的职业选择；了解在连锁饭店和独立饭店工作的优点和缺点；熟悉饭店中的管理岗位。

3. 简要了解餐饮服务业中的各种行业及各种职业机会；了解俱乐部和邮轮公司中的职业选择。

4. 了解饭店业中的职业阶梯；归纳总结个人简历的目的和内容；掌握如何准备应聘面试、在面试中推销自己的技巧及面试后有效地与面试主持人联系的方法。

本章主要讨论饭店业的职业。本章开头简要讨论饭店业的规模，然后，我们将探讨人们进入饭店业领域工作的原因及如何在饭店业选择一个你喜欢的行业部门。我们将描述从饭店到餐饮服务的每一个部门。最后，对如何在饭店业中找工作提出一些观点和建议。

## 今天的饭店业

什么是**饭店业**？这不是一个容易回答的问题，很多论述这个题目的书都给出了不同的答案。有些人认为饭店业包含4个部分：住宿、餐饮、娱乐和旅行。然而，人们通常认为饭店业主要包括住宿和餐饮服务。如果我们这样为饭店业下定义，那么，我们可以将这样的设施包括在饭店业之中，例如学校宿舍、老人护理院及其他类似机构（图3-1）。

美国的饭店业近几十年的发展速度是惊人的。其部分原因是美国人生活水平普遍提高、余暇增加、医疗事业的发展使美国人的寿命普遍延长、教育的进步以及飞速发展的社会提供了更多的机会。过去只有少数特权者才能得到的服务和产品，现在大多数人都能享受到。例如，在过去的10年中，乘飞机和邮轮旅游的人数显著增加。

根据住宿业和餐饮服务业的一些统计数字，我们可以了解饭店业的规模。

### 住宿业

据世界旅游组织估计，全世界共有1,900万间饭店客房，其中490多万间在美国。随着每年新饭店、新度假村及其他住宿设施的开张营业，客房的数量还在不断增加。

美国住宿业雇用了大约125万名全职和非全职员工。饭店经理和助理经理的岗位达20万个。另外还有相当数量的自雇经理，他们主要是一些小旅店和汽车旅馆的业主。显然，你不必为他人打工就可以在住宿业中获得成功！

住宿业的继续扩张是不可避免的。没有人精确地知道未来 10 年将要修建多少新饭店和其他住宿设施，也没有人知道大部分新饭店建在哪里。但我们可以肯定的是，饭店业中的就业机会将会继续增加。

图 3-1 饭店业

| 住宿业 | 餐饮服务业 | 其他行业 |
| --- | --- | --- |
| 套间饭店 | 商业快餐店 | 航空公司 |
| 博彩饭店 | 学校餐饮服务 | 野营地 |
| 会议中心 | 员工餐饮服务 | 城市俱乐部 |
| 完全服务饭店 | 完全服务餐馆 | 乡村俱乐部 |
| 有限服务饭店 | 保健中心 | 邮轮 |
| 度假饭店 | 寄宿餐饮服务 | 国家公园 |
| 退休社区 | 快速服务餐馆 | |
| | 娱乐饮食服务 | |
| | 社会包餐服务 | |

## 餐饮服务业

餐饮服务行业正在健康地发展。根据（美国）全国餐馆协会（NRA）的统计，饮食服务业的销售额大约占美国国内生产总值（GDP）的 4%。人们每花 1 美元购买食品，就有 47.5 美分花在餐饮店。美国有 1,250 多万人在餐饮服务行业就业。[1]

（美国）全国餐馆协会每年出版的《餐馆业运营报告》(Restaurant Industry Operations Report) 着重点出了饮食服务业中的一些令人感兴趣的数据：

- 大多数餐饮店都是小企业。70% 以上的餐饮企业雇用的员工少于 20 名。
- 每年有 700 亿人次在餐馆、学校和工作场所的快餐店就餐。
- 预计 2010 年，餐馆业将开设 100 多万个供餐单位，销售额将达到 5770 亿美元。[2]

大多数饭店专业的学生都倾向于认为餐饮服务业就是完全服务和"快速服务"（快餐）餐馆。从图 3-1 中我们可以看到，其他类型的餐饮服务单位也应该考虑在内。例如，饮食承包公司在写字楼、工厂、大学、体育场和退休人员之家经营咖啡厅、餐厅、小吃部及包餐设施。这一领域中最大的 3 家公司是索迪斯（Sodexho）、爱玛客（ARAMARK）和金巴斯集团（Compass Group）。社会包餐公司，例如纽约市的辉煌食品公司（Glorious Foods）为有兴趣的人提供了就业机会。辉煌食品公司在典型的一天曾经承接了7个宴会，其中包括在《红皮书》杂志（Redbook）办公室举行的午餐会，在大都会艺术博物馆举行的鸡尾酒会和自助餐及现代艺术博物馆电影协会为电影明星克林特·伊斯特伍德举行的庆祝会。目前，许多医院都有类似饭店餐饮经理这样的人负责医院的餐饮服务工作。有些医院还向患者提供精美的饮食和酒类。医院还开设员工食堂、供医生使用的专用餐厅及为来访者服务的咖啡厅。为了最大限度地利用厨房设施，有些医院还开拓对外包餐业务。

如果你热爱烹饪，那么饭店业有很多职业机会，包括从普通厨师到获奖的名厨。

## 饭店业的职业

人们为什么进入饭店业工作？如果你要问那些把他们热爱的这个行业当做自己终生职业的人们，你会得到多种多样的回答。最普通的回答是：

- 与多数行业相比，这个行业提供的职业选择更多。不管你喜欢什么类型的工作，不管你的能力如何，在这个行业中你总可以找到一个能发挥你聪明才智的岗位（请再一次见图3-1）。
- 工作种类多种多样。由于饭店和餐馆是完整的生产、销售和服务单位，因此，经理的工作涉及多种广泛的活动。
- 有很多创新机会。饭店和餐馆经理可以设计出新产品，满足客人的需要；为员工制订出培训计划；或者实施具有挑战性的广告宣传、销售促销和市场营销计划。
- 这是一个"与人打交道"的行业。经理和主管每天的工作是让客人满意、激励员工、与供应商和其他人谈判。
- 饭店工作的时间不是早上9点到下午5点。饭店内许多岗位的工作时间很灵活（有些人却认为这是缺点）。
- 有长期职业发展的机会。如果你有雄心壮志并且精力充沛，你可以从初级工作开始不断提升。在饭店业可以听到很多这样的故事，即某人从行李员或者厨师提升到高层管理职位或者成功地开办了自己的企业。
- 许多饭店工作都有额外的好处。如果你成为一个度假饭店的总经理，你可以与你的家人和朋友在这里的餐厅用餐，使用这里的娱乐设施。航空公司和邮轮公司的员工可以获得免费或打折的旅行。

如果你有雄心并且精力充沛，那么你可以从饭店业的初级岗位做起，并能够迅速提升。这个行业充满了成功的故事，很多人最初的工作是行李员、调酒员或者厨师，后来提升到高级管理岗位或者成功地创办了自己的企业。

尽管饭店工作有上述优点，仍然有许多人不喜欢这个行业的工作，其原因是：
- 工作时间长。饭店业的大多数工作的工作时间都很长。每周工作40小时是不正常的，而每周工作50~60小时却是很正常的。
- 没有传统的作息时间。饭店经理的工作时间不是从星期一到星期五。在饭店领域，你经常会发现，你的朋友休息时，你仍然在工作。正如一个经理对他的员工所说的："如果你星期六或星期日不能来上班，那么你星期一也不用来了。"
- 压力。饭店生意繁忙时，经理和员工在巨大的压力下进行工作。
- 起点工资低。刚进入饭店的员工需要接受管理培训，这时他们的工资低于其他行业新员工的工资。

## 选择一个行业部门

如前所述，很多人到饭店工作的原因之一是饭店工作具有多样性。很难想象其他行业会像饭店业那样有这么多不同种类的工作。我们知道饭店、餐馆或俱乐部在修建之前要请管理咨询公司进行可行性研究。于是，以研究为主的饭店专业的毕业生经常加入咨询公司，在这里可以有机会将他们收集和分析资料的兴趣与他们对饭店和餐馆的兴趣结合在一起；另一些人为饭店业主和投资者当资产经理。

饭店业中的很多岗位的工作时间都非常灵活。

## 与旅游有关行业的工作岗位

| | |
|---|---|
| 旅游行业管理 | 旅游批发商 |
| 旅行记者/作家 | 预订代理 |
| 促销/公共关系专家 | 解说专家（博物馆，目的地信息，手工艺品，艺术等） |
| 营销代表 | 课程专家 |
| 团体销售代表 | 商务旅行专家 |
| 旅游经营者 | 财务分析员 |
| 旅行社经理 | 教师/指导员 |
| 康乐健身专家 | 转车（船）负责人 |
| 旅游陪同 | 市场调研员 |
| 零售店经理 | 团体销售经理 |
| 激励旅游专家 | 协会经理 |
| 顾问 | 旅游经纪人 |
| 翻译 | 公共关系官员 |
| 策划人员 | 旅游经营者 |
| 销售经理 | 接待员 |
| 政策分析家 | 旅游团领导 |
| 野营地经理 | 大小会议策划人员 |
| 研究/统计专家 | 导游 |
| 小船坞经理 | 滑雪指导员 |
| 经济学家 | 广告代理商财务主管 |
| 转运服务员 | 会展中心经理 |
| 住宿营地总监 | 销售代表 |
| 旅游巴士经营者 | 宾馆/青年客舍经理 |
| 特许经营者 | 演艺人员 |
| 康乐车辆租赁代理商经理 | 项目专家 |
| 旅游目的地开发专家 | 康乐设施/公园经理 |
| 信息官员 | 促销员 |
| 旅行代理商 | |
| 旅行顾问/销售经理 | |

资料来源：《学院的饭店、旅游和烹饪课程指南》，第9版，饭店、餐馆和学院教育委员会，2006年。

饭店业有很多管理岗位。尽管饭店和餐馆可能代表着本行业中的最大部门，但是，这并不意味着这是唯一的部门。俱乐部、医院、老人护理院、大学和其他学校、咖啡厅、监狱、公司餐厅、小吃部、管理公司、航空公司、邮轮公司及其他许多组织都需要饭店经理。在这些组织中，你可以从事如下领域的工作：营销和销售、客房管理、房务、烹饪、工程、餐厅管理、菜单设计、保安、财务、食品技术、预测和计划、电脑技术（管理信息系统）、康体、娱乐、客户关系等。另外，你对生活地点的选择余地也很大，你可以选择温暖的气候或者寒冷的气候；可以选择城市、郊区甚至乡村；可以选择国内或者世界其他地区。其他行业都不能提供如此多样化的职业机会。

**技能清单**　　选择你喜欢的职业岗位的最好的方法是列出你自己的技能。哪些工作最适合你？大多数技能都可以归纳为3个方面：处理数据的技能、人际关系的技能及处理事务的技能。你可能会发现你的许多技能可能集中在一个或两个方面。

有处理数据技能的人通常擅长数学和理科，愿意用电脑工作。他们愿意分析信息、比较数据、绘制图表、解决抽象的问题。这些人可能愿意为饭店管理咨询公司作可行性研究。他们可能还愿意在大型饭店和餐馆连锁店的公司计划部门工作，在那里进行数据分析和需求预测。大多数审计员和财务人员都可以归入这个"数据技能"群体。

在饭店业中，掌握人际关系技巧的人员可以得到很多就业机会。（喜达屋饭店及度假村国际集团供稿）

如果你愿意与人打交道，你可能愿意帮助他们，愿意关心他们的需求。你能够接受并提出建议和指导。你可能还愿意管理和激励其他人，你也可能会发现他们服从你的领导。有人际关系技能的人通常擅长谈判和销售，他们愿意讨价还价，不惧怕作决策。在饭店业，饭店的总经理及营销和销售经理属于这种类型的人。独立的餐馆业主、包餐经理和俱乐部经理也是这种类型的人。

第三种类型的人善于与事物打交道。如果你在这方面很出色，你可能善于搞制造或修理东西。你愿意做动手的工作，愿意使用工具和器械。你喜欢安装设施，例如，如果在你家里召开晚会，你可能愿意装饰你的房间。如果你的技能属于这一类型，你可能愿意从事食品生产工作。厨师长、面包师和厨师都愿意与事情打交道。管理饭店硬件设施的工程师也属于这种类型的人。

我们许多人都拥有不只一方面的技能。重要的是，要确定自己的技能，然后按照你愿意运用这些技能的程度对其进行排队。这样就会帮助你找到一个适合你的职业。

## 职业选择

你第一次在饭店业内选择的工作种类确定了你的职业位置。尽管技能和经验在一个特定的行业部门（例如度假饭店）中通常是可以转移的，但是你通常很难从一个行业部门跳到另一个行业部门工作。例如，你不太可能从管理塔科钟快餐店的位置转到管理医院的餐饮服务部门的位置，也不太可能从管理"汽车旅馆6"（Motel 6）的位置转到管理里兹—卡尔顿饭店的位置。然而，你可以从凯悦饭店经理转为大型邮轮的经理，例如"豪华公主号"（Grand Princess）。需要指出的是，汽车旅馆和快餐餐馆业主和经营者的收入通常与一些豪华饭店经理的收入一样多，有时甚至高于他们的收入。请记住这一点，然后让我们看一看你面临的职业选择。

### 住宿业

有很多类型的饭店可供选择。有豪华饭店，例如旧金山的东方饭店和纽约的广场饭店。有希尔顿、万豪、喜达屋和凯悦等公司经营的完全服务饭店。度假饭店是另一种类型的饭店。有些度假饭店专门接待会议团体，例如佛罗里达的博卡·拉顿饭店（Boca Raton Hotel）和海滩俱乐部（Beach Club）及亚利桑那巴尔的摩饭店（Arizona Biltmore）；另一些饭店面向个人和小型会议，例如弗吉尼亚的威廉姆斯堡饭店（Williamsburg Inn）和佛蒙特的特鲁普家庭饭店（Trapp Family Lodge）。最后，还有博彩饭店，例如拉斯韦加斯的永利酒店（Wynn）和大西洋城的百佳塔赌场饭店（Borgata）。这些特殊饭店的组织和管理模式与其他饭店不一样。

如果你喜欢动手、使用工具及摆放安排物品,那么你可能愿意到食品加工岗位工作,例如,饭店的厨师岗位。(索纳斯塔基比斯坎海滩度假酒店;索纳斯塔国际酒店集团供稿)

人们选择住宿业作为职业的原因是因为他们愿意旅行,愿意生活在不同的地方。饭店管理人员的需求量是很大的,由于大多数大型饭店都属于连锁集团,因此,经理们经常有机会到不同地区的饭店担任新职务。有些人愿意在大城市工作,在其职业生涯中,他们可能会住在纽约、芝加哥和旧金山。另一些人喜欢气候温暖的旅游胜地,可能开始在迈阿密工作,后来提升到波多黎各的一个较好的职位,然后又到夏威夷等地工作。喜欢滑雪和爬山的经理经常选择到位于落基山、喀斯喀特山或新英格兰的伯克希尔山上的饭店工作。有些人喜爱安静的郊区生活，就将他们的家搬到有独立饭店或会议中心的社区中。在独立饭店中，你不太可能被调离你的家和社区。

你愿意为大型连锁饭店集团工作，还是愿意在独立饭店中工作？在这两类饭店中都有很多机会。赞成在大型连锁饭店工作的观点包括：

- 较好的培训。里兹—卡尔顿和凯悦这样的饭店公司拥有非常复杂的经营系统。在这些系统中接受培训后，可以获得宝贵的额外教育和经验。
- 更多的提升机会。希望得到提升的连锁饭店经理可能有机会在他们所工作的部门内得到提升，如果这里没有机会，他们可以在其他部门得到提升。在大型饭店集团公司工作的饭店经理可以申请公司内的分时度假部门或者餐饮部门的职位。由于大型连锁集团管理着很多饭店，因此，经理们可以到很多地方去攀登成功的阶梯。
- 较好的福利待遇。你更有可能获得上等的生活和健康保险待遇，有更多的假期和病假时间，可以使用公司的汽车，有迁居补贴和购买股票的选择权等。

然而，在独立饭店中工作也有一些优点：

- 有更多的创新机会。你将有机会制定标准和发起变革，而不只是执行公司的计划和规则。
- 更多的控制。你更有可能控制自己的命运。在大型饭店连锁集团中，有关你的工资、提升及居住地点的决策通常由距离你几千公里以外的公司总部的人制定。但是，在独立饭店内，你定期与决定你命运的人接触。如前所述，在独立饭店内你不可能被调走。
- 为企业家提供更好的学习环境。独立饭店给企业家提供了更好的学习环境，因为所有的财务和经营决策都是在店内作出的。这意味着你有更好的机会了解决策是如何作出的和为什么作出这样的决策。如果打算将来有一天自己购买饭店，你在独立饭店内学到的东西要比在连锁饭店集团内工作学到的多，因为连锁饭店集团中资料需要送到总部进行分析。

**饭店中的管理岗位**　不管饭店是连锁集团的一部分还是独立饭店，作为饭店专业的学生，你都面临着各种各样的管理岗位供你选择。许多人的目标是总经理这样的高层管理岗位，而另一些人则愿意在下面的领域中工作：

- 宴会部；
- 工程部；
- 餐饮部；
- 财务部；
- 人力资源部；

- 营销和销售部；
- 客房管理；
- 管理信息系统（MIS）。

让我们分析一下这些领域中的管理岗位。

**总经理**是饭店的主要经营负责人。他或她负责吸引客人，确保客人在住店期间的安全，并得到良好的服务。总经理管理饭店员工，执行业主或集团经营者制定的政策。假日饭店和万豪等连锁集团都制定了非常具体的服务、经营及装潢标准。总经理必须监督所有部门都执行这些标准。

大多数总经理定期召集各部门经理会议。例如，如果要承接一个会议，总经理要确信，所有员工都了解那些可以使与会人员满意的全部必要细节，包括豪华轿车服务、入店登记程序、宴会、会议室、视听设备、娱乐等。

总经理主要负责企业财务的运行状况。总经理的报酬通常与其管理的饭店的经营利润挂钩。必要时聘用和解雇员工也是总经理的部分职责。总经理还可以参加与工会的谈判。

优秀的总经理擅长人际交往技能。他们有能力与员工、客人和广大的社区成员建立良好的关系。他们相信团队精神，知道如何调动其他人做好工作。高效的总经理还精通技术。他们不赞成"凭感觉"管理饭店，他们研究问题，认真制订短期和长期的解决方案。

**宴会部经理**宣传和销售饭店的宴会设施。他们策划、组织和管理饭店的各种宴会，包括正式晚宴和自助野餐。宴会部经理必须了解食品成本、食品烹制技术及定价方法。优秀的宴会部经理还要了解各种礼仪、社会习俗和礼节。创造力和想象力也是宴会部经理所应该具备的素质。

**工程部经理**（也称为总工程师）负责饭店物理设施的运转和维修，包括电气、供热、通风、空调、制冷和管道系统。总工程师必须具有机械设备和电气设备的背景，而且可能还需要许多技术执照和证书。

**餐饮部经理**指导食品和饮品的生产和服务。他们负责培训餐厅和厨房员工，保证质量控制。大型饭店的餐饮部经理与厨师长共同策划菜单，与饮品经理共同选择葡萄酒和各种品牌的酒精饮料。小型饭店的餐饮部经理独立负责这些工作。菜单定价和成本控制也是餐饮部经理的职责范围。

餐饮部经理必须对食品和酒类感兴趣，了解最新的食品发展趋势和客人口味的变化。因为餐饮服务每天持续15~20小时，餐饮部经理必须准备加班加点，忍受长时间工作的压力，处理就餐客人过多的情况、接待宴会等。

**财务总监**负责财务部和所有的财务管理工作，如信贷、工资、客人账户及所有

凯悦饭店这样的大型连锁饭店集团经常提供培训项目、职业安排指导、良好的福利待遇和众多的晋升机会。（资料来源：凯悦饭店网页，网址：www.hyatt.com）

的出纳工作。财务总监还负责制订预算和每日、每周和每月的收入、支出报告及经理需要的其他统计报表。财务总监重视细节，并善于用分析方法解决企业的问题。

**人力资源部经理**负责招募和培训饭店的大部分员工。他们也负责员工关系，包括为员工提供咨询、开发并执行保持和提高员工士气的项目、监测工作环境等。人力资源部经理的一个重要工作是监督饭店是否执行了平等就业机会和肯定行动（affirmative action）方面的法律和政策（"肯定行动"指美国的旨在鼓励雇用、录取女性和少数民族人员，使其增加就业和升学机会，以消除性别和种族歧视的政策和计划——译者注）。选择这个职业的人通常需要有大量的感情投入，并且善于谈判。

饭店的营销和销售职能由多种不同的活动组成。在大型饭店，有时有两个经理管理营销和销售工作。如果是这种情况，**营销部经理**负责制订和执行市场营销计划和预算。市场营销计划安排饭店吸引客人的手段，包括大小型会议销售、本地销售、广告和促销计划。营销部经理还负责公司客户的账户，并可能与广告和公共关系代理公司合作。**销售部经理**执行销售计划，打电话给潜在的团体和个体客户联系销售事宜。销售部经理通常向营销部经理汇报工作。在营销和销售部工作的人乐于为他人服务，并且具有很好的沟通技能。

**驻店经理**通常是负责饭店客房部的高级管理人员。他们的职责范围包括前厅、预订、房务及除餐饮部以外的收入来源，例如礼品店和康乐设施。在小型饭店，驻店经理还主管保安工作。他们直接向总经理汇报工作，并与总经理共同负责预算和预测的一致性。驻店经理是优秀的领导者，他们具有许多总经理拥有的才能。

**管理信息系统经理**是饭店的计算机专家。他们负责保证饭店的全部计算机都能正常工作，这些计算机用于预订、客房分配、电话、客房状态报告、各项财务工作及劳动生产率报告。他们通常能编制简单的计算机程序和编写简单易懂的电脑操作指南。他们具有很强的解决问题的能力和口头及书面沟通能力。

在营销和销售岗位工作的人通常以服务为导向，并具有良好的人际沟通技巧。

上面提到的饭店管理岗位的工资因（美国）国内地区的不同、饭店规模的不同及个人工作经验的不同而变化。但是，图 3-2 很清楚地显示了各种管理岗位的平均工资。附录 A 列出了饭店管理岗位、头衔及提升机会。

图 3-2 薪酬：住宿业

| 岗位工资中位数 | 全国范围 | 少于 150 间客房 | 150~350 间客房 | 350~550 间客房 | 550~800 间客房 | 多于 800 间客房 |
|---|---|---|---|---|---|---|
| 人力资源总监 | $59,717.79 | $50,923.20 | $53,073.75 | $66,342.19 | $78,464.00 | $82,202.98 |
| 管理信息系统总监 | $54,636.35 | N/A | $53,045.00 | $53,225.90 | $59,879.81 | $60,972.78 |
| 收益管理总监 | $65,2637.72 | N/A | N/A | $56,992.00 | $72,406.00 | N/A |
| 销售总监 | $68,269.98 | N/A | N/A | $78,550.98 | $89,413.16 | $99,495.45 |
| 销售和营销总监 | $70,344.30 | $50,020.35 | $64,767.95 | $86,320.00 | $106,527.88 | $120,052.92 |
| 宴会总监 | $58,595.52 | N/A | $49,288.24 | $63,028.49 | $64,875.00 | $91,090.36 |
| 餐饮总监 | $70,119.20 | $54,991.66 | $61,902.98 | $78,283.78 | $87,418.16 | $97,095.35 |
| 客房总监 | $63,688.50 | $51,864.78 | $59,685.43 | $64,675.96 | $68,871.10 | $73,607.80 |
| 行政管家 | $39,493.50 | $28,023.16 | $40,314.20 | $49,565.25 | $58,682.06 | $65,563.62 |
| 前厅经理 | $38,478.47 | $28,700.47 | $39,392.81 | $45,020.35 | $46,439.53 | $58,073.75 |
| 总经理 | $85,616.75 | $55,112.82 | $102,625.37 | $129,368.80 | $150,002.10 | $165,970.07 |
| 驻店经理 | $81,384.42 | N/A | $79,610.62 | $91,552.22 | $100,997.68 | $103,076.19 |
| 餐厅经理 | $37,151.62 | $33,171.09 | $37,131.50 | $39,392.81 | $45,010.18 | $42,436.00 |
| 销售经理 | $40,272.82 | $34,929.07 | $39,558.84 | $43,519.45 | $46,439.53 | $48,888.31 |

* N/A = 无（Not available）

资料来源：www.hospitalitycarreernet.com。

## 餐饮服务

餐饮服务业中也有各种各样的工作机会和地理位置供选择。对商务餐饮服务感兴趣的人经常选择独立餐馆和连锁餐馆。

**独立餐馆** 餐馆的最高等级是豪华餐馆，这些餐馆大部分由独立企业家拥有和经营。在业界，这些餐馆有时被称为"白桌布"（white tablecloth）餐馆。大多数光顾这些餐馆的顾客都用公款支付账户付账。位于曼哈顿的圆谷餐馆（Le Cirque）和四季餐馆（Four Seasons）一直是这个等级中最受欢迎的餐馆。

豪华餐馆的客人通常享受最佳服务。例如，有些豪华餐馆提供典型的法式服务，由着装正式的服务员推着餐车或小圆桌上菜。几名服务员、一名厨师和一名助手站立在桌旁为客人服务。后台有一个**埃斯科菲尔**式的古典厨房，厨房设有总厨师长，厨师按部门分组，每一组由一名主厨师负责。

与人们想象的不一样，豪华餐馆不一定都是高利润的企业。它们的租金和劳动力成本通常很高，而且也对有限的客源进行激烈的竞争。这些餐馆通常供应午餐和晚餐（有些只供应晚餐），但是，餐馆却从清晨就开始工作，因为很多食品都需要购买新鲜的，供当天使用。这些餐馆经常营业到午夜甚至更晚才关门。

许多饭店专业的学生都希望能够经营并最终拥有自己的豪华餐馆。最好的餐馆的经营非常复杂，营业额非常大，有些餐馆每年的食品和饮料销售额达3,000万美元。但大多数餐馆的营业额远远达不到这个数字，通常在500万～600万美元之间。取得最高成就的最好方法是到豪华餐馆工作，了解该餐馆的内情。许多这样的餐馆都是私人所有。业主退休时通常将餐馆卖给能够得到资金的员工或其他企业家。银行和其他贷款机构在提供贷款之前首先要了解未来的餐馆业主是否具有管理餐馆的经验，因此，在类似餐馆的管理岗位上的良好记录是你获得资金、实现你购买餐馆之"梦"的最好的入场券。

**连锁餐馆** 连锁餐馆的大多数经理均从饭店管理学院招募。获得饭店管理学位的毕业生进入餐馆的初始工作岗位通常是助理经理，以后可以提升为经理，然后提升为地区经理负责一个地区内的餐馆，接着提升为区域经理。

餐馆连锁店集团是当今餐饮业中发展最快的一部分。许多这类餐馆连锁集团都由快餐馆组成，但它们更愿意被称为"快速服务"（quick-service）餐馆。这些餐馆中的菜单极少变化。它们的战略是薄利多销。餐馆占用的独立式建筑通常是专门建造的食品加工厂，里面配置了专门设计的设备。这些拿最低工资的员工生产出标准化的产品。成功的"快速服务"连锁集团拥有大量的分店，因此可以在整个区域和全国实施促销宣传计划。尽管一些最大的"快速服务"连锁集团只拥有30%的分店，但是，通过特许经营通常可以进行扩张。小型"快速服务"连锁集团，例如赛百味（Subway），每个分店的年平均营业额只有37.5万美元；但是大型连锁集团，例如麦当劳，每个分店的年平均营业额超过150万美元。

许多饭店专业的学生都错过了在"快速服务"餐馆当管理人员的机会，这通常是一个错误。许多这样的岗位工资很高，并且还有就业保障和极好的福利待遇。例如，汉堡王（Burger King）负责多个分店的经理的年薪在5.5万～10万美元之间，外加福利和奖金。此外，如果你梦想将来拥有自己的特许店，特许连锁公司可以帮助你实现梦想，如果你在他们的一个连锁店中一直努力工作。达美乐比萨店（Domino's Pizza）从其分店经理中招募了很多特许经营加盟商，并帮助他们筹措资金。汉堡王和麦当劳都设有租赁计划，允许成功的经理承租分店，从销售额中支付租金，直到他们能够买得起该分店为止。

正餐餐馆也被称为便餐餐馆，是另外一种连锁餐馆。著名的公司有苹果蜂餐厅（Applebee's）、红辣椒餐馆（Chili's）、澳拜客牛排店（Outback Steakhouse）和橄榄园餐馆（Olive Garden）等。这些餐饮公司通常都是饭店专业毕业生的热门职业选择对象，因为这些公司可以提供许多晋升的机会。

**社会包餐** 社会包餐是餐饮服务业的另一个部分，许多饭店专业的毕业生都对此感兴趣。社会包餐企业通常由独立的企业家首先创办，因为这个行业需要的启动资金比较少，所用的设施可以根据需要租用，设备通常也可以从餐馆设备供应商那里短期租用，服务人员可以根据需要雇用。一些社会包餐企业只提供食品；而另一些社会包餐企业也提供餐桌、椅子、餐具、帐篷、服务人员和装饰物品。

**餐饮承包公司** 餐饮承包公司一般受雇于主要经营业务不是食品服务的组织，他们由于某种原因而需要餐饮服务。餐饮承包公司的最大客户是一些大型制造企业和工业企业；其工人的午餐时间很短。例如，阿拉玛克（ARAMARK）和索迪斯（Sodexho）等餐饮承包公司在这些大公司中经营咖啡厅和行政人员餐厅。这种服务经常得到出包公司的补贴，它们提供场所和设备，有时还负担部分或全部食品成本。学校和学院、医院、体育场、航空公司、邮轮公司，甚至监狱也都利用餐饮承包公司。以航空公司为例，食品在中心供应站制作和包装，然后送上飞机，供旅客食用。

承包餐饮管理工作并不是一件容易的事情，因为经理必须使两方面的雇主满意：经理所在的承包公司和包出服务的客户。许多餐饮承包项目，例如学校和医院的项目，都有很高的营养要求。另一些项目，例如航空公司的项目，则要求掌握先进的食品技术。

餐饮承包公司中的职业吸引了许多饭店专业的学生。与餐馆经理相比，餐饮承包公司经理的工作时间比较有规律，工作压力也比较小。为什么呢？因为许多雇用餐饮承包公司的客户，例如，租用办公楼的单位，每星期从星期一到星期五固定工作40小时，这就要求餐饮承包公司按照正常的工作时间提供服务。因此，餐饮承包公司的经理也能够比较精确地预测有多少人就餐、他们希望提供什么样的餐饮及就餐的时间。

因为要提供大量的食品，因此，餐饮承包公司的经理必须熟练地掌握专业的管理技能和成本控制技术。为此，餐饮承包公司通常雇用行业内有经验的人员，也从饭店管理学院招募员工。

**事业机构餐饮服务** 尽管餐饮承包公司也可以为学校和医院提供食品服务，但是大多数这类机构都自办食品服务项目。大多数公立学校都包括在（美国）全国学校午餐项目之中，该项目是联邦政府于1946年建立的。这个项目的目的有两个：（1）为美国农民生产的农产品建立一个市场；（2）为学生提供低成本的营养午餐。公立小学通常仅提供政府资助的菜单食品，但是许多中学则增加了很多项目，例如汉堡包、炸薯条甚至低热碳酸饮料。中学的食品服务经理必须要努力开发和创造新菜单才能使学生继续留在学校餐厅用餐。经理们制订了新的食品销售方法，因此，甚至连学校餐厅的外貌也发生了变化。

大专院校的餐饮服务项目也发生了很多变化。由于现在很多学生都住在校外，因此，餐饮服务机构趋向于提供灵活的用餐计划，使学生能够按照自己的意愿选择就餐的次数。为了成功地实施这一计划，许多大学除了传统的餐厅外，还增设专门的服务到桌式餐馆。另一个措施是提供种类更多的餐厅菜单，其特色是设置色拉餐台和其他大众食品，例如羊角三明治、百吉饼、熏鲑鱼和奶酪，早餐甚至提供比利时华夫饼。有些大学还将必胜客和塔科钟等快餐店引进校园。

医院的餐饮项目通常由经过培训的营养师管理，或者由专业餐饮服务经理和营养师共同管理。医院的菜单通常简单而富有营养。过去，多数医院都设置中心厨房，食品在这里烹制后，用保温餐车或餐盘将食品送到病房。有些医院已经对其食品服务实施分权化。在分权化的体系中，医院购买冷冻并按份包装的主菜和色拉，并将它们分别保存在医院各部门的小型冷藏柜内。然后根据需要装盘，并在微波炉内加热。另一种趋势是试图将医院的食品服务部门由成本中心转到收入中心。有些医院还向医生和员工出售可以带回家的食品，甚至开设外卖业务。

正如你所看到的，学校和医院正同商业餐饮服务企业争夺顾客。这意味着，现在饭店专业学生比过去有更多的机会进入这个正在发展的领域。

**餐饮服务业中的管理职位** 餐馆通常是小型企业，其平均销售额为53.5万美元。[3]这意味着，在这一领域内，甚至包括大型连锁集团，大多数管理工作是操作管理或者"直接插手"的管理，这与大公司职员坐在办公桌后面的工作截然相反。各种餐饮服务企业经理的职责都很相似，从独立餐馆到邮轮甚至到退休人员服务中心，大致都相同。

红辣椒扒房酒吧连锁餐馆在其分店中设置1名总经理和3名餐馆经理。总经理负责整个餐馆的经营运作，每个餐馆经理都有具体的工作职责：管理餐厅、管理饮品服务、监督厨房员工的工作。这种简单的管理结构和责任分工与许多商业餐饮服务企业相似。其他典型的餐饮服务管理岗位包括：主厨、餐厅领班和宴会经理。图3-3中列举了总经理、总经理助理及其他餐饮服务经理的工资中位数。本章后面的附录B中列举了餐饮服务管理岗位、头衔和提升机会。

图3-3 薪酬：餐馆业

| 岗位工资中位数 | 全国范围 |
|---|---|
| 首席运营官/总裁 | $291,747.50 |
| 人力资源总监 | $97,696.34 |
| 培训总监 | $84,686.34 |
| 运营高级副总裁 | $173,891.06 |
| 区域经理 | $77,567.50 |
| 分店总经理 | $51,358.17 |
| 分店总经理助理 | $37,507.59 |
| 开发副总裁 | $156,001.78 |

资料来源：www.hospitalitycarreernet.com。

## 俱乐部

俱乐部是你的另一个职业选择。俱乐部与饭店业中其他类型的企业有很大的不同，因为"客人"（俱乐部会员）在很多情况下也是股东。俱乐部的种类很多，有乡村俱乐部、城市俱乐部、午餐俱乐部、游艇和航海俱乐部、军事俱乐部、网球俱乐部，甚至马球俱乐部，所有的俱乐部都有房屋和其他设施需要管理。有些俱乐部，例如纽约市的"耶鲁俱乐部"，提供完整的饭店服务。大型俱乐部内部的许多岗位设置与饭店和餐馆相同：总经理、餐饮总监、宴会部总监（婚礼和舞会是俱乐部重要的业务）及财务总监。

目前，美国有14,000多家康乐和社交俱乐部，它们租用或者拥有自己的设施，并且由专业管理人员经营。大多数俱乐部都是非营利性组织，为会员所有并为会员提供服务。有些俱乐部作为房屋开发项目的一部分，由开发商修建，这些俱乐部是业主的赢利企业。

许多饭店业的经理愿意在俱乐部工作。首先，与连锁餐饮店和饭店不同，在俱乐部中他们有机会在很多方面施展自己的想象力和创造力，例如菜单选择、舞会策划和体育项目。其次，你可以与业主（俱乐部会员）进行更多的直接交往。另外，拥有体育设施的俱乐部经常举办有名人参加的比赛，从而引来媒体的关注。这可以使这项工作更具有刺激性。由于俱乐部的性质经常需要专门的培训和知识（例如高尔夫球、网球和航海活动），因此俱乐部经理经常分为不同的等级。

## 邮轮公司

在邮轮业中，无论是在岸上还是在海上，都有很多工作机会。岸上的工作岗位包括市场开发、财务、物资供应、行程策划和饭店经营。海上的工作岗位与高档度假饭店的工作岗位相同。工资是很有竞争力的。喜欢旅行的人们愿意在海上工作，但也要准备每年的12个月中至少有9个月要远离家乡。生活条件也不允许有很多隐私，但是很多人都喜欢这种全船员工是一个大家庭的感觉。

# 寻找工作

　　许多饭店专业的学生的心目中都有一个自己在这个行业中想要从事的工作。例如，他们可能已经有在餐馆或饭店中从事业余或者暑期工作的美好经历。他们的父母、他们所羡慕的一些人或家庭的朋友可能已经在这个行业中工作，并且建议他们从事某一职位。但是，职业顾问认为，学生们最好广开思路和眼界。如果你不探索其他职业的可能性，你也许会错过从长远看可能更具吸引力的机会。正确认识自己的目标和生活方式，彻底了解你感兴趣的公司的情况，这些是你寻找职业的重要基础。

　　你的每一个工作岗位都会使你更接近你的最终目标。如果你把所有的工作岗位都视为**职业道路**或**职业阶梯**上的"台阶"（图3-4），那么在决定哪项工作更适合你之前，你应该回答下面几个问题：

图3-4 职业道路实例——牛排与奶昔餐馆公司（Steak'n Shake）

| 见习经理 | 经理 | 餐馆经理 | 总经理 | 地区经理 | 区域经理 |
|---|---|---|---|---|---|
| ● 安排到选定的培训餐馆<br>● 在现场和教室中进行培训<br>● 正式的反馈意见 | ● 做值班经理的工作<br>● 继续在教室中学习<br>● 正式的反馈意见 | ● 协助财务报表和运营工作<br>● 培养领导技巧<br>● 绩效评估 | ● 完全负责财务报表和运营工作<br>● 发展团队成员<br>● 培养高级领导技巧、业务技巧和讲演技巧<br>● 个人发展计划 | ● 完全负责财务报表和运营工作（5~10个餐馆）<br>● 培养员工<br>● 继续培养高级领导技巧、业务技巧和讲演技巧 | ● 完全负责财务报表和运营工作（40或50个餐馆）<br>● 人员开发<br>● 企业规划/预算审查 |
| 2个月 | 4~6个月 | | 9~18个月 | 30个月以上 | |

这个职业道路显示牛排与奶昔餐馆公司（Steak'n Shake）的一名见习经理在晋升过程中承担的一系列工作岗位。（牛排与奶昔餐馆公司供稿）

- 我在这个岗位上能学到哪些有助于实现我的职业目标的知识？
- 在这家公司我有哪些长期发展的机会？

- 这家公司在我认识的人的心目中的声誉如何？它是否是一个值得去工作的地方？它是否履行对员工的承诺？
- 培训计划的质量如何？公司是否真正花力气努力培养我？
- 起点工资是多少？其他福利怎么样？他们是否还增加具有竞争力的奖励计划？
- 我对工作地点的感觉如何？我是否喜欢我将要生活的地方？工作地点是否在朋友和亲属家附近？

## 你首先需要做的工作

当你在学校学习时，你可能就想在饭店业中获得一些工作经验。为此，你需要了解一些如何准备个人简历和参加求职面试的基本知识。下面的信息可以给你一些帮助。

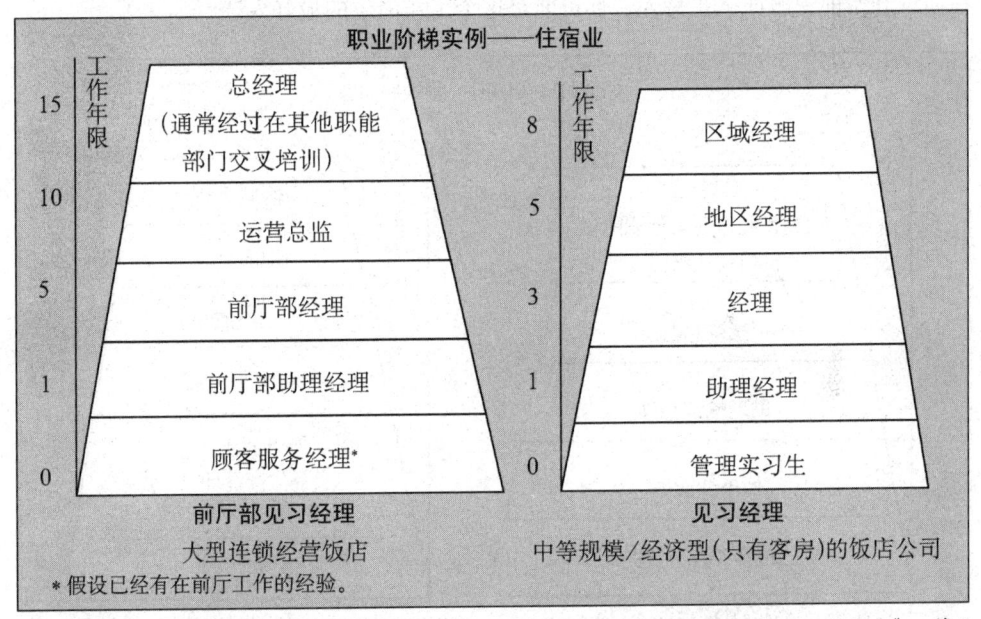

**职业阶梯实例——住宿业**

| 工作年限 | 大型连锁经营饭店 | 工作年限 | 中等规模/经济型(只有客房)的饭店公司 |
|---|---|---|---|
| 15 | 总经理（通常经过在其他职能部门交叉培训） | 8 | 区域经理 |
| 10 | 运营总监 | 5 | 地区经理 |
| 5 | 前厅部经理 | 3 | 经理 |
| 1 | 前厅部助理经理 | 1 | 助理经理 |
| 0 | 顾客服务经理* | 0 | 管理实习生 |
|  | 前厅部见习经理 |  | 见习经理 |

*假设已经有在前厅工作的经验。

资料来源：饭店、餐馆和学院教育委员会，《学院的饭店、旅游和烹饪课程指南》，第9版，2006年。

**你的个人简历**　不论是根据报纸广告邮寄工作申请，还是当面申请工作，你需要准备的基本资料是一份个人简历，简历应该精心制作，应该打印（不要手写），要具有吸引力。下面简要介绍如何写好个人简历的技巧。书店和图书馆里有很多非常不错的书介绍如何撰写简历；我们建议你最好找一本，读一读。

**简历的目的**　许多寻找工作的人都不知道简历的目的。如果你是面试主持人，你刚刚在当地报纸上刊登了一则招聘饭店前台代理的广告,那么你收到100份或更多的个人简历,一点也不奇怪。显然,你不可能亲自面试100个应聘者。他们的简历及附在简历前面的求职信可以作为筛选依据(在英文中,附在简历前面的求职信被称为"Cover Letter",因此也有人译为"封面信"——译者注)。面试主持人根据简历和求职信决定谁参加面试。因此,你的简历的目的是要保证你能成为少数几个接受面试的人员之一。你的简历不可能使你获得工作,因为任何一个公司也不会仅凭简历录用员工。

简历是你自己的广告。它的目的是使招聘的人确信,他或她应该先与你谈话,然后再作录用谁的决定。简历还有其他目的。简历把你介绍给未来的雇主,向其简要提供你的教育和就业背景情况。但是,简历的主要目的是向公司推销你自己,并在面试开始前说服面试主持人,你可能是这个工作岗位的最好人选。

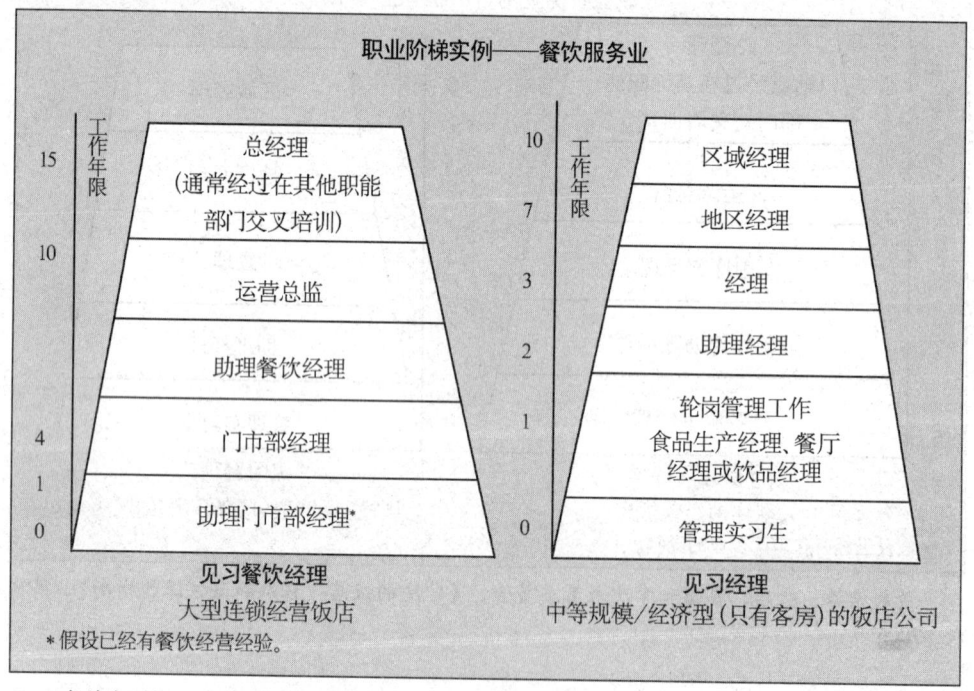

---

**职业阶梯实例——餐饮服务业**

| 工作年限 | 大型连锁经营饭店 | 工作年限 | 中等规模/经济型(只有客房)的饭店公司 |
|---|---|---|---|
| 15 | 总经理(通常经过在其他职能部门交叉培训) | 10 | 区域经理 |
| 10 | 运营总监 | 7 | 地区经理 |
|  | 助理餐饮经理 | 3 | 经理 |
|  | 门市部经理 | 2 | 助理经理 |
| 4 | 助理门市部经理* | 1 | 轮岗管理工作 食品生产经理、餐厅经理或饮品经理 |
| 0 | 见习餐饮经理 | 0 | 管理实习生 |
|  |  |  | 见习经理 |

*假设已经有餐饮经营经验。

资料来源:饭店、餐馆和学院教育委员会,《学院的饭店、旅游和烹饪课程指南》,第9版,2006年。

---

**简历的内容** 一旦你了解了简历的目的,简历应该提供什么信息和以什么顺序提供这些信息就变得更清楚了。我们首先讨论简历的长度。你的简历不应该超过一

页纸。面试主持人没有时间看超过一页的简历，为了决定是否面试你，他们也不需要看那么多。记住，你的简历最终将和其他简历一同归档。面试主持人将浏览档案寻找最有可能的候选人。在你的名字、地址和电话号码之后，页面的上部应该写什么？应该写面试主持人最想了解的有关你的内容。

许多优秀的简历的第一部分是"资格简介"。让我们继续以饭店为例，假设你正在申请前台职位，你以前在另一个饭店做过前台代理。你应该在这部分中说，"在一个主要饭店做过1年的前台代理"。很多情况下你没有过去的工作经验，这并不意味着你不符合这个工作的要求。也许你在读中学时曾在快速服务餐馆工作过，这时你可以说"有丰富的迎客和待客经验"。很有可能你从来也没工作过，但你可以这样说，"一个风度翩翩的热情工作者，接受能力强，善于团队工作"。你用这部分的内容宣传和推销自己，展示你具有从事这个工作的技能、经验和基本的资格。如果你曾经获得过某些奖励或表彰（例如，"'本月最佳员工'提名"），应该在这部分中提一下，这样可以显示你与其他应聘者不一样。

简历的下一个部分通常直接展示你的技能和经验。你在这部分应该具体说明："在有100间客房的汉普顿饭店做过1年前台代理。工作职责包括接受预订、为客人办理入住和离店手续及处理投诉。"

如果你以前从未做过前台工作怎么办？你需要表明，你以前工作过的岗位或者你做过的工作对做好你现在申请的工作很有帮助。如果你说自己是"一个风度翩翩的热情工作者"，你可以提及去年夏天你在麦当劳做过领班，甚至还可以提及担任过"北坡中学校园舞会委员会主席"。

在简历的最后部分应该列出你的教育背景。为什么不将学历部分放在前面？因为大多数面试主持人寻找的不是某个特殊的学历，他们寻找的是能胜任这项工作的人。如果他们认为你能胜任这项工作，他们将仔细阅读你的全部简历，并让你来面试。如果他们认为你不能胜任这项工作，他们不会去关心你的学历。

是否需要列出你的爱好？只有当爱好与你申请的工作相关时，你才可以列举自己的爱好。如果你申请厨师工作，而你的爱好是收集或者写菜谱，那么这个爱好就与工作相关。但是如果你的业余爱好是收集邮票或者吹萨克斯管，你最好不要写这个爱好。因为这个爱好不但不会帮助你，反而有可能对你不利（面试主持人很可能讨厌萨克斯管）。

其他的个人情况不要写在简历中。除非与该工作的资格直接相关，否则不要写你的身高、体重、年龄、种族或婚姻状况。尽管有些书籍建议在简历中附个人照片，但我们不主张这样做。你的相貌与你做这项工作的能力毫不相关，反而会无意识地伤害面试主持人，使之不愿意见你。我们也不主张把证明人写在简历中。如果需要，

95

面试主持人会在面试中让你提供证明人，所以你为什么要浪费宝贵的空间呢？你也不要表明希望的工资数额。如果公司决定聘用你，你也决定接受这个工作，这时候你可以讨论工资的问题。

最后，不要在简历中加入什么小花样或者进行什么"创新"。你要表现出自己是一个专业的、负责的和可靠的人。怪异的简历不会增强这种印象（简历实例请见附录C）。

**面试准备** 当你进门之前，你应该尽可能多地了解你未来的雇主。你应该多了解一些情况，因为这样你可以更容易地交谈，让人听起来你更热情。如果你申请饭店或餐馆连锁店的工作，你可以从图书馆中的行业杂志、互联网及邓恩与布雷兹特里特（Dun & Bradstreet）的报告中找到很多这方面的信息。

**面试着装** 你的着装方式会对人们对你的认知方式产生很大的影响。如果你申请的是管理岗位，你应该考虑你在该公司工作应该如何着装，然后，要穿得稍好一些。研究显示，人们通常是可以预见对方对服装的样式、颜色和搭配的反应的。记住，你应该表现出一个职业的和负责的形象。面试不是你展示大胆和与众不同的时装的场合。

**如何面试** 面试是推销你自己的机会，或者说服你未来的雇主向你提供一个工作。一旦你得到工作邀请，你就可以决定是否接受这个工作，但是，这个游戏的名称是说服面试主持人希望雇用你。

以这种姿态进入面试的含义很多。首先，使你具有信心。你就不会静坐在那里等待面试主持人发问，因为他或她不可能问那些能使你成为最佳候选人的问题。你要尽可能地控制你们谈话的内容。这样做并不难。开始控制面试局面的最佳方法是提问题。如果你事先对该公司有所了解，你就会很自然地提出一些问题。提问题表示你对到该公司工作非常感兴趣。回答你的问题会给你提供一些线索，这有助于你说服面试主持人录用你。

在回答问题之前你对公司（和面试主持人）了解得越多，你就越能更好地回答问题。一般来说，行业招聘者所寻找的人不仅要有特殊技能，而且还要了解我们日益变化的行业的动力。他们需要优秀的信息沟通者和能够激励他人、指导他人工作并教导他人如何工作的领导者。行业招聘者寻找具有多方面能力的人才，这些人要懂得财务问题、法律问题、道德问题，还要懂得人力资源问题。

面试主持人通常事先列出在面试中提问的题目。没关系，你仍然可以在他们提问的间隙提出你的问题。你应该诚实并直接回答他们提出的每个问题。如果有些问题你不知道如何回答，应该告诉面试主持人。你应该尽量让对方感觉你的态度很积极。你希望在你离开面试房间之后，面试主持人能够由于你的热情、自信、精力充沛和独立性而记住你。认真设计每一个回答，以便加深人们对你的印象。

在任何情况下，你都不应该说任何一个前雇主的坏话。这样做会使别人认为你不忠诚或者不诚实。

最后，鼓励面试主持人向你发出工作邀请。像任何优秀的推销员一样，要求订单！如果你得到一个工作邀请，你可以将其与其他可能的工作机会进行比较。

面试之后你应该随后写一封感谢信。感谢面试主持人花时间见你，并考虑你对这个职位的申请。如果该公司给你留下很深的印象，就告诉他们！告诉面试主持人，你确信你一定会为公司作贡献，你希望尽快得到他们的答复。

如果你收到了工作邀请，你应该在规定的时间内回复。你可能还有其他问题，因此要与给你发工作邀请的人联系，了解更详细的情况。如果你需要较长时间才能作出决定，应该向公司提出。作出决定后，应该立即通知你未来的雇主。如果你打电话拒绝这个工作邀请，随后你应该发一封信，感谢他或她对你感兴趣。记住，在你的职业生涯中你可能会在另外的场合再次遇到这位招聘人。

## 小结

饭店业在近几十年的发展是由于人们的平均生活水平提高、受教育程度提高和寿命延长等原因。快速发展的社会中出现的更多机会也促进了饭店业的发展。

饭店业提供了许多职业选择。饭店工作种类繁多，有无数的晋升机会。但是，有些人不喜欢饭店业工作中的压力和较长的工作时间。饭店的管理岗位包括：总经理、宴会部经理、工程部经理、餐饮部经理、财务总监、人力资源部经理、营销和销售部经理、驻店经理和管理信息系统经理。餐馆的管理岗位包括：总经理、餐馆经理、厨师长、餐厅领班和宴会部经理。

在饭店业中选择适合你的行业非常重要。为了选择行业，你必须了解你自己善于处理数据，善于与人打交道，还是善于处理事务。一旦你考虑到了你的长处和短处，你就可以正确地评价适合你工作的专业领域。你的选择包括饭店、餐馆、俱乐部、包餐公司、餐饮承包公司、事业机构餐饮服务等。

寻找工作的3个重要技巧是准备一份好的个人简历、面试时着装得体、面试时举止得当。简历的目的是要得到面试机会。简历是你的广告，用简历来强调你的特殊技能和经历。了解你将要面试的公司，面试时着装要大方得体，要"推销你自己"。

## 注释

[1] 2005 *Restaurant Industry Operations Report*（Washington, D.C.：National Restaurant Association, 2006）.
[2] Ibid.
[3] Ibid.

## 主要术语

**职业道路／职业阶梯**（career path /career ladder）　　一个人达到其最终职业目标之前所担当的各种职务。有些公司为其员工安排了职业道路或职业阶梯的实例。

**宴会部经理**（catering manager）　　在饭店中负责安排和策划宴会的经理，宴会包括：（1）会议和较小团队的宴会；（2）通过销售部预订的当地宴会。

**工程部经理（也称为总工程师）**（chief engineer）　　负责饭店物理设施的运转和维修。

**财务总监**（controller）　　管理财务部和所有的财务管理工作，包括信贷、工资、客人账户及现金出纳工作。

**乔治－奥古斯特·埃斯科菲尔**（Escoffier, Georgés-Auguste）　　法国厨师（1847～1935 年），被称为现代烹调之父。他的两个重要贡献是：（1）简化了古典的烹饪方法和古典的菜单；（2）重组了厨房。

**餐饮部经理**（food and beverage manager）　　指导食品和饮料的生产和服务。

**总经理**（general manager）　　饭店或餐馆的首要经营负责人。

**饭店业**（hospitality industry）　　提供短期或过渡性住宿和饮食的服务企业。

**人力资源部经理**（human resources manager）　　负责组织内的员工关系。

**管理信息系统经理**（management information system）　　管理饭店的计算机管理信息系统。可以编写简单的计算机程序，为员工编写计算机使用手册。

**营销部经理**（marketing manager）　　制订和执行市场营销计划和预算。

**驻店经理**（resident manager）　　在中等规模的大型饭店负责客房部，驻店经理有时也兼管保安工作。

**销售部经理**（sales manager）　　执行销售计划，打电话给潜在的团体和个体客户联系销售事宜。向营销部经理汇报工作。

## 📖 复习题

1. 什么是饭店业？
2. 饭店业的职业有哪些优点和缺点？
3. 技能清单如何帮助你确定职业道路？
4. 饭店业有什么职业选择？
5. 在大型饭店连锁集团工作的优点是什么？在独立饭店工作的优点是什么？
6. 餐饮服务业中有哪些职业选择？
7. 饭店专业的学生是否应该错过"快速服务"餐馆中的管理机会？为什么？
8. 你在确定一项工作是否适合你之前，应该问自己哪些问题？
9. 个人简历的内容是什么？什么内容不应该包括在简历中？
10. 你应该如何准备求职面试？在面试中应该如何表现自己？

## 💻 网址

访问以下网址，可以获得更多的信息。谨记：互联网地址可能不事先通知而改变。如果该网址已不存在，可以用搜索引擎查找另外的网址。

**协会**

Asian American Hotel Owners Association
www. aahoa. com

American Hotel & Lodging Association
www. ahla. com

Club Managers Association of America
www. cmaa. org

Educational Institute of AH & LA
www. ei-ahla. org

Hospitality Financial & Technology Professionals
www. iaha. org

National Restaurant Association
www. restaurant. org

**赌场**

Bally's

Caesars

99

www. harrahs. com/brands/ballys/
hotel-casinos/ballys-brand. shtml

Circus Circus
www. circuscircus. com

Harrah's Casino
www. harrahs. com

Luxor Casino
www. luxor. com

MGM Grand
www. mgmgrand. com

www. harrahs. com/brands/caesars/
hotel-casinos/caesars-brand. shtml

The Mirage
www. mgmgrand. com

Trump's Taj Mahal
www. trumptaj. com

Wynn Las Vegas Resorts
www. wynnlasvegas. com

## 饭店公司/度假饭店

Hilton Hotels
www. hilton. com

Hyatt Hotels
www. hyatt. com

Mandarin Oriental Hotel Group
www. mandarin-oriental. com

Marriott International
www. marriott. com

Ritz-Carlton Hotels
www. ritzcarlton. com

Starwood Hotels
www. starwoodhotels. com

Trapp Family Lodge
www. trappfamily. com

Westin Hotels
www. westin. com

## 组织、咨询公司和资源

Hcareers
www. hcareers. com

Hospitality Net
www. hospitalitynet. org

Hospitalitycareernet. com
www. hospitalitycareernet. com

World Tourism Organization
www. world-tourism. org

**餐馆公司**

McDonald's
www. mcdonalds. com

Burger King
www. burgerking. com

Pizza Hut
www. pizzahut. com

Canteen
www. canteen. com

Taco Bell
www. tacobell. com

Chili's Grill & Bar
www. chilis. com

Tavern on the Green
www. tavernonthegreen. com

Domino's Pizza
www. dominos. com

# 附录 A　主要的饭店管理岗位

| 主要的饭店管理岗位 ||||
|---|---|---|---|
| 岗位名称 | 部门 | 工作职责 | 提升机会 |
| 餐饮财务总监 | 财务部 | 用菜单计划和定价或采购决策、库存、配给的手段控制餐饮成本。与管理部门密切合作，通过咨询和报告提出建议。 | 助理财务总监 |
| 助理财务总监 | 财务部 | 负责办公室工作，制作财务报表。 | 财务总监 |
| 财务总监 | 财务部 | 作为管理部门的顾问，通过详细的计划、控制成本及有效地管理饭店的资产和债务的方式达到饭店的利润目标。 | 区域或地区财务总监 |
| 经营总监 | 行政部 | 通常是饭店的第二号经理，负责所有经营部门，例如餐饮部、客房部等。 | 总经理 |
| 总经理 | 行政部 | 监督管理饭店内的所有活动。负责协调所有部门之间的工作。 | 区域和公司职位 |
| 工程总监 | 工程部 | 负责设施和机械设备的维修。 | 区域团队 |
| 管事 | 餐饮部 | 负责采购并监管饭店食品和饮料的接收和贮存。 | 餐厅经理 |
| 餐饮总监 | 餐饮部 | 监控整个餐饮部的工作。 | 总经理 |
| 宴会经理 | 餐饮部 | 销售宴会和管理宴会服务。 | 餐饮部总监 |
| 会议主管 | 餐饮部 | 作为会议策划者和饭店之间的联络人，负责主要会议和宴会的实施。 | 宴会部经理、餐饮部经理、总监 |
| 前厅部经理 | 前厅部 | 作为客人与饭店之间的联络人，负责预订、登记和问讯。 | 到其他部门培训后任经营总监 |
| 预订经理 | 前厅部或营销部 | 负责预订工作、预订计划和收益管理。 | 前厅部、营销经理或总监 |
| 房务部经理 | 房务部 | 管理在指定区域工作的客房服务员和清洁工。 | 房务总监 |
| 房务总监 | 房务部 | 管理房务部的所有人员。负责客房用品的更新和购买。 | 到其他部门培训后任经营总监 |
| 营销总监 | 营销部 | 管理所有营销和销售工作，制订营销和销售计划。 | 到其他部门培训后任经营总监 |
| 销售总监 | 销售部 | 向会议、宴会和招待会出售会议设施。向大宗购买者出售客房，例如大公司的旅行总监。 | 营销总监 |

资料来源：饭店、餐馆和学院教育委员会，《学院的饭店、旅游和烹饪课程指南》，第9版，2006年。

## 附录 B  主要的餐饮服务管理岗位

| 主要的餐饮服务管理岗位 ||||
|---|---|---|---|
| 岗位名称 | 部门 | 工作职责 | 晋升机会 |
| 酒吧经理 | 酒吧 | 为酒吧订货和存货，保持酒品和玻璃器皿的库存，管理酒吧工作人员。 | 食品生产经理 |
| 餐厅经理 | 餐厅部 | 管理餐厅的全体员工和活动，包括员工培训、排班、计时和分配工作岗位。 | 助理经理 |
| 餐具主管 | 餐具室 | 管理色拉、三明治和饮料助手，还可能管理清洁人员，申请清洁用品。 | 食品生产经理 |
| 副主厨 | 厨房 | 制作和分配供应的全部食品。在大型餐馆经常负责特殊项目的制作，例如汤、调味酱汁或肉食。 | 行政主厨 |
| 面点师 | 厨房 | 制作蛋糕、饼干、馅饼和甜点，及面包、面包卷和快速发酵面包等。 | 行政主厨 |
| 行政主厨 | 厨房 | 负责全部制作食品的数量和质量，管理副主厨和厨师，制订菜单。 | 助理经理 |
| 食品生产经理 | 厨房 | 负责所有食品准备，管理厨房辅助人员和面点师，监管卫生标准和成本控制。 | 助理经理 |
| 采购代理 | 管理部门 | 订购、接收、检查和贮存所有的采购物品。监督将其分配到不同的食品制作部门。经常协助行政总主厨或助理经理的工作。 | 助理经理 |
| 助理经理 | 管理部门 | 在经理的指导下，执行专门的管理职责。 | 餐饮服务经理 |
| 餐饮服务经理 | 管理部门 | 负责整个餐饮经营中的利润、效率、质量和礼貌服务。 | 负责多个分店的区域经理 |
| 人事总监 | 管理部门 | 负责招聘和培训餐饮服务人员，管理员工关系、福利、安全和沟通。 | 区域人事经理 |
| 推销主管（地区） | 管理部门 | 制订和执行增加销售的广告和促销计划。也可能负责公共关系活动。 | 区域推销经理 |

资料来源：饭店、餐馆和学院教育委员会，《学院的饭店、旅游和烹饪课程指南》，第 9 版，2006 年。

## 附录 C  个人简历实例

| 个人简历实例 |
|---|

克里斯·琼斯
枫树大街 911 号
佛罗里达州迈阿密，邮政编码：33000
电话：(305) 555-1234
电子邮件：Jones@abc.com

**本人资格条件简述**
有管理和培训前台和餐厅员工及执行质量程序的经验。

**工作经历**

20××年1月至今
　　纽约皇家广场饭店前台主管。管理这个有300间客房的豪华饭店的前台运营，培训倒班员工，执行质量政策。

20××年9月至20××年12月
　　佛罗里达州迈阿密全球餐馆助理经理。负责这个150个座位的便餐餐馆的餐厅服务人员、食品和饮料库存控制及开店和闭店工作。

20××年4月至20××年8月
　　佛罗里达州迈阿密有限服务饭店前台服务员。在这个有130间客房的饭店接受培训并在前台工作，负责办理客人进店和离店手续，回答客人的询问。

**教育**
20××年12月获美国大学饭店管理学院理学学士学位。

**活动**
学院饭店俱乐部：主席
销售和营销协会：财务负责人
社区慈善会

**计算机技能**
Microsoft Word, Excel, PowerPoint, Web CT

**语言**
熟练掌握西班牙语和法语。

**证明人**
如果需要，随时提供。

# 第二部分
# 饭店的组织

索纳斯塔椰林海滩度假村（Sonesta Hotel & Suites Coconut Grove）。（索纳斯塔国际酒店集团提供）

法国斯特拉斯堡附近的室外咖啡厅。

# 4 了解餐馆业

## 概要

当代餐馆业
  餐馆业的行业细分

新建一个餐馆
  餐馆为什么会倒闭
  建立一个成功的餐馆

小结

## 学习目的

1. 概括了解餐馆业的规模、行业细分及餐饮场所。

2. 了解住宿业中的餐饮服务点，餐饮服务的交通市场、康乐市场、商务与工业市场、教育市场、医疗保健市场、零售市场，矫正机构餐饮服务、军队食品服务、餐饮承包商的情况。

3. 总结建立新餐馆的误区、餐馆倒闭的原因、建立新餐馆涉及的问题（例如确定概念、选址及可行性研究）。

当今饭店业　AH&LA　HOSPITALITY TODAY An Introduction

本章将详细介绍餐馆业中各种不同行业的多样性和复杂性。我们将了解各种餐饮机构的状况，包括餐饮店，饭店的餐饮部门，为航空公司、火车和邮轮公司提供食品的服务部门；康乐、商务与工业、教育、医疗保健、零售、矫正院及军队食品市场；食品承包管理公司。因为有朝一日拥有自己的餐馆是许多进入餐饮业工作的人的梦想，本章在结尾部分将介绍如何开办新餐馆。

## 当代餐馆业

餐馆业包括从美食餐馆到热狗摊亭的所有饮食服务单位。据（美国）全国餐馆协会估计，2001年美国食品服务业的销售额为5,110亿美元，有1,250万名员工在92.5万个企业中工作。餐馆业的销售额相当于美国国内生产总值（GDP）的4%。美国人外出吃饭的花费占食品支出的47.5%，相当于每个家庭2,434美元。美国每天有1.3亿人在食品服务机构就餐。[1]

餐馆业是真正的平等就业机会行业。餐馆业雇用的经理超过其他任何行业。在餐饮服务业中有2/3以上的员工为女性，14%的员工为非洲裔美国人，16%的员工为拉美裔。刚进入餐饮领域工作的人可能为小规模、独立经营的业主工作，这些业主经营**美食餐馆**、比萨饼店或冰淇淋摊亭。对未来的企业家来说，在独立餐馆工作是一种很好的培训。另一个职业轨道是可以从大型公司的管理培训开始，例如，米特罗麦迪亚餐馆集团（Metromedia Restaurant Group）经营完全服务式的庞德罗萨牛排餐馆（Ponderosa Steakhouse）、本尼根餐馆（Bennigan's）、波南萨餐馆（Bonanza Restaurant）及牛排啤酒餐馆（Steak and Ale）。在快速服务餐馆领域也有很多就业机会，例如麦当劳、肯德基、温迪餐馆（Wendy's）及其他公司。迪士尼公司也经营大量的不同种类的餐饮企业，并积极招募饭店专业的毕业生管理其主题公园中的餐馆和小吃部。航空公司的餐饮由航空包餐公司提供，例如佳美国际集团（Gate Gourmet International）。许多大型银行、保险公司及广告代理公司都拥有行政餐厅，由专业的餐饮服务经理管理。阿拉玛克（ARAMARK）、索迪斯（Sodexho）及其他餐饮承包公司将未来的经理分配到行政或员工餐厅中工作，到中学、学院和大学中工作，到旅游景区工作，例如纽约港的埃利斯岛。总之，在餐馆业中有许多可供选择的职业。

## 餐馆业的行业细分

餐馆业包括许多不同类型的设施和市场。为了方便报告和其他目的，餐馆业可以分为以下行业部门：
- 餐饮场所；
- 住宿业；
- 运输市场；
- 康乐市场；
- 商务与工业市场；
- 教育市场；
- 医疗保健市场；
- 零售市场；
- 矫正机构餐饮服务；
- 军队食品服务；
- 承包商。

**餐饮场所**　餐饮场所是餐馆业的最大组成部分，占整个行业销售额的74%左右。这个部分包括完全服务餐馆、快速服务餐馆、商业自助餐馆、社会包餐商、冰淇淋和奶冻摊亭及酒吧和小酒馆。其中87%以上的销售额来自完全服务餐馆和快速服务餐馆，这些餐馆为饭店专业的学生提供了最多的就业机会。因此，本部分将重点介绍这部分市场。

**完全服务餐馆**　有多种类型的完全服务餐馆。根据人们普遍接受的定义，完全服务餐馆具备以下特征：
- 菜单上标有12种以上主菜；
- 按单做菜。

通常，完全服务餐馆按照价位、菜单或就餐环境分类。当然也有其他分类方法，例如便餐餐馆或正餐餐馆。所有类别相互包含。很多完全服务餐馆和其他餐馆一样，可以同时归入多个类别。

**价位**　如果把重点放在价位上，餐馆可以分为豪华餐馆、高价餐馆、中价餐馆或低价餐馆。例如，纽约市的Per Se餐厅是豪华餐馆，在这里，两个人的正餐包括开胃品、主菜、甜点、咖啡和一瓶葡萄酒,费用为每人 200 美元以上。豪华餐馆通常是小型的,并且独立经营。其特点是:厨师训练有素并富有创造力;雇用技艺娴熟的餐厅服务员,由餐厅总管和餐厅领班领导。一些豪华餐馆还提供桌边烹饪服务。为了提供必要的和预期的高水准服务,豪华餐馆中的厨房和餐厅员工与顾客之比要高于其他类别的餐馆。

一些豪华餐馆本身就是世界著名的旅游景点,例如巴黎的埃菲尔铁塔餐馆。还有一些餐馆,例如旧金山的马萨餐馆(Masa's),专门为"常客"服务,光顾者是富人阶层、电影明星、公司总经理及其他显贵。这种类型的餐馆通常由一名厨师独立经营或者合伙经营,这个厨师主管厨房的烹调过程。过去,美食餐馆的特色是法式菜肴,但现在却不是这样了。今天的高级餐馆通常以地区性特色菜和**合成烹饪法**为特色,合成烹饪法把世界各地的多种配料和风味混合在一起。当今主导这个行业的是那些年轻的、充满创造力的厨师,他们中有许多人都在美国接受过培训,例如纽约海德公园的美国烹饪学院和总部位于罗得岛普罗维登斯的强生威尔士大学。

高价餐馆通常也是个人所有并独立经营,但是大部分餐馆座位的数量比豪华餐馆多。其菜单内容更加丰富,其服务的方式也多种多样,既有纽约的马戏团餐厅(Le Cirque)这样的正餐餐馆,也有迈阿密滩的"乔氏石蟹"(Joe's Stone Crab)那样的便餐餐馆。每年,美国的《餐馆和机构》(*Restaurants & Institutions*)杂志根据销售额排出全美独立经营的完全服务餐馆 100 强。图 4-1 列出了 20 强。

**菜单** 如果根据菜单下定义,牛排餐馆和海鲜餐馆都是完全服务餐馆。例如,澳拜客牛排店(Outback Steakhouse)的特色是牛肉菜肴;红龙虾餐馆(Red Lobster)的特色菜单是虾、蟹和龙虾。**民族餐馆**供应独特主题的菜肴,例如,罗曼诺通心粉烤肉餐馆(Romano's Macaroni Grill)以意大利菜肴为主。其他民族餐馆包括中国餐、希腊餐、日本餐、波利尼西亚餐、斯堪的纳维亚餐、韩国餐或印度餐等。

**就餐环境** 一些餐馆主要以其就餐环境而著称。例如,独特的建筑结构、装饰或环境。娱乐表演和体育主题目前在餐馆业中非常时兴,为越来越多的大众餐馆提供了主题。创建于伦敦的硬石餐厅(Hard Rock Café)连锁店,现在在世界许多大城市都建立了分店,其主题是摇滚音乐纪念品,包括猫王艾尔维斯·普雷斯利和披头士乐队及其他当代的摇滚乐明星。老式的使用不锈钢和塑料贴面板的餐车式餐馆也可以营造出许多气氛,这种餐馆仍然是餐馆业中很受怀旧人士喜爱的一个市场。

图4-1 美国独立经营完全服务餐馆20强

| 名次 | 餐馆/城市 | 2005年餐饮销售额（百万美元） | 供餐数/年 |
|---|---|---|---|
| 1 | 绿苑酒廊（Tavern on the Green）<br>纽约 | 37.056 | 482,246 |
| 2 | 乔氏石蟹（Joe's Stone Crab）<br>佛罗里达州迈阿密滩 | 25.832 | 3441,560 |
| 3 | 陶氏亚洲餐厅（Tao Asian Bistro）<br>纽约 | 25.604 | 380,000 |
| 4 | 希尔托普牛排餐厅（Hilltop Steakhouse）<br>马萨诸塞州索格斯 | 24.000 | 870,000 |
| 5 | 老埃比特烤肉店（Old Ebbitt Grill）<br>华盛顿特区 | 21.518 | 860,729 |
| 6 | 拉斯韦加斯混合餐厅（Mix in Las Vegas）<br>内华达州拉斯韦加斯 | 20.000 | 300,000 |
| 7 | 陈氏蟹屋（Bob Chinn's Crab House）<br>伊利诺伊州惠灵 | 19.727 | 691,968 |
| 8 | 吉布森牛排馆（Gibsons Bar Steakhouse）<br>伊利诺伊州芝加哥 | 19.270 | 337,881 |
| 9 | 斯巴克牛排馆（Sparks Steak House）<br>纽约 | 19.200 | 265,000 |
| 10 | 21俱乐部（21 Club）<br>纽约 | 18.830 | 157,723 |
| 11 | 福尔顿螃蟹餐馆（Fulton's Crab House）<br>佛罗里达州比尤纳维斯塔湖 | 18.585 | 311,352 |
| 12 | 乔氏海鲜、顶级牛排和石蟹馆（Joe's Seafood, Prime Steak & Stone Crab）<br>内华达州拉斯韦加斯 | 18.500 | 265,000 |
| 13 | 兰姆森林酒吧（rumjungle）<br>内华达州拉斯韦加斯 | 18.400 | 310,000 |
| 14 | 戈比烤肉餐厅（Mon Ami Gabi）<br>内华达州拉斯韦加斯 | 18.300 | 380,000 |

续图

| 名次 | 餐馆/城市 | 2005年餐饮销售额（百万美元） | 供餐数/年 |
| --- | --- | --- | --- |
| 15 | 原味墨西哥餐厅（L'Originale Alfredo di Roma Ristorante）佛罗里达州比尤纳维斯塔湖 | 17.744 | 637,173 |
| 16 | 蓝鳍餐馆（Blue Fin）纽约 | 16.000 | 350,000 |
| 17 | 德曼尼科牛排餐馆（Delmonico Steakhouse）内华达州拉斯韦加斯 | 15.700 | 210,000 |
| 18 | 顶级牛排馆（Prime Steakhouse）内华达州拉斯韦加斯 | 15.400 | 135,000 |
| 19 | 斯科玛餐馆（Scoma's Restaurant）加利福尼亚州旧金山 | 14.935 | 393,027 |
| 20 | 吉布森牛排馆（Gibsons Bar Steakhouse）伊利诺伊州罗斯蒙特 | 14.922 | 252,412 |

资料来源：摘自2006年8月20日《餐馆和机构》中的《2005年独立餐馆100强》，上述数据每年更新一次。查找最新行业统计数据，请见www.rimag.com。

**其他类别** 除根据价位、菜单和就餐环境分类外，完全服务餐馆还可以按其他方式分类，例如正餐餐馆。正餐餐馆可以根据装饰、非正式的环境氛围和吸收多种民族和传统风味的折中菜单进行区分。许多人都认为，牛排啤酒餐馆（Steak and Ale）和本尼根餐馆（Bennigan's）的创始人诺曼·布雷克是正餐餐馆之父。诺曼·布雷克还经营红辣椒扒房和酒吧（Chili's Grill & Bar）、罗曼诺通心粉烤肉餐馆（Romano's Macaroni Grill）和其他餐馆。几乎所有的正餐餐馆都是连锁经营。橄榄园餐馆（Olive Garden）、T.G.I.星期五餐馆、红宝石星期二餐馆（Ruby Tuesday）都是非正式的正餐餐馆。这类餐馆是完全服务餐馆领域中最大的一个类别（图4-2）。其中，苹果蜂餐馆（Applebee's）和红辣椒餐馆（Chili's）是这类餐馆中规模最大的两个连锁店。苹果蜂餐馆成功的部分原因是对每个餐馆所在地区的关注。尽管在连锁的概念中要求所有餐馆的菜单都必须完全一样，但是苹果蜂餐馆菜单上仍然有40%的项目是根据当地的饮食习惯另行制定的。

图4-2 美国连锁正餐餐馆15强

| 名次 | 连锁店名称 | 美国内销售额（百万美元） |
| --- | --- | --- |
| 1 | 苹果蜂扒房和酒吧（Applebee's Neighborhood Grill & Bar） | 4,192.2 |
| 2 | 红辣椒扒房和酒吧（Chili's Grill & Bar） | 3,270.0 |
| 3 | 澳拜客牛排店（Outback Steakhouse） | 2,599.0 |
| 4 | 橄榄园餐馆（Olive Garden） | 2,510.0 |
| 5 | 红龙虾餐馆（Red Lobster） | 2,505.0 |
| 6 | T.G.I.星期五餐馆（T.G.I. Friday's） | 2,010.0 |
| 7 | 红宝石星期二餐馆（Ruby Tuesday） | 1,665.1 |
| 8 | 乳酪蛋糕工厂（The Cheesecake Factory） | 1,051.0 |
| 9 | 德州客栈牛排馆（Texas Roadhouse） | 807.3 |
| 10 | 红罗宾汉堡餐馆（Red Robin Gourmet Burger & Spirits） | 798.9 |
| 11 | 罗曼诺通心粉烤肉餐馆（Romano's Macaroni Grill） | 778.0 |
| 12 | 老张中餐馆（P.F. Chang's China Bistro） | 675.2 |
| 13 | 长角牛排餐馆（Longhorn Steakhouse） | 666.1 |
| 14 | 布法罗鸡翅烧烤吧（Buffalo Wild Wings Grill & Bar） | 656.5 |
| 15 | 本尼根爱尔兰美式扒房和酒吧（Bennigan's Irish American Grill & Tavern） | 655.8 |

资料来源：摘自2006年6月26日《全国餐馆新闻》中"100强"，第104页，上述数据每年更新一次。查找最新行业统计数据，请见www.nrn.com。

**家庭餐馆** 是另一种主要的完全服务餐馆，主要面向家庭，其重点是满足儿童的就餐需要（图4-3）。家庭餐馆供应早餐、午餐和晚餐，还供应传统的菜单菜肴。其价位介于便餐餐馆与快速服务餐馆之间。一些家庭餐馆的主要的收入来源是店内的礼品店，例如饼干桶餐馆（Cracker Barrel）。

**快速服务餐馆** 快速服务餐馆的重要特征是供应的食品的选择范围很窄，提供有限服务，重视制作食品的速度和送餐的速度。快速服务餐馆注重方便性。汉堡王、肯德基和塔科钟快餐店都属于这一类。由于方便性是快速服务餐馆吸引顾客的重要因素，所以许多快速服务餐馆从清晨到深夜都一直开门营业。

图 4-3　美国连锁家庭餐馆 9 强

| 名次 | 连锁店名称 | 美国内销售额（百万美元） |
| --- | --- | --- |
| 1 | 丹尼（Denny's） | 2,245.0 |
| 2 | 国际煎饼馆（International House of Pancakes/IHOP） | 1,968.0 |
| 3 | 饼干桶老乡村餐馆（Cracker Barrel Old Country Store） | 1,696.7 |
| 4 | 鲍伯·伊文斯餐馆（Bob Evans Restaurants） | 987.0 |
| 5 | 华芙屋（Waffle House） | 885.0 |
| 6 | 珀金斯餐馆和面包房（Perkins Restaurant and Bakery） | 789.2 |
| 7 | 牛排与奶昔餐馆（Steak'n Shake） | 687.0 |
| 8 | 友谊冰淇淋（Friendly's Ice Cream） | 680.3 |
| 9 | 喜客（Shoney's） | 462.8 |

资料来源：摘自 2006 年 6 月 26 日《全国餐馆新闻》中"100 强"，上述数据每年更新一次。查找最新行业统计数据，请见 www.nrn.com。

图 4-4 列出了美国连锁餐馆 25 强的基本情况。引人注意的是，其中绝大多数是快速服务餐馆。迄今规模最大的快速服务餐馆集团是专门经营各式汉堡包的麦当劳。麦当劳有 3 万多家分店，每天在 119 个国家为大约 5,000 万名顾客服务。世界上规模最大的麦当劳餐馆建在俄克拉荷马的维尼塔，占地 29,135 平方英尺（大约 2,707 平方米），可供 300 人同时用餐，雇用了 1,000 名员工。最繁忙的麦当劳餐馆位于莫斯科的普希金广场，每天接待 40,000 名顾客。

麦当劳是创新营销方法的领军人。其在美国达拉斯的一家分店设立了一个甜点吧台，设有单独的柜台和收款机。在这里消费的顾客可以选用多种口味的圣代和特浓奶昔。该店还创造了一套以成人为主题的店内装饰，包括水晶吊灯、油画、木制装潢，并配以古典背景音乐。一些麦当劳餐馆还提供计算机服务，配置有限的互联网上网服务，为孩子们提供计算机游戏台。在佛罗里达的博卡拉顿，一家麦当劳的顾客可以在一个小型摩托车博物馆里用餐，这里展示摩托车用具和一辆哈雷-戴维森牌摩托车。在香港，一家麦当劳建在跑马地；在芬兰的罗凡涅米有一家麦当劳餐馆专门设置了供机动雪橇使用的免下车窗口。

图 4-4 美国连锁餐馆 25 强

| 排名 | 连锁店名称 | 概念 | 母公司 | 销售额（百万美元） |
|---|---|---|---|---|
| 1 | 麦当劳（McDonald's） | 三明治 | 麦当劳公司（McDonald's Corp.） | 25,642.9 |
| 2 | 汉堡王（Burger King） | 三明治 | 汉堡王控股公司（Burger King Holdings Inc.） | 8,030.0 |
| 3 | 温迪（Wendy's） | 三明治 | 温迪国际公司（Wendy's International Inc.） | 7,780.0 |
| 4 | 赛百味（Subway） | 三明治 | 博士联合公司（Doctor's Associate Inc.） | 7,170.0 |
| 5 | 塔科钟（Taco Bell） | 三明治 | 百胜餐饮集团（Yum! Brands Inc.） | 6,200.0 |
| 6 | 阿拉玛克国际食品服务公司（Aramark Global Food & Support Services） | 对外包餐 | 阿拉玛克集团公司（Aramark Corp.） | 5,530.0 |
| 7 | 必胜客（Pizza Hut） | 比萨饼 | 百胜餐饮集团（Yum! Brands Inc.） | 5,300.0 |
| 8 | 肯德基（KFC） | 鸡 | 百胜餐饮集团（Yum! Brands Inc.） | 5,200.0 |
| 9 | 星巴克（Starbucks） | 咖啡 | 星巴克公司（Starbucks Corp.） | 4,935.0 |
| 10 | 苹果蜂扒房和酒吧（Applebee's Neighborhood Grill & Bar） | 正餐 | 苹果蜂国际公司（Applebee's International Inc.） | 4,192.2 |
| 11 | 唐恩都乐（Dunkin' Donuts） | 小吃 | 唐恩都乐品牌公司（Dunkin' Brands Inc.） | 3,850.0 |
| 12 | 多美乐比萨店（Domino's Pizza） | 比萨饼 | 多美乐比萨公司（Domino's Pizza Inc.） | 3,317.0 |
| 13 | 红辣椒扒房和酒吧（Chili's Grill & Bar） | 正餐 | 布尔克国际公司（Brinker International Inc.） | 3,270.0 |
| 14 | 索尼克免下车餐馆（Sonic Drive-In） | 三明治 | 索尼克公司（Sonic Corp.） | 2,995.3 |
| 15 | 阿贝（Arby's） | 三明治 | 特里阿克公司（Triarc Cos. Inc.） | 2,929.9 |
| 16 | 杰克盒子（Jack in the Box） | 三明治 | 杰克盒子公司（Jack in the Box Inc.） | 2,705.0 |
| 17 | 澳拜客牛排店（Outback Steakhouse） | 正餐 | 澳拜客牛排餐馆伙伴公司（OSI Restaurant Partners Inc.） | 2,599.0 |
| 18 | 橄榄园餐馆（Olive Garden） | 正餐 | 达顿餐馆公司（Darden Restaurants Inc.） | 2,510.0 |

续图

| 排名 | 连锁店名称 | 概念 | 母公司 | 销售额（百万美元） |
|---|---|---|---|---|
| 19 | 红龙虾餐馆（Red Lobster） | 正餐 | 达顿餐馆公司（Darden Restaurants Inc.） | 2,505.0 |
| 20 | 乳品皇后（Dairy Queen） | 三明治 | 伯克希尔哈撒韦公司（Berkshire Hathaway Inc.） | 2,400.0 |
| 21 | 丹尼（Denny's） | 家庭 | 丹尼公司（Denny's Corp.） | 2,245.0 |
| 22 | T.G.I. 星期五餐馆（T.G.I. Friday's） | 正餐 | 卡尔森公司（Carlson Cos. Inc.） | 2,010.0 |
| 23 | 食堂服务公司（Canteen Services） | 对外包餐 | 金巴斯集团公司（Compass Group PLC） | 1,986.4 |
| 24 | 雀克夫蕾（Chick-fil-A） | 鸡 | 雀克夫蕾公司（Chick-fil-A Inc.） | 1,975.2 |
| 25 | 国际煎饼馆（International House of Pancakes/IHOP） | 家庭 | 国际煎饼馆公司（IHOP Corp.） | 1,968.0 |

资料来源：摘自2006年6月26日《全国餐馆新闻》中"100强"，上述数据每年更新一次。查找最新行业统计数据，请见www.nrn.com。

单靠菜单的类型或品种的数量不能确定谁能够在快速服务餐馆这个类别中取得成功。是否提供优质服务和营养食品成为人们关注的中心。现在，麦当劳保证提供热餐、快速和热情的服务，还保证经过双重核对的"免下车"购餐准确无误。对27家餐馆连锁店（包括19家快速服务餐馆连锁店）的5万个分店的调查显示，至少有3/4的分店提供的菜单选择能满足顾客的健康需求，例如低脂牛奶、脱皮鸡肉、低热量或低热色拉酱等。90%的连锁店都宣称，他们煎炸食品使用植物油，而不使用动物油。

## 太空中的第一次比萨外卖

2001年，快速服务餐馆连锁店"必胜客"创造了历史，把"世界上第一个可以在太空中食用的比萨饼"安全地递送到了国际空间站。比萨饼在空间站的烤箱中加热后，空间站指令长尤里·乌萨乔夫（Yuri Usachov）有幸品尝了第一块比萨饼。比萨饼有酥脆的外皮、比萨酱和奶酪，但是与典型的必胜客产品稍微有一点不同：多加了一些调料（尤其是多加了一点盐，因为在太空中人的味蕾变得迟钝）；比萨饼上面放萨拉米香肠，而不是意大利辣香肠（意大利辣香肠是必胜客连锁店最受欢迎的比萨饼配料），因为意大利辣香肠没有通过比萨饼进入太空前的60天严格检验，因此不能进入太空。在太空中递送和消费比萨饼是必胜客和俄罗斯食品科学家将近一年合作的结晶。

> 必胜客的一位发言人指出："作为比萨饼外卖业的主导企业，我们决心在顾客需要的时间和需要的地点，为其提供他们所需要的东西，即使他们在太空中，我们也能够做到。不论在哪里，只要有生命存在，就会有必胜客。"

饭店学院的毕业生找工作时，往往最后考虑快速服务餐馆的岗位，他们更愿意在知名的美食餐馆工作。但是快速服务餐馆公司可以让这些毕业生有机会在很短的时间内担当负有重要责任的职位，并且由于这些公司有丰厚的奖金和激励计划，因此工资也很优厚。

**住宿业**　设在住宿企业中的餐饮经营单位种类繁多，有美食餐馆，有咖啡店，甚至还有快速服务餐馆。住宿业中的餐饮销售额也是惊人的。仅万豪酒店和假日饭店集团的食品销售额就达12亿美元。美国连锁饭店7强的餐饮销售总额达55亿美元。[2]

近几年来，饭店和汽车旅馆都积极主动地向市场推销其餐饮服务。琼·乔治·弗吉端奇腾是著名的厨师，他在美国、欧洲和亚洲经营多个饭店餐馆和独立餐馆。他指出："现在人们对饭店餐馆的期望值远远高于10年前。在美国和欧洲都如此。"[3]饭店的餐饮服务是强有力的营销工具。神厨乔·卢布松（Joël Robuchon）在纽约的四季饭店表明，其酒店本身也是世界级水准的。

**运输市场**　旅行者在公路的停车点用餐，还在飞机上、轮船上、火车上、飞机场、火车站及运输市场上的其他设施中用餐。这个市场每年的餐饮销售额约16亿美元。[4]

邮轮公司十分重视其食品服务。行业调查显示，享用船上提供的食品是人们乘邮轮旅行和选择某一邮轮公司的最重要原因之一。皇家加勒比国际邮轮公司（Royal Caribbean International）的14.2万吨的"海上航海者号"（Voyager of the Sea）邮轮可以载客3,114名，配备1,181名船上工作人员。有30%的船上工作人员在厨房工作。皇家加勒比国际邮轮公司供应的膳食荣获了许多国际大奖。其他一些邮轮公司将餐饮服务外包给阿波罗船舶供应公司（Apollo Ship Chandlers），这个公司由于其杰出的餐饮服务而受到一些杂志的赞扬，例如《机舱服务杂志》（Onboard Services Magazine）、《康德纳斯旅行者》（Condé Nast Traveler）和《舷窗巡航杂志》（Porthole Cruise Magazine）。

飞机场和火车站的膳食通常由餐馆（通常是有限菜单餐馆）和餐饮承包公司（例如阿拉玛克公司）供应。这些承包公司通过投标获得了在飞机场和火车站销售食品的机会。大多数航空公司都从佳美国际集团（Gate Gourmet International）和汉莎航空餐食服务有限公司（LSG Sky Chefs）购买机上食品。飞机场的食品服务也发生了变化。航空公司现在提供的机上食品服务比较少。日益加强的安全检查意味着人们需要比以前提前到达飞机场，在这里停留的时间比以前长，因此人们有更多的时间

在这里就餐和购物,包括购买膳食带上飞机。

住宿场所中的食品服务经销店的种类很多,包括美食餐馆、咖啡店和快速服务摊亭。图中的餐饮柜台是纳什维尔万丽酒店(会议酒店)4个餐饮柜台中的一个。(田纳西州纳什维尔万丽纳什维尔酒店供稿)

**康乐与体育市场**　康乐与体育市场包括位于体育场馆、赛马场、电影院、保龄球馆、游乐园、市立会展中心和其他旅游景点的餐饮设施。这是一个114亿美元的市场。[5] 在很多情况下,康乐市场的餐饮服务设施都由餐饮承包公司经营,例如北特拉华公司(Delaware North Companies)的分公司"中心板和体育服务公司"(Centerplate and Sports Services)。

康乐设施中的餐饮服务种类繁多。例如,主题公园沃尔特·迪士尼世界既在摊亭中出售棒棒糖,也在美食餐馆出售龙虾尾。芝加哥熊(Chicago Bears)橄榄球队的主场芝加哥军人体育场内设有200个餐饮销售点,分布在体育场的各处。体育场中有130个套房出售食品和饮料,在比赛期间还有一个餐厅对外营业。在圣路易斯的布希体育场,球迷们可以看到厨师在开放式设计的厨房中烹制食品。这两个体育场的特许经营商都是体育服务公司(Sports Service)。

**商务与工业市场**　商务与工业市场包括非餐饮企业内部设置的餐饮服务部门,在工作场所内为自己的员工提供膳食服务。大多数公司中为员工提供膳食的企业都雇用食品外包公司，例如索迪斯公司（Sodexho）、阿拉玛克公司（ARAMARK）和金巴斯集团（Compass Group）。索迪斯公司在其设在新泽西州和康涅狄格州的百时美施贵宝公司（Bristol-Meyers Squibb）的设施中，为12,000名员工提供膳食服务和其他便利服务。共设有8个完全服务员工食堂、2个提供餐桌服务的餐馆、3个西点咖啡厅、7个卫星咖啡厅、4个员工商店、2个美发厅和1个提供互联网服务的电子商店。除了丰盛的食品之外，例如比萨饼和烤牛肉三明治，员工还有其他选择。一些膳食计划，例如"你的健康方式"（Your Health Your Way），提供了各种各样的可供选择的菜谱（低脂肪、低热量、低糖），而"世界佳肴"（World's Fare）计划则提供国际菜谱供员工选择。

餐饮承包公司在商务与工业市场中面临着来自快速服务餐馆和有限菜单餐馆的激烈竞争。餐饮承包公司的应对方法是与这些公司签订协议，进行特许经营。

**教育市场** 教育市场是商业性餐馆服务（也被称为托管服务）的最大市场细分。由外包公司经营的这个市场的规模是每年140亿美元，这个市场由学院、大学以及中小学的膳食服务组成。大学膳食服务计划中最大的一个变化是逐渐从包餐制改为按菜单点菜制。由于这种变化，在一定程度上，许多大学的餐饮经营部门都已经成为学校的创收部门，不再需要学校补贴了。

大学膳食服务中的另一个变化是越来越多地使用品牌。今天的学生是吃着品牌餐馆的食品长大的，他们希望在学校里也能看到这些熟悉的品牌。在全国各地的校园内都可以看到品牌餐饮服务设施，例如星巴克、温迪（Wendy's）、赛百味等。纽约大学根据对学生进行的饮食偏爱调查的结果，决定让雀克夫蕾（Chick-fil-A）和奎斯诺（Quiznos）取代其他餐饮机构。

2,900多万中小学生每天都在学校吃午餐。泽慧学校餐饮服务公司（Chartwells School Dining Services）（该公司是金巴斯集团的一个分公司）管理着俄克拉何马城中88所公立学校的膳食服务。查特韦尔斯学校餐饮服务公司和其他餐饮外包公司面临的挑战是如何提供与对学生有吸引力的快速服务食品相似的营养膳食。

一些学区和大学仍然认为，他们能够比餐饮承包公司做得更出色。例如，一些过去曾经利用过餐饮承包商的大学，如佛罗里达州希尔斯伯勒县公立学校系统经营其自己的膳食服务。原来曾经由外包公司管理的圣母大学膳食服务，现在由大学自己经营管理，为学校的1万多名学生提供服务。

**医疗保健市场** 医疗保健市场包括3个部分：医院和其他医疗中心、老人护理院、退休社区（其中包括集体就餐处，即社区为老年人设立的餐饮中心）。

许多专家认为，餐饮服务管理公司在医疗保健市场上有极大的发展潜力。其原因包括多种综合因素：生活方式的迅速改变、人口老龄化、医疗费用猛涨、联邦基金有限、缺乏家庭保障系统等。索迪斯公司、阿拉玛克公司和莫里森公司（Morrisons）在北美地区和英国共开设了2,000多个医疗保健餐饮服务账户。每个公司都提供多种服务，从送到病人床边的膳食服务到工作人员和访客餐厅和食堂中的餐饮服务。其中的一些餐厅和食堂具有购物中心美食园的特色，里面设有著名的品牌店，例如，汉堡王、温迪、星巴克和赛百味。

医疗保健领域中的餐饮市场持续发展。这是内布拉斯加大学医疗中心餐饮服务设施的一部分。（索迪斯公司供稿）

很多医疗保健机构都经营自己的餐饮服务部门，一些餐饮服务部门的服务范围可能很广泛。例如，佛罗里达医院医疗中心是奥兰多的一个社区医院，也是佛罗里达中部和美国东南部、加勒比和拉丁美洲大部分地区的一个主要三级转诊医院。这个中心设有一个营养服务部，自称创造了很多令人感叹的餐饮统计数字。它为7所医院服务，为1,785张病床提供膳食，每年提供180万份膳食，食品零售总额大约为1,200万美元。很多医院都经营自动售货机、来访人员咖啡店、员工餐厅、医生专用餐厅、员工子女的日托膳食计划、普通患者的膳食计划及特殊患者的膳食规划，特殊患者的膳食计划可能包括精美食品（配有葡萄酒），并直接送至病房。

**零售市场** 在食品服务领域中值得指出的两个发展趋势是：美国人倾向于食用在外面烹制的食品，餐馆食品销售额的迅速增长就证明了这一点；餐馆的外卖和送餐市场的增长。很显然，美国人越来越不愿意在家里做饭了，人们也越来越倾向于购买制成食品，然后带回家食用。这个趋势与其他领域的市场趋势是一致的，例如家用电器和家具市场。研究显示，越来越多的人把自己的家当做娱乐和消遣中心。

零售市场中很大一部分外卖销售额的实现是以牺牲传统餐馆和快速服务餐馆的销售为代价的。其主要原因是便利店和超级市场加大了对外卖制成食品的促销力度。

超级市场不断增加外卖制成食品的规模和范围。一些业界观察家预计，超级市场的平均占地面积将从目前的3万~5万平方英尺增加到20万平方英尺（即从2,790~4,650平方米增加到18,600平方米）。增加的大部分空间将用于销售预先烹制的外带菜肴和摆放供顾客在店内就餐的座位。许多超级市场除了设置熟食部外，还设置出售外带色拉的柜台。现在许多超级市场利用其面包房中的烤炉制作各种面包产品，供店内的小型餐馆和餐厅出售。对超级市场的研究显示，人们认为超级市场制作的食品比大多数餐馆出售的食品更加新鲜。一些超级市场利用人们的这种认知，出售各种各样的新鲜成品色拉和蔬菜佳肴。一些超级市场还雇用厨师在开放式的厨房内掌勺，顾客可以亲眼看到厨师用新鲜配料（不是冷冻配料）烹制各种菜肴的过程。

超级市场食品服务的另一个趋势是增设美食中心。连锁超级市场都开辟美食中心（与购物中心的美食中心相似），希望能挽回一些被餐馆夺去的餐饮销售收入。

**矫正机构餐饮服务** 矫正机构包括国家监狱、联邦监狱及地方拘留所，这是餐饮服务业的另一个市场。矫正机构通常难以吸引和留住餐饮服务人员，因为矫正机构无法提供职业发展的条件。然而，矫正机构提供的独特挑战对一些人也具有吸引力。监狱必须制订**周期菜单**，这个菜单的内容不能过度地重复，要具有一定的灵活性，以满足特殊的宗教和医疗饮食的需要；同时，在食品的烹制和外观上还要有一点创新。盗窃是监狱餐饮服务系统面临的另一个问题，因此必须采取严格的控制手段。食品成本也是一个制约因素。矫正机构用于餐饮服务的预算是有限的，但是规模经济会使提供给犯人的食品类型和品种发生巨大的变化。

因为餐饮承包公司具有规模经济的优势，所以它们目前在这个领域里很有竞争优势。例如，阿拉玛克公司通过其矫正服务集团，在北美的500多个矫正机构中经营餐饮服务。这个公司还提供其他支持性服务，例如，洗衣房管理和杂货店服务。阿拉玛克公司独特的烹饪培训项目"从犯人到工友"通过提供食品生产方面的技能培训和课堂教学，使犯人做好返回社区的准备。

**军队食品服务** 军队食品服务是一种非常特殊的领域。由于地理位置的不同、设施种类的不同和规模的不同,这一领域也非常值得关注。军队食品服务的工作种类多种多样,从航天飞机的食品备制到航空母舰或核潜艇的集体食堂管理,以及世界各地的军事基地中的陆、海、空、海军陆战队及海岸警卫队的军官俱乐部的管理。这些设施既雇用文职人员也雇用军职人员。

**承包商** 餐饮承包管理公司是主要的非商业性餐饮服务经营者。最大的公司是金巴斯集团、阿拉玛克公司和索迪斯公司(图4-5)。餐饮承包管理公司主要承包会展中心、体育场馆、旅游景区、大专院校、办公楼、制造工厂及医疗保健机构中的餐馆和其他餐饮门点。一些企业和其他客户需要为顾客和员工提供餐饮服务,但是又不愿意参与自己专业领域之外的活动(烹制食品及出售食品),餐饮承包公司可以满足这种需要。与独立的、单一概念的餐馆不同,承包公司承包的许多餐馆都具有多种概念。例如,在一个公司的总部,餐饮服务的内容可能包括一个高级食堂、一个快速服务餐饮门点、一个服务到桌餐馆和宴会设施。

餐饮承包管理公司提供了大量的餐饮管理职业。许多餐饮承包商都到大学校园中招聘员工。

图4-5 美国餐饮管理外包公司10强

| 排名 | 连锁店名称 | 总收入（百万美元） |
| --- | --- | --- |
| 1 | 金巴斯集团美国分公司（Compass Group Americas Division） | 7,400 |
| 2 | 阿拉玛克公司（ARAMARK Corp.） | 7,130 |
| 3 | 索迪斯公司（Sodexho, Inc.） | 6,300 |
| 4 | 北特拉华公司（Delaware North Companies） | 2,000 |
| 5 | 中心板公司（Centerplate） | 643.1 |
| 6 | AVI食品系统（AVI Food Systems） | 400 |
| 7 | 宾客服务公司（Guest Services, Inc.） | 260 |
| 8 | 古克尼海默企业公司（Guckenheimer Enterprises, Inc.） | 252 |
| 9 | 仙度拉公园与度假村管理公司（Xanterra Parks & Resorts） | 250 |
| 10 | 汤普森酒店服务公司（Thompson Hospitality Services） | 215 |

资料来源:摘自2006年9月《餐饮管理公司50强》,迈克·布泽卡,查找最新行业统计数据,请见www.food-management.com。

除了餐饮服务外,一些餐饮承包管理公司还为客户提供家政服务、地面维修、洗衣等服务。多样性的经营增加了这一领域中的管理机遇。例如,在大学工作的餐饮服务经理可能获得较高的工资,因为他同时还负责管理餐饮门点所在大楼的家政部。

## 新建一个餐馆

许多学生都梦想有一天能拥有属于自己的餐馆。可以肯定地说，经营餐馆业是可以发大财的。整个万豪（马里奥特）帝国是从 J·威拉德·马里奥特于1927年在华盛顿特区开业的一家"热店餐馆"（Hot Shoppe Restaurant）起家的，当时马里奥特只有27岁，是一名来自犹他州盐湖城的牧羊人。美国最大的独立餐馆是位于纽约曼哈顿的绿苑酒廊（Tavern on the Green），由沃纳·莱罗依创建。他的父亲默夫云·莱罗依是电影《绿野仙踪》的制片人。沃纳·莱罗依完全掌握了餐饮业招徕顾客的诀窍，他就是依靠这个诀窍发家的。他的员工们经常称其为"美食指挥"。诺曼·布林克尔是便餐餐馆的创造者，他从餐馆杂役干起，创建了红辣椒餐馆（Chili's）和其他成功的餐馆连锁店。

### 行业改革者

托马斯·凯勒（Thomas Keller）
主厨，餐馆拥有者

偶尔会有一个新主厨突然走红，激发全世界整体餐馆业的想象力。托马斯·凯勒就是这样的一个人。他的餐馆"法国洗衣房餐厅"（The French Laundry）被《餐馆杂志》（Restaurant Magazine）评为世界最好的餐馆。《好胃口》杂志（Bon Appetit）、《时尚先生》杂志（Esquire）、《美食》杂志（Gourmet）和《查氏餐馆调查》杂志（Zagat）都将其评为美国最好的餐馆。《时代》杂志把他评为美国最好的主厨。法国洗衣房餐厅坐落在加利福尼亚州纳帕山谷的扬特维尔，被《美孚旅游指南》（Mobile Travel Guide）评为五星级餐馆。凯勒的另一个餐馆是"Per Se餐厅"（位于纽约的时代华纳中心），是曼哈顿所有的餐馆中唯一的一家"米其林三星"餐馆。

凯勒于1955年出生于加利福尼亚州欧申赛德的彭德尔顿营海军陆战队基地，其父亲是海军陆战队的教官。后来全家搬到佛罗里达州的棕榈滩定居，凯勒的童年在这里度过。

在旧金山鲍威尔书店的一次采访中，凯勒谈到了他学厨师的经历："我没有受过正式的烹饪培训。我母亲开了一家餐馆，她说，'你想当厨师吗？'我说是的。她说，'就这样干，你是厨师了。现在开始学习如何做菜。'"

凯勒在其《法国洗衣房餐厅菜谱》一书中，解释了他的哲学。"如果你承认，你也必须要承认，世界上不存在完美的食品，只有完美食品的概念，那么力求完美的真正目的就变得清楚了：让人们快乐。这就是烹饪的秘密所在。但是要让别人，你自己首先要高兴。我从每天的烹饪工作中获得满意，例如剔三文鱼或者分鹅肝酱，我日复一日、年复一年地做这些机械性的工作。这是巨大的挑战：要保持对日常常规性工作和无穷无尽的重复性活动的热情；要从这些单调平淡的工作中获得极大的满意。"

凯勒显然是一个完美主义者。他告诉他的读者："烹饪不是为了方便，也不是为了捷径。这本书中所有的菜谱都是关于如何花时间做极其珍贵的事情。我们渴望20分钟的美食、一锅做出多样菜、预先洗好和预先切好的配料能够满足我们的烹调需要。要花点时间。要花很长时间。"

那么凯勒在法国洗衣房餐厅做了哪些创新呢？首先，他的烹饪特点是小分量，但拉长时间慢慢服务。一些食客吃一顿饭需要2个半小时，另一些食客可能会需要4个小时。凯勒提供9道菜（也可能更多！）的大餐，一点一点地慢慢上。典型的菜包括珍珠和牡蛎（闪闪发光的鱼子酱和放在木薯淀粉浆中的牡蛎）、香汁暖果木熏三文鱼与意大利薯丸或者红烧瓤猪头。"言不由衷"（tongue-in-cheek）的命名方式与"奶酪通心粉"（Macaroni and Cheese）相似（也称为奶油水煮缅因龙虾加龙虾汤汁和马斯卡普尼软干酪麦粒面点），而香蕉圣代（Banana Split）（实际上是煮香蕉冰淇淋加巧克力香蕉脆皮和巧克力汁）掩盖了这道菜的复杂性。

"你吃了什么东西之后我希望你做什么？我希望你想：'哦，天哪，我还想再吃一点。'在你的记忆中这顿饭的味道极佳。而且这顿饭，按照日本人的方式，是很健康的，可以延续很长时间。有助于身体消化食物，而不是一次塞进了很多食物，使你在饭后很长时间都感到不舒服。用这种方式，你能够更好地品尝出味道，你也会知道什么时候你吃饱了。"

凯勒希望你考虑的另一件事是每人210美元的账单（包括服务费）中的每一分钱都是物有所值的。到这个餐馆吃饭通常需要提前3个月或者4个月订位，这就足以证明人们需要这样的餐馆。

资料来源：Thomas Keller, *The French Laundry Cookbook*（New York：Atrium Books, 1999）。

餐馆业是最容易进入的行业之一。初入道者几乎看不到有什么障碍，只需要比较少的资本，几乎不需要什么经验。可以很轻易地搞到旧的商用烤箱、炉灶和其他固定装置。他们认为：几乎任何地方都适合开餐馆，也不需要什么特别的技能或技术；以最低工资就可以雇用到大部分劳动力；任何人都会烧菜。

但是，要在这个行业中干下去却是真正的挑战。要成功地经营一个餐馆，仅仅作为一名好厨师、一个受欢迎的餐馆主人和一个有创新精神的促销人是远远不够的。

因为餐馆业的内在复杂程度远远超过其外在表象,因此那些在大专院校里学习这个专业的人会有更多的机会获得成功。如果缺乏行业知识,其经营前景会是暗淡无光的。康奈尔大学和密歇根州立大学的教授对餐馆倒闭现象进行了研究,他们发现,57%的被调查餐馆在3年内倒闭;70%的餐馆在10年后倒闭。[6]实际数字可能会更高,因为很多餐馆在资金耗尽之后,只是关门了事,并没被记录在倒闭之列。

## 餐馆为什么会倒闭

为什么每年都有许多餐馆倒闭?其原因如下:

- 缺乏经营知识。导致餐馆倒闭的首要和最重要的原因是其经营者缺乏经营知识。成功的餐馆管理者具备市场营销、会计、财务、法律、工程及人力资源等方面的实用知识。要成功地经营餐饮服务企业,仅仅了解和喜欢食品是不够的。蒂姆·扎格特和尼娜·扎格特是"查氏指南与调查"(ZAGAT)的创始人,"查氏指南与调查"在很多城市对餐馆进行评估。他们在《华尔街日报》上发表评论认为:"一个优秀的餐馆经营者,必须展示正确不动产投资的直觉、控制财务的能力、对内部装潢设计的鉴赏力和对流行趋势的敏锐性。他应该善于接待客人、进行宣传和斡旋。"[7]
- 缺乏技术知识。餐馆倒闭的第二个原因是经营者缺乏技术知识。律师、会计师、电影明星和体育界的名人都试图涉足餐馆业。通常,那些成功者要么向餐饮业投资,要么只是简单地让企业使用他们的名字,以换取一部分利润。他们让专业的餐馆经营者负责计划和经营。成功的餐馆经营者必须懂得餐馆选址、菜单策划、食谱开发、采购、制作技巧和严谨的服务程序,这样才可能提供始终如一和可靠的服务,满足顾客的期望。
- 缺乏足够的经营资金。餐馆倒闭的第三个原因是缺乏足够的经营资金。在餐饮业,顾客的口碑是十分重要的,开发稳固的客源基地是需要很长时间的。新餐馆在一段时间内通常会亏损。许多新餐馆的经营者往往严重地低估了他们将需要的资金,包括食品费用、人工费用和固定经营费用,要达到收支平衡可能需要半年到一年的时间,也可能永远也达不到收支平衡。

## 建立一个成功的餐馆

让我们假设,你具备足够的经营知识和技术知识,还拥有开设一个餐馆并将其维持到收支平衡的资金。第一步应该做什么?如何确定餐馆的类型?餐馆应该建在什么地方?

许多有意经营餐馆的人都是首先决定餐馆的类型,然后选择一个自己满意的地点。

例如，你可能想在自己居住的社区附近开设一家意大利餐馆。然后你还可能要协商在附近的一个购物中心租用房间，为餐馆起个名字，雇一个承包商对餐馆进行装修，使餐馆增加一些格调，例如罗马式的柱子、葡萄架或者其他意大利风格的装饰。

采用这种方式可能会成功，但是现代管理理论却认为，这是典型的"本末倒置"。在上面的运作模式中，你在确定餐馆的概念和位置时没有考虑你的顾客是谁，也没有确定谁是竞争对手。大型连锁餐馆和特许经营授权商则采用不同的方法。它们的着眼点更侧重于市场推广，它们已经确定了它们的顾客是谁（例如有孩子的家庭），现在其主要任务是吸引他们并为他们服务。麦当劳公司的前任总裁弗雷德·特纳指出："我们之所以能够走在这个行业的前列，是因为我们紧跟顾客。"[8]麦当劳获得成功的部分原因是，他们的产品与服务理念都是根据其顾客及潜在顾客的意见开发出来的。例如，麦当劳供应早餐的目的并不是要延长营业时间，而是认识到顾客需要更早的营业时间和早餐。

在为餐馆选择概念之前，你首先应该问自己这样的问题："我希望吸引什么样的人来就餐？我希望满足顾客的什么需要？"（丽笙阿鲁巴酒店，卡尔森国际酒店集团提供）

**概念** 为餐馆选择概念之前，你首先应该问自己下面这些问题：
- 我希望吸引什么样的人来就餐？他们是家庭，是商务人员，是旅游者，还是其他客人？
- 我希望能满足顾客的什么需要？这些人希望方便餐、快餐，还是美食餐？
- 这些人在什么地方居住和工作？他们在我餐馆选址的附近吗？
- 他们什么时候光顾餐馆？他们出来吃午餐和晚餐，还是仅仅吃晚餐？他们出来用餐最多的日子和时间是什么？
- 他们如何用餐？他们是在餐馆内用餐，是带走，还是要求送外卖？
- 现在的竞争情况如何？在不远的将来可能会怎样？
- 现在的竞争对手的菜单、价格及营业时间是什么？

　　了解了上述的问题之后，你才可以确定餐馆的概念。概念不但要包括未来餐馆提供的产品和服务，而且还要包括展示产品和服务的方式。餐馆的名称、氛围、地点和菜单价格都应该包括在概念中。换言之，概念就是要具体回答你刚刚提出的问题。正是你的这种餐馆理念，将会吸引你的目标顾客。

　　如何确定概念呢？新餐馆的概念可以来自现有的概念，例如当一个餐馆连锁公司扩大的时候；也可以来自创造新概念的某个个人，这通常是考虑了上述问题之后提出的。不论是哪种情况，概念的基础都是菜单。菜单是具有民族特色，区域性的美国特色，折中性，传统性，还是有限的？回答这个问题的一个方法是研究市场趋势，了解各种菜单品种受欢迎的程度。这方面的大部分信息都可以从行业杂志上的研究论文中获得，例如《餐馆和公共机构》（Restaurants & Institutions）和《美国餐馆新闻》（Nation's Restaurant News），还可以从行业协会获得，例如"全国餐馆协会"（National Restaurant Association）。

　　确定了菜单之后，你就可以落实概念中的其他内容了，包括装饰、座位数量、服务的形式、营业时间、价格结构，最后是所需的投资。

　　在建立餐馆的过程中，你可能会多次修改最终的投资额。开始时，市场调研可能会对概念中的一些内容产生影响；记住，重点一定要放在潜在顾客的需求和偏爱上。财务的限制可能成为另一个制约因素。大多数餐馆业主都不可能有无限的资金。即使是大型的餐馆连锁店，也要考虑新餐馆需要多少时间才能达到收支平衡和赢利。这就意味着，应该尽早确定可用的投资资金，而投资资金的数额可能会影响概念中的许多内容（例如，如果投资资金短缺，就不得不减少概念中的一些内容）。

　　**选址** 建立新餐馆时，你必须要作的另一个重要决策是选址。餐馆的地点可以是一块未开发的空地，需要在这里新建一座楼；也可能在这里已经有一个餐馆或者一座建筑，可以将其改装成餐馆。当然，不会有一个绝对理想的餐馆位置。一些餐馆应该建在有大量行人的地方，另一些餐馆则应该建在繁忙的公路交叉口附近。很多快餐或者快速服务餐馆都考虑其一级市场、二级市场和三级市场应该分别位于1英里、2英里和3英里的半径之内；而餐桌服务餐馆则要考虑其一级市场、二级市场和三级市场应该分别位于1英里、3英里和5英里的半径之内。还有一些餐馆要考虑附近社区的一些已有的特点，例如一定方圆内的家庭数量或者这些家庭的最低平均收入。总之，一个餐馆的位置对其能否成功产生巨大的影响。

红辣椒扒房和酒吧（Chili's Grill & Bar）和橄榄园（Olive Garden）这样的餐馆连锁店的发展为我们提供了餐馆选址的实例。大部分连锁店都首先选择有一定人口规模的城市或者大都会中的区域，其居民的可自由支配的平均收入也要保持在一定范围内。例如，一个连锁店的标准可能是"在一个有25万以上人口的城市中新建一个餐馆，其居民的户年均收入为2万美元以上"。如果你想开一家棒约翰（Papa John's）比萨饼分店，棒约翰公司要求以你提出的店址为中心，方圆3英里（4.8公里）内应该有2万以上的家庭，其中大部分家庭应该是中产阶级，并且家中都有孩子，父母均工作。人们在选址时，通常在**支配性影响区域**（**ADI**）内选择，并不在城市或者大都会区域内选择。"支配性影响区域"是美国的阿比创（Arbitron）电视收视率调查公司评估电视信号覆盖区域时使用的一个术语。采用这种方式选址，连锁店事先就可以知道它可以非常经济地利用电视广告。

餐馆的位置通常可以分为以下4类：
- 中心城市的商业与购物区。这些地区周围通常有写字楼、市中心的百货商场或者大型商业酒店。
- 购物中心。现代购物中心都把目光集中在城郊社区。市政府办公楼、教堂、康乐设施（例如电影院和健身中心）和餐馆通常都设在购物中心内或附近。
- 规划中的社区。规划中的社区可能是大型的郊区开发项目或者城区重建项目。
- 公路交叉点。

通常，大型餐馆连锁店都认真分析新址的市场数据，使潜在的客源情况与连锁店的标准相匹配。澳拜客牛排店过去通常重视在住宅区中建立分店，因为它认为其"只供应正餐"的概念在这里可以满足大部分顾客的需要。虽然澳拜客没有放弃住宅区，但是该公司发现了其他建立分店的好位置。这些地点包括高速公路交叉口、购物中心和距市郊社区较远的酒店区。由于一流的房产越来越难找，因此澳拜客也在次要的位置建餐馆并扩大其广告招牌计划。[9]

一个好的位置应该具有以下五个特点：

第一个应该考虑的因素是位置必须显眼。如果拟建的餐馆在公路旁边，那么其位置应该醒目或者建在公路出口附近。同时应该竖立一个餐馆标志，使人们远远地在不同方向就可以提前看到它，这样，司机就可以提前减速，安全地驶离公路。如果该餐馆建在大型购物中心内，餐馆的位置不应该选在角落的地方，这样人们很难看见它，而是应该在停车场就能看到餐馆，一定要让购物者在进入购物中心或者电影院时就可以看到这个餐馆。

第二个应该考虑的因素是好的位置应该易于进入。一些其他方面很好的位置被否定的原因是人们很难找到这些地方，或者位于胡同里，或者位于单行街上，这都使顾客感到不方便。餐馆必须接近自己的潜在客源市场。根据餐馆的类型，"易于进入"的范围很广，可以是几分钟的步行距离，也可以是1小时的车程。那些面向上流阶层的餐馆或者主题独特的餐馆服务的地理区域可以大一些，而那些有限菜单餐馆或者快速服务餐馆的客源市场不应该超过5平方英里（13平方公里）。

第三个应该考虑的因素是停车场。除非餐馆提供代客泊车服务，替客人将汽车停到其他地方，否则餐馆必须要有足够的空间供就餐高峰时停车使用。

第四个应该考虑的因素是其可得到性。房产能够租得到或买得到吗？什么时候可以使用？受不受城市规划中的分区限制？

第五个应该考虑的因素是资金的承受能力。一个未开发的空地可能需要做很多耗资巨大的准备工作。已经有现成的电力或其他公用设施，还是需要新接入？购买的条件是什么？如果购买这块地上的一栋建筑，售楼方愿意帮助筹措资金吗？税款合理吗？这栋大楼能否出租？装修和其他改建费用由产权单位承担，还是由你承担？由于投资不足是餐馆倒闭的一个主要原因，所以你一定要谨慎，支出的房租和装修费用不要超出你的承受能力。应该把自己的资金承受能力估计得保守一点儿，因为生意可能不如你预期的那样好。

**可行性研究** 找到了潜在的位置后，餐馆经营者通常要进行**可行性研究**。这种研究与新建酒店的可行性研究相似。其主要差异是：对酒店客房的需求通常产生于旅游者或者来自酒店附近地区以外的人员，而对餐馆的需求则大部分产生于本地。因此对餐馆而言，了解本地客源市场的特点更重要。可行性研究有助于餐馆经营者作决策：对位置的选择是否正确？餐馆是否有很大的成功机会？

除了要收集当地人口结构特点的数据之外，还可以从许多其他渠道了解大量的信息。（美国）全国餐馆协会雇用"调查与研究中心"（IRC）每月进行一次"食品服务市场情况"民意调查，在全国范围内对成年人进行抽样调查。提出的问题包括：

- 你昨天做了以下哪件事情？
  a. 在餐馆、快餐店、咖啡厅用餐，或者到其他地方购买膳食或者小吃。
  b. 购买了餐馆的外卖食品或者让餐馆送餐。
- 你在餐馆吃过早餐、午餐、晚餐或小吃吗？

129

● 你让餐馆送餐的膳食是早餐、午餐、晚餐，还是小吃？

上述问题和其他问题的问卷调查结果可以用来确定和预测某一地区的季节性客源市场趋势。

美国劳工统计局每年都根据顾客问卷和购买日志公布《消费者支出调查》。这个调查报告可以从华盛顿特区的美国政府印刷局获得。使用《消费者支出调查》和从特定的邮政编码区及其他资料来源获得的数据，其他几个研究机构可以准确地报告这些邮政编码区中的人员外出就餐的频率、用餐种类、喜欢吃的食品及消费额。

一个被称为"超级网站"（Supersite）的计算机数据库可以提供整个美国的人口统计信息，还可以提供各州、各县、各个邮政编码区、各个"支配性影响区域"及各个尼尔森电视收视区的分类人口统计信息。可以通过美国线上服务系统（CompuServe Information Service）进入"超级网站"数据库。从"超级网站"可以下载任何一个指定区域的14种不同的人口统计报告，包括收入、住房、教育及就业状况。此外，还有餐馆和其他服务部门的销售潜力报告。

有关餐馆顾客的购买习惯的信息可以通过"超级网站"数据库中的"居住区分类（ACORN）目标行销"网站获得。"ACORN"是"A Classification of Residential Neighborhoods"（居住区分类）这几个英文词的词头缩写，即根据人口统计数据、社会经济情况和居住区中的住房特征对所有的美国家庭进行分类。克莱瑞塔斯（Claritas）市场信息提供商提供一个类似的数据服务系统，这个系统被称为"PRIZM"，该系统可以按照美国的邮政编码区提供数据。

如上所述，可行性研究可以用来自多方面的数据对拟建的餐馆进行定性和定量分析。可行性研究可以为拟建的餐馆确定潜在的客源市场，评估所选的餐馆位置，最终分析餐馆的财务运行前景。

可行性研究的财务分析部分还包括资本投资预算。资本投资预算的目的是保证有足够的资金供以下项目使用：

● 土地与建筑费用（或者延长租用现有建筑租约的费用）；
● 设备；
● 家具与设施；
● 经营资本；
● 开业前的库存开支；
● 开业前的员工工资与培训费用；
● 开业前的广告与促销费用。

最后，可行性研究还应该包括拟建餐馆前3年的经营预算。如果没有这个信息，就不可能预测拟建餐馆什么时候能够赢利。这个预算可以使投资者和经营者双方都知道需要多少现金才能满足餐馆赢利之前这段时期的支出需要。通过这个预算也可能会发现，计划中的餐馆永远也不会赢利。如果这样，就必须进行调整。

## 小结

　　餐饮服务是一个庞大的行业。这一行业的就业机会非常广泛，包括餐饮场所、住宿业、运输业、康乐业、商务与工业市场、教育市场、医疗保健市场、零售市场、矫正机构餐饮服务、军队食品服务、餐饮承包公司。餐饮场所是餐馆业的最大组成部分，包括完全服务餐馆、快速服务餐馆、商业自助餐馆、社会包餐商、冰淇淋和奶冻摊亭以及酒吧和小酒馆。

　　餐饮场所中87%的销售额都来自完全服务餐馆和快速服务餐馆。因此，这些餐馆为酒店管理专业的学生提供了大多数就业机会。完全服务餐馆通常按照价位、菜单或就餐环境分类。快速服务餐馆的重要特征是供应的食品的选择范围很窄，提供有限服务，重视制作食品的速度和送餐的速度。

　　与其他行业相比，餐馆业为企业家提供了无与伦比的机会。餐馆业的企业家走出了各种不同的成功之路。一些人创建了餐馆连锁企业；一些人精心培育独立餐馆使之尽善尽美。然而，成功却很难得到保障：大约有70%的新餐馆在开业10年之内停业。餐馆经常倒闭的原因是经营者缺乏经营和技术知识，或者没有足够的运营资金。

　　成功的餐馆企业家首先重视潜在顾客的需要和偏爱；然后，他们制定餐馆概念；下一步是选择餐馆的位置。在选址过程中，要进行可行性研究，对当地市场进行分析。可行性研究通常包括财务分析与资本投资预算。

## 注释

[1] Unless otherwise noted, the statistics quoted in this and the following paragraph are from 2006 *National Restaurant Association's* Web site at www.restaurant.org. Please visit this site for the cateit statistics.

[2] *Nation's Restaurant News*, June 26, 2006, p. 136.

［3］Mary Scoviak-Lerner,"Great Hotel Restaurants", *Hotels*, August 2000.
［4］2006 *Restaurant Industry Forecast*（Washington, D.C.: National Restaurant Association, 2006）.
［5］Ibid..
［6］*Nation's Restaurant News*, November 10, 2003, p. 25.
［7］*Wall Street Journal*, November-December, 2000.
［8］Ron Zemke and Dick Schaaf, *The Service Edge*（New York: New American Library, 1989）, p. 297.
［9］Deborah silver,"Site Seeing", *Restaurants & Institutions*, January 15, 2000.

## 主要术语

**支配性影响区域**（areas of dominant influence, ADI） 电视业常用的术语，是美国的阿比创（Arbitron）电视收视率调查公司评估电视信号覆盖区域时使用的一个术语。

**周期菜单**（cyclical menu） 在一定时间内每天更换菜单，然后重复这个周期。有些周期菜单定期更换，但没有固定的模式。也称为循环菜单。

**正餐餐馆**（dinner house） 这种餐馆可以根据装饰、非正式的环境氛围和吸收多种民族传统风味的折中菜单进行区分。

**民族餐馆**（ethnic restaurant） 采用特别烹饪方法的餐馆，例如中餐、意大利餐或墨西哥餐。

**家庭餐馆**（family restaurant） 主要面向家庭的餐馆，其重点是满足儿童的就餐需要，供应早餐、午餐和晚餐，还供应传统的菜单菜肴。

**可行性研究**（feasibility study） 一种由开发商委托、由咨询机构承担的研究项目，旨在确定在预计地址上拟建企业的潜在成功性。

**美食餐馆**（fine-dining restaurant） 一种主要提供豪华餐和绝妙菜单的餐馆（并不一定是法国式或者高级烹饪），这种餐馆雇用训练有素、有创新能力的厨师和技术娴熟的餐饮服务人员。美食餐馆的规模通常不大，并独立经营，为每位客人服务的员工人数比其他类型的餐馆多。

**完全服务餐馆**（full-service restaurant） 完全服务餐馆有两个主要特征：（1）菜单上标有12种以上主菜；（2）按客人的点菜单做菜。

**合成烹饪法**（fusion cuisine） 一种烹调方法，厨师使用多种烹饪方法中的配料或技术，制作出新的菜肴。

**主题餐馆**（theme restaurant） 餐厅装饰、就餐氛围环境和菜单都具有独特性的餐馆。

**快速服务餐馆**（quick-service restaurant） 快速服务餐馆注重方便性，供应食品的选择范围很窄，提供有限服务，食品制作的速度快。

## 复习题

1. 餐馆业由几大部分组成？
2. 完全服务餐馆的特点是什么？快速服务餐馆的特点是什么？
3. 运输市场、康乐市场、商务与工业市场、教育市场、医疗保健市场及零售市场有什么特点？
4. 矫正机构餐饮服务中一些独特的挑战是什么？
5. 餐馆倒闭的三大原因是什么？
6. 建立一个成功餐馆的策略是什么？
7. 在城市中建立餐馆有哪4个好位置？
8. 餐馆的位置应该具备哪些特点？
9. 建立新餐馆的可行性研究应该包括哪些内容？

## 网址

访问以下网址，可以获得更多的信息。谨记：互联网地址可能不事先通知而改变。如果该网址已不存在，可以用搜索引擎查找另外的网址。

**协会**

American Hotel & Lodging Association
www. ahla. com

National Restaurant Association
www. restaurant. org

**出版物和其他资源**

Claritas Corporation
www. claritas. com

LSG Sky Chefs
www. lsg-skychefs. com

Culinary Institute of America
www. ciachef. edu/

Gate Gourmet International
www. gategourmet. ch

Johnson & Wales University
www. jwu. edu

餐馆和其他餐饮服务公司
Apollo Ship Chandlers, Inc.
www. apolloships. com

Applebee's neighborhood Grill & Bar
www. applebees. com

ARAMARK Corporation
www. aramark. com

Canyon Ranch Health Resorts
www. canyonranch. com

Centerplate
www. centerplate. com

Chili's Grill & Bar
www. chilis. com

Compass Group
www. compass-group. com

Cracker Barrel Old Country Store
www. crackerbarrel. com

*Nation's Restaurant News*
www. nrn. com

*Restaurants & Institutions*
www. rimag. com

Zagat
www. zagat. com

Domino's Pizza, Inc.
www. dominos. com

Ed Debevic's Restaurants
www. eddebevics. com

KFC Corporation
www. kfc. com

McDonald's
www. mcdonalds. com

Metromedia Restaurant Group
www. metromediarestaurants. com

Olive Garden
www. olivegarden. com

Outback Steakhouse
www. outbacksteakhouse. com

Pizza Hut
www. pizzahut. com

Delaware North Companies
www. delawarenorth. com

Red Lobster Restaurants
www. redlobster. com

Romano's Macaroni Grill
www. macaronigrill. com

Sodexho
www. sodexhousa. com

Spaghetti Warehouse
www. meatballs. com

Rainforest Café
www. rainforestcafe. com

Steak and Ale
www. steakale. com

Taco Bell
www. tacobell. com

T. G. I. Friday's
www. tgifridays. com

Wendy's
www. wendys. com

索纳斯塔塔巴海滩度假村(Sonesta Beach Resort Taba)。(索纳斯塔国际酒店集团提供)

# 5 餐馆的组织与管理

## 概要

成功地组织餐馆
    客人
    环境氛围
    菜单

餐馆的控制
    财务控制
    经营控制

小结

## 学习目的

1. 学习顾客信息的重要性和餐馆环境氛围对其成功的重要性；总结制订菜单的规则。

2. 了解美国各地和世界部分地区的顾客对菜单的偏爱情况；菜单的类别；菜单设计和菜单定价的重要性。

3. 了解计算机与互联网对餐馆控制的影响；学习财务控制与经营控制的方法；掌握食品成本控制周期中的控制点：菜单策划、预测、采购、收货、储存及出库。

4. 掌握食品成本控制周期中的控制点：制作、服务、顾客付账及食品成本分析；了解经理控制劳动成本和饮料成本的方法。

本章首先介绍如何成功地组织餐馆。我们将讨论客人、环境氛围和菜单的重要性。其次我们将介绍餐馆的财务控制与经营控制，包括会计制度、预算、菜单设计、预测、采购、接收和储存、发放、服务、顾客付账、食品成本分析程序。我们还将简要地讨论劳动力成本，最后在本章结尾讨论酒水控制。

## 成功地组织餐馆

餐馆管理者必须具备成功管理餐馆的广泛技能，包括（招徕顾客的）营销技能和质量控制与服务技术（以满足顾客的需求，使其再次光顾）。当然，有了客源并不一定能确保赢利。甚至即使每天晚上都满负荷运转，餐馆也会破产。成功的餐饮企业与不成功的餐饮企业的不同点是，成功的餐饮企业是有组织的。组织严密的餐馆经理能够做预算和控制开支，这样他们就可以最大限度地赢利。人们甚至也用财务指标来衡量非营利性或受补贴的餐饮部门（例如学校的膳食计划）的管理者成功与否，例如控制开支和在预算范围内经营的能力。

各种类型的餐饮服务企业的宗旨都是相同的，即在财务指标的范围内制作和提供食品。因为其宗旨相同，所以这些企业都按照相同的管理与控制原则进行经营。

客人、环境氛围和菜单这3个因素是餐馆取得成功的至关重要的因素。

### 客人

餐馆的一切都从客人或者顾客开始，找到并且抓住这个难以琢磨的群体是餐饮企业获得成功的最重要的因素。一旦了解了客源地和客人的需要，你就能够确定新建餐饮设施的可能性和最佳位置。但是，详尽地了解了顾客之后，我们不仅知道了在哪里建立新餐馆，还要根据顾客的期望和需要制订菜单，确定餐厅的环境氛围，制订服务水准和样式，制订广告和营销计划。

新建餐馆的可行性研究中，市场调研仅仅是开始。对顾客的调研必须要不断更新,因为我们生活在一个动态的社会中,市场情况瞬息万变。通过不断的市场调研,我们不但可以了解顾客目前的偏爱,还可以发现一些变化趋势,例如,这些偏爱是如何变化的?变化的速度如何?

即使是那些具有长期成功发展记录和大批忠诚顾客的餐馆,有时也会在一夜之间失去顾客对本餐馆的忠诚。管理顾问奥尔布雷克特和塞姆克指出,客人忠诚的基础,"必须是持续不断地对服务水平感到满意"。[1]

这里的关键词是"持续不断"。一些餐馆与顾客失去了联系后,要么倒闭,要么被新的公司兼并,并赋予新的概念,这类餐馆的例子不难找到。例如,萨姆伯公司(Sambo)原来是一个很受欢迎的"有限菜单"餐饮连锁店。其名称和装饰均来自儿童故事《小黑人萨姆伯》(Little Black Sambo)。民权运动关注萨姆伯餐馆概念中涉及的种族问题,因此,这个连锁店很痛苦地关闭了。皇家城堡(Royal Castle)汉堡包连锁店始建于美国经济"大萧条"时期,该店24小时营业,出售5美分一个的汉堡包。多年以后,连锁分店的规模变得很小,式样老,菜单选择十分有限。不久,该连锁店的175个餐馆所占据的土地的价值超过了公司的价值,所以公司就被清产变现了。另一个例子是维多利亚火车站餐馆连锁店。这曾经是一个很吸引人的概念,餐馆建在一列火车车厢中,供应最优质的烤牛肉和价格合理的各种饮料。但是,由于牛肉的消费量减少,餐馆的概念也变得不太受人欢迎了。店主又尝试了许多新的概念,一个接着一个地不断变换,使顾客们不断猜想,下一次光顾时会出现什么新概念。最终,大部分顾客都流失了。

顾客的态度和欲望不断地发生变化。目前,家常餐馆,也被称为便餐餐馆,是商业性餐馆中最大的一个市场细分。这个市场细分被不十分严格地定义为顾客花15美元左右就可以吃一顿饭的餐馆,包括比较出名的一些连锁餐馆,例如苹果蜂餐馆、红辣椒扒房、橄榄园和乳酪蛋糕工厂(The Cheesecake Factory)。为了应对消费者的这些态度,乳酪蛋糕工厂已经引进了一个完全无反式脂肪的菜单,并在午餐中提供少部分选择。而达顿餐馆公司的红龙虾餐馆则继续宣传促销其"无穷尽的虾",为你提供各种各样的虾类食品。

现在,到外面吃顿饭似乎变成了例行公事,而不是偶尔一次。对许多人来说,吃一顿麦当劳的"巨无霸"或者汉堡王的"华堡"和薯条已经不再是一种满足了。许多人都认为,到外面吃饭是一种负担得起的纵情享受。[2]美国餐馆协会的报告指出,43%的成年人认为,餐馆是他们生活方式的重要组成部分。美国有92.5万个餐馆聚集地,而这个数字还在增长。从1972年到2003年,就餐地点的数量翻了一番还多,而美国的人口只增长了39%。[3]

在餐馆中不吸烟是这些年来顾客习惯发生改变的一个突出例子。20年前,每个

139

餐馆都在餐桌上准备一个烟灰缸。到20世纪80年代末期，调查显示，3/4以上的顾客都希望将餐馆分为吸烟餐馆和不吸烟餐馆。一些州禁止在任何餐馆内吸烟。麦当劳规定，本公司在美国的所有下属公司都必须百分之百禁烟，并要求其特许经营加盟商也遵守此规定。

营养意识已经极大地改变了客人评价菜单的方式。新鲜度已经成为菜单项目的一个最重要的属性。其部分原因是，"新鲜"表示食品更有营养、更健康。餐馆分析人士预测，人们对新鲜面包和面点的需求不断增加。在菜单上出现水果和蔬菜也变得越来越流行。

然而，无论是一个新趋势的兴起，还是一个老趋势的衰落，其本身都不是经营方法发生巨大变化的原因。几乎没有普遍通用的趋势。一个国家的不同地区和不同的国家都有其各自不同的价值观。在加利福尼亚适用，在佛蒙特可能就不太适用，或者根本不适用。因此，餐馆经营者应该把全国性的调查与研究数据仅仅当做指导性参考。这些结论是否适合你的城市或者你的餐馆，只能由你的顾客来确定。

## 环境氛围

在成功的餐饮服务企业中，各种因素都在起作用。餐馆的装饰、灯光、室内摆设、餐具、菜单、服务方式和服务人员的品格，甚至包括客人，所有这一切使人们对餐馆产生一种感觉或者认同的看法。也就是说，所有这些要素的综合便营造出这个餐馆的氛围或者基调，即环境氛围。餐馆的环境氛围通常可以引导顾客挑选餐馆。一些顾客可能认为餐馆的环境氛围和餐馆的膳食同样重要，甚至更重要。

餐馆的环境氛围甚至可以提高顾客对其食物的滋味感。店主愿意将海鲜餐馆建在水边的一个原因是这样可以暗示顾客，他们供应的鱼是新鲜的。福德鲁克斯（Fuddruckers）汉堡包连锁店中的每个餐馆都有一个玻璃冷藏室，里面挂着新鲜的牛肋肉，顾客排队买汉堡包时可以看到这些牛肋肉。福德鲁克斯汉堡包连锁店宣称其汉堡牛肉饼是新鲜的，并在店内现场制作。看到这些新鲜的牛肋肉，顾客就完全相信了。这还可能使顾客相信，福德鲁克斯汉堡包肯定比用冷冻汉堡肉饼制作的汉堡包好吃。

在业界流传着一个麦当劳在初创时期通过设计餐馆的环境氛围来满足顾客需要的传奇故事。麦当劳的创始人雷·克罗克决定全力吸引有儿童的家庭。为什么？市场调研显示，有儿童的家庭是一个很大的并且不断增长的市场。调研还显示，全家决定去哪一家餐馆吃饭时，儿童起决定性作用。基于这种考虑，克罗克与其同伴们设计了一种餐馆，不但提供儿童喜爱的食品，而且还要在一个幼儿也感到舒服的环境中就餐。克罗克让人把照相机放在3英尺（0.9米）高的三脚架上，拍摄了一张麦

菜单是餐馆环境氛围的一个重要组成部分。卡拉巴意大利烤肉餐馆菜单封面的艺术图片是意大利乡村的美食情景，可以反映出卡拉巴餐馆提供真正的意大利美食的目的，使客人享受高档的便餐体验。

当劳餐馆的原型照片。通过孩子的眼光观察这个餐馆，立刻就发现有些地方需要立即改变。例如，柜台被降低了，这样，儿童就不用太费劲或踮着脚尖点餐了。座位和桌子也都降低了高度。室内的颜色以明亮的黄色和红色为主，当时许多玩具都使用这两种颜色。

新鲜是菜单项目中的一个重要特征。图中行政主厨约翰·科尔多（John Cordeaux）在加拿大多伦多费尔蒙皇家约克酒店（Fairmont Royal York）的屋顶照料他的芳草园。（费尔蒙皇家约克酒店和度假村供稿）

伯尼哈纳（Benihana）日式餐馆是另外一个将其成功归功于环境氛围的餐馆连锁店。日本移民罗基·奥吉是伯尼哈纳餐馆连锁店的创始人，他一丝不苟地追求真实性。他将自己的厨师送到东京的专业学校，经过培训之后才带到美国掌勺儿。他还耗巨资从日本进口木梁，以营造真实的日本酒馆气氛。奥吉的许多顾问都向他建议，没有必要花这笔钱，因为用美国的材料可以取得同样的效果，但是奥吉不同意这样做。

今天，餐馆设计师都在谈论"装饰的风格应该与地区的特点相结合"。殖民风格的家具和织物通常用在新英格兰的餐馆。航海主题在位于海港的餐馆中很流行；西南部土著风格装饰是新墨西哥州的一些城市餐馆装饰的主流，例如圣菲。

餐馆建筑物的外部环境氛围可以表现餐馆的概念。例如，一些餐馆建在标志性建筑中（例如华盛顿州西雅图的"太空针"）或者古老的火车站中。在欧洲，城堡、庄园和别墅都因其风格别致而成为建餐馆的理想地点。

"再钓一条鲭鱼、两条鱿鱼"

资料来源：转引自纽约"漫画家与作家辛迪加"，原作者为雷辛格。

装饰、室内摆设、餐具、菜单和其他因素共同创造了餐馆的环境氛围。(内华达州拉斯韦加斯卢克索度假酒店和赌场供稿)

## 菜单

  餐馆的菜单通常是其成功与否最重要的因素。为此，我们将详细讨论菜单问题。菜单不仅仅是一张罗列待售菜目的清单，它还可以帮助宣传介绍餐馆。菜单应该展示顾客期望和需要的东西。菜单还有一个极其微妙的属性，即应该将餐馆最好的东西展示出来。但令人遗憾的是，餐馆的拿手好菜有时候却发生了变化。许多以名厨师而出名的独立餐馆经常出现这样的情况。烹饪是一项具有创造性的工作，某位厨师设计的菜肴，其助手或继任者通常是不能熟练地烹制出来的。这就是独立美食餐馆的菜单应该及时变换的一个主要原因之一。只有这样，餐馆才能不断发展。

  **基本规则** 精明的餐馆经营者在设计菜单时应该遵循如下基本规则：

- 提供顾客需要的东西。要向顾客提供他们希望在你的餐馆得到的东西。如果你的餐馆重视方便快捷的服务，那么需要很长时间才能烹制出的菜品就一定不要列在菜单上。如果你承诺提供意大利特色菜肴，那么只准备意大利实心面条和意大利千层面是远远不够的。
- 使用标准食谱。**标准食谱**是生产食品或饮料的配方，规定配料、每份配料所需的数量、制作程序、每份制成品的规格和分份的用具、配菜及其他必要的信息（图5-1）。标准食谱是质量控制的重要部分。到你的餐馆来吃多佛奶油比目鱼的顾客希望每次来这里能够看到并吃到完全一样的多佛奶油比目鱼。
- 员工的能力应该与菜单上提供的菜品相匹配。一定要确保菜单上所有菜肴都能

图5-1 标准食谱实例

| 杏仁鱼片 ||||
|---|---|---|---|
| 产出份数：<br>每份规格： || 产出份数：60<br>每份规格：6盎司 | IX. 主菜——鱼类2<br>焙烤温度：450华氏度<br>焙烤时间：14～15分钟 |
| 数　量 | 配　料 | 数　量 | 程　序 |
| ——— | 鱼片,新鲜或冷冻,<br>每份6盎司 | 22.5磅 | 1.如果使用冷冻鱼片,将其解冻<br>2.将解冻的鱼片或者新鲜鱼片单层摆放在涂了油的平锅中 |
| ——— | 杏仁,烘烤并切碎 | 1磅 | 3.烘烤杏仁<br>a.平铺在平锅中<br>b.放在350华氏度的烤箱内,烤熟即可<br>烘烤时间:约15分钟 |
| ———<br>———<br>———<br>———<br>——— | 人造黄油或黄<br>　油,使其软化<br>柠檬汁<br>柠檬皮,切成条状<br>食盐<br>白胡椒<br>重量:黄油杏仁混<br>　合物 | 2磅8盎司<br><br>1/2杯<br>2.75盎司<br>4汤勺<br>1汤勺<br>4磅 | 4.将杏仁、柠檬汁、柠檬皮、食盐、白胡椒放入软化了的人造黄油或黄油中<br>5.搅拌均匀<br>6.将黄油杏仁混合物均匀地摊到鱼片上<br>7.以450华氏度焙烤约15分钟,或用叉子叉鱼片时有碎片出现即可<br>8.上桌时,在鱼片上稍微撒上一点欧芹末或欧芹段 |

由你的员工正确地烹制出来并端送给顾客。如果菜单上的菜肴需要在桌边制作，那么服务人员的能力尤为重要。

- 要考虑设备的情况。要考虑你的厨房设备的局限性。要求用烤架烤的菜单项目，不应该直接用火烤，因为用烤架烤的食品的味道和直接用火烤的食品不一样。要求具有真正木烟风味的菜肴应该使用山核桃木或牧豆烤架。
- 提供多样化和平衡的菜单。菜单项目的种类、颜色和结构要多样化。大多数餐馆的业务都是重复的，特别是午餐更是如此。每天或每周的特色菜可以确保顾客有多种选择。也应该力求平衡搭配菜单上的项目，这样菜肴就可以相互补充或者和谐地相互衬托。奶油汤之后不应该再上用奶油浇汁的主菜。不易于消化的食品应该搭配易于消化的食品。由于禽类和猪、牛、羊肉都是白色和棕色的，所以应该搭配一些颜色鲜艳的蔬菜。
- 注意季节变化。如果你使用非时令的新鲜水果或蔬菜，就会提高食品的成本，降低其质量。一些菜单项目要求使用新鲜配料，如果这些配料不合时令，则应该将这些项目从菜单中暂时除掉，到应季时再恢复。
- 注意菜肴的营养性。许多顾客可能喜欢吃有营养的食品。当今许多顾客都希望食用平衡饮食。顾客也希望减少盐、脂肪和糖的摄入量。你的餐馆应该为顾客提供这方面的便利。
- 充分利用食品。要力求制订出一个能赢利的菜单。要精心地计划使用那些容易变质的原料，充分利用剩余的原料。抛弃食物就如同抛弃金钱一样。精明的厨师善于利用烹制其他菜肴剩余的肉和蔬菜来烹制炖汁食品或汤。当天的面包可以用作馅料和油煎成碎面包片，供顾客喝汤时食用。出色的菜单策划者一定会想到，让厨师利用前一天的剩余原材料制作当天的特价菜。

**菜单口味的选择** 成功的餐馆连锁店都知道，不同地区对菜单口味的选择是完全不同的。在美国，新英格兰人与南部或西部人的口味完全不同。来自柏林的德国人对菜肴口味的要求也与其住在慕尼黑的巴伐利亚亲戚完全不同。中国北方膳食的口味比南方更重一些。达顿餐馆公司（我们在前面已经提到过，经营红龙虾餐馆和橄榄园餐馆连锁店）就很认真地对待菜单口味的选择。他们认为，虽然每个连锁店的外表看上去都一样，也都供应基本相同的膳食品种，但是一定要考虑到各个地区口味的不同。例如，橄榄园餐馆为其500多个连锁店准备了很多种不同的菜单。通过提供季节性和"试验性"菜单品种并在全国范围内对数万名顾客进行调查，橄榄园餐馆建立了一个数据库，帮助设计新菜单。这项研究告诉总经理，沿海地区的顾客喜欢吃海鲜类品种，而中西部地区的顾客则喜欢吃肉类食品。在进入新市场之前，橄榄园餐馆的总经理们到其潜在竞争对手的餐馆中品尝食品，以了解当地人的口味情况。

全球性餐饮连锁店在其世界各地的餐馆都保持其独特的菜单品种，但他们也增加一些适合当地口味的品种。麦当劳在委内瑞拉供应炸丝兰条，而在墨西哥供应的早餐有鸡蛋、米饭、菜豆和西班牙辣香肠拼盘。在中东，地区性的菜单包括墨西哥薄饼三明治内夹卤牛肉。在中国，百胜餐饮集团旗下的必胜客供应法式餐馆的蒜油蜗牛和鸵鸟肉比萨饼。香港的必胜客与美国的必胜客相比，供应意大利面食的种类比较多，因为中国人一直不太喜欢吃奶酪。[4]

**菜单分类** 根据菜单内容的安排，可以将菜单分为两类：固定菜单和周期菜单。菜单还可以进一步分为早餐菜单、午餐菜单、晚餐菜单或特别菜单。

**固定菜单** 固定菜单也称为静态菜单，通常使用数月或更长的时间之后才变换内容。可能每天会有特色菜，但是固定的一套菜单内容构成了基本菜单。

快速服务餐馆是使用固定菜单的例子。快速服务餐馆每天使用相同的菜单就能把顾客们打发走，因为他们供应的餐品对市场的适应面很宽，通常是汉堡包、鸡类、比萨饼或墨西哥餐。许多完全服务餐馆连锁店也以固定菜单为主。

固定菜单的主要优点是简单。原料采购、员工配备和库存控制都

澳拜客牛排店的这个菜单有助于把餐馆定位为一个具有异国情调的和充满乐趣的就餐场所，在这里可以"随意"（no rules）吃到"恰当的"（just right）食物。（No Rules. Just Right."只要随意就好"是澳拜客牛排店的宗旨。——译者注）

147

当今饭店业　　　　　　AH&LA　　　HOSPITALITY TODAY An Introduction

"如果我的法语是对的,它的含义是'火鸡吃剩下的东西'!"

资料来源:转引自纽约"漫画家与作家辛迪加",原作者为斯科特。

**麦当劳意味着品质:**
麦当劳是一家富有家庭气氛的餐厅,它为您提供快捷、优质的餐饮。我们菜单上的食品是百分之百的纯牛肉、鱼、薯条和奶制品。

在麦当劳就餐,订餐也是乐趣之一。您踏进餐厅后,请到柜台订购您从菜单上选用的食品,然后告诉服务员,取得食品后,请端着盘子,选一个位子,在我们清洁宜人的环境中享用。用餐后,请将剩下的东西投入设在附近的废物箱,然后把餐盘放在废物箱周围以便服务员收盘整理。

外带服务:顾客也可以把食品带走,餐厅会把食品用外带袋包好,供您在家、在办公室或走亲访友时享用。

麦当劳可为顾客提供各类餐式餐饮,本餐厅请您尝一下我们的美味佳餐,如"巨无霸"或"麦香鸡"等。

在甜点方面,有热苹果派、热巧克力或波萝派以及各式冰淇淋,供您和家人选择。

麦当劳是一个充满家庭气氛的餐厅,因此在餐厅内禁止吸烟。

这是北京的一家麦当劳餐馆使用的托盘衬纸,用照片的形式向中国人介绍麦当劳产品。(麦当劳公司提供)

148

简单明确。甚至对设备的要求也降低到了最低限度，不复杂。但是固定菜单也有缺点。固定菜单没有多样性，如果成本提高就无能为力，只能提高菜单餐品的价格。解决缺少多样性的办法之一是时而扩大固定菜单的内容，临时性或永久性地增加固定菜单中的餐品。汉堡王的"集束汉堡包"（Bundles of Burgers）和麦当劳的"酢浆草奶昔"（Shamrock Shakes） 就是临时性的菜单项目。汉堡王和麦当劳都永久性地增加了色拉和甜点，为顾客提供了更多的选择余地，从而提高了每位顾客的平均账单金额。

一些餐馆，例如独立的家庭餐馆，每天都提供当天的特色菜肴，给它们的固定菜单增加了一点花样。特色菜名通常都印在另外一张纸上，插在正常的菜单里。在固定菜单中增加每天的特色菜有助于留住常客，因为他们偶尔也想品尝一下不同口味的餐品。

**周期菜单** 周期菜单是指在一定时间内每天更换菜单，然后重复这个周期。桌面出版系统使餐馆可以很容易地对打印出来的周期菜单进行修改，成本也不高。

那些可能会长期为顾客供餐的院校餐饮服务机构和商业餐饮公司通常使用周期菜单。旅客通常在邮轮上停留一个星期，因此邮轮需要使用"7日周期菜单"，这样，乘客每天都能吃到不同的菜肴。周期菜单可以按数字1~7编号，每个周期都从1号开始。航程比较长的邮轮或者乘客常常连续往返旅行的邮轮可以使用周期较长的周期菜单。例如，世朋邮轮公司（Seabourn Cruise Line）使用14天周期菜单。患者住院时间较长的医院有时候也采用长周期菜单。老人护理院可能会使用周期非常长的周期菜单。

**特别菜单** 特别菜单不同于典型的早餐菜单、午餐菜单和晚餐菜单。这种菜单通常是专门为节假日和特殊活动，或者为特殊的团体客人设计的。例如，大部分餐馆在感恩节和圣诞节向客人提供以火鸡和火腿为特色的特别菜单。集体包餐，例如生日宴会、婚宴、标志儿童成年的舞会和其他社交活动，可能都需要特别菜单。有时可能还需要策划特别宴会菜单。餐馆还使用多种其他类型的特别菜单，例如儿童餐特别菜单、为早起者准备的特别菜单、饮料特别菜单、老年人特别菜单、甜品特别菜单和外卖特别菜单。

特别菜单是一种营销工具，它用额外的刺激吸引顾客。特别菜单的唯一局限性是菜单策划者的想象力。

**菜单设计** 和饭店的宣传册一样，菜单也是一种销售工具和促销手段。菜单的设计可能会影响客人要点的餐品和消费的数额。菜单的用纸、颜色、美术设计和拷贝的质量都会影响客人的决策，也有助于营造餐馆的环境氛围和形象。因此，菜单的外观和语言的运用都应该紧扣餐馆的概念。

客人在餐馆落座后，他们毫无疑问地是想买些什么东西吃。问题是他们准备花多少钱。黑板、放在桌面上的对折宣传卡、训练有素的服务员，最重要的是精心设计的菜单，这一切都可以影响客人的决策，而最终会影响到餐馆的盈亏。

**菜单价格** 确定菜单价格的目的是获取足够的收益，以支付经营成本和管理费用，并以合理的比率收回投资成本。换言之，菜单的价格与成本和投资相关。因此，投资低、经营成本低的餐馆的价位应该低于成本高和投资高的餐馆。快速服务餐馆使用计算机、标准化的设施和专业化设备设计其菜单项目。其结果是快速服务餐馆的投资成本和经营成本都相对较低，因为菜单和设备都是由不需要技术的劳动设计的，而且菜单的项目也是有限的。其他经营成本也可以保持在最低限度，因为这个系统不必额外添加什么设施，这个系统中的每个单位也没有必要绝对无故障运行。因此，快速服务餐馆的价格可以保持很低。

相反，一些餐馆，例如芝加哥查里·特罗特餐馆（Charlie Trotter's），设计提供与众不同的大餐。这些餐馆接受豪华奢侈的订餐，设在昂贵的建筑里，提供豪华奢侈的服务，其菜单要求技艺高超的厨师长、大厨、餐厅领班和服务员。豪华餐馆的价格很高，这样才能支付其高昂的食品与经营费用，还有高昂的管理费用。豪华餐馆之所以能够做到这一点，是因为它们的顾客愿意花钱买美食经历。

"我们使用最便宜的配料,将节省下来的钱再返还给你们。"

资料来源：纽约人杂志公司，作者为韦伯，1988年。

可以采用一些数学模式和其他方法确定菜单的价格。大部分方法都涉及加在食品和劳动力成本上的毛利。不论采用哪种方法，确定了菜单餐品的价格之后，你都应该提出下列一些基本问题：
- 这些价格与我餐馆的类型相适应吗？例如，同样的餐品，在自助餐馆中的价格通常要低于服务到桌的餐馆。
- 我的客人是否认为我提供的价格和质量比很合理？也就是，他们是否认为自己购买的东西物有所值？
- 我的价格是否具有竞争力？同一地区中同类餐馆的价格是多少？
- 这样的价格能赢利吗？当然，赢利取决于多种因素，但是，通常餐馆的投资者期望自己的原始投资在3~5年之内收回。

请记住，对大多数菜单餐品来说，餐馆的赢利需要决定了你的价格底线，而顾客对菜单餐品质量和价值的知觉决定了你向顾客索要的最高价格。

## 餐馆的控制

控制是管理的基本职责之一。有效的控制是餐馆根据客人的需要和企业的目标制定的标准的结果。这一原则适用于所有类型的餐饮企业。不论是美食餐馆、快速服务餐馆，还是学校的餐饮部门，其管理者都必须制定财务绩效、经营和质量控制标准。没有标准，就不可能有真正的管理，只能是有组织的混乱。

显然，成功地经营餐饮企业需要重视细节。餐馆经理每天都必须跟踪顾客的订餐情况、餐馆的就餐人数、客人所点的菜肴情况及客人的消费额。餐馆经理还需要了解餐馆的库存情况、经营成本及利润状况。要了解这些情况，需要掌握信息技术。计算机、计算机网络和互联网正在使餐馆业发生巨大的变化。

让我们看一看互联网给当今餐馆带来的变化。餐馆经营者可以通过自己的网站和其他网上预订系统，例如SavvyDiner.com网，接受来自世界各地的预订。该系统列出了30个以上主要城市中的餐馆，显示餐馆的地址及菜单，提供每个餐馆的照片，并接受和确认预订（图5-2）。

采购也可以在互联网上进行。例如，一些餐馆经营者制订出采购清单，并将其贴到网上供有兴趣的卖主投标。Foodgalaxy.com网站是采用这种模式的一个实例。

分店或公司层次能迅速获得销售、采购和其他信息，是餐馆连锁店获得成功的关键。现在通过计算机网络可以迅速从销售点终端机（POS）获取有关报告，这使经营工作发生了巨大的变化。触摸屏式终端机将餐厅与厨房连接在一起，其他计算机可以生成顾客账单、销售报告和库存清单。

图5-2 餐馆"在线"预订系统

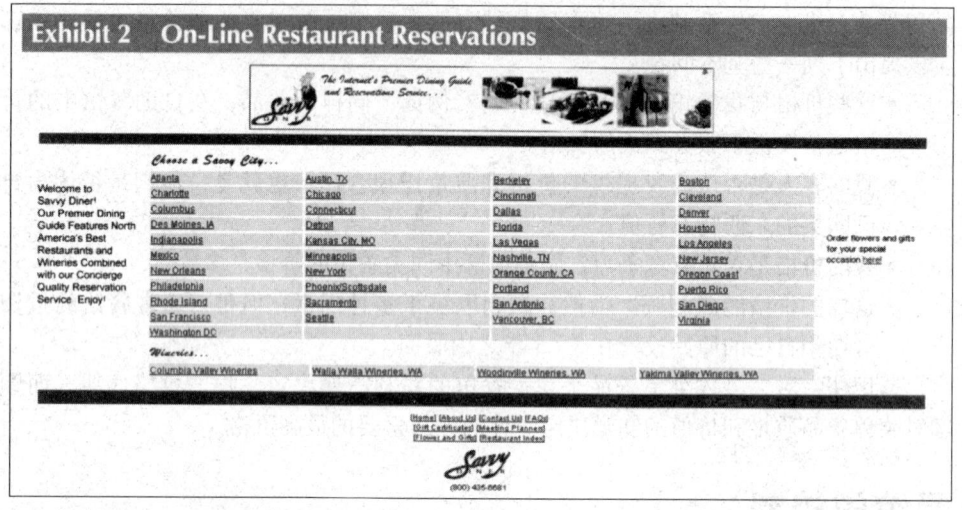

资料来源：塞维餐饮公司提供。

在以下各节中，我们将探讨财务控制和经营控制，为了满足顾客的期望并取得餐馆的财务目标，餐馆管理者需要使用财务控制和经营控制手段。计算机的使用大大提高了控制水平。

## 财务控制

财务控制是管理者用来衡量餐馆的资产和销售、成本及利润水平的工具。财务控制包括如下文件：资产负债表、收入报表和现金流量报表。管理者运用会计系统收集财务信息，以达到控制的目的。

**会计系统** 会计系统为管理决策提供足够的可用信息，是实施有效财务控制的基础。"餐馆统一会计系统"（Uniform System of Accounts for Restaurants）是此类会计系统的一个例子。该系统与"住宿业统一会计系统"（Uniform System of Accounts for the Lodging Industry）相似，都对收支项目进行分类，并建立了各种财务报表。"餐馆统一会计系统"为餐馆业提供了一种共同语言，经营者可以比较本餐馆的绩效与连锁公司内其他餐馆、其他连锁公司的类似餐馆或者本行业总体业绩的差距。

下面将讨论"餐馆统一会计系统"中的两个重要内容：资产负债表与收入报表。

**资产负债表** 餐馆的资产负债表可以显示该餐馆在某一天的财务状况。它在许多方面都与酒店的资产负债表相似（实际上，任何一个企业的资产负债表都是相似的），但是也有一些差异。例如，虽然许多餐馆都同时接受信用卡和现金，但它们实际上是直接收取现金的企业,因为信用卡公司很快就将费用返还给餐馆。因此,和其他许多企业不同,在餐馆的资产负债表上没有大量的应收款项,即顾客应该付的款项。

**收入报表** 收入报表显示一定时期的经营结果,包括销售额、支出及企业的净收入。酒店有多种服务项目的收入,但是餐馆主要销售食品,某些餐馆也出售酒精饮料(当然也有例外,例如,主题餐馆可能也出售T恤衫、帽子和其他纪念品;一些餐馆还设有礼品店)。因此,收入报表通常并不复杂,也比较易于理解。

图5-3是虚拟的圣·朱利安餐馆的收入报表。请注意,销售总额分为"食品"销售和"饮料"销售("食品"销售包括非酒精饮料;"饮料"销售包括酒精饮料)。销售成本也分为"食品"和"饮料"两大类,表示向顾客出售的食品和饮料的成本。"其他收入"包括服务费、附加费和最低收费、宴会厅租金和礼品店销售收入。虽然"其他收入"也可以获得利润,但其在餐馆经营中并不重要。"经营费用"涉及全部经营活动,员工工资是最大的一笔可控制费用。

"房屋占用成本",是指餐馆的固定成本,例如租金、房产税和建筑及其附属设备的保险金。这些开支不像经营开支那样随着销售额的变化而变化。但是土地或建筑的租金除外,因为可能包括与销售额挂钩的百分比条款(例如,每年的租金可能是2万美元,外加销售总额的2%)。

## 经营控制

**预算** 预算(即预测收入、开支和利润)是经理必须使用的另一种工具,用于跟踪餐馆的绩效并进行必要的调整。许多餐馆连锁店的总部每天都通过计算机网络收集各分店的销售数据。这一过程称为"轮询"(Polling)。总部的管理人员将实际销售额与预测的销售额进行对比,并采取适当的措施。如果销售额下降,管理层可以增加广告宣传,降低价格,在菜单上增加促销项目,或者采取其他措施。如果没有标准和预算程序,那么餐馆经理就可能会(有时候也一定会)使困难的形势发展到不可收拾的地步,必然会发生财务危机。

许多管理专家都认为,对于任何一家餐饮企业来说,制订第一年的经营预算,既是一门艺术,也是一门科学。因为企业是新建立的,因此没有任何销售记录可以作为预算的依据。这就意味着,一个人如果要预测未来顾客的数量和可能发生的开支金额,就应该具有餐馆经验或者至少应该完全了解什么样的收入和成本目标是可行的。企业运行了一年或一年以上并且建立了经营记录以后,预算工作就会变得容易一些。

由于食品是餐馆销售中的一项主要的、实质性的项目,因此与菜单策划和食品采购相关的程序及通过储存、制作和服务对食品进行加工的程序都是餐馆控制系统的重要组成部分。对劳动成本的控制也同样重要。售出食品的成本加上工资成本及员工福利（例如带薪休假、病假、员工就餐补贴及奖金）是最大的经营成本。这些项目统称为**主要成本**，约占销售额的60%。虽然所有开支都必须予以控制，但是餐馆管理部门主要关心的是对主要成本的控制。

图5-3 收入报表样本

## 圣·朱利安餐馆收入报表
### （20××年1月31日截止）

| 销售总额 | 数额（美元） | 百分比* |
|---|---|---|
| 食品 | 577,823 | 77.9 |
| 饮料 | 163,927 | 22.1 |
| 合计 | 741,750 | 100.0 |
| **销售成本** | | |
| 食品 | 235,174 | 40.7 |
| 饮料 | 45,736 | 27.9 |
| 合计 | 280,910 | 37.9 |
| **毛利润** | | |
| 食品 | 342,649 | 59.3 |
| 饮料 | 118,191 | 72.1 |
| 合计 | 460,840 | 62.1 |
| 其他收入 | 8,250 | 1.1 |
| 总收入 | 469,090 | 63.2 |
| **经营费用** | | |
| 工资 | 196,563 | 26.5 |
| 员工福利 | 35,604 | 4.8 |
| 直接经营费用 | 51,923 | 7.0 |
| 音乐与娱乐 | 6,676 | 0.9 |
| 营销 | 17,802 | 2.4 |
| 公用事业费 | 18,544 | 2.5 |
| 行政与综合性开支 | 40,055 | 5.4 |
| 维修与保养 | 12,610 | 1.7 |
| 合计 | 379,777 | 51.2 |
| 房屋占用成本、利息、折旧和所得税前收入 | 89,313 | 12.0 |
| 房屋占用成本 | 29,670 | 4.0 |
| 利息、折旧和所得税前收入 | 59,643 | 8.0 |

\* 指占总销售额的百分比。销售成本和总利润除外，表示占各自销售额的百分比。

我们将在下面讨论控制食品、人工和饮料成本的策略。

**控制食品成本**　　**食品成本**指生产菜单项目所用食品的成本。为了控制食品成本，大多数餐馆都使用一种"控制点系统"，将控制点连接在一个与图5-4相似的周期循环体中。在食品成本控制周期中的任何一点发生的问题，都能削弱餐馆对食品成本的控制。让我们详细了解一下这个周期中的每一个控制点。

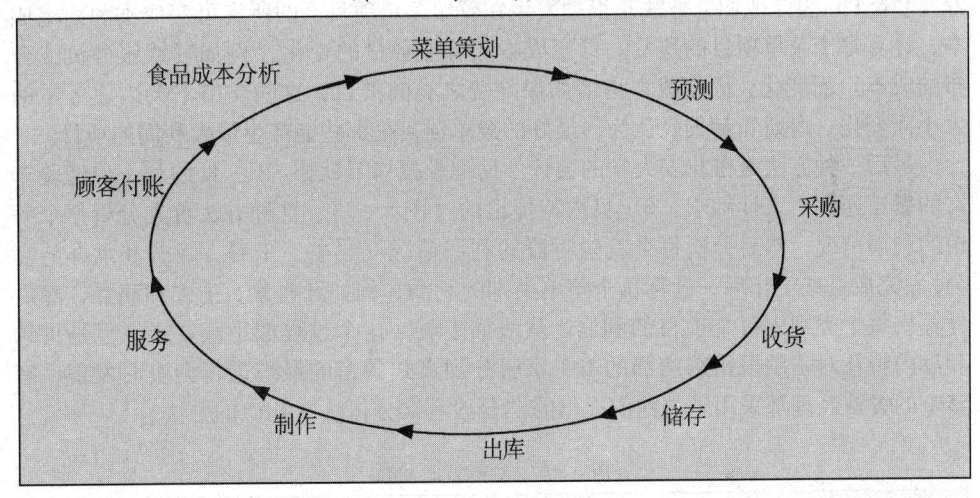

图 5-4　食品成本控制周期

[图：食品成本控制周期循环图，包含以下控制点：菜单策划、预测、采购、收货、储存、出库、制作、服务、顾客付账、食品成本分析]

**菜单策划**　　餐馆开业后，需要不断地进行市场研究，以便及时更新现有菜单或者开发新菜单。这种研究包括定期对出售的菜单项目进行分析。计算机化的销售点系统使这种分析变得很简单。菜单项目的销售情况可以按供餐时间进行跟踪，如果需要，也可以按小时进行跟踪。这些信息有助于菜单策划人员开发顾客喜欢的菜单。（对菜单项目的选择并不是没有限制的，菜单策划人员必须考虑其餐馆的概念、设备情况、人员情况和预算情况）。通过这种研究，菜单策划人员可以除掉那些销路不好的菜单项目，用更受顾客欢迎的菜单项目取代。

为了达到既令顾客满意，又能赚钱的双重目的，餐馆管理人员使用了菜单分析方法。下面的讨论并不是让你详细了解菜单分析，其目的是向你介绍菜单分析，让你了解业界使用的一些方法。

分析菜单可以采用多种方法。最初使用的第一种方法是由杰克·米勒提出的"成本百分比"法。这种方法认为，最好的菜单项目（优胜者）是那些成本所占的百分比最低并且最受欢迎的项目。[5]第二种方法是由波士顿咨询集团公司的迈克尔·卡萨瓦纳和唐纳德·史密斯两个人提出的，这种方法将所有的菜单项目都归入一个分成4个部分的表中，这4个部分分别为：**明星菜**、**耕马菜**、**难题菜**和**狗菜**。根据这个方法，最好的菜单项目（明星菜）是产生最高**贡献毛利**（菜单项目的售价减去制作这个菜单项目所需食品的成本）和销售量最大的项目。第三种方法是戴维·帕维塞克提出的，帕维塞克认为，最好的菜单项目，即**优质菜**，应该食品成本低但贡献毛利高，他根据销售量进行衡量。[6] 上述这些方法都是根据平均值来确定优胜者和失败者的。

戴维·海斯和林恩·赫夫曼提出了第四种方法，为每个菜单项目都制作一份盈亏（P&L）表。他们的方法是根据发生在餐馆菜单项目上的所有可变成本和固定成本，计算每个菜单项目的盈亏。可变成本随着业务量的变化（例如餐饮服务员或台布的成本）而变化。固定成本指诸如保险费之类的项目，这些支出不会因业务量的大小而变化。海斯和赫夫曼认为，最好的菜单项目是那些能产生最大利润的项目。

最后一种方法是密执安大学的会计学助理教授穆罕默德·E·贝约和一位经验丰富的餐馆连锁店审计师李·B·贝内特提出的（图5-5）。这种方法首先分析整个餐馆的利润情况，然后分析每个就餐时段的利润情况（早餐、午餐、晚餐和承办的宴会）。完成这些工作后，计算每个菜单类别的利润，例如开胃菜、主菜和甜点，然后计算出每个类别中每个项目的利润。从表面上看，这个过程似乎很复杂，但是贝约和贝内特在对密歇根州东南部的103家服务到桌式餐馆的经理进行调查时发现，有55%的餐馆经理都采用了与他们提出的"分段利润分析法"相似的方法。[7]

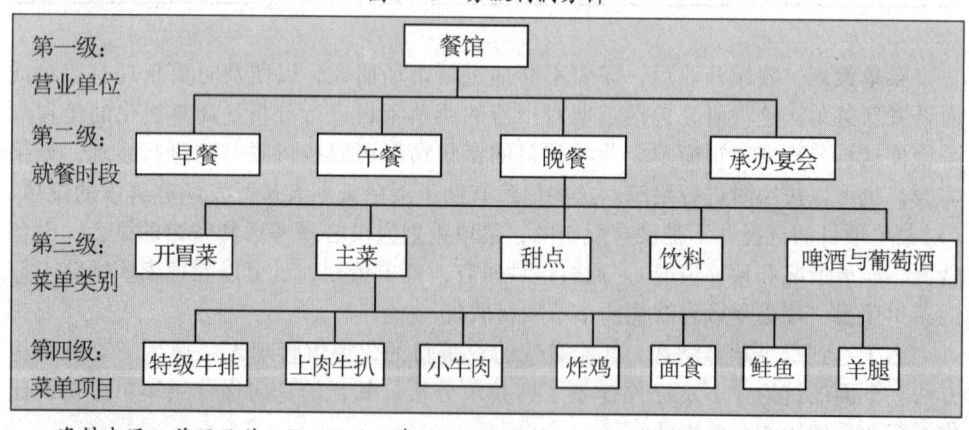

图5-5 分级利润分析

| 第一级：营业单位 | 餐馆 |
| --- | --- |
| 第二级：就餐时段 | 早餐　午餐　晚餐　承办宴会 |
| 第三级：菜单类别 | 开胃菜　主菜　甜点　饮料　啤酒与葡萄酒 |
| 第四级：菜单项目 | 特级牛排　上肉牛扒　小牛肉　炸鸡　面食　鲑鱼　羊腿 |

资料来源：穆罕默德·E·贝约、李·B·贝内特："服务到桌餐馆的利润分析"，《康奈尔季刊》，1992年4月，第53页。

史蒂芬·米勒教授指出："个人电脑的普及和低成本、使用方便的软件的使用意味着，实际上任何组织在任何时候都可以以很小的代价或者不花任何代价迅速而简单地对菜单进行分析。"[8] 米勒将自己的这种方法称为"简化菜单成本分析电子表格"。在米勒的系统中，首先建立一个电子表格，并将所有配料及其成本填入表格，然后计算出这些菜单项目和附加菜的成本及销售价格和**毛利润**。图5-6是米勒的电子表格的部分实例。

图5-6 菜单成本分析电子表格实例

| E | F | G | H | I | J | K |
|---|---|---|---|---|---|---|
| 菜单项目 | 主菜成本 | 附加菜成本 | 总成本 | 销售价格 | 食品成本(%) | 毛利润 |
| 牛肉串 | $2.82 | $1.25 | $4.07 | $8.75 | 46.51 | $4.68 |
| 基辅鸡肉卷 | $2.07 | $1.25 | $3.32 | $8.50 | 39.06 | $5.18 |
| 牛排块 | $0.93 | $1.25 | $2.18 | $7.95 | 27.42 | $5.77 |
| 多尔曼牛排 | $5.46 | $1.25 | $6.71 | $9.95 | 67.44 | $3.24 |
| 菲力牛排 | $4.43 | $1.25 | $5.68 | $15.95 | 34.61 | $10.27 |
| 炸虾 | $3.62 | $1.25 | $4.87 | $9.95 | 48.94 | $5.08 |
| 羊排 | $3.15 | $1.25 | $4.40 | $12.95 | 33.98 | $8.55 |
| 猪肝与咸肉 | $1.49 | $1.25 | $2.74 | $7.50 | 36.53 | $4.76 |
| 伦敦烤肉 | $1.80 | $1.25 | $3.05 | $8.95 | 34.08 | $5.90 |
| 河鲈 | $1.84 | $1.25 | $3.09 | $8.95 | 34.53 | $5.86 |
| 猪排 | $1.49 | $1.25 | $2.74 | $8.50 | 32.24 | $5.76 |
| 特级牛排 | $6.50 | $1.25 | $7.75 | $14.95 | 51.84 | $7.20 |
| 扇贝 | $4.22 | $1.25 | $5.47 | $11.95 | 45.77 | $6.48 |
| 小鳕鱼 | $2.11 | $1.25 | $3.36 | $8.95 | 37.54 | $5.59 |
| 海鲜串 | $3.27 | $1.25 | $4.52 | $9.95 | 45.43 | $5.43 |
| 铁板海鲜 | $3.99 | $1.25 | $5.24 | $15.50 | 33.81 | $10.26 |
| 蟹肉 | $4.20 | $1.25 | $5.45 | $10.95 | 49.77 | $5.50 |
| 通脊肉 | $4.99 | $1.25 | $6.24 | $14.95 | 41.74 | $8.71 |
| 箭鱼 | $4.94 | $1.25 | $6.19 | $12.95 | 47.80 | $6.76 |
| 火鸡 | $1.59 | $1.25 | $2.84 | $8.25 | 34.42 | $5.41 |
| 白鱼 | $2.73 | $1.25 | $3.98 | $12.95 | $30.73 | $8.97 |

资料来源：史蒂芬·G·米勒，"简化菜单成本分析电子表格"，《康奈尔季刊》，1992年6月，第87页。

**预测** 餐馆确定了菜单、经营了一段时间并建立了销售模式之后，管理部门应该按就餐时段和菜单项目预测总体营业状况，以确定采购需要和生产计划。精确的预报可以降低食品成本，避免将食品买来后放在库房中还没来得及用就放坏了。

**采购** 在所有的餐饮服务单位，采购的目的都是以最好的价格购得恰当的产品，以降低食品的成本。为了达到此目的，必须为餐馆的所有食品项目都制订**采购明细单**，以明细单为依据接受供应商的投标。采购明细单要详细说明待购食品项目的规格（图5-7）。规格可能包括重量（例如3磅鸡肉）或者体积（例如2号罐）；等级（例如，牛肋——美国农业部优级；桃子——特级）；包装情况（例如，结球莴苣——24棵；鸡蛋——30打）。

图5-7 采购明细单格式实例

---

（餐饮单位名称）

1. 产品名称：_____
2. 产品用途：

清楚地标明产品用途（例如，橄榄配料用于饮料，汉堡肉片或烧烤油炸食品用于三明治等）。

3. 产品概况：

提供所需产品的总体质量信息。例如，"结球莴苣：球体呈绿色并坚实，不腐败、没有过多的泥土或破损。外菜叶不得超过10片。每箱装24棵"。

4. 产品的详细规格：

采购者还应该说明其他规格要求，以清楚地确定所需的产品。具体的规格要求实例如下，不同产品的要求可能会有变化：
- 原产地
- 等级
- 密度
- 品种
- 产品尺寸
- 重量
- 类型
- 每份尺寸
- 容器尺寸
- 式样
- 商标名称
- 可食用部分的产出量，整理掉的多余部分

5. 产品的检验程序：

产品到货后或者产品制作或使用完毕后，应该进行检验。例如，应该保持冷藏温度的产品交货时可以用温度计测试其温度。可以抽测切好的肉饼的重量。可以清点每箱24棵莴苣的数量。

6. 特殊的说明与要求：

需要进一步说明质量要求的任何附加信息都可以包括在这个部分中。例如，投标程序、标签与包装要求、特殊的送货和服务要求。

《菜单管理》（*Management by Menu*）一书及其他食品服务业教科书的作者兰戴尔·H·科契切娃认为，大多数食品明细单应该包括如下内容：
- 项目名称；
- 项目的等级、品牌或其他质量信息；
- 包装方式、包装规格及其他特殊要求；
- 价格单位——磅、盒、片或打；
- 保证购买到正确项目的其他要素，例如，牛肉应该陈放的天数、产品的生产地区、所有项目的卫生检查要求。[9]

采购明细单使餐馆采购人员能与供应商进行沟通，详细介绍如何达到餐馆的标准。有经验的经营者能够根据需要和个人的经验制订采购明细单。新手和其他愿意提供帮助的人可以到国家农业图书馆的网站（www.nal.usda.gov），查找《采购资源清单》。

制订出采购明细单之后，下一步的任务是确定每一个项目的购买数量。如上所述，完成此项任务的最佳方法是预测预期的客源数量，并确定他们最喜欢的菜单。确定订货量时，送货计划时间表也是需要考虑的一个因素。送货计划时间表的制订在一定程度上与餐馆与供应商之间的距离相关，因为距离越远，送货成本越高。许多餐馆都订购大量可以储存的产品（例如，不腐坏的产品），因此这类食品需要送货的次数很少。餐馆通常需要每天接收新鲜的鱼和蔬果产品；每周接收两次肉类产品；每周接收一次或每两周接收一次罐头食品和冷冻食品；每季度接收一次或半年接收一次不腐坏的产品，例如，餐巾或袋装糖。餐馆的库存情况也是确定订货量的一个重要因素。使用计算机可以更容易地密切跟踪库存状况，并且可以即时获得各个项目的消耗率。计算机的统计工作完成后，就可以直接在互联网上订购补给品。

**收货** 恰当的收货程序应该要求接收食品的员工清楚地了解餐馆制订的食品采购明细单。收货员通过确认下述内容可以帮助餐馆降低食品成本：
- 交付的产品与订购的产品一致，与供应商装货清单上的数量一致；
- 报价与装货清单上的价格一致；
- 交付的产品的质量和规格与餐馆的采购明细单一致。

此外，收货员还要对装货清单进行初步处理，并将食品送到厨房或者贮藏区。一些经营者愿意使用"**盲目收货**"系统。使用这个系统，供应商交给收货员一份交货清单，但上面没有产品的数量或重量。这就迫使收货员清点收到的产品的数量或者对其称重，并要将结果记录在装货清单上。将来，这些数据将与财务部门收到的供应商的装货清单和餐馆的采购订单进行比较。

收货员必须随机抽查到货的大宗产品的质量和数量。不符合餐馆标准的物品一般都予以退回，并在货票上做记录。符合接收标准的物品则放入仓库，根据需要随时准备使用。

控制收货过程是降低食品成本的最重要环节，因为在这个环节上，不诚实的员工或供应商可能会蒙骗雇主。例如，供应商可能会交付低于订购等级的产品，以期蒙混过关；或者增加包装材料，以增加交付货物的重量。

**储存**  食品储存设施包括干燥贮藏室、冷藏室、冷冻室。理想的食品储藏区应该：
- 有足够的容积；
- 距收货区和食品加工区较近；
- 具备适合的温度和湿度；
- 闲人免进；
- 可以防止寄生虫和昆虫。

此外，还应该认真考虑储藏区内的储放架和物品的摆放问题。显然，最常用的物品应摆放在入口附近。有时，货物要分组存放（例如蔬菜可以归为一组），因此每组内的物品要按字母顺序排列［芦笋、西蓝花、花椰菜、玉米（在英文中，这几种菜的头一个字母分别是 a、b 和 c）等等］。

大多数餐馆都采用标准的**先进先出**（**FIFO**）库存制度。采用这种制度，老产品（那些先入库的产品）存放在前面，以便先用；而新进的货物则存放在它们的后面，供晚些时候使用。恰当的储存方案可以减少腐坏和浪费。

**出库**  将食品从储存区转移到制作区或服务区的正式程序在任何控制系统中都是非常重要的。该程序的目的是跟踪库存的使用情况，确保只有经授权的员工才能从仓库中拿取食品。

有时候，少量的食品越过食品出库系统，直接从收货区送至厨房或餐厅。这就是**直接采购**。大部分的直接采购项目都是当天将要使用的物品，例如新烤制的食品和新鲜鱼类。餐馆计算当天的食品成本要把直接采购的食品和从库房中出库的食品加在一起。

每次接收的大宗库存物品都被送到不同的储存区。然后通过领料系统从储存区发放物品。**领料单**上标明领料人的姓名，领料的种类、数量和每种物品的价格。有时，还要标出使用该物品的区域，例如冷菜厨房或厨房。虽然很多餐馆仍然用手工计算出库食品的成本，但使用计算机系统计算成本是大势所趋。一些经营者按照分类追踪食品的发放情况，例如肉类、鱼类、新鲜蔬果类或者常用品类。用这种方法可以了解餐馆使用某类食品的情况，或者在一类食品中某些项目的使用情况，这样就加强了对食品的控制。

菜单相对不复杂的现代餐馆已经率先采用了计算机发料系统。使用计算机发料系统，就必须使用标准食谱。如果要为一个具体的菜单项目发放食品，计算机可以根据标准食谱确定发放量。计算机发料系统在医院、学校和其他事业机构的食品服务单位中运行得极好，因为这些地方需要提供大量的相同品种的膳食。但是酒店却很少使用这一系统，因为酒店的餐馆有各种不同的概念和菜单。但是随着新软件的出现，这一技术有望得以普及。

**制作** 标准食谱在控制食品成本中起重要的作用。采用标准食谱，经理可精确地计算出制作每个菜单项目的成本。因此，管理者可以将其与实际成本进行比较，并在确定菜单价格时考虑制作该菜单项目的成本。标准食谱对控制劳动成本也很重要，因为使用标准食谱的员工不需要受到很多的培训和监督。

标准食谱在使顾客满意方面也起主要作用。由于使用了标准食谱，经营者可以做到，不管谁在厨房掌勺，都能提供质量和数量一致的食品。采用了标准食谱，餐馆还可以保证回头客每次点同一个菜单项目都能得到相同的产品和相同的分量。

**服务** 如果服务不友善，效率不高，那么，控制周期中的所有努力都是徒劳的，因为大多数顾客都不会再次光顾服务质量低下的餐馆。训练有素的餐饮服务员了解菜单，并有很好的人际关系技能，他们能够帮助克服菜肴制作中的问题。但是，如

服务员对顾客的用餐经历有很大的影响力，当然也影响餐馆的实际收入。（达顿餐馆公司供稿）

果服务员不关心顾客的需求，那么厨师长和其伙伴再努力，也不可能使顾客得到满意的经历。认为不提供桌上服务的餐馆就没有必要重视服务水平的观点是错误的。甚至在自助餐馆的服务线上工作的服务员也可以影响顾客的情绪。

计算机化的销售点（POS）系统帮助服务员下单和记录销售额；这样的系统是餐馆经营控制的主要组成部分。（MICROS Systems 公司供稿）

**顾客付账**　显然，如果不收取顾客的付账款，餐馆是不可能补偿食品成本的。目前还没有通用的支付系统，各个餐馆使用不同的支付系统。下面是几种不同的付账方式：

- 顾客向出纳员付款，出纳员开列食品清单（例如在自助餐馆）。
- 顾客向点菜服务员或出纳员付款，他们在收款机上收款后，向顾客递送食品（例如在快速服务餐馆）。
- 服务员在账单上填写所点的菜品及价格，或者由机器在账单上打印所点的菜品和价格。然后用下述的一种方法结账：（1）顾客向出纳员付款；（2）顾客向服务员付款，服务员将其转交给出纳员；（3）顾客向服务员付款，款项暂时放在服务员手中。

任何现金控制系统的目的都是要确保厨房制作出来的食品完全提供给了顾客，

记录为销售额，并由顾客付款。在餐馆里，服务员接受顾客点菜，并将其写在账单上。账单一式两份，原件交给顾客作为餐后付款的凭证，最终将由收款处存留。复写的副本交给厨房，这样厨师就知道应该烹制什么。计算机化的销售点系统可以帮助服务员更快地履行上述程序，使之少走弯路。服务员在餐厅内就可以将顾客点的菜输入到手持式或台式销售点终端机里。顾客的点菜单可以通过计算机传送到厨房，在厨房的视频监视器屏幕上显示出来，或者在小型工作站的打印机上打印出来。不管是用人工还是用计算机记录账单，餐馆都可以建立控制记录（即计算机数据、账单和账单副本），顾客用餐后这些记录应该一致。

**食品成本分析** **食品成本百分率**是餐饮服务业通用的一种统计方法。这个数字表示在指定时间内（例如6月份）出售给顾客的食品的成本除以同期食品销售额。

要算出**售出食品成本**，就必须减去已经消费但未出售的食品费用，如免费的赠品。计算售出食品成本的依据是期初存货和期末存货及期初存货和期末存货之间的食品采购额，还要减去免费赠送的食品。下面是计算售出食品成本的方法：

| | |
|---|---|
| 期初存货 | $20,000 |
| 加食品采购额 | + 15,000 |
| 合计 | $35,000 |
| 减去期末存货 | − 4,000 |
| 已消费的食品成本 | $31,000 |
| 减去员工餐（$1,500） | |
| 和免费赠送的食品（$500） | − 2,000 |
| 售出食品成本 | $29,000 |

假设该时间段（例如6月份）的食品销售额为100,000美元，那么，计算食品成本百分率的公式是：

$$\frac{\$29,000（售出食品成本）}{\$100,000（食品销售额）} = 0.29 \times 100\% = 29\%$$

在这个例子中，29%反映6月份的实际售出食品成本（用食品销售额的百分比表示）。除非这个百分率与一个目标或者餐馆管理部门确定的一个合理的食品成本比率的范围进行比较，否则它是毫无价值的。

经理如何确定食品成本目标或者合理的食品成本范围呢？他们通常采用以标准食谱为依据的标准成本系统。由于每个标准食谱都是一份制作×份菜单项目的精确配方，因此，可以计算出制作一份菜单项目的准确或者标准成本。继续看这个例子，餐馆经理可以将6月份售出的所有菜单项目的标准成本相加，然后除以6月份菜单项目的总销售额，再乘以100%，得出**标准食品成本百分率**。如果一切正常，标准食

163

成本百分率将与6月份的实际食品成本百分率一致。假设经理估算6月份的标准食品成本为27,000美元,那么,标准食品成本比率的计算公式如下:

$$\frac{\$27,000（标准食品成本）}{\$100,000（食品销售额）} = 0.27 \times 100\% = 27\%$$

在这个例子里,6月份的标准食品成本百分率是27%。6月份的实际食品成本百分率是29%,比标准成本多2个百分点。标准食品成本代表管理部门预期的理想成本,其前提是一切都必须精确地执行计划。因此,实际食品成本百分率几乎总要比标准食品成本百分率高。每个餐馆的管理部门都必须确定其实际食品成本的底线。例如,餐馆可能会确定其实际食品成本可以高于标准食品成本2个百分点。这就是说,如果某一时间段的标准食品成本百分率为22%,那么这一时间段的实际食品成本百分率为24%或低于24%均可以接受。

每一个菜单项目都有一个标准食品成本百分率,当然,一些菜单项目的食品成本百分率会比另一些菜单项目高一些。但是,只根据菜单项目的食品成本百分率来决定是否保留或增加一种新的菜单项目是不明智的。其原因请见下面对两种菜单项目的比较:

|  | 8盎司菲力牛排 | 熏三文鱼 |
| --- | --- | --- |
| 菜单价格 | 24.00美元 | 14.00美元 |
| 标准食品成本百分率 | 52% | 25% |
| 毛利 | 11.52美元 | 10.50美元 |

熏三文鱼的食品成本百分率比较低,这是令人满意的,但是菲力牛排的毛利比较高。很明显,尽管菲力牛排的成本比较高,餐馆还是希望多卖菲力牛排,因为菲力牛排为餐馆多赚了1.02美元的毛利(11.52美元减10.50美元),可以冲抵其他成本,为餐馆增加利润。

**控制劳动成本** 大多数完全服务餐馆的工资和员工福利成本平均约占其销售总额的30%。如果考虑到和其他企业相比,餐馆雇用的初级员工和最低工资员工数量更多,这个比例是很高的。餐饮服务业是劳动力密集型产业,各个层次的优质服务都要求员工要训练有素、高效、多产。快速服务餐馆和自助餐馆由于其服务方式的不同,通常工资成本比较低。例如,快速服务餐馆采用有限菜单和食品生产线。

商业餐馆在控制工资方面遇到一个独特的问题。餐馆的工资额取决于两个因素:(1)员工的工资;(2)完成指定工作所需的时间,即生产率。虽然工资成本逐年上升,但是生产率不是这样。实际上,许多完全服务餐馆今天仍然使用与多年前一样的设备和方法烹制食品和为顾客服务。(即使是采用了新技术的快速服务餐馆,也总是需要一些从事基本工作的员工。)其结果是,餐饮行业的大部分餐馆都采用提高菜单价格的方式来应对工资成本的提高，而不是采用提高员工生产率的方式。因为他们的传统思维认为，如果你面对的是一群低工资并且没有工作经验的员工，那么你是无法提高生产率的。

如果餐馆没有足够的顾客，你也无法提高生产率。如果没有服务对象，即使是最努力的员工也无法提高生产率。即使是最优秀的经理也只能将工资成本调整到一定水平，因为，只要餐馆开门就必须要保持最低数量的员工，即使生意不好也要这样。因此，要使工资成本协调，在一定程度上取决于能否制订出对目标市场具有吸引力的餐馆概念和菜单，还取决于能否制订出持续保持顾客高需求的营销计划。

**控制饮料成本** 近些年来，在美国和其他地方，越来越多的人都认识到了酗酒的危险性，因此各种酒精饮料的消费量急剧下降。然而，葡萄酒、麦芽饮料（啤酒、淡啤酒、黑啤酒）及各种蒸馏酒等主要酒精饮料品种仍然是餐馆的重要收入来源。在中等价位的完全服务餐馆，酒精饮料约占总销售额的29%。因为酒精饮料的加价率很高，所以销售酒精饮料的利润很大。在高级餐馆中，一瓶葡萄酒的加价率为100%是很正常的。大部分饮料都很容易斟倒或勾兑，因此人工和饮料成本只占销售价格的很小部分。

对于餐馆经理而言，与采购食品相比，采购酒精饮料相对简单一些。采购明细单的内容仅限于品牌（例如，达威尔白牌苏格兰威士忌、百威啤酒、罗伯特·蒙大维葡萄酒）、规格（升、品脱、1/5加仑瓶、小桶），如果是葡萄酒，则包括酿造年份。不必进行竞争投标，美国的一些州对酒精饮料实行专卖和控制，制定统一的价格，规定只能到州营的酒类专卖店购买酒精饮料。美国的大部分州都实施酒类经营执照制度。在这些州，餐馆经营者可以从获得州政府颁发的酒类经营执照的私营批发商那里购买酒精饮料。即使在这些州，州法律也通常限制价格战，因此不同批发商之间的价格差别不大。大部分实施酒类经营执照的州每月都公布本州酒类批发商的名单、所售酒精饮料的品种及售价。

收货过程也简单明了。例如，不必进行称重或者检查卫生状况。收货人员只需确认采购单上的内容，如品牌、规格、数量和酿造年份，与所送的物品和装货清单上的内容相符即可。

饮料的存储安全是非常重要的。未经允许，任何人都不得进入饮料存储区。所有项目均应按品牌分类。瓶装葡萄酒应该卧放或瓶口向下存放，以保持软木塞湿润。储存期的温度是非常重要的。例如，红葡萄酒的理想储存温度是65°F（18.3℃），而白葡萄酒则是45°F～50°F（7.2℃～10℃）。

出库通常使用领料单。如果餐馆有多个酒吧，每个酒吧的工作人员均要分别填写各自的领料单。一些餐馆还在酒瓶上加盖餐馆的名称或标志，以防止不道德的酒吧服务员把他们自己的酒带来，将酒出售给顾客，将钱装进自己的腰包。

"那么，您最喜欢什么葡萄酒……一位数还是两位数？"

资料来源：转引自纽约"漫画家与作家辛迪加"，原作者为赖文。

　　大多数餐馆都采用人工或计算机保持饮品的**永续盘存**。永续盘存是一种记录，可以显示任何时间内库房中应该有的项目。永续盘存汇集每天的装货清单和领料中的数据，即加进每天采购的项目，减去每天出库的项目。当然，库存情况应该定期进行实地清点，通常每月进行一次。永续盘存制对采购经理特别有帮助，因为它可以每天、每周、每月定期跟踪库存的使用情况。

　　对单杯饮料销售的控制可以采用一种或多种方式。许多经营者都使用自动系统进行控制，将电子或机械装置安装在酒瓶上，每斟一次酒都做记录。其优点是显而易见的，餐馆经理或者老板可以很轻易地测定出已售出多少酒，收入应该是多少。这种系统可以减少由于酒水的溅出或溢出而带来的损失，也可以防止酒保斟酒不足或者向朋友免费赠酒。这种自动系统的缺点是使酒保无法展示其优美的斟酒技巧。

　　经理可以通过建立"标准酒水备份"来控制酒吧可供饮料的数量。**酒吧标准酒水备份**，是指经理希望在酒吧中保存的每种酒水的数量。其主要依据是预期消费量。标准酒水备份要有一定的余地，这样才可以保证酒保在值班期间每一种酒水都不会缺货，但是余地也不能过大，因为那样会引发偷窃行为。每班结束前，都要把空酒瓶更换掉，这样下一班的酒水存货才能符合酒吧酒水标准备份的要求。

　　饮料控制对所有向顾客出售酒水的餐馆都是至关重要的。产品的一致性和防盗是人们关注的主要问题。只有通过恰当的控制才能解决这些问题，使顾客满意，使餐馆赢利。

## 小结

成功的餐饮服务企业都重视其客人。由于客人的偏爱和口味的不断变化，餐馆的管理团队应该掌握当地和全国的发展趋势，不断研究自己的顾客群体，以保证餐馆的概念和菜单能代表当前的流行口味。

餐馆的环境氛围对其成功也是很重要的。装饰、灯光、室内摆设及其他装饰物都应该是餐馆概念的自然延伸。

成功餐馆的第三个重要因素是菜单。好菜单为顾客提供他们需要的东西；设计的依据是餐馆的员工可以烹制和提供服务的标准食谱；要考虑到设备的限制；还要有多种菜单项目。菜单可以分为固定菜单和周期菜单。菜单还可进一步分为早餐菜单、午餐菜单、晚餐菜单或者特别菜单。应该牢记，菜单是一种基本销售工具，展示菜单时一定要着眼于市场推广。

菜单项目的正确定价也是组织成功的重要因素。菜单价格与成本和投资相关。确定菜单价格时应该考虑的基本问题包括餐馆类型、顾客对价格和价值关系的知觉、竞争对手及预期的利润水平。

采用"餐馆统一会计系统"可以有效地制定预算，因此可以进行科学的财务管理。该系统包括资产负债表和收入报表。成功的餐馆将其成本控制在预算范围之内。主要成本是管理部门需要控制的最重要的成本。主要成本包括食品成本、工资成本及相关的员工福利。

在食品成本控制周期中有许多控制点，食品成本控制周期可以帮助餐馆经理降低食品成本。第一个控制点是菜单策划。正确策划的菜单中几乎没有不受欢迎的菜单项目。这有助于控制食品成本，减少或者不购买不受欢迎的菜单项目使用的食品，这些食品在使用前可能会腐坏，不得不扔掉。准确的预测也有助于降低食品成本，因为可以不采购不必要的食品。如果以最好的价格购买恰当的食品，餐馆的采购人员就可以最大限度地降低食品成本。采购明细单在这方面起着重要的作用。如果供应商在投标时手中有餐馆的采购明细单，他们所投的标就可能会真正地具有可比性，因为他们都是根据相同的标准投标的。如今，餐馆都在互联网上在线采购。

收货程序也能影响食品成本。收到的物品必须经过检验，并且要对照订单进行比较。

要严格控制食品成本，储存和出库也应该予以重视。储存设施必须确保餐馆的库存物品不损坏、不丢失。出库程序使经理可以跟踪库存情况,并计算每天的食品成本。将直接采购的项目和出库的项目加在一起可以计算出每天的食品成本。

标准食谱可以减少食品浪费,还可以降低食品成本和劳动成本。只有采用标准食谱才可能精确地计算出制作各种菜单项目的成本。

服务和现金控制问题包括处理顾客付款的方式。不同的餐馆采用不同的方式,但是,各种现金控制系统的目的都是要确保厨房制作出来的食品完全都提供给了顾客,记录为销售额,并由顾客付款。从计算机化的销售点系统中快速地获得数据报告,使餐馆经营发生了实质性的变化。计算机把餐厅和厨房连在一起,生成顾客的账单、销售报告和库存清单。

食品成本的计算对餐馆的成功和赢利至关重要。一个餐馆某一时期的食品成本百分率的计算方法是这个时期的售出食品成本除以同期的食品销售总额。每个菜单项目都有其食品成本百分率和贡献毛利。尽管食品成本百分率较低的菜单项目通常是令人满意的,因为这样可以得到较高的贡献毛利,但是一些食品成本百分率很高的菜单项目也可以获得很高的贡献毛利。因此,餐馆的经营者在决定是否要减少或者增加菜单项目时,应该同时考虑贡献毛利和食品成本百分率两个因素。

员工工资费用(包括员工福利)在餐饮企业的总销售额中约占30%,但是不同类型的餐饮企业的工资成本的差别很大。

中等价位完全服务餐馆的酒精饮料约占其总销售额的29%,出售酒精饮料有较高的利润。采购饮料并不复杂,因为采购明细单的内容主要限于品牌和规格,不必进行竞争投标。收货过程也简单明了。出库情况通常采用永续盘存制度跟踪,显示饮料库房中应该有的项目。应该定期对照记录到库房中进行实地清点,通常每月进行一次。最后,每个酒吧都要根据预期的酒水消费量制定酒吧标准酒水备份。

## 注释

[1] Kari Albrecht and Ron Zemke, *Service America* (Homewood, Ill.: Dow Jones-Irwin, 1985), p. 49.

[2] Jennifer Ordonez, "Casual Dining Chains Feast on Increasing In Customers", *Wall Street Journal*, July 11, 2000.

[3] www. restaurant. org, National Restaurant Association 2006 Forecast, pp. 21, 23.

[4] *Nation's Restaurant News*, April 11, 2005, and *Nation's Restaurant News*, August 15, 2005.

[5] Mohamed E. Bayou and Lee B. Bennett, "Profitability, Analysis for Table-Service Restaurants", *Cornell Quarterly*, April 1992, p. 50.

[6] Ibid.

[7] Ibid., p. 55.

[8] Stephen G. Miller, "The Simplified Menu-Cost Spreadsheet", *Cornell Quarterly*, June 1992, p. 85.

[9] Lendal H. Kotschevar, *Management by Menu*, 2nd ed. (Chicago: National Institute for the Foodservice Industry/William C. Brown, 1987), p. 261.

## 主要术语

**环境氛围**（ambiance） 餐馆的装饰、灯光、室内摆设及其他因素，这些使人们对餐馆产生一种感觉或者认同的看法。

**酒吧标准酒水备份**（bar par） 根据预期消费量制定的酒吧中每种酒水的存货量。

**盲目收货**（blind receiving） 一种收货系统，供应商交给收货员的交货清单上没有产品的数量和重量，这就迫使收货员清点收到的产品的数量或者对其称重，并记录其结果。以后，这些结果将与供应商的装货清单进行比较。

**贡献毛利**（contribution margin） 食品或饮料项目的售价减去制作这个项目所需原料的成本。

**售出食品成本**（cost of food sold） 出售给客人的食品的成本。

**周期菜单**（cyclical menu） 在一定时间内每天更换菜单，然后重复这个周期。有些周期菜单定期更换，但没有固定的模式，也称为循环菜单。

**直接采购**（direct purchase） 将食品从收货区直接送到厨房或者餐厅，而不送到贮存区。

**狗菜**（dogs） 不受欢迎而且贡献毛利很低的菜单项目。

**先进先出**（first-in, first-out）(FIFO) 一种采用滚动发货方式的贮存食品的方法，库存时间长的食品先出货。

**固定菜单**（fixed menu） 菜单上的项目几个月甚至更长时间不改变，也叫做静态菜单。

**食品成本**（food cost） 生产菜单项目所用食品的成本。

**食品成本百分率**（food cost percentage） 售出食品的成本与食品销售额的比率。计算方法为，指定时间内售出食品的成本除以同期食品的销售额。

**毛利润**（gross profit） 价格减去食品成本。

**永续盘存制**（perpetual inventory system） 一种保持库存量动态平衡的库存跟踪制度，记录全部库存项目的增加和减少情况。

**耕马菜**（plowhorses） 受欢迎但贡献毛利很低的菜单项目。

**主要成本**（prime costs） 所售食品的成本加上员工工资成本（包括员工福利）。这是餐馆的最大成本。

**优质菜**（primes） 食品成本低但贡献毛利高的菜单项目。

**采购明细单**（purchase specifications） 详细说明拟购的具体物品的质量、大小、重量及其他特性。

**难题菜**（puzzles） 不受欢迎但贡献毛利很高的菜单项目。

**领料单**（requisition form） 员工使用的书面申请单，上面注明需要从库房领取的物品的种类、数量和价值。

**特别菜单**（speciality menu） 这种菜单不同于典型的早餐菜单、午餐菜单和晚餐菜单。这种菜单通常是专门为节假日和特殊活动，或者为特殊的团体顾客而设计的，包括儿童餐特别菜单、饮料特别菜单、甜点特别菜单和宴会特别菜单。

**标准食品成本百分率**（standard food cost percentage） 根据标准食谱烹制一个菜单项目时经理所期望的理想食品成本百分率。计算方法为：菜单项目的标准食品成本除以其销售价格再乘以100%。

**标准食谱**（standard recipe） 生产食品或饮料的配方，规定配料、每份配料所需的数量、制作程序、每份制成品的规格和分份的用具、配菜及其他必要的信息。

**明星菜**（stars） 受欢迎并且贡献毛利很高的菜单项目。

## 复习题

1. 餐馆最重要的成功因素是什么？
2. 为什么与客人的偏爱保持一致非常重要？
3. 餐馆的环境氛围如何对餐馆的成功作贡献？
4. 制订菜单时要考虑哪些基本规则？

5. 固定菜单与周期菜单有何不同？
6. 什么是资产负债表？什么是收入报表？
7. 食品成本控制周期由哪些控制点组成？
8. 采购明细单应该包括哪些信息？
9. 什么是食品成本百分率？如何计算？
10. 饮料成本控制与食品成本控制在哪些方面不同？在哪些方面相同？

## 网址

访问以下网址，可以获得更多的信息。谨记：互联网地址可能不事先通知而改变。如果该网址已不存在，可以用搜索引擎查找另外的网址。

**销售点系统（POS）**

Javelin POS
www. racoindustries. com/jviper2. htm

MICROS Systems, Inc.
www. micros. com

**资源**

Foodgalaxy. com
www. foodgalaxy. com

Seabourn Cruise Line
www. seabourn. com

Savvy Diner
www. savvydiner. com

**餐馆公司**

Applebee's Neighborhood Grill & Bar
www. applebees. com

KFC
www. kfc. com

Benihana
www. benihana. com

McDonald's
www. mcdonalds. com

Burger King
www. burgerking. com

Olive Garden
www. olivegarden. com

Chili's Grill & Bar
www. chilis. com

Pizza Hut
www. pizzahut. com

Darden Restaurants
www. darden. com

Red Lobster
www. redlobster. com

Fuddruckers
www. fuddruckers. com

Ruby Tuesday
www. ruby-tuesday. com

里兹—卡尔顿基比斯坎酒店（Ritz-Carlton Key Biscayne）。（厄尼·皮克供稿）

# 6 了解饭店世界

## 概要

饭店：一个充满活力的产业
　　产业趋势

饭店的客人
　　商务散客
　　公司团体客人
　　会议团体客人和协会团体客人
　　休闲旅游者
　　长期居住或迁居的客人
　　航空公司的客人
　　政府和军队旅行者
　　区域性度假客人
　　客人组合

饭店分类
　　位置
　　所有权
　　价格
　　其他饭店类别

开发和计划新饭店
　　选址
　　可行性研究
　　筹措资金

小结

## 学习目的

1. 简要了解充满活力的饭店业及重要的饭店客源市场。

2. 了解城市中心饭店、度假饭店、郊区饭店、公路饭店和机场饭店的概况，包括服务及设施情况，总结这些饭店的发展史。

3. 了解饭店的各种所有权方式和经营方式，区分连锁饭店与独立饭店，了解饭店如何根据价格分类。

4. 了解下列各类饭店：全套房饭店、会议中心、分时度假饭店、共管饭店及老年人居所。

5. 简要了解开发和计划新饭店的步骤：选址、可行性研究和筹措资金。

173

当今饭店业　　HOSPITALITY TODAY An Introduction

本章将审视充满活力的饭店业。我们将讨论饭店客人的类型及客人光顾的各种类型的饭店。你将会了解到饭店的品牌概念及连锁饭店和独立饭店的不同。我们还将讨论一些主要饭店,使你熟悉那些最成功的饭店公司的经营哲学。最后一部分将讨论新饭店的开发与规划。这部分包括可行性研究的用途及结构。

## 饭店：一个充满活力的产业

饭店业正在发生许多变化。国家、地区和城市经济的兴衰对饭店的需求产生影响。每年都有一些公司和饭店改变所有权,都有一些新公司和新品牌进入市场。现在十分流行的品牌,10年后可能就不复存在了。例如,香港的万丽酒店集团(Renaissance Hotels)从瑞士雀巢公司手中收购了斯托弗饭店集团(Stouffer Hotels)(原来属于一家美国公司),将所有的斯托弗饭店都变成了万丽酒店。万丽酒店又被万豪国际集团(Marriott International)收购在旗下。斯托弗饭店的名字从此销声匿迹了。

如你所知,饭店业是一个全球性的产业。总部设在伦敦的洲际酒店集团(Inter-Continental Hotels Group)在100个国家和地区开设了酒店。法国的雅高公司(Accor)在92个国家设有酒店。万豪国际集团在67个国家开设了酒店。美国的喜达屋酒店及度假村集团(Starwood Hotels & Resorts)在95个国家设有分店。[1]

### 产业趋势

20世纪60年代,新地区的开发加速了美国饭店业的发展。在此之前,饭店主要建在城市中心和度假地。随着商业和工业从城市中心向农村、郊区和飞机场地区转移,希尔顿、喜来登和万豪等酒店公司抓住了机会,在这些新区域开发它们的品牌。

20世纪70年代,已经建立的和正在兴建中的酒店集团之间的激烈竞争促进了酒店集团创建特色产品的需要。一些饭店采用了独特的建筑和装饰,例如,凯悦酒店的中庭就变成了其凯悦品牌(Regency)的标志。一些饭店公司采用独特的装饰主

174

题：里兹—卡尔顿饭店采用传统风格的装饰，凯悦酒店则采用现代风格的装饰。

　　20世纪80年代，顾客是上帝被当做一种经营策略。在大多数饭店中，不论星级如何，均可以在卧室和卫生间中看到各种客人用品，例如特制的香皂、针线包、漱口剂、洗发露及多种其他个人用品。当然，价格高的饭店提供的用品最精致。有些高级和豪华饭店专门辟出一个或多个楼层作为"俱乐部"区。这里的房价比较高，但俱乐部的客人可以享受到多种特殊服务，包括设置俱乐部专用的入住登记和离店结账柜台；免费早餐、下午茶、晚会鸡尾酒；俱乐部的私用休息室向客人提供就寝前小吃。许多饭店都设置健身房，甚至完整的温泉设施，以满足旅游者不断增长的健身需要。面向商务旅客的饭店增设了商务中心，提供文秘和翻译服务，还提供计算机和传真设备。

　　一些饭店辟出一个或者多个楼层作为"俱乐部"区。俱乐部会员客人以较高的房费可以得到特殊服务，包括专门的入住和结账柜台与在俱乐部的专用大厅里提供免费的早餐、下午茶、晚间鸡尾酒和就寝前点心。(喜来登多伦多盖特威酒店；喜达屋酒店和度假村国际集团供稿)

20世纪90年代初，人们把优质服务的概念作为评价饭店的一个因素。许多饭店公司都实施质量保证计划，并且在广告上宣传它们的服务质量。里兹—卡尔顿饭店公司在饭店界首次获得马尔科姆·鲍德里奇国家质量奖的殊荣。

从20世纪90年代开始，饭店业重视革新和实施新的经营策略。为了增加市场份额，市场细分成为许多饭店集团的一个重要的策略。事实上，这并不是一个新概念。希尔顿和喜来登集团早在30年前就已经将其酒店分为"饭店"（hotel）和"客栈"（inn）两部分。"饭店"建在城市，而"客栈"则建在郊区、飞机场附近和公路旁。但是到了20世纪90年代，这种细分已经不再依据位置的选择，而是依据市场。1992年至1996年期间，有25个饭店新品牌宣布诞生。这些品牌中有些是原有饭店集团的分部，例如HFS公司的温盖特客栈（Wingate Inns）和万豪国际集团的城镇套房饭店（TownePlace Suites）。

20世纪末和21世纪初，饭店之间的兼并、收购及合资改变了国内外住宿业的竞争环境。下面列举了饭店业内的一些著名的收购交易。

- 黑石集团（The Blackstone Group）是一家私有的投资和咨询公司，花32.4亿美元购买了万哈姆国际集团（Wyndam International）及其不动产的股权，然后将万哈姆国际集团的14个顶级度假酒店和其自己的7处房产转变为LXR豪华度假酒店集团（LXR Luxury Resorts）的一个新分部。
- 黑石集团将万哈姆的品牌、连锁系统和万哈姆酒店的29份管理合约出售给了圣腾集团（Cendant），而圣达特集团将万哈姆酒店和度假村集团拆分为一个公共公司。
- 希尔顿酒店集团公司（Hilton Hotels Corporation）收购了英国希尔顿集团（Hilton Group plc, Hilton International）的酒店资产，这是自从希尔顿的创始人康拉德·希尔顿在40多年前出售了希尔顿的国际部后，这两个公司首次合并。希尔顿酒店集团公司现在是世界第四大连锁酒店集团，在93个国家拥有2,800多家酒店。

收购不是唯一的发展手段。饭店公司也可以通过合伙和联盟的方式扩大。例如，拥有丽笙饭店公司（Radisson Hotels）的卡尔森国际饭店集团（Carlson Hospitality Worldwide）与加拿大的四季饭店与度假村集团（Four Seasons Hotels and Resorts）结成联盟。合作协议授权卡尔森国际饭店集团使用四季饭店的名称，并可以开发新饭店，而四季饭店则可以继续管理现有的饭店和新建的饭店。

# 饭店的客人

饭店的商机在于吸引客人。构成饭店业市场最重要的市场细分如下：

- 商务散客；
- 公司团体客人；
- 会议团体客人和协会团体客人；
- 休闲旅游者；
- 长期居住或迁居的客人；
- 航空公司的客人；
- 政府和军队旅行者；
- 区域性度假客人。[2]

下面我们将逐一分析各类客源市场。

**商务散客**　因商业目的而旅行的饭店个体客人是**商务散客**。他们不属于任何团体。他们通常停留一个或者两个晚上。作为饭店业的常客，商务散客每年通常要入住饭店3~7次。影响他们选择饭店的6个主要因素为：

1. 饭店的位置；
2. 过去入住饭店的经历；
3. 价格/价值；
4. 过去入住饭店连锁店的经历；
5. 饭店的知名度；
6. 客房价格。[3]

29%的商务旅行者通过旅行社预订酒店和飞机票，59%的商务旅行者使用互联网或者在线服务，例如，Travelocity或者Expedia。商务旅行者使用互联网预订酒店的比例不断增加。他们首先选择在线旅行社，其次选择连锁酒店的网站，最后选择某个酒店的网站。[4]

商务旅行者希望能够住在安全的酒店，房间干净，而且服务友善、效率高。他们需要的现场服务包括精选的餐厅、24小时送餐服务和酒廊服务。他们也利用水疗设施和行政楼层。商务旅行者对饭店应该提供什么设施才能够帮助他们在旅行中完成自己的工作有明确的要求。客房中的无线上网连接是他们的第一需要，然后是高速互联网接口、计算机数据接口以及其他商务服务，例如，打印、复印和传真。[5]

商务旅行者关心是否受到尊敬和特殊待遇。事实证明，常客住宿计划对吸引商务客人是非常有效的，例如希尔顿酒店集团的"希尔顿荣誉客会"（Hilton Honors）和喜达屋饭店集团的"喜达屋顾客优先计划"（Starwood Preferred Guest）。商务散客通常是航空公司常客计划的会员，他们可能会选择光顾与航空公司常客计划联盟的饭店（和汽车租赁公司）。

177

商务旅行者通常希望房间内有办公桌、舒适的椅子、桌上电话、充足的照明和互联网接口。（万哈姆供稿）

**公司团体客人** **公司团体客人**纯粹为商务目的旅行。与商务散客不同，他们通常是在所住的饭店或者到附近的另一个会议设施参加小型会议。他们的房间通常都是由其公司或者委托旅行社预订的。这些客人通常停留2~4天。公司的高级管理人员通常被安排在单人房间，而中下层管理人员通常两人合住一个房间。

公司团体客人都希望饭店能提供私密会议室和专用就餐设施。一些符合这些要求的会议中心都建在交通便利的主要城市的郊区和飞机场附近。因为这样可以远离大都市的喧嚣，使与会者不但在会上有机会交流，而且在会下也可以彼此沟通。

公司团体客人通常希望酒店有私密的会议室和就餐设施。（温哥华费尔蒙湖滨酒店；费尔蒙酒店和度假村集团供稿）

**会议团体客人和协会团体客人** 通常，区分**会议团体客人和协会团体客人**和其他公司团体客人的标准是看其规模。参加会议或协会的人员可能会达到数千人。例如，美国口腔矫正医学会年会通常吸引 20,000 名代表参加，而一年一度在芝加哥举行的"（美国）全国餐馆展览会"大约吸引 9 万名参观者。会议设施有限的小规模饭店常常在淡季用极低的价格竞争这类团体业务。与会代表通常合住房间，逗留 3~4 天。大型会议团体通常提前几年选择会议地点，因此饭店的销售努力也经常被拖得很长，可能还会涉及与航空公司和当地"会展与旅游局"的合作。

**休闲旅游者** **休闲旅游者**通常和家人一起进行观光旅行或者探望亲朋好友。除非在度假饭店，否则他们在同一家饭店只住一个晚上。夫妇和他们的一个或多个子女可能共住一个房间。由于休闲旅游者通常在旺季出行，因此，除非他们是"美国汽车协会"或者"美国退休者协会"等组织的会员，这些组织与很多饭店有优惠折扣协议，否则他们通常要付很高的房价。

休闲旅游者通常在旅游旺季全家一起出行。(佛罗里达奥兰多喜来登比尤纳维斯塔湖野生动物酒店;喜达屋酒店和度假村国际集团供稿)

**长期居住或迁居的客人** **长期居住或迁居的客人**主要指那些迁居到一个地区的个人或家庭,他们在找到固定住处之前需要住宿。他们通常是公司、政府或军队人员。他们需要有限的厨房用具,还需要比普通饭店房间大一些的居住空间。大使套房酒店(Embassy Suites)和万豪集团旗下的住宅旅馆(Residence Inns)等全套房和常住型饭店都是专门为这类长期居住的客人设计的产品。住宅旅馆一个单元的面积大约是普通饭店房间面积的2倍,主要包括起居空间、一个卧室、加大的衣橱和一个小厨房。

**航空公司的客人** 航空公司通常与饭店协商以优惠价格为其机组人员和那些因为不可预见的因素(例如冬天的暴风雪)而滞留机场的旅客提供住宿。为**航空公司的客人**提供的房间通常以最低价格成批预订。

**政府和军队旅行者** **政府和军队旅行者**每天领取固定的补贴,这意味着不管他们支付多少房费,他们只能得到固定的住宿补贴。因此,这类客人通常只住在那些与所在单位有价格协议的饭店或者价格非常低廉的饭店。

**区域性度假客人** **区域性度假客人**对那些通常在每星期的平日接待商务或会议团体客人的饭店非常重要。这类饭店推销专门的周末包价计划,引诱附近的居民把孩子留在家里，星期五和星期六晚上住在饭店里，过一两天"寻欢作乐的生活"。饭店也提供家庭包价计划。其房价的折扣相当大，通常还包括若干免费餐和康乐活动。

**客人组合** 客人组合指在饭店中住宿的各种各样客人的组合。例如，饭店的客人组合可能由60%的商务散客、20%的会议客人和20%的休闲旅游者组成。成功的饭店都认真接待客人组合。

绝大多数饭店，不管其建在哪里，也不管其价格结构如何，都力图占领各种市场。饭店客人组合的多少取决于其位置、规模、设施和经营理念。为了填满会议团体客人没预订的客房，面向会议客人的饭店寻找愿意支付不打折扣房价的商务散客和度假旅游者。在任何一个时间，一些饭店，例如位于曼哈顿的拥有2,000间客房的纽约希尔顿饭店，都会同时接待多个群体的客人：商务散客、度假家庭、航空公司机组人员和政府雇员。通过客源市场的多样化，饭店都希望最大限度地降低季节性、经济衰退和市场动力的改变带来的影响。

然而，这种策略也有潜在的危险。有时不同类型的客人并不能很好地组合在一起。例如，在清晨，支付了最高房价的总经理们可能会很恼怒地发现，一个嘈杂的旅游团挡住了他们前往咖啡厅的路。一些豪华型饭店都非常小心地控制其客人组合。只允许在周末接待团队客人，甚至还为团队客人设置了专门的入住登记柜台和就餐设施，以保证这些团队客人不会干扰到饭店的常规客人。

# 饭店分类

了解饭店的分类方法很重要。饭店可以按以下因素分类：位置、所有权、价格及其他因素（例如服务、客房形式或客人情况）。

## 位置

许多饭店出版物和咨询公司都根据位置对饭店进行分类。一些最常见的饭店位置类别如下：
- 城市中心；
- 度假区；
- 郊区；
- 公路；
- 飞机场。

**城市中心** 20世纪30年代的经济大萧条之后，作为富兰克林·罗斯福总统"新政"计划的一部分，美国进行了大规模的重建和建设工作。这项计划的结果之一是，到美国参加第二次世界大战的 1941 年为止，大多数城市都至少在市中心修建了一座饭店，创造了就业机会，刺激了经济的发展。纽约、芝加哥和洛杉矶这样的主要城市都在市中心修建了很多饭店，其中的一些是国际著名的饭店。这些饭店通常建在火车站附近，因为那时的火车站都位于或者邻近城市中心的商业区。这是模仿 19 世纪末世界其他主要城市的模式。建于 1889 年的著名伦敦索威饭店（Savoy Hotel）和法兰克福的公园饭店（Park Hotel）是这种趋势的早期代表。在纽约市，肯蒙得饭店（Commodore）（原址现在是凯悦大饭店）就建在中央车站上面。在圣路易斯，海德宾馆（Head House）（现在是凯悦王朝饭店）就曾是联合车站的一部分。在城市中，人们还愿意在行政中心和金融区附近建饭店，例如市政厅和法院附近及商业中心或股票交易所附近。到 20 世纪 40 年代，实际上全国所有的重要业务都发生在这些城市中心区附近。

第二次世界大战后，世界的面貌开始发生变化。在美国，汽车和飞机取代了火车成为人们喜欢的交通工具。汽车和高质量的公路系统使郊区有了发展的可能。不久，郊区开始吸引办公园地、购物中心、飞机场和其他企业。在美国的很多地区，城市中心区开始衰落。但是欧洲的情况并非如此，火车在这里仍然是很受欢迎的交通工具。其结果是，在很多主要欧洲国家的首都，城市中心区仍然很繁荣。

大多数美国人并不准备让他们的城市消亡。20 世纪 60 年代中期，出现了恢复和重建城市中心区的趋势（这种趋势直到今天还在继续）。这些活动包括修建新饭店和整修老饭店。1969 年，波士顿的帕克饭店进行了全面的整修翻新，现在由欧姆尼酒店集团（Omni Hotels）经营。在西雅图，四季饭店公司从威斯汀饭店公司（Westin）手中购买了具有历史意义的奥林匹克饭店。（现为费尔蒙酒店）华盛顿特区的威拉德饭店（Willard Hotel）曾经是外国的高官显贵、数位当选总统及 19 世纪的一些贵族人士的首选饭店，这个饭店于 1986 年更名为洲际酒店（Inter-Continental Hotels）重新开张。整修的投资达 1.13 亿美元。拥有 3,000 间客房的芝加哥康拉德希尔顿饭店始建于 1927 年，于 1984 年停业。投资 1.8 亿美元进行整修翻新后，于 1988 年以芝加哥希尔顿饭店的名字重新开张。纽约市中央车站附近的罗斯福饭店（以西奥多·罗斯福总统的名字命名）于 1924 年首次营业，于 1997 年重新翻修。

今天的大多数商业区饭店或者**城市中心饭店**都是近 40 年修建的。在这些饭店附近建有一些摩天大厦，例如芝加哥的约翰·汉考克大厦（John Hancock Building）和西雅图的哥伦比亚中心（Columbia Center）。这些大厦使得一些大公司的总部设在城里，同时也吸引着新的企业。如你所料，它们附近的饭店吸引着大多数商务旅行者。大多数住在城市中心饭店的客人都是商务散客或者会议客人。通常，城市中心饭店的平均房价在非度假饭店中是最高的。和其他类型的饭店相比较，城市中心饭店的开发和运营成本也比较高，因为房产、建筑和城市工资的成本都很高。

当代大多数城市中心饭店都是完全服务饭店,由饭店连锁集团经营或者管理。除了客房以外,城市中心饭店可能还设有咖啡厅和其他餐厅,至少一个酒吧或者鸡尾酒厅、送餐服务、洗熨服务、商务中心、书报亭和礼品店以及健康俱乐部。

由于光顾这些饭店的商务客人抵达和离店的时间不固定,延长送餐服务的时间是非常必要的。曼谷东方饭店送餐服务的菜单上标明,如果客人认为菜单上没有自己满意的膳食,厨房愿意随时为客人烹制所要求的菜肴!

---

**美国政府对住宿业如何分类**

美国、加拿大及墨西哥政府都有其各自的饭店和住宿业分类方法。政府分类的依据是"北美行业分类系统"(North America Industry Classification System, NAICS)。其中第721条规定"住宿业"指为旅行者、度假者及其他人员提供住宿或者短期住宿的行业。该条款将住宿业分为3个部分:(1)旅客住宿;(2)康乐住宿;(3)膳宿旅馆。

---

许多老的城市中心饭店没有停车设施,因此必须提供代客泊车服务,替客人将汽车停到店外的其他停车场。因此泊车费很高。一些饭店与附近的独立停车场签订优惠价格协议,这样就可以降低泊车费用。

**度假区** 度假饭店通常建在适于度假的旅游目的地,因为这里的气候、景色、康乐吸引物或历史遗迹等原因。山岳和海岸是人们喜爱的度假地点。度假饭店还通常有精心设计的人造景观,例如散步的小径、花园以及高尔夫球场、网球场等大型体育设施。

罗马人最早修建了以康乐为目的的饭店,这类饭店通常建在温泉附近。一些著名的温泉可以追溯到罗马帝国时期,这些温泉现在仍然可以在德国的巴登-巴登、英国的巴斯和其他国家看到,但是它们早已经现代化了。在美国,早期的度假地都与交通系统相连,例如公路、河流和铁路。1789年,美国出现了第一个度假区广告,宣传宾夕法尼亚的格雷渡口,取得了很好的效果。客人可以得到垂钓器具,并可以免费享受每周的音乐会。度假区与附近城市之间的交通工具是"非常漂亮的贵宾马车,由两匹好马牵引并安装了钢簧"。[6]

早期的美国度假区也都建在温泉或者矿泉附近。西弗吉尼亚白硫磺泉镇的格林布莱尔度假区、弗吉尼亚温泉村附近的霍姆斯特德度假区(该州拥有1.5万英亩*阿勒格尼山森林)、纽约萨拉托加温泉胜地的许多设施今天仍然是深受欢迎的度假目的地。

---

\* 1英亩等于0.004047平方公里。

19世纪是美国度假饭店的主要发展时期。新罕布什尔州怀特菲尔德的山景饭店（Mountain View House）开业于1865年。圣迭戈附近的科罗纳多饭店（Hotel del Coronado）创建于1888年并开始营业。亨利·弗拉格勒（Henry Flagler）的彭斯·德里昂饭店（Pnce de Leon）也在这一年在佛罗里达州的圣奥古斯丁开业，随后位于棕榈滩的凤凰木饭店（Royal Poinciana）于1893年开业，迈阿密的王棕饭店（Royal Palm）于1896年开业。另一个度假饭店，位于密歇根北部麦基诺岛的格兰大饭店（Grand Hotel）于1887年开业。这个饭店借助该岛对汽车的禁令，至今一直保持着世纪之交时期的原有的气氛。

密歇根麦基诺岛上的格兰大饭店（Grand Hotel）。该饭店创建于1887年，拥有385间客房，所有房间的装潢都是不一样的。1895年马克·吐温曾在这里作过讲演（入场券价格为1美元）。在这个饭店里曾经拍摄过两部电影：吉米·杜兰特（Jimmy Durante）和埃斯特·威廉斯（Esther Williams）主演的《这一次是永久的》（This Time for Keeps）；克里斯托弗·里夫（Christopher Reeve）、简·西摩（Jane Seymour）和克里斯托弗·普卢默（Christopher Plummer）主演的《时光倒流七十年》（Somewhere in Time）。1989年美国内务部将格兰大饭店定为国家历史地标（National Historic Landmark）。

最早的美国度假区仅仅是夏季的避暑地。在冬天，上流社会人士在城里工作，或者听歌剧、进剧院和享受其他夜生活。在炎热的夏季，他们到山区或海边躲避城市的酷暑。加利福尼亚州的度假饭店最先开办冬季度假业务，佛罗里达州的饭店业主紧随其后，他们看到了向北方城市的人们提供避寒手段中蕴涵着的潜在利润。

　　欧洲的度假饭店最初也建在避暑地，后来才成为人们冬季光顾的去处。位于圣莫里茨的皇宫饭店（Palace）是瑞士著名的度假饭店，是乔安尼斯·巴特鲁特于1856年修建的。他的客人只在夏天光顾，但是，有一年他和他的那些富有的英国客人打赌，如果他们愿意冬天来访，如果他们觉得圣莫里茨的冬天不美丽，这里的冬天和伦敦一样寒冷，他将分文不收。结果，他们来了，巴特鲁特赢了。今天的皇宫饭店仍然是圣莫里茨的主要饭店，也仍然是欧洲最豪华的度假饭店之一，吸引着全球各地的皇族和显贵。

　　度假饭店通常位于适合度假的旅游目的地，因为这里的气候、风景、休闲吸引物或者历史遗迹都适合于度假。图中是位于塔希提岛群岛中的莫雷阿岛上的喜来登莫雷阿潟湖度假村和温泉饭店。这个度假村有54幢位于水面的小平房，每幢房都有一个观景台面，客人可以在这里欣赏各种颜色的鱼在脚下游来游去。（喜达屋酒店和度假村国际集团供稿）

　　度假饭店的基本客人可能会随着季节的变化而变化。例如，冬季是加利福尼亚的棕榈泉的旺季，很多电影明星和其他名人来到这里，这时的房价最高。这里夏季的气温即使是在树荫下也高达100℉（37.78℃）。因此，在夏季，同一个度假饭店向旅行商、会议承办商和散客提供折扣价格，这些散客在冬季可能永远也不会到这里来，因为支付不起高昂的费用。

　　早期的度假饭店没有很多娱乐活动或者康乐设施。主要活动包括餐饮、散步、爬山、骑马、游泳和草地体育活动。这些饭店都有大阳台，上面摆放舒适的椅子，供客人休息、读书或者观赏风景。晚餐开得比较早，很多客人晚上10点之前就回到房间休息。周末可能会有晚餐舞会。当代的度假饭店向客人提供更多的活动项目。例如，在拉斯韦加斯的度假饭店，晚上有明星的表演、通宵开放的赌场、迪斯科、精心设计的健身温泉、2个甚至3个高尔夫球场、网球场、划船项目、手工艺术学习班及儿童活动计划。美食活动是所有度假饭店的重要部分。客人都期望能品尝到美食，但是，除非度假饭店设有高档餐厅，否则客人们是不愿意支付昂贵的房费的。

度假饭店的装潢受当地环境的影响。这个度假饭店位于墨西哥阳光充足的阿卡普尔科。（厄尼·皮克供稿）

　　成功的度假饭店的客房出租率和房价均高于其他类型的饭店。度假饭店也是经营成本最高的饭店。度假饭店每间客房的平均员工人数比较多，因此，其工资成本也高于其他类型的饭店。

在那些具备会议设施的大型度假饭店中，商务客人几乎占住宿客人的一半。在小型度假饭店中，客人组合以休闲旅游者为主，但是团体客人和会议客人仍然是重要的目标市场。因为商务客人创造了巨大的收入，所以很多度假饭店都增加了对商务客人非常重要的服务设施，例如，提供完全服务的商务中心。

**郊区** 随着第二次世界大战后的20年中美国城市的重建，以及美国经济的迅速发展，在城市中心区修建主要办公大楼的活动达到了新的高峰。土地所有者马上意识到，新大楼的租金一定比老大楼高，因此许多城市中心区房地产的价格上涨了2~3倍。

许多不愿在市区支付高昂租金的公司转移到了郊区。郊区土地的价格不高，随着公路系统的改进、郊区住宅的迅速开发和巨型郊区购物中心的建立，向郊区迁移变得切实可行了。例如，IBM公司就把总部从纽约的曼哈顿迁移到了阿蒙克。曼哈顿的许多大型商务大楼的租户都迁移到了康涅狄格、新泽西和纽约州北部地区。

在这些郊区的商务机构附近不可避免地出现了建设新饭店的强烈需求。土地开发商看到了这种需求，并且发现这种需求极具吸引力。与郊区的联排别墅（townhouse）和出租型公寓不同，饭店似乎是一种更有利可图的投资。毕竟，如果你向外出租一套新公寓，你要以固定的价格签订一年或几年的租约，通货膨胀会很轻易地蚀掉你的利润，因为你不能用提高租金的办法来弥补日益增长的成本。但是饭店却不同，你根本不会被固定的房价束缚住。如果你的成本增加了，你可以在24小时之内提高房价。虽然很多土地开发商对经营饭店一窍不通，但是解决方案唾手可得——大型饭店连锁集团出售特许经营权，而饭店管理公司随时可以从对经营饭店不感兴趣的开发商手中接管饭店。

除了在郊区出现了新的商务机构以外，在郊区兴建饭店还有其他一些原因——提供停车场和其他客用设施的新型大饭店建在郊区比建在城市中心成本低。另外，汽车旅馆的发展（当时"汽车旅馆"的名称正在形成）及人们对郊区住宿场所的需求进一步降低了在市区兴建饭店的吸引力。

现在很难区分**郊区饭店**和其他类型的饭店。只能通过位置来区别。尽管这样，郊区饭店还是具有一些共同的特征：

- 在整体上，郊区饭店比城市中心饭店稍小一点。许多郊区饭店都有250~500间客房及有限的宴会设施。
- 郊区饭店主要是连锁饭店，几乎每一个主要连锁饭店公司都经营郊区饭店。
- 郊区饭店的主要收入来自大型或小型商务会议及商务散客。
- 郊区饭店通常提供与城市中心饭店相同的设施。郊区饭店的餐厅在很大程度上依赖当地顾客的光顾，因此，郊区饭店的餐厅经常会提供超值的就餐体验和服务。饭店的洗衣、熨烫和送餐等服务的标准与城市中心饭店相同。

- 许多郊区饭店都设有体育和康体设施，还设有游泳池。
- 郊区饭店经常是当地社区活动的基地，它们经常承办婚礼和女孩成年仪式，每星期还承办扶轮社和基瓦尼斯俱乐部等服务性组织的会议。

**公路** 美国在20世纪20年代和30年代开始发展公路系统时，一些小型**旅游者汽车旅馆**就开始沿着主要公路修建，例如，从缅因州到佛罗里达州的波士顿邮路（美国的1号公路）沿线。最初的旅游者汽车旅馆只是一排木屋，推开房门就到室外。许多旅游者汽车旅馆甚至没有私人卫生间。每个早期的汽车旅馆平均有20间木屋或房间，通常为住在那里的夫妇所拥有，他们负责这里的全部工作。这里不提供食物和其他服务。因为这里的房间有时仅仅出租几个小时，店主并不询问客人有什么需要，因此一些社区的早期公路汽车旅馆的名声很不好。

直到第二次世界大战以后，人们被压抑的对汽车和旅游的需要终于被释放出来，公路汽车旅馆业才真正发展起来。随着州际公路的修建，对旅馆的需要应运而生，家庭和商务人士在旅行途中需要安全和舒适的落脚点。凯蒙斯·威尔逊是最早发现这种需要的人。他的假日饭店连锁集团于1952年在田纳西州的孟菲斯成立。威尔逊的主要革新之一是在其汽车旅馆中增设了餐厅，使旅客不出旅馆就能吃到饭。这种做法大大地提高了旅馆的档次，使得汽车旅馆更像饭店。不久，由旅游者汽车旅馆到汽车旅馆再到汽车饭店的革新完成了。今天的**公路饭店**不但提供与市区饭店和郊区饭店相同的设施，而且独具特色。

大多数的公路饭店都有一块从公路上就可以看到的大招牌，还有一个旅行者入住登记时可以停车的入口。停车场很大，气氛很随便。除了位于公路旁边以外，公路饭店和其他饭店几乎完全一样。

大多数公路饭店都采用特许经营的模式。公路饭店的特点是远离城市中心，因此在管理和质量控制方面会出现问题，但是独立的特许经营企业家可以很好地解决这些问题。

公路饭店每间客房的员工人数低于郊区饭店和城市中心饭店。这是因为公路饭店通常提供的服务比较少。客人在这类饭店停留的时间比在其他类型的饭店短，因而每间客房的销售收入也比较少。和其他类型的饭店一样，公路饭店主要依赖于商务旅行。

**飞机场** 饭店连锁集团很快发现了美国人的另一种日益增长的对饭店空间的需求：飞机场附近的客房。现在大多数的机场饭店都是连锁经营。尽管机场饭店很难吸引周末的客人，因为大多数航空旅行都发生在每周的工作日，但是机场饭店的入住率在住宿业中是最高的。实际上，有时候对机场饭店客房的需求确实是太高了。机场饭店面临的问题是如何迅速满足过高的需求。暴风雪或航空公司员工罢工都会使机场饭店立即爆满，给客务部和餐饮服务带来巨大的压力。

机场饭店，例如，温哥华费尔蒙机场饭店的特点是客房离飞机场很近。这种饭店的入住率在住宿业中是最高的。（费尔蒙酒店和度假村集团供稿）

美国和欧洲的机场饭店已经开始从面向过夜客人向面向商务旅客转变，商务旅客可能计划停留一天以上，并且可能需要会议场所。为什么要转变？因为饭店客人中航空公司旅客的比例较少。主要机场周围建起了很多繁忙的工业园区。位于伦敦、布鲁塞尔和法兰克福机场附近的饭店的大量生意都来自访问附近公司的总经理，很多总经理都是乘汽车来的。

## 所有权

饭店也可以按所有权来分类。饭店有6种所有权和经营方式。饭店可以：
- 独立所有和经营；
- 独立所有，但出租给一个经营者；
- 由一个单独的实体或团体所有，但雇用一个饭店管理公司经营；
- 由饭店连锁集团所有和经营；
- 由一个独立的投资者或团体所有，但由一个饭店连锁集团经营；
- 由个人或团体所有，并按特许经营的模式经营，特许权的所有者可能是个人或者管理公司。

**独立饭店**不属于已建成的任何饭店公司，为个人或团体投资者所有。**管理公司**与饭店的所有者签订经营饭店的合同。管理公司可以投入资金，也可以不投入资金。管理公司的收入来自各种管理费及饭店的收入和利润的分成。**饭店连锁集团**是由饭店组成的集团。

　　**特许经营**指饭店集团授权单独的饭店使用连锁集团的商标、经营系统和预订系统，其回报是得到该饭店一定比例的收入及一些其他费用，例如广告费。**特许经营授权商**是特许经营授权方，例如假日饭店集团便是特许经营授权商。**特许经营加盟商**是被授予特许经营权的一方。特许经营加盟商可以是一家饭店管理公司，例如州际饭店集团（Interstate Hotels）；也可以是个人，这个人申请并获得授权，准许用特许经营授权商的名字开展业务。

　　还有一种系统称为**饭店查询系统**。该系统由独立饭店或者小型连锁公司组成，这些饭店的市场目标相同。最佳西方酒店连锁公司（Best Western）是其中最大的一个。该公司的饭店没有共同的设计或标准的环境氛围，但是在美国的任何一个地方都可以通过一个中央预订电话号码预订该公司的房间。

　　**饭店连锁集团**　饭店连锁集团拥有的客房在世界饭店客房总数中占很大的比例。最大的饭店连锁集团是位于新泽西州帕西帕尼的圣达特公司（图6-1）。这家公司是一个特许经营系统，拥有的品牌包括：华美达（Ramada）、豪生（Howard Johnson）、速8（Super 8）和戴斯酒店（Days Inn）。巴斯酒店集团（Bass Hotels & Resorts）是第二大饭店连锁集团，拥有洲际酒店（Inter-Continental Hotels）、假日饭店（Holiday Inn）和皇冠假日酒店（Crowne Plaza）。法国的雅高饭店连锁集团（Accor）在世界上排名第四，但在欧洲却名列榜首，在世界大多数国家都可以看到其踪迹。

　　过去，世界上大多数豪华型饭店都是独立饭店。人们认为，连锁饭店不可能达到独立饭店的服务水准，因为独立饭店的业主每天都亲自坐镇经营。现在，这种观点已经不正确了。大多数旅行作家都认为，曼谷的东方酒店是全世界最好的饭店。东方酒店属于文华酒店集团，该集团拥有21家饭店（包括香港和旧金山的文华酒店）。万豪国际集团旗下的里兹—卡尔顿饭店公司，在美国和其他国家管理着一个饭店连锁集团。它曾于1992年和1999年两次获得马尔科姆·鲍德里奇国家质量奖。该奖是美国国会设立的质量奖。里兹—卡尔顿饭店公司是唯一获此殊荣的饭店公司。还有位于加拿大安大略省多伦多的四季饭店集团（Four Seasons Hotels and Resorts）也在全世界经营高档饭店，包括伦敦著名的公园旅馆（Inn on the Park）。

　　应该指出，如果不对这些饭店组织进行充分了解，图6-1中的数字可能会使人误解。例如，"饭店"一栏没有标出其中有多少饭店是公司所有，有多少饭店是特许经营，有多少饭店是管理公司管理，有多少饭店是仅仅出于广告促销和建立共用系

图 6-1 2005 年饭店连锁集团 25 强

| 排名 | 公司/总部 | 客房 | 饭店 |
| --- | --- | --- | --- |
| 1 | 洲际酒店集团（Inter-Continental Hotels Group）<br>英国伯克郡温莎 | 537,533 | 3,606 |
| 2 | 万哈姆酒店集团（Wyndham Worldwide）（原圣达特酒店集团，Cendant Hotel Group）<br>美国新泽西州帕西帕尼 | 532,248 | 6,344 |
| 3 | 万豪国际集团（Marriott International）<br>美国华盛顿特区 | 499,165 | 2,741 |
| 4 | 希尔顿饭店公司（Hilton Hotels Corp.）<br>美国加利福尼亚州内贝弗利山 | 485,356 | 2,817 |
| 5 | 精品国际酒店集团（Choice Hotels International）<br>美国马里兰州银泉 | 481,131 | 5,897 |
| 6 | 雅高集团（Accor）<br>法国巴黎 | 475,433 | 4,065 |
| 7 | 最佳西方国际酒店集团（Best Western International）<br>美国亚利桑那州凤凰城 | 315,875 | 4,195 |
| 8 | 喜达屋酒店及度假村国际集团（Starwood Hotels & Resorts）<br>美国纽约州怀特普莱恩斯 | 257,889 | 845 |
| 9 | 卡尔森国际饭店公司（Carlson Hospitality Worldwide）<br>美国明尼苏达州明尼阿波利斯 | 147,129 | 922 |
| 10 | 全球凯悦酒店集团（Global Hyatt Corp.）<br>美国伊利诺伊州芝加哥 | 134,296 | 731 |
| 11 | 途易酒店与度假村集团（TUI AG/TUI Hotels and Resorts）<br>德国汉诺威 | 82,455 | 279 |
| 12 | 梅丽亚集团（Sol Melia SA）<br>西班牙帕尔玛 | 81,282 | 328 |
| 13 | 延时居住酒店集团（Extended Stay Hotels）<br>美国南卡罗来纳州斯帕坦堡 | 74,936 | 672 |
| 14 | 州际酒店与度假村集团（Interstate Hotels & Resorts）<br>美国弗吉尼亚州阿灵顿 | 65,293 | 286 |
| 15 | 卢浮宫名流饭店（Societe du Louvre）（喜达屋资本集团，Starwood Capital Group）<br>法国托尔西 | 55,538 | 819 |

续图

| 排名 | 公司/总部 | 客房 | 饭店 |
| --- | --- | --- | --- |
| 16 | 威斯特蒙德饭店集团（Westmont Hospitality Group）<br>美国得克萨斯州休斯敦 | 50,000 | 360 |
| 17 | 米高梅集团（MGM Mirage）<br>美国内华达州拉斯韦加斯 | 47,921 | 22 |
| 18 | 金色郁金香酒店集团（Golden Tulip Hospitality/THL）<br>荷兰阿默斯福特 | 47,661 | 498 |
| 19 | 群塔集团（La Quinta Corp.）<br>美国得克萨斯州欧文 | 46,739 | 413 |
| 20 | 瑞兹多酒店集团（Rezidor SAS Hospitality）<br>比利时布鲁塞尔 | 45,000 | 263 |
| 21 | 酒店物业信托公司（Hospitality Properties Trust）<br>美国马萨诸塞州牛顿 | 42,376 | 298 |
| 22 | 锦江国际酒店集团（Jin Jiang International Hotels）<br>中国上海 | 41,130 | 199 |
| 23 | 哈拉斯娱乐公司（Harrah's Entertainment）<br>美国内华达州拉斯韦加斯 | 30,247 | 117 |
| 24 | 优势酒店集团（Vantage Hospitality Group）（美洲最佳价值客栈，Americas Best Value Inn）<br>美国加利福尼亚州韦斯特莱克村 | 37,939 | 610 |
| 25 | NH酒店公司（NH Hoteles SA）<br>西班牙马德里 | 37,643 | 258 |

资料来源：摘自"饭店公司300家",《饭店》杂志,2006年7月。上述数字每年更新。最新数据请见网址：www.hotelsmag.com。

统的目的而联合在一起的独立饭店。图6-1中最大的5个饭店连锁集团基本上是特许经营授权商或者管理公司,或者两者兼备。例如,万哈姆和精品旗下的所有饭店都是特许经营饭店。洲际（Inter-Continental）、万豪和希尔顿旗下的饭店既是特许经营,也由公司管理。像万豪这样的公司开发了一个饭店且其收入稳定之后就将其出售,但是仍然对其进行管理。最佳西方国际酒店集团不拥有、不出售特许经营权,也不管理任何酒店。最佳西方酒店集团中各个饭店之间的联合只是共用预订系统和市场营销系统。

**独立饭店** 大多数被归为独立饭店类别的饭店都是独立所有和独立经营,但是这类饭店都加入饭店查询系统或者营销协会。例如全球优选饭店系统（Preferred Hotels & Resorts Worldwide）、世界一流饭店预订系统（The Leading Hotels of the World）驿站和古堡系统（Relais & Chateaux）。佐治亚州海岛的克罗依斯特酒店（Cloister）和佛罗里达州奥兰多的皮博迪酒店（Peabody）都属于"全球优选饭店系统"。巴黎著名的布里斯托尔饭店（Le Bristol Hotel）和迈阿密滩的塞塔饭店（Setai Hotel）是"世界一流饭店预订系统"的成员。"驿站和古堡系统"的饭店包括纽约北部的静湖饭店（Lake Placid Lodge）、耶路撒冷的美国殖民地饭店（American Colony Hotel）、爱尔兰的卡舍尔别墅饭店（Cashel House Hotel）和墨西哥库埃纳瓦卡的拉斯马内塔斯饭店（Las Mananitas）。

皇冠假日酒店（Crowne Plaza）品牌是洲际酒店集团所拥有的众多品牌之一。（佛罗里达奥兰多皇冠假日度假酒店；洲际酒店集团供稿）

有的时候，很难区分独立饭店和实际上由连锁公司管理和拥有的饭店。例如纽约市的皮埃尔饭店（Pierre Hotel），很多人都认为它是一家高级独立饭店，但实际上它属于泰姬饭店集团（Taj Hotels）。

## 价格

另一种**饭店分类**的方法是根据饭店的收费价格。各个饭店连锁集团都创建了一些不同的品牌或饭店名称。它们向顾客提供不同的服务和设施，按不同的价格收费。这是制造企业常用的一种向消费者推销产品的策略。例如，通用汽车公司生产的经济型汽车（雪佛兰、土星）、中等价格汽车（庞蒂克、别克）和豪华型汽车（卡迪拉克）。这种理论认为，不同价格的、不同品牌产品面向不同的消费市场。如果你想把汽车卖给每一个人，你就必须有不同价格的不同品牌的汽车。亨利·福特建立汽车公司的时候，他的目的是只生产一种型号的汽车——黑色的 T 型轿车，并以 500 美元的最低价格出售。直到通用汽车公司证实，如果有一系列不同价格的不同品牌的汽车，则可以销售更多的汽车，福特才决定改变以最低价格出售唯——种汽车的策略。

布罗德莫酒店是一个独立的度假酒店，是"全球优选饭店系统"的成员。自从设立了美孚五星奖和美国汽车协会五星钻石奖以来，布罗德莫酒店每年都是获奖者。（科罗拉多州科罗拉多斯普林斯布罗德莫酒店供稿）

同样，在住宿业，主要连锁饭店集团一开始也只提供一种品牌。起初，在 20 世纪 40 年代和 50 年代，由喜来登、希尔顿和万豪推出了中等价格的产品。这个价位适合于最大的旅游细分市场——企业的中层管理人员。那时，企业的高层管理人员不会想到要住在连锁饭店，他们住在独立饭店或者那些可能曾经是一个集团的一部分但仍然被认为是很有特色或者是独立的饭店，例如纽约市的广场饭店（Plaza Hotel）。

随着中等价格饭店市场的日趋饱和，一些主要的饭店连锁集团开发了新的概念以适应不断增长的经济型市场。同时，越来越多的家庭和商务人员需要更宽敞、价格适中的饭店设施。饭店业对此作出反应，开发出一些不同价位的完全服务和有限服务饭店品牌。

如今，大多数饭店连锁集团都有一些饭店面向一个或多个完全服务或有限服务市场。例如，通过开发和收购，万豪国际酒店管理集团选择了进入各个价格层次，以最大限度地扩大市场份额。马里奥特坚持这样的哲学，如果用一种饭店不能适应每一个人，就应该建立或者收购尽可能多类别的饭店，以保证尽可能多的希望住饭店的人都住在万豪集团的饭店（图6-2）。反之，四季饭店则认为其专长不是管理一般的饭店，而是管理豪华型饭店。为保持这种特点，四季饭店只管理那些适合这部分客人的高级饭店。

图6-2　万豪如何细分市场

|  | 饭店和度假饭店 | 套房和长住公寓 | 产权式度假 |
|---|---|---|---|
| 经济型 | 公平旅馆（Fairfield Inn） | 春丘套房旅馆（SpringHill Suites） |  |
| 中等价格 | 万怡（Courtyard）<br>万豪会议中心（Marriott Conference Center） | 住宅旅馆（Residence Inn）<br>城镇套房饭店（TownePlace Suites） | 地平线（Horizons） |
| 高级 | 万豪酒店和度假饭店（Marriott Hotels & Resorts）<br>万丽酒店和度假饭店（Renaissance Hotels & Resorts） | 万豪行政公寓（Marriott Executive Apartments） | 万豪假日俱乐部（Marriott Vacation Club） |
| 豪华型 | 里兹—卡尔顿饭店（Ritz-Carlton）<br>JW万豪酒店（JW Marriott） | 里兹—卡尔顿饭店（Ritz-Carlton）<br>万豪住宅酒店俱乐部（Marriott Grand Residence Club） | 里兹—卡尔顿俱乐部 |

马里奥特决定执行市场细分策略，向不同的市场提供不同价格的不同产品。

按照价格可以把饭店分成三大类：（1）有限服务饭店——经济型和节俭型；（2）中等价格饭店——完全服务和有限服务；（3）高级或豪华型饭店。下面我们将简要介绍上述三类饭店。

**有限服务饭店：经济型和节俭型**　目前市场中有很多**有限服务饭店**（图6-3）。假日饭店是第一个紧跟低价消费市场的饭店连锁集团。但是，假日饭店并不是节俭型饭店。假日饭店的建设成本比较高，因为它们包括餐厅及其他客用设施和服务，它们的目标是提供比以前的公路饭店更好的产品。

图6-3 2001年有限服务饭店连锁集团25强

| 排名 | 饭店连锁集团 | 特许经营所有权成员 | 客房数 | 酒店数 |
|---|---|---|---|---|
| 1 | 戴斯国际酒店集团（Days Inn Worldwide） | 特许经营 | 151,700 | 1,862 |
| 2 | 翰普顿旅馆/旅馆和套房（Hampton Inn/Inn & Suites） | 特许经营 所有权 | 133,596 | 1,332 |
| 3 | 快捷假日酒店（Holiday Inn Express） | 特许经营 所有权 | 132,088 | 1,577 |
| 4 | 速8酒店（Super 8） | 特许经营 | 125,480 | 2,066 |
| 5 | 凯富旅馆（Comfort Inn） | 特许经营 | 114,159 | 2,012 |
| 6 | 汽车旅馆6（Motel 6） | 特许经营 所有权 | 87,287 | 847 |
| 7 | 依可洛奇（Econo Lodge） | 特许经营 | 52,048 | 845 |
| 8 | 公平客栈和套房酒店（Fairfield Inn & Suites） | 特许经营 所有权 | 47,826 | 521 |
| 9 | 拉昆塔酒店（La Quinta） | 特许经营 所有权 | 46,200 | 403 |
| 10 | 美国延时居住酒店（Extended Stay America） | 所有权 | 40,075 | 362 |
| 11 | 旅行客栈（Travelodge） | 特许经营 | 38,722 | 517 |
| 12 | 红屋顶客栈（Red Roof Inns） | 特许经营 所有权 | 38,019 | 347 |
| 13 | 美洲最佳价值客栈（Americas Best Value Inn） | 所有权成员 | 33,969 | 564 |
| 14 | 凯富套房酒店（Comfort Suites） | 特许经营 | 33,398 | 422 |
| 15 | 卡尔森乡村客栈与套房（Country Inns & Suites by Carlson） | 特许经营 所有权 | 30,351 | 377 |
| 16 | 睡眠旅馆（Sleep） | 特许经营 | 25,432 | 332 |
| 17 | 华美达有限服务酒店（Ramada Limited） | 特许经营 | 24,130 | 328 |
| 18 | 微型旅馆和套房（Microtel Inns & Suites） | 特许经营 | 18,612 | 259 |
| 19 | 贝蒙特旅馆和套房（Baymont Inns & Suites） | 特许经营 所有权 | 18,000 | 191 |
| 20 | 家园套房饭店（Homestead Studio Suites） | 所有权 | 16,846 | 132 |
| 21 | 城内套房（InTown Suites） | 所有权 | 15,716 | 120 |
| 22 | 骑士旅馆（Knights Inn） | 特许经营 | 15,653 | 215 |
| 23 | 德鲁利饭店（Drury Hotels） | 所有权 | 14,259 | 109 |
| 24 | 温盖特酒店（Wingate） | 特许经营 | 13,488 | 145 |
| 25 | 坎德尔伍套房饭店（Candlewood Suites） | 特许经营 | 12,618 | 111 |

资料来源：摘自"2006年饭店和汽车旅馆业的有限服务连锁酒店调查"，《饭店和汽车旅馆管理》杂志，2006年2月6日。上述数字每年更新。最新数据请见网址：www.hotelmotel.com。

直到20世纪60年代才出现第一批节俭型汽车旅馆。例如加利福尼亚州的汽车旅馆6（Motel 6）、佐治亚州的戴斯酒店（Days Inn）、得克萨斯州的拉昆塔酒店（La Quinta）。群塔酒店的创建人萨姆·巴绍普这样阐述他的理念："我们的概念非常简单。我们所做的就是卖床位，不是经营餐馆，不是承办会议，只是卖床位。"因为不提供假日饭店提供的餐厅、大堂和会议场所，拉昆塔酒店和其他节俭型饭店能够以低于25%的价格提供与假日饭店相同的客房。像汽车旅馆6那样的连锁饭店，其客房的价格仅为6美元。它们能提供如此低价的客房，是因为采用了标准组件或预制件建筑材料，并选择了土地成本比较低的不太理想的地理位置。这类连锁饭店几乎不为客人提供额外的用品或服务。在早期，一些饭店在客房中的电视机上设置了投币槽，客人看电视需要付费。

万哈姆酒店集团的戴斯酒店品牌是最大的有限服务连锁酒店之一。（蒙特利尔，蒙特利尔城内戴斯酒店；万哈姆酒店集团供稿）

早期的节俭型汽车旅馆分为两种价格层次：**经济型饭店**（价格最低的饭店）和**节俭型饭店**（有限服务饭店，价格比经济型饭店稍高一点）。这两类饭店的每间客房的造价都很低。因其只提供有限的服务和设施，所以其劳动成本和经营成本都大大低于完全服务饭店。当然，不同市场区域的房价也不一样，通货膨胀也会影响其房价。通常，其价格比普通的中等价格饭店低20%~50%。当然，饭店价格是经常变动的。假日饭店曾经是价格最低的饭店，但现在被认为是中等价格饭店。假日饭店开发了一种新的概念，称为"快捷假日酒店"（Holiday Inn Express），以占据低端价格市场。精品国际酒店集团（Choice Hotels International）是全球第五大饭店公司，作为其低价策略的一部分，它开发了凯富旅馆（Comfort Inns）和凯富套房旅馆（Comfort Inn Suites）。

**中等价格饭店：完全服务和有限服务** 在20世纪60年代，喜来登、希尔顿、华美达、品质旅馆（Quality Inns）及假日饭店都使用英文"inn"（客栈）这个词来标示其中等价格的产品。那时，中等价格饭店是饭店业中发展最快的一个部门。受不断增长的经济和汽车业及商业航空交通发展的推动，越来越多的人希望中等价格的住宿设施能够提供餐厅及其他额外设施（例如大堂和会议场所），而以前，只有较高价位的饭店才提供这类设施。今天，"inn"（客栈）这个词已经不再代表特殊的价格类别了。例如，翰普顿旅馆（Hampton Inns）和戴斯酒店（Days Inns）都是经济型饭店。

**中等价格饭店**吸引很多想从经济型或节俭型饭店转向更高档饭店的顾客。当高级饭店与中等价格饭店的价格差别不大的时候，旅行者往往会选择档次较高的饭店，但是当两者的价格差别很大的时候，中等价格饭店则更具吸引力。中等价格饭店的挑战是，如何在不断提高档次的经济型或节俭型饭店和低房价的高级饭店之间的中间位置上，保持客人的满意度。

科罗拉多州阿斯彭的圣瑞吉酒店（St. Regis）是豪华山地度假酒店。（喜达屋酒店和度假村国际集团供稿）

喜来登开发了福朋饭店（Four Points Hotels），这是一个中等价格饭店的概念，从某种程度上，这是喜来登旅馆（Sheraton Inns）的再命名。尽管饭店的设施基本上没有变化，但是饭店的名称发生了变化，因为"inn"（客栈）这个词被认为代表"有限设施"。假日选择旅馆（Holiday Inn Select）和希尔顿花园旅馆（Hilton Garden Inns）都是在中等价格饭店领域参与竞争的品牌。

**高级或豪华型饭店** 位于价格层次顶端的是高级或豪华型饭店系列，既包括凯悦、希尔顿和万豪那样的完全服务饭店，也包括四季饭店、里兹—卡尔顿饭店和洲际酒店这样的豪华饭店。在这些饭店集团成功地推出豪华饭店之前，"豪华连锁饭店"被认为是一个矛盾的概念。根据定义，豪华型饭店应该是独立饭店，饭店的业主或者经理应该亲自迎接客人，并且确认客人的所有需求都得到满足。位于巴黎凡登广场的里兹饭店（Ritz Hotel）是一个典型的豪华饭店实例。其创建人是传奇人物塞扎·里兹，里兹为其设施和服务制定了超高标准。但是里兹也认识到，如果拥有更多里兹饭店，则会带来更大的市场优势。因此，他和他的合作伙伴乔治—奥古斯特·埃斯科费耶共同购买了伦敦的卡尔顿饭店的一半股份，然后建立了里兹—卡尔顿饭店连锁集团。其他豪华饭店连锁集团也都纷纷效仿。加拿大的四季饭店公司是一个非常成功的例子。公司的策略是只经营高质量的中等规模饭店，在所在的每个旅游目的地都建立最好的饭店或度假饭店。

## 其他饭店类别

其他饭店类别包括：全套房饭店、会议中心、分时度假饭店、共管饭店和老年人居所。下面我们将分别讨论各个类别的饭店。

**全套房饭店** 现在在饭店行业中，有很多全套房连锁饭店，包括大使套房饭店（Embassy Suites）和万豪集团的住宅旅馆（Residence Inn）。尽管全套房连锁饭店被看做是不同类别的连锁饭店，但还是为传统的连锁饭店提供了扩大其产品的途径。

最初引进全套房饭店时，其概念很简单：两间相通的饭店房间，其房价与一间客房差不多，这个价格大大低于传统的饭店套房。其中一个房间布置为典型的饭店客房，安放一张床，另一个房间没有床，安放一张折叠沙发（或者一张桌子和几把椅子）。第一个全套房饭店建于1961年，是位于得克萨斯州大草原城的列克星敦公寓和汽车旅馆。一家主要的连锁饭店花了11年的时间才接受了这个概念，客人寓所套房饭店集团（Guest Quarters Suite Hotels）于1972年在亚特兰大开业了其第一家全套房饭店。住宅旅馆于20世纪80年代初开发了其全套房饭店概念，到1987年它被万豪公司收购时，已拥有100多家饭店。

套房通常可以吸引企业高级管理人员，他们可能希望在卧室外面的房间里举行私密的聚会。（田纳西州纳什维尔万丽纳什维尔酒店供稿）

全套房饭店最初的定位是吸引长期居住的旅行者，但事实证明其他类型的旅行者也喜欢这种饭店。全套房饭店为客人提供了更大的私人空间，但是其代价是取消了饭店的大部分公共空间，例如大堂、会议场所、健身俱乐部及餐厅和厨房（这是最重要的一点）。

全套房饭店在继续发展和改进，现在有各种类型的全套房饭店，例如高档、中等价格、长住型及度假型。其中的一些饭店依然坚持原有的概念，而另一些则重新设置了大堂、餐厅、健身俱乐部和其他设施。

全套房饭店适合于多种类别的旅游者。商务客人仍然是主要的目标市场，占客人总数的2/3。总经理们也青睐全套房饭店，因为他们可以在卧室的外间召集私人会议。家庭旅游者也喜欢全套房饭店，因为孩子们可以在起居室中睡在自己的铺上或者折叠的沙发上，父母可以睡在主卧室。很多全套房饭店都在客房内设置炉灶和微波炉，客人可以一边看本周的新闻和电影，一边做饭或爆玉米花。

**会议中心** 尽管所有设有会议设施的饭店都竞争承办会议，但是有一些专门的饭店，被称为**会议中心**，它们几乎专门接待会议、行政会议和培训研讨会。虽然会议中心能够提供传统饭店提供的大多数设施，但是它们提供的生活和会议设施可以避免在普通饭店召开会议时受到的那种外界干扰。

### 行业改革者

**小 J·W·马里奥特**
**万豪国际有限公司**
**董事长兼首席执行官**

J·W·比尔·马里奥特没有创建万豪帝国，他从父亲那里继承了这个帝国。他父亲于1927年在华盛顿特区创建了他的第一家热卖餐馆(Hot Shoppe)。从某种意义上说，比尔·马里奥特现在经营的公司与其1985年的公司几乎完全一样。那一年他父亲去世，他被任命为董事长。虽然老马里奥特不断灌输的核心价值观和公司文化保持了下来，但比尔·马里奥特改变了公司。曾经只致力于少数几个饭店和餐馆品牌的万豪公司，现在已成为世界主要的住宿和承包服务业联合体。马里奥特将其公司分成万豪国际集团(Marriott International)（负责万豪公司的各个连锁饭店）和玛利洛特公司(Host Marriott Corporation)（负责饭店业房地产投资机会）。

万豪国际酒店管理集团经营和授权特许经营许多饭店品牌，包括：完全服务万豪酒店和度假饭店(Marriott Hotels & Resorts)；万丽酒店(Renaissance Hotels)；里兹—卡尔顿酒店和度假饭店(Ritz-Carlton Hotels & Resorts)；万豪会议中心(Marriott Conference Centers)。住宅旅馆(Residence Inn)、城镇套房饭店(TownePlace Suites)、万豪行政公寓(Marriott Executive Apartments)和行政之家公寓(ExecuStay)是万豪的长住型和公司长包型住宿设施。万豪公司还拥有3家有限服务饭店品牌——万怡(Courtyard)、公平旅馆(Fairfield Inn)和春丘套房旅馆(SpringHill Suites)；3家所有权式度假饭店品牌。

马里奥特公司是世界最大的房地产公司之一，2000年，其资产超过80亿美元。公司拥有122家完全服务饭店，有58,000间客房。万豪服务公司在机场、高速公路沿线、购物及康乐中心经营餐饮和零售特许店。索迪斯公司是餐饮服务和设施管理的外包商，为美国和加拿大的企业、医疗保健机构、大专院校及中小学校提供包餐服务。

作为一个虔诚的摩门教信徒，比尔·马里奥特一直以其道德观、稳定的价值观和正直诚实而闻名。他相信，如果他关心他的员工，他的员工就会关心他的客人。他把1/4的时间用在路上，实践他所谓的"走动式管理(亲临现场管理)"(management by walking around)。对比尔·马里奥特而言，这意味着——在工作现场与员工交谈，在公司食堂与员工一起就餐，与员工合影，关注每一个细节。在这些现场访问中，比尔·马里奥特常常建议改变餐馆的食品，为客房订购新枕头，或者捡拾垃圾。作为首席执行官这可能是马里奥特最独特的性格。因为马里奥特在这个企业中长大，他知道客人满意度对其大帝国的重要性。他也正是把精力集中在这个方面。他认为，"我将提出我们的一些想法，但是，作为一个经营人士，我的确不阻止你做生意"。[7] 马里奥特提出了下列取得成功的法则：

- 持续挑战你的团队，使之做得更好；
- 庆祝你下属的成功——而不是你自己的成功；
- 马上行动，做比不做好；
- 聘用一个具有良好品质的人比聘用一个有特殊经验的人更重要；
- 消除发生错误的原因——不是仅仅改正错误。[8]

根据国际会议中心协会的标准，归类为会议中心的饭店至少应该有60%的销售收入来自会议，其60%的空间必须供会议专用。[9]

很多酒店公司都重新构思其大堂空间，对其进行创新性设计。这是洲际酒店集团的两个酒店的大堂。（洲际酒店和度假村集团供稿）

会议中心的现场音像设备几乎总比其他类型的饭店多。阶梯会议厅、录像设备、闭路电视、文秘服务和翻译设备是常用的设施。会议中心通常位于不繁忙的地区，但是去商业购物区很方便。会议中心的规模从 20 间客房（威斯康星州拉辛的议会宾馆）到 1,042 间客房（伊利诺伊州圣查尔斯的 Q 中心）不等。会议中心的年收入比完全服务饭店高 15%。

和其他类型的饭店和度假饭店一样，会议中心也可以根据用途分类。通常可以分为以下四类：
- 行政会议中心：承办高层次的会议与研讨会；
- 公司会议中心：主要用于内部培训；
- 度假会议中心：除会议设施之外，还提供广泛的康乐和社交活动设施；
- 大专院校会议中心：主要供学术团体使用。其设施既有宿舍式住宿，也有现代饭店。

希尔顿和万豪这样的连锁饭店集团都将会议中心包括在其饭店品牌中。由美国运通公司、IBM 公司和大通银行经营的会议中心主要用于私人会议。公立或私立大学的会议中心，例如哥伦比亚大学、杜克大学、巴布森大学以及弗吉尼亚州和宾夕法尼亚州的一些大学，也进入了会议中心市场，并取得了很大成功，吸引着海外访问者和周末会议。

得克萨斯州伍德兰的基准公司（Benchmark）是一家专门管理会议中心的公司。基准公司在 16 个州和日本管理着 25 个会议中心，包括公司会议中心、行政会议中心和度假会议中心。另一个专门从事此项业务的公司是多尔斯国际公司（Dolce International），它在美国、加拿大和欧洲经营着 23 个会议中心。

**分时度假饭店**　　在 20 世纪 60 年代和 70 年代，很多国家的通货膨胀都很严重，分时度假的概念应运而生。这个概念首先于 60 年代出现在法国的阿尔卑斯山。很多人都喜欢在每年的同一时间到相同的地点度假。例如，很多加利福尼亚人每年冬天都要到夏威夷度一周或两周的假，在同一家饭店租一个房间，在同一个高尔夫球场打高尔夫球，与一群愿意在同一时间度假的朋友同去。那些比较富有的加利福尼亚人购买共管式公寓，但是对大多数人来说，花 4 万~10 万美元购买共管式公寓是没有意义的，因为他们每年可能只使用几个星期。

**分时共管**的概念似乎是完美的解决方案。开发商认为，与其向人们出售整个共管式公寓的使用权，不如只出售给他们 1/12 的使用权，这样购买者每年就可以使用 30 天，甚至可以出售 1/50 的使用权，这样购买者每年就可以使用一个星期。（分时度假公寓每年通常安排两个星期的时间进行维修保养，所以出售时，只能按 50 个星期计算。）购买者可选择自己需要的月份或者星期，并拥有那段时间的使用权。如果他们不能在选定的星期前来度假,则可以和其他时段的所有者交换。购买了一段时间的分时共管使用权,他们不但在其想要度假的时候能得到住宿保证,而且这些年他们会享受不变的价格,即使饭店的房价上涨2倍或3倍,他们的房价也不会改变。如果他们厌倦了每年去相同的地方度假,则他们可以加入分时度假交换公司,例如,国际分时度假公司(因特沃,Interval International)或者RCI公司,与世界另一个地区的另一个分时度假共管单元进行交换。例如,国际分时度假公司在75个国家有2,000个度假村和180万个分时度假业主成员。迪士尼、万豪、喜达屋和四季酒店的分时度假分部都是分时度假交换公司客户的一些品牌。

  分时度假概念于20世纪70年代传入美国。早期的分时度假在发展中遇到了一些问题,因为相当多的不讲道德的开发商试图甩掉濒于破产的和老旧的饭店及共管公寓,采取强行推销的手段诱惑购买者。在很多情况下,这些分时度假设施的管理工作留给了那些轻信了促销宣传的购买者,这些购买者缺乏经营分时度假饭店所必需的专业知识。结果,很多分时度假饭店都不能得到很好的维修保养,一些饭店破产。联邦政府和大多数州都制定了消费者保护法律和政策,包括给购买者一段宽限时间,使他们可以重新考虑购买分时度假使用权的决定。直到20世纪80年代,迪士尼这样的知名公司参与了这个领域的竞争,分时度假才成为度假市场中的一个认真的竞争者。另外一些著名的公司很快跟了上来,例如希尔顿、万豪、凯悦和四季饭店。

  饭店公司进入分时度假领域的原因很多。首先,当然是其潜在的利润。一般的分时度假组合包括一个双卧室的单元,一个星期的使用权售价为1.6万美元。如果一个单元售出一年的使用权(前面已经提到,分时度假每年通常要安排出两个星期的时间用于维修保养,因此,该单元按50个星期时段出售),这样,该单元一年的总收入为80万美元。扣除大约50%的销售和营销成本,仍然有大约40万美元用于总务和行政费用及利润。

  对饭店公司,分时度假业务还有其他优点,尤其是那些综合用途的项目,例如既包括分时度假单元,又包括度假饭店的项目。在这样的项目中,度假饭店和分时度假单元可以共同分担经营费用,例如整理房间的费用,而分时度假的居住者则可以使度假饭店增加餐饮收入。

  从管理学的角度看,管理传统的饭店和管理分时度假饭店有明显的不同。分时度假饭店由于具有契约利益,因此被认为比较难管理,其原因是所有者总是在现场关注着他们自己的投资。经理们必须与众多的所有者打交道,而每个所有者都有不同的改进意见。必须采取激进的销售策略,分时度假饭店的销售成本大大高于传统饭店。当然,因为涉及契约利益,所以你是在销售一份财产,而不是简单的一个晚上的住宿。在最初的销售阶段,销售人员需要具备很强的签约技巧。

  最初出售的大部分分时度假单元都是一个星期的契约。虽然这种形式现在仍然很流行，但是很多分时度假饭店和公司都提供更灵活的系统，例如采用计点系统的度假俱乐部。采用这个系统，人们可以购买规定的最低点数，而不必购买使用时间或者所有权。购买者像花钱那样使用这些点数选购他们的分时度假地点、每年的度假时间段、使用的天数及度假单元的类型。购买者可以一次性使用完他们的所有点数，也可以在一年中的数次短期度假中使用。分时度假单元也可以按照不固定星期的方式出售。采用这种方式，业主可以选择在一段时间内购买一个星期的度假时间。例如，一个家庭可能希望选择在夏季学校放假的时候购买一个星期的度假时间。对美国分时度假产业的一个调查显示，31%的分时度假饭店采用计点系统，21%的分时度假饭店采用浮动季节系统，39%的分时度假饭店采用固定单元/固定季节的方式。[10]

今天，分时度假是一个94亿美元的大行业。全世界有5,000多个分时度假饭店和600多万个单元所有者。目前，美国在这个行业中占绝对优势，有1,600多个分时度假饭店。410多万个单元所有者拥有一个或者多个分时度假时段或者分时度假点数。佛罗里达州分时度假酒店的数量是加利福尼亚州的3倍，而加利福尼亚州度假饭店的数量居全美第二位。[11]（以度假单元的数量为计）最大的4个分时度假公司是万哈姆、万豪、VRI（Vacation Resorts International）和西门（Westgate）（图6-4）。

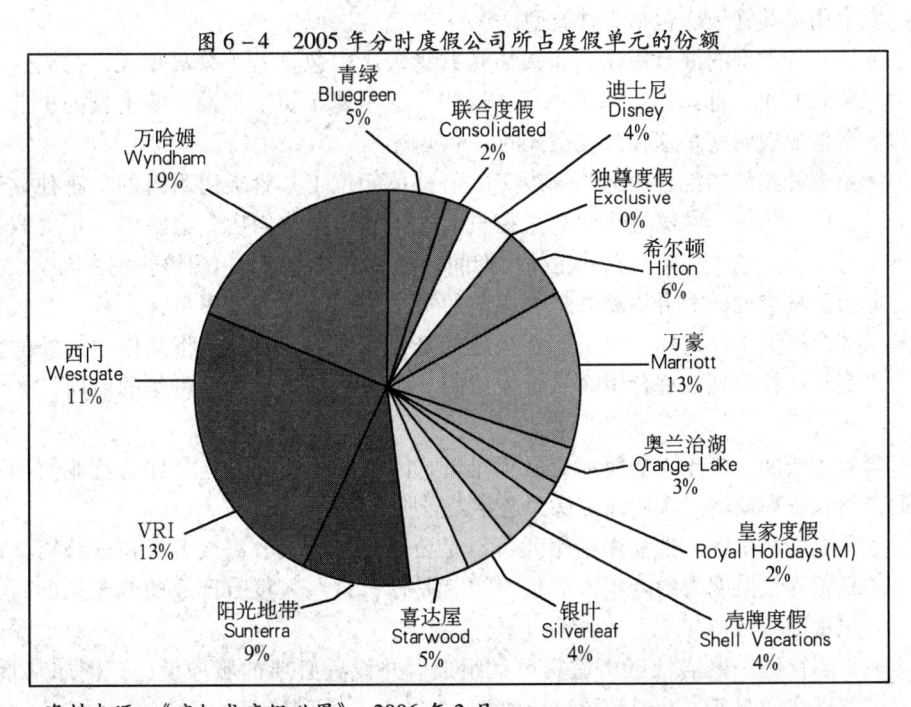

图6-4　2005年分时度假公司所占度假单元的份额

青绿 Bluegreen 5%
联合度假 Consolidated 2%
迪士尼 Disney 4%
万哈姆 Wyndham 19%
独尊度假 Exclusive 0%
希尔顿 Hilton 6%
万豪 Marriott 13%
西门 Westgate 11%
奥兰治湖 Orange Lake 3%
皇家度假 Royal Holidays(M) 2%
VRI 13%
壳牌度假 Shell Vacations 4%
阳光地带 Sunterra 9%
喜达屋 Starwood 5%
银叶 Silverleaf 4%

资料来源：《产权式度假世界》，2006年2月。

**共管饭店** 共管饭店在某些方面与分时度假饭店很相似。(在分时度假酒店中，业主拥有一个单元 1/52 的所有权，每年可以使用该单元一个星期；而一个共管饭店的房间或者公寓单元的所有权则完全属于购买者。) 英文也称为"condo hotel"或者"condotel"（有人将"condo"翻译为"瞰都"——译者注）。共管饭店最早出现于 20 世纪 60 年代。一些开发商的不诚信行为使得共管饭店在发展的最初几年遇到了一些困难。投资者有使用共管饭店中特定的某些房间的权利。投资者可以随时入住自己的房间，并通知饭店的管理部门他们在一年中的什么时间不使用这些房间。当投资者不使用其房间时，饭店可以向度假者或旅游者出租其房间。投资者期望随着时间的推移，从共管饭店的增值中获益，还期望不断获得房间的租金。

共管饭店经过一些年的缓慢发展，这个概念在一些度假区中开始流行了，例如，南佛罗里达、夏威夷和拉斯韦加斯；甚至在一些城市中这个概念也开始流行了，例如，纽约和旧金山。由于开发完全服务饭店和度假饭店遇到了融资困难，因此混合用途的酒店对开发商产生了吸引力，混合用途酒店包括一个暂住酒店和一个共管饭店。开发商通过出售酒店房间或者共管公寓单元，可以把很多开发成本转嫁给共管公寓单元的购买者。

混合用途共管饭店包括 3 种类型：

- 第一种类型的混合用途共管饭店是共管饭店中包含若干公寓单元，购买这些单元的业主将其作为基本住所。这些住宅不属于租赁资源。波士顿的里兹—卡尔顿饭店就是这种开发模式的一个实例。
- 第二种类型的混合用途共管饭店的公寓单元位于共管饭店附近的一座独立建筑中，例如，佛罗里达州的里兹—卡尔顿基比斯坎酒店。这些单元是度假住房，不是基本住宅。在业主外出期间，酒店将这些单元出租给暂住客人。
- 第三种类型的混合用途共管饭店中的每个房间都作为公寓单元出售一个或者多个投资者。这样，业主们感兴趣的是投资回报，而不是将其作为另外的住宅。这种类型的混合用途共管饭店的一个实例是加拿大温哥华的威斯汀大酒店。[12]

**老年人居所** 老年人居所的定义很难下，因为每个州都对这个住宿行业使用不同的术语和管理规范。人们通常认为老年人居所的分类如下：

- 独立生活单元 独立生活单元可以是公寓、共管式公寓或者合作式公寓，供有独立生活能力的老年人居住（也就是说，这些人没有严重的健康问题，无须帮助）。
- 聚居社区 聚居社区由租赁单元组成，并设置必要的服务设施，例如膳食、整理房间服务、交通和社交活动。

- 陪助型居住设施　陪助型居住设施指设有私人浴室和小厨房的公寓，住在这里的老年人在日常生活中需要帮助（例如洗澡、穿衣或者吃饭），但他们并不需要连续工作的专业护士。
- 持续护理退休老年人社区　持续护理退休老年人社区提供全方位的长期护理服务，例如家庭护理和独立生活、助陪服务、专业护士护理。

事实上，多种类型的老年人居所可以在同一个设施中共存，这也是很难给老年人居所下定义的一个原因。例如，同一个老年人住宅区可能会提供独立生活单元、聚居社区和陪助型居住单元，以满足住户的各种不同需要。

老年人居所受到饭店集团和对饭店感兴趣的主要房地产开发商的关注。其原因是"美国的老龄化"，很多营销人士都对此发表评论并写文章进行论述。过去，很多上了年纪的美国人都与其子女一起生活，退休后到佛罗里达州、亚利桑那州或加利福尼亚州，或者进入老人护理院。然而，今天的老年人却完全不一样。例如，一些老年人不接受"老年"（senior）这个词。他们认为自己是有独特需要的活跃并且成熟的人。在整体上，他们比父辈受的教育更多、更富有。他们当中有很多人更喜欢各种类型的新式老年人居所。

毫无疑问，这些新型的"生活护理"中心（有时候这个名称是为了区别于那些"健康护理"设施，例如老人护理院）是针对富裕阶层而设立的，因为其价格通常很高。住在这里的人可以购买该公寓单元，也可以租用。他们通常住在小单元或者一个或两个卧室的公寓单元中，单元中设有小厨房，他们可以在这里做饭，尽管租用或维修保养计划中包含了每日至少两餐。每天通常都有按计划安排的活动，包括去购物中心和日用品店、电影院和健身中心。市场调研显示，老年人居所对大多数妇女有吸引力（约占入住者的75%），尤其是丧偶者。其余大部分为已婚夫妻。

万豪是第一个进入这个市场的饭店公司，它于1984年建立了老年人生活服务分公司。这个分公司已经被出售给了位于弗吉尼亚州麦克莱恩的旭日升老年人生活服务公司（Sunrise Senior Living），这个公司是美国最大的老年人居所供给商。凯悦集团建立了由凯悦开发和管理的经典住宅（Classic Residence），这是高端的独立生活型、陪助型并配有专业护士的老年人居所。

## 开发和计划新饭店

建立一个新饭店之前，需要：（1）选择饭店的位置；（2）进行可行性研究，以确定拟建饭店的潜在成功性；（3）筹措资金。

## 选址

选择饭店的位置通常是影响饭店最终是否成功的一系列重大决策的第一步。饭店的位置必须易于进入其目标市场。例如，如果饭店位于城市中心区，它应该离中心商业区、金融区、娱乐区或主要的会展中心很近。这里的公共交通也应该很方便。如果饭店位于公路旁边，应该考虑这条路是否是主要公路或者是否将继续成为主要公路。因为新公路和收费公路建成后，路边的许多夫妇店类型的旅游者汽车旅馆和汽车旅馆就会被挤出市场。

选址是饭店规划和开发的关键因素。（费尔蒙贾斯珀公园酒店；费尔蒙酒店和度假村集团供稿）

饭店的位置必须与拟建饭店的类型和规模相适应。一个拥有400间客房和会议设施的商务饭店不能建在区划法禁止建立这样规模的建筑的地方。区划法还限制辅助设施的类型和规模，这些辅助设施可能会使饭店更具吸引力，更符合市场需要，例如餐厅和大堂。停车场是另一个要考虑的问题。许多城市的法律都规定了必须要满足的可供员工和客人的汽车停泊的停车场的面积。在修建饭店之前，这些要求必须得到满足。

## 可行性研究

　　饭店的位置选定以后，要进行市场研究和财务分析，以确定潜在的投资回报，这个过程称为**可行性研究**。可行性研究可以帮助投资人确定拟建的饭店项目是否在经济上可行。此外，可行性研究还可以确定新饭店的潜在客源市场的规模和范围。不了解是否有市场、不了解市场的规模和特点就修建饭店是不明智的。可行性研究应该强调的各种问题包括：在该位置修建哪种类型的饭店最有可能成功？这个饭店预期吸引哪种类型的客人？这些客人愿意付多少钱住饭店？预期的入住率是多少？有多少竞争者？它们的位置在哪里？

选址必须要考虑当地的区划法规，因为区划可能会明显地限制现有的建设选择。
（内华达州拉斯韦加斯卢克索酒店供稿）

　　可行性研究可以在许多方面帮助未来的业主。可以用可行性研究帮助他们获得贷款，谈判签订特许经营合同、租约或者管理合同。可行性研究可以指导计划者和建筑师安排饭店的设施，还可以帮助新饭店的管理团队编制经营和营销计划，准备启动资金和经营预算。

可行性研究可以应资金出借方、投资人、特许经营授权商或者管理公司的要求而进行。可行性研究通常由独立的咨询师实施，尽管也有一些开发商、管理公司或者机构投资人自己进行可行性研究。

承接可行性研究的咨询公司或者个人应该具备饭店营销、经营和财务领域的专业技能和经验。有很多国内和国际的公司专门从事这个领域的工作，包括华盛国际公司（HVS International）和普华永道公司（Pricewaterhouse Cooper）。这些公司的人员通常毕业于饭店管理学院。

大多数可行性研究的目的都是要确定饭店连锁集团中一个连锁店的位置是否合适。饭店连锁集团已经拥有了知名的品牌、经过检验的饭店概念和建立起来的市场。顾客对这些饭店都有固定的期望值。因此，可行性研究的一个重要目的是确定选定的饭店位置和饭店能否满足这些客人的需求。

**可行性研究报告**　可行性研究的最后产品是一份书面报告，通常包括下列部分。

**市场区域的特点**　这部分包括对饭店周边地区的人口统计和对相关经济数据的分析。其目的不是进行深度的经济评估，而是获得这些因素的样本，以支持或否定拟建饭店的计划。例如，该地区商业和工业部门的状况可以表明其经济的稳定性和市场上升的趋势。通过人口统计数字及人口的增长趋势和收入水平可以确定饭店餐厅和包餐设施的潜在需求。就业统计数字也同样有帮助。它们不仅是经济力量的另一种指标，而且也有助于预测饭店经营中的潜在就业问题或者机会。通常通过分析公路交通情况、飞机的进港和离港情况及旅游统计数字可以预测其对拟建饭店项目的潜在影响。

**饭店位置和区域评估**　现代美国饭店之父埃尔斯沃思·斯塔特勒曾说过这样的名言，饭店成功的3个原因是：位置，位置，还是位置。这句名言现在依然正确。如前所述，方便性和可进入性是新饭店成功的重要因素。可能有真正的需要，但是如果这种需要无法很容易地进入拟建的饭店，这个饭店也是不会成功的。此外，拟建的饭店最好在可进入性方面胜过现有的饭店或者拟建的竞争对手饭店。

当然，可进入性是一个相对的概念，它随着拟建设施种类的变化而变化。地中海俱乐部（Club Med）在理论上不可进入的地区（其自己的客人除外）修建了同类饭店组织中最大的一个连锁度假饭店集团。为了保证客人能到达其饭店，地中海俱乐部经常包租飞机和巴士，它甚至与政府合作修建飞机场（例如在墨西哥）。如果乘飞机、火车、巴士或者渡船（例如在马萨诸塞州的楠塔基特岛有轮渡服务）可以很方便地到达，度假饭店可能就不需要客人自己开车进入。在另一方面，公路是汽车旅馆的生命线。

可进入性是一个相对的概念，它随着拟建设施种类的变化而变化。这个位于马提尼克岛的地中海俱乐部度假村符合地中海俱乐部关于可进入性的定义。（地中海俱乐部供稿）

最后，地区的声誉可能也是确定拟建饭店的可行性时需要考虑的一个很重要的因素。旅游者会避免去犯罪率高、极度贫穷或者政治动荡的地区，除非有非常重要的理由，否则最好避免在这些地区建饭店。

**竞争分析** 一个好的可行性研究应该仔细描述该地区所有的市场竞争情况和将来可能发生的市场竞争情况，这样才能揭示现行市场的规模和特性。可行性研究应该包括竞争对手的设施、服务和价格水平的情况。从可行性研究报告的这一部分可以找出曾经被忽略的机会或者竞争对手没利用的机会。例如，该地区可能还没有美食餐馆，也可能需要一个健身俱乐部，这些都可以包括在新建饭店的概念中。

**需求分析** 可行性研究报告必须回答很多关于潜在客源的问题。他们是谁？他们从哪里来？他们的数量是多少？这些数字在将来会增加还是会减少？现在这些客人入住哪些饭店？我们如何将这些客人从这些饭店中拉过来？详细的需求分析在任何一个正确合理的营销计划中都是最重要的部分。

如果预期的需求来自当地的工业和商业活动，那么确认这种需求的最好方法之一是对该地区潜在客源进行调查。另一方面，如果潜在的市场是到访的旅游者（例如参加会议人员和观光客人），市场调查则应该扩大到这些群体。必须首先对市场整体进行量化，然后评估拟建饭店得到该市场较大份额的潜力。一般来说，通过与潜在客人的一系列面谈，就可以了解所需的设施和服务的情况了。

**设施和服务计划** 在分析市场区域的特点、评估饭店的位置、分析市场竞争情况和分析需求情况的工作完成之后，可行性研究的下一步是制订设施和服务计划。在这一阶段，要求进行可行性研究的分析人员提出关于拟建饭店设施的规模和类型及应该提供何种服务的建议意见。他们的目标是确定市场差别，使饭店具有竞争优势。分析家的建议可能包括建筑和设计方面的考虑，还可能包括饭店的整体概念和环境氛围布置。

因为地中海俱乐部寻求吸引那些希望在美丽的自然环境中获得独特度假体验的客人，所以地中海俱乐部的度假酒店（例如，博拉博拉岛的这个度假村）通常建在偏远地区。（地中海俱乐部供稿）

**财务估算** 可行性研究的最后一部分包括收入和开支的估算，其依据是：(1) 拟建饭店的类型和将提供的服务；(2) 目标客源需求的规模。

各种可行性研究在财务估算方面的做法不尽相同。一些可行性研究只提供经营结果估算，而另一些可行性研究则按委托方的要求提供其他信息，例如：（1）可预期的固定开支，如财产税、建筑物和财产的保险费及借贷资本的利息和折旧费；（2）预期投资回报（ROI）分析。含有投资回报的研究才是真正的可行性研究。大多数研究只预测固定开支之前的收入，即只估算经营收入和开支。该类研究被称为预测经营收入和开支的市场研究。

## 筹措资金

应邀参与新饭店资金筹措工作的投资者们应该仔细审查以下内容：

- **拟建饭店的土地** 面积有多大？条件如何？评估价值是多少？市场价值是多少？上一年类似土地的售价是多少？
- **建筑物** 建筑成本是多少？建设周期多长？
- **家具、固定设施和设备** 用什么材料装修房间和公共区域？需要什么类型的设备？家具、固定设施和设备的成本是多少？

除了这些**硬成本**外，还有一些**软成本**，这些软成本应该包括在各种融资包中：

- **建筑设计费** 这些费用包括饭店位置评估、承包商最终使用的蓝图及建筑模型。
- **开业前的费用** 管理团队中的某些成员将于开业前几个月到位。必须对新管理人员和员工进行培训。需要保安人员保护饭店财产。开业前几个月就应该开始进行广告宣传。饭店开业之前和没生成流动资本之前，也需要流动资本。
- **融资成本** 融资成本包括贷款利息和支付给贷款人的佣金。

饭店融资通常有两种方式：永久性融资贷款和建设融资贷款。

**永久性融资贷款**是长期抵押贷款，通常不超过25年。长期抵押贷款可以从保险公司、退休养老基金和银行等机构获得。这些贷款机构提供贷款资金并按贷款时的利率收取利息。另外，有时候这些机构也在饭店中取得一定的股权，即成为该饭店的部分所有者。这些机构通常贷出这个项目成本65%～75%的资金。开发商单独或者与他人合伙负担其余的资金，因为如果开发商不愿意或者不能够承担自己那一部分资金的风险，贷款人就不会给项目贷款。

**建设融资贷款**来自银行或者银行集团。这是一种短期贷款，用于饭店的建设，偿还期为3年之内。在大多数情况下，饭店只有得到长期融资（或称为冲抵资金）后，其建设融资贷款才会得到批准，因为饭店开始营业后并且长期融资到位，其长期融资中的一部分将会用于偿还建设融资贷款。

### 饭店业的财务回报/利益

| 回报和利益的类型 | 说　明 |
|---|---|
| 有利的税务待遇 | 饭店的动产在短期内会折旧贬值，因此，饭店通过折旧和报废，得到了避税利益。 |
| 潜在的重大利润 | 饭店的收入达到损益平衡点后，其利润会迅速增长。饭店的大部分费用是固定的，不会随入住率发生明显的变化，而利润却随入住率的提高而增加。 |
| 潜在的增值 | 饭店投资的财务回报来自：每年借贷还款（股息）后的现金流量、抵押偿还及出售资产实现的潜在增值。抵押偿还也产生价值。 |
| 通货膨胀避险 | 在市场条件允许的情况下，房价可以每天调整。 |
| 全球产业的一部分 | 旅游业是全世界最大的雇主和产业，在未来10年会迅速增长。 |
| 无形的价值 | 纪念性资产和投资级评级饭店可以强化投资者的形象、声望和在金融界内的地位。 |

### 饭店业的财务风险

| 风险类别 | 说　明 |
|---|---|
| 周期作用和经营杠杆作用 | 入住率和每日平均房价的微小变动都对经营净收入产生重要的影响。饭店有效的经营杠杆提高了对经济周期的敏感性，比其他类型的企业提高了借贷还款比率的保险系数。由于住宿业内在的较高经营杠杆力量，投资者很自然地期望比其他房地产投资获得较高的回报。然而，如果由于经济或公司的问题使现金流量不足，无法抵补这类资产较高的固定成本结构，饭店企业的可能损失风险就变得很大。 |
| 利率风险 | 利率的意外变化是一种风险。因为利率具有很强的杠杆作用，所以其变化会影响饭店投资。利率的提高会降低回报，也可能使计划项目变得不可行。<br>另外，投资者预期的回报会随着利率的变化而变化。<br>利率的提高会使将来的价值打折扣。较高的利率使获取这些利润变得很困难。利率的提高还会使市盈率乘数下降。 |
| 供给方风险 | 饭店建设受挫会使投资人暂停投资，引起调查。关键的问题是供给的增长是否快于需求。目前许多饭店市场都面临着供给大于需求的局面。其部分原因是资金供应者是饭店公司而不是传统的房地产商。 |

资料来源：选自《PKF咨询》。

## 小结

饭店业充满了活力。每年都有一些公司和饭店改变所有权,都有一些新公司和新品牌进入市场。饭店业也是全球性的产业。最近的兼并、收购和合资经营改变了美国和世界各地的竞争环境。

饭店的客人可以按市场细分进行分类。主要包括:商务散客、公司团体客人、会议团体客人和协会团体客人、休闲旅游者、长期居住或迁居的客人、航空公司的客人、政府和军队旅行者和区域性度假客人。客人组合指在饭店中住宿的各种各样客人的混合体。

饭店可以按地理位置分类:城市中心、度假区、郊区、公路和飞机场。

城市中心饭店通常是完全服务饭店,位于城市的政府或金融区附近。大多数入住城市中心饭店的客人是商务散客或者参加会议的人员。

度假饭店建在气候宜人、风景优美、有康乐设施或者历史遗迹的旅游目的地。许多客人入住度假饭店都是出于健康的原因。早期的度假饭店通常仅在夏季营业,但是现在大多数度假饭店都全年营业。大多数度假饭店面向休闲旅游者,但度假饭店接待的会议和奖励计划客人正在日益增加。建立和经营度假饭店的成本很高,但大多数度假饭店仍独立经营。

由于土地成本昂贵,一些公司和工厂从城市中心区迁到郊区,因此郊区饭店应运而生。郊区饭店通常比城市中心区饭店稍小,而且主要是连锁加盟经营。尽管当地人经常光顾郊区饭店餐饮设施,但商务散客仍是其最大的一个市场。

公路饭店由早期的旅游者汽车旅馆演变而成。大型招牌、方便的出入口和充足的停车设施是其突出的特点。许多公路饭店都是特许经营。商务旅行者是其主要收入来源。

机场饭店大部分为连锁经营,其高入住率在住宿业中名列前茅。机场饭店面临的最大经营问题是:如果因为气候或其他因素导致航班抵港和离港时间延迟,饭店应该如何应对突然出现的高需求。

饭店也可以按所有权类型分类。大多数饭店都由连锁公司拥有、承租、管理或者特许经营。然而,许多独立饭店运用其他更具竞争力的经营策略战胜了连锁饭店的规模经济优势。不同的连锁饭店公司有不同的经营哲学。一些连锁饭店愿意拥有饭店,另一些则愿意特许经营,还有一些愿意管理饭店。很多饭店公司这三方面的业务都做。此外,还有一些成功的饭店管理公司经营和管理连锁饭店。

饭店还可以按价格分类。最重要的类别是:(1)有限服务——经济型和节俭型；（2）中等价格——完全服务型和有限服务型；（3）高级或豪华型。

饭店业显著发展的标志是市场细分策略的发展。为了争取更大的市场份额，万豪国际这样的公司现在都提供各种类型的饭店，从经济型到豪华型，应有尽有。

其他类型的饭店包括：全套房饭店、会议中心、分时度假饭店、共管饭店和老年人居所。

开发和计划新饭店时，要进行可行性研究。可行性研究可以帮助未来的业主获得融资，帮助经理准备经营和营销计划。在策划新的饭店项目时，地理位置是关键的考虑因素。

饭店筹措的资金应该支付如下成本的费用：硬成本，例如土地、建筑物及家具、固定设施和设备；软成本，例如建筑设计费、开业前的费用和融资成本。新饭店的融资通常以两种贷款的形式获得：永久性融资贷款（抵押贷款）和短期建设融资贷款。

## 注释

［1］ "325 World's Largest Hotel Companies"，*Hotels*，July 2006.

［2］ Albert J. Gomes，*Hospitality in Transition*（Houston，Texas．：Pannell Kerr Forster，1985），pp. 32 – 34. Although the hotel industry has been through many changes since Gomes' book was published，the industry's guest markets can still be categorized as described in the following sections.

［3］ YPB Yankelovich Inc.，2006 National Business Monitor.

［4］ Ibid.

［5］ Ibid.

［6］ Donald E. Lundberg，*The Hotel and Restaurant Business*，5th ed.（New York：Van Nostrand Reinhold，1989），p. 185.

［7］ Anthony Falola，"The Bill Marriott Way"，*The Washington Post*，19 August 1996，p. 12.

［8］ Ibid.，p. 13.

［9］ "Conference Centers"，*The Convention Liaison Council Manual*，6th ed.（Washington，D. C.：Convention Liaison Council，1994），p. 17.

［10］ *State of the Vacation Timeshare Industry* 2006，prepared by Ernst & Young for the ARDA International Foundation.

[11] Ibid.
[12] Steve Rushmore, "What Is a Condo-Hotel?", *Hotels*, November 2004.

## 主要术语

**航空公司的客人**（airline-related guests）　飞机机组人员；需要紧急住宿的航空旅客也属于这个类别。

**机场饭店**（airport hotels）　建在机场附近的完全服务饭店。

**全套房饭店**（all-suite hotels）　其特色是单元套房，由两个相连的饭店客房组成，以大约一个房间的价格出售，其价格低于传统的饭店套房。其中一个房间布置为典型的客房，安放一张床，另一个房间安放一张折叠沙发或者一张桌子和几把椅子。

**节俭型饭店**（budget hotels）　一种有限服务饭店。节俭型饭店的造价和经营成本都很低，因此其每晚的房价在 45~60 美元之间。

**城市中心饭店**（center-city hotels）　位于城市商业中心区的完全服务饭店。

**会议中心**（conference centers）　一种专业饭店，通常位于不太繁忙的地区，但从这里很容易去主要商业区。会议中心几乎专门接待各种会议及培训讲座。一些会议中心还提供各种休闲设施。

**建设融资贷款**（construction financing loan）　一种短期贷款，用于饭店的建设，偿还期为3年之内。

**会议团体客人和协会团体客人**（convention and association groups）　参加会议和协会会议的商务团体人士。与会人数可达数千人。

**公司团体客人**（corporate groups）　为商务目的而旅行的小型团体客人，通常是参加某种会议。

**商务散客**（corporate individuals）　因商务目的而旅行的个体客人。

**经济型饭店**（economy hotels）　一种有限服务饭店。经济型饭店的造价和经营成本都是最低的，因此其房价比节俭型饭店低 25%。

**可行性研究**（feasibility study）　由开发商委托，由咨询公司承担的研究项目，目的是确定在计划位置上拟修建的饭店的潜在成功性。

**高级或豪华型饭店**（first-class/luxury hotels）　提供高房价和卓越服务及设施的饭店。

**特许经营**（franchise）　指一个公司授权另一个公司销售其独家产品和服务，或者特许经营的商业模式和产品的名称。

**特许经营加盟商**（franchisee） 被授予特许经营权的个人或者公司。

**特许经营授权商**（franchisor） 拥有商标、产品和/或特许经营模式的特许经营公司。

**政府和军队旅行者**（government and military travelers） 每日领取固定津贴的政府和军队旅行者，他们通常可以报销住宿费和其他差旅费。

**客人组合**（guest mix） 在饭店中住宿或者光顾餐馆的各种各样客人的混合。

**硬成本**（hard costs） 指土地、建筑物及家具、固定设施和设备的成本，这些成本是开发饭店和餐馆的基础。

**公路饭店**（highway hotels） 建在公路两侧的饭店。其典型特色是，有巨大的饭店招牌；入口很大，游客入住登记时可以把汽车停在这里；有游泳池；停车场很大，气氛很随便。

**饭店连锁集团**（hotel chain） 由饭店组成的集团。

**独立饭店**（independent hotel） 饭店由个人或团体投资者所有，不属于任何饭店公司。

**休闲旅游者**（leisure travelers） 即度假旅游者，他们通常是全家出游，除非该饭店是其旅游目的地，否则他们通常只在一个饭店停留一个晚上。

**有限服务饭店**（limited-service hotels） 不提供完全服务的饭店。例如，饭店内不设餐厅和酒吧。有限服务饭店包括节俭型饭店和经济型饭店。

**长期居住或迁居的客人**（long-term stay/relocation guests） 迁居到一个地区的个人或家庭，他们在找到固定住处之前需要住宿。

**管理公司**（management company） 为业主管理饭店的公司。其回报通常是各种管理费和饭店的收入分成。管理公司可以向其管理的饭店投入资金，也可以不投入资金。

**中等价格饭店**（mid-price hotels） 该类饭店提供的设施和服务与高级/豪华型饭店相似，但是其价格为平均价格。这类饭店设有餐厅和酒吧，很多饭店还设有会议场所。其平均价格根据市场的不同而变化。

**永久性融资贷款**（permanent financing loan） 饭店的长期抵押贷款，期限通常可达25年。长期抵押贷款可以从保险公司、退休养老基金和银行等机构获得。

**饭店查询系统**（referral systems） 一些独立饭店或小型连锁饭店集团，它们没有共同的经营系统、装饰、采购系统或其他系统，但是，通过共同的预订系统和共同的营销策略连接在一起。其预订系统和市场促销活动均由查询系统中的饭店提供资金。

**区域性度假客人**（regional getaway guests） 客人入住离家不远的饭店，可以带子女或者不带子女，度过一个没有日常琐事干扰的周末。

**度假饭店**（resort hotels）　通常位于理想的度假区，度假饭店提供精美的膳食、极好的服务和许多其他设施和服务。

**饭店分类**（segmenting）　根据价格对饭店进行分类的一种方法。

**老年人居所**（seniors housing）　供老年人长期居住的设施。

**软成本**（soft costs）　开发饭店或餐馆项目时，土地、建筑物及家具、固定设施和设备的成本以外的成本。软成本包括建筑设计费、开业前的费用支出（例如广告费和员工培训费）及融资成本。

**郊区饭店**（suburban hotels）　位于郊区的饭店。郊区饭店通常属于某个主要连锁饭店集团，有200~500间客房及餐厅、酒吧和大多数市区饭店提供的服务设施。

**冲抵资金**（take-out）　保证新饭店建设的长期融资。

**分时共管**（timeshare condominiums）　所有者可以购买共管公寓一段时间的所有权，通常为1个星期至1个月，其价格为共管公寓的1/12或1/15，与其他所有者共同拥有共管公寓。所有者有权在指定的时间内在公寓居住，也可以与其他所有者交换共管公寓单元的所有权。

**旅游者汽车旅馆**（tourist courts）　汽车旅馆的前身，20世纪20年代和30年代建在公路两侧。典型的旅游者汽车旅馆包括简单的一排木屋，通常没有个人卫生间。

## 复习题

1. 近几十年，饭店业发生了怎样的变化？
2. 饭店客人如何分类？
3. 城市中心饭店和度假饭店有哪些不同？
4. 郊区饭店、公路饭店及机场饭店的特点分别是什么？
5. 饭店有哪些不同的所有权和经营方式？
6. 饭店如何按价格分类？
7. 全套房饭店、会议中心及分时度假饭店的特点分别是什么？
8. 老年人居所包括哪些单元/设施类型？
9. 什么是可行性研究？研究的内容是什么？
10. 就新饭店项目而言，什么是硬成本？什么是软成本？

# 网址

访问以下网址，可以获得更多的信息。谨记：互联网地址可能不事先通知而改变。如果该网址已不存在，可以用搜索引擎查找另外的网址。

## 饭店公司／度假饭店

Accor
www. accor. com

Bellagio
www. bellagiolasvegas. com

The Bristol Hotel
www. hotel-bristol. com

Choice Hotels International
www. hotelchoice. com

Club Med
www. clubmed. com

The Golden Nugget
www. goldennugget. com

The Greenbrier Resort
www. greenbrier. com

The Hotel Hershey
www. hersheypa. com/
accommodations/hotel/index. html

Days Inn
www. daysinn. com

Dolce International
www. dolce. com

Doubletree Hotels
www. doubletreehotels. com

Embassy Suites
www. embassy-suites. com

Four Seasons Hotels and Resorts
www. fourseasons. com

Motel 6
www. motel6. com

The Oriental，Bangkok
www. mandarin-oriental. com/bangkok

Preferred Hotels & Resorts Worldwide
www. preferredhotels. com

Hilton Hotels
www. hilton. com

Holiday Inn Worldwide
www. holiday-inn. com

Howard Johnson
www. hojo. com

Hyatt Hotels & Resorts
www. hyatt. com

InterContinental Hotels & Resorts
www. intercontinental. com

Interstate Hotels
www. interstatehotels. com

Lake Placid Lodge
lakeplacidlodge. com/intro. htm

La Quinta Hotels
www. laquinta. com

Las Mananitas
www. lasmananitas. com. mx

The Leading Hotels of the World
www. lhw. com

Mandarin Oriental Hotel Group
www. mandarin-oriental. com

Ramada
www. ramada. com

Relais & Chateaux
www. relaischateaux. com/Accueil

The Ritz-Carlton Hotel Company
www. ritzcarlton. com

The Roosevelt Hotel
www. therooseveltotel. com

Sheraton Hotels
www. sheraton. com

Starwood Hotels & Resorts Worldwide
www. starwood. com

Super 8 Motels
www. super8. com

Taj Hotels
www. tajhotels. com

TownePlace Suites
www. towneplace. com

Treasure Island at The Mirage
www. treasureislandlasvegas. com

Westin Hotels & Resorts
www. westin. com

221

Marriott International
www. marriott. com

The Mirage
www. mirage. com

## 组织、咨询公司和资源
Accenture
www. accenture. com

American Society of Association Executives
www. asaenet. org

Host Marriott Corporation
www. hostmarriott. com

Smith Travel Research
www. str-online. com

Sodexho
www. sodexhousa. com

## 出版物
*Hotel & Motel Management*
www. hmmonline. com

*Lodging*
www. lodgingmagazine. com

Willard InterContinental Washington
www. washington. interconti. com

Wingate Inns
www. wingateinns. com/ctg/cgi-bin/Wingate

HVS International
www. hvsinternational. com

International Association of Conference Centers
www. iacconline. com

Pricewaterhouse Coopers
www. pwc. com

Travelocity
www. travelocity. com

*Meetings & Conventions*
www. meetings-conventions. com

**分时度假公司**

Interval International
www. intervalworld. com

Vacation Resorts International
www. vrivacations. com

Resort Condominiums International
www. rci. com/index

**老年人居所**

American Seniors Housing Association
www. seniorshousing. org

Senior Housing Net
www. seniourhousing. net

Classic Residence by Hyatt
www. hyattclassic. com

Sunrise
www. sunrise-al. com

香港喜来登酒店（Sheraton Hong Kong Hotel & Towers）。（喜达屋酒店及度假村国际集团提供）

# 7 饭店组织与管理

## 概要

饭店是如何组织的
　　收入中心与成本中心
收入中心
　　客务部
　　餐饮部
　　其他收入中心
成本中心
　　营销部
　　工程部
　　财务部
　　人力资源部
　　安全部
遵守美国残疾人法案
控制系统
　　财务控制
　　质量控制
小结

## 学习目的

1. 了解饭店的组织结构，区分收入中心和成本中心，了解客务部。

2. 了解饭店餐饮部的结构及收入中心的结构，包括电信部，特许经营、出租和佣金，健身及康乐设施。

3. 了解饭店的成本中心、营销部、工程部、财务部、人力资源部和安全部；举例说明饭店为了遵守美国残疾人法案而必须采取的措施。

4. 了解饭店的控制系统，举例说明财务控制和质量控制在饭店管理中的作用。

为了全面了解饭店是如何组织的，首先应该了解饭店的几个特性：
- 所有饭店都经营客房出租业务。
- 饭店的规模不等，客房的数量从 100 间以下到 5,000 间以上不等。
- 饭店的类型不同。有城市中心饭店、度假饭店、公路饭店、会议中心等。
- 饭店设施的性质和规模不同。一些饭店只提供客房，而另一些饭店设有咖啡厅、美食餐厅、游泳池、高尔夫球场和其他设施。
- 饭店提供的服务水平不同。例如，一些饭店提供 24 小时的客房送餐服务，而另一些饭店只在早 7 点至晚 10 点提供送餐服务，还有一些饭店则根本不提供送餐服务。

很明显，饭店不是完全一样的。无论是哪一类饭店，它的组织方式都必须能够：（1）协调多项特别任务和必要的活动，以吸引客人和为客人服务；（2）创造与企业投入的资金和时间一致的合理利润。组织建设是管理部门的首要工作。

## 饭店是如何组织的

为了吸引客人和为客人服务，并获取合理的利润，饭店按其提供的服务划分成不同的职能区域或者部门[1]。例如，所有的饭店都设有管理客房的客务部。如果饭店经营餐厅或酒廊，可能还要设立餐饮部。每个部门都有特定的职能。客务部负责预订、入住和结账活动，客房工作、礼宾服务（行李员）的活动和电信服务。在小型饭店，履行这些职能的人员直接向总经理汇报工作和请示工作。在大型饭店，客房工作人员向客务部经理报告工作。每名员工负责的工作也因饭店的规模而异。例如，在小型饭店，前台服务员可能兼做接待、收银和电话总机工作。在大型饭店，不同的人分别负责这些工作。

图 7-1 小型饭店组织图实例

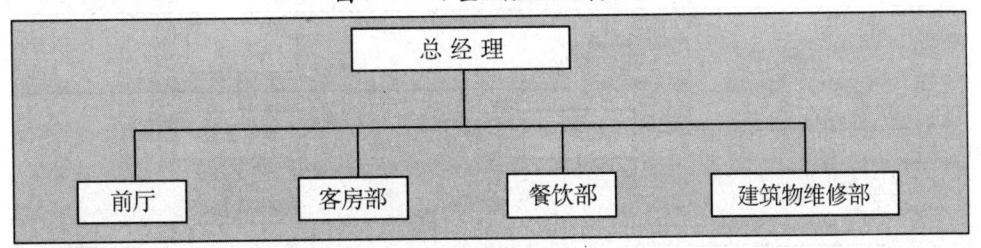

```
                        总经理
          ┌───────────┬──────┴──────┬──────────────┐
        前厅        客房部        餐饮部       建筑物维修部
```

## 收入中心与成本中心

　　饭店的部门可以按收入中心和成本中心分类。**收入中心**通过向客人出售服务和产品创造收入。**成本中心**也称为支持中心，不直接创造收入。它们为收入中心的正常运行提供支持。

　　了解收入中心和成本中心的最简单的方法是看一看饭店的组织图。图 7-1 是典型的小型饭店组织图。如图所示，这个饭店有四个部门：前厅、客房部、餐饮部和建筑物维修部。总经理督导四个人，每个人都有责任和权力管理该饭店的一个主要职能区域。这几个人是否督导其他员工取决于饭店的规模。例如，在一个非常小的饭店，可能只有一个人负责建筑物的维修。

　　让我们看一看组织比较复杂的大型饭店（图 7-2）。图 7-2 所示的部门可以按下面的方式分类：

| 收入中心 | 成本中心 |
| --- | --- |
| 客务 | 营销 |
| 餐饮 | 工程 |
| 电信 | 财务 |
| 特许经营、出租、佣金 | 人力资源 |
| 健身和康乐设施 | 安全 |

　　为了使饭店经营更有效、更赢利，现在趋于将一些部门合在一起，减少某些中层管理岗位。例如，一些饭店将客务部和餐饮部合并为经营部。那些负责收入的部门，如销售、客房预订及宴会，可能被合并为收入部。最后，饭店可能还设置管理部，负责人力资源和财务管理。

　　一些饭店连锁集团设立了区域管理部门。在这个体系中，一个经理，如总经理、财务总监或者人力资源总监，负责该区域内的多个饭店。

227

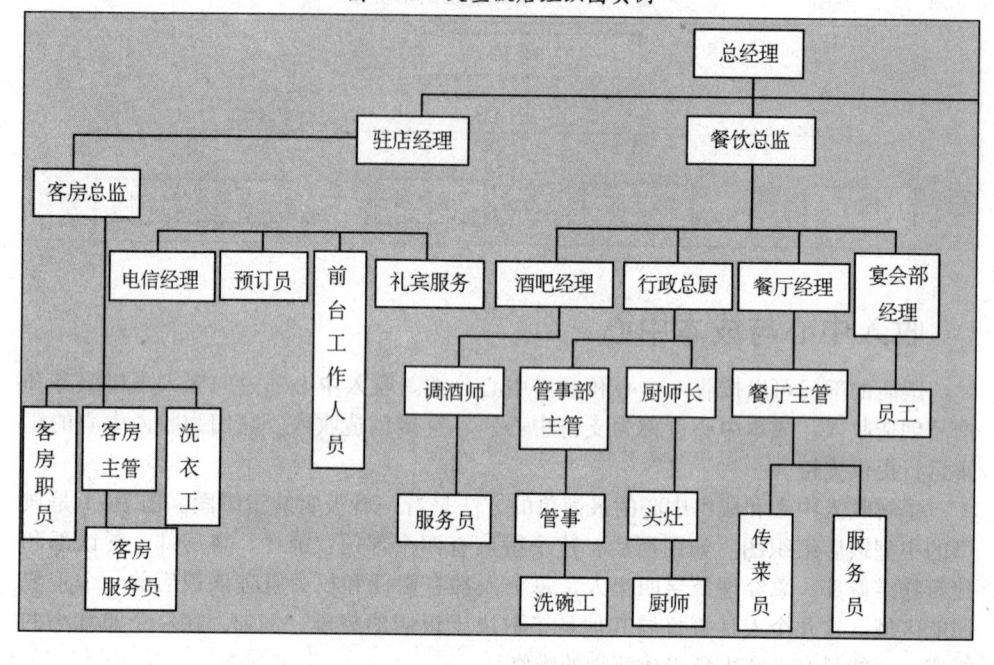

图 7-2 大型饭店组织图实例

```
                                    总经理
                        ┌─────────────┴─────────────┐
                      驻店经理                    餐饮总监
           ┌────────────┤
        客房总监        │
   ┌──────┬──────┬──────┼──────┐      ┌──────┬──────┬──────┬──────┐
 电信经理 预订员 前台   礼宾服务 酒吧经理 行政总厨 餐厅经理 宴会部经理
         工作人员
   ┌──┬──┬──┐          调酒师  管事部主管  厨师长  餐厅主管  员工
 客房 客房 洗衣工                                   
 职员 主管                服务员   管事    头灶    传菜员  服务员
       │
     客房服务员                    洗碗工   厨师
```

另一些饭店对组织进行了不同形式的改组。根据客人第一的管理理念，一线员工被授予更大的权力，解决客人的问题和作决策，他们可以独自或者集体解决工作中的问题。权力下放到组织的最底层。对一些饭店来说，本章所示的组织图实例可能更代表其饭店中的各个职能，而不代表从事这项工作的个人。

让我们仔细了解一下每一个收入中心和成本中心的情况。

# 收入中心

饭店的两个主要的收入中心是客务部和餐饮部。其他收入中心包括电信部；特许经营、出租、佣金；健身和康乐设施。

## 客务部

在大多数饭店，**客务部**既是一个主要部门，也是饭店的经营中心。（博彩饭店除外，因为其客人入住饭店主要原因是赌博。）任何饭店的绝大部分面积都用于客房及支持客房营运的区域。因此，在大多数情况，饭店建筑的大部分投资和土地成本都与客房有关。

228

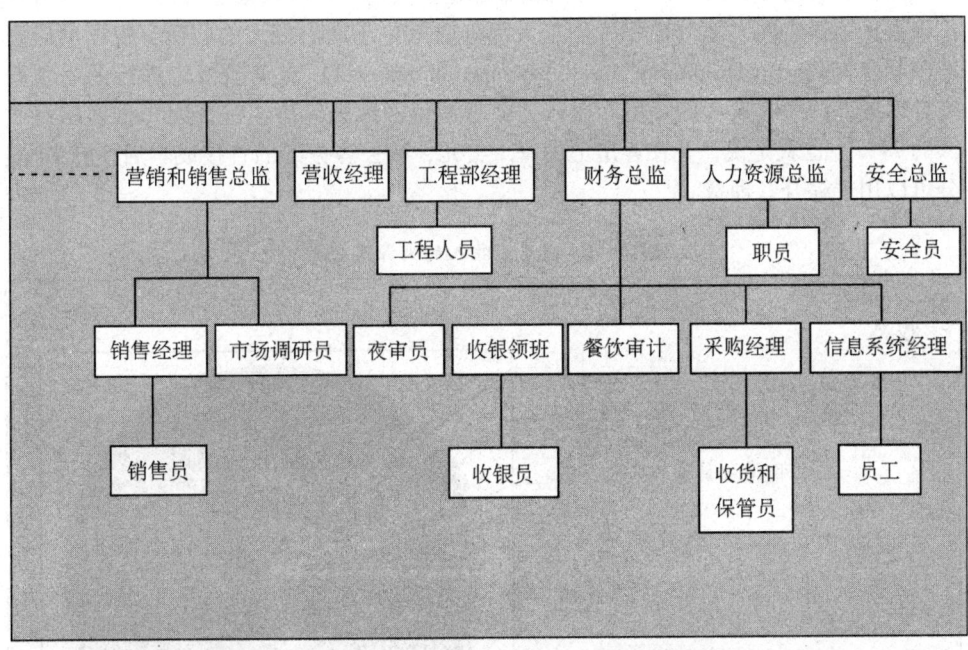

当今饭店业　　　　　　　　　　AH&LA　　　　HOSPITALITY TODAY An Introduction

```
┌─────────┬──────────┬─────────┬─────────┬───────────┬─────────┐
营销和销售总监  营收经理   工程部经理   财务总监   人力资源总监   安全总监
                          │                      │           │
                        工程人员                 职员        安全员
    │                     │
 ┌──┴──┐         ┌────┬───┴────┬──────┐     ┌────┴────┐
销售经理 市场调研员  夜审员 收银领班 餐饮审计   采购经理 信息系统经理
  │                      │                      │          │
 销售员                 收银员                收货和       员工
                                              保管员
```

任何饭店的绝大部分面积都用于客房及支持客房营运的区域。除了博彩饭店以外，客房的租金是最大的一项收入来源。（田纳西州纳什维尔万丽纳什维尔酒店供稿）

229

除博彩饭店外，所有饭店的客房租金都是最大的一项收入来源（图7-3）。客房不仅占据了饭店的大部分面积，创造大部分收入，还产出最大的利润。根据酒店资产国际咨询公司（Hospitality Asset Advisors International）对美国饭店进行的一项研究，客务部的净收入（即客房净收入，或者销售额减去客房经营费用）占客房总收入的74%。也就是说，花在客房上的每1美元，减去客务部的直接成本后，有74美分可以用于综合管理费。[2]

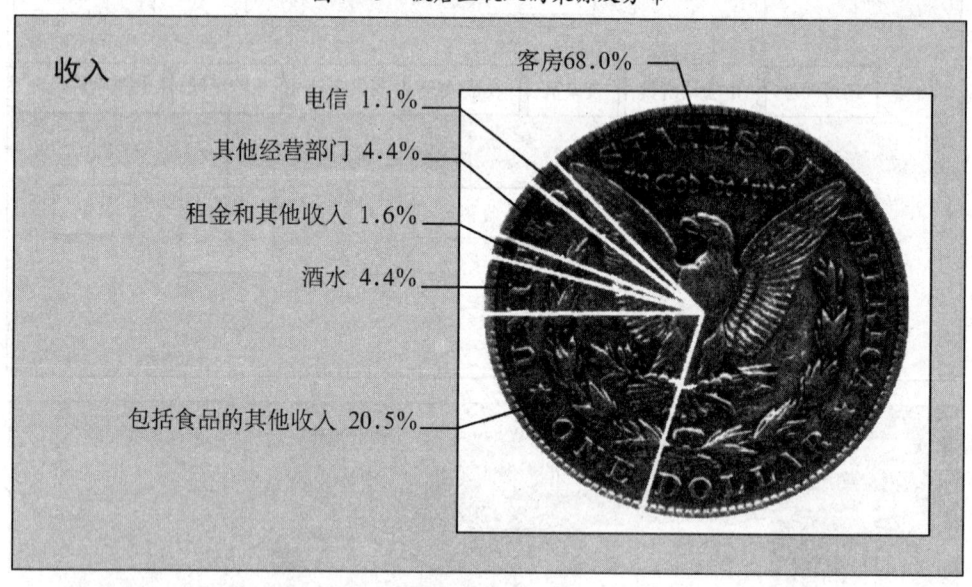

图7-3 饭店业收入的来源及分布

收入
客房 68.0%
电信 1.1%
其他经营部门 4.4%
租金和其他收入 1.6%
酒水 4.4%
包括食品的其他收入 20.5%

资料来源：《饭店业趋势》，2006年美国版，PFK咨询公司，PFK饭店研究。

**客务部组织** 无论饭店的规模或者类别如何，客务部的组织和职能都是相似的。大型饭店的客务部内设置更多的部门和人员，但这并没有改变其必须完成的基本任务。

在小型饭店，总经理或饭店业主直接监督管理客务部，因为其地位非常重要。在中等规模至大型饭店（300间客房以上）中，可能会有一名客务经理或者执行经理助理负责管理客房。无论饭店的规模大小，其客务部组织通常都与图7-4相似。正如你所看到的，客务部有四个部门或者职能：

- 前厅；
- 预订；
- 客房；
- 礼宾服务。

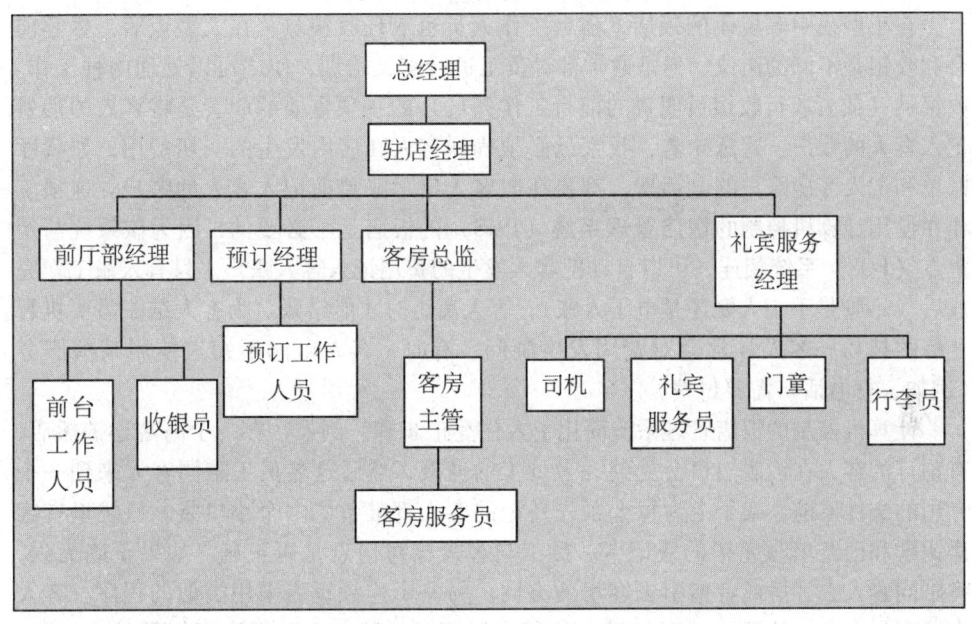

图7-4 客务部组织图实例

```
                        总经理
                          │
                       驻店经理
          ┌───────┬──────┼──────────┐
      前厅部经理  预订经理  客房总监   礼宾服务经理
       ┌───┤       │        │       ┌────┬────┬────┐
      前台 收银员  预订工作  客房     司机 礼宾 门童 行李员
      工作         人员     主管         服务员
      人员                   │
                          客房服务员
```

**前厅部**　前厅部是饭店的指挥岗位，负责处理客人的预订、入住登记、结账（收银）及退房工作。前台服务员[3]还负责分发房间钥匙及处理客人的邮件、留言和其他信息。

前厅部最显眼的部分当然是前台。前台可以是一个柜台，在一些豪华型饭店，前台是一张客人可以坐下办理登记手续的桌子。通常，前台工作人员在这里能够看到前门和电梯。这样，前台工作人员可以阻止不受欢迎的人士进入饭店，还可以防止逃账的客人离店。由于使用了现代化的信用和安全程序，前台的这种设置方法已经没有必要了。

前台工作人员的职责包括：
- 欢迎问候客人；
- 为客人办理登记手续；
- 为客房确定一种付款方式——信用卡、现金或直接结算；
- 分配无人入住并且打扫干净的可用客房；
- 向客人发放客房钥匙；
- 告诉客人房间位置和特殊设施的情况，回答客人提出的有关饭店和周边环境的问题；

231

● 如果饭店提供行李服务，负责叫行李员来帮助客人提行李。

在小型或中等规模的饭店，前台工作人员也兼任收银员。在大型饭店，尽管前台和收银是不同的岗位，但是通常都对员工进行交叉培训，使之可以处理两种工作。收银员（或者履行收银员职责的前台工作人员）的一项重要的职责是将客人的消费记入客人的账户。这意味着，收银员必须确保客人在店内发生的一切费用，如餐厅账单和记入客房账户的电话费，都要在向客人出示账单前记入客人的账户。这项工作在使用计算机控制的**饭店管理系统**（PMS）的饭店是不必要的，因为该系统与销售点（POS）系统相连，可以自动把客人发生的费用记入客人账户。只有入账工作完成后（不管是手工入账还是电子入账），客人离店时才能结账。为客人结账需要机智老练的技巧。客人常常会对费用发生疑问，有时，客人可能不知道使用某些服务（例如，打电话）需要付费。

计算机控制的饭店管理系统简化了入住登记步骤。例如，在一个高端连锁饭店，有预订客人在饭店门口会受到一名员工的迎接，然后这名员工陪同客人来到一个专用的文件架前。架子上为每个预先登记的客人都准备了一个小口袋。口袋里有客房钥匙和已经填写完毕的登记卡。员工与客人核对信息是否正确。如果正确无误，将陪同客人去客房或者指引去客房的方向。另一个连锁饭店采用类似的程序。客人直接到一个专门位置，留下信用卡的印记后可以得到一个装有房间钥匙的小口袋。在另一个连锁饭店，客人甚至可以在抵达饭店前通过电话办理登记。还有一些饭店，客人到达附近的机场时，入住登记就已经办好了。

设在饭店大堂里的自助式服务亭提供了更简单的入住登记系统。客人在这里，只要将信用卡插入机器，就可以获取预订信息，登记入住。然后，服务亭将发放房间钥匙，完成入住登记手续。客人离店时，可以使用服务亭的终端付账和打印收据。结账信息将自动传送给饭店管理系统。同时，客人还可以填写满意度调查表。

许多饭店允许客人在其房间的电视屏幕上查看他们的账单，然后通过电视频道选择器发送信号，确认其账单无误，同意付款。然后从客人的信用卡中划款付账。客人账单的复印件可以直接邮寄到客人的家里或者办公室，客人也可以在离店时到大堂领取。在有传真机的客房，账单会在结账的当天传真到客人的房间。

前厅通常采用的另一种结账程序是，客人离店的前一天晚上，当客人入睡时，把最终账单的复印件从客房的门下塞入。这个系统节约了时间，因为客人不必去索要账单，而且，客人在结账前可以有时间核对账单。如果客人认为没有问题，他们可以简单地打电话通知前台收银员确认账单上的费用。在账单确认后和实际结账离店之间发生的任何费用都要记入客人的最终账户中。客人的消费总额将显示在客人的个人或公司信用卡对账单上。

　　这个系统假定客人使用信用卡,并且入住登记时留下了信用卡的印记。通常,在客人入住登记时就应该从信用卡公司确认信用卡的有效性和是否有足够的余额可以支付房费,而不要等到离店结账时再确认。如果客人不使用信用卡,收银员必须根据饭店规定收取现金或者支票。

　　前台服务员履行的另一项重要职责是**夜间审计**。这项工作通常在晚上11点至次日早晨6点之间进行。因为在这段时间,可以不受其他工作的干扰,而且饭店的外销点都已经关门。在小型饭店,夜间审计工作由值班的前台工作人员执行;在大型饭店,夜间审计工作则由财务部指派的审计人员负责。

　　在大多数饭店,传统的金属客房钥匙和门锁已经被电子门锁系统取代,该系统使用可以任意设置密码的塑料**钥匙卡**操作,有时候还可以使用客人自己的信用卡操作。客房门锁与前台的控制台之间以电子的方式相连接,这样前台就可以为每一位入住的客人设置钥匙卡的密码,使之与前台控制台为该客房设置的密码相同。客人把钥匙卡插入客房门把手上的插槽内,门就可以打开。如果插入与门锁电子密码不相符的钥匙卡,则无法开启房门。这些新式的钥匙卡上面通常不标明饭店的名称或者房间号码,因此,如果钥匙卡一旦丢失,拾到它的人也无法使用。一些新式的钥匙卡系统还将客房门锁与中心计算机相连接,因此,饭店可以记录每个进入房间的人(每一个客房服务员和维修员工的钥匙卡都有各自的代码)和进入的时间。

　　在大多数情况下,前台工作人员除了自己的本职工作外,还是饭店与客人第一次接触和最后一次(经常也是唯一的一次)接触的代表。前台工作人员让客人感到宾至如归的能力极大地影响着客人在饭店停留经历的质量。因此,前台员工训练有素并保持高昂的士气是至关重要的,这样才能使员工与客人之间和员工与员工之间永远保持积极的接触。

　　为了改进与客人的关系,越来越多的饭店鼓励员工自己主动解决与客人的纠纷,不要把纠纷推给主管解决。例如,里兹—卡尔顿饭店集团规定,如果客人的投诉正当合理,前台工作人员有权从客人的账单中减免高达2,000美元的款项。

　　**预订**　客务部中的另一个部门是**预订部**或预订办公室。预订部应该由精通电话推销技巧的员工组成,他们可以通过电话接受预订,回答关于饭店及饭店设施情况的问题,报出房价和可用的日期。由于一些打电话的人是在询问行情,因此应该训练预订员既要推销饭店也要接受预订。预订员还要通过中心计算机预订系统(CRS)处理预订,或者通过第三方,如旅行社和饭店的销售代表,处理预订,这些人通常通过电话和互联网与饭店联系。很多饭店都有自己的网址,客人可以从网上直接预订。

233

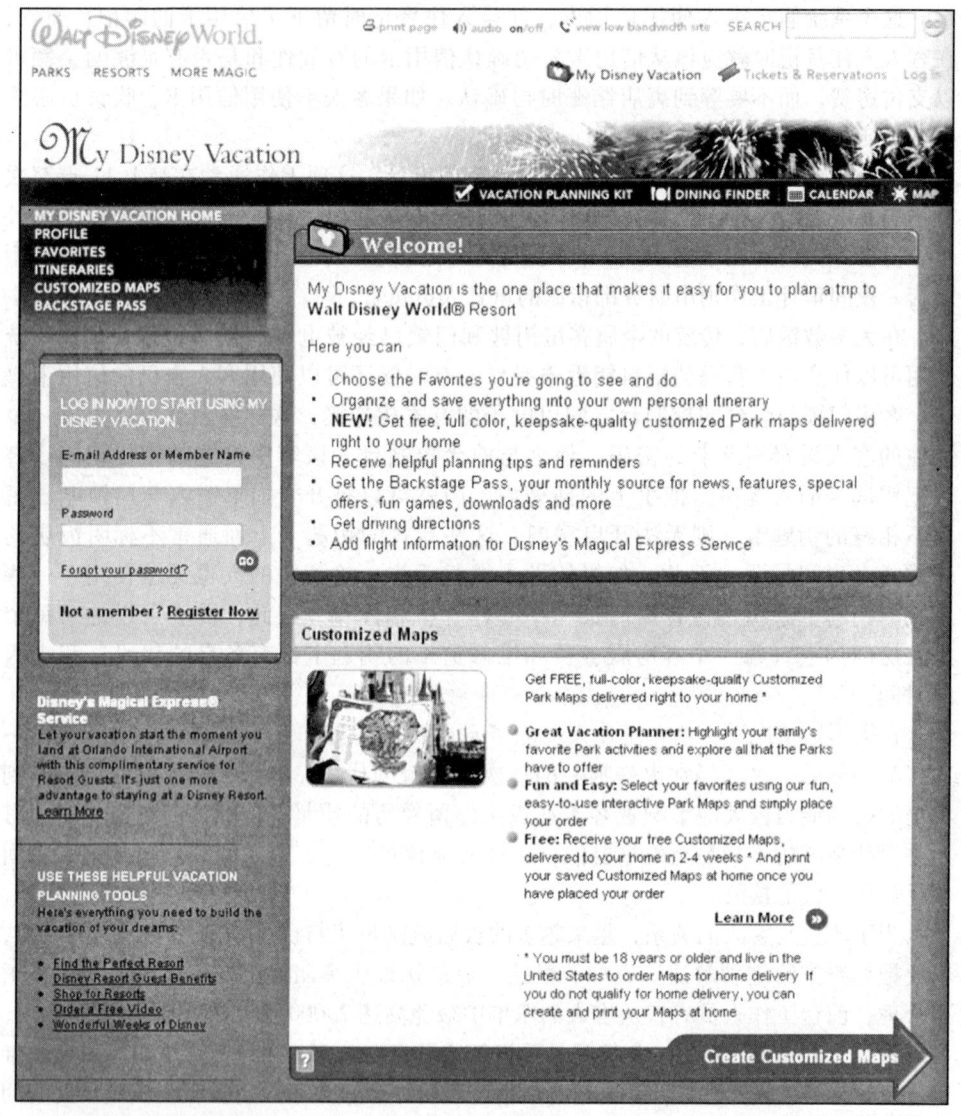

越来越多的公司允许客人在网上参观游览他们的企业，找出共性问题的答案，计划他们的假期，并在互联网上进行预订。（佛罗里达州奥兰多的沃尔特·迪士尼世界提供）

旅行社和饭店销售代表打电话预订时，预订员如果要恰当得体地为他们服务，就需要娴熟的技术和高效率。这些旅行业的专业人士需要即刻得到当前客房状态的准确信息。他们的报酬由饭店在客人的住宿行为完成后以佣金的形式支付。很自然，这些人主要关心的问题是，饭店应该保持准确的记录，这样他们才能及时得到佣金。

在饭店的预订中，比例最大的部分是通过电话或者连锁酒店的网站，用直接询问的方式完成的。剩余部分则通过以下方式：

- 互联网（例如，Expedia，Orbitz，Travelocity）；
- 旅行社；
- 饭店销售代表；
- 旅游经营商；
- 独立的预订系统；
- 航空公司、邮轮公司和其他运输公司。

很多饭店在制定价格和销售房间时采用**收益管理**技术。多年来，航空公司一直使用先进的收益管理价格系统。这是一些计算机控制的营销程序，航空公司可以通过这个系统预测某一航班或航线的座位需求情况，然后调整价格以获得最高的收入，从而控制飞机的座位情况和价格。饭店的收益管理意味着使用过去和当前的信息，提高饭店进行大量经营活动的能力，这样既可以增加饭店的收入，也可以提高顾客服务能力。这些活动包括：

- 建立最有效的客房价格结构；
- 根据预期的预订效益，限制某个特定的晚上和特定的客房类型的预订数量；
- 检查预订情况，以决定是否应该采取预订控制措施（例如，折扣房价）；
- 与批发商和团体客户协商折扣价格；
- 为客人提供恰当的产品（恰当的客房类型、房价等）；
- 从当前的和潜在的业务中获取更多的收入；
- 使预订工作人员成为有效的销售人员，而不仅仅是订单接收者。

业界咨询师埃里克·奥肯（Eric Orkin）认为：

饭店业的绩效基准通常是"客房/间夜"或者房费收入的基准。如果销售价值不变的产品，这些量化标准是非常有意义的，但是饭店客房的价值每天都发生变化。例如，同一间饭店的客房，在新英格兰金秋季节中一个星期六的价值要远远高于泥泞春季的价值。人们不太注意的是，两天前糟糕的天气导致一个大型旅游团取消了行程，在此之前，这个房间的那个金

235

秋季节星期六晚上的价值一直很高。但是，饭店现在面临着客房空置的局面，因此饭店房间的价值下降了。[4]

　　收益管理系统要求使用复杂的计算机程序：(1) 预测某一特定日期的预订数量（包括取消预订的数量和预订了房间但没来的客人）；(2) 跟踪可用房间的情况；(3) 依据房间的可用性、需求和其他变化因素，计算这些房间能售出的最高房价。

　　随着收益管理系统变得越来越先进，其使用范围也在扩大。例如，今天很多酒店公司都使用收益管理系统来管理其会议空间和客房空间。通过跟踪会议空间的需求情况，"饭店整体收益管理"的目的是最大限度地从房间库存（客房和会议房间）中获取收益。

　　一些饭店业主认为，收益管理系统有时候鼓励折扣价格。而另一些人则认为，收益管理系统与良好的服务是矛盾的，因为客房价格的频繁变化会使客人感到迷惑。但是，如果运用得当，收益管理系统毫无疑问将是一个有效的预订工具。

　　**客房部**　客房部是客务部的另一个部门。客房部负责清扫饭店的客房和公共区域。在大多数饭店，这个部门的员工人数最多。在大型饭店，客房部可能包括：客房部经理（或称行政管家）、经理助理（管家助理）、客房主管、客房服务员、清洁工（负责清扫公共区域和整个饭店客房用品的搬运工作）、布巾房主管和员工、洗衣房员工及负责员工制服的人员（图 7-5）。没有洗衣和熨烫设备的饭店可能只用这些设备洗熨饭店的布巾和员工制服，而将客人的衣物送到店外有专用设备的洗衣店洗熨。

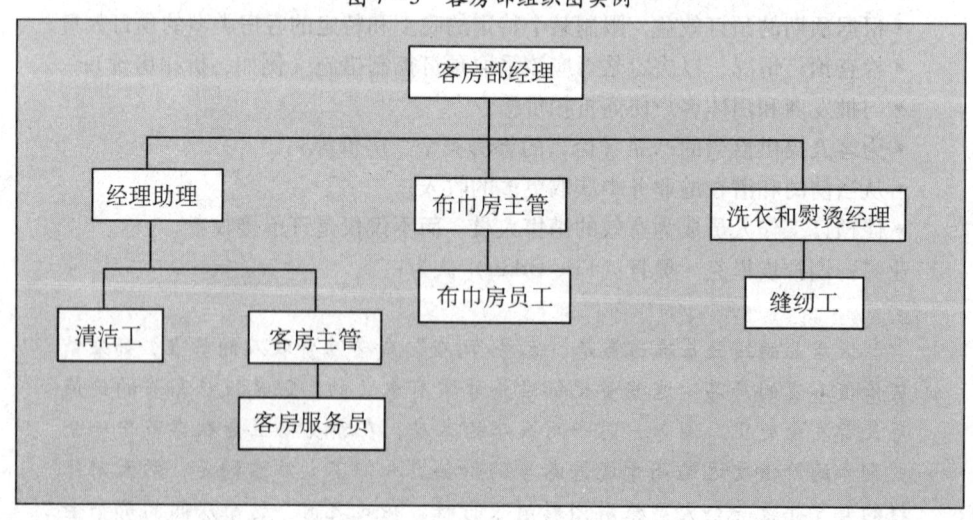

图 7-5　客房部组织图实例

客房部经理肩负着巨大的责任,他不但负责清洁和维护,而且还负责员工培训和控制一些大量使用的物品的库存,如布巾、客房物品和设备。[5]客房主管监督客房服务员的工作。客房服务员负责按照特定的程序清扫客房,并且使每一楼层的布巾库房的备品数量保持在预先规定的水平。通常规定客房服务员在一定的时间内清扫的客房定额。每班的定额通常为15间客房,但是在不同饭店,这个数字的差别很大,因为某些条件不相同,如房间的位置分布、工会的合同、饭店的规模及工资水平。

客人结账离店时,客房服务员负责清扫这些房间,使这些房间能够再次出租。客房服务员的职责包括:

- 更换布巾;
- 检查床和毯子有无损坏;
- 铺床;
- 清理垃圾;
- 检查客房内的电器设备、窗帘或百叶窗有无损坏,水龙头是否漏水;
- 检查衣橱和抽屉内是否有客人遗留的物品;
- 清扫房间和浴室;
- 更换浴室的毛巾和其他用品。

一些饭店将饭店的大堂、餐厅、卫生间和窗户的保洁工作承包给店外清洁公司。除窗户外,大部分此类清洁工作都必须在深夜进行,因此饭店通常很难找到愿意在这一时间段工作的主管和员工。清洁承包公司(其中许多公司还负责办公楼和机场航站楼的保洁工作)可以在这样的特殊的工作时间段中高效地完成清洁任务。

**礼宾服务** 礼宾服务部有时也被称为顾客服务部。该部门的员工包括行李员(最初客人用铃声召唤行李员)、礼宾员及交通或泊车服务员。一些大型饭店还设有门童,负责帮助客人把行李从汽车或出租车上搬进饭店。

行李员把客人的行李搬进或搬出客房。他们还陪同客人到客房,安排客人进入房间时检查客房的情况并向客人介绍客房和饭店的特点。行李员应该详细了解饭店的情况,包括饭店餐厅、大堂吧和其他设施的营业时间。他们还应该了解当地社区的情况。

一些饭店采取欧洲式的礼宾服务。礼宾员的工作职责和家庭男女主人的职责相似。目的是为客人提供个性化的细心服务。礼宾员是客人获得饭店信息的主要来源。礼宾员不仅要熟悉饭店的设施和服务,而且还要十分了解本地区的情况。一个优秀的礼宾员应该知道市内发生的事情。礼宾员能向客人推荐不远处的浪漫烛光餐厅或者市内最好的牛排餐馆。礼宾员能预订和购买戏票或者向客人推荐能够办理此事的人。礼宾员还能介绍文秘服务和复印中心、预订豪华轿车,提供其他类型的使客人感到自己很重要而且备受关注的服务。

237

客房服务员负责按照饭店规定的程序清扫客房。(加拿大卡尔加里威斯汀卡尔加里酒店;喜达屋酒店和度假村国际集团供稿)

交通服务包括为客人在饭店内部或附近停车场泊车。如果饭店还提供其他交通服务,如机场巴士服务,这类工作也通常由这个部门承担。在大多数大型饭店,停车场和豪华轿车都由店外单位承包。

**衡量客务部的工作绩效** 衡量客务部工作最常用的三个统计指标是:**日平均房价**(ADR)、**入住率**和**可销售客房收入**(RevPAR)。这些统计数据可以每天计算一次,也可以任何时间段计算一次。

日平均房价的计算方法很简单,即客房收入除以同期的售出房间数。下面的实例是单日和三日的日平均房价的计算方法:

| 日期 | 客房收入 | ÷ | 售出房间数 | = | 日平均房价（ADR） |
|---|---|---|---|---|---|
| 星期一 | 23,800 美元 | | 170 | | 140.00 美元 |
| 星期二 | 30,000 美元 | | 185 | | 162.16 美元 |
| 星期三 | 29,000 美元 | | 178 | | 162.92 美元 |
| 三天统计 | 82,800 美元 | | 533 | | 155.03 美元 |

在这个例子中，155.03 美元是三天售出的 533 间客房的日平均房价。大多数饭店都制定许多不同的房价等级，以适应不同的细分市场。针对政府雇员、公司旅客、老年人等市场制定了不同的价格。客房价格也因房间大小、位置、家具和服务的不同而异。例如，位于高楼层可以俯瞰公园的靠楼角的大房间的价格要比位于低楼层面对小巷的小房间高。决定客房最终售价的因素包括客房的买主、房间的位置、星期几，可能还包括季节因素。管理部门的目标是先出售最贵的房间。但是，客人通常要求住最低价格的房间。所以，日平均房价是衡量接受预订人员销售能力的指标，也是确定客人对各种类型客房的需求的指标。

入住率同样是重要的市场统计数字，其计算方法是：售出房间数除以同期可售房间数再乘以 100%。可售房间数可能与饭店的实际房间数不一致。出现差异的原因是饭店的经理和其他人员长期占用一些房间或者一些房间正在进行装修改造。和平均房价一样，可以计算出任何时间段的入住率，例如：

| 日期 | 售出房间数 | ÷ | 可售房间数 | × | 100% | = | 入住率 |
|---|---|---|---|---|---|---|---|
| 星期一 | 170 | | 200 | | | | 85.0% |
| 星期二 | 185 | | 200 | | | | 92.5% |
| 星期三 | 178 | | 200 | | | | 89.0% |
| 三天统计 | 533 | | 600 | | | | 88.8% |

可销售客房收入（RevPAR）是经营者评估客务部工作绩效时经常使用的第三个统计数据。其计算方法为：客房收入除以同期可售房间数。还可以这样计算：入住率乘以同期日平均房价：

| 日期 | 入住率 | × | 日平均房价 | = | 可销售客房收入 |
|---|---|---|---|---|---|
| 星期一 | 85.0% | | 140.00 美元 | | 119.00 美元 |
| 星期二 | 92.5% | | 162.16 美元 | | 150.00 美元（四舍五入） |
| 星期三 | 89.0% | | 162.92 美元 | | 145.00 美元（四舍五入） |
| 三天统计 | 88.8% | | 155.03 美元 | | 138.00 美元（四舍五入） |

饭店经理使用这三种统计数据评估饭店目前在预算和工作绩效预测方面的工作水平。使用相同的预测数据，营销部可以知道在今后的哪个星期或者哪个月需要加强销售力量。应该指出的是，不能单独使用这些数字来衡量饭店的财务绩效。一个

入住率为99%的饭店，如果其日平均房价或者可销售客房收入不足以冲抵所有成本和获得合理的投资回报，它仍然会倒闭。

## 餐饮部

尽管大多数饭店的客务部都是最大的创收部门，但是也并非总是如此。在一些饭店（通常是设有大型宴会设施的度假饭店和会议饭店），**餐饮部**创造的收入可能等于或者超过客务部。原因是度假饭店的客人倾向于在饭店内逗留，并且也不太关注价格，因为他们是在度假。在会议饭店，增加的食品销售额来自饭店中众多的餐厅、宴会厅和酒吧。

不论餐饮经营规模大小，大多数饭店的经理们都发现，他们的餐饮设施对于饭店的声誉和赢利至关重要。毫无疑问，在多数情况下，饭店的食品和饮料的质量极大地影响着客人对某个饭店的看法，还影响着客人是否再次光临。事实上，一些饭店以其餐厅而闻名的程度和以其客房而闻名的程度是一样的。例如，纽约市四季酒店的法式若埃尔·罗布松餐厅（L'Atelier de Joël Robuchon）就是由著名的法国大厨经营的。

成功的饭店经营者不再把餐饮设施仅仅当做方便客人的设施。饭店的餐饮销售点必须吸引当地社区的成员，使饭店客人愿意在店内就餐，并获得合理的利润回报。**店内就餐率**指饭店客人在店内就餐的百分率，许多饭店都测量该项指标。

除了有限服务饭店和汽车旅馆（这些饭店基本不经营餐饮业务）之外，所有的住宿接待企业实际上都提供某种层次的餐饮服务。大型饭店通常设有多种餐饮设施，而小型饭店则可能仅有一个供应一日三餐的餐厅。图7-6列举了饭店可能设置的各种类型的餐饮销售点。[6]

图7-6 饭店餐饮销售点的类型

| 食品服务 | 饮料服务 |
| --- | --- |
| 餐厅 | 鸡尾酒廊 |
| 特色餐厅 | 公共酒吧（客人使用） |
| 咖啡厅（中等价格餐厅） | 服务酒吧（服务员使用） |
| 高级俱乐部 | 宴会 |
| 快餐吧 | 迪斯科酒吧 |
| 外卖 | 微型酒吧（客房内） |
| 自助餐厅 | |
| 送餐服务 | |
| 宴会 | |
| 员工食品服务 | |

**选择餐饮销售点的类型** 经理们可以采用多个标准来决定某一饭店应该提供的餐饮服务的类型。不论是筹划建设中的新饭店，还是面临市场变化的老饭店，经理们都应该仔细思考这个问题。

第一个选择标准是饭店的类型。这家饭店主要的服务对象是暂住的商务客人还是参加会议的人员？这是度假饭店吗？商务客人更喜欢在单间小餐厅用餐，而会议饭店则需要大型聚会使用的大宴会厅。度假饭店的特色餐厅通常都很成功。

下一个选择标准是饭店的等级。五星级饭店需要五星级的餐厅。中等价格饭店则不需要这么高级的餐厅，其客人也不期望如此。

竞争是另一个应该考虑的因素。在该地区已经有哪些类型的餐厅？如果你周边都是意大利餐厅，那么在你的饭店里再建一个意大利餐厅可能不是个好主意。而建一个完全不同类型的餐厅可能是明智之举。

产品的可得到性也是要考虑的因素。除非只使用随时可以买到的鱼类，否则鲜鱼餐馆的经营就会遇到困难。空运缅因鲜龙虾和多佛鲜鲽鱼的成本会使其价格在市场上无立足之地。

劳动力的可得到性是另一个应该考虑的重要因素。需要许多员工操作的菜品在劳动力市场紧张的地区可能是不可行的，例如，需要在桌边烹饪和服务的黛安牛排和火焰薄饼。

最后要考虑的问题是需求。某些种类的食品在美国的一些地区的受欢迎程度要超过另一些地区。例如，西南地区对墨西哥餐馆的需求超过东北地区。饭店内的餐厅是客人们愿意光顾的那种吗？

**餐饮部的组织** 大型饭店餐饮部的组织可能是很复杂的，设有多种不同类型的餐厅和酒吧，每一个都有独特的装修风格、菜单和服务方式。这类部门的厨房、酒吧和服务区需要训练有素的员工及具有多方面高超技能的经理。

让我们看一看一个中等规模的饭店中的典型的餐饮部的组织图，以了解餐饮部是如何工作的（图7-7）。如图所示，餐饮部经理向总经理报告工作。（一些饭店由行政助理经理负责。）因为餐饮部经理负责饭店主要经营实体的工作，而且在这里工作的员工都具有特殊的技能，所以餐饮部经理应当精通经营和管理。经理也应该通晓餐饮备制和服务技术。

厨师长向餐饮部经理报告工作，负责管理厨房工作人员，厨师长也称为行政总厨或主厨。厨师团队中的一个重要成员是管家，他指挥厨房勤杂工和洗碗工的工作，并保证有充足的清洁瓷器、玻璃器皿和刀叉类餐具供所有的餐厅、酒吧和宴会厅使用。

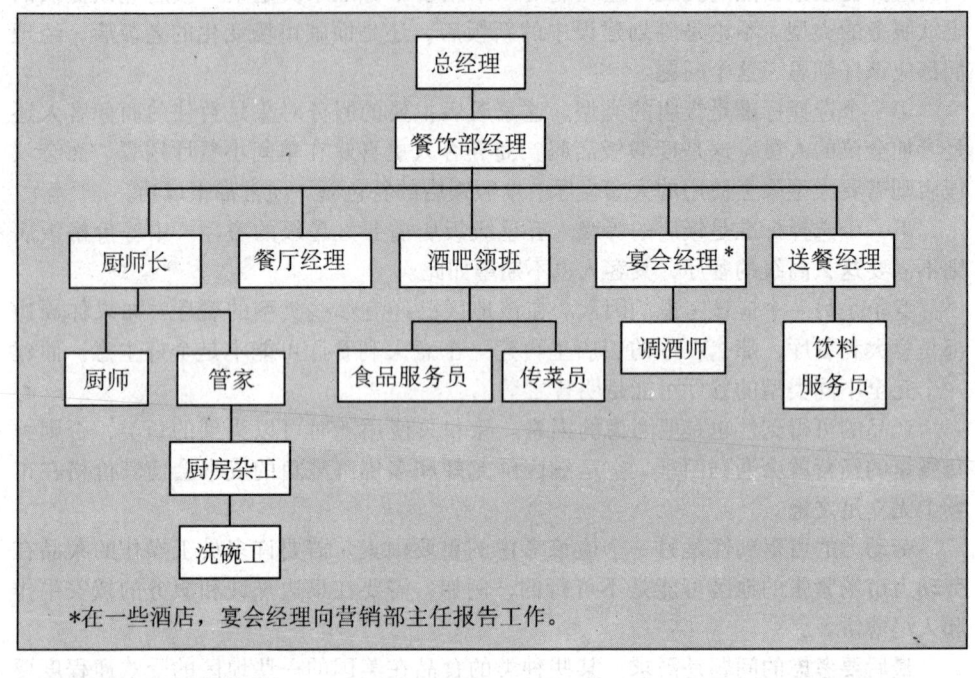

图7-7 中等规模饭店的餐饮部组织图实例

```
                          总经理
                            │
                        餐饮部经理
    ┌───────┬───────┬────┴────┬────────┬────────┐
  厨师长   餐厅经理  酒吧领班   宴会经理*  送餐经理
    │                                      │
 ┌──┴──┐                 ┌────┬────┐      │
厨师   管家            食品服务员 传菜员  调酒师   饮料
        │                                       服务员
     厨房杂工
        │
      洗碗工
```

\*在一些酒店，宴会经理向营销部主任报告工作。

餐厅经理必须确保顾客服务平稳进行、有足够的值班餐饮服务员和传菜员、所有的餐厅服务员都受到良好的训练并符合饭店的服务标准。餐厅经理的工作还包括培训新员工。在设有酒吧的中等规模饭店，酒吧领班负责酒吧的经营，督导调酒师和饮料服务员的工作。宴会经理和送餐经理负责餐饮区域，我们将在下面简要讨论这些问题。

**宴会部** 一些饭店的餐饮部包含宴会部。（应该指出，一些饭店将其宴会功能放在营销和销售部，而不放在餐饮部。）**宴会部**的重要性是双重的。宴会部不但可以塑造饭店的形象，而且还是餐饮部最重要的赢利部门。宴会部安排和计划如下餐饮活动：（1）会议和小型住店团体；（2）销售部承接的当地的宴会。在一些饭店，宴会部销售额占饭店全部餐饮销售额的50％。

在大多数市场领域，宴会业务都是竞争性很强的业务。为了在竞争中取胜，宴会部的员工必须具备广泛的能力和知识。好的宴会部应该擅长如下方面的工作：销售、菜单策划、餐饮服务（包括酒水服务）、食品生产、产品知识、成本控制、艺术才能和戏剧感。所有这一切都需要深厚的专业技术知识，也要求娴熟地使用饭店的设施和设备。

> **就餐计划**
>
> 饭店的餐饮部提供多种就餐计划，包括：完全美式计划、修正式美式计划、大陆式计划和欧洲式计划。
>
> 完全美式计划和修正式美式计划通常见于度假饭店。在完全美式计划中，房价中包含早、中、晚三餐。事实上，饭店为客人提供的包价计划中包含他们居住期间的房费和每日三餐的费用。这对那些关注其度假期间总花费并愿意提前做预算的客人具有吸引力。修正式美式计划只提供两餐，通常为早餐和晚餐。
>
> 大陆式计划的房价中包括大陆早餐，所以又被称为早餐式计划。在百慕大，大陆计划也称为百慕大计划。欧洲式计划中的房价不包含膳食。
>
> 在孤立的度假饭店，因为周边地区的餐馆很少或者没有餐馆，附近地区人烟稀少，因此更可能提供美式计划。这类度假饭店在20世纪初很流行，那时，游客们在度假饭店逗留两个星期以上。今天的客人们不愿意受就餐计划的束缚，他们更乐于随意到当地的其他餐馆品尝风味。结果是，饭店提供的就餐计划发展缓慢，因为整体需求在下降。饭店经理们都期望事实不是这样。从饭店的角度，如果事先知道就餐人数，就可以更好地控制采购、备餐和人员安排。而且两种美式计划都可以保证食品收入和酒水收入，因为客人们通常会在餐前点鸡尾酒、餐中点葡萄酒或餐后点饮料。

还需要使用超级营销工具。马里兰州切萨皮克的圣迈克尔斯海港饭店（St. Michaels Harbour Inn）是一家相对比较小的度假饭店，但它知道如何成功地销售宴会。客人可以从其正餐宴会的菜单上选择桌式服务或者自助式就餐方式。菜单上共有16种桌式服务菜单项目和4种推荐的自助餐。每个菜单项目都有清晰的解释，并标明价格，因此那些不知道选什么或者饭店供应什么的客人可以很容易地作出选择。酒水服务菜单为客人提供了三种付款选择方式：按人计算费用、按小时计算费用和按份计算费用。如果宴会部期望吸引多种类型的客人，这种灵活性是非常重要的。

宴会部经理通常向餐饮部经理报告工作。当然也有例外。在一些饭店，宴会部经理直接向销售总监或者总经理报告工作。这时，宴会部经理的主要职责是销售宴会活动，而不是管理宴会活动。如果饭店的组织方式是这样的，那么负责宴会区食品生产的宴会经理通常向餐饮部经理报告工作。这样的劳动分工将宴会区的销售职能与生产和服务职能分开。

饭店宴会部的销售额可能会占饭店全部餐饮销售额的50%。这个室外宴会安排在酒店的院子里。(亚利桑那州图森威斯汀拉帕洛马酒店；喜达屋酒店和度假村国际集团供稿)

**送餐服务** 大多数设置餐饮部的饭店都为客人提供某种类型的客房送餐服务。**送餐服务**是饭店食品服务中最难管理的区域之一，赔钱的可能性也最大。高度市场导向的沃尔特·迪士尼公司称其为"私人就餐"。

在豪华度假饭店的送餐服务中，食品的外观和摆放与食品本身同样重要。（科罗拉多州科罗拉多斯普林斯布罗德莫酒店供稿）

　　送餐服务有两个主要困难：第一，送餐地点远离食品生产区。在有很多别墅的度假饭店，送餐时经常使用电动车。由于送餐沿途频繁的停靠，热菜送达时可能已经变凉了，而凉菜却变温了。第二，还是因为距离，餐饮服务员的生产率很低。在同样的时间内，餐厅服务员可以照应的客人数量远远超过送餐服务员。所以，送餐服务的收入不足以抵偿成本。使这些问题更加恶化的是，需求量最大的送餐服务是早餐，而最受欢迎的早餐是大陆式早餐（果汁或水果、加黄油或果酱的面包卷及一份饮品）。早餐的平均账单额很小。

# 行业改革者

斯蒂芬·F·博伦巴克
希尔顿饭店公司
共同主席兼首席执行官

《时代》杂志称斯蒂芬·F·博伦巴克是"美国公司削得最尖的铅笔之一"。在过去的10年,他改变了五个世界最大的饭店组织的面貌,现在他一点也没显示出停滞不前的迹象。

博伦巴克有一个简单的哲学:提高公司股票的价值,这个哲学吸引了每个与他合作的公司股东。他运用了一系列改革技术,热诚地推行他的哲学,包括:拆分公司、出售资产、承担大量债务、用债务交换证券、支付特别股息及重新安排贷款结构。

1998年,博伦巴克加入假日集团公司,任首席财务官兼董事。他发起的资本重组和经营结构调整使公司更健康地发展,公司股票升值了250%。

在假日集团公司,博伦巴克成功地抵制了敌对的起诉者,包括唐纳德·特朗普。博伦巴克在生意上的精明给特朗普留下了深刻的印象,因此特朗普邀请博伦巴克出任特朗普房地产开发公司(Trump Organization)的首席执行官。博伦巴克于1990年接受了这份工作。他的主要职责包括:为唐纳德·特朗普拥有的资产和公司重新融资,包括保证筹集到6.5亿美元的个人贷款。

博伦巴克在特朗普房地产开发公司获得了成功,因此万豪公司邀请他加盟并出任首席财务官。1993年,他领导万豪公司进行了改革性重组,将其分为两个公司:玛利洛特公司(Host Marriott)和万豪国际酒店管理集团(Marriott International)。博伦巴克被任命为玛利洛特公司的总裁兼首席执行官。在他两年的任期内,股东们看到他们的股票增值了158%。

1995年,博伦巴克成为沃尔特·迪士尼公司的资深执行副总裁兼首席财务官。他说服了迪士尼公司的董事长迈克尔·艾斯纳以190亿美元购买了大型传媒联合体"ABC/大都会公司"(ABC/Capital Cities)。多年来迈克尔·艾斯纳一直拒绝收购传媒公司,因为他认为这样做可能会消耗迪士尼公司的资源。这曾经是美国历史上第二大商业并购事件,它使迪士尼公司的利润得到了稳定的增长。

但是,仅仅过了一年,博伦巴克又一次转换公司。1996年,巴朗·希尔顿任命他为希尔顿饭店集团的总裁兼首席执行官。他负责希尔顿公司的饭店和赌场,还负责公司的全部财务工作。他在购买巴利斯赌场(Bally's)和大赌场(Grand Casinos)的活动中起了很大作用。这两个赌场与希尔顿公司的博彩设施合并组成了帕克康乐宫(Park Palace Entertainment)[现在是凯撒娱乐公司(Caesars Entertainment Corporation)]。1999年,大使套房饭店(Embassy Suites)、汉普顿旅馆(Hampton Inn)、霍姆伍德套房饭店(Homewood Suites)和双树饭店公司(Doubletree Hotels)都加入了希尔顿公司。希尔顿公司在这一年购买了普罗米斯饭店公司(Promus)。2005年,希尔顿再次购买了英国的希尔顿集团(Hilton Group plc, Hilton International),这个集团是在40年前卖掉的。这个重新建立的希尔顿酒店集团公司(Hilton Hotels Corporation)是全球住宿市场的一个重要竞争者。

今天,斯蒂芬·F·博伦巴克是希尔顿饭店公司的共同主席和首席执行官,也是世界上公认的饭店业和娱乐业、饭店财务和并购方面的首要权威。

为了解决送餐服务的成本问题，许多饭店送餐服务的食品价格都比较高，而且每份（或者每人）还要加收服务费。通过限制（1）送餐服务菜单上食品项目的数量及（2）送餐服务的时间，可以进一步降低成本。然而，这不能解决潜在的食品质量低下的问题，也不能满足某些客人希望送餐服务的菜单中包括多种选择的要求。

为了保证食品质量，送餐服务的食品必须尽快送到客房，并保持恰当的温度。这就需要恰当的设备和高效的送餐服务组织。许多饭店都使用挂在门把手上的菜单，请客人在前一天晚上点好早餐，在菜单上标明他们点的餐饮项目和送餐时间。客人把填写好的菜单挂在客房门的外把手上，服务员晚上将菜单取走。这样有助于饭店把送餐服务做得更好，因为饭店可以计划每个时间段送餐的数量并组织送递工作。

因为出现了很多令客人不满意的送餐服务问题，一些饭店减少了送餐服务，缩短了送餐服务的时间段或者干脆取消送餐服务。不同的是，一些高级和豪华饭店却把送餐服务当做一种机会。这些饭店的管理者们把送餐服务看成是客人全部经历的一部分。为保证成功，他们重新设计菜单，提供适合旅行的食品，同时也仍然提供多种菜单选择。例如，里兹—卡尔顿饭店提供比萨饼、汉堡包和色拉；四季饭店提供家庭菜式，例如，鸡肉馅饼和肉馅面包。

**支持和控制服务** 和餐饮部相关的支持和控制服务包括**采购部**和财务部。大型饭店都有一名采购部经理负责购买饭店使用的所有物品，包括食品和饮料。采购单通常由厨师长、酒吧经理（或酒吧主管）或者餐饮部经理交给采购部。然后，采购部从供给商寻求具有竞争性的投标，向供给商提供订购的每一种餐饮物品的具体规格。

对食品和饮料的控制，通常接受财务总监的监督。下列人员向财务总监报告工作：

- 收货员，负责检查收到的食品和饮料的数量和质量；
- 库房保管员，负责物品的恰当储存和库存食品和饮料的发放；
- 餐厅、咖啡厅和其他餐饮销售点的收银员，负责结清客人的账目。

一些饭店还专门设置一名餐饮审计员，向财务总监报告工作。这些人员是财务总监办公室里的食品和饮料专家，负责确保餐饮部获得最佳财务效率。餐饮审计员的职责包括：

- 跟踪食品和饮料的成本；
- 监督订货和收货程序，包括是否符合采购品的规格；
- 确定菜单项目的成本和价格；
- 进行月度库房盘点；
- 向管理部门报告成本情况，必要时提出降低成本的建议和措施；
- 制作每月和每日的餐饮成本报告。

在一些饭店，餐饮审计员向餐饮部经理报告工作。从控制的角度看，这种安排不太合适，因为餐饮审计员实际上只是餐饮部的监督者，其报告的作用是对餐饮部进行评估。然而，有时候却这样安排餐饮审计员，因为这个工作岗位通常是通向餐饮部经理的职业道路的第一步。

**餐饮经营中的问题** 尽管许多饭店的餐饮部所属的餐饮经营部门的赢利水平很高，但并不是所有的餐饮部都赢利。一些餐饮部在所有领域都亏损，一些在食品经营方面亏损，但是在酒水经营上赢利。有时亏损的原因是管理不善，但是餐饮经营的亏损还有许多共同的原因：

- 营业时间长 饭店的餐厅必须保持提供充足的服务，以满足饭店客人的需要，即使在客人稀少的营业时间也应该如此。但是，在客人稀少的营业时间，由于生意太少，因此通常不足以抵偿经营成本。严格管理员工的工作时间安排可以缓解这个问题。
- 平均账单额低 在零星时间向客人提供的低价早餐和廉价的快餐通常被列为不赢利的原因。精明地推销利润比较高的项目有助于克服这个问题。
- 设施太多 从成本的角度看，为满足各种各样的饭店客人的需要而设置多种不同类型的餐饮设施会导致效率低下。然而，恰当的计划、中央厨房和协调菜单（不同的食谱使用多种相同的原料）可以有助于解决这个问题。
- 员工离职率高 因为饭店餐饮部的工作日益复杂，因此对高工资人才的需求也日益增加。这种劳动成本是无法避免的。但是员工的高离职率可以避免，员工离职率高会导致增加招募和培训成本。良好的人力资源管理会在这方面起很大的作用。
- 娱乐成本高 一些设有多个餐厅和酒吧的饭店雇用娱乐演员诱使客人晚上出来娱乐。虽然娱乐是特殊的行业，但是演员的价格是可以协商的。有经验的娱乐代理商通常可以帮助饭店降低娱乐成本并得到较好的演员。
- 营销不充分 过去，饭店的餐饮销售门点很少进行营销活动。一些饭店今天仍然对营销活动的缺乏颇感内疚。但是，近些年在大多数饭店内发生的最明显的变化是，他们积极地推销其餐厅和酒吧。现在，许多饭店在与独立餐馆的竞争中都取得了成功，饭店餐厅采用了这些独立餐馆有效使用的一些技巧：引人入胜的主题和装饰、有趣和生动的菜单及高质量的娱乐活动。

## 其他收入中心

**电信部** 饭店的经理们都知道，良好的电信服务可以增加客人对饭店的正面印象，而不良的电信服务则会使客人产生挫折感和对饭店的负面印象。这会使饭店失去回头客。

现代电信技术的使用减小了客人对饭店电话接线员的依赖。在许多饭店，直接拨打分机号码就可以接通电信服务。例如，如果电话留言信息录音正确，客人拨打一个数字代码就可以查询自己的电话留言信息。叫醒服务可以实现自动化，尽管客房中的收音机闹钟通常可以完全代替叫醒服务。本地和长途电话也不再需要饭店总机服务员的帮助。因此，现代饭店的**电信部**不但提供了比以往更好的服务，而且还有很大的利润潜力。毫无疑问，良好的电信服务会受到客人的感谢，客人也会乐于花钱使用这种服务。在客房内提供互联网服务就是其中的一个例子。

很多高级饭店向客人提供语音留言服务，客人可以发送和接收录音信息。饭店还提供无线寻呼服务和手提电话，因此客人无论在饭店里还是外出开会都能够快速地与商务客户联系。美国电话电报公司（AT&T）推出了一种在线翻译服务。不会说英语的客人只需简单地给前台服务员打电话，服务员就可以联系美国电话电报公司的接线员担当客人和服务员之间的翻译。

当然，今天的很多客人都有手机，这极大地影响了客人使用饭店的电话服务；而另外一些客人则在旅行中使用电话卡。因此，很多饭店的电话收入都减少了（根据 PFK 咨询公司的调查，从 2004 年到 2005 年，饭店的电话收入减少了大约 8%）。

**特许经营、出租、佣金** 如果有足够的需求，除了客房、食品和酒水以外，饭店还会出售其他东西。礼品店、书报亭、花店、洗衣和干洗服务、美容室、珠宝店、文秘服务甚至办公空间等都是饭店能够提供的服务项目，客人可以在饭店的大堂或者从饭店临街的入口处得到这些服务。饭店的管理部门可以选择自己经营这些服务，也可以选择引进他人进店经营。

**特许经营** 指饭店中的一些设施，例如，美容室或健身俱乐部，饭店完全可以很好地直接经营这些设施，但是饭店将其交给独立的经营者，由他们负责这些设施、人员和营销。饭店从特许经营中获得的收入额可以用多种方式确定。可以是固定收费标准；可以是最低收费外加超过规定数额之外的总收入部分的百分比；也可以简单地按总销售额的百分比收费。

**出租** 在许多饭店都是很常见的，即饭店简单地将空间出租给企业，例如，办事处或者商店。租金的数额通常都在租约中注明，租约通常是长期的，到期可以续约，每年可以按约定调整租金。

**佣金** 指为客人提供服务的饭店外供应商付给饭店的费用。例如，汽车租赁代理公司、摄影服务和干洗服务。他们根据向客人提供服务的总销售额按百分比向饭店支付佣金。

如果有需求，饭店除了向客人销售客房、食物和饮料之外，还具有向客人出售其他东西的潜力。这是墨西哥阿卡普尔科的费尔蒙特皮埃尔马克斯酒店中的一个礼品店。（费尔蒙酒店和度假村集团供稿）

在这些安排中重要的一点是：除非这些在饭店中提供服务的公司或个人是公认的独立实体（例如，拉斯韦加斯威尼斯酒店中的峡谷农场温泉），否则客人会认为，他们是在与饭店打交道而不是与这些公司或个人打交道。因此，这些公司或个人的服务质量和服务标准必须与饭店的其他经营单位相同，否则将会影响客人对饭店的感知。例如，如果礼品店出售庸俗不雅的物品，客人可能会认为饭店的品位和标准也就如此。饭店与这些经销商的协议中应该明确规定清洁标准、员工服饰标准及其他与"形象"有关的事宜，还要明确一些具体事项，如营业时间等。

**健身和康乐设施** 今天的商务人士喜欢穿运动鞋旅行，他们认为每天跑步或者进行某种形式的体育锻炼是非常重要的。一些饭店认识到了这一点，为客人提供体育锻炼设施和室内游泳池，这样饭店就可以利用客人的这种新需要，扩大客源。一些饭店跟不上时代的发展，因此失去了那些离家外出也要坚持体育锻炼的客人。

通常，客人使用基本锻炼设施是免费的，但是，一些设施是要额外收费的，如按摩、租用自行车或者使用豪华温泉。一些饭店认识到了向白领人士和饭店附近居民销售健康俱乐部的潜力，对外出售健康俱乐部会员卡，这样就使成本中心变成了创收部门。

旅行业中的另一个增长趋势是商务和休闲的结合。商务人士携妻带子旅行并不罕见。为此，一些饭店设置了电子游戏室，现在这已经变得非常受欢迎。这些电子游戏室每星期的毛收入超过500美元，其中大约一半可以成为饭店的利润。

很多饭店和度假村现在都为客人提供健身中心。这是墨西哥阿卡普尔科的费尔蒙阿卡普尔科公主酒店中的一个健身中心。（费尔蒙酒店和度假村集团供稿）

客房付费电视是康乐收入的一个主要来源。现在有许多系统可以为客房和厅堂提供电视节目。除了普通的广播频道外，还有有线电视频道，如HBO、作秀时刻（Showtime）、ESPN和MTV等。客人还可以通过按片付费的方式观看首轮电影。这是豪华型饭店甚至中等价格饭店都必须提供的一种服务。很多客人都期望能够在房间里一边看电影,一边享用送餐服务员送来的比萨饼和爆米花。

## 成本中心

如前所述,成本或者支持中心是饭店中不直接创造收入的部门。这些部门包括:
- 营销部;
- 工程部;
- 财务部;
- 人力资源部;
- 安全部。

### 营销部

饭店**营销部**的任务是:(1)确定饭店的潜在客人;(2)策划尽可能符合潜在客人预期需要的饭店产品和服务;(3)使潜在客人成为真正的客人。这项任务是一切工作之首。

了解营销部的一个方法是看一看它不做什么工作。营销不是销售。曾经有人说,营销和销售的区别是:销售是甩掉你拥有的东西,而营销则是拥有人们想要得到的东西。如果你拥有人们想要的东西,并且告诉他们,销售将变得很容易,假定没有太多的人在同一地点、同一时间并且以相同的价格拥有这个东西。如果你没有人们想要的东西,并且不得不甩掉这些东西,你可能不得不打折出售或者极力促销。即使如此,也不一定能卖出去。

饭店的营销工作并不仅仅由营销和销售部来完成,每个员工都应该参与这项满足客人需要的工作。营销和销售部的部分工作是了解饭店客人的需要和要求,并将情况告知管理部门,这样经理就可以据此培训员工如何满足客人的需要和要求。

营销和销售部负责以恰当的价格和恰当的客源混合比例,保持客房的入住率。要通过很多活动才能完成这项任务,这些活动包括:
- 与团体和个人联系;
- 通过印刷品、广播电台、电视和互联网做广告;
- 开展直邮广告和公共关系活动;
- 参加行业展览会;
- 走访旅行社;
- 安排**熟悉游**(免费或者减价的旅行计划,目的是使旅行社和其他人士了解饭店,刺激销售);

- 参加社区活动,以提高社区对饭店的认识。

这些活动的费用平均约占饭店销售额的5%。这个数字容易引起误解,应该慎重对待。例如,把新饭店推向市场的费用要比老饭店高得多。开一家新饭店涉及的营销费用,通常在一段时期内作为成本和消耗,例如,为社区领袖举办的聚会和为旅行社安排的熟悉游。预订系统的成本通常记入客务部,虽然有人可能会有不同意见,认为这个系统是一种营销工具,应当作为营销成本。

在大多数大型饭店,营销和销售部由营销和销售总监领导(图7-8)。销售经理、广告和公关总监和会议销售经理向营销和销售总监报告工作。这些人各自领导一个部门,每个部门负责整体营销使命中的一项具体活动。

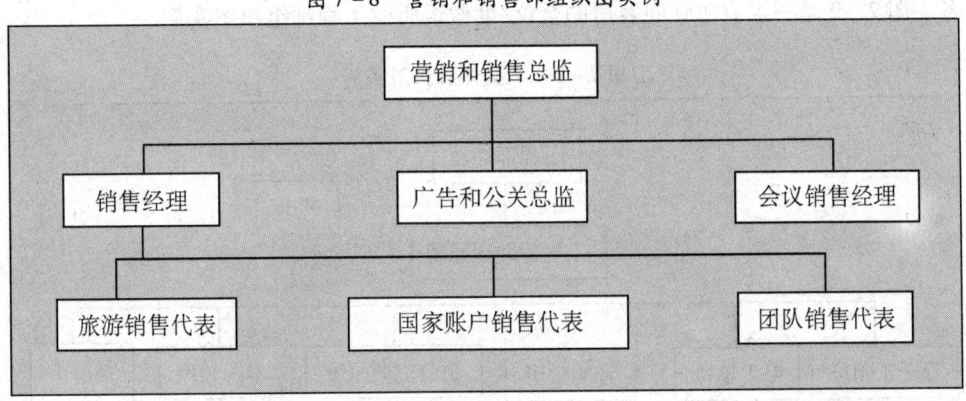

图7-8 营销和销售部组织图实例

```
                    营销和销售总监
                          |
        ┌─────────────────┼─────────────────┐
     销售经理        广告和公关总监      会议销售经理
        |
   ┌────┴────┬──────────────┐
旅游销售代表  国家账户销售代表  团队销售代表
```

销售部负责寻找生意,给个人和公司打销售电话。广告和公关部通过广告吸引客人,创造饭店的良好形象。常用的公关技巧是:发布关于饭店、其员工或客人的新闻;饭店的经理和员工参与社区服务工作。会议销售经理专门寻找和预订团体业务和会议业务。

在很多方面,饭店的营销和销售职能都可以被认为是饭店经营的精髓。管理咨询师彼得·德鲁克的一句话经常被人们引用:"经营的目的只有一个,即创造客人。"[7]

## 工程部

**工程部**负责饭店的物理设备并控制能源成本。[8]建筑物、家具、固定装置和设备的维护在下列方面是十分必要的:

- 减缓饭店的物理损坏;
- 保持饭店管理部门建立起来的原有的饭店形象;

- 保持收益产出区域的运营;
- 保持饭店给客人和员工带来的舒适感;
- 保持饭店给客人和员工带来的安全感;
- 使维修和设备的更新量降至最少,以节约开支。

工程部还负责供热系统、空调系统及全饭店的配电、蒸汽和给水系统。

为了完成大量的任务,工程部需要雇用多种技术人员:电工、管子工、木工、油漆工、制冷和空调工程师及其他人员。工程部由工程部经理(也称总工程师)负责。在小型饭店,一个通用型工程师可以履行所有的工程职责,必要时也可以对外转包工程部的工作。在大型饭店,工程部经理可能被称为工厂经理。饭店达到一定规模时,工程部还设一名秘书或者行政助理协助处理维修申请和安排维修等后勤事务。图7-9是一家有700间客房的会议/度假饭店的工程部组织图实例。

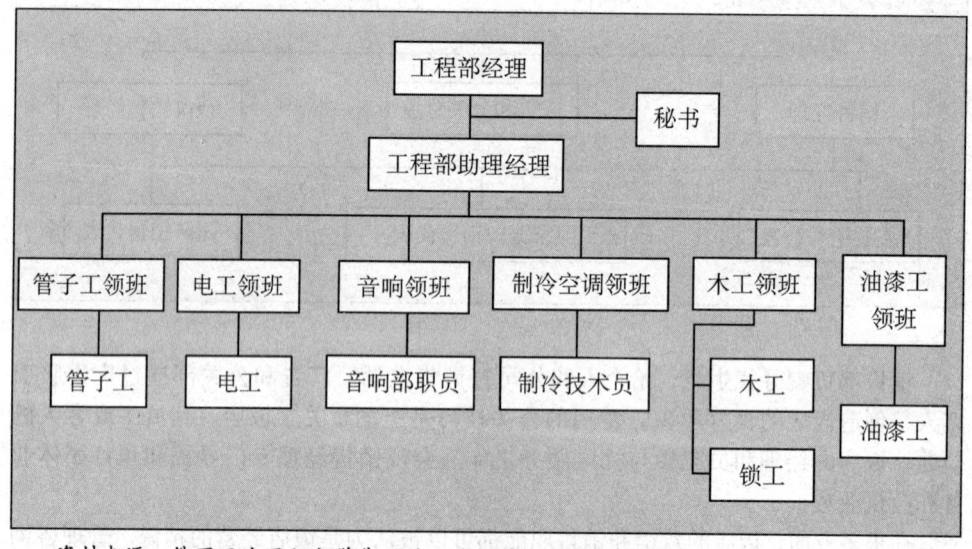

图7-9 工程部组织图实例

资料来源:佛罗里达国际大学弗里茨·海根梅尔教授提供。

工程人员进行的维护和修理工作分为两类:预防性工作或者必要性工作。预防性维护是按计划对建筑物和设备进行的维修保养工作,目的是使之正常运行,延长寿命。一些工作可能会根据需要或者服务合同雇用店外承包商完成。维修工作的一个重要方面是,在所有的领域都应该有文件记录,以跟踪劳动力成本和原材料成本。在总检查清单上,将每天、每周和每月应该进行的预防性维护工作分组。详细的设备检查清单标明应该完成的任务和完成任务所需的时间,这有助于经理安排员工的工作。

除了预防性维护工作以外，工程人员还进行日常修理工作。检修日志用于跟踪每一项检修工作的起始和结束时间。需要购买建筑材料的大型项目也可能由工程部承担。管理部门通常要决定那些没包括在服务合同内的大型修理项目或者设备的更换应该由饭店自己的员工完成，还是交给店外承包商完成。

在对美国完全服务饭店的一项研究中，酒店资产国际咨询公司（Hospitality Asset Advisors International）的报告指出，它抽样的饭店的维修费用占总销售额的5.0%。其水电等公共事业费成本占总销售额的4.1%。[9]

## 财务部

饭店的**财务部**负责跟踪饭店中发生的许多业务交易。财务部的工作不仅仅是记账，用财务管理来描述财务部的工作可能更恰当。图7-10是一个财务部组织图实例。

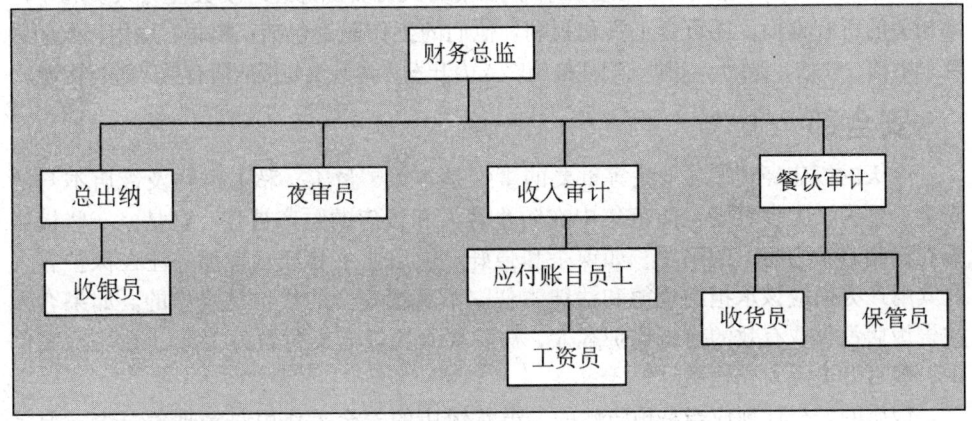

图7-10 财务部组织图实例

注：一些饭店的采购部经理也向财务总监报告工作。

财务部的职责包括：
- 预测和预算；
- 管理饭店债权和客人应付的账款；
- 控制现金；
- 控制饭店所有领域的成本，包括收入中心、成本中心和工资；
- 采购、收货、入库以及出库的运行和资本清单，如食品和饮料、客房备品及家具；
- 记账、制作财务报表及每日经营报告，向管理部门解释这些报表和报告。

为了完成这些不同的职能，财务总监要依靠审计员、收银员和财务部的其他员工。财务部的员工并不都在饭店的财务办公室工作，会计职能分布在饭店的各个领

255

域中。例如，信用审查员、前台收银员和夜审员在前台区域工作。收银员在餐厅和酒吧工作。餐饮审计员有时在收货区工作，负责控制工作的其他人员，例如，收货员的工作地点则紧靠饭店的后勤入口。

财务部与饭店的所有收入中心和成本中心相互联系。在一些饭店（如果饭店是连锁饭店公司或者其他公司的一员），财务总监直接向母公司的公司财务总管报告工作。财务总监负责饭店的全部财务控制功能，并向饭店的总经理报告工作。

### 人力资源部

优秀的经理把自己当做人力资源的开发者和公司最重要的财产——员工的保护人。因此，传统的人事部已经不见了。过去，公司的人事部经理与普通职员差不多。人事部经理的工作是接收求职申请、审查证明人的真实性及登记员工的雇用、解雇和提升情况。

现代的**人力资源部**增加了很多工作。现代的人力资源部经理要关注与人员和生产率相关的所有方面，还负责工资和福利。他们的工作职责包括：招聘、雇用、入职教育、培训、评估、激励、奖励、纪律措施、人力开发、晋升及与饭店所有员工进行沟通。

### 安全部

今天的饭店经理关注的头等重要的事情是客人、员工、私人财物及饭店本身的安全。过去，大多数安全防范集中在防止客人和饭店的财产被盗。但是，一些饭店现在面临着暴力犯罪的问题，如谋杀和强奸。饭店业主和经营者都关注在保护客人及其财产方面应该承担的道德和法律责任。不重视安全的代价是高昂的。如果客人控告饭店没采取有效的措施保护客人，法院要判罚饭店支付数万美元（在一些案例中，数百万美元）赔偿费。[10]

饭店的安全计划应当是预防性的。虽然饭店的安全工作由总经理负总责，但是大多数饭店都设一名或几名安全官，这些安全官都受过专业的预防犯罪和侦查培训。

在传统上，安全工作由前厅部负责。现在的趋势是设置一个独立的**安全部**，直接向总经理或者驻店经理报告工作。在大型饭店，安全部的负责人可能是安全总监。这个人通常有在执法部门工作的经历。

安全人员应该受到专门的民法和刑法的培训。他们必须与当地的警方和消防部门密切合作，以确保与饭店相关的所有规定都得到执行。申请从事安全工作的人应该受过自卫训练。

全面的安全计划包括如下内容：

- **安全官**　安全官对饭店进行定时巡检，包括：客房楼层、走廊、公共和私人功能区域、停车场和办公室。他们的职责包括：检查可疑行为并采取适当的措施、调查小案件及与当地执法机关的官员合作。
- 设备 安全设备包括：双向对讲机；闭路电视和监视出入口、电梯和走廊的活动摄像头；烟感报警器和火警报警系统；消防设备（包括灭火器、灭火软管和消防斧）；充足的室内和室外照明设备。
- 万能钥匙 安全官在任何时间都应该能够进入客房、库房和办公室。
- 安全程序 设计完整的安全程序包括：万一发生火灾、炸弹威胁、恐怖袭击或者其他紧急情况时的疏散计划。所有员工都应熟悉这些计划。员工的培训手册和程序手册应包括安全内容。
- 身份识别程序 每名员工都应该有带照片的身份证。那些可能与客人接触的员工佩戴姓名牌不仅展示饭店的友好形象，而且也起安全的作用。

## 遵守美国残疾人法案

根据《美国残疾人法案》，美国的饭店的所有部门都必须在某种程度上修改其现有设施，新设计的结构应该使残疾人能够使用饭店的所有设施。[11] 根据《美国残疾人法案》的定义，残疾人包括：乘轮椅的人；其他神经肌肉受损行动困难的人，例如多种硬化症和肌肉萎缩症；感觉器官受损伤的人，例如盲人和聋哑人。《美国残疾人法案》保护的范围包括员工和客人。

所有饭店都应该划出至少4%的停车位作为残疾人专用停车位（如果饭店的停车位超过100个，残疾人专用停车位的比率可以降至2%）。残疾人专用停车位必须有足够的空间使轮椅可以从面包车或者其他车辆上放下，乘坐轮椅的人应该能够很容易地通过无障碍坡道和门进入饭店。饭店的入口应该设置供使用轮椅或者拐杖的残疾人上下车的位置，这里不应该有路边石沿或者其他阻碍物。

《美国残疾人法案》对饭店内的许多区域都产生了影响。前台入住登记桌的一侧必须降低高度使乘坐轮椅的人能舒适地看到桌子后面的人。轮椅坡道必须安装扶手；楼梯必须安装扶手和起步板。盥洗间必须设置无障碍隔间，隔间要有足够的空间，以便使残疾人在必要时能够得到其他人的帮助，或者使盲人能够在导盲犬的带领下进入。会议室必须安装供有听力障碍的人使用的专用助听系统。如果会议室内有讲台，必须设置无障碍坡道。餐厅的餐桌之间或柜台与餐桌之间必须留有至少36英寸（91.4厘米）宽的无障碍通道。饭店零售商店中的货架之间的距离必须使乘坐轮椅的人能在其间运动自如。

客房必须安装便于严重关节炎患者、截肢者或者手部活动困难的人使用的设施。客房内还应该为有听觉障碍的人安装可视火警报警器。客房门上的号码必须可以通过触觉读取。

所有这些变化都涉及新建设施或者对现有设施进行改造。希望总有一天美国的所有公共设施（包括饭店、餐馆、博物馆、剧院、商店甚至公园）都进行改造，使残疾人能够无障碍地进入。其他国家，特别是英国和德国，也在这方面取得了巨大的进展。

## 控制系统

　　管理的一个重要方面是测量绩效水平，如果绩效水平达不到企业的目标，则应该采取改正措施。为了保持对组织中各个方面的控制，经理和业主必须首先确定一个可以测量的目标。例如，组织可以确定一个工资占收入30％的目标，即在经营计划中薪金和其他工资成本占销售收入的30％以下。计划还规定2％以下的偏差是可以接受的，但不允许超过2％。如果工资成本超过32％，管理部门就必须采取措施。

　　理想的**控制系统**使经理能够在出现严重问题之前迅速发现并纠正经营预算的偏差（或者其他管理标准）。饭店经理完成这项任务的方法之一是建立精确的预测系统。继续以工资为例，通过非常精确地预测某一时期可能达到的销售额，经理可以调整员工配置水平以达到工资目标。例如，如果餐厅经理从过去的销售记录中了解到，2月份的星期一晚上，餐厅可能只有100人就餐，那么，所需的餐饮服务员和厨师的数量就不必进行猜测，可以周密地进行计划。当然，饭店当前的客房入住率和其他情况也应该考虑在内。

　　在大多数情况下都是在问题发生后很长时间才采取纠正措施。偏离饭店目标与采取纠正措施之间的时间间隔越长，控制系统就越软弱，收入损失和成本提高的潜在因素就越大。

　　培训在控制系统中起关键作用。前台工作人员和餐饮服务员出现一些失误是不可避免的，因为由人组成的系统是不可能完美无缺的。但是，认真的培训可以最大限度地减少错误，使绩效水平达到标准。

　　很多管理目标都可以量化。目标越具体就越容易量化，也就越可能达到目标。客房的入住率水平、餐厅客人数量及收益和成本目标都是可量化目标的实例。并不是所有的目标都易于测量。例如，经营计划中可能包括提高客人满意度或者员工士气的目标。但是，即使这样，也可能根据具体情况更具体地测量结果。

　　饭店经理使用两种非常重要的控制方法：财务控制和质量控制。

### 财务控制

　　财务报表是最有用的**财务控制**工具之一。投资者用财务报表来监督赢利情况。贷款出借人把财务报表当做衡量财务稳定性的尺度。经理以财务报表为基础制订计划，并用其监控计划的成功执行。

为了理解饭店的财务报表，有必要熟悉饭店业的财务术语和了解饭店部门的收入与成本的汇总方式。

**财务统一系统** 1926年3月，美国饭店和住宿业协会（当时称为美国和加拿大全美饭店协会）采用了一种"饭店财务统一系统"手册。该系统由纽约的一个会计师和饭店业主委员会制定。其第九版使用了一个新的名称，涵盖饭店业内的所有部门领域："住宿业财务统一系统"。

住宿业财务统一系统对饭店的收入和成本进行分类，并按部门将其汇总到收入报表中。**收入报表**是管理部门使用的一个主要的控制工具。它显示某一时间段产品和服务项目（房间、食品和饮料等）的销售情况、与这些销售相关的成本及这些活动的利润和亏损情况（图7–11）。

图7–11 饭店收入报表实例

|  | XYZ饭店 收入报表 20××年12月31日截止 |  |
|---|---:|---:|
| 净收入 |  |  |
| 　客房 | $1,897,500 | 69.2% |
| 　食品 | 548,410 | 20.0 |
| 　饮料 | 112,424 | 4.1 |
| 　电信 | 49,357 | 1.8 |
| 　其他经营部门 | 93,230 | 3.4 |
| 　租金和其他收入 | 41,131 | 1.5 |
| 　合计 | 2,742,052 | 100.0% |
| 成本和费用 |  |  |
| 　客房 | 493,569 | 18.0 |
| 　食品 | 408,728 | 16.0 |
| 　饮料 | 54,841 | 2.0 |
| 　电信 | 27,421 | 1.0 |
| 　其他经营部门 | 54,841 | 2.0 |
| 　行政和总务费用 | 227,590 | 8.3 |
| 　特许经营费用 | 85,004 | 3.1 |
| 　营销 | 152,354 | 5.0 |
| 　物业经营和维修 | 152,333 | 5.0 |
| 　公共事业费 | 112,424 | 4.1 |
| 　管理费 | 76,777 | 2.8 |
| 　租金、房产税和保险费 | 142,587 | 5.2 |
| 　利息成本 | 329,046 | 12.0 |
| 　折旧和分期偿还 | 249,527 | 9.1 |
| 　成本和费用合计 | 2,567,042 | 93.6 |
| 所得税前收入 | 175,010 | 6.4 |

饭店的成本分为三种类型：部门成本、管理成本和固定成本或投资成本。部门成本包括很多项目，如客务部的工资成本、餐厅的洗涤成本及留言记录卡和铅笔之类的电话用品成本。管理成本包括营销和能源成本，即与整个饭店相关的成本，不是某个具体部门的成本。固定成本或投资成本与投资相关，如建筑物和财产的保险和抵押贷款利息。

财务统一系统还对**资产**（拥有的有价值的东西）和**负债**（所欠债务）进行分类。资产可能是饭店建筑物本身、家具和设备及往返于机场之间的礼宾车。债务包括抵押贷款和食品采购应付的款项。所有这些项目都汇总在被称为**资产负债表**的财务报表上（图7-12）。资产负债表通过显示某一日期的资产、债务和业主或股东的权益情况报告企业的财务状况。

## 质量控制

为制造产品制定质量和成本标准是一件相对简单的工作。因为这件产品，不论是烤面包器还是雪橇，都是在严格的控制条件下在工厂中生产出来的。一些生产装配线由计算机控制，许多装配线的一些功能由机器人操作。另外，不但所有的操作过程都由质量控制检查员监视，而且每一件成品都要通过检查之后才能出厂并出售给顾客。

像饭店这样的服务企业则在一个完全不同的环境下运营。饭店生产的"产品"是"在饭店逗留的经历"，这种产品是在饭店这个"工厂"中在客人面前生产出来的。例如，客人进入饭店，走进大堂酒吧，坐在桌旁，点了一份草莓台克利酒。在这个案例中，产品不仅仅是台克利酒，还包括大堂、服务员和为他调酒的调酒师。客人购买的是在这里的全部体验。如果客人只是想要一杯草莓台克利酒，他可以在家里自己调制或者在街角的酒品商店买一瓶。

因为服务性企业的这种性质，所以为客人接受的服务制定标准或者控制服务质量是非常困难的。影响过程的变量太多了，其中也包括客人。客人可能会发火，并激怒员工也发火。

随处都有使客人不满意的机会。以我们这位点草莓台克利酒的客人为例，这位客人可能需要等待空桌，因为没有空桌或者服务员暂时不在。可能座位安排得很及时，但是客人等待点酒的时间可能比其预期的时间长，因为制冰机或者饮料混合机发生了故障。调酒师可能一心想着个人问题而没有专心致志地调制出可口的草莓台克利酒。即使一切都进行得很好，如果客人等了很长时间才能结账或者账单出现了差错，也会使客人的美好经历化为乌有。客人进入大堂酒吧后，所有这些问题都可能发生。上述的任何一个问题都会影响客人体验（产品）的质量，因此也影响客人

图7-12 饭店资产负债表实例

<table>
<tr><td colspan="3">XYZ 饭店<br>资产负债表<br>20××年12月31日<br>资产</td></tr>
<tr><td>流动资产</td><td></td><td></td></tr>
<tr><td>　现金</td><td>$58,500</td><td>1.9%</td></tr>
<tr><td>　短期投资</td><td>25,000</td><td>0.8</td></tr>
<tr><td>　应收账目（净）</td><td>40,196</td><td>1.2</td></tr>
<tr><td>　库存</td><td>11,000</td><td>0.3</td></tr>
<tr><td>　预付费用</td><td>13,192</td><td>0.4</td></tr>
<tr><td>　流动资产总额</td><td>147,888</td><td>4.6</td></tr>
<tr><td>财产和设备</td><td></td><td></td></tr>
<tr><td>　土地</td><td>850,000</td><td>26.2</td></tr>
<tr><td>　建筑物</td><td>2,500,000</td><td>77.0</td></tr>
<tr><td>　家具和设备</td><td>475,000</td><td>14.6</td></tr>
<tr><td>　总计</td><td>3,825,000</td><td>117.8</td></tr>
<tr><td>　减去累计折旧</td><td>775,000</td><td>23.9</td></tr>
<tr><td>　总计</td><td>3,050,000</td><td>93.9</td></tr>
<tr><td>　租借物升值</td><td>9,000</td><td>0.3</td></tr>
<tr><td>　瓷器、玻璃器皿和银器（净）</td><td>36,524</td><td>1.1</td></tr>
<tr><td>　财产和设备总额</td><td>3,095,524</td><td>95.3</td></tr>
<tr><td>其他非流动资产</td><td></td><td></td></tr>
<tr><td>　安全保证金</td><td>1,000</td><td>—</td></tr>
<tr><td>　滞纳金</td><td>3,000</td><td>0.1</td></tr>
<tr><td>　其他资产总额</td><td>4,000</td><td>0.1</td></tr>
<tr><td>资产总额</td><td>$3,247,412</td><td>100.0%</td></tr>
<tr><td colspan="3">负债和股东权益</td></tr>
<tr><td>流动负债</td><td></td><td></td></tr>
<tr><td>　应付账目</td><td>$13,861</td><td>0.4%</td></tr>
<tr><td>　应付联邦和州所得税</td><td>16,545</td><td>0.5</td></tr>
<tr><td>　应付工资</td><td>11,617</td><td>0.4</td></tr>
<tr><td>　其他应付项目</td><td>7,963</td><td>0.2</td></tr>
<tr><td>　未实现营收</td><td>3,764</td><td>0.1</td></tr>
<tr><td>　长期债务的本期份额</td><td>70,000</td><td>2.2</td></tr>
<tr><td>　流动负债总额</td><td>123,750</td><td>3.8</td></tr>
<tr><td>长期债务</td><td></td><td></td></tr>
<tr><td>　应付抵押贷款，减去本期份额</td><td>2,055,000</td><td>63.3</td></tr>
<tr><td>负债总额</td><td>2,178,750</td><td>67.1</td></tr>
<tr><td colspan="3">股东权益</td></tr>
<tr><td>　普通股，票面价值1美元，授权<br>　发行50,000股</td><td>50,000</td><td>1.5</td></tr>
<tr><td>　额外实收资本</td><td>700,000</td><td>21.6</td></tr>
<tr><td>　留存收益</td><td>318,662</td><td>9.8</td></tr>
<tr><td>　股东权益总额</td><td>1,068,662</td><td>32.9</td></tr>
<tr><td>负债和股东权益总额</td><td>$3,247,412</td><td>100.0%</td></tr>
</table>

对大堂酒吧和饭店的知觉。饭店每星期7天、每天24小时营业，这只是诸多可能会导致失误事件的一个例子。在饭店中，客人们时刻都在与饭店的各类员工交往并从他们那里得到服务，包括前台工作人员、餐饮服务员、客房服务员、行李员、礼宾员、洗熨服务员、维修人员及礼品店员工。

为什么客人的满意这么重要？因为不满意的客人可能不会再光顾了，他们可能会把自己不满意的经历告诉给他们的朋友，这会危害组织的利润目标。

让客人满意的一个最好的方法是保持产品和服务的一致性。因此，产品和服务的一致性是非常重要的。只有通过质量控制才能够达到产品和服务的一致性：

- 制定能满足客人需要和期望的标准；
- 择有能力达到这些标准并愿意这样做的员工；
- 在各个层次的员工中实施持续的培训和证书计划；
- 让员工参与制定工作描述、制定绩效标准和解决工作中的问题；
- 建立反馈系统以便使经理和员工知道他们正在达到预期的目标，即使客人满意；
- 奖励达到质量目标的经理和员工。

饭店实施的质量计划的名称各异，例如，"质量保证"（QA）和"全面质量管理"（TQM）。希尔顿酒店集团采用平衡计分卡（Balanced Scorecard）；而喜达屋酒店集团则使用摩托罗拉公司开发的六西格玛（Six Sigma）系统。虽然它们的名称不同，但是所有计划的目标都是为客人提供优质服务。

**制定标准** 在饭店业，质量是头等大事，但是"质量"的含义是什么呢？对什么是质量和质量应该在哪里，全行业没有统一的规定。质量是客人的期望与现实之间的差距。如果客人入住一家每晚40美元的节俭型饭店，他们期望某种标准的服务，仅此而已。如果他们得到了所期望的东西（或稍微多一点），他们就会对这种质量体验感到满意。如果他们没有得到所期望的东西或者他们认为花钱应该买到的东西，他们就会认为得到的是劣质服务。这种原则也同样适用于客房价格为每晚250美元的饭店。付了这些钱的客人会有某种期望。这个客人对质量的知觉在很大程度上取决于这些期望是否得到满足或者超越。

大多数饭店都不懈地追求其产品和目标市场的质量。质量又意味着客人的体验和饭店管理部门的承诺与试图提供的东西相一致，包括客房的卫生、饭菜的口味和样式及饭店的物理状况。

里兹—卡尔顿饭店公司以制定了非常高的标准而著名。里兹—卡尔顿饭店连锁公司的管理者认为，"里兹—卡尔顿饭店坚信顾客满意度的重要性，为了使顾客满意，首先应该完全了解我们顾客的需要和期望"。里兹—卡尔顿饭店建立了现有客人和潜在客人的重点群体，记录了所有一线员工发现并报告的客人偏爱情况，这样就达到了对客人的了解。这些信息用于制定为客人服务的标准。

为了达到质量标准，饭店经理在饭店员工和由饭店员工组成的"质量小组"的帮助下，必须建立全体员工都遵从的程序。例如，客房服务员打扫完客房后，房间内家具的位置、毛巾和其他客用品的数量及房间的整体卫生状况（这一点是最重要的），无论是哪一天，也无论是哪一间客房，都必须达到同一个标准。每天与其他每一间客房保持一致。卫生间应该放多少条毛巾及"清洁"的含义是什么不能让清洁人员自行决定。必须为每一项工作都制定程序。同时，在每个程序中都应该详细规定什么是可以接受的标准，什么是不可以接受的标准。如果在一个标准中没有详细规定必须执行的程序，就不应该制定这个标准。

下面是一个涉及问候就餐客人的餐饮服务程序和标准的实例：

程序：安排客人就座后，问候客人："早晨好。您需要咖啡吗？"要轻松愉快，不慌不忙。用桌上的杯子倒咖啡，从客人右侧送上咖啡。如果客人用茶，茶壶应放在有垫的茶盘上，柠檬放在茶壶上。

标准：让客人感到舒适。一开始就给客人留下好印象。

**选择员工** 里兹—卡尔顿饭店公司在其质量管理计划中重视员工遴选工作的重要性。里兹—卡尔顿饭店的经理们以优秀员工为基准，设计出一套先进的预测工具，用这个工具可以确定某一岗位的候选人是否有能力达到连锁公司的服务标准。

**员工培训** 饭店仅仅制定了标准和程序并选择了执行标准和程序的员工是不够的。必须让员工知道如何执行程序。那些从未清扫过客房或者做过餐桌服务员的员工，仅仅发给他们一本工作手册，是不能指望他们知道该做些什么的。

为了取得成功，培训必须持续进行并且要得到管理层的全力支持。在里兹—卡尔顿饭店公司，所有的饭店都设一名人力资源总监，饭店的质量负责人作为顾问帮助人力资源总监工作。每个工作区域都有一名部门训导教师，负责对该部门新员工的培训。

**员工参与** 所有成功的质量管理计划都采用参与型的管理方式。质量管理服务公司的所有者和总裁朱迪·Z·金列举了员工参与解决问题的一些基本观点：

1. 从事某项工作的人知道如何把这项工作做得更好。
2. 解决问题和决策应该尽可能在组织的最底层进行。
3. 人是组织中最大的待开发资源。
4. 如果人们能够做，他们就会达到预期的效果，经过鼓励，他们会超过预期。[12]

里兹—卡尔顿饭店公司要求并授权员工解决问题。里兹—卡尔顿饭店公司发给每个员工一个"金牌标准"卡片，上面写道："任何收到投诉的员工都要拥有这个投诉；解决这个问题，使客人满意；并将这个过程记录在案。"饭店鼓励员工停止手中的日常工作立即解决客人的问题，并确保不再发生类似问题。不同部门的员工小组经常共同解决内部经营问题与外部客人期望之间的矛盾。

**评估质量计划** 为了评估质量努力的成功性，管理部门必须检验产品和服务质量的一致性。例如，里兹—卡尔顿饭店非常重视"客人事件行动表"的实时报告，这份报告每天由员工填写。报告的内容经过分析后，立即采取措施，使那些令客人不满的事件不再发生。

对一个饭店进行质量评估时采用的一种最简单的方法被称为"走动式管理"（亲临现场管理）。一些成功的饭店经理发现，定期到饭店巡视并注意观察周围发生的事情是确保质量计划行之有效的最好方法之一。美国海军有一句名言，这句话也同样适用于饭店业："你检查到的东西不是你所期望的东西。"

客人意见卡是另一种重要的评估工具。尽管许多经理认为这些意见卡是在鼓励客人提负面意见，但是它们毕竟还是有价值的。意见卡通常放在客房的梳妆台或桌子上。一些饭店要求前台工作人员询问离店客人是否填写了意见卡。经验表明，要求客人描述其住店体验的开放式问题不如简单的等级评价问题更可行，在等级评价卡上客人可以标出对饭店服务和设施的各种内容的满意程度。当然，意见卡上应该留出空白位置，如果客人愿意，可以在这里填写附加意见，也可以在这里对某个员工提出表扬或批评。

另一个评估的方法涉及聘用外部检查员，这些人通常被称为"神秘的购物人"（mystery-shopper，暗访人）。饭店的员工不知道谁是检查员。这些检查员预订房间、入住客房、在餐厅就餐、结账离店，然后就他们得到的服务水准写出详尽的报告。一些饭店事先宣布要接受检查，大家都知道谁是检查员。虽然饭店员工通常都愿意使用这种系统，但是饭店管理层对这种检查结果的相信程度却越来越低。

**对成就进行奖励** 今天，饭店管理者的报酬几乎总是包括工资和奖金两部分。奖金可能会相当高，因为饭店的业主期望激励管理人员取得较高的绩效水平。通常，奖金与完成或者超额完成所辖区域的具体财务目标和客人满意度挂钩。

员工表彰计划也很常见。这些表彰计划可能包括把"月度明星员工"的照片镶在特制的相框中悬挂在大堂里；向优秀员工颁发标志性纪念品或者给予其他金钱奖励；划出专门的停车区供优秀员工使用，以示表彰。

## 小结

为了有效地经营饭店，饭店经理将饭店划分成不同的职能区域，然后分配职责和职权。职能区域分为收入中心和成本中心。客务部和餐饮部是收入中心，而工程部和财务部则是成本中心。这些中心（或部门）的数量依饭店的规模大小而定。

在大多数饭店，客务部都是最大的部门，产出最大的收益和利润。客务部通常包括四个部门：前厅部、预订部、客房部和礼宾服务部。前厅的职责包括：办理客人入住和离店手续、将客人的费用记入其账户和收款。在小型饭店，前台工作人员也可能会接受预订、为客人传送留言信息或者处理电话总机的事务。

饭店的预订部应该由熟悉电话销售业务的人员组成，他们能够通过电话接受预订并回答关于饭店及其设施的问题，报出房价和可出租的日期。因为一些打来电话的人是在询问行情，因此应该对预订员进行培训，使之既能够进行销售也能够接受预订。

客房部负责清扫客房和公共区域。通常，这个部门的员工人数最多。除了清洁工作外，客房部还负责洗熨服务。

礼宾服务人员负责客人的行李搬运和交通事宜，还提供礼宾服务。

餐饮部对饭店的利润和声誉非常重要。饭店内可能设有多种类型的餐饮销售点。影响饭店提供的餐饮服务水平的因素包括饭店的类型、饭店的等级、竞争情况、产品的可用性、劳动力的可获得性及客人的需求。餐饮部经理下面通常还设餐厅经理、酒水经理和宴会经理。餐饮部的支持和控制人员包括采购经理、收货员、库房保管员、收银员和餐饮审计员。

餐饮经营的总体赢利情况取决于几个因素，包括营业时间、客人的平均账单额、设施的数量和种类、员工离职率、康乐成本和营销情况。

管理有序的电信部也可以为饭店的赢利作贡献。现代化的系统使饭店电信部的功能得到了很大的改善，有助于增加客人对服务的满意程度。

特许经营、出租、佣金也是饭店的收入来源。但是，经理应该确保特许经营的标准符合饭店的标准。

客人生活方式的改变使饭店的健康水疗、有线电视电影和电子游戏厅受到客人的欢迎，因此成为很多饭店提供的重要服务项目。

饭店的营销部、工程部、财务部、人力资源部和安全部是成本中心或者支持中心。营销部负责确认饭店的潜在客人，将客人的需要和需求报告给饭店的管理部门，说服饭店的潜在客人入住饭店。为了完成这些任务，营销部通常设一名营销和销售总监，一名销售经理，一名广告和公关总监，一名会议销售经理、销售员和后勤员工。

工程部负责饭店的物理设备和公用系统。工程部由工程部经理领导，下属员工及店外承包商协助其工作。大多数预防性维护和修理工作都由饭店的员工完成。

财务部负责饭店的财务管理。财务部由财务总监领导，他负责监督总出纳员、夜审员、收入审计员和餐饮审计员的工作。

人力资源部负责招聘、雇用、入职教育、培训、评估、激励、奖励、纪律措施、人力开发、晋升及与饭店员工进行沟通。

饭店员工和客人的安全是头等重要的大事。饭店的安全计划是预防性的，应该由有在执法部门工作经验的人领导。

根据《美国残疾人法案》，美国的饭店的所有部门都必须在某种程度上修改其现有设施，新设计的结构应该使残疾人能够使用饭店的所有设施。根据该法案的定义，残疾人包括：乘轮椅的人；其他神经肌肉受损行动困难的人，例如多种硬化症和肌肉萎缩症；感觉器官受损伤的人，例如盲人和聋哑人。《美国残疾人法案》保护的范围包括员工和客人。

饭店经理可以使用两种类型的控制：财务控制和质量控制。饭店的财务报表是重要的财务控制工具。财务报表根据住宿业财务统一系统中的数据编制。在这个财务系统中，饭店的成本分为部门成本、管理成本和固定成本。这个系统也对资产和负债进行了分类。

为了确保管理部门制定的标准得到执行，质量控制是至关重要的。为了要达到优质服务，饭店经理必须制定符合其饭店类型的标准和程序，并认真遴选员工。所有的质量计划都需要员工的参与。应该鼓励员工解决影响优质服务的各种问题。为了达到最佳的效果，应该对质量计划进行评估，以确保计划切实得到执行，达到质量目标的员工和经理都应该受到奖励。

## 注释

[1] The use of the terms *division* and *department* is not standardized in the industry. Some properties call their main functional areas (rooms, food and beverage, etc.) departments; the smaller functional areas within departments (room service, for example) may be called sub-departments. Large properties often call their main functional areas divisions and units within divisions, departments. Neither option is

better than the other. For consistency, however, throughout this chapter we will call the main functional areas "divisions" and the smaller areas "departments".

[2] *Trends in the Hotel Industry*, USA Edition, 2003 (San Francisco: Hospitality Asset Advisors International, Inc.).

[3] The titles for front desk employees vary within the industry. Hotels may refer to their front desk employees as front desk agents, front desk clerks, guest service representatives, front office agents, or something similar. However, for the sake of consistency we will refer to front desk employees as front desk agents throughout the chapter.

[4] Eric B. Orkin, Yield Management Conference, March 26 – 27, 1992, Dallas, Texas.

[5] The housekeeping department, from an executive housekeeper's perspective, is the subject of Margaret M. Kappa, Aleta Nitschke, and Patricia B. Schappert, *Managing Housekeeping Operations*, 2nd ed. (Lansing, Mich.: Educational Institute of the American Hotel & Lodging Association, 1997).

[6] For students desiring a good introductory text to food and beverage operations, see Jack D. Ninemeier, *Management of Food and Beverage Operations*, 4th ed. (Lansing, Mich.: Educational Institute of the American Hotel & Lodging Association, 2005).

[7] Peter E. Drucker, *Management: Tasks, Responsibilities, Practices* (New York: Harper & Row, 1974), p. 61.

[8] For more information on the responsibilities of a hotel's engineering division, see David M. Stipanuk, *Hospitality Facilities Management and Design*, Third Edition (Lansing, Mich.: Educational Institute of the American Hotel & Lodging Association, 2006).

[9] *Trends in the Hotel Industry USA*, Edition, 2003.

[10] Legal ramifications of hotel security are covered in Jack P. Jefferies and Banks Brown, Understanding Hospitality Law, 4th ed. (Lansing, Mich.: Educational Institute of the American Hotel & Lodging Association, 2001). The security responsibilities of hotel managers and hotel security programs are the subjects of Raymond C. Ellis, Jr., and David M. Stipanuk, *Security and Loss Prevention Management*, 2nd ed. (Lansing, Mich.: Educational Institute of the American Hotel & Lodging Association, 1999).

[11] Much of the following information appeared in John P. S. Salmen, The ADA and You, *Lodging*, November 1991, pp. 97-107.

[12] Judy Z. King, Sixth Annual AH & LA National Conference for Quality, San Francisco, July 7-9, 1993.

## 主要术语

**财务部**（accounting division） 饭店财务部跟踪在饭店发生的各种交易并管理饭店的财务。

**资产**（assets） 企业使用的资源，即企业拥有的一切有货币价值的东西。

**日平均房价**（average daily rate）（ADR） 客务部重要的经营比率：客房收入除以售出的房间数。也称为平均房价。

**资产负债表**（balance sheet） 一种财务报表，通过显示饭店某一日期的资产、债务和股东权益情况提供饭店的财务状况信息。

**店内就餐率**（capture rate） 饭店客人在店内就餐的百分率。

**钥匙卡**（card keys） 一种与信用卡相似的塑料卡片，用于代替金属客房钥匙。钥匙卡用于电子门锁。

**宴会部**（catering department） 饭店餐饮部的一个部门负责安排和计划如下餐饮活动：（1）会议和小型住店团体；（2）销售部承接的当地的宴会。

**佣金**（commissions） 指饭店外零售商（例如，礼品店、汽车租赁代理公司、摄影服务和干洗服务）根据向客人提供服务的总销售额按百分比向饭店支付的佣金。

**特许经营**（concessions） 指饭店中的一些设施，如美容室或健身俱乐部，饭店完全可以很好地直接经营这些设施，但是饭店将其交给独立的经营者。饭店收取固定费用、最低收费外加超过规定数额之外的总收入部分的百分比或者总销售额的百分比。

**成本中心**（cost centers） 饭店中不直接产生收入的部门；他们为饭店的收入中心提供支持。也称为支持中心。

**工程部**（engineering division） 饭店的部门，负责饭店的物理设备并控制能源成本。

**熟悉游**（familiarization〈fam〉tours） 免费或者减价的旅行计划，目的是使旅行社和其他人士了解饭店，刺激销售。

**财务控制**（financial controls） 财务报表、经营比率和其他财务统计数据，饭店经理可以运用财务控制跟踪经营情况，确保实现财务目标。

**餐饮部**（food and beverage division） 饭店中负责备制食品饮料和进行餐饮服务的部门。餐饮部还负责宴会和送餐服务。

**前厅部**（front office） 是饭店的一个指挥岗位，负责处理客人的预订、入住登记、结账及退房工作。

**客房部**（housekeeping department） 客务部的一个部门，负责清扫饭店的客房和公共区域。

**人力资源部**（human resources division） 饭店的一个部门，负责招聘、解雇、入职教育、培训、评估、激励、奖励、纪律措施、人力开发、晋升及与饭店所有员工进行沟通。

**负债**（liabilities） 企业的债务，主要指与创造收入过程中发生的成本相关的债务。

**营销部**（marketing division） 饭店的一个部门，确定饭店的潜在客人，策划尽可能符合潜在客人预期需要的饭店的产品和服务，并使潜在客人成为真正的客人。

**夜间审计**（night audit） 一项财务工作，通常在晚上 11 点至次日早晨 6 点之间，饭店的外销点停止营业后进行。夜间审计：(a) 确认客人应付的款项已经准确无误地记入客人的账户；(b) 将所有账户的收入总额与经营部门的销售报告进行比较。

**入住率**（occupancy percentage） 饭店销售其主要"产品"（即客房）的成功性可以用百分率表示。其计算方法是，售出房间数除以同期可售房间数。

**饭店管理系统**（property management system〈PMS〉） 一种计算机系统，可以帮助饭店经理和其他人员执行大量前台和后台职能。该系统支持多种应用软件，可以帮助经理收集数据和报告工作。

**采购部**（purchasing department） 饭店中负责购买、接收、储藏和发放饭店中使用的所有物品的部门。

**质量控制**（quality controls） 包括经营标准、质量保证计划和其他控制工具，目的是保持饭店的产品和服务达到管理部门制定的质量水平。

**出租**（rentals） 向饭店支付租金的企业，如办事处或者商店。

**预订部**（reservations department） 饭店客务部的一个部门。预订部由精通电话推销技巧的员工组成，他们可以通过电话接受预订，回答关于饭店设施情况的问题，报出房价和可用的日期。他们也向询问行情的打来电话者推销饭店。

**收入中心**（revenue centers） 饭店中通过向客人销售产品和服务直接产生收入的部门。

**收益管理**（revenue management） 从航空公司引进的饭店价格系统。该系统使用饭店的计算机预订系统跟踪预订的情况，然后根据每天的变化情况，相应地降低或提高客房的价格，以获取最大的收益。在提前销售客房之前，饭店预测将该房间

269

出售给另一个愿意支付更高房价的客源的可能性。

**可销售客房收入**（revenue per available room）（RevPAR）　管理者评估客务部工作绩效时经常使用的一个统计数据。其计算方法为：客房收入除以同期可售房间数。还可以这样计算：入住率乘以同期日平均房价。

**客务部**（rooms division）　饭店中最大也最赢利的部门。客务部通常由四个部门组成：前厅部、预订部、客房部和礼宾服务部。

**送餐服务**（room service）　餐饮部的一个部门，负责把食品和饮料送到客人的房间。可能还要负责备餐。

**安全部**（security division）　饭店的一个部门，负责保护客人及其财产、员工及其财产和饭店本身。

**收入报表**（statement of income）　一种经营结果财务报表，显示某一时期的销售额、成本和企业的净收入。

**电信部**（telecommunications department）　饭店的一个部门，负责为住店客人提供电话、互联网和其他通信服务。

**礼宾服务部**（uniformed service department）　客务部的一个部门，负责客人的行李搬运和交通事宜，还提供礼宾服务。也称为顾客服务部。

## 复习题

1. 收入中心和成本中心的区别是什么？
2. 在大多数饭店中哪个部门提供最大的收入来源？
3. 前台工作人员有哪些职责？
4. 典型的客房部具有什么样的组织结构？
5. 为什么一些餐饮部会亏损？
6. 营销部、工程部和财务部的职责和面临的挑战是什么？
7. 新型的人力资源部与原来的人事部有什么不同？
8. 一个好的饭店安全计划包括哪些要素？
9. 饭店经理使用的两类最重要的控制工具是什么？应该如何使用这些工具？

## 网址

访问以下网址，可以获得更多的信息。谨记：互联网地址可能不事先通知而改变。如果该网址已不存在，可以用搜索引擎查找另外的网址。

## 饭店公司/度假饭店

Club Med
www.clubmed.com

Four Seasons Hotels
www.fourseasons.com

Grand Casinos
www.grandcasinos.com

Hilton Hotels
www.hilton.com

Holiday Inn
www.holiday-inn.com

Mandarin Oriental Hotel Group
www.mandarin-oriental.com/mohg-hotels/mohg/

Marriott International
www.marriott.com

Opryland Hotel
www.gaylordhotels.com/gaylordopryland

Paris Las Vegas
www.parislasvegas.com

Ritz-Carlton Hotels
www.ritzcarlton.com

St. Michaels Harbour Inn
www.harbourinn.com

Swissôtel
www.swissotel.com

Walt Disney Corporation
www.disney.com

Westin Hotels
www.westin.com

## 组织、咨询公司和资源

Americans with Disabilities Act
www.jan.wvu.edu/links/adalinks.htm

AT & T
www.att.com

PKF Consulting
www.pkfc.com

## 出版物

*Lodging*
www.lodgingmagazine.com

照片由博卡拉顿度假村俱乐部（Boca Raton Resort & Club）提供。

# 8 俱乐部管理

## 概要

俱乐部产生的背景

俱乐部的类型
    城市俱乐部
    乡村俱乐部
    其他俱乐部

俱乐部的所有权
    股权俱乐部
    团体或者开发商俱乐部

俱乐部的组织
    俱乐部经理

俱乐部的经营
    收益
    费用
    控制

小结

## 学习目的

1. 简要了解俱乐部的产生背景和俱乐部的类型：城市俱乐部、乡村俱乐部、游艇俱乐部、互助会及军队俱乐部。

2. 比较权益俱乐部和团体或者开发商俱乐部的不同；了解俱乐部的组织和俱乐部经理的责任、人格特点及晋升机会；简要了解俱乐部的典型收入来源和费用情况。

我们将在本章讨论私人俱乐部的组织和管理。本章将讲述俱乐部的不同种类及会员构成，介绍俱乐部的所有权、组织和管理，还将审视俱乐部中独具特色的一些领域，包括收入来源和一些著名的俱乐部的情况及其会员情况。

## 俱乐部产生的背景

私人俱乐部是只供会员使用的聚会场所。私人俱乐部把有相似兴趣的人聚集在一起。这些兴趣可能是康乐的、社交的、互助友爱的，也可能是专业的。

私人俱乐部并不是现代社会的发明。早在古希腊和古罗马时代，富有的公民就组成了俱乐部。几个世纪以来，俱乐部一直是英国上流社会组织中不可分割的一部分。随着英国向世界各地殖民，他们也建立了俱乐部。英国的社交俱乐部和苏格兰的圣·安德鲁斯高尔夫俱乐部是美国城市俱乐部和乡村俱乐部的先驱。一些美国的城市俱乐部的历史可以追溯到19世纪中叶，例如，波士顿的萨莫塞特俱乐部（Somerset Club）、旧金山的商业俱乐部（Commercial Club）及特拉华州的威明顿俱乐部（Wilmington Club）。最古老的乡村俱乐部建于1882年，它可能位于马萨诸塞州的布鲁克林。

在世界的许多地方，你属于哪个俱乐部可以表明你在社会中的地位。喜剧明星格罗克·马克斯曾经给曼哈顿的富莱尔俱乐部（Friar's Club）发了一封电报，他是这个俱乐部的会员。他在电报中说："请接受我的退会请求，我不想加入任何一个愿意接受我为会员的俱乐部。"马克斯认为许多人加入俱乐部的目的是为了提高自己的社会地位。尽管一些俱乐部还带有等级制度的痕迹，但是由于平等权利法的制定和整个社会的社会意识的提高，美国私人俱乐部的排外性已经改变了。

美国目前大约有14,000家私人俱乐部，提供了多种多样的管理机会。私人俱乐部的管理与饭店管理和餐饮管理紧密相连。通常俱乐部的经理被称为首席经营官。许多俱乐部经理在顾客关系、人力资源管理、营销、控制和维修方面的职责与饭店经理很相似。大多数俱乐部都设有就餐设施。事实上，一些俱乐部设有多功能餐厅和大厅,还设有各种专用会议室供宴会使用。除了这些设施外,许多城市俱乐部还设有体操房、网球场及供住宿客人使用的客房。乡村俱乐部可能设有餐厅、会议室、一个或多个高尔夫球场、网球俱乐部、海滩俱乐部,甚至飞靶射击俱乐部。这类乡村俱乐部很像度假饭店,所不同的是不对公众开放。

由同一家公司管理的多家俱乐部及独立的城市俱乐部和乡村俱乐部,互相之间都有各种类型的互惠协议,因此他们的会员外出旅行时可以使用同类俱乐部的设施。例如,圣路易斯的午间俱乐部(Noonday Club)的会员可以在新奥尔良州普利姆索尔俱乐部(Plimsoll Club)就餐,可以在纽约的从来不接受新会员的大都会俱乐部(Metropolitan Club)或者伦敦的圣·詹姆斯俱乐部(St. James Club)过夜,可以在北卡罗来纳州夏洛特的布来恩特利乡村俱乐部(Braintree Country Club)打高尔夫球。[1]尽管简单地出示自己俱乐部的会员卡就可以加入联盟俱乐部,但是会员在动身旅行之前通常应该准备好介绍他们到某一俱乐部的介绍卡或介绍信。

很多俱乐部都为其会员提供漂亮、独特的就餐设施。(纽约州纽约体育俱乐部供稿)

俱乐部和饭店的组织结构有一些相似的地方。俱乐部和饭店的基本区别是：俱乐部的"客人"是交了会费的会员，因此在财务上和感情上依附于俱乐部，而饭店向公众开放，客人与饭店没有什么个人关系。

## 俱乐部的类型

私人俱乐部有两种基本类型：城市俱乐部和乡村俱乐部。还有一些俱乐部很难归入到任何一种类型中，我们将在本章的"其他俱乐部"一节中讨论这个问题。

### 城市俱乐部

**城市俱乐部**在规模、类型、设施和会员方面不尽相同。一些城市俱乐部拥有自己的房产，另一些俱乐部则租用写字楼或者饭店。其共同之处是通常都提供餐饮服务并雇用一个经理来管理全部经营活动。城市俱乐部的基本类型有：

- 体育俱乐部；
- 就餐俱乐部；
- 职业俱乐部；
- 社交俱乐部；
- 大学俱乐部。

**体育俱乐部**　与俱乐部行业本身一样，体育俱乐部也是种类繁多的。纽约体育俱乐部创建于1868年，占据了曼哈顿中城区的整个一座大楼，包括各种健康和体育设施、可以看到中央公园全景的200间客房、一个酒吧间和鸡尾酒廊以及各种会议和宴会厅。(特拉弗斯岛〈Travers Island〉是俱乐部位于长岛海峡占地30英亩的"夏季之家"，设有一个俱乐部会所、一个奥运会标准的盐水游泳池以及网球、划船和帆船设施。) 俄亥俄州戴顿的戴顿网球俱乐部 (Dayton Racquet Club) 位于29层写字楼的顶层，其设施比较简朴。壁球是主要的体育项目，同时还有跑步、健身设施及就餐设施。

**就餐俱乐部**　设在写字楼里的就餐俱乐部的数量在20世纪60年代大量增加。写字楼的业主为俱乐部提供空间的目的是诱惑公司租用其办公空间。许多就餐俱乐部只开放午餐，这类俱乐部通常被称为午餐俱乐部。有时，俱乐部设施白天供应的午餐专门供会员食用，而晚上则向公众开放晚餐。一些位于市中心写字楼中的就餐俱乐部在下班后仍然供应鸡尾酒，少数俱乐部甚至提供晚餐和私人宴会服务，但除非这些俱乐部设有住宿设施，否则大多数就餐俱乐部很早就停止了营业。

**职业俱乐部**　职业俱乐部是供同一职业的人们就餐和进行社交活动的俱乐部。

此类俱乐部包括华盛顿特区的面向记者的新闻俱乐部、纽约的面向律师的律师俱乐部及面向演员及其他演艺人士的富莱尔俱乐部。

纽约的格林姆斯公园有一个著名的职业俱乐部——国家艺术俱乐部（National Arts Club），这个俱乐部是查尔斯·凯于1898年建立的。当时查尔斯·凯是《纽约时报》的评论员。查尔斯·凯的目的是把所有的艺术放到一起，包括绘画、雕刻、音乐和文学，然后为严肃的艺术爱好者及他们仰慕和收藏的作品的作者提供一个社交场所。[2] 马克·吐温和美国画家乔治·贝洛斯都曾是这个俱乐部的早期会员。

创建于1868年的纽约体育俱乐部是一个世界著名的城市俱乐部。（纽约州纽约体育俱乐部供稿）

**社交俱乐部** 社交俱乐部的会员与俱乐部无附属关系，他们只是愿意互相交往。这类俱乐部源自伦敦的男士俱乐部，如布德尔俱乐部（Boodle's）、圣詹姆斯俱乐部（St. James）和怀特俱乐部（White's）等。在一天的工作之后，具有相似背景的人士聚集在这些俱乐部中品味鸡尾酒，进行与业务无关的交往或者娱乐活动。在一些社交俱乐部，谈论生意的确会被认为不是好举止。

特拉弗斯岛（Travers Island）是纽约体育俱乐部位于长岛海峡占地30英亩的"夏季之家"，设有一个俱乐部会所、一个奥运会标准的盐水游泳池，还有网球、划船和帆船设施。（纽约州纽约体育俱乐部供稿）

据说，美国最古老的社交俱乐部是费城的鱼屋（Fish House），创建于1832年。为了保证鱼屋的社交性、非公务性，它成立时是一个男士烹饪俱乐部，每位会员轮流为其他会员烹制佳肴。[3] 曼哈顿的社交俱乐部包括：建于1863年的联邦派同盟俱乐部（Union League Club）；由幽默作家华盛顿·欧文为纽约的绅士建立的尼克博克俱乐部（Knickerbocker Club）；旨在"提升和保持全美国对高尔夫球的最佳兴趣和真正精神"的联系俱乐部（Links Club）。联系俱乐部的会员包括全国各地的商界领袖和政治家。在新奥尔良，有路易斯安那俱乐部（Louisiana Club）；在西海岸，最著名的社交俱乐部是建于1847年的旧金山波希米亚俱乐部（Bohemian Club），该俱乐部位于诺伯山旁边，占用了一所漂亮的乔治式红砖建筑，里面有一个供会员业余演出使用、有750个座位的剧场。这个俱乐部在内华达州的谢拉还拥有280英亩地产。每年夏季，会员们聚集在那里进行为期两个星期的野营生活，进行的活动包括诗歌朗诵、音乐演出及由俱乐部70人管弦乐队演出的音乐会。[4]

近年来，建立俱乐部的目的已不仅仅局限于休闲、康乐和友情交往。例如，佐治亚州亚特兰大的商业俱乐部（Commerce Club），其目的是"为亚特兰大都会区的政治、商业及民间领导人物提供俱乐部设施和计划，旨在促进和保持对涉及亚特兰大都会区共同利益的问题的有效沟通和交流，俱乐部应该提供舒适的环境、现代化的会议设施和最佳的餐饮及服务"。

**大学俱乐部** 大学俱乐部是私人俱乐部，面向大学毕业生或者大学的其他人员（例如，大学的员工）。一些这类俱乐部是相当开放的。例如，西雅图的大学俱乐部不属于任何一所大学，只要是大学毕业生就可以加入。另一些大学俱乐部面向特定学校的毕业生，这些俱乐部位于城市，因为大量的校友有可能在这里集中，校友们可能居住在这里或者经常访问这里。例如，在纽约市，哈佛大学、普林斯顿大学、耶鲁大学、康奈尔大学和宾夕法尼亚大学都有自己的俱乐部，俱乐部设有餐厅、健身房、客房及常规性活动，如讲座和音乐会。哈佛大学、耶鲁大学和普林斯顿大学俱乐部由其俱乐部会员拥有，但是康奈尔大学和宾夕法尼亚大学俱乐部由大学拥有。耶鲁大学俱乐部是其中最大的一个。该俱乐部为耶鲁大学（和达特默思学院）的校友提供客房、就餐设施、会议和宴会厅、室内游泳池和体操馆。在独立战争时期，耶鲁大学最著名的一个儿子——内森·黑尔就是在这个俱乐部所在的位置上、在被英军以间谍罪绞死之前，说出了那句名言"我唯一的憾事是没有第二个生命献给祖国"。

# 乡村俱乐部

乡村俱乐部是最大型的私人俱乐部。**乡村俱乐部**主要为住在附近的个人和家庭提供康乐和社交设施。这些俱乐部通常设有单独的儿童设施，可以承接大型活动，因为会员通常在这里举办标志儿童成年的舞会、婚礼和其他社交活动。就餐、打高尔夫球和社会地位是参加乡村俱乐部的最重要原因。

博卡拉顿度假村和俱乐部位于帕拉佐温泉的私人游泳池。游泳池和其他水疗设施，如治疗室、桑拿、蒸汽室、旋涡池和泡澡池，都对客人和会员开放。（博卡拉顿度假村和俱乐部供稿）

由于乡村俱乐部需要大片的土地（一个18洞的高尔夫球场通常至少需要110英亩土地），所以它们通常建在郊区或者农村。如果附近的城市发展到一定程度，城市蔓延到或者包围了俱乐部，有时候也会出现例外现象。洛杉矶的山顶乡村俱乐部（Hillcrest Country Club）就是一个这样的例子。1920年初建时，其位置是洛杉矶郊区。现在它已经被贝佛利希尔斯城和世纪城包围了。其他曾经位于郊区的乡村俱乐部包括：位于华盛顿市区的切维·查斯乡村俱乐部（Chevy Chase Country Club）和坐落在佛罗里达州棕榈海滩时髦的沃尔斯大街上的大沼泽乡村俱乐部（Everglades Country Club）。

在一些实例中，新建的乡村俱乐部由未来的会员投资，要求未来的会员购买俱乐部的股份。新建一个俱乐部可能需要5000万美元。要求希望入会的会员购买价值15万美元的股份是很普通的，而且每月还要支付至少1000美元的会员费。

大多数乡村俱乐部的会所除了设有一个或者数个餐厅和宴会厅之外，至少还有一个高尔夫球场和一个游泳池。在20世纪70年代，网球迅速普及，因此网球场成为乡村俱乐部康乐设施中必不可缺的一部分。根据美国俱乐部经理协会（CMAA）的一项研究，80%的乡村俱乐部设有室外网球场，10%的乡村俱乐部设有室内网球场。这项研究提及的其他设施包括：蒸汽浴室、健身房、板球场和壁球场。

许多乡村俱乐部以其完美的设施和专用权而闻名于世。例如，位于伊利诺伊州莱克福里斯特的欧文西亚俱乐部（Owentsia Club），其名字取自伊洛魁语，意为"乡村爱好运动的勇士和女子相聚的地方"。百慕大的中洋俱乐部（Mid-Ocean Club）成立于1921年，温斯顿·丘吉尔爵士、艾森豪威尔总统、布什总统和网球界的传奇人物贝贝·鲁斯都曾在其高尔夫球场上打过球。《世界高尔夫球地图》（*World Atlas of Golf*）将其高尔夫球场的中洞（par-4）的第五洞称为"全世界最令人难忘的球洞之一"。[5] 其他俱乐部则以其出色的高尔夫球场和在那里举办的赛事而著名，例如，位于加利福尼亚州佩布尔比奇的卵石海滩乡村俱乐部（Pebble Beach Country Club）和位于英格兰桑德威奇的皇家圣·乔治高尔夫俱乐部（Royal St. George's Golf Club）。

## 其他俱乐部

还有一些其他类型的私人俱乐部，聘用职业经理经营其设施，管理其社交和康乐项目。

**游艇俱乐部** 游艇俱乐部位于大片的水域附近，其主要目的是为游艇的主人提供泊船地和其他设施。很多游艇俱乐部设有网球场、游泳池和设有餐厅和大堂的精美会所，但是一些游艇俱乐部却只提供码头、燃油和游艇用品。位于密歇根州格罗斯波因特肖尔斯的格罗斯波因特游艇俱乐部（Grosse Pointe Yacht Club）是其中著名的一个，这个俱乐部建立于1923年，投资者包括汽车制造商埃兹尔·福特。这个俱乐部的设施包括一个巨大的舞厅、一个俯视港口的穹顶餐厅和能容纳300条游艇的水域。

游艇俱乐部的主要目的是为游艇的主人提供泊船地和其他设施。

**互助会** 美国驼鹿俱乐部（Elks）和海外战争退伍军人协会都是互助会的例子。互助会组织有时拥有或者租用整栋大厦或者大厦的一个楼层。一些互助会提供餐饮服务、住宿设施及供聚会和康乐使用的房间。互助会俱乐部也需要专业经理管理。

**军事俱乐部** 武装部队经营军官俱乐部和军士俱乐部。大多数军事俱乐部都有俱乐部会所，并设有餐厅和宴会设施。一些军事俱乐部设有与平民私人俱乐部和度假饭店相同的住宿设施、康乐设施和社交项目。位于夏威夷德拉塞堡的武装部队康乐中心的哈尔科饭店（Hale Koa Hotel）就是这样的设施。这里是怀基基海滩最美丽的地方之一。在欧洲，武装部队在巴伐利亚的加米施、贝希特斯加登和基姆湖经营饭店和康乐中心。

# 俱乐部的所有权

私人俱乐部的所有权通常分为两种方式。俱乐部可以归一些会员所有，这样的俱乐部称为股权俱乐部。投资购买和开发股权俱乐部的那些会员被称为创始会员。俱乐部也可以归一家出售俱乐部会员资格的公司所有。那些营利性的俱乐部被称为团体或者开发商俱乐部，偶尔也被称为专有俱乐部。

## 股权俱乐部

**股权俱乐部**通常是非营利性的，因为成立股权俱乐部的目的不是为了赚钱，只是供其会员享乐。其会员包括两部分人：（1）创始会员；（2）支付一次性初始入会费和年度会费的其他会员。如果股权俱乐部的收入高于费用，其利润不返还给创始会员，而用于投资改善俱乐部的设施和服务。因为成立股权俱乐部的目的不是为了赢利，所以税法中的非赢利法规条款免除了俱乐部的联邦所得税和州所得税，尽管这些俱乐部也需要交纳与免税条款无关的所得税（例如，来自非会员宴会的收入）和联邦工资税及州工资税。

不给会员分配利润只是股权俱乐部获得非营利性地位的条件之一。为了获得免税，股权俱乐部必须只用于休闲和康乐的目的，并且不得以性别、种族或宗教原因拒绝任何想要成为会员的人士入会。然而，歧视现象经常发生在其他方面。有时，俱乐部收取高额初始入会费或者要求会员购买昂贵的债券或者会员股份。如果申请人在成就、专业、职位或者艺术天才（如波希米亚俱乐部的例子）方面不合格，俱乐部则完全有权拒绝会员的入会申请。

## 团体或者开发商俱乐部

如前面所述，**团体俱乐部**或者开发商俱乐部的经营目的是为了赢利，归群体或公司所有。希望成为会员的人购买会员资格，不购买俱乐部的股份。会员可能参与，也可能不参与俱乐部的经营。全部会员资格售完后，开发商有时会把俱乐部出卖或者转让给会员，俱乐部会所的成本用会员的初始入会费或者房地产销售收入支付。

团体或者开发商俱乐部是伴随着写字楼、共管式公寓和单套住宅的开发热潮而迅速发展起来的。和在写字楼里开设就餐俱乐部有助于开发商出租办公空间一样，在共管式公寓或住宅发展中心区设立乡村俱乐部也是一个很好的营销策略，不仅可以有助于房产的销售和出租而且由于向购买者提供了附加值而提高了房产的价格。

从事俱乐部管理的主要公司是美国高尔夫发展公司（Club Corp）。这家总部设在达拉斯的公司在全美国拥有或者经营着大约190个乡村俱乐部、城市俱乐部和其他度假村。1984年，美国高尔夫发展公司收购了派恩赫斯特度假村和乡村俱乐部（Pinehurst Resort and Country Club），从而把其业务范围扩展到度假饭店管理。由于乡村俱乐部和度假饭店有很多相似之处，美国高尔夫发展公司的这种做法是毫不奇怪的。后来，又在其管理计划中增加了按日计费的高尔夫球场。2006年，美国高尔夫发展公司被一个主要私有股权公司——KSL资本公司（KSL Capital Partners）收购。

一些团体或者开发商俱乐部只供某些公司的员工使用，并归这些公司所有和经营。特拉华州威尔明顿的杜邦乡村俱乐部（DuPont Country Club）就是其中之一。只有杜邦公司的员工、他们的直系亲属及退休的员工才可以加入该俱乐部。这家拥有6,000名会员的俱乐部是世界上最大的私人俱乐部之一。其设施包括：19个户外陶土网球场和6个硬地网球场，1个草坪滚木球场和3个18洞高尔夫球场和一个健身中心。另外还有2个餐厅、2个舞厅和8个宴会厅。

## 俱乐部的组织

俱乐部的组织形式在很大程度上取决于俱乐部是非营利性还是营利性。在非营利性的股权俱乐部中，会员选举董事会来监督预算并制定关于会员资格和俱乐部使用的政策。董事会是一个控制机关，俱乐部经理向董事会报告工作并实施董事会制定的政策和决策（图8-1）。在营利性团体或者开发商俱乐部中，俱乐部经理则向业主报告工作，听取关于俱乐部的政策、程序和标准的指示（图8-2）。如果业主愿意赋予会员一些某种意义上的权力，团体或者开发商俱乐部可能会设立由会员组成的董事会，但通常这种董事会仅仅向业主提供咨询意见，不制定政策。

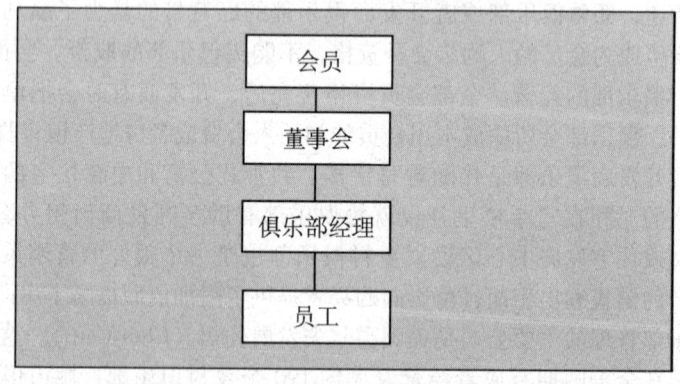

图8-1 股权俱乐部组织图实例

会员 → 董事会 → 俱乐部经理 → 员工

在股权俱乐部，会员拥有俱乐部并选举产生董事会（他们也是俱乐部会员），董事会监督预算和制定俱乐部的政策。俱乐部经理向董事会或者一个董事报告工作。

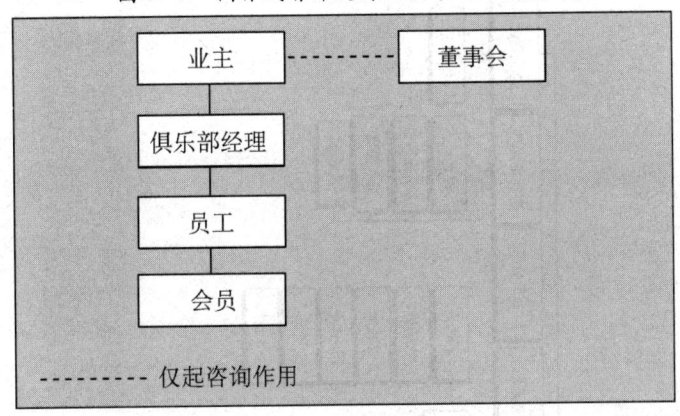

图8-2 团体或者开发商俱乐部组织图实例

```
业主 ------- 董事会
 |
俱乐部经理
 |
员工
 |
会员

--------- 仅起咨询作用
```

团体或者开发商俱乐部归公司或者开发商所有，不归会员所有。会员可能参与，也可能不参与俱乐部的经营。例如，俱乐部的业主可能会成立一个由会员组成的董事会，董事会向业主提供关于俱乐部的咨询意见。俱乐部经理向公司或者开发商报告工作，不向俱乐部会员报告工作。

股权俱乐部董事的人数通常为 12~25 人，但有时候人数可能会多一些。董事会的领导通常包括一个主席（通常是上一年的总裁）、总裁、副总裁和司库。

委员会对俱乐部的士气和经营非常重要，因为委员会使更多的会员能够参与俱乐部的领导工作。除了负责社交活动和运动项目的专门委员会外，俱乐部通常还设有五个常设委员会：会所委员会、会员资格委员会、财务和预算委员会、康乐委员会和体育委员会。[6]

## 俱乐部经理

直到 20 世纪 20 年代，人们才认为有必要设置俱乐部经理。在此之前，大多数私人俱乐部都由会员通过常设委员会和理事会来管理。通常，俱乐部会所由管家经营，运动设施则由专业运动人士负责。现在，俱乐部管理是一门专业，需要专门的培训和专业技能。

由于俱乐部的类型和组织结构不同，所以**俱乐部经理**的职责也不尽相同。一些俱乐部设总经理，而另外一些俱乐部则只设会所经理。其不同点是，总经理负责管理整个俱乐部的员工，而会所经理可能只负责管理在会所工作的员工。例如，一个乡村俱乐部可能设一名俱乐部会所经理管理会所的经营及人事工作，而俱乐部的运

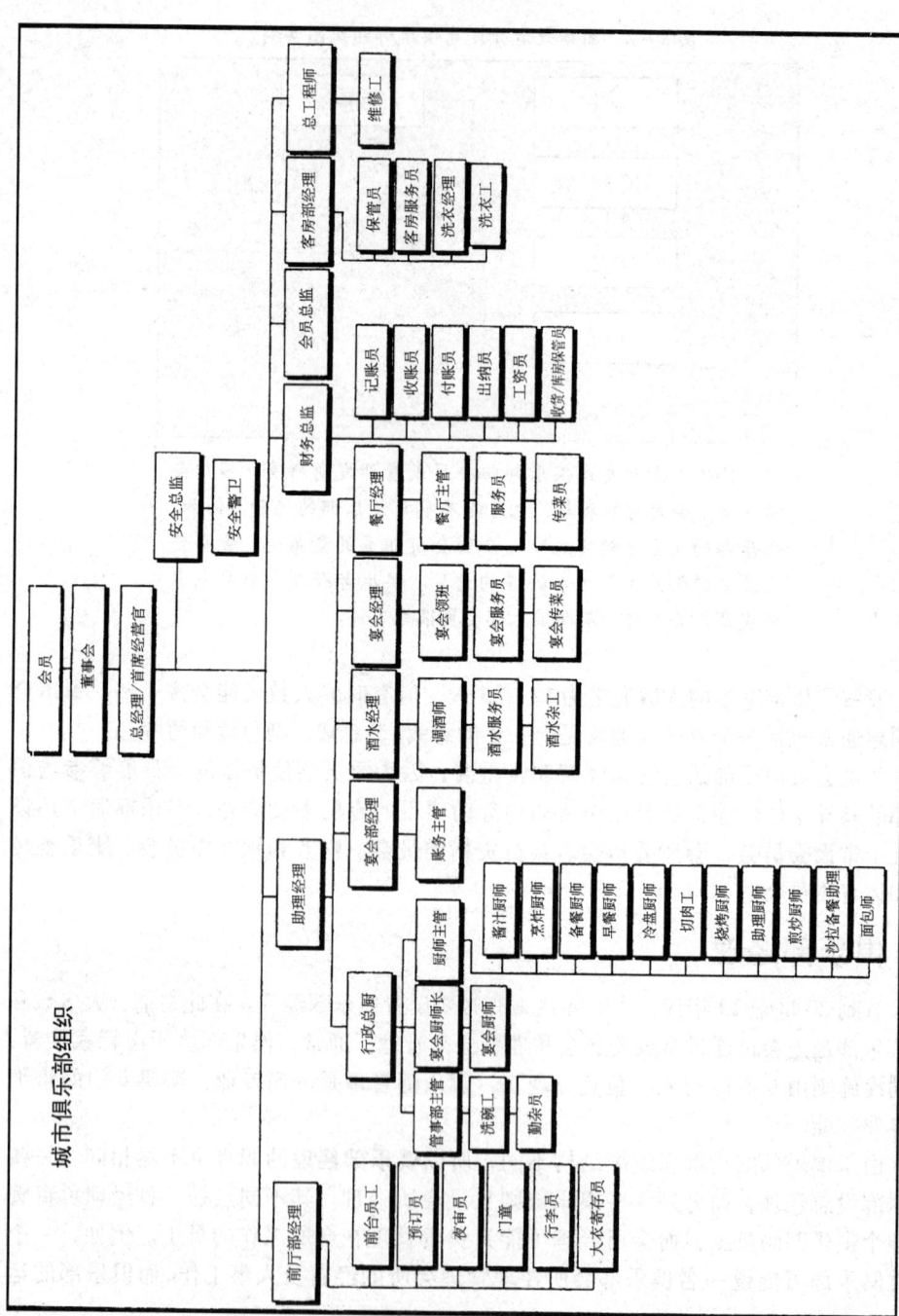

当今饭店业  HOSPITALITY TODAY An Introduction

## 城市俱乐部组织

- 会员
  - 董事会
    - 总经理/首席经官
      - 安全总监
        - 安全警卫
      - 财务总监
        - 会员总监
          - 记账员
          - 收账员
          - 付账员
          - 出纳员
          - 工资员
          - 收货/库房保管员
        - 客房部经理
          - 总工程师
            - 维修工
          - 保管员
          - 客房服务员
          - 洗衣经理
            - 洗衣工
      - 餐厅经理
        - 餐厅主管
        - 服务员
        - 传菜员
      - 宴会经理
        - 宴会领班
        - 宴会服务员
        - 宴会传菜员
      - 酒水经理
        - 调酒师
        - 酒水服务员
        - 酒水杂工
      - 宴会部经理
        - 服务主管
      - 助理经理
        - 行政总厨
          - 厨师主管
            - 宴会厨师长
              - 宴会厨师
            - 管事部主管
              - 洗碗工
              - 勤杂员
            - 酱汁厨师
            - 烹炸厨师
            - 备餐厨师
            - 早餐厨师
            - 冷盘厨师
            - 切肉厨师
            - 烧烤厨师
            - 助理厨师
            - 煎炒厨师
            - 协调备餐助理
            - 面包师
        - 前厅部经理
          - 前台员工
          - 预订员
          - 夜审员
          - 门童
          - 行李员
          - 大衣寄存员

资料来源：美国俱乐部经理协会。

286

当今饭店业　　　　　　　　AH&LA　　　HOSPITALITY TODAY An Introduction

## 小型乡村俱乐部组织

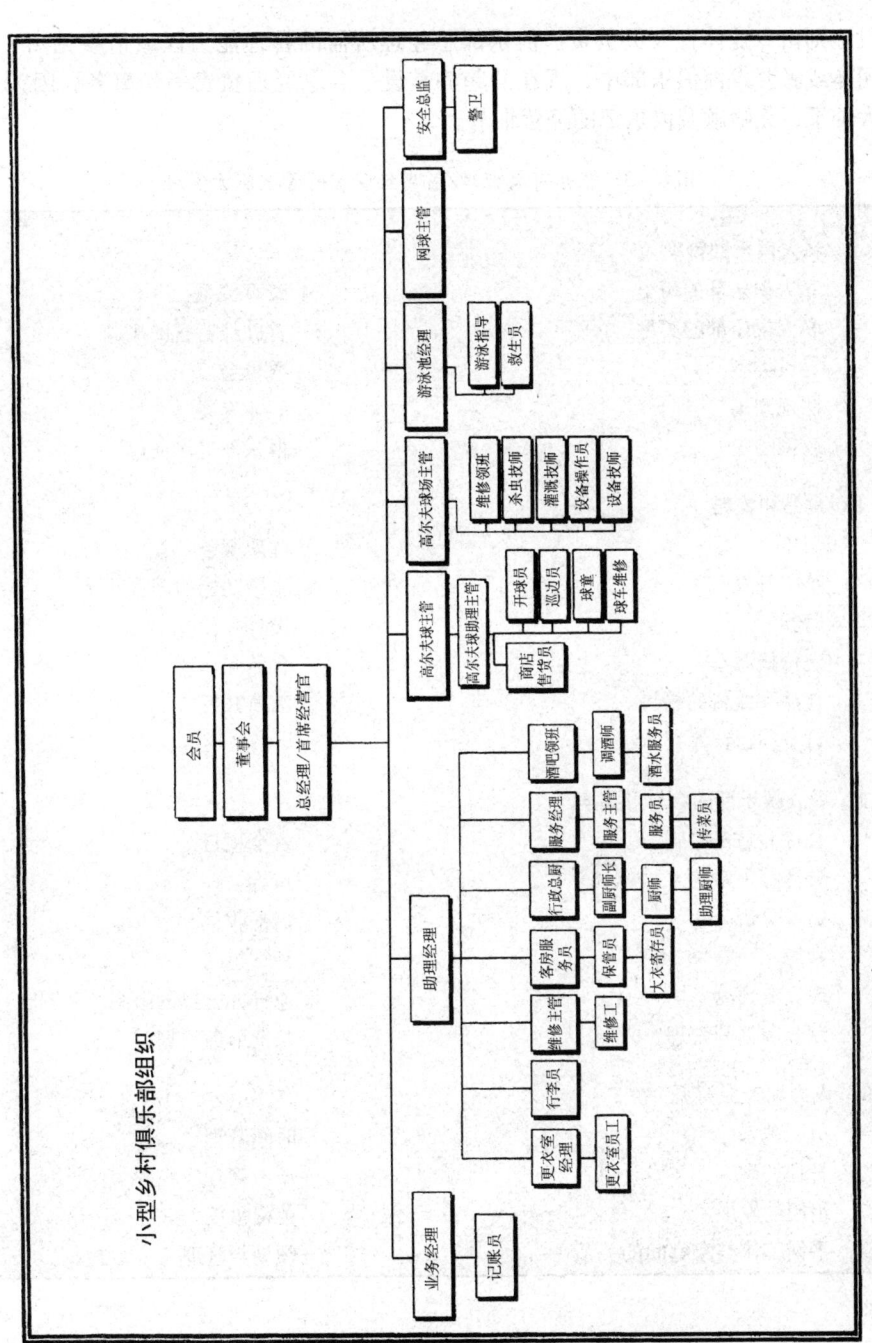

```
会员
 │
董事会
 │
总经理/首席经营官
 ├──────────────────────────────────────────────────────────┐
 │                                                          │
 │                                            ┌─ 安全总监 ── 警卫
 │                                            │
 │                                            ├─ 网球主管
 │                                            │
 │                                            ├─ 游泳池经理 ─┬ 游泳指导
 │                                            │              └ 救生员
 │                                            │
 │                                            ├─ 高尔夫球场主管 ─┬ 维修领班
 │                                            │                  ├ 杀虫技师
 │                                            │                  ├ 灌溉技师
 │                                            │                  ├ 设备操作员
 │                                            │                  └ 设备技师
 │                                            │
 │                                            └─ 高尔夫球主管
 │                                                │
 │                                                ├─ 高尔夫球助理主管 ─┬ 开球员
 │                                                │                    ├ 巡边员
 │                                                │                    ├ 球童
 │                                                │                    └ 球车维修
 │                                                └─ 商店售货员
 │
助理经理
 ├─ 酒吧领班 ─┬ 调酒师
 │            └ 酒水服务员
 ├─ 服务经理 ─┬ 服务主管 ── 服务员 ── 侍茶员
 │
 ├─ 行政总厨 ─┬ 副厨师长 ── 厨师 ── 助理厨师
 │
 ├─ 客房服务员 ── 保管员 ── 大衣寄存员
 │
 ├─ 维修主管 ── 维修工
 │
 └─ 更衣室经理 ─┬ 行李员
                └ 更衣室员工

业务经理
 └─ 记账员
```

资料来源：美国俱乐部部经理协会。

287

动设施则由专业体育人员负责。俱乐部总经理所需的管理能力区域请参见图8-3。在团体或者开发商俱乐部中，现在的趋势是设一名总经理负责一切事务，因为会员们太忙了，无暇顾及俱乐部的经营细节。

图8-3 俱乐部总经理/首席经营官的管理能力区域

**I. 私人俱乐部管理**

| | |
|---|---|
| 私人俱乐部的历史 | 董事关系 |
| 私人俱乐部的类型 | 首席经营官的概念 |
| 会员类型 | 委员会 |
| 法规细则 | 职业发展 |
| 政策制定 | 俱乐部工作描述 |

**II. 食品和饮料**

| | |
|---|---|
| 卫生 | 优质服务 |
| 菜单开发 | 主题功能的创造性 |
| 营养 | 设计和设备 |
| 定价概念 | 食品和饮料人员 |
| 食品和饮料的趋势 | 酒单开发 |
| 订货/收货/库存 | |

**III. 私人俱乐部的会计和财务**

| | |
|---|---|
| 会计和财务原则 | 资金项目 |
| 财务统一系统 | 审计 |
| 财务分析 | 内部收益 |
| 预算 | 计算机 |
| 现金流预测 | 业务办公室的组织 |
| 薪金和福利管理 | 长期财务计划 |

**IV. 人力和专业资源**

| | |
|---|---|
| 员工关系 | 时间管理 |
| 管理类型 | 压力管理 |
| 组织的发展 | 劳资争议 |
| 平衡工作与家庭间的关系 | 领导与管理 |

续图

| | |
|---|---|
| Ⅴ．建筑物和设施管理 | |
| 　预防性维护 | 客房清扫 |
| 　保险和风险管理 | 安全 |
| 　俱乐部会所翻新与改造 | 洗衣 |
| 　承包商 | 住宿经营 |
| 　能源和水资源管理 | |
| Ⅵ．内部和政府的影响 | |
| 　立法的影响 | 隐私 |
| 　管理机构 | 俱乐部法 |
| 　经济理论 | 酒精饮料的法律责任 |
| 　劳动法 | 内部收益 |
| Ⅶ．管理 | |
| 　沟通技巧 | 有效的谈判 |
| 　职业形象和服装 | 会员联系技巧 |
| Ⅷ．营销 | |
| 　通过内部刊物开发市场 | 私人俱乐部环境下的营销策略 |
| 　与媒体交往 | |
| Ⅸ．运动和娱乐 | |
| 　高尔夫经营管理 | 游艇设施管理 |
| 　高尔夫球场管理 | 健身中心管理 |
| 　网球经营 | 其他娱乐活动 |
| 　游泳池管理 | |

资料来源：美国俱乐部经理协会。

美国俱乐部经理协会认为，杰出的俱乐部经理具有某些共同的个人品质和能力：
- 有效的人际关系技能；
- 奉献精神，即为俱乐部的福利作贡献；
- 诚实；
- 很强的组织观念和管理能力强；
- 创造力和远见；
- 智力；

- 职业性；
- 良好的沟通能力；
- 很强的领导能力；
- 行业经验。[7]

俱乐部经理的工作在一个方面比饭店或者餐馆经理的工作更复杂。他们工作的相似之处是：为了达到经济目标，每个经理都必须管理物理设施、员工和服务工作。此外，每个经理还必须处理员工雇用、培训、解雇及建立服务标准。工作的不同之处或使俱乐部经理的工作变得更复杂之处是俱乐部经理必须和驻俱乐部的董事共同负责制订计划和预算。俱乐部会员对是否解雇经理有更直接的发言权，而饭店的客人在这方面的发言权则很小。在股权俱乐部，俱乐部经理必须想方设法让两类人满意：（1）由持有各种不同观点的会员组成的董事会，因为董事是由持不同观点的不同派别的会员选举产生的；（2）具有不同需求的各种各样的会员。为了达到这个目的，俱乐部经理必须是杰出的政治家。

与饭店相比，如果想在俱乐部的管理领域中得到提升，你可能需要更多次数的工作调动。根据美国俱乐部经理协会的一项调查，在所有加入美国俱乐部经理协会的俱乐部经理中，只有不到20%的经理在其工作的俱乐部中被提拔为助理经理或者部门经理。[8]期望得到提升的助理经理或者部门经理，通常必须要转到另一个俱乐部去工作。如果俱乐部经理期望在一个更大的和更有名气的俱乐部中得到提升，他就必须要换工作，这通常需要迁移。但是很多俱乐部经理都与俱乐部的会员和领导建立了满意的关系，因此他们都不愿意迁移。

## 俱乐部的经营

与其他饭店接待业一样，俱乐部也发生收益和费用。其区别在于俱乐部的收益来源不同。

### 收益

由于俱乐部是主要供会员使用的私人企业，所以其大部分收益来自会员（图8-4）。典型的俱乐部收益来源包括：

- 会员费；
- 初始入会费；
- 摊派费；
- 体育活动费；

- 食品和饮料销售收入；
- 其他收益来源。

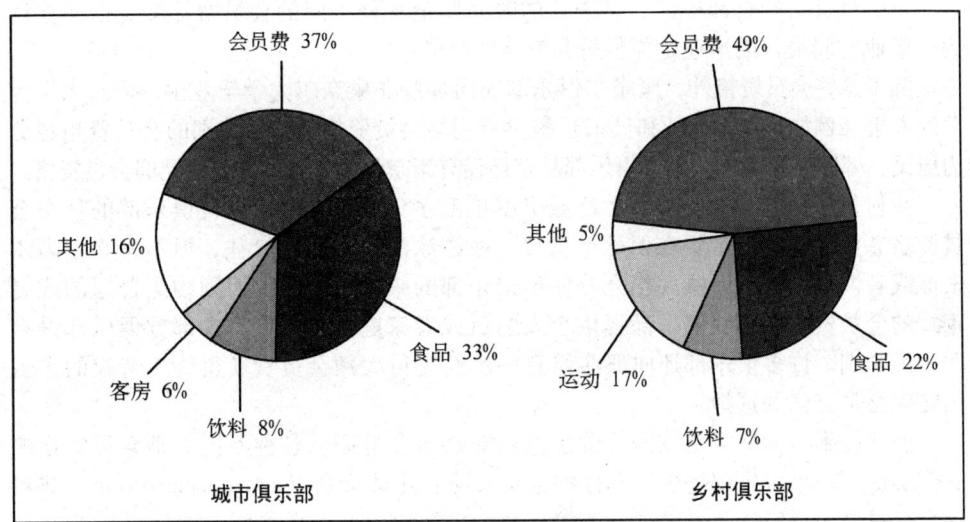

图 8-4  俱乐部的收益

会员费 37%
其他 16%
客房 6%
饮料 8%
食品 33%
城市俱乐部

会员费 49%
其他 5%
运动 17%
饮料 7%
食品 22%
乡村俱乐部

资料来源：《城市和乡村的俱乐部》，北美版，2006 年（Fairfax, Va.：PKF North America Network, 2006），第9、19页。

会员费、初始入会费、摊派费和体育活动费有助于把俱乐部与饭店和餐馆区分开，因为饭店和餐馆没有这些收入。

**会员费**　**会员费**是会员支付的使用俱乐部特权的费用。与面向社会公众开放的设施不同，私人俱乐部的客人的数量有限，因此收入也有限。会员费补贴了俱乐部所有的经营成本和固定成本。确定会员费数额的依据是俱乐部的类型（城市俱乐部或者乡村俱乐部）、会员的数量及俱乐部设施和服务的规模。因为乡村俱乐部的经营费用通常高于城市俱乐部，所以其会员费也比较高。根据 PKF 咨询公司北美网络的研究，2006 年，乡村俱乐部平均每个会员缴纳的会员费为 6,239 美元，而城市俱乐部仅为 2,475 美元。[9]

俱乐部通常根据会员类别的不同收取不同的会费。这样做可以使更多的人加入俱乐部，增加会员的基数，从而降低每位会员的成本。

纽约的康奈尔俱乐部是一个很好的例子，康奈尔俱乐部设立不同类别的会员资格。康奈尔俱乐部占据了一座 15 层楼的大厦，内设客房、餐厅、休息厅、健身房和私人会议室。下面是其不同类别的会员资格（每种会员资格的会费不相同）：

- 居民——居住在纽约市内的会员；

- 郊区居民——居住在纽约市周围50英里*以内，但不居住在市区内也不在纽约市工作的会员；
- 非居民——居住在纽约市周围50英里以外的会员。

每一种会员资格都根据会员毕业的时间制定6种不同的会员费标准。据调查认为，毕业时间最长的毕业生能付得起最高的会员费。

除了这些会员资格外，康奈尔俱乐部还向那些非康奈尔大学毕业生，但与大学有关的人士（例如，全职教师和员工）提供特别的会员资格。这些特别的会员资格也分为居民、郊区居民和非居民。俱乐部甚至还设有康奈尔夫妻会员资格和配偶会员资格。

乡村俱乐部的会员类别通常比城市俱乐部多。一些人只对乡村俱乐部的社交会员资格感兴趣，他们希望在俱乐部就餐，在游泳池边与朋友交往，但不喜欢打高尔夫球或者网球。而另一些人想充分使用俱乐部的康乐设施，他们则购买普通的或者正式的会员资格。一些俱乐部提供个人会员或者家庭会员资格。少部分俱乐部设有非居民类别。许多俱乐部还向那些愿意一次性支付大额会员费获得终生特权的人提供终生会员资格的选择。

前面提到过的格罗斯波因特游艇俱乐部是向会员提供各种不同类别会员资格的一个实例。这个俱乐部提供选择性的会员资格：正式会员（active membership）或者社会会员（social membership）。正式会员有投票权，可以享受所有的优惠待遇（就餐、网球、游泳池、保龄球、板网球和船艇活动）。社会会员没有投票权，不享受船艇活动。这两种会员资格都按照年龄划分为3个层次的会员费，从21~25岁开始。甚至还为神职人员专门设置了一种会员资格。

图8-5 高尔夫球场费用

| 每洞平均成本 | 本研究中的全部乡村俱乐部 |
| --- | --- |
| 工资 | $47,032 |
| 工资税和员工福利 | 12,419 |
| 场地备品和合同 | 13,620 |
| 维修和保养 | 5,428 |
| 其他费用 | 22,666 |
| 高尔夫部总费用 | $101,165 |
| 减：高尔夫收入 | 48,270 |
| 高尔夫净费用 | $52,895 |

资料来源：《城市和乡村的俱乐部》，北美版，2006年（Fairfax, Va.：PKF North America Network, 2006），第11页。

---

* 1英里等于1609.344米。

**初始入会费** 大多数俱乐部向新会员收取**初始入会费**，在大多数情况下，初始入会费是不返还的。各个俱乐部处理初始入会费的方式不尽相同。一些俱乐部把初始入会费当做对资本的贡献，加到（股权俱乐部）创始会员的权益中或者（团体或者开发商俱乐部）业主的权益中。另一些俱乐部把初始入会费加到储备基金中，用于资本改良项目，例如，重新装修俱乐部会所。初始入会费通常在 500~10,000 美元之间，也有少数俱乐部收取 100,000 美元或者更多。

**摊派费** 一次性或者定期的**摊派费**是有时候向会员强行摊派的一种费用，不是增加会员费。一些摊派费用于弥补经营亏空。另外一些摊派费用于增加俱乐部改造的资金。因为摊派费是非预期的费用，所以不受会员欢迎。因此，一些俱乐部愿意用规定最低消费的方式取代摊派费，这通常只限于食品和饮料的消费。如果会员没有达到规定的月份、季度或者年度的餐饮消费额，就需要支付差额的费用。

高尔夫球和其他体育运动的费用在乡村俱乐部的收益中占很大比例。

**体育活动费** 城市俱乐部不记录体育活动的收入，因为俱乐部通常不会额外向会员收取健身设施的使用费。但是，**体育活动费**占乡村俱乐部全部收入的 19%。[10]

在以高尔夫球和网球为主要活动的乡村俱乐部，高尔夫球和网球专业人员负责这两种运动中的各种项目。打高尔夫球和网球均收费，如果打高尔夫球，还要收取高尔夫球车的租用费。

高尔夫球场是费用昂贵的设施，每年每个洞的维护费用超过 62,417 美元。[11] 如图 8-5 所示，从高尔夫球经营中直接获得的收益仅占其成本的一半多一点。因此，有必要用会员费或者其他部门的利润来弥补差额部分。

有时，俱乐部还有其他康体设施，如游泳池、保健温泉、排球或者壁球场。大多数乡村俱乐部的会员都付费使用这些设施，但是游泳池除外，游泳通常是免费的。如果俱乐部提供了多种运动项目，可能需要配备一名体育总监来监督俱乐部的所有康体设施和项目。

有体育设施的俱乐部设有各种专门的运动委员会。有高尔夫球场的乡村俱乐部设有**高尔夫委员会**，该委员会向俱乐部董事会报告工作，并向董事会提供关于高尔夫球场政策的咨询建议，如球场的恰当使用和球场的营业时间。委员会与俱乐部管理部门共同策划比赛和制定高尔夫球场预算。

**食品和饮料销售收入**　除了会员费收入外，食品和饮料销售收入是城市俱乐部和乡村俱乐部的主要收入来源。与饭店和度假区一样，俱乐部通常也有多个就餐设施。只有一个餐厅的城市俱乐部把这个餐厅当做正式的餐厅，另外还设一些非正式的酒吧或者烧烤房。乡村俱乐部通常在游泳池边或者高尔夫球场经营小吃部，还开设非正式的午餐餐厅和正式的正餐厅。

俱乐部的就餐设施必须在质量和价值方面与周边地区的餐馆竞争。旧金山附近的米德湖高尔夫和乡村俱乐部（Lake Mead Golf and Country Club）提供免费酒品，并经常推出由著名的欧洲厨师主理的特别晚餐，目的是把会员从竞争对手的餐馆里吸引过来。俱乐部的厨师通常会被提升到很高的位置，有时他们会成为名人。亚特兰大的切罗基城镇和乡村俱乐部（Cherokee Town and Country Club）的前任行政总厨托马斯·凯瑟里尔在德国法兰克福的烹饪奥林匹克赛中获得金奖。在达拉斯，圣西米恩的俱乐部推出了俱乐部厨师烹制的本地特色佳肴，因此从知名的饭店中吸引了可观的宴会业务。

通常，俱乐部会员坚持要求自己俱乐部的食品质量和服务水平高于公共餐馆。因此，食品服务成为很多俱乐部的主要焦点，要求俱乐部经理投入最大的精力。

**其他收入来源**　除了会员费、初始入会费、摊派费、体育活动费及食品和饮料销售收入外，一些俱乐部还有其他收入来源。大多数俱乐部向非会员收取**宾客费**，这些人是会员的客人，他们使用房间，购买食品和饮料，也可能使用康体设施。俱乐部出售食品和饮料通常收取服务费，服务费可能给员工，在大多数情况下，也可能用于冲抵俱乐部的劳动成本。设有住宿设施的城市俱乐部有客房的销售收入，也可能有洗熨收入。乡村俱乐部设有由俱乐部经营或者特许经营的专业商店，出售运动设备和服饰，有时还出售各种礼品。

## 费用

在俱乐部运营中，工资和相关成本是最大的一项费用，占城市俱乐部费用的55%，占乡村俱乐部费用的55%（图8-6）。工资支出的最大部分发生在食品和饮料的经营中。乡村俱乐部和城市俱乐部的第二大费用是"运营供给品"，乡村俱乐部占32%，城市俱乐部占23%。

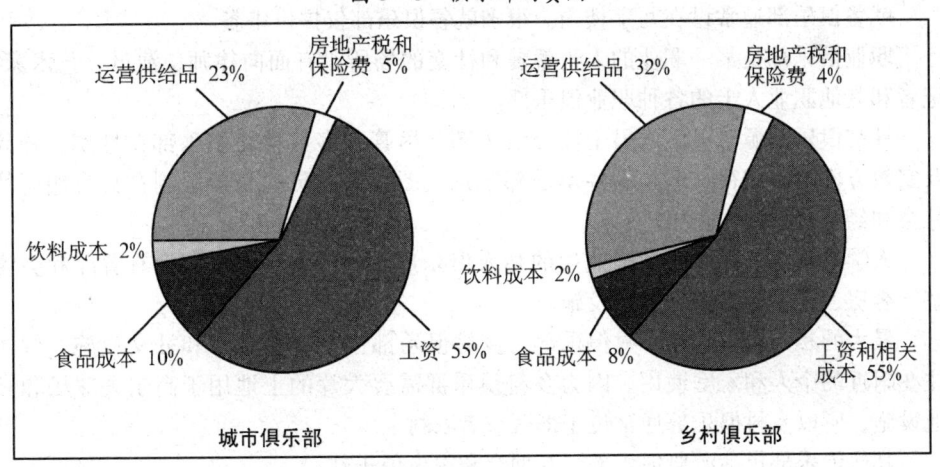

图8-6 俱乐部的费用

城市俱乐部：运营供给品 23%、房地产税和保险费 5%、饮料成本 2%、食品成本 10%、工资 55%

乡村俱乐部：运营供给品 32%、房地产税和保险费 4%、饮料成本 2%、食品成本 8%、工资和相关成本 55%

资料来源：《城市和乡村的俱乐部》，北美版，2006年（Fairfax, Va.: PKF North America Network, 2006），第9、19页。

## 控制

与饭店和餐馆相同，俱乐部也有财务统一系统。《俱乐部财务报告统一系统》(*Uniform System of Financial Reporting for Clubs*) 是美国俱乐部经理协会出版的一本手册。[12]除了对账目进行分类外，这个系统还提供按部门统计收入和支出的报告方法。这种方法可以使俱乐部的经理、董事会、会员和业主（如果是团体或者开发商俱乐部）能很容易地按部门检查经营结果。

## 小结

私人俱乐部的历史可以追溯到古希腊和古罗马时代，但是美国私人俱乐部（现有数量超过14,000个）的真正先驱是英格兰和苏格兰的社交俱乐部和高尔夫俱乐部。虽然管理俱乐部和管理饭店有许多相似之处，但是也有一些区别。

俱乐部有两种基本的类型：城市俱乐部和乡村俱乐部。城市俱乐部可以分为体育俱乐部、就餐俱乐部、职业俱乐部、社交俱乐部和大学俱乐部。

体育俱乐部通常很大，有时会占据市中心的整栋大厦，可能还包括住宿和就餐设施、体操馆、游泳池、壁球场、手球场和网球场。

就餐俱乐部通常设在写字楼内。很多就餐俱乐部仅提供午餐。

职业俱乐部是某一职业的人士就餐和社交的场所。有面向律师、演员、艺术家、记者和其他职业人士的各种职业俱乐部。

社交俱乐部源于英国的男士社交俱乐部。尽管大多数社交俱乐部在性别、种族及宗教方面没有歧视，但是一些俱乐部还是试图将其会员的身份限制在具有相同的社会和经济背景的人士中。

大学俱乐部是面向大学毕业生的私人俱乐部。一些大学俱乐部设有餐厅和会议室、客房、各种图书馆和康乐设施。

最大的私人俱乐部是乡村俱乐部。乡村俱乐部主要提供康乐和社交设施，供居住在附近的个人和家庭使用。因为乡村俱乐部需要大片的土地用于高尔夫球场和其他设施，所以乡村俱乐部通常位于郊区或者农村。

其他俱乐部包括游艇俱乐部、互助会和军事俱乐部。

大多数私人俱乐部都是股权俱乐部和团体或者开发商俱乐部。股权俱乐部为一组创始会员所有，通常是非营利性的，因为这些人建立俱乐部的目的不是为了赚钱，而仅仅是为了会员的享乐。团体或者开发商俱乐部是营利性的俱乐部，所有者是个人或者出售俱乐部会员资格的公司。

俱乐部的组织结构取决于俱乐部的所有权，既是股权俱乐部，还是团体或者开发商俱乐部。俱乐部经理是雇用的专业人士，负责指导俱乐部的所有经营活动。

俱乐部的主要收益来自会员。收益分为以下几类：会员费、初始入会费、摊派费、体育活动费、食品和饮料销售收入及其他收入来源。

会员费是会员享有俱乐部特权的成本费。城市俱乐部和乡村俱乐部通常都设有多种不同的会员资格。城市俱乐部可能根据会员的居住地点与俱乐部位置之间的距离，向居民、郊区居民和非居民会员收取不同的会员费。乡村俱乐部则倾向于根据使用康乐设施的情况、会员的年龄和其他因素制定不同的会员费结构。除了会员费之外，俱乐部通常还收取初始入会费，有时还收取特定的摊派费。

仅次于会员费，食品和饮料的销售收入是俱乐部的另一项主要收入来源。其他收入来源包括：客房销售收入（城市俱乐部）、宾客费及食品和饮料销售中的服务费。工资是俱乐部最大的费用。

与饭店和餐馆相同，俱乐部有自己的财务报告统一系统，该系统可以帮助俱乐部经理控制和管理经营活动。

# 注释

［1］ "See The World-join a Club"，*Wall Street Journal*，August 23，2000.

［2］ Carole Klein，*Gramercy Park：An American Bloomsbury*（Boston：Houghton Mifflin，1987），p.159.

［3］ Stephen Birmingham，*America's Secret Aristocracy*（New York：Berkley Books，1990），p.209.

［4］ Ibid.，p.213.

［5］ Bermuda Department of Tourism.

［6］ Ted E. White and Larry C. Gerstner，*Club Operations and Management*，2nd ed.（New York：Van Nostrand Reinhold，1991）.

［7］ Club Managers Association of America，*Club Management Operations*，4th ed.（Dubuque，Iowa：Kendall-Hunt，1989），p.27.

［8］ Ibid.，p.32.

［9］ *Clubs in Town & Country*，North America Edition，2006（Fairfax，Va.：PKF North America Network，2006），pp.4，13.

［10］ Ibid.，p.9.

［11］ Ibid.，p.11.

［12］ The *Uniform System of Financial Reporting for Clubs*，Sixth Revised Edition，was published in 2003 by the Educational Institute of the American Hotel & Lodging Association（2113N. High Street，Lansing，Michigan，48906），in cooperation with the Club Managers Association of America（which owns the copyright）and Hospitality Financial and Technology Professionals（HFTP），the international society for financial and technology professionals in the hospitality industry.

## 🔑 主要术语

**摊派费**（assessment）　一次性或者不定期地向私人俱乐部的会员摊派的费用，用于弥补经营亏空或者增加俱乐部改造的资金。

**城市俱乐部**（city club）　市区的康乐和社交设施，可以分为体育俱乐部、就餐俱乐部、职业俱乐部、社交俱乐部和大学俱乐部。

**俱乐部经理**（club manager）　俱乐部雇用的专业人员，负责俱乐部的全部经营活动。通常被称为俱乐部总经理或者首席经营官。

**团体俱乐部**（corporate club）　营利性私人俱乐部，由个人或者出售会员资格的公司拥有，也称为开发商或者所有人俱乐部。

**乡村俱乐部**（country club）　为居住在周边地区的个人和家庭提供康乐和社交活动设施的私人俱乐部。

**股权俱乐部**（equity club）　非营利性私人俱乐部，其会员购买俱乐部的股份，扣除成本后，剩余的收入用于改善俱乐部的设施和服务。

**高尔夫委员会**（golf committee）　由俱乐部会员组成的私人俱乐部委员会，负责制定高尔夫球场政策，检查高尔夫球场的预算和经营情况，监督高尔夫球场的保养情况。

**初始入会费**（initiation fees）　新会员加入私人俱乐部时必须支付的费用，该费用通常不返还。

**会员费**（membership dues）　私人俱乐部会员支付的有限俱乐部会员资格的费用。会员费补贴俱乐部的所有经营成本和固定成本。

**体育活动费**（sports activities fees）　乡村俱乐部向会员和外来访客收取的俱乐部康体设施的使用费。

**宾客费**（visitors' fees）　私人俱乐部向非会员客人收取的费用，这些人是会员的客人，他们使用房间、购买食品和饮料，也可能使用康体设施。

## 📖 复习题

1. 俱乐部与饭店的基本区别是什么？

2. 不同类型的城市俱乐部之间的相同点和不同点是什么？
3. 城市俱乐部与乡村俱乐部之间的相同点和不同点是什么？
4. 私人俱乐部的两种基本所有权形式是什么？
5. 为了保持其非营利性的身份，股权俱乐部必须符合哪些标准？
6. 股权俱乐部是如何组成的？团体或者开发商俱乐部是如何组成的？
7. 俱乐部管理职业有哪些问题和机会？
8. 俱乐部的典型收入来源是什么？
9. 常见的俱乐部会员资格有哪些类型？
10. 俱乐部的典型费用有哪些？

# 网址

访问以下网址，可以获得更多的信息。谨记：互联网地址可能不事先通知而改变。如果该网址已不存在，可以用搜索引擎查找另外的网址。

## 协会

Club Managers Association of America
www. cmaa. org

National Club Association
www. natlclub. org

Educational Institute of AH & LA
www. ei-ahla. org

National Restaurant Association
www. restaurant. org

International Health, Racquet and Sportsclub Association
www. ihrsa. org

## 组织/资源

Club Corp
www. clubcorp. com

The Virtual Clubhouse
www. club-mgmt. com

Club Services, Inc.
www. clubservices. com

王牌国际索纳斯塔海滩度假村（Trump International Sonesta Beach Resort）。（照片由索纳斯塔国际酒店集团提供）

# 9 会议产业介绍

## 概要

会议的类型
    协会会议
    公司会议
    商贸展览会/博览会

民间与政府组织的角色

会议在何处举行

会议策划程序
    会议计划
    选择会议地点
    选择会议场所

会议产业中的职业
    与会议策划相关的旅行和旅游职业

小结

## 学习目的

1. 了解在各种饭店中召开的会议的类型、民间与政府组织在会议产业中的角色及大多数举行会议的地点。

2. 简要了解会议策划程序和会议产业中的各种职业机会。

讨论会议产业之前首先应该确定会议的定义。在本教材中，我们给会议的定义是：**会议**是一种有计划的活动，在这项活动中，一群人为了完成某件事情而聚集在一起。会议可以在饭店、邮轮、会议中心、飞机场或者高等学校举行。使用电话会议系统也可以在几个地点同时举行会议。

会议可能是几个人在会议室召开；也可能是100,000名代表在大型会展中心召开，使用一个大城市中的十余家饭店。有时，尤其是召开大型会议时，会议还可能包括商贸展览会。例如，每年在纽约举行的国际饭店和餐馆博览会通常包括一个行业协会会议，讨论行业的重大问题和发展趋势；还包括各个委员会的会议、一些教育项目和一个商贸展览会。在商贸展览会上，产品和服务厂商展示和宣传他们的产品和服务，如家具、饭店管理系统和设计服务；还在全城各地举办多种多样的与博览会相关的招待会、餐会和其他社交活动。

为了安排这么庞杂的活动，需要动用很多专门的服务机构、设施和技术。例如，如果要在同一时间将大批人员运送到同一地点，就需要使用飞机、巴士、豪华轿车和租赁汽车。会议策划者必须安排好这些交通；商家必须与展览会设计者签订合同，搭建展台展示自己的产品；会议策划者可能还要与视听服务和卫星服务机构签订合同，录制特约演讲人的音像资料或者制作和广播会议发言。会议、大型会议、展览和奖励旅游是一个大产业。在美国，这个产业雇用了170万人，产生的消费额为1,223亿美元。[1]这个产业中的最大部分是会议、大型会议和展览，占总消费额的55.5%。公司和协会会议占总消费额的39.4%，奖励旅游占5.1%。饭店得到的消费额最大，为35%。[2]

## 会议的类型

**会议产业**也称为"大型会议、博览会、会议和奖励旅游业"（CEMI）。这个行业内的会议类型包括协会会议、公司会议及商贸展览会/博览会。

## 协会会议

许多人都隶属于某个协会。协会既包括行业团体，如美国医学协会，也包括社交团体，如美国退休人员协会（AARP）。工会也是协会，如美国卡车司机工会或者美国劳工联合会—产业工会联合会（AFL－CIO）（简称"劳联—产联"——译者注）。服务协会包括青年商会和扶轮社。

一些协会的规模很大，可以设置一个专职的会议和旅行部，如图9－1。

实际上，所有的协会每年至少举行一次年会，届时整个协会聚集在一起选举协会领导、制订预算并制订协会的活动计划。协会成员利用这种机会了解那些可能影响他们前程的问题，如政府规章。在两次年会之间，会员们通过网络进行互相沟通，并举行分会会议。

有些协会经常召开会议。一些协会除了每年召开全国会议或者国际会议外，还召开地区会议、董事会会议和教育研讨会。这些会议的会期通常为一天至一个星期。例如，美国律师协会通常每年召开一次年会（12,000名代表参加）、一次年中会议（3,200名代表参加）和350次地区性会议。

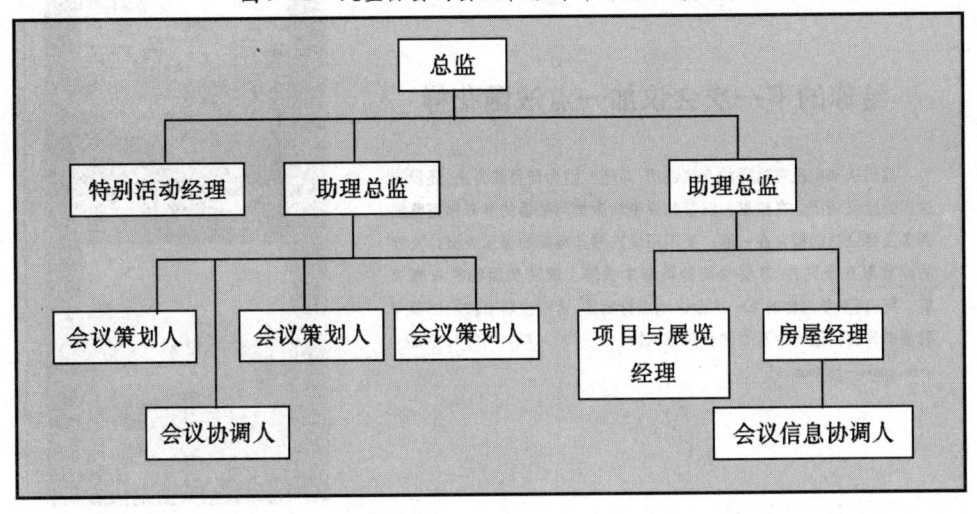

图9－1 大型协会的会议和旅行部的组织图实例

协会会议的一个重要特征是其时间周期。全国性或国际性会议通常每年举行一次。通常提前2～5年选择会议地点，如果会议涉及的人数众多，更需要这样做（小型会议按需筹划，通常提前5至8个月）。大型会议一般持续3～5天。根据大

当今饭店业　AH&LA　HOSPITALITY TODAY An Introduction

**PARIS**

独特的法国风情

2,916间客房和300间套房

130,000平方英尺会议空间

8个特色法式餐厅

### 给你的下一次会议加一点法国花样

他们从来也没有这样的会议经历,对吧?因为到目前为止,还没有这样的会议场所。在这里,巴黎的浪漫和激情与赌场的神奇和完整的商务及会议功能结合在一起。更不用说巴黎圣母院的音乐表演、文雅的欧式服务及站在50层楼高的埃菲尔铁塔上观赏美丽的脱衣舞表演。所以,不要为你的下一次会议地点打赌了,请到拉斯韦加斯巴黎大酒店来开会!他们会喜欢。预订电话:1-800-722-5597;网址:www.paris-lv.com。

因为协会会议是自愿参加的,所以协会会议的策划者必须特别注意会议地点的选择。这张广告的内容是请会议策划者考虑在拉斯韦加斯巴黎大酒店预订会议的所有优点。(拉斯韦加斯巴黎大酒店提供)

型协会的特点，能容纳 50,000 名以上会议代表的城市的数量是有限的。因此，必须提前数年选择会议地点，以保证能订到饭店的房间和飞机票。饭店和会展中心的目标是最大限度地使用其设施，较长时间的提前量使他们可以策划销售和营销活动。

协会会议的另一个重要特征是需要充足的展览空间。40% 以上的大型会议都需要至少 20,000 平方英尺（1,860 平方米）的展览空间。

由于参加协会会议是自愿的，因此协会会议策划者必须特别重视会议地点的选择和活动项目的设置。

## 公司会议

专业会议管理协会认为，在公司外部举行的公司会议包括：

- 管理会议　管理会议的范围很广，从财务检查到战略计划都包括在内。管理会议在公司会议市场中所占的比例最大。平均出席人数为 45 人。
- 培训班　培训班的数量居公司会议的第二位。培训班为各个层次的员工提供培训。
- 销售会议（全国性和地区性）　销售会议讲授销售技巧、介绍新产品、鼓舞士气和激励销售人员，因此是十分重要的。全国性销售会议平均会期为 3.6 天，平均参会人数为 104 人。地区性销售会议平均会期为 2.5 天，平均参会人数为 42 人。
- 新产品介绍会　在新产品介绍会上向员工展示新产品。也通过这些会议激励那些非员工的经销商和分销商（例如，向经销商介绍新型汽车）。新产品介绍会平均会期为 2 天，平均参加人数为 60 人。
- 专业和技术会议　专业和技术会议向在职业和技术领域工作的员工提供信息或传授新技术。例如，会计人员需要了解每年的新税法和规章。德勤会计公司的全球会议集团（Global Conference Group of Deloite & Touche）每年为 50,000 名员工举行 800 次会议。需要 17 个会议策划人进行会议管理，需要 9 个会议策划人做辅助性工作。[3]
- 奖励旅游　奖励旅游通常采取会议和康乐相结合的形式，奖励顾客、零售商、分销商或者员工。上述人员的配偶通常也被邀请参加。
- 股东会议　股东会议每年召开，会期通常为一天，平均有 95 个股东参加会议。
- 其他公司会议　其他公司会议包括新闻发布会、公共论坛及公司可能主办的其他会议。

培训研讨班通常在饭店里举行。

与协会会议相比，公司会议需要的提前量很短，因为大多数公司会议的规模较小，会期也不长。因为公司会议通常是必须参加的，所以公司会议筹划者不需要像协会会议筹划者那样花精力推销会议或者筹划特别的活动项目。

### 商贸展览会/博览会

**商贸展览会**也称为博览会，通常在会展中心、展览厅或者饭店的展览空间中举行，有时也使用公共场所。商贸展览会由行业协会、组织商贸展览会的私人公司或者政府承办。商贸展览会可以是大型会议或者协会会议的一个组成部分。商贸展览会可能会成为承办单位很大的一部分收入来源。

大多数商贸展览会都可以归入以下四个类别之一：
- 工业展览会；
- 批发与零售商贸展览会；
- 专业或者科技展览会；
- 面向公众或者消费者的展览会。

巴吞鲁日地区会展和旅游局在杂志上做的这个广告是针对会议策划人的，请他们考虑把巴吞鲁日作为会议目的地，因为"业务和享乐从来也没有结合得这样天衣无缝"。

设备和产品生产商利用工业展览会向其他生产商展示产品。在工业展览会上，买者通常购买原材料和存货，然后再将其加工为成品，或者以原样或改进的形式再出售。

批发与零售商贸展览会会聚了某一个或某几个相关行业内的多种展览。在多数情况下，买方代表本企业选购业务所需的服务和产品。每年在伦敦举行的世界商贸展览会就是这种类型的批发与零售商贸展览会。在这个展览会上，来自多个国家的数百家饭店、航空公司、邮轮公司、旅游经营商和旅游委员会等，各自设立展位，向旅游代理商们推荐自己的产品和服务。每年5月在美国芝加哥举行的批发与零售商贸展览会是最大的展览会之一，这个展览会由美国餐馆协会承办。这个展览会吸引了近2,000名参展者，来自世界各地的代表超过90,000人。

专业或者科技展览会通常与专业团体、教育工作者、科技工作者和其他终端用户的会议同时举行。

面向公众或者消费者的展览会是唯一的向公众开放的批发与零售商贸展览会。很多报纸和新闻媒体都赞助旅游展览会，为这些展览会刊登广告。在这类展览会中，公众可以浏览旅游目的地、饭店、旅游经营商和邮轮公司制作的展品；观看录像片；倾听各类度假选择的演讲。其他受欢迎的面向消费者的展览会包括文物展览会、艺术品展览会和其他吸引收藏者的展览会。

## 民间与政府组织的角色

几乎每个城市都有**会展和旅游局**（CVB）或者商会。这些都是非营利性组织，其工作是进行营销。州和县通常都有自己的旅游部门。实际上，世界各国都设有旅游部或者旅游局，其下属机构中常常包括一个会展部门，专门负责吸引大小型会议。这些部门派遣销售人员去拜访会议策划者。他们也在会议出版物上发布广告，表明他们的地点是会议的理想选择。他们还帮助团体寻找会议地点和住宿，为代表们组织活动。他们也经常提供人员帮助接待会议代表，为代表办理登记手续。

## 会议在何处举行

几乎任何设施都能用于举行会议。游乐园、足球体育馆和城堡都曾举行过会议。所有的现代化邮轮上都设有会议中心和会议室。像"东方快车"这样的豪华列车上也曾经举行过多次会议。但是，大多数会议还是在饭店或者汽车旅馆中举行。拥有1,000间以上房间的饭店其50%以上的生意来自会议团体。

那些专门设计接待小型会议的会议中心的几乎全部生意都来自会议市场。会议中心的规模，从32间客房到400间客房不等。一些公司自己有会议中心，主要供自己开会使用，偶尔也出租给其他公司使用。有时，周末甚至向公众开放。拥有自己的会议中心的公司包括美国运通公司、施乐公司、IBM公司和大通曼哈顿银行。很多大学也建有自己的会议中心。例如，哥伦比亚大学在其纽约的哈里曼校园建有亚顿之家会议中心（Arden House）。

# 会议策划程序

会议策划程序包括三个部分：会议计划、选择会议地点和选择会议场所。

## 会议计划

要做好会议计划，会议策划者必须知道会议的目的。这将有助于会议策划者更好地了解会议所需要的时间，应该安排在一年中的什么时间，哪种会议形式或日程最好。下面将讨论会议计划中的这些内容：会议目的、会议的时间安排和会议的活动安排。

**会议目的**　会议策划者首先要考虑的一个问题是会议目的。会议目的通常有三种：商业性、教育性或者社交性（或者三种目的的结合）。会议地点是否恰当取决于会议目标。例如，一个为期两天的快速服务特许经营加盟商会议的代表来自美国各地，因此会议最好在位于主要航空港（或者附近）的中心大饭店里举行，这样与会者们就可以快捷并经济地前往会议地点和返回家乡。而销售会议的目的是激励销售人员在下一年度超额完成定额，奖励他们在上一年度的工作表现，因此经常在气候温暖的度假地举行（夏威夷和佛罗里达是深受欢迎的地点）。邮轮也常常用于这类会议。

**会议的时间安排**　需要强调的一个问题是会期需要多长才能达到会议目的。开会的日期也很重要。例如，玩具展览会一定要在年初举行，这样零售商们才能够有时间订购供应圣诞节的玩具；游艇展览会通常在划船季节开始前的春季举行；电视片经理每年1月份都召开会议，向广告商和电视台展示新节目，以便最终确定秋季的节目计划。会议策划者们应该仔细选择会议时间，避免与可能要求或者吸引同一类会议代表的会议在时间上发生冲突。会议策划者们还应该注意避开宗教性和全国性的假日。

**会议的活动安排**　会议的时间长短和日期确定后，就需要确定会议的活动安排。这是全部会议活动的时间表，包括会议有哪些活动，其顺序如何；会议何时开始、何时闭幕；就餐、休息和社交活动的时间和长短；有多少次全体会议、圆桌讨论和

309

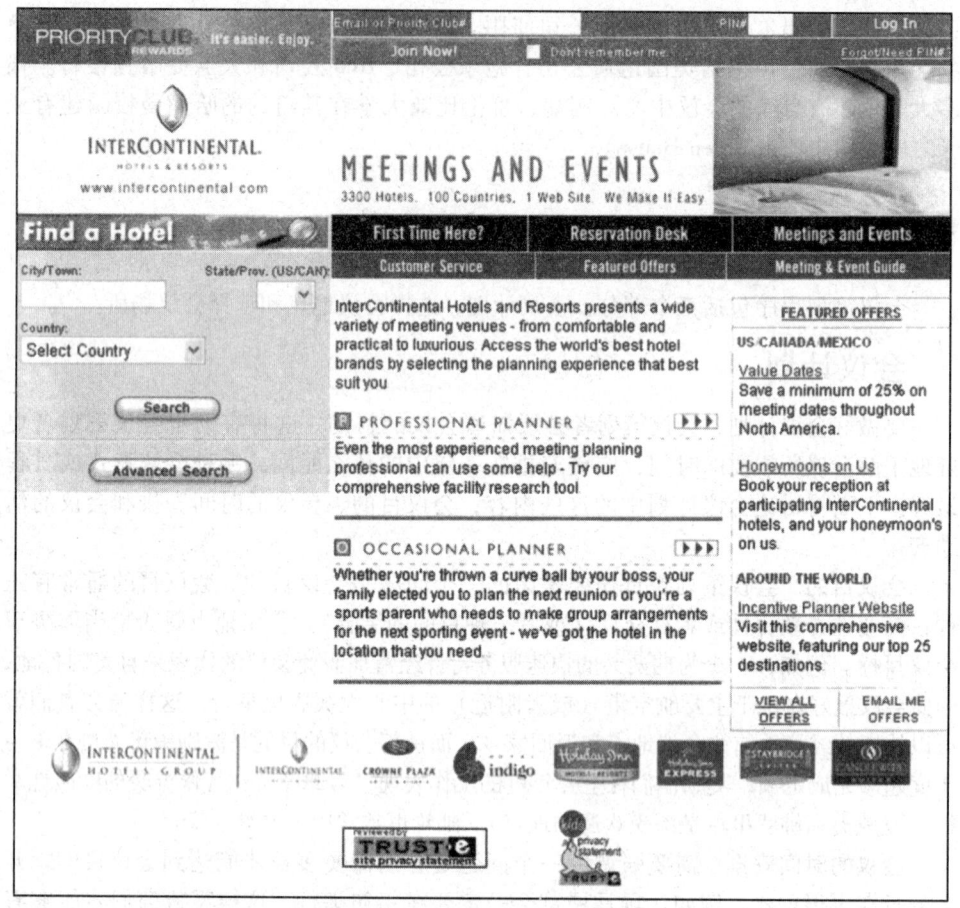

洲际酒店集团的网站为职业和业余会议策划人提供了有用的信息。（洲际酒店集团供稿）

专题讨论会；如果有商贸展览会，那么何时开始，何时闭幕；有多少参展商；他们需要多少时间才能达到目的；如果有旅游安排，那么何时开始，需要多长时间；等等。

## 选择会议地点

有些会议地点预先就确定了，例如，很多公司都在他们的总部召开会议。其他组织每年变换会议地点以减少来自不同地区的代表们的旅行费用。会议地点也受组

| 会议和宴会设施 ||||||||
| --- | --- | --- | --- | --- | --- | --- | --- |
| 大堂楼层 ||||||||
| 房间 | 尺度 | 天花板高度 | 平方英尺* | 宴会 | 招待会 | 剧场 | 教室 |
| 庞贝厅与帝王厅 | 68×150 | 18′/15′ | 10,200 | 850 | 1,100 | 1,100 | 650 |
| 庞贝厅 | 68×85 | 18′ | 5,780 | 450 | 600 | 600 | 350 |
| 帝王A厅与B厅 | 68×65 | 15′ | 4,420 | 400 | 500 | 500 | 325 |
| 帝王A厅 | 68×33 | 15′ | 2,200 | 200 | 250 | 250 | 165 |
| 帝王B厅 | 68×33 | 15′ | 2,200 | 200 | 250 | 250 | 165 |
| 蒙娜丽莎厅 | 70×73 | 16′ | 5,100 | 300 | 350 | 350 | 225 |
| 方块舞舞厅 | 85×71 | 20′ | 6,000 | 350 | 500 | 400 | 250 |
| 圆形厅 | 29×29 | 12′ | 660 | 35 | 50 | 50 | 35 |
| 门廊厅 | 61×50 | — | 3,050 | 350 | 425 | 425 | 280 |
| 大洋厅 | 56×30 | — | 1,680 | 125 | 200 | 200 | 75 |
| 摄政院（宴会前活动区） | — | — | 2,500 | — | 200 | — | — |
| 夹层 ||||||||
| 守护神厅 | 44×37 | 13′ | 1,630 | 100 | 150 | 150 | 100 |
| 会议室 | 17×15 | 10′ | 260 | 25 | 30 | 30 | 20 |
| 销售会议室 | 32×15 | 10′ | 480 | 30 | 45 | 45 | 25 |

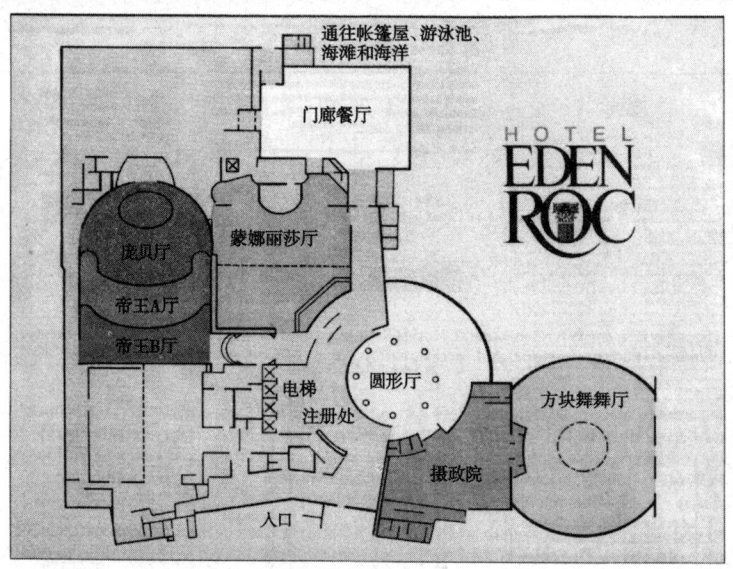

这样的图可以帮助会议策划人确定某个饭店是否具有其举行会议的恰当会议室。"宴会"、"招待会"、"剧场"和"教室"指会议室的座位摆放或者布局；这些栏目下面的数字表示左边列举的每个会议室内能够舒适地摆放多少把椅子。请注意，由于不同的座位布局，每个会议室能够容纳的椅子数会发生很大的变化。（佛罗里达州迈阿密滩伊甸罗克酒店和码头供稿）

＊ 1平方英尺等于0.09290304平方米。

织性质的影响。人们不会期望宗教团体在拉斯韦加斯或者大西洋城举行会议，因为这里的很多休闲活动都与宗教团体的价值取向不一致。相关的交通后勤工作也是应该考虑的因素。从会议地点到飞机场是否方便？在欧洲，火车广泛地应用于城市之间的交通，因此从会议地点到火车站是否方便也是应该考虑的主要因素。

## 选择会议场所

会议地点确定后，应该选择会议场所。是选择度假饭店、城市中心饭店、会议中心，还是邮轮？会议场所的规模和费用是两个需要考虑的主要因素。

就规模而言，会议场所必须有足够的客房、会议室和展览空间。选择会议场所时要考虑以下因素：

- 是否有足够的客房？是否有足够的套房供贵宾和接待使用？是否有吸烟客房和禁烟客房？
- 会议室的布局可以改变吗？剧场式、教室式、中空矩形是基本的布局形式（图9-2）。

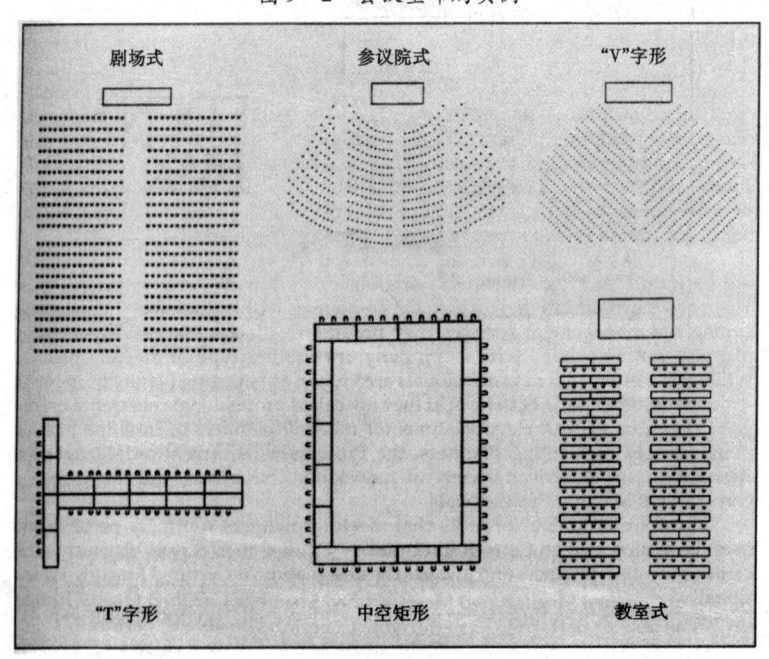

图9-2 会议室布局实例

资料来源：节选自《会议联络委员会手册》（第4版）。

- 能够提供哪些形式的舒适环境和康乐设施？这一点对那些以消遣放松为目的的会议非常重要。有些团体坚持选择有高尔夫球场、网球场和温泉的度假饭店，而另外一些团体则选择坐落于或者临近风景点的饭店。
- 会议室是否充分隔音？相邻房间的会议和活动应该互不干扰。
- 度假饭店、饭店或者邮轮是否提供足够的视听设备？是否有良好的音响系统？大型会议室尤其要注意这一点。照明系统如何？最先进的照明设施包括追光灯和剧场照明装置。现有何种投影设备？会议团体也可以向供应商而不是饭店租用这些设备，但是，饭店的会议室必须有足够的电源插口和电源。
- 客房到会议室的距离有多远？不爬楼梯能否到达会议室？是否有数量充足、方便的电梯或者电动扶梯？《美国残疾人法案》生效以后，人们都认识到这些通道问题的重要性。

当然，协会或者公司的预算是决定会议在何处召开的一个重要因素。一些行业团体，如美国广告代理商协会，能够负担得起定期在五星级度假饭店召开会议，会议代表们每天可能要花费 250 美元以上。另外一些团体的预算则比较节俭。很多项目的价格是饭店和会议承办人谈判的内容。谈判的问题包括会议室空间是否收费、各种宴会的成本是多少、饭店是否愿意免费提供一次宴会（如经理招待会）、客房价格及免费赠送客房的数量。图 9-3 列出了一些影响会议策划者选择会议场所的重要变量。

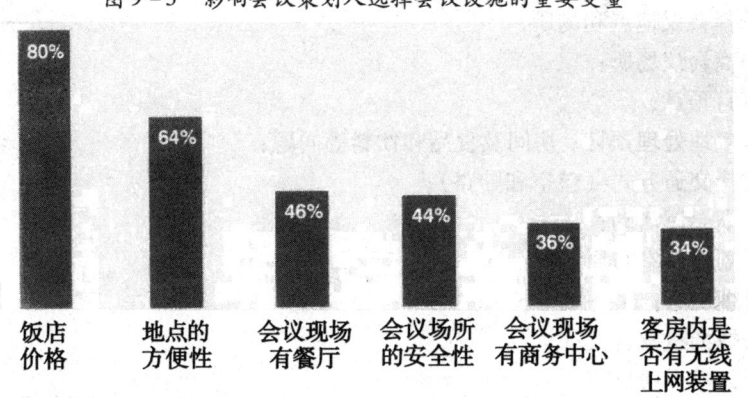

图 9-3 影响会议策划人选择会议设施的重要变量

| 饭店价格 | 地点的方便性 | 会议现场有餐厅 | 会议场所的安全性 | 会议现场有商务中心 | 客房内是否有无线上网装置 |
|---|---|---|---|---|---|
| 80% | 64% | 46% | 44% | 36% | 34% |

资料来源：《会议与大型会议》，1996 年第 8 期，第 70 页。

## 会议产业中的职业

负责策划、组织和协调会议、大型会议和商贸展览会的人有多种工作头衔。只有最大型的协会才设置全职人员从事会议策划，其头衔是"会议策划人"、"会议协调人"或者"展览经理"（图9-1）。**很多会议策划人**同时也具有与其所从事的其他工作相关的头衔，例如，销售、营销或者行政管理。例如，公司的营销经理可能也是公司的会议经理或者会议策划人。但是，出于讨论的目的，在此，我们将所有从事策划和组织会议、大型会议和商贸展览会的人员通称为会议策划人。

如前所述，在协会、公司、政府部门和旅行社中可以看到那些积极从事会议策划的人。一些协会管理公司除了向客户提供管理服务外，还提供会议策划服务。不属于公司的独立的会议策划人是另一种类型的会议策划人。在北美，虽然这些独立的专业人员被称为"会议策划人"，但是在世界其他地区，他们则被称为"职业会议组织者"（PCO）。会议策划人协会包括国际会议策划人协会（International Society of Meeting Planners）、专业会议管理协会（Professional Convention Management Association）、美国协会管理者大会（American Society of Association Executives）和政府会议专业人员协会（Society of Government Meeting Professionals）。

会议策划人日常要从事多种工作任务，他们必须技术娴熟。设在弗吉尼亚州麦克林的会议行业理事会（Convention Industry Council）为会议策划人注册并颁发"会议专业资格证书"（CMP）。该理事会列出了会议策划人能够从事的25种工作。其中最重要的工作包括：

- 确定会议目的；
- 选择会议地点和场所；
- 协商会议场所；
- 制订预算；
- 有效地处理预订、房间及食品和饮料等问题；
- 选择交通方式（航空和陆路）；
- 策划会议活动；
- 策划会议室布局安排；
- 管理展览；
- 选择特邀发言人；
- 预订娱乐项目。

为了成功地完成这些任务，会议策划人必须是高超的谈判家和外交家。他们供职的组织和会议参加者期待他们以最低的价格选择最好的会议地点，安排最好的住宿和交通。他们需要优质的餐饮服务和社交活动，他们还期望这一切都能顺利进行，不受耽搁。会议策划是难度很大的工作，需要高水准的专业知识。

这是温哥华费尔蒙温哥华酒店不列颠哥伦比亚宴会厅中的一个鲱骨式会议室布局的实例。（费尔蒙酒店和度假村集团供稿）

　　在会议期间，策划人通常工作非常繁忙，要在巨大的压力下保持一切工作顺利进行，解决出现的问题。会议策划人通常提前一到两天到达会议地点，以确保他们协商的内容和合同的内容到位。饭店是否做好了接待代表的准备？交通工具是否到位？会议室是否已按要求安排妥当？为特邀发言人所做的安排是否落实？商贸展览会的布局是否有问题？通常需要手提电话和短波通信，保证会议策划人能与饭店不同部位的职员保持联系（如果是大型会议，还要与城市内的多家饭店保持联系）。

这是一个教室式会议室布局的实例。

　　即使各项工作都进展顺利，也可能会出现意想不到的事情，危及会议的成功。例如，发言人可能没到场，飓风和暴风雪可能打乱交通安排，也可能发生火灾、罢工和游行示威，等等。优秀的会议策划人会制订应急计划应对这些形势。

　　会议结束之后，会议策划人还必须处理很多重要的工作：设备和展览摊位必须打包运走，饭店、餐馆和其他场所的发票必须核对无误。同样重要的还有，必须请会议的参加者、承办人和参展人从不同的角度对会议进行评价。这些信息为未来的会议策划提供反馈信息。

## 与会议策划相关的旅行和旅游职业

至此,我们讨论了饭店业为之服务的会议策划人,即协会、公司或其他团体中的兼职或者专职会议策划人。现在,让我们把目光转向旅行和旅游业中的职业,这些职业可能把你带入会议市场。

**饭店中的职业** 很多饭店中的职业涉及会议产业或者会议策划。饭店的销售经理通常在招揽会议业务方面发挥作用。一些饭店的销售人员专门做会议业务。这些销售人员通常花很多年的时间培养与职业会议策划人的关系,了解他们的业务和活动。他们通常和其客户一样,对职业会议策划很熟悉,有时甚至比客户更熟悉。他们中的很多人建立了自己的"客户群",如果转到新单位,他们有时也会带走自己的客户。

在一些小型饭店,向团体销售会议的人也负责协调这个会议。而在经营很多会议业务的大型饭店,会议销售出去后,与会议团体的合作就交给了**会议服务经理**（CSM),这是饭店中的一个新职位。会议服务经理监督饭店在合同中或者口头上给会议团体的承诺是否兑现。在一些饭店中,这项工作相当重要,会议服务经理直接向饭店的总经理报告工作,还设置一个由多人组成的部门。

在饭店中,另一个参与会议策划的关键人员是宴会部经理。宴会部经理负责那些与送餐服务或者饭店餐厅和堂吧无关的宴会和其他餐饮经营。除了为大型会议准备食品之外,很多宴会部都自行进行营销,招引和安排小型会议,如婚宴、商业或者民间俱乐部的月度会议及祝贺当选官员的晚餐会等。

**会展和旅游局中的职业** 因为对旅游目的地来说,会展和旅游局是负责向会议策划人推销这个目的地的实体,因此会展和旅游局局长的工作是营销。在很多地区,会展和旅游局也从事旅游开发和游客信息服务。会展和旅游局通常设有销售部,以本地区的饭店和展览设施密切合作作为目的来招引业务。协会通常与会展和旅游局联系,索取本地区那些能够满足其会议标准的饭店名录。例如,协会会议策划人可能索取满足如下条件的市中心饭店的名单:有100间客房;3月5~8日可用;有10,000平方英尺的展览空间。会展和旅游局通常将这个信息告知其所有的成员,感兴趣的饭店可以直接与会议策划人联系。会展和旅游局几乎从来也不为会议策划人预订饭店房间,不过在一些城市,他们是本市会展中心的营销和销售助手。会展和旅游局也代表旅游目的地发广告、制作宣传册和影片、研究潜在市场和提供游客需要的地图和其他材料。

**旅游管理部门中的职业** 如前所述,很多州、国家及其他政治和地理实体都有自己的旅游局或者旅游部。

有些旅游管理部门资金充足,他们花巨资制作广告,推销自己的目的地。旅游部在海外设办事处，其销售人员拜访旅行社和旅游经营商，游说他们宣传推销其旅游目的地。在一些旅游目的地，旅游部举办或者赞助一些活动。例如，节庆活动、高尔夫或者网球比赛、赛舟会甚至狗类展览会。这些旅游部通常雇用具有本国血统的人士参加商贸展览会，创造和协调旨在吸引游客到国内旅行的项目。这里的职业机会包括销售和行政管理职位。

**展览商或者展览设计人职业**　有一类专业人员，他们只从事展览或者商贸展览会的设计、推销和管理。**展览商**和**展览品设计人**有自己的协会，即商贸展览展商协会（Trade Show Exhibitors Association）。他们甚至有自己的年度商贸展览会，在会上，他们可以了解最新的观念和展览建筑设计。这些专业人员工作的公司可以租用展厅，向展览商出租空间及直接向行业或者公众推销展览。有时候，如果商贸展览会与大型会议相连，会议的组织者会把展览的推销和管理承包给展览商而不是自己处理。

设计和制造展览品、运输展览品并将其安装在现场是另一个大型产业。这些工作，有些由提供全套服务的展览品公司完成，有些由定制设计人完成。还有很多广告代理公司擅长帮助他们的客户设计制造商贸展览品。最后，一些生产"离架式"（通用）展览品的制造商生产标准组件，可以满足任何展览的要求。那些销售、设计和生产展览品的专业人员可以在这些公司中找到职业机会。

# 小结

　　会议指一组人员为了特定的目的而聚集在一起的活动。会议可能是少数几个人在会议室里召开。但是，大型会议可能会有100,000名代表，在大型会议中心举行，可能会使用大城市中的十余家饭店。会议可能使用很多专门的服务、设施和技术。

　　协会、公司和政府都可能召开会议。商贸展览会或者博览会可能是会议或者大型会议的一部分，也可能独立于会议或者大型会议。

　　商贸展览会分为四种：工业展览会、批发与零售商贸展览会、专业或者科技展览会和面向公众或者消费者的展览会。

　　会展和旅游局是非营利性组织，任务是对其所在的目的地进行营销。政府也可以起同样的作用。

　　几乎任何设施都能用于举行会议。游乐园、足球体育馆和城堡都曾举行过会议。但是，大多数会议还是在饭店或者汽车旅馆中举行。会议中心、大学和邮轮也是广受欢迎的会议地点。

　　会议策划人首先要考虑的一个问题是会议目的。会议目的确定后，就会发现一些会议地点明显地比另一些地点合适。下一个需要考虑的问题是完成既定目标所需要的时间。会议的日期也很重要。会期和日期确定后，就应该确定会议的活动安排，即整个会议活动的时间表。会议期间要做什么，其顺序如何。

一些会议地点事先就已经确定了。例如，很多公司在其总部举行会议。其他组织不断改变会议地点，以使来自不同地区的会议代表能够减少旅行费用。会议地点确定后，就应该选择会议场所。场所的规模和费用是需要考虑的两个主要问题。需要考虑的其他问题包括客房、会议室、环境设施、康乐设施、隔音设施、视听系统、足够的通道和预算。

会议策划人在组织中的工作头衔可能多种多样，他们大多数是兼职。协会、公司、政府部门和旅行社里都有人积极参与会议策划。也有协会管理公司和独立的会议策划人。

会议策划人参与多种工作，包括确定会议目的、选择会议地点、制订预算、选择特邀发言人、预订娱乐项目等。优秀的会议策划人应该是高超的谈判家和外交家。在会议期间，策划人工作非常繁忙，要在巨大的压力下保持一切工作顺利进行，解决出现的问题。会议结束后，会议策划人仍然还有很多重要的工作要完成。其中重要的一项工作是对将来会议策划有益的会议评估。

旅游业中与会议市场相关的很多职业都可以在饭店中找到。饭店的销售经理和他们的职员、会议服务经理和宴会经理都是重要的角色。

会展和旅游局雇用营销人员从事旅游开发，向会议策划人推销他们的目的地。旅游部通常是政府的部门，做着同样的工作，但是通常是在全球范围进行。

最后，有一类专业人员，他们只从事展览或者商贸展览会的设计、推销和管理。有些展览品设计工作由提供全套服务的展览品公司完成，有些由定制设计人完成。还有很多广告代理公司擅长帮助他们的客户设计制造商贸展览品。一些生产"离架式"（通用）展览品的制造商生产标准组件，可以满足任何展览的要求。那些销售、设计和生产展览品的人员可以在这些公司中找到职业机会。

# 注释

[1] Dave Kovaleski, "CIC Study Shows Meeting Industry Clout", http://meetingsnet.com, Oct. 1, 2005.

[2] Ibid.

[3] Betsy Blair, "Deloite & Touche Realigns Meeting Department", http://meetingsnet.com, Jan. 1, 2006.

## 主要术语

**会展和旅游局**（convention and visitors bureau〈CVB〉） 非营利性服务组织，推销旅游目的地，有时也为会议和大型会议提供服务。

**会议服务经理**（convention services manager〈CSM〉） 饭店或者度假饭店的职员，负责会议的各项事务。

**展览品设计人**（exhibit designer） 专业设计人员，设计用于向潜在买主展示产品或者服务的展览摊位或者展览区。

**展览商**（exhibitor） 承接展览摊位的公司或者组织。

**会议**（meeting） 一种有计划的活动，在这项活动中，一群人为了完成某件事情而聚集在一起。

**会议策划人**（meeting planner） 为协会、公司或其他组织策划会议的人员。

**会议产业**（meetings industry） 由会议（小型会议、大型会议、商贸展览会等）、会议策划者、会议承办者（协会、公司等）和会议供应商（会议场所和为会议提供服务的公司，包括视听公司和展览设计公司等）组成的产业。也称为"大型会议、博览会、会议和奖励旅游业"（CEMI）。

**商贸展览会**（trade show） 产品和服务展览会，通常不向公众开放，也称为博览会。

## 复习题

1. 协会通常举行何种类型的会议？
2. 大型协会为什么一定要提前数年选择会议地点？
3. 公司通常举行何种类型的会议？
4. 策划协会会议与策划公司会议有什么不同？
5. 商贸展览会有哪些类型？
6. 民间和政府组织在会议产业中扮演什么角色？

7. 协会和公司会议通常在哪里举行?
8. 选择会议场所时，会议策划人必须考虑哪些因素?
9. 会议策划人应该能够从事哪些工作?
10. 与会议产业有关的旅行和旅游职业有哪些?

## 网址

访问以下网址，可以获得更多的信息。谨记：互联网地址可能不事先通知而改变。如果该网址已不存在，可以用搜索引擎查找另外的网址。

### 协会

American Society of Association Executives
www. asaenet. org

Association of Destination Management Executives
www. adme. org

Connected International Meeting Professionals Association
www. cimpa. org

Convention Industry Council
www. conventionindustry. org

Destination Marketing Association International（DMAI）
www. iacvb. org

International Association for Exposition Management
www. iacvb. org

International Society of Meeting Planners
www. iami. org/ismp. html

Professional Convention Management Association
www. pcma. org

Society of Government Meeting Professionals
www. sgmp. org

Trade Show Exhibitors Association
www. tsea. org

Hospitality Sales & Marketing Association International
www. hsmai. org

**出版物**

*Meetings & Conventions*
www. meetings-conventions. com

**资源**

Convention Industry Council
www. conventionindustry. org
www. conventionindustry. org/glossary

一艘嘉年华邮轮。(照片由厄尼·皮克提供)

# 10 浮动的度假饭店：邮轮业

## 概要

早期的航游
    交通和移民
    新乘客和新方向
现代航游业的诞生
    "嘉年华"的诞生
    当今航游业
邮轮的组织
    船长
    饭店经理
    其他高级职员
世朋邮轮公司：一个质量管理的案例研究
    重视服务
    服务提供系统的重要性
    具体的操作程序
    认真对待乘客的意见
    全员参与
    机会
    问题
    乘客期望个性化服务
    感情移入是一个重要的因素
小结

## 学习目的

1. 了解航游业初期的主要事件、现代航游业的诞生和当今航游业的概况。
2. 了解邮轮的组织。
3. 学习世朋邮轮公司的创建史和向乘客提供优质服务的方法。

10年前，饭店管理的教科书都不提及邮轮业。原因很简单：邮轮的数量太少，运载的游客很少，船上的工作人员都是从新兴国家招募的。此外，其地面基础设施的规模也很小。其海上或者陆地上的职位均不招聘饭店专业的学生，这些学生如果申请这些职位是会被拒绝的。海上的职位有船长、大副、事务长及管事，但是没有一所饭店专业的学校培训学生从事这些职业。而且，船员的工资大大低于美国标准，船上的生活条件也很艰苦。陆地上的工作职位也仅仅限于电话预订人员和海运经营人员。

　　今天的形势已经发生了巨大的变化。100多艘邮轮从美国32个以上的港口出发。这些邮轮是浮动的度假饭店。一些邮轮可以运载3,600多名游客，造价高达8亿美元。仅在北美地区，邮轮每年就可以创造81亿美元的收入。[1]这些邮轮的乘客服务工作由饭店经理管理（很多经理都来自高档饭店和饭店管理学校）。他们负责督导餐饮经理、行政总厨、厨师长、餐厅领班、房务总管等。这些经理大部分聘自北美及欧洲，其工资与陆地上的度假饭店相比很有竞争力。邮轮业即使在陆地上也有许多与接待服务相关的职位。嘉年华邮轮公司（Carnival Cruise Lines）是世界最大的邮轮公司，雇用了37,000多名员工从事饭店和餐饮经营、销售和营销、娱乐和赌场管理、行程计划、财务、信息系统、海运业务及新建项目的工作。

　　当然，邮轮公司现在仍然处于初创时期。仅有17%的美国人乘过邮轮。到目前为止，邮轮业仅占北美饭店/邮轮度假市场的2%。但是它是饭店业中发展最快的一个细分市场，而且其顾客满意度最高。84%的乘客报告说他们对其最近的一次海上度假非常满意或者极度满意。74%的乘客认为他们所花的钱是物有所值或者超值。[2]

　　我们将在本章探讨：（1）邮轮业从蒸汽轮船运输到浮动的度假饭店的演变过程；（2）邮轮公司管理；（3）为那些有兴趣投身于这个令人激动和充满生机的行业的人士提供的职业机会。

在迈阿密外港的皇家加勒比邮轮公司的"海洋领航者号"。皇家加勒比邮轮公司被认为是一家廉价的大众市场邮轮公司。(皇家加勒比国际邮轮公司供稿)

# 早期的航游

如果把航游定义为"出于观光的目的乘船游历许多港口，然后返回始发港口"，那么，第一个进行航游并将其书面记录下来的人可能就是著名的英国小说家威廉·迈克皮斯·萨克雷。1884年，半岛和东方蒸汽轮船航运公司（Peninsula and Oriental Steam Navigation Company），即众所周知的 P & O 公司，邀请萨克雷搭乘该公司的邮轮到希腊、圣地和埃及旅行。萨克雷在《从康希尔到大开罗游记》（Notes of a Journey from Cornhill to Grand Cairo）一书中描述了这次旅行。他讲述了晕船；抱怨雅典的物价高，有臭虫，没有漂亮的女人；在埃及登金字塔遇到乞丐使他很反感。即使如此，他还是认为他过得很愉快，并建议其他人应该考虑参加这种旅行。

首次由美国出发的航游可能是明轮汽轮"魁克城号"（Quaker City）在1867年的航行。其行程与萨克雷的航游很相似，所不同的是从纽约起航。美国幽默作家马克·吐温是其中的一个旅客，他把其经历写进了《傻子国外旅行记》（The Innocents Abroad）。马克·吐温也变成了航游的热衷者。他描述了每天晚饭后的情景：客人们在甲板上散步，唱赞歌，祷告，在大厅里听风琴音乐，还有人读书或者写日记。上层甲板上有时举行舞会，马克·吐温并不喜欢舞会的伴奏音乐。他写道："然而，与音乐相比，舞步更糟糕。"当邮轮向右倾斜时，"整排的跳舞者都随之倒向右舷，挤在栏杆处停下来；当船又向左侧倾斜时，他们又都同时踉跄地拥向左舷。'魁克城号'邮轮上表演的弗吉尼亚里尔舞是我所看到的最纯粹的里尔舞。"[3]

## 交通和移民

从"魁克城号"邮轮时代到20世纪50年代后期，相当多的人横跨大西洋的原因是贫穷而不是为了享乐。这段时间被称为移民时期，当时大多数乘客跨越大西洋的旅行条件都非常糟糕。即使是那些头等舱的旅客，旅途也是很不舒服的，因为旅途漫长，中途没有港口可以停靠。造船师们试图让人们忘记他们是在海上。英国建筑师亚瑟·戴维斯曾经为丘纳德邮轮公司设计过许多大型邮轮，他指出：

> 乘坐这些船的人不是海盗，他们不会在号角声中起舞；他们当中大部分是晕船的美国女士。她们登船后，最想要忘掉的事情是：她们正在船上。如果我们能使船的内部看上去不像船，使人们能够享受大海，那当然是一件好事。但是我们所能做的是给他们一个巨大的浮动饭店。[4]

当时，另一个目标是尽可能地提高船的航行速度，使航程从两个星期缩短为几天。从整体上看，这个策略成功了，旅客开始认为蒸汽邮轮既豪华又不会沉没。

1912年4月15日凌晨，白星邮轮公司的"泰坦尼克号"在其处女航行中，这艘当时最豪华的邮轮，撞上冰山后在北大西洋沉没，这个事件击碎了邮轮业的骄傲。这艘46,329吨的邮轮（其吨数不到今天最大轮船的一半）运载2,228名乘客和船员。在2小时40分钟内1,523人遇难。这些人绝大部分是二等舱和三等舱乘客，他们被困在船上，因为"泰坦尼克号"上的20艘救生艇只能运载一半乘客。起初，绝大部分乘客相信船不会沉没，因此他们没有急于登上救生艇。问题的产生是因为混乱和毫无准备，救生艇放下时40%的座位是空的。一号救生艇放下时，上面只坐了5名乘客和7名船员。其实它可以容纳40人！

"泰坦尼克号"的沉没是航运史上最惨痛的一个夜晚。关于勇气和懦弱的故事流传至今。例如，梅西百货公司的合伙人伊西多·斯特劳斯和他的妻子艾达当时正从法国的里维埃拉度完假回家。斯特劳斯太太拒绝独自登上救生艇。她说："我不能和丈夫分开。我们活着在一起，死了也要在一起。永远在一起。"历史学家倾向于批评船长爱德华·史密斯（他和船一起沉入海中）和白星邮轮公司的经理布鲁斯·伊斯梅（他当时在船上，但是试图从船上逃脱），因为据称他们急于赶时间，要在对外公布的时间到达目的地，届时将有新闻记者等在那里。尽管有人提醒他们，那个地区有冰山（20英里以外的另一艘船"加利福尼亚号"，因为收到了同样的警告而停在那里过夜），但是"泰坦尼克号"没有减速。

"泰坦尼克号"的灾难之后，穿越北大西洋的航线向南转移，船上增加了救生艇，船只在海上航行时要求无线电台24小时值班，还采取了其他安全措施。

## 新乘客和新方向

到了20世纪20年代，穿越大西洋的客运生意重新兴旺起来，这种状况一直持续到美国紧缩了其移民政策为止。因为客轮公司的大部分收入来自这些客源，所以航运业必须要寻找新客源。幸运的是，第一次世界大战使美国人对欧洲发生了兴趣。轮船上原来的移民舱改成了"游客等级"的舱室，很快这些舱室就装满了教师、学生和观光者，他们要去看伦敦、巴黎和罗马，还要去参观那些他们在书本上读到的著名的欧洲战场。另外还有一个激励因素：1920年美国实施了禁酒令，想喝马丁尼酒和苏格兰威士忌酒或者苏打水的人们可以在航行中尽情享受！

在海上玩一周很快变成了时尚。报纸上频繁刊登文章介绍船上奢华头等舱的生活方式，人们在那里就餐、跳舞、聚会，整个晚上都处于兴奋、兴趣以及与富有的伙伴在一起的状态。搭乘横跨大西洋的邮轮去欧洲是绝妙的旅行经历。

1929年，美国经济大萧条开始了。很多人负担不起去欧洲度假的费用了。结果，蒸汽船开始提供便宜的度假选择，包括去新斯科舍、拿骚和百慕大的短期、廉价的度假/聚会航游。用于这些航游的轮船原来是设计供穿越大西洋航线使用的，不适于航游，尤其是在暖水区域。这些船没有空调，室外甲板面积小，游泳池也不能使人产生身在度假地的感觉。然而，随着航游市场的发展，新型的豪华轮船加入了这个行列，因此出现了更昂贵、更长的航游线路。这些船的颜色更明亮，更开放，更像度假饭店。从海报上可以看到，乘客们穿着休闲装站在室外游泳池旁边，而不像过去那样西装革履地在封闭的甲板上闲逛。

直到第二次世界大战前，主要的汽船公司都是欧洲人的股份。战争开始后，几乎所有的船只都被改为运兵船或者停泊在港口。这种状况一直持续到1945年，欧洲的重建工作又一次刺激了对远洋船只的需求。美国第一次认识到他们可能需要自己的运兵船，因此对建造和经营新船只的公司给予补贴。1951年下水的"美国号"是当时速度最快的轮船。这艘船首次穿越大西洋就创造了新的世界纪录，航行时间为3天10小时40分钟，比"玛丽皇后号"缩短了足足10小时。

第二次世界大战后的繁荣，标志着汽船时代的最后辉煌。除了"美国号"和

"玛丽皇后号"外，还有"伊丽莎白女王号"、法国轮船公司的"法兰西号"、荷美邮轮公司（Holland America Line）的"鹿特丹号"及很多艘用于地中海温水航线的豪华意大利邮轮。这些船只穿越大西洋，航游于各国港口间，进行环球航行。

航游世界于1958年开始解体。那一年泛美航空公司首次使用波音707飞机不间断直接飞越大西洋。远洋客运被有力地挤出了运输市场。一些船被封存起来，如"美国号"，一些船被拆毁；"玛丽皇后号"变成了永久停泊在加利福尼亚长滩上的饭店；"法兰西号"改成了邮轮，并改名为"挪威号"，现在仍在继续航行。

## 现代航游业的诞生

直到20世纪60年代初期才出现了现代邮轮公司。当时迈阿密的企业家莱斯利·弗雷泽包租了两艘轮船"碧鲁号"（Bilu）和"尼力号"（Nili），专门投入航游市场。

这是一艘嘉年华邮轮公司的邮轮。嘉年华邮轮公司是邮轮业中最大的邮轮公司。

1966年，特德·阿里森与挪威人克纳特·克洛斯特共同将邮轮"向阳号"（Sunward）投放市场。特德·阿里森是来自特拉维夫的以色列年轻人，他曾经创办了航空货运业务,但是损失了两笔生意。"向阳号"是专门为航游业建造的第一艘新船。阿里森和克洛斯特共同建立了挪威加勒比邮轮公司(现在称为挪威邮轮公司),开拓邮轮市场。1971年挪威加勒比邮轮公司的舰队增加了三艘邮轮:"向星号"(Starward)、"向天号"(Skyward)和"向南号"(Southward)。挪威加勒比邮轮公司改变了南佛罗里达航游业的状况,使其从使用陈旧的跨大西洋邮轮的区域性市场转变为使用专门为加勒比航游设计的全新邮轮的全国性市场。

与此同时,一个原来的迈阿密滩饭店经营者,埃德·斯蒂芬渴望建立自己的邮轮公司。进行了一些设计和制订了一些计划之后,他到挪威谋求杰出的海运管理高层人士的帮助。这样就诞生了另一个航游业的巨人:皇家加勒比邮轮公司(现在称为皇家加勒比国际邮轮公司)。皇家加勒比邮轮公司马上根据斯蒂芬的创新设计建立了新船队,这些船的外形漂亮呈游艇形,在上层结构的烟囱上设置了一个观景厅,这种设计是受西雅图的"太空针"的启示。到1972年皇家加勒比邮轮公司的船队包括"挪威之歌号"(Song of Norway)、"北欧王子号"(Nordic Prince)和"太阳海盗号"(Sun Viking)。

到20世纪70年代初,美国的邮轮业已不再局限于佛罗里达。一个名叫斯坦利·麦克唐纳的西雅图商人在西海岸成立了公主邮轮公司(Princess Cruise Lines),开通了到墨西哥的里维埃拉的航游线路。公主邮轮公司马上就获得了成功,到1972年公司已经拥有了四艘邮轮。与此同时,一个原来在无人区飞行的飞行员查克·韦斯特创建了季节性航游业务,沿着阿拉斯加冰河内湾航行。韦斯特邮轮公司是他全部旅游业务的一部分,他的公司的名称是韦斯特旅游公司(Westours)。

1977年公主邮轮公司做了一件非常出色的事情,永久改变了航游业的形象。当时大多数人都不知道乘邮轮旅行会是什么样。艾伦·斯班林制片公司(Aaron Spelling Productions)是一家电视制片公司,它决定在一条豪华邮轮上拍摄一部重要的电视连续剧。公主邮轮公司拿出两艘邮轮,"海岛公主号"(Island Princess)和"太平洋公主号"(Pacific Princess),供拍摄使用。这部电视连续剧的片名是《爱之船》。在9年的拍摄时间里,这部电视连续剧描述了发生在邮轮上的许多故事:一些人坠入爱河,一些人解决了个人问题,还有一些人在船上体验了冒险经历。毫无疑问,这部电视连续剧使人们认识到,乘邮轮出游是一种度假,这种度假方式并不是富人和名流的专利。

## "嘉年华"的诞生

合伙企业并不一定永远一帆风顺。1971年,最成功的一对合作伙伴,特德·阿里森与克纳特·克洛斯特分道扬镳。阿里森决定离开挪威邮轮公司,开创自己的企业。在朋友梅舒拉姆·瑞克里斯的帮助下,阿里森购买了一艘闲置的海轮,"加拿大女王号"(Empress of Canada),并更名为"狂欢节号"(Mardi Gras),成立了嘉年华邮轮公司。

公主邮轮公司让艾伦·斯班林制片公司在"海岛公主号"邮轮上拍摄电视连续剧《爱之船》，这部电视连续剧的拍摄时间从 1977 年持续到 1986 年。《爱之船》永久改变了航游业的形象。（公主邮轮公司供稿）

　　这个目前世界上最大的邮轮公司初创时并不很顺利。1972 年 3 月 7 日"狂欢节号"投入使用时，刚离开船坞就在迈阿密滩搁浅了。在那里整整滞留了 24 小时，岸边的旅游者都惊愕地看着它，直到它重新漂浮起来。当时，嘉年华邮轮公司唯一的一艘船是一艘旧船，要与众多的新船进行竞争，形势对嘉年华邮轮公司很不利。嘉年华邮轮公司负责销售和营销的副总裁鲍勃·迪金森（现在是嘉年华的总裁）对如何吸引更多的人乘嘉年华的邮轮旅行进行了深思。他的结论是，人们乘邮轮度假时并不是真的想要乘坐某一艘船或者到达某一个港口，他们真正需要的是过得开心。迪金森的解决办法是，在船上提供比嘉年华的竞争对手更多的活动和娱乐，迪金森给他的船取名为"开心之船"（The Fun Ship）。这与传统的航游营销理念是完全相反的。在此之前，航游的市场促销一直是以目的地为导向。迪金森决定让邮轮本身成为旅游目的地。因为邮轮很旧，所以公司被迫用很低的价格来吸引年轻人。在此之前，人们一直认为邮轮只适合富有的老年人。这是一个全新的市场。乘客的年轻化和非正式化使船上的生活增加了"乐趣"，嘉年华邮轮公司也有能力兑现其承诺。到 1975 年，公司开始赢利，并增加了一些新船。迪金森的策略可能是现代航游业发展的里程碑，这种策略改变了消费者的观念：乘邮轮旅行不再是富翁们的无趣消遣，而是一种普通民众能够负担得起的、快乐的度假方式。

## 当今航游业

国际邮轮公司协会将邮轮公司划分为四个细分市场。目前最大的一个细分市场是"现代/价值"细分市场，这个市场被那些廉价的、面向大众的邮轮公司所控制。这些邮轮公司通常从第一次乘邮轮旅行的人那里得到大量的生意。嘉年华邮轮公司、挪威邮轮公司和皇家加勒比邮轮公司都是这个细分市场的一部分。高级邮轮公司的价格很高，但是每**吨**位所搭乘的乘客却很少（在船运业，船舶的吨位通常表示容量，不是重量）。名流邮轮公司（Celebrity Cruise Lines）、荷美邮轮公司（Holland America Line）和公主邮轮公司（Princess Cruise Lines）都属于这个类别。豪华细分市场是航游业的顶端市场。世朋邮轮公司（Seabourn）、水晶邮轮公司（Crystal）、丘纳德邮轮公司（Cunard）、银海邮轮公司（Silversea）和风星邮轮公司（Windstar）等都是豪华邮轮公司。最后一个细分市场被称为"特别"邮轮公司。这些邮轮公司专门从事单一目的地的运营，美国夏威夷邮轮公司（American Hawaii Cruises）和三角洲公主汽船公司（Delta Queen Steamboat Company）都属于这个类别。

### 行业改革者

理查德·费恩（Richard Fain）
总裁和首席执行官
皇家加勒比国际邮轮公司

要了解为什么在航游业内几乎所有人都认为理查德·费恩是一个世界级的改革家的原因是很容易的。你只要看一看皇家加勒比邮轮公司在2006年5月下水的"海洋自由号"（Freedom of the Seas）就清楚了。这是一艘16万吨的世界最大的邮轮。邮轮从船首开始，其长度为1,112英尺\*，超过纽约著名的克莱斯勒大厦（1,046英尺）和巴黎的埃菲尔铁塔（986英尺）。船的宽度为185英尺，该邮轮的宽度超过了白宫的长度（168英尺）。

踏上这个庞然大物，你会看到很多你意想不到会在邮轮上看到的东西。首先看到的是43英尺高、44英尺宽的攀岩墙，上面设有11条攀岩线路。环视这个运动甲板，你会惊愕地看到世界上第一个设在轮船甲板上的冲浪公园。巨浪湾（FlowRider）的冲浪模拟器可以让冲浪者进行普通冲浪或者俯卧式冲浪，人造波浪的水流为每分钟34,000加仑。

---

\* 1英尺等于0.3048米。

还有更多的奇迹：一个溜冰场、一个拳击台和一个皇家长廊购物街（Royal Promenade）。这个娱乐大街和购物中心的高度为4层甲板，长度为445英尺，以至延伸到邮轮的中心。

尽管对普通邮轮而言，这些功能可能是非常独特的，但是对皇家加勒比邮轮公司的邮轮而言，这些功能却是很平常的，因为自从理查德·费恩在1988年全职参与皇家加勒比邮轮公司的工作以来，这些功能就变得很平常了。费恩毕业于加利福尼亚大学伯克利分校和沃顿商学院，他酷爱航游业。他曾经在国际公共事业公司（International Utilities）工作过。这是一家控股公司，其资产组合包括一家挪威航运公司，戈塔斯—拉森公司（Gotaas-Larsen）。戈塔斯—拉森公司还拥有迈阿密的皇家加勒比邮轮公司的部分股权。最终，费恩从一个大学刚毕业的初级管理人员升任为戈塔斯—拉森公司的管理总监，后来成为皇家加勒比邮轮公司的总裁。

费恩面对的第一个巨大挑战是在一定程度上建立一个更大的邮轮公司。皇家加勒比邮轮公司当时的最大竞争对手是嘉年华邮轮公司，这个邮轮公司通过建立一支新船队得到了发展。费恩和他的团队设想了一个新的范式，他们要引进一艘新船——"海洋君主号"。当时世界上最大邮轮的吨位为47,262吨。"对什么是航游一直是一场传统的争论，人们认为航游是各种各样的浪漫形象。这个形象是小型船只，高度个性化的服务，相对被动的体验，而且其组织是非常严密的。你到主餐厅用餐，去看演出，然后就寝休息。我们认为人们需要的是更多的选择，要看更多的东西，要做更多的事情，即需要更积极的度假活动。"这些想法都非常好，但是当时在传统的邮轮上是无法让人们做更多的事情的。因此你需要一艘更大的船，一艘巨型邮轮。"我们也认为，如果我们有一艘足够大的船，那么就会吸引更多不同群体的人，使我们能够在一艘船上为所有这些人服务。这样就会产生协同效应。"

当以73,192吨的吨位引进"海洋君主号"的时候，航游业和航游公众的反应是令人震惊的。航游评论家埃塞尔·布卢姆（Ethel Blum）惊叹道："在5层楼高的开放大堂中，黄铜装饰的玻璃电梯上下滑动，不断显现出大理石墙壁的光泽。步行的人们停下步来，斜靠在黄铜栏杆上向下观看一个身穿红色上衣的男子在一架小型三角钢琴上弹奏古典轻音乐，他身边是三个喷水池。几乎在所有的美国主要城市中，都有一个这样的大酒店，里面有壮观的楼梯和优雅的空间。所不同的是，这个酒店预定于早上5:30迎着朝阳起航。"

业界的竞争对手认为费恩已经走到了极端，因为经营这些巨型船只的成本是非常高的。费恩认为："我们的成本非常高，但是我们的观点是，大型船只的规模经济意味着你可以给乘客提供更多的东西，因此对乘客而言，这是更宝贵的。同时，大型船只使我们获得了规模经济，这意味着降低了生产成本，因此我们的愿景是能够建造一艘更大、更有吸引力的船，这与人们公认的愿景是截然不同的。"

70,000吨级的邮轮不久就变成了邮轮业的新标准。1991年，嘉年华邮轮公司引进了幻想（Fantasy）级别的邮轮（70,367吨）；到1998年，嘉年华邮轮公司建造了8艘这个级别的邮轮。皇家加勒比邮轮公司更有远见，于1999年引进了航行者（Voyager）级别的邮轮，每艘船的吨位为142,000吨。160,000吨的"海洋自由号"是航行者级别邮轮的扩大版，但是这艘邮轮的世界最大邮轮地位并没有保持多久，费恩又已经在芬兰订购了一艘新船，定于2009年交船，目前只将其称为"起源计划"（Project Genesis）。这艘船为220,000吨，可以承载5,400名旅客。除非有人造出更大的邮轮，否则皇家加勒比邮轮公司将创造世界最大邮轮的纪录，这个纪录可能会保持很多年。

创造巨型邮轮并不是费恩一举成名的唯一事件。为了寻求邮轮的优质品牌，即比皇家加勒比品牌更豪华的品牌，皇家加勒比邮轮公司于20世纪80年代末收购了名流邮轮公司（Celebrity Cruise Lines）。为了使邮轮公司得到难以获得的营销优势，他们聘用了当代世界最著名的法国厨师迈克尔·鲁（Michael Roux）为邮轮设计菜单和食谱。根据一些顶级旅行杂志读者的投票，名流邮轮公司是当今世界上最豪华的邮轮公司之一。自从皇家加勒比邮轮公司收购了名流邮轮公司以来，它已经从3,000个铺位发展到15,000个铺位。

皇家加勒比邮轮公司和名流邮轮公司都以其积极提倡"做正确的事情"而著称。他们极力追求要保证船上的任何东西都不扔到船下，他们制订了一个"挽救海洋"计划。此外，他们还建立了"海洋基金"，这个基金已经为40多个自然保护组织提供了800多万美元的资金。在残疾人可进入性领域，皇家加勒比邮轮公司在广告中宣称自己是最具残疾人可进入性的邮轮公司，远远超过了《美国残疾人法案》的标准。例如，所有的邮轮都设置了游泳池提升臂，因此坐轮椅的人也可以游泳。费恩说："这是要做的正确事情，今天美国有5,400多万各种程度的残疾人，而婴儿潮出生的人也在变老，因此这是有利可图的生意。"

费恩的高级管理人员形容他是一个爱交际的人，很幽默，也是一个持续不断地追求完美的人。他不断地质疑公司所做的每一件事情，以了解如何或者是否能够做得更好，他对那些对他的提问没有做出很好解答的高级管理人员是不能容忍的。

邮轮业有三大巨头：最大的是嘉年华邮轮公司；其次是皇家加勒比国际邮轮公司，该公司也拥有名流邮轮公司（Celebrity Cruise Lines）；第三大是总部位于新加坡的丽星邮轮公司（Star Cruises），该公司是亚洲最大的邮轮公司，同时也拥有挪威邮轮公司。

邮轮乘客的平均年龄为51岁，家庭收入为64,000美元，在邮轮上每天花费200美元用于全包式度假，包括一间客舱、每天四至五顿饭及娱乐活动。[5]

## 邮轮的组织

如上所述，当今的邮轮是浮动的度假饭店。在某些方面，邮轮的组织与饭店非常相似。虽然每个邮轮公司的邮轮都有其独特的组织机构，但是通常所有的邮轮的组织模式都相同。图10-1是荷美邮轮公司的组织图。组织图的最高层是船长，有三个人直接向他报告工作：大副、轮机长和饭店经理。（公主邮轮公司保持英国的传统，把饭店经理称为总事务长。）

当今饭店业　AH&LA　HOSPITALITY TODAY An Introduction

这是皇家加勒比邮轮公司的一艘巨型邮轮"海洋自由号"上的皇家长廊购物街。这艘邮轮的载客量为3,634人，其船上的旅游吸引物包括溜冰场、9洞微型高尔夫球场、冲浪公园和这个以商店和餐馆为特色的宽敞长廊购物街。（皇家加勒比国际邮轮公司供稿）

因为本章主要讨论邮轮的接待服务工作，所以讨论了船长的职位后，我们将集中讨论饭店经理及其下属职位。

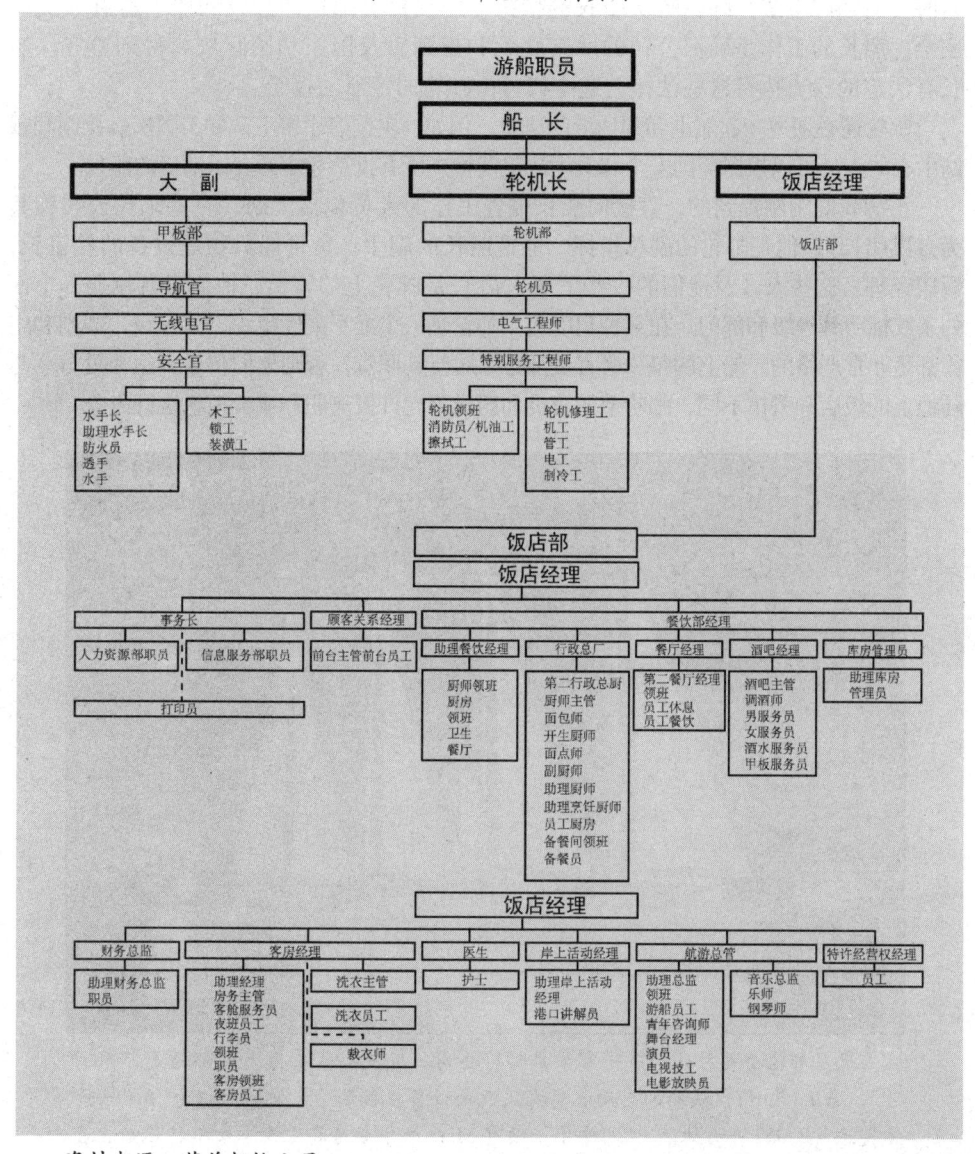

图 10-1  邮轮组织图实例

| 游船职员 |
| 船　长 |

大副 — 甲板部 — 导航官 — 无线电官 — 安全官
- 水手长
- 助理水手长
- 防火员
- 透手
- 水手
- 木工
- 锁工
- 装潢工

轮机长 — 轮机部 — 轮机员 — 电气工程师 — 特别服务工程师
- 轮机领班
- 消防员/机油工
- 擦拭工
- 轮机修理工
- 机工
- 管工
- 电工
- 制冷工

饭店经理 — 饭店部

**饭店部**
**饭店经理**

事务长
- 人力资源部职员
- 信息服务部职员
- 打印员

顾客关系经理
- 前台主管前台员工

餐饮部经理

助理餐饮经理
- 厨师领班
- 厨房
- 领班
- 卫生
- 餐厅

行政主厨
- 第二行政总厨
- 面包师
- 开生厨师
- 面点师
- 副厨师
- 助理厨师
- 助理烹饪厨师
- 员工厨房
- 备餐间领班
- 备餐员

餐厅经理
- 第二餐厅经理
- 员工休息
- 员工餐饮

酒吧经理
- 酒吧主管
- 调酒师
- 男服务员
- 女服务员
- 酒水服务员
- 甲板服务员

库房管理员
- 助理库房管理员

**饭店经理**

财务总监
- 助理财务总监
- 职员

客房经理
- 助理经理
- 房务主管
- 客舱服务员
- 夜班员工
- 行李员
- 领班
- 职员
- 客房领班
- 客房员工

洗衣主管
- 洗衣员工
- 裁衣师

医生
- 护士

岸上活动经理
- 助理岸上活动经理
- 港口讲解员

航游总管
- 游船总监
- 领班
- 游船员工
- 青年咨询师
- 舞台经理
- 演员
- 电视技工
- 电影放映员

特许经营权经理
- 员工
- 音乐总监
- 乐师
- 钢琴师

资料来源：荷美邮轮公司。

337

## 船长

尽管邮轮可以比作饭店,但是邮轮实际上是在海上航行,因此最重要的是,经营时要遵守海事法。邮轮听从**船长**的指挥,船长负责邮轮的运营和船上所有人员的安全。船长的工作是确保公司的所有政策和规则以及国家和国际法律得到遵守。船长有法定的权力执行这些法律,这个权力由邮轮的注册国授予。

邮轮还必须遵守起航港和到达港的法律。例如,美国海岸警卫队和美国疾病控制和预防中心的人员可以根据美国安全和卫生法定期检查所有抵达和离开美国港口的船只。

正如我们刚刚提到的,直接向船长报告工作的人员包括**大副**(一些邮轮公司称其为参谋船长),他是邮轮的副总指挥,也是船长的副手;负责船只物理设备的轮机长;饭店经理。这些人(及他们的一些下属人员)是邮轮上的官员,他们身着制服,上面的条纹标明其等级和部门。在某种程度上,邮轮是一个准军事性组织,其等级、规则和纪律都是非常严格的。船上的每一名官员都必须履行其职责,否则他们将受到纪律处分。与陆地上的饭店和餐馆不同,邮轮上的官员和船员不允许擅离职守或者拒绝执行命令。

风星邮轮公司被认为是一家豪华邮轮公司。风星船队中最大的邮轮是"风神号"(Wind Surf),该船的自动收卷式风帆由计算机控制,风帆的面积为26,881平方英尺(2,052平方米)。"风神号"设有31个豪华套房和123个豪华特等舱,在所有的客舱中都可以看到大海,该邮轮的最大载客量为308人。

## 方便旗

邮轮运营所遵守的法律取决于邮轮的注册国。选择注册国依据许多因素，包括邮轮的融资来源、经营成本及航行线路。悬挂方便旗的传统可以追溯到早期的海战。那时，商船为了避免遭到攻击，悬挂一个中立国的旗帜，这样其乘客和货物就不会受到战争的蹂躏。

邮轮在选择悬挂哪个国家的国旗时，其员工的构成是一个重要的考虑因素。许多国家，包括美国、挪威和英国，都对船上的工会组织有严格的规定，这可能会增加邮轮公司的劳动成本。而另一些国家，例如，巴拿马、利比里亚、百慕大和巴哈马，则没有这样的法律，因此，许多邮轮都在那里注册。

工会问题不是唯一的问题。一些国家要求悬挂其国旗的邮轮上的大部分船员必须是注册国的公民。例如，美国要求所有在美国注册的邮轮必须只能雇用持有美国执照的邮轮高级职员，其他非注册员工的3/4必须是美国公民。邮轮公司都不愿意其经营受到这样的雇工限制，因为他们想从世界各国招募最适合邮轮岗位的人员。例如，英国人、意大利人、希腊人、荷兰人和挪威人都以其航海技术和严格的训练而闻名于世。同样，法国、德国和奥地利的食品服务人员也都非常受欢迎。大型邮轮公司都从上述国家聘用人才，这样其邮轮才真正具有国际风格。如果邮轮悬挂有严格劳动法限制的国家的国旗，就无法做到这一点。

## 饭店经理

在向船长报告工作的高级官员中，**饭店经理**管理的员工最多。饭店经理及其下属员工直接为乘客创造邮轮公司所能提供的度假体验。今天，许多邮轮的饭店经理都聘自陆地上的度假饭店。例如，嘉年华和皇家加勒比邮轮公司的各个饭店部门的初级岗位都从饭店管理学校招聘员工。

邮轮饭店经理的工作与陆地饭店总经理的工作有某些相似之处，也有很多的不同之处。其中一个主要不同点是，邮轮上没有销售和营销人员。另一个不同点是，乘客不需要在船上办理入住登记手续（不需要安排乘客的住宿时间及付款），因为这些手续都在岸上办理。除了全面负责餐饮服务和客房服务工作外，饭店经理可能还要负责医疗、娱乐和登陆游览事宜。此外，饭店经理还要管理赌场经营、美容厅、水疗、礼品店、摄影服务等工作。在一些邮轮上，上述服务项目都采取特许经营的方式。例如，邮轮上的美容厅和水疗服务通常由伦敦的斯坦纳—越洋公司（Steiner-Transocean）提供。大型邮轮公司有自己的餐饮经营机构，但是一些较小的邮轮公司则雇用外部的餐饮承包商（通常被称为船用零售商），由其提供食品和工作人员。在这种情况下，邮轮饭店经理只负责房务工作及为乘客策划社交活动。

不同邮轮公司的饭店经理的职责范围不尽相同，其自主权也不尽相同。一些邮轮的所有决策都预先在岸上作出，或者当邮轮在海上航行时，通过卫星电话向饭店经理传达指令。

邮轮的饭店经理通常要在海上工作四个月，然后有两个月的休假。在短途航游时，很多饭店经理的家属偶尔也会到船上来。与陆地的工作相比，邮轮上的工资很高。的确，如果考虑到在一年的大部分时间里邮轮的饭店经理的住宿、医疗和伙食都是免费的，那么他们通常在经济上比其陆地上的同行要过得更好。

## 其他高级职员

饭店经理的直接下属包括事务长、餐饮经理、房务总管、航游总管和医师。（在大型邮轮上，可能还有其他人员向饭店经理报告工作，如顾客关系经理或者特许经营经理，但是在较小的邮轮上，这些岗位的责任由一个主要的经理承担，如航游总管。）

**事务长**　在邮轮饭店部中最重要的部门是事务长办公室。**事务长**是邮轮上的银行家、信息官、人力资源总监和投诉处理者。事务长是饭店部的第二把手，饭店经理不在船上的时候，饭店部由事务长负责。事务长办公室负责管理邮轮的前厅运营及邮轮抵达外国港口时的申报工作。在某些方面，事务长办公室与陆地饭店的前厅部相似。

大多数邮轮使用信用卡系统处理客人的账务。邮轮上的交易活动不接受支票或者现金。乘客登船后要到事务长办公室登记其信用卡号码（如果乘客登船前没办理该项手续）。船上发生的所有费用均记入其信用卡。如果乘客没有信用卡，则要求预付保证金，保证金用完后，如果不续存，其信用额度将被取消。邮轮上不接受支票，因为邮轮在海上或者在外国港口无法对支票进行结算。现代技术使邮轮可以发给每名乘客一张多功能加密磁卡，作为身份证、门钥匙和消费卡。一些邮轮公司的这种磁卡上还显示持卡人的客舱号、就餐时间和餐桌的位置。

事务长掌管船上的全部金钱（通常存放在大型保险柜里）。乘客可以到事务长办公室用旅行支票兑换现金，购买免税商品或者在船上的赌场里博彩。事务长还掌管船上赌场的全部资金及员工的工资。大型邮轮携带的现金数量非常大，常常超过50万美元。

事务长的下属员工还负责处理乘客的问题。例如，行李遗失、管道破裂和客舱等级升级（如果乘客要求并且高等客舱有空位的情况下）。这份工作是很有吸引力的。事务长的生活条件很好，下班后，事务长可以在指定的公共区域与乘客共同休闲。

**餐饮经理**　研究显示，从乘客的角度看，邮轮最重要的部分是食物。食物是人们最可能记住和谈论的东西。多年来，邮轮业已经建立起了良好声誉，可以提供许多美味佳肴。这一点可以追溯到早期的汽船旅行，当时，塞扎·里兹为汉堡—美国邮轮公司设计了一个里兹—卡尔顿餐厅。虽然食品费用包含在航游价格之中，但是酒水不包括在内（最豪华的邮轮除外）。因此，酒水是所有大型邮轮公司的最大一项收入来源。这两个因素使**餐饮经理**的工作成为每艘邮轮能否成功的关键。餐饮部除了为乘客提供餐饮服务外，还负责全体船员的饮食。这是一项富有挑战性的工作，因为船员们每次要在船上生活几个月的时间，他们代表着不同的文化、不同的民族和不同的口味，他们没有别的地方可去，只能待在船上。要想让他们的工作令客人满意，首先必须让他们满意。

向餐饮经理报告工作的人员通常包括助理餐饮经理、行政总厨、餐厅领班、酒吧经理和供应主管（库房主管）。

有在饭店工作背景的邮轮餐饮经理都认为，他们在邮轮上的工作是非常不同的。戴德里克·范·雷格莫特曾在万豪酒店工作了15年，现在是荷美邮轮公司的饭店经理，通过观察，他认为：

> 饭店和邮轮的餐饮服务之间的区别非常大。邮轮是一个非常封闭的环境。你与你的同事住在一起，因此，发展良好的人际关系技能是极其重要的。此外，你肩章上级别条纹的数量是非常重要的。级别不同所受到的关注程度也不同。
>
> 我的责任也是不同的。当我接受客人点菜时，只关注菜品和数量，不必考虑财务细节。而在饭店里，我必须控制工资、加班时间和其他成本，还要考虑收益。我需要做消费预算，但我不必关心食品成本问题。我甚至不知道每个乘客的伙食成本是多少。
>
> 邮轮上的餐桌服务也与饭店不同。在邮轮上，整个星期全都为同一个乘客群体服务。这样服务人员就能够与客人建立起良好的关系，知道他们的偏爱。第一个晚上过后，有经验的服务员就会记住客人们是喜欢咖啡还是喜欢茶；是意大利浓缩咖啡、普通咖啡还是无咖啡因的咖啡，是加糖和奶还是不加糖和奶。在饭店里，服务员还要关注其他事情，如处理现金和在同一时间接待客人的数量等。
>
> 另一个不同之处是我们的烹调方式。我们厨房的大多数员工都是训练有素的厨师，他们的等级和职位不同。我们仍然采用传统的法国式餐桌摆台形式。使用大量的人力，这也是我们高质量食品服务的一部分。我们一切都从头做起。我们每天都自己烤制面包。我们用骨头制作汤料；买整个后腿肉然后再切开。任何东西都不浪费掉。我们不留剩余物。我们的库房容量有限，也没有卡车来拉走我们不需要的东西。我们准确地知道客人的

数量和他们将要点的菜品，因为尽管我们有很多选择，但是我们在每个航班上提供的菜单都是相同的。

我们的乘客就餐时的期望值很高。他们不希望品尝在家里甚至在普通餐馆里可以吃到的东西。我喜欢把我们每日为客人准备的饭菜与你为了某件大事到高级餐馆就餐时可能点到的饭菜相比。那就是为什么午餐有四道或者五道菜，晚餐有六道或者七道菜。如果你喜欢吃龙虾或者羊排，不必考虑价格，因为你已经付完账了。

在陆地饭店，在1小时40分钟之内为800人提供高质量的用餐经历是不可能的，但我们的厨房有107名员工，他们不担心人们想点什么菜或者该在什么时候备餐。他们担心的是如何从108名服务员手中接单，然后分别进行烹制。邮轮始终保持满员状态可以消除很多不确定因素，使我们能烹制出精美的食物，并以体面堂皇的方式提供给客人。[6]

在今天的大型邮轮上有很多娱乐机会。（挪威邮轮公司供稿）

范·雷格莫特提出的几个要点是非常重要的。安全、卫生和健康是任何邮轮都要考虑的重要因素。这意味着，**邮轮厨房**必须是一个纪律性很强的运营部门。任何事情都必须毫无例外地执行规定。在许多案例中，一个小失误会导致数百人生病。

范·雷格莫特指出，实现这种纪律性的一种方法是，发布命令的人不但有经济权力而且还有法律权力。这一点与陆地上的饭店和餐馆完全不相同。在邮轮上不服从上级的命令是一种抗拒。实际上，每个人都力图和谐地与他人共事，因为，在远离家乡数千英里之外的大洋之中，离职是不现实的。邮轮的餐饮经理需要比陆地的餐饮经理具备更好的人际关系技能，包括机敏和外交手腕，因为在长达几个月的时间里，他们必须每时每刻都与员工共同工作。

范·雷格莫特还指出了应该引起注意的另一个重要区别：和陆地上的度假饭店相比，邮轮的餐饮部不直接参与食品的成本工作。邮轮业会非常仔细地计算其成本，但是这些工作由邮轮公司陆地办公室的经理来完成。计算机系统详细分析船上乘客消费的食品和饮料的项目及每个乘客每天消费的食品成本。管理部门期望邮轮上的食品工作人员只需大概了解这些每日的成本，如果需要，可以进行调整，这样就既能使乘客满意也能达到公司的财务目标。

豪华型邮轮上每个乘客每天的食品毛成本为25~30美元，高级邮轮为12~18美元，大众型邮轮为8~11美元。食品成本包括：早餐、午餐、晚餐、上午小吃、下午茶或冰淇淋、晚间自助餐及24小时送餐服务。价格这样低的原因之一是规模效益。例如，嘉年华邮轮公司每星期使用34,000磅牛腰肉、71,200磅鸡肉、500,000多个鸡蛋和53,540瓶葡萄酒。这样大的消费量和通过大批采购节约成本，只有嘉年华邮轮公司能够实现，因为和其他主要邮轮公司一样，嘉年华邮轮公司的所有邮轮全年都使用完全相同的菜单。为了节约成本，邮轮公司通常建造多艘同样规模的邮轮，各艘邮轮设置相同的厨房，接待同样数量的乘客。可预测的乘客结构和邮轮的航行计划使精确预测成本成为可能。皇家加勒比邮轮公司知道，其邮轮出海的第5天晚上，如果在法式晚餐菜单上推出蜗牛，每艘邮轮的1,800名乘客中，将有22%的人最有可能点这道菜。因此标准化是非常重要的。

邮轮上的供餐服务是另一个非常不同的问题。问题的关键是时间。除了小型豪华邮轮以外，现在没有一艘邮轮的主餐厅有足够的座位，无法接待一半以上的乘客同时就餐。虽然过去的标准是分两个座次就餐（一些邮轮现在仍然采用这种方式），但是现代的生活方式要求更灵活的就餐方式。例如，嘉年华邮轮公司的邮轮的主餐厅都提供4个就餐座次；挪威邮轮公司的乘客可以在下午5点30至晚上10点之间的任何时间就餐。

每个邮轮公司的正餐菜单总会提供四五道供选择的开胃菜、多种汤和各式色拉及数种甜点（实际上，这种丰富多样的选择有助于创造一种与宴会服务迥然不同的精品就餐感觉）。许多人也点酒类饮料。因为用餐经历是邮轮度假中的一个非常重要的部分，所以乘客们都不希望有被催促的感觉，也不愿意接受宴会式的服务。相反，

提供不同菜单的多个餐厅使邮轮可以向每一个乘客提供高质量的就餐经历。（挪威邮轮公司和皇家加勒比国际邮轮公司供稿）

节日偶尔也会发生在邮轮上,因此邮轮公司的餐饮部也要为此做出计划。这是皇家加勒比国际邮轮公司的感恩节菜单。(皇家加勒比国际邮轮公司供稿)

大多数邮轮乘客都期望服务员知道他们的名字,知道他们的偏爱,能够和他们一起讨论每一个菜单项目。如果某一个菜单项目不能满足他们的需要,则可以用其他项目替换。因为服务员的工资几乎完全来自小费,所以他们必须满足或者超越乘客的期望。餐饮服务员的月平均基本工资为100美元,外加免费住宿、伙食和医疗。但是加上小费(在大型邮轮公司,每名乘客平均每天在餐厅要付出3~4美元小费,在客舱所付的小费数额也如此),他们每年可以带回家24,000美元,在大多数情况下这些工资是免税的,而且他们实际上在船上是没有任何花费的!

这是挪威邮轮公司的"夏威夷之傲号"邮轮上的太平洋大餐厅的一角,这只是该邮轮上十几个餐饮营业场所中的一个。这个餐厅中的艺术品的灵感来自早期的美森轮船公司(Matson Line)的菜单封面,美森轮船公司的客船在20世纪初航行于旧金山到檀香山的航线。(厄尼·皮克供稿)

邮轮公司采取多种措施，既使乘客感觉不到紧迫感，又提高了餐厅餐桌的轮换率。例如，在邮轮的主大厅每天晚上都举办两场现场表演。在其他厅堂内还有更多的表演节目（有时还有午夜专场演出）。那些想占到好座位观看演出或者电影的乘客就餐后会很快离开餐厅。邮轮的电影院一定要上演首轮影片。荷美邮轮公司新建造的邮轮（例如，"阿姆斯特丹号"）上的电影院是非常豪华的，完全可以与陆地上的大多数电影院相媲美。

为了满足那些不愿意在特定时间用餐的乘客的需要，许多邮轮除了主餐厅外，还另设一些餐饮门点。例如，水晶邮轮公司的邮轮设置了两个以上可供选择的就餐地点。另一些邮轮公司，其邮轮的丽都甲板上的餐饮区域除了每天的正常经营外，还在晚上开放，供应非正式餐饮（邮轮的主游泳池设在丽都甲板上）。"伊丽莎白女王2号"供应豪华的自助餐，包括一个精美的现场食品加工站，每天晚上随时提供就餐服务。一些邮轮设置24小时营业的比萨店。大多数大型邮轮公司的餐饮概念是：应该让乘客什么时候想吃饭就能吃到饭；想在哪里吃饭就能在哪里吃到饭；想和谁一起吃饭就能和谁在一起吃饭；不安排固定的就餐时间和固定的餐桌。

邮轮的主游泳池设在丽都甲板上。大型室外游泳池是当今很多邮轮的一个重要特色。（挪威邮轮公司供稿）

和乘客一样，邮轮上的高级职员和船员也需要在任何时间都能吃到饭。餐饮设施每天通常长时间向他们开放，厨师们也值班为其服务。

最后，学生应该明白，对邮轮公司来讲，食物和乘客同样重要，饮料甚至更重要。每艘大型邮轮的酒水都是一项最大的收入来源。通常，邮轮上销售酒水获得的净赚利润要高于邮轮的赌场和商店。因此，邮轮上的任何地方，只要开放，就会随时供应酒水。此外，酒水供应必须迅速及时，因为乘客都有各自的活动安排。例如，正餐前需要鸡尾酒；在观看演出前需要饮料。这种水准的服务要求服务人员训练有素，这样他们才能够非常迅捷地为乘客调制多种酒水和饮料。还必须对这些员工进行有效的督导。看过《爱之船》电视连续剧的人都知道，调酒师艾萨克·华盛顿是邮轮上最重要的人物之一。

**房务总管** **房务总管**（又称为总管家）管理的部门与任何饭店的房务部几乎没有什么区别。房务总管下属的员工负责邮轮所有客舱和内部区域的清洁和一般维护工作。他们还负责乘客衣物的干洗和水洗，还要清洗所有客舱的布巾、桌布、毛巾和全体船员的制服。房务部的客舱服务员还负责客舱的送餐服务，为乘客装卸行李并送到乘客的客舱中。

邮轮上的房务工作与陆地饭店的最大不同是，陆地饭店的客人很少有规律地与客房清洁人员接触，但是邮轮上的乘客却经常与客舱清洁人员接触。客舱服务员每天定时清扫两次客舱，通常是乘客吃早餐时和吃晚餐时各一次。此外，客舱服务员在上午和晚间的大部分时间都在岗值班（这个岗位的员工每星期工作70个小时是正常的），他们还要在其他方面帮助乘客。例如，使用救生艇训练；帮助使用轮椅的乘客；为应邀参加船长晚会的乘客熨衣服。和邮轮的餐饮服务员一样，客舱服务员的工资在很大程度上依赖客人给的小费，因此，他们要知道客人们的名字，并千方百计地为其服务。优秀的客舱服务员在乘客的整体航游经历中是非常重要的。

房务部最忙碌的日子是邮轮的**周转日**。这一天邮轮结束了一次航行，并将开始另一次航行。一艘70,000吨的邮轮通常有600多间客舱，平均每间客舱住两个人。每间客舱可能有两至三件行李。因此，周转日这一天，要装卸2,400至3,600件行李！此外，离船的乘客通常在上午9点至10点期间下船，而新乘客中午就陆续到达。这意味着，邮轮的所有客舱必须在3至4个小时内清扫干净，更换所有的布巾，所有大厅和其他公共区域都要用吸尘器吸干净并擦拭完毕。

**航游总管** 从乘客的角度，**航游总管**及其下属员工是乘客最常见到的船员之一。航游部的员工包括娱乐节目表演者、音乐师及儿童顾问，他们还指导乘客的全部娱乐活动。

航游工作人员的一项重要工作是销售和协调乘客的登陆游览。**登陆游览**是邮轮公司的一项非常重要的船上收入。在阿拉斯加，乘客可以进行"白水漂流"，徒步走过或者飞越冰川，还可以烤三文鱼。在加勒比海，有斯诺克令潜水探险和海滩，乘客可以游览甘蔗种植园、参观玛雅遗迹、热带雨林和火山，有机会打高尔夫球、去夜总会和购物等。在地中海，可以游览雅典的卫城、泛舟威尼斯、参观那不勒斯的庞贝古城。这些游览活动通常都承包给当地的旅游经营商。这些游览活动预先在船上出售，因此邮轮抵达港口时，会有足够的旅游巴士和导游为各项活动提供服务。因为邮轮在港口的停留时间是有限的，所以这些游览活动必须按计划进行。如果你为1000多名乘客安排五六个不同的游览活动，可能会产生一些后勤安排问题。

邮轮抵达港口之前，航游工作人员通常在船上的一个大厅中向有兴趣的乘客介绍旅游目的地及购物方面的情况。所有的大型邮轮公司都向乘客推荐他们认为价格合理并且可靠的岸上商店。这些商店向邮轮公司支付促销费，作为回报，邮轮公司将向乘客推介这些商店的地理位置和商品。通常，邮轮公司会承诺，如果乘客在购物中发生任何问题而商店又不愿意进行调整，邮轮公司将对此负责。

航游工作人员的另一项重要职责是制订每日的活动计划。邮轮每天都向所有乘客公布当日的活动计划，并于前一天晚上将活动计划发放到客舱。如果邮轮将要抵达某一港口，活动计划上会注明邮轮抵达和离开的时间、游览活动的出发时间、邮轮在什么时间和什么地点供餐、为留在船上的乘客组织何种活动、图书馆开放的时间、邮轮上放映电影的时间及其他乘客感兴趣的信息。如果邮轮一整天都在海上航行，航游工作人员通常要为乘客准备各种活动而忙碌。这些活动包括：健身操课程；宾果赌博游戏；网球比赛；舞蹈课程；冰雕和烹饪表演；各种专题讲座，如个人理财、大众健康或者邮轮前往地区的历史和政治问题；艺术品拍卖；桥牌课程；等等。所有这些活动都必须由航游部安排、促销和经营。

最后，航游总管还要负责监督每天晚上为乘客举办的现场表演和其他娱乐活动的质量。现场秀和其他表演由航游部之外的人扮演、排练和制作。通常，这些节目由独立的制作商和代理商完成。但是嘉年华邮轮却不采取这种方式，它的全部娱乐节目都是自己制作和表演的。皇家加勒比邮轮公司自己制作部分娱乐节目，其余的节目转包给他人制作。有时，航游总管或者一名航游职员充当司仪的角色。航游总管还负责向总部办公室反馈观众的意见。很明显，乘客的构成随着季节和航线变化而变化，这也影响娱乐活动的适宜性。

**医师**　在陆地饭店，如果客人患病，可以请医生来；如果客人需要进一步治疗，可以把客人紧急送到医院。由于邮轮在海上航行，这样做是不可能的，因此，所有的邮轮都配备一名**医师**和至少一名护士。

行业的性质使邮轮设置了这样一个重要的岗位。尽管邮轮乘客的平均年龄趋于

349

(丘纳德邮轮公司供稿)

　　2004年1月,"玛丽女王2号"邮轮开始了为期14天的从英国的南安普敦到佛罗里达的劳德代尔堡的首航。作为丘纳德邮轮公司的旗舰,"玛丽女王2号"是迄今建造的最昂贵的邮轮。邮轮有14层甲板、5个游泳池、10个餐厅、一个赌场、一个峡谷农场水疗俱乐部(Canyon Ranch Spaclub)、一个标准天文馆及其他设施。"玛丽女王2号"自称拥有最大的船上舞厅、图书馆和葡萄酒藏品。船上有一个犬舍,供带宠物的乘客使用;而热衷于高尔夫球的乘客可以在一个几乎圆形的球场上打高尔夫球。来自全世界的著名艺术家受委托为邮轮创造了300多件原创艺术品(其价值超过500万美元)。

　　将"玛丽女王2号"与丘纳德邮轮公司的另一艘在当时最大的和最昂贵的邮轮"泰坦尼克号"相比较是很有趣的:

|  | 泰坦尼克号 | 玛丽女王2号 |
| --- | --- | --- |
| 长度 | 882英尺 | 1,132英尺 |
| 宽度 | 92.5英尺 | 135英尺 |
| 高度 | 175英尺 | 236英尺 |
| 甲板层数 | 8 | 14 |
| 总吨位 | 46,328 | 151,400 |
| 马力 | 55,000 | 157,000 |
| 最高速度 | 24节 | 30节 |
| 大约造价 | 4亿美元* | 8亿美元 |

*按今天的美元价值计算,相当于1912年的750万美元。

年轻化，但是邮轮还有相当数量的老年乘客和残疾乘客。"海洋自由号"邮轮有32个残疾人客舱；嘉年华邮轮公司的"命运之神号"（Carnival Destiny）邮轮有25个残疾人客舱；荷美邮轮公司的"鹿特丹6号"邮轮（Rotterdam VI）设有23个残疾人客舱。所有的现代邮轮均采用无障碍设计，对老年乘客、关节炎患者或者其他行动不便者很有吸引力。这表明，邮轮在为残疾人提供服务的方面走在饭店业的前面，因为邮轮通常挂**方便旗**，所以不受《美国残疾人法案》的约束。其原因很简单：残疾人市场是一个很大的市场（据报告，1997年，4,900万名美国人有不同程度的残疾），瞄准这个市场是很好的营销策略，是有利可图的。而且这也是一件应该做的事情。公主邮轮公司创建了"进入爱之船计划"（Love Boat Access Program），该计划包括一本小册子，介绍邮轮提供的各种残疾人设施，其中的很多设施都是根据乘客的建议设置的。这些设施包括轮椅通道、盲文电梯按钮、电话扩音器和可视烟感器。公主邮轮公司还设置了小船（邮轮与海岸之间的交通艇），供乘轮椅的乘客登船使用，还设置了舷梯通道自动车供乘坐轮椅和上楼梯有困难的乘客使用。大多数邮轮都为盲人乘客准备了导盲犬和其他可以提供服务的动物。

为了帮助医师的工作，现代邮轮上装备了最先进的医疗中心。船上医师均受过急救培训，他们的医疗设备包括心脏除颤器、X光机、手术台、病床及储备了足够处方药剂的小型药房。船上医疗救护的目的是治疗轻微的损伤，使患者在被接运下船之前病情稳定。虽然外科手术师不愿意提及，但是船上的确设有停尸间。

公主邮轮公司船队的医疗官阿利斯特·史密斯医生指出，据统计，只有3%的乘客可能患重病，他的医务人员收治的船员比乘客多。史密斯医生认为在海上行医与在陆地上不一样：

> 时间是医生使用的一个主要诊断工具，但是在海上你没有时间。在陆地上，如果病人有某些症状，你可以等一等，看看会发生什么情况。但是如果邮轮抵达一个港口时，患者可能病得很厉害，这时医生必须当机立断将病人送到岸上治疗。

公主邮轮公司的医生中有40%是女性。公主邮轮公司船上的所有医生均在英国注册，并具有很丰富的海上工作经验。

## 世朋邮轮公司：一个质量管理的案例研究

到目前为止，我们一直将重点放在大众市场的邮轮公司，这些邮轮运载1,000至3,000名乘客。为了详细了解邮轮的管理方式、邮轮的各个部门如何共同工作及邮轮如何为乘客创造度假体验,让我们把目光转向一个小型邮轮公司。世朋邮轮公司只有四艘船,其载客量都非常小,但是世朋邮轮公司却一直被消费者、旅行商和记者认为是世界上最好的邮轮公司。这个邮轮公司曾四次获得《旅行者》杂志（Condé Nast Traveler）读者的最佳选择奖,并被《伯利茨旅行指南》（Berlitz Travel Guides）和其他旅行杂志评为"超五星"（5 stars +）。[7]

世朋邮轮公司的创建人是挪威实业家和企业家艾特尔·布赖恩斯塔（Atle Brynestad）。他白手起家,16岁创建自己的第一个企业,自己编织并推销挪威针织运动衫。从针织运动衫起家,布赖恩斯塔还对房地产、饭店和百货商店玻璃器具发生了兴趣,他收购了挪威最老的一个公司"哈德兰玻璃器皿厂"（Hadeland Glassworks）（始建于1762年）,这家公司至今还在经营。今天,这个工厂生产世界一流的水晶玻璃制品。

布赖恩斯塔意识到邮轮市场有很大的发展潜力,而挪威人具有经营邮轮业的窍门,因此他决定开发邮轮业的新概念。基于他个人的生活方式和经历,他被邮轮业的高端市场所吸引。20世纪80年代中期,在市场上有多种豪华邮轮的概念。丘纳德邮轮公司的"伊丽莎白女王2号"是一艘7万吨的两用轮船,供穿越大西洋航运和航游使用。规模与其相反的是一家挪威公司——海神邮轮公司（Sea Goddess Cruises）,其两艘邮轮参照大型豪华游艇设计,每艘邮轮的吨位为4,253吨,载客量只有116人。中等规模的邮轮公司也是一家挪威邮轮公司,即皇家维京邮轮公司（Royal Viking）。布赖恩斯塔聘用皇家维京邮轮公司的创始人沃伦·泰特斯（Warren Titus）协助他工作。

布赖恩斯塔和泰特斯都认为,虽然皇家维京邮轮公司的设施和服务在邮轮业中都是一流的,但是其邮轮的规模太大,不能提供高端市场需要的私密而独特的服务。海神邮轮公司虽然能够最大限度地满足这种需要,但是其邮轮的规模太小,缺少高端市场预期的那种设施和环境。另外,小型邮轮不能像大型邮轮那样在波涛汹涌的大海中平稳航行。

他们的解决办法是设计一种10,000吨的新型邮轮,可容纳204名乘客,乘客全都住在面积为277~575平方英尺（25.8~53.5平方米）的106间套间客舱里。在竞争对手皇家维京邮轮公司的邮轮上,有些客舱的面积只有138平方英尺（12.8平方米）,而海神邮轮公司的套间客舱的面积为205~475平方英尺（19.1~44.2平方米）。他们认为,世朋邮轮的新型设计既有小型游艇的私密,也有大型邮轮的服务设施和宽敞。他们考虑的其他问题是,这种规模的邮轮可以：（1）设置足够大的厨房,这样就可以按乘客的需要,而不是按宴会的形式准备饭菜；（2）容纳足够数量的船上服务人员,提高船员与乘客的比例：两个船员为3位乘客服务。[8]

## 重视服务

从一开始，布赖恩斯塔就认识到他出售的不是航游而是一种独特的度假体验。由于世朋邮轮公司的规模和高水准的服务，其价格在市场上居于高位。世朋邮轮公司的地中海邮轮每天的费用为 800~1,000 美元，而大多数航程需要 14 天。这意味着，一对夫妻一次航游的平均费用至少为 22,400 美元。这么高的价格带来的是乘客极高的期望值。市场调查显示，世朋邮轮公司的乘客的家庭年平均收入为 20 万美元。布赖恩斯塔指出，"乘我们邮轮航游的乘客都过惯了奢华生活。因此无论提供什么样的设施，无论怎样招待他们，他们都不会感觉到过得很愉快。要使他们满意，我们必须赢得他们的心"。

早在乘客登上邮轮之前，世朋邮轮公司就开始赢得乘客的心。乘客预订航程后就会收到一张问卷调查表，询问其对酒水和食品的喜好。交给乘客的航游文件装在一个礼品盒中的皮夹子里。如果乘客在航行的前一天晚上到达，乘客会被安排住在豪华饭店里，如伊斯坦布尔的西里根宫（Cirigan Palace）（19世纪曾是苏丹的宫殿）。在邮轮出发之前所有的登船手续都在饭店办理完毕，因此乘客最终到达邮轮时（通常在免费的城市观光游玩之后），剩下的全部工作只是在舷梯口递给乘客一杯香槟酒。然后，护送他们登船，戴白色手套的厨师长和他的部下称呼乘客的名字向乘客问好，然后将乘客直接送到套间客舱中，客舱中为乘客准备了一瓶冰镇香槟酒。这一切都进行得有条不紊，没有匆忙，没有等候，没有排队，也不必办手续。

和住饭店不同，甚至和普通邮轮的客舱也不一样，世朋邮轮公司的乘客首先需要熟悉一下客舱的设施。标准的 277 平方英尺（25.8 平方米）套间看上去更像小型公寓套房。乘客的专用品包括印有乘客姓名的个性化文具，一个吧台，冰箱里存有乘客喜爱品牌的烈性酒、葡萄酒、啤酒和苏打水。所有的电视机均连接录像机，甚至还有一盘录像带，片名为《欢迎光临》。

邮轮每天 24 小时提供送餐服务，包括各种鱼子酱和香槟酒。在供餐时间内，如果乘客希望享用私人烛光正餐或者不愿意衣着正式，餐厅服务员可以将餐厅菜单上的全套正餐送到客舱，每次送一道菜。希望到主餐厅就餐的乘客可以在任何时间前去就餐，无须预订，可以与他们喜欢的任何人同座用餐。餐厅里有足够的各种餐桌，供两个人就餐使用，供愿意单独就餐的夫妻使用。还有较大的餐桌，供愿意坐在一起就餐的团体乘客使用。没有人孤身独坐，单独的乘客会被邀请加入其他客人一起就餐或者与邮轮的高级职员或饭店的高级职员一起进餐。这里还有一个游廊咖啡厅，其室内和室外均有座位。到晚上，这里会成为"彼思特"（Bistro）式的美食厅，在这里可以吃到加利福尼亚风味的便餐。

353

邮轮上有3个公共大厅，这里的娱乐活动包括只有独奏演员的小型乐队的音乐表演和"卡巴莱"歌舞表演。船上还有熟悉邮轮抵达港口或者邮轮航游地区情况的讲解员，有时候，这些讲解员是著名作家或评论家。

船上的其他供乘客使用的设施包括：1个宽敞的健身房，1个桑拿和蒸汽浴室，1个美容室，3个涡流池和1个游泳池，1条慢跑道和1个收藏了200盘录像带和很多最近出版的小说和非小说文学作品的图书馆。船上甚至还设置了自助式洗衣机，供那些不愿意使用船上常规洗衣服务的乘客使用。

和大多数邮轮公司相比，世朋邮轮公司更清楚地认识到，在接待行业，客人是产品的一部分。世朋邮轮公司的客人们期望大家在举止行为和装束上受某些规范的约束。因此，船上有非常严格的衣着规范：便装、非正式装、正式装。邮轮的活动计划表中标示出下午6点以后在公共区域应该穿着的服装类型。乘客在某个晚上不想穿着规定的服装，可以在自己的客舱中用餐、看电视或者读书看报。在正式的夜晚，所有的男士都要穿晚礼服。在一次航游中，一位乘客向饭店经理抱怨，坐在另一个桌旁的一位客人就餐时脱去了晚礼服上衣。之后，服务员领班很礼貌地请这位先生重新穿好上衣。

### 服务提供系统的重要性

世朋邮轮公司关于如何取得最佳服务的理念基于两个主要原则。第一，你首先必须照顾好你的内部客人（你的员工），这样他们才能照顾好你的外部客人（乘客）。第二，乘客是世朋邮轮公司最重要的财富。因此，邮轮员工的工作就是非常迅速地发现乘客的期望，并确保他们的期望得到满足或者超额满足。世朋邮轮公司认为，只有这样做，公司提供的服务水准才能使世朋邮轮公司在乘客心目中建立起非凡的形象，乘客回到家乡后，才能够满怀热情地讲述其航游经历。

关于世朋邮轮公司最佳服务的第一个原则，世朋邮轮公司前饭店经营副总裁（现在为"玛丽女王2号"饭店经营副总裁）拉里·拉普（Larry Rapp）这样评述："为了提供最佳服务，每一个员工在其岗位上都必须感到绝对安全。从心理学的角度，他们应该感到可以自主地采取任何必要的措施使客人满意，而不必受公司的系统、预算计划或者组织计划的约束。与客人讲话的员工应该有权让客人满意，而不受等级的限制。"每一名员工都有一份"世朋邮轮公司接待客人十二要点"，这份文件也被贴在饭店经理办公室。这些要点包括：

- 任何接到客人投诉的员工都"拥有"这项投诉，并负责保证客人满意；
- 时刻牢记团队精神和服务对同事的重要性；
- 与同事和管理部门沟通客人的问题；

- 对你自己的行为负责；
- 只要你的努力是出于真心实意地做好工作的目的，就不要怕犯错误。

## 具体的操作程序

为了确保没有误解，所有的主管在与邮轮签署合同之前，都会收到如何督导饭店员工的书面指示。他们的合同规定，评估其工作绩效的依据是完成某些任务的能力，包括：（1）想办法激励自己的团队发现每一个客人的需求并给予满足；（2）通过建立员工的自信、移情和尊重，鼓励开放式的沟通。

世朋邮轮公司有要求主管们遵循的具体的管理风格，操作手册中非常明确地概述了这种管理风格，以帮助主管们达到目的：

1. 我将支持一线员工，而不是控制他们。
2. 我相信每一个员工都愿意尽其所能做好自己的工作。
3. 我真正认识到，员工的态度和感情会影响他们的工作绩效，而我的督导则会影响这些态度和感情。
4. 我将尽可能多地向我的同事提供积极的反馈。
5. 如果需要提供消极的反馈，我只会提及事实而不会提及某个人。我将这样说："这个烟灰缸需要清洁"，而不这样说："你没有擦干净这个烟灰缸"，更不这样说："你是个邋遢鬼"。
6. 我将听取员工的意见，如果这些意见对成功有贡献，我将对员工进行充分的表扬。
7. 我将完全尊重我的同事，因为那是他们做人的权利。这意味着要以他们预期的方式对待他们。

## 认真对待乘客的意见

在这个案例中，在伊斯坦布尔到威尼斯的地中海航线上的"世朋精神号"邮轮上，一天晚上的11点，餐厅停止营业后召开了服务人员会议，会上审阅了上个星期的客人意见卡。参加会议的人员有饭店经理约翰尼斯·莫泽、会议主持人——餐厅领班哈拉尔德·兰格、厨师长朱尔格·英尼格及来自10个不同国家的17名服务员。在会上，厨师长英尼格首先大声宣读上个星期客人对食品的反面意见。他指出，这些负面意见不是负面的，而是建设性的。他告诉与会人员："我们希望保持我们提供最佳食品的良好声誉。"

他宣读的第一条意见是，"意大利面的做法不正确"。一个服务员指出，这条意见来自一个意大利家庭。意大利人对他们的面食很挑剔。但是这张意见卡上接着写道："第二个星期意大利面得到了改进。"这个服务员接着说："第二个星期，我们认识了那家意大利人。他们喜欢辛辣的食物，我们满足了他们的要求。"兰格表扬了这位服务员的机敏。

另一条意见是，"面点需要改进"。与会的一个人员说，那天早上他品尝了羊角面包，味道太差了。厨师长同意这条意见，并指出面包师在伊斯坦布尔生病后就下船了。新来的面包师第二天才能到达。唯一的对于食品的负面意见是"菜单太美国化了"。厨师长英尼格告诉服务员，他需要更多的反馈信息，以了解欧洲客人喜欢什么。

会上还听取了正面意见。这些意见包括："精美的选择"、"美味的饭菜"、"菜肴和品种都比以前好"、"对我口味的食物"、"我要为增加体重而责怪你们"、"我们的全部特殊要求都毫无疑问地得到了处理"。饮食的总体得分为 9.81 分，满分为 10 分。英尼格注意到，有 87.3% 的人给饮食打了满分 10 分，没有一个人的打分低于 8 分。

**评价服务工作** 餐厅领班兰格听取了对服务工作的意见。只有 3 条负面意见。第一条意见是抱怨游廊咖啡厅的上菜速度慢。兰格建议服务员更应该把精力集中到自己的岗位上。另一位客人指出，他还没吃完饭，酒杯就被撤走了，他认为这种做法不好，因为一些客人可能还想再喝一点酒。大家都认为这是一条好意见。一个服务员说："从现在起，我们不这样做了。"最后，一个客人想知道，他为什么不能在游泳池边享受完全的送餐服务，而必须返回他的客舱去接受这种服务。兰格注意到，他们的确没有足够的人手提供这种服务。他补充道："但是，花了 35,000 美元的客人应该得到这种服务。"为此进行了一次讨论，几个服务员提出了自己的见解。最后作出决定，客人可以在游泳池旁边的一个酒吧里得到完全的送餐服务。

兰格还宣读了他们收到的正面意见。"你们给优等服务和最佳服务赋予了新的含义。我们习惯于乘私人游艇旅行，但是，我们非常喜欢这次航游，所以我们又花了 25,000 美元在船上度过了另外一个星期。你们所有的服务员都像我的两个儿子一样可爱。"这些正面意见点名表扬了几名服务员，每次都引起了大家的掌声和祝贺。

会议最后检查了几天前从雅典登船的乘客提出的喜欢的和不喜欢的食品。一些客人喜欢某些奶酪，因此，对此做了记录，要与供应主管核对，确保船上有货。另一部分客人每天早餐喜欢吃麸糠麦片和低脂牛奶。客人还希望做踏步机锻炼时服务员能够把鲜果汁送到面前。每个人都对此做了记录以免忘记。在会议上，人们的参与性很高。听取了每条负面意见之后，大家都提出了几条如何改进的建议。没有人受到直接批评，也没有人反责。

房务部也召开了类似的会议，听取了每一条负面意见，会议的气氛总是这样的："我们将怎样解决这个问题？"永远不会是这样的："客人不知道我们不能这样做。"令人惊奇的是，这种会议每星期举行一次。世朋邮轮公司持续不断地改进和提高其服务质量。

## 全员参与

饭店经理莫泽是第一任餐饮经理,也是最初参与制定世朋邮轮公司理念的成员之一,他认为:"全部的秘密在于让每个人都参与产品的生产。然后产品就成为他们的产品,他们拥有这个产品并为之自豪。我不但恳请他们出主意,而且只要可能我还会进行实验。如果意见可行,我会采纳。"有人问莫泽,客人的要求非常苛刻,任何错误都可能是致命的,他是如何做到这一点的,他回答:"我雇用我们能够信赖的好员工,然后对他们进行培训。弗兰克·劳埃德·赖特说:'真正懂得细节的是上帝。'"

优雅的就餐环境是很多邮轮的特色。这是"海洋自由号"邮轮的主餐厅。
(皇家加勒比国际邮轮公司供稿)

不断进行各个层次的培训工作。公司向饭店经理们提供商学院和培训班使用的系列管理课程录像带,并在自愿的基础上定期观看和讨论这些课程。公司还为所有的主管提供机会,让他们在离开邮轮休假期间选择任何饭店学校参加课程学习。为酒水服务员提供机会参加每月的品酒活动和介绍酒水及其原产地知识的讲座。每天晚餐前，厨师长通过展示菜单菜品，向服务员简要讲解菜肴的配料和烹饪方法。对服务员定期进行笔试，以提高其食品和酒水知识。为了保持世朋邮轮公司的轻松、学习的气氛，试题和答案均提前一个星期张贴出来，因此每个人都有机会在考试前了解、学习试题和答案。

### 机会

莫泽根本没把"世朋精神号"当做邮轮，而是把它当做一个小型的浮动饭店。在后来的航程中，另一个游船员工表示出了同样的情绪。他轻蔑地说："我永远不会到邮轮上工作。"在世朋邮轮公司的邮轮上工作的服务人员的工资制度很独特。员工不允许收小费。饭店部员工的薪酬由工资加上收益共享计划组成，收益共享计划的依据是每次航游中船上客人的数量。莫泽这样解释这个理论："如果我们工作出色，人们参加航游的次数就会增加，还会告诉他们的朋友。如果他们这样做，公司就会赚更多的钱，所以，那些为客人创造美好经历的员工就应该分享利益。"

世朋邮轮公司让每个人都参与其产品的生产，还采用每个星期访问不同港口的折中航行计划，这提供了一些独特的机会，同时也带来了一些问题。最重要的机会是锻造了乘客和邮轮公司之间持久的人际关系。"世朋精神号"邮轮载着90名新乘客从伊斯坦布尔起程后的第一个早晨，餐厅的服务员集合在一起审视所有新乘客的照片并记住他们的名字。每当服务员在大厅或者餐厅认出新乘客时，便会大声称呼其名字，使其他服务人员也能够听到。然后，他们也称呼客人的名字问候客人。其效果在餐厅里是很明显的。乘客即使每天晚餐坐在不同的餐桌旁，由不同的服务员接待，服务员问候时也会称呼其名字。

饭店经营副总裁拉里·拉普指出了另一个为乘客提供独特体验的机会。即世朋邮轮公司的饮食，公司采取的策略是，在抵达港口购买当地应季时鲜产品。在这次航行中，厨师长英尼格在敖德萨购买了新鲜的草莓，在伊斯坦布尔购买了鲜鱼，在法国购买了鹅肝。邮轮在希腊群岛停泊时，厨师长和供应主管到当地的水产市场购买了一些当天捕捞的海鲜，这些海鲜将出现在下一个晚餐的菜单上。船上缺少新鲜食品。因此每天都挤榨鲜橙汁，而前一天剩余的果汁由员工食用。酒品管家和酒吧领班购买很多他们各自国家的酒品供船上消费。酒吧领班诺伯特·富克斯说："因为我参与了酒品的选择，所以我能够介绍这些酒品，并热情地销售这些酒品。"

### 问题

发生在世朋航游过程中的问题也可能会发生在登陆游览领域。与大众邮轮市场不同，如加勒比航游线路的邮轮每星期都访问相同的港口，而世朋邮轮公司的邮轮每年访问一些港口的次数不多。这意味着世朋邮轮公司为了得到最好的登陆游览设备和导游就必须更加努力，因为旅游基础设施的建设取决于是否有很多定期来访的大型邮轮。另外，抵达港口的情况也经常发生变化，一些博物馆和其他景点也许会停业装修，而一些新的景点可能会开业，推荐的购物商店和餐馆的情况也会发生变化。世朋邮轮公司的客人期望得到超级和独特的登陆游览，但是，很难做到这一点，如果世朋邮轮公司的旅游经理有6个月没来过这个港口，那就更难做到这一点了。

但是，真正的问题是邮轮不能经营自己的登陆游览。实际上，在任何地方，登陆游览都由当地社区独揽。这意味着，如果乘客离开邮轮参加登陆游览，他们接触的人员不是邮轮的员工，尽管乘客像乘飞机旅行一样，把这些游览当做其航游度假经历的一部分。

世朋邮轮公司处理这种情况的方法是，尽最大可能将邮轮公司提供的服务与当地提供的服务区分出来。可以乘坐49人的巴士空出一半的座位，每一辆巴士上不仅有当地的导游，还有一名世朋邮轮公司的员工。车上供应瓶装水和软饮料，游览途中包括一次免费的茶点。

世朋邮轮公司尽最大努力对当地的导游进行考核，尽量要求配备最好的导游。与所有旅游经营商签订的书面合同中除正常条款外还详细注明：所有的门票都包括在内；不允许索要小费；巴士在每一站都要按规定的时间到达和离开。还可能包括一些特殊的规定，如"午餐后，导游将在广场的钟楼旁边回答游客的问题"。

在一些目的地，世朋邮轮公司还可能会提供其他邮轮不提供的独特的观光活动。这些观光活动的价格通常相当昂贵，而且要有足够的乘客报名才能成行。但是通常会有很多人感兴趣，因此这些观光活动都能成行。例如，在法国乘热气球飞越葡萄园。这次航游中，在威尼斯，乘客如果愿意花390美元，就可以过"一个难忘的18世纪威尼斯夜晚"。这个夜晚的晚宴在重建的威尼斯大厦里举行，包括5道菜。"品尝了葡萄酒"后，端上餐桌的是仿古佳肴。席间，由3个人组成的乐队身着仿古服装使用古典乐器演奏节目。还有一组演员表演即兴喜剧节目。世朋邮轮公司还提供古根海姆美术馆个人游，价格为85美元。游览在闭馆后进行，由美术馆的一个馆长接待，还提供葡萄酒服务。许多这类观光游览活动都是邮轮的旅游办公室设计的，它使世朋邮轮公司产生一种所有者的感觉，因此可以从邮轮的内部保证成功。

当今很多邮轮都设有赌场。（挪威邮轮公司供稿）

## 乘客期望个性化服务

　　世朋邮轮公司的成功可以归功于一种复杂的、有机结合在一起的公司文化，这种文化的基础是管理阶层、员工和客人的共同价值观。世朋邮轮公司的前总裁拉里·皮曼特（Larry Pimentel）曾经是旅行代理商，他喜欢在销售研讨会上对旅行商这样说，他们应该"销售有价值的东西，而不是打折扣的东西"。这句话切中了要点。在世朋邮轮公司的航游过程中，每个人似乎都知道什么是有价值的东西。世朋的乘客每天的花费为 800 美元或者更多，他们知道他们购买的是独特的和个性化的经历。对他们来说，这些就是有价值的东西。他们期望独特性和个性化服务，他们所需要的就是这些东西。邮轮公司也赞同这样的价值观。皮曼特指出："正是这些品质使世朋公司与众不同。"

　　你需要什么都没有关系，邮轮公司会满足你的。人们经常带来他们自己的食谱，厨师们会很高兴地为其烹饪。有时候，一些特殊的原料会被空运到船上，以满足这些客人的需要。皮曼特指出，乘坐世朋邮轮不但是一次昂贵的航游，而且还是一种完全不同的体验。他说："花钱乘世朋邮轮公司的邮轮是一种生活方式的选择。为了提供这种体验，世朋公司依赖训练有素的、有积极性的员工，这些员工的动力不是来自金钱，尽管员工的收入不菲，而是来自工作的自豪感。"

这种自豪感不断地被强化。世朋邮轮公司第一次获得《旅行者》杂志读者奖的时候，公司老板布赖恩斯塔送给每名员工一件哈德兰玻璃器皿厂生产的水晶作品作为礼物。在这次航游的一次盛大壮观的晚会之后，船上的每位经理都收到了一张备忘录，这张备忘录也同时张贴在邮轮员工的舱室里。备忘录如下：

致昨天参加了7月4日烧烤晚会的全体员工：
感谢大家为这个特殊的日子的到来所付出的努力。许多客人都表达了他们对你们的努力和专业工作的感激。一些人在梦里想着辉煌的成就，但是你们却在清醒时取得了这个成就。
谨致祝贺。

饭店经理
约翰尼斯·莫泽

## 感情移入是一个重要的因素

世朋邮轮公司成功的另一个关键是艾特尔·布赖恩斯塔提到的"心"。世朋公司在与各级员工交往时，表现出了真正的尊重和感情移入。在世朋邮轮公司丢掉工作的唯一原因是缺少对同事和客人的理解。如果公司有歌曲，就一定是那首轻歌舞老旋律"你得有颗心"。"心"可以被解释为认同感，即邮轮上的每个人都在同一只船上，这是一只特殊的船，在船上，客人和员工的梦想可以变成现实。

最后一点是授权。世朋邮轮公司不是完全由布赖恩斯塔、泰特斯和皮曼特创造的，而是全体员工的结晶。世朋邮轮公司现在为嘉年华公司所有，并且并入了丘纳德公司。但是，很显然，与世朋邮轮公司一样，嘉年华的管理团队也知道，世朋邮轮公司的驱动力是创造一线员工的团队。他们与客人接触，并同客人一起为了各方的利益创造客人的美好航游经历。拉里·拉普说：

这个行业中的每个人都在谈论"关键时刻"。一艘邮轮上的关键时刻比世界上的任何一个公司都多。乘客们早晨醒来，见到他们的女服务员。他们去吃早餐，见到我们的餐厅服务员。他们从餐厅出发参加关于下一个抵达港口情况介绍的讲座或者去参加健身操课程。他们每次在船上走动都会遇到我们的员工。每天都有数百个关键时刻。很显然，每一个关键时刻都必须得到积极的处理，否则我们将会失去顾客。

从这个优质服务的案例研究中，我们学到的东西不仅适用于邮轮业，也同样适用于其他接待服务业的组织。列举我们学到的这些东西是很容易的，但是要实现它们却是很困难的：

- 富有的客人不购买房间、食品或座位，他们购买的是经历。你提供的经历越个性化，就越独特，就会有更多的客人愿意为之花钱。价值不仅仅是钱的功能。满意度是同等重要的衡量尺度。
- 员工应该得到他期望得到的尊重。经理更应该知道什么是尊重。
- 员工应该参与产品的生产过程，还应该授权员工向客人提供产品。这样，员工们就可以分享取得成就后的骄傲和奖赏。经理们应该经常不断地向员工提供积极的反馈信息，这样员工才能知道自己的工作做得怎么样。

人们愿意在一个组织中工作，其原因是人们希望在组织中取得的成就超过自己单独工作。能够把员工的个人目标与组织的总体目标结合在一起的公司将会取得成功并且繁荣昌盛。

## 小结

今天100多艘邮轮从32个以上的美国港口出发。这些邮轮是浮动的度假饭店，一些邮轮可以运载3,600多名游客，造价高达8亿美元。管理这些邮轮的乘客服务工作的人员包括饭店经理、事务长、餐饮经理、行政总厨、餐厅领班、房务总管和航游总管。他们当中的很多人都来自高档饭店和饭店管理学校。只有17%的美国人乘坐过邮轮。

如果把航游定义为"出于观光的目的乘船游历许多港口，然后返回始发港口"，那么第一个进行航游并将其书面记录下来的人可能就是著名的英国小说家威廉·迈克皮斯·萨克雷。1884年，半岛和东方蒸汽轮船航运公司，即众所周知的P＆O公司，邀请萨克雷搭乘该公司的邮轮到希腊、圣地和埃及旅行。萨克雷在《从康希尔到大开罗游记》一书中描述了这次旅行。首次由美国出发的航游可能是明轮汽轮"魁克城号"在1867年的航行。其行程与萨克雷的航游很相似，所不同的是从纽约起航。美国幽默作家马克·吐温是其中的一个乘客，他把其经历写进了《傻子国外旅行记》。

从"魁克城号"邮轮时代到20世纪50年代后期，相当多的人横跨大西洋的原因是贫穷而不是为了享乐。这段时间被称为大规模向美国移民时期，当时大多数乘客跨越大西洋的旅行条件都非常糟糕。即使是那些头等舱的旅客，旅途也是很不舒服的，因为旅途漫长，中途没有港口可以停靠。

直到第二次世界大战前，主要的汽船公司都是欧洲人的股份。战争开始后，几乎所有的船只都被改为运兵船或者停泊在港口。这种状况一直持续到1945年，欧洲的重建工作又一次刺激了对远洋船只的需求。美国第一次认识到他们可能需要自己的运兵船，因此对建造和经营新船只给予补贴。1951年下水的"美国号"是当时速度最快的轮船。

第二次世界大战后的繁荣标志着汽船时代的最后辉煌。除了"美国号"和"玛丽皇后号"外，还有"伊丽莎白女王号"、法国轮船公司的"法兰西号"、荷美邮轮公司的"鹿特丹号"及很多艘用于地中海温水航线的豪华意大利邮轮。

航游世界于1958年开始解体。那一年泛美航空公司首次使用波音707飞机不间断地直接飞越大西洋。远洋客运被有力地挤出了运输市场。

现代航游业诞生于20世纪60年代和70年代，先后成立了挪威加勒比邮轮公司、皇家加勒比邮轮公司、公主邮轮公司和嘉年华邮轮公司。嘉年华公司的策略是使邮轮本身成为乘客航游度假经历的中心，这种策略改变了消费者的观念：乘邮轮旅行不再是富翁们的无趣消遣，而是普通民众的一种快乐的度假方式。这种营销方面的革新可能是现代航游业发展的里程碑。

国际邮轮公司协会将邮轮公司划分为四个细分市场：现代/价值市场、高级市场、豪华市场和特别市场。邮轮乘客的平均年龄为51岁，家庭收入为64,000美元，在邮轮上每天花费200美元用于全包式度假，包括客舱、膳食和娱乐活动。

当今的邮轮是浮动的度假饭店，在某些方面，邮轮的组织与饭店非常相似。最高首长是船长，他负责邮轮的运行和船上的全部安全工作。通常有三名官员直接向船长报告工作：大副、轮机长和饭店经理。饭店经理负责邮轮的饭店部，并直接督导下列人员：事务长、餐饮经理、房务总管、航游总管和医师，有时候还包括其他较小部门和特许经营部门的负责人。除了主要负责餐饮服务和客舱服务以外，饭店经理可能还负责娱乐和登陆游览活动。

事务长是邮轮上的银行家、信息官、人力资源总监和投诉处理者。事务长是饭店部的第二把手。

餐饮经理督导助理餐饮经理、行政总厨、餐厅领班、酒吧经理和供应主管。由于安全和卫生的要求以及乘客的期望，邮轮的餐饮经营的纪律性很强。每艘大型邮轮的酒水都是一项最大的收入来源。

房务总管负责邮轮所有客舱和内部区域的清洁和一般维护工作。房务部还负责乘客衣物的干洗和水洗，还要清洗所有客舱的布巾、桌布、毛巾和全体船员的制服。房务部最忙碌的日子是邮轮的周转日。这一天邮轮结束了一次航行，并将开始另一次航行。

航游总管手下的员工指导所有的客人活动，员工包括娱乐节目表演者、音乐师及儿童顾问。他们还销售和协调乘客的登陆游览及制订每日的活动计划。

现代邮轮公司非常重视医疗工作。所有的邮轮都配备至少一名医师和一名护士。船上通常为医师配备一个最先进的医疗中心用于救治病人。邮轮上完全彻底的无障碍设施可以吸引残疾人和老年人度假。

世朋邮轮公司的案例显示，他们的邮轮是如何精心地安排乘客的整体邮轮度假体验。员工们训练有素并得到尊重，不受命运的摆布，认真对待客人的意见，并即刻解决问题。这些做法赢得了极高的满意度和大量的回头生意。

# 注释

[1] International Council of Cruise Lines.

[2] Cruiser Segmentation Study, Cruise Lines International Association, 1995.

[3] Much of the information cited in this chapter was originally researched and developed by Bob Dickinson and Andy Vladimir in *Selling the Sea: An Inside Look at the Cruise Industry* (New York: Wiley, 1997).

[4] John Maxtone-Graham, *The Only Way to Cross* (New York: Macmillan, 1972), pp. 112–113.

[5] Estimated figures compiled from various trade sources.

[6] Dickinson and Vladimir, pp. 88–92.

[7] The material in this case study first appeared in the Spring 1995 *FIU Hospitality Review* (A School of Hospitality Management Publication, Florida International University). The study was prepared by Associate Professor Andrew Vladimir, who spent two weeks behind the scenes aboard the *Seabourn Spirit* from Istanbul to Venice and conducted additional extensive interviews with Seabourn Cruise Line's major executives at Seabourn's headquarters in San Francisco.

[8] In an ironic twist of fate, Carnival-which owns Seabourn-purchased Cunard and, with it, Sea Goddess. The two Sea Goddess ships have been renamed *Seabourn Goddess I* and *Seabourn Goddess II*. They are deployed primarily in the Caribbean and Mediterranean on seven-day "yacht style" cruises that feature casual dress.

## 主要术语

**船长**（captain） 在邮轮上负责邮轮运营及船上所有人员安全的人。船长要确保公司的所有政策和规则以及国家和国际法律得到遵守。

**房务总管**（chief housekeeper） 邮轮上的这个职位负责邮轮所有客舱和内部区域的清洁和一般维护工作。房务总管还负责乘客衣物的干洗和水洗，还要清洗所有客舱的布巾、桌布、毛巾和全体船员的制服。房务总管也被称为总管家。

**大副**（chief officer） 仅次于船长的官员，是船长的副手。在一些邮轮上，也被称为参谋船长。

**航游总管**（cruise director） 督导员工管理邮轮上的娱乐节目表演者、音乐师、儿童顾问及客人的活动，包括销售和协调乘客的登陆游览活动。

**方便旗**（flag of convenience） 邮轮注册国的国旗，邮轮的运营必须遵守该国的法律。

**餐饮经理**（food and beverage manager） 邮轮上负责向乘客和员工提供优质食品和饮料的人。其通常向饭店经理报告工作。

**邮轮厨房**（galley） 船上的厨房。

**饭店经理**（hotel manager） 邮轮饭店部的管理者。饭店经理除了全面负责餐饮服务和房务服务工作外，可能还要负责医疗、娱乐、登陆游览、赌场经营、美容厅、水疗、礼品店、摄影服务等工作。简而言之，饭店经理要为乘客创造邮轮公司所能提供的全部度假体验。

**丽都甲板**（lido deck） 邮轮上设置主游泳池的甲板。这里通常是船上许多活动的中心。

**医师**（physician） 邮轮上负责乘客和员工医疗服务的人。医师通常使用最先进的医疗设备，在一名或者几名护士的协助下为患者提供医疗服务。

**事务长**（purser） 邮轮饭店部的第二把手，也是邮轮上的银行家、信息官、人力资源总监和投诉处理者。

**登陆游览**（shore excursion） 邮轮特别安排的离船短途旅行、游览和其他活动。这些活动是邮轮公司的一项非常重要的船上收入。

**座次**（sitting） 为一组人安排的完成一次完整的正餐的时间。

**吨**（ton） 测量邮轮总容积的单位。

**周转日**（turnaround day） 邮轮在这一天结束了一次航行，并将开始另一次航行。

## 复习题

1. 航游业初期有哪些主要事件？
2. 20世纪60年代中期到70年代初期诞生的四个主要邮轮公司是什么？
3. 嘉年华邮轮公司把什么特色引入了航游业？
4. 邮轮船长的职责有哪些？邮轮饭店经理的职责有哪些？
5. 事务长的职责是什么？餐饮经理的职责是什么？
6. 房务总管、航游总管和医师的重要职责是什么？
7. 在世朋邮轮公司的案例中，邮轮公司如何提供优质服务？

## 网址

访问以下网址，可以获得更多的信息。谨记：互联网地址可能不事先通知而改变。如果该网址已不存在，可以用搜索引擎查找另外的网址。

**邮轮公司**

Disney Cruise Lines
www. disneycruise. com

Carnival Cruise Lines
www. carnival. com

Holland America Line
www. hollandamerica. com

Crystal Cruises
www. crystalcruises. com

Norwegian Cruise Line
www. ncl. com

Cunard Cruise Lines
www. cunardline. com

Princess Cruises & Tours
www. princesscruises. com

Royal Caribbean International
www. rccl. com

Seabourn Cruise Line
www. seabourn. com

Windstar Cruise Lines
www. windstarcruises. com

Silversea Cruise Lines
www. asource. com/silversea

### 其他航游资源
Cruise Lines International Association
www. cruising. org

*Porthole Cruise Magazine*
www. porthole. com

Titanic. com
www. fitanic. com

*Cruise Magazine*
www. cruisemagazine. net

General Cruise Travel
www. travelpage. com/cruise. htm

Cruise Travel Magazine
www. cruisetravelmag. com

拉斯韦加斯夜景。(厄尼·皮克供稿)

# 11 博彩和博彩饭店

## 概要

博彩史话
　　美国的博彩业
博彩饭店
　　组织和管理
　　赌场经营
小结

## 学习目的

1. 总结世界和美国博彩业的历史，了解博彩饭店及博彩饭店与其他类型饭店在组织和管理方面的区别。

2. 了解赌场经营，包括赌场中的博彩项目、术语、员工、顾客、营销、控制及规则。

本章主要论述赌博，也就是业界所谓的博彩。"赌博"（gambling）和"博彩"（gaming）这两个词的含义是相同的。尽管独立赌场、河船上的博彩、海上博彩其至网络博彩的发展都很迅速，但是我们重点论述饭店内的博彩活动。首先我们将简要回顾博彩业的历史，然后论述博彩饭店，包括博彩饭店提供的博彩项目、博彩者和博彩主持者。本章最后将讨论如何对饭店内的博彩项目进行营销、控制和规范。

## 博彩史话

没有人能够说得清赌博始于何时。最早的记载可以追溯到公元前2300年的早期的中国朝代。我们发现的最早的一些赌博工具来自古埃及，考古学家在挖掘金字塔时发现了骰子。我们几乎可以这样说，当时的赌博者和今天的赌博者面临同样的问题。付不起赌债的人会受到惩罚，强迫他们做工抵债！虽然古希腊人认为赌博是不道德的，但是还有赌博现象发生。历史学家告诉我们，古希腊的士兵在特洛伊之战之前还在玩骰子。圣经的旧约和新约都提到了赌博。事实上，罗马的军团队长曾在耶稣受难的十字架下为其长袍而赌。尽管在罗马帝国的初期法律禁止赌博，但是后来赌博被接受并成为罗马市民喜爱的消遣活动。罗马人热衷于为一些活动打赌，如角斗士、基督徒与狮子的格斗、战车竞赛及其他在竞技场里举行的体育比赛。

十字军东征之后（大约1100～1300年），赌博风靡欧洲。事实上，掷骰子赌博、轮盘和21点都源于中世纪。如掷骰子（Craps）源于英国骑士们玩的一种名为"赌运气"（hazard）的赌博法。到17世纪，轮盘和21点已成为欧洲流行的赌博方式。

高雅的德国巴登—巴登赌场和蒙特卡洛的摩纳哥赌场建于19世纪中叶，并成为欧洲王室和贵族喜爱的场所。20世纪60年代，赌博在英国合法化，以帮助教会筹集资金。今天，奥地利、埃及、波兰、土耳其、俄罗斯、中国澳门、澳大利亚、新西兰和菲律宾等国家和地区都建有受人欢迎的赌场。在加勒比海地区至少有22个地区建有赌场。在许多国家，赌场由政府拥有或者控制。

## 美国的博彩业

哥伦布发现新大陆之后，西班牙和葡萄牙水手们第一次远征时就随身带着骰子和纸牌。闲暇时，他们进行赛马比赛，并为其下赌注。印第安人把水果核做成骰子，也参加这种赌博。

早期到美洲的殖民者也对赌博产生了兴趣。例如，把博彩当做为美国独立战争筹集资金的一种方式。他们将发行"乐透"（lottery）彩票合法化，用这种方法筹措资金资助正义的事业，例如，市政项目、学院及大学的建设。哥伦比亚大学、达特茅斯大学、哈佛大学和耶鲁大学的部分资金都来自"乐透"彩票。纸牌游戏也很流行。

到19世纪初，美国的一些地方成为人们喜爱的赌博目的地，其中，最著名的是新奥尔良。新奥尔良是密西西比河的一个主要港口，交通极为便利。据说，到1810年，新奥尔良已经建造了很多赌场，其数量相当于美国四个最大城市的赌场的总和。但是赌博吸引了普通市民，也引发了许多犯罪。河船被认为是打牌作弊者和职业赌徒的老窝，许多游客都被他们骗得身无分文。

1861年之前，即美国南北战争开始之前，美国的许多州都开始禁止赌博。到19世纪后期，联邦政府规定"乐透"彩票为非法。然而，其他形式的赌博在一些地方仍然存在，包括俄亥俄州和密西西比河中的河船及沿岸的各个州。

**内华达州和新泽西州的博彩业** 20世纪初，赌博在美国的大多数州都不合法。甚至从1868年起就允许赌博的内华达州，也在1910年开始禁止任何形式的赌博。但是，在经济大萧条时期的1931年，内华达州的立法机构决定恢复博彩业，以刺激经济的复苏，而且几乎允许所有形式的赌博。

在内华达州，最初的赌场大多数都变成了商店，但是俱乐部从1935开始出现，最初出现在里诺，接着出现在拉斯韦加斯。1946年，佛朗明哥大酒店及赌场（Flamingo Hotel and Casino）开业，这是第一家有娱乐设施的高雅博彩饭店。开业的那个晚上，众多的好莱坞影星被请来演出和做嘉宾。这些明星定期来访，这使拉斯韦加斯成为一个迷人的度假胜地。拉斯韦加斯已经成为世界主要的旅游目的地之一，接待将近4,000万游客，其中有16%的游客是参加会议者。美国最大的20个饭店中，有17个饭店的总部设在拉斯韦加斯，这些都是博彩饭店。

1976年，在新泽西州，经济萧条的大西洋城规定赌场赌博合法化，其主要原因是与内华达州相同的经济因素。第一家博彩饭店是休闲国际（Resorts International）修建的（休闲国际曾经在巴哈马群岛开发了天堂岛）。

哈拉斯娱乐公司（Harrah's）是世界上年收入最高的博彩公司，在美国拥有39个赌场，也在加拿大、乌拉圭、埃及和南非拥有赌场股权和经营部门。除了在拉斯韦加斯以哈拉斯的名字经营博彩饭店之外，哈拉斯娱乐公司还经营凯撒皇宫酒店（Caesars Palace）、拉斯韦加斯巴黎大酒店（Paris Las Vegas）、利澳酒店（Rio）和百利大酒店（Bally's）。米高梅酒店集团（MGM Mirage Company）是第二大博彩公司。其在拉斯韦加斯的赌场饭店包括米高梅大饭店（MGM Grand）、百乐宫饭店（Bellagio）、金殿饭店（the Mirage）、金银岛饭店（Treasure Island）、曼德勒海湾酒店（Mandalay Bay）和其他饭店。

拉斯韦加斯的主要博彩饭店并不以其素雅的建筑而著名。这是金字塔度假饭店和赌场（Luxor Resort & Casino），该饭店于1993年建成，耗资3.75亿美元，设有4,408间客房（包括447间套房）和120,000平方英尺的博彩空间。（内华达州拉斯韦加斯金字塔度假饭店和赌场供稿）

今天，美国的各个州几乎都允许某种形式的赌博，只有夏威夷和犹他两个州禁止任何形式的赌博。

**河船与海上赌博业** 1997年,美国的6个州将河船上的赌博合法化,使其有了稳固的立足点。然而,关于这些赌博经营的法律却不尽相同。如艾奥瓦州要求赌博船只必须离开河岸,载着赌客进行航游。伊利诺伊州要求航游时间为两个小时左右。在密西西比州,赌博船只不允许离开码头,赌客们的赌博时间没有限制。一些主要饭店公司对经营河船赌博产生了兴趣。

在沿海各州,例如,佛罗里达、佐治亚和得克萨斯,海上赌博越来越流行。大型游船,甚至一些小型、老式的航游船都经营"没有目的地的航游"赌博。这些船只离开海岸3英里后,开放船上的赌场,游船通常离岸航行3~4个小时。

**印第安人的赌博** 1988年,美国国会通过了《印第安博彩法令》,允许美国土著人在赌博合法的州内,在自己的房产中经营赌场。颁布这项法令的目的是促进部族经济的发展,保护印第安的博彩业免受有组织的犯罪行为的侵害,并建立适当的管理控制机构。今天,康涅狄格州、明尼苏达州和其他很多州的印第安保留地中都有大型赌场。事实上,世界最大的赌场,好世界大赌场(Foxwoods Resorts Casino),就位于康涅狄格州莱德亚德的一个印第安保留地内。这个赌场由马沙得克特·皮库斯部族(Mashantucket Pequots Tribal Nation)经营。这个赌场有两个饭店,赌场内设有7,000多台老虎机、380多张赌桌和一个有3,800多个坐席的宾果游戏厅。

# 博彩饭店

为了解博彩饭店,最好不要把博彩饭店当做设有赌场的饭店,而是把博彩饭店当做设有客房、餐厅、购物廊区甚至主题公园的赌场。著名的幽默作家戴夫·巴里在报业辛迪加的专栏上对博彩饭店的描述如下:

> 我们住在凯撒皇宫酒店(Caesars Palace),这是一个巨大的饭店赌场,装饰得与罗马帝国的宫殿一样,所不同的是里面主要是老虎机。凯撒皇宫酒店里有成千上万只闪烁的灯饰、移动着的穿着长袍的巨型雕塑、由罗马的佛雷德里克设计的鸡尾酒侍女及一个建在一艘大型室内浮船上的酒吧。("妈妈,我想你也许已经吃得够多了,你可能……"溅水了。"有人落水!")
>
> 换句话说,按拉斯韦加斯的标准,对凯撒皇宫酒店的描述其实是夸大其词。与隔壁的金殿赌场相比,凯撒皇宫酒店只不过是一个传统的阿米希农庄。金殿赌场中有真正的海豚、白虎、一片室内热带雨林及一座室外定

期喷发的火山(为了满足商务旅客的需要,越来越多的饭店里都建有火山)。在前台的后面还有一个巨大的养着鲨鱼的水池。因此,你在金殿赌场一定不要找麻烦。("佛比特先生,您准备为您行李箱中的饭店毛巾付费吗?还是更愿意在这里游个泳呢?")[1]

和巴里所说的差不多,拥有3,000间客房的金殿赌场饭店有一座火山,从黄昏到午夜每隔15分钟喷发一次,喷出的烟和火直冲火山下面的环礁湖的上空。这里还有一个约20,000加仑(75,600升)的水池,里面养着鲨鱼、鳐鱼和其他珍奇的鱼;一片热带雨林;一个大西洋宽吻海豚馆。

金殿饭店有一个人造火山,从黄昏到午夜每隔15分钟"喷发"一次(借助计算机控制的3,000盏灯,可以模拟火山熔岩的流动)。(内华达州拉斯韦加斯金殿饭店供稿)

金银岛饭店和赌场(Treasure Island Hotel and Casino)有24小时的表演"海盗船及女妖大战"(The Sirens of TI),演员们模拟表演女妖与海盗船的战斗。在纽约—纽约饭店和赌场，客人们可以在中心公园漫步，玩曼哈顿过山车，在帕克大道购物，还可以参观巨型自由女神的复制品。在威尼斯人饭店，客人们可以搭乘贡多拉船在人造大运河里泛舟。

耗资10亿美元的米高梅大饭店目前是世界上最大的饭店。它包括7个餐厅、5,044间客房（包括751间套房）、29幢私人别墅和一个相当于4个足球场面积的赌场（内设3,000台老虎机），此外还设有两个婚礼教堂，供那些希望在逗留期间举行婚礼的情侣使用。

2005年，史蒂夫·温（Steve Wynn）的永利拉斯韦加斯酒店（Wynn Las Vegas Hotel）开业。这个博彩度假酒店耗资27亿美元，设有2,716间客房。酒店有22个餐饮营业场所、一个面积为111,000平方英尺的赌场和223,000平方英尺的会议空间。酒店内还有法拉利和玛莎拉蒂汽车的经销商为汽车爱好者服务。

在纽约—纽约饭店和赌场，客人们可以沿着帕克大道购物，玩过山车和参观150英尺高的自由女神像的复制品。（内华达州拉斯韦加斯纽约—纽约饭店和赌场供稿）

购物已成为在拉斯韦加斯度假经历的重要部分。拉斯韦加斯的所有主要饭店都有大型购物廊区。例如，凯撒皇宫酒店的购物中心有大约750,000平方英尺（约69,750平方米）的零售商店区。著名的品牌，如第五大道（Saks 5th Avenue）、蒂芙尼（Tiffany）和古驰（Gucci），在这些饭店的购物中心里都很常见。永利拉斯韦加斯酒店内76,000平方英尺的购物广场中有很多奢华精品店，如香奈儿（Channel）、克里斯汀·迪奥（Christian Dior）、奥斯卡·德拉伦塔（Oscar De La Renta）和路易威登（Louis Vuitton）。

## 组织和管理

博彩饭店与其他类型饭店的最显著的区别是组织和管理。这一点是非常重要的。因为与传统的度假饭店相比，它彻底改变了饭店的经营方式。在博彩饭店，饭店的经营从属于博彩经营。饭店经营副总裁并不完全控制饭店，而是向一个上级驻店管理者——通常是饭店的总裁——报告工作。还有一个负责赌场经营的副总裁，在对饭店的所有事务做决策时，他的地位与饭店经理同样重要。此外，其他副总裁也对饭店的许多事务有决策权，这些决策在典型的饭店或者度假饭店中，通常是饭店经营的一部分。图11-1显示，共有6个副总裁向总裁报告工作。除了饭店经营副总裁和赌场经营副总裁之外，还有行政副总裁（负责人力资源工作）、营销副总裁、财务副总裁和防损副总裁（安全工作）。这些部门为什么要与饭店的经营分离呢？其原因是这些部门的决策不但影响饭店的经营，而且也影响赌场的经营。

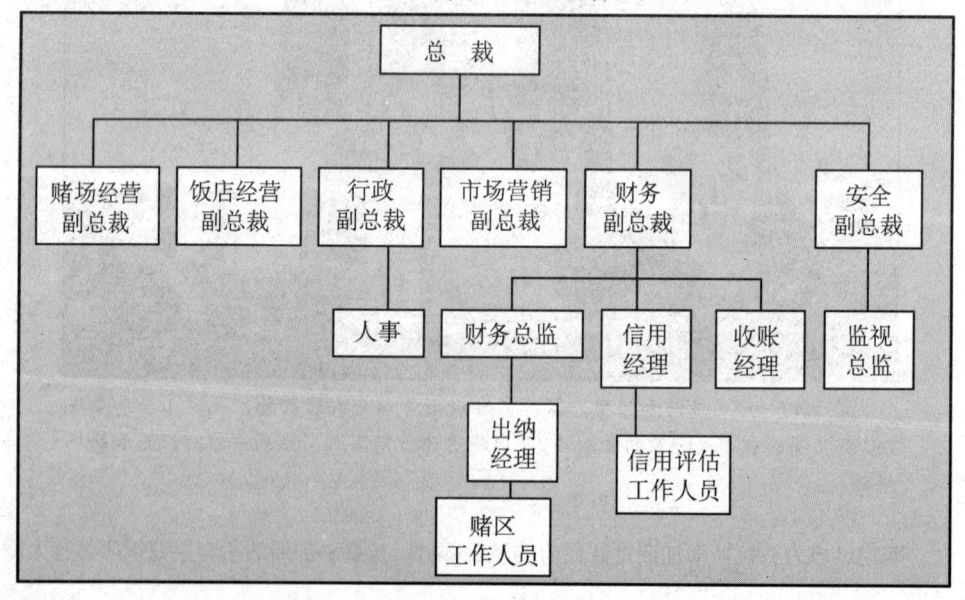

图11-1 博彩饭店组织图实例

例如，控制、信用和现金管理都不是饭店经理或者赌场经理可以独立做决策的事务，因为这些决策可能既影响饭店的经营也影响赌场的经营。因此，设立了一个单独的财务部。同样，营销部也是很独特的。赌客是一个客源群体，度假和会议客人则是另一个客源群体。但是他们都同时来到同一个场所。

其结果是，拉斯韦加斯和大西洋城的许多大型博彩饭店的饭店经营副总裁并不负责整个饭店，而只负责饭店的客务部和饭店服务，如水疗、交通和游泳池（图11-2）。

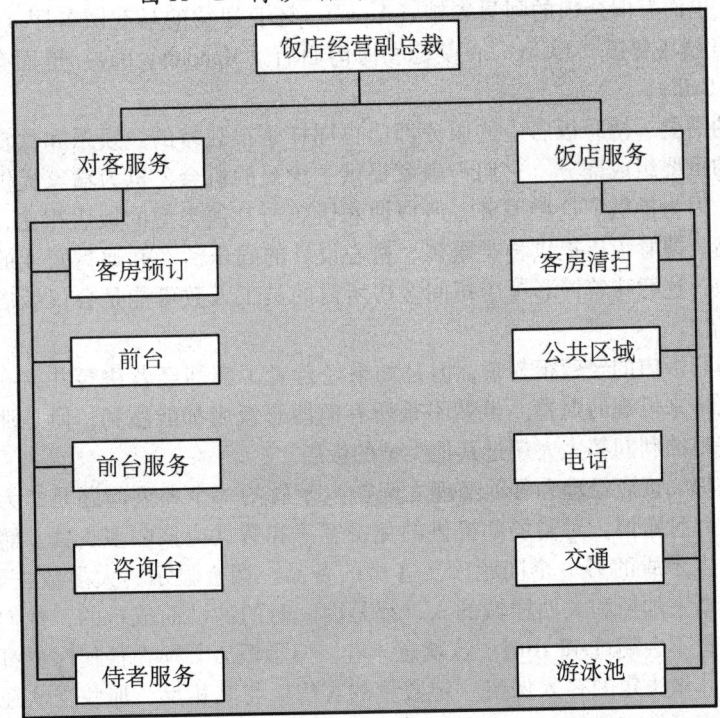

图11-2 博彩饭店的饭店经营组织图实例

```
                    饭店经营副总裁
          ┌──────────────┴──────────────┐
      对客服务                        饭店服务
          │                              │
      客房预订                        客房清扫
          │                              │
        前台                          公共区域
          │                              │
      前台服务                          电话
          │                              │
        咨询台                          交通
          │                              │
      侍者服务                        游泳池
```

**餐饮的重要性** 虽然任何度假饭店中的餐饮经营都是非常重要的，但是博彩饭店的餐饮经营更重要。通过为玩家提供"燃料"，餐饮经营使玩家们赌得更方便。客人不必走得很远或者离开饭店就可以获得任何美食经历，无论是五香烟熏牛肉三明治还是法国的"夏多布里盎"烤大牛排，都应有尽有。

在一些博彩饭店，餐饮部是由主管副总裁负责的独立部门。金殿博彩饭店的餐饮部设有 14 个餐厅，就员工数量来说，是最大的一个单位。米高梅大饭店有 7 个美食餐厅，所有餐厅的装饰都极具想象力，还有多种其他餐饮服务，包括一个 24 小时营业的咖啡厅和一个纽约风味的熟食店。米高梅饭店每天消费的食品量惊人，如 10,000 个鸡蛋、2,650 磅（1,193 公斤）牛肉、640 磅（288 公斤）鸡肉和 270 磅（122 公斤）虾。饭店内的一个面包店提供了米高梅大饭店 99% 的烘烤食品，每天烤制 9,000 个面包卷、3,000 份面点、200 个蛋糕和 150 个馅饼。生意繁忙的一天能消耗 80,000 杯鸡尾酒。[2]

博彩饭店餐饮部的一个成功的营销工具是使用名牌餐馆。例如，百乐宫饭店（Bellagio）里面有旧金山的阿贵餐馆（Aqua），还有纽约的马戏团餐厅（Le Cirque）的分店"竞技场餐馆"（Circo）；曼德勒海湾酒店（Mandalay Bay）里面有中国烤肉馆（China Grill）。

**服务的需要** 博彩饭店中的服务部门也同样是很独特的。娱乐和饮食都是客人博彩经历的重要组成部分。它们为赢家提供了庆祝的机会，也为输家提供了自我安慰的机会。因为提供了这些服务，所以博彩饭店与其他类型的饭店相比，劳动力密集程度更高。博彩饭店提供种类繁多、精心设计的娱乐活动和通宵营业的多种多样的餐饮设施，这意味着博彩饭店每间客房所需的员工人数可能是会议饭店和度假饭店的 3~4 倍。

尽管博彩饭店的经营很复杂，但是如果经营者了解其经营诀窍并富有经验，博彩饭店可以带来可观的财富。虽然不是所有的博彩饭店都能赢利，但是那些成功的博彩饭店获得的利润都大大超过其他类型的饭店。

赌场经理、饭店经理和餐饮经理之间产生矛盾的一个典型问题是，为了鼓励客人们来饭店并且赌博，对赌场部提供的免费客房和餐饮应该收多少钱。赌场部和客务部之间产生矛盾的另一个问题涉及客房的备品。调查显示，大多数去赌场的人，尤其是去拉斯韦加斯和大西洋城的人，都是因一时的冲动而成行，他们确定旅行计划的提前量不会超过 48 小时。这就意味着，博彩饭店必须在任何时候都要为这些最后一分钟才做决定的客人保留一定数量的客房。与其相反，那些受欢迎的附设赌场的度假饭店通常都提前 5~6 个星期订客房，假日尤其如此。因此，博彩饭店必须保留足够的可用客房，这样才不至于因为缺少客房而将前来赌博的客人拒之门外，这些客人是饭店的重要收入来源。然而，如果保留太多的房间，饭店又会被这些本来可以销售出去的空客房困住。正如你所见到的，赌场饭店的经理必须采取高度平衡的措施才能正确地制订计划。

金块博彩饭店（Golden Nugget）自从1946年开张营业以来，进行了多次装修改造，现在有1,907间客房和45,000平方英尺的赌场。（厄尼·皮克供稿）

## 赌场经营

因为博彩饭店内的饭店经营与所有类型的饭店和度假饭店内的饭店经营相似，所以我们在本章中将着重阐述博彩饭店的独特性：赌场经营。下面我们将介绍赌场中的赌博种类，然后介绍赌场里的专门术语、员工、顾客、营销及控制和规则。

**赌场中的赌博种类**　赌场中的赌博可以分为两种基本类型：（1）桌式赌博游戏；（2）老虎机。最普通的桌式赌博游戏包括百家乐（Baccarat）、21点（Blackjack）、掷骰子（Craps）和轮盘（Roulette）。

**桌式赌博游戏**　百家乐（Baccarat）的名称源自于意大利语，是"零"的意思。15世纪，百家乐从意大利传到法国，被称之为"追铁路"（Chemin de Fer）。这种游戏的目标是尽可能地接近数字9，数字9在这个游戏中是"天生赌王"（natural）（8是次好牌，也是"天生赌王"）。这种游戏使用8副完整的纸牌。由赌桌管理员（发牌员）洗牌、切牌，然后把牌放到一个被称之为"牌靴"的特制盒子里。这只牌靴交给一个坐庄的玩家。从牌靴里发出的第一张和第三张牌是玩家的牌；第二张和第

379

四张牌是庄家的牌。人面牌及10点的牌都算作0，A算作1，其他所有的牌都按其面值算分。手中牌的总分最接近9的为赢。

拉斯韦加斯巴黎大酒店（Paris Las Vegas）由帕普雷娱乐公司（Park Place Entertainment）投资修建，耗资7.85亿美元，有2,916间客房、13个餐厅、100张赌桌、2,000多台老虎机和一个50层楼高的埃菲尔铁塔复制品。（内华达州拉斯韦加斯巴黎大酒店供稿）

在玩21点（Blackjack）游戏时，最多可以有8个玩家坐在庄家的对面。其目标是比庄家更接近21点。（所有的玩家都与庄家对阵，而不与玩家对阵。）超过21点的玩家自动输掉。牌靴里可放1至8副牌。庄家发给每个玩家两张明牌；而庄家则有一张明牌和一张暗牌。K、Q、J和10都计为10点，根据玩家的愿望，A可以计为1点或者11点。其他所有的牌都按其面值计点。如果玩家愿意，可以额外再给每个玩家补发新牌，而庄家则可以根据自己手中的牌决定是否需要补发新牌。游戏持续进行，直到所有的玩家都不再补新牌为止；然后每个玩家的总点数与庄家的总点数相比较，以确定谁是赢家。

掷骰子（Craps）是所有赌场赌博中最具乐趣的项目。因为有多种不同的下赌注方式，所以掷骰子是一种很复杂的赌博游戏。这种游戏在铺着绿色毛毡的长方形桌子上进行。桌子上标示着全部压注的选择。一对儿骰子由被指定为"掷骰子者"（shooter）的玩家来掷。其他玩家与掷骰子者正赌或者反赌，他们将筹码压在赌桌上的"过线"（pass line）、"不过线"（don't pass line）、"来"（come field）等区域。

在大多数基本的压注中，如果掷骰子者掷出7或者11，则压注"过线"的玩家赢；如果掷骰子者掷出"craps"，即2、3或者12，那么玩家则输。当然，还有很多输赢的方式，而且赌博活动进展得也非常快，这就是人们认为这种赌博游戏很难玩的原因。

轮盘（Roulette）是所有桌式赌博游戏中最简单的一种。在美国的轮盘赌博游戏中，赌桌上有一个转轮，上面有一个小球，轮子上面有标注着从1到36的槽；此外，还有两个符号，0和00（在大多数国家，只有一个0）。赌桌上有一个图标区，标注着全部数字和符号。玩家将筹码压在任何数字或者符号上，庄家朝与轮盘旋转方向相反的方向旋转小球。小球掉到轮盘的一个槽中后，庄家将一个筹码放在赌桌图标区中的获胜数字上，如果有人赌赢，庄家将付钱给赌赢的玩家。

轮盘（Roulette）是所有桌式赌博游戏中最简单的一种。

在所有的桌式赌博游戏中，21点在美国最受欢迎，其次是掷骰子和轮盘。经常赌博的人都知道，在21点赌博游戏中，玩家有相当大的赌赢机会，而庄家胜算的概率可以小于2%（取决于玩家的技巧水平）。在掷骰子赌博游戏中，庄家取胜的优势只有1.4%。在美国的轮盘赌博游戏中，庄家取胜的优势是5.26%。

在欧洲的赌场，轮盘是最盛行的游戏。通常，赌博被看成是一种娱乐活动，而不是赢钱的手段。在法国的轮盘赌博游戏中，玩家胜算的机会可能更大一些，因为法式轮盘只有一个0，所以庄家取胜的优势只有2.63%。

**老虎机** 美国赌场的大多数赌博游戏都涉及老虎机。从赌场的角度来讲，老虎机是目前为止赢利最大的赌博游戏，这不但因为赌场留存的赌金比例高，而且还因为老虎机是所有赌博游戏中用人最少的一种，除了需要员工维护机器、换零钱、清空和补充钱箱之外，不需要赌桌管理员和其他工作人员。而且，每小时老虎机上的压注数量最大。压注量越大，赌场赚的钱就越多。

### 行业改革者

斯蒂芬·A. 温
董事长和首席执行官
永利度假酒店有限公司

尽管人们通常赞誉斯蒂芬·A. 温点燃了星星之火，把内华达州的拉斯韦加斯变成今天这样一个光辉灿烂的奇迹，但是他自己却并不赌博。"如果你想在赌场里赢钱的话，那就自己开个赌场"，这是人们经常引用的一句他的名言。温知道他在说什么。他的父亲非常嗜赌，他曾经营数家宾果游戏厅。他去世时负债累累，温和他的妻子接过了这些宾果游戏厅和所有的债务。他们经营这些宾果游戏厅，历经数年才还清了所有的债务。

温的父亲曾一直梦想着能在拉斯韦加斯开一个赌场。为了实现他父亲的梦想，温于1967年带着全家搬到了那里。他购买了边疆饭店（Frontier Hotel）的股权并且成为这家饭店的老虎机经理。他并不知道，那家饭店是底特律犯罪集团的财产。他知道真相后，便卖掉了自己的股份。

温的第二次冒险是一次赢利可观的房地产买卖，这桩生意让他赚到了足够的钱去投资一家经营不善的赌场——金块赌场（Golden Nugget）。温在31岁的时候，接管了金块赌场，成为内华达州历史上最年轻的赌场老板。在那个年代，几乎所有的赌场都是灯光昏暗、烟雾缭绕，客人们也是面带疑虑。温改变了这种状况，他把金块赌场变成流光溢彩、灯光明亮的博彩大厅，吸引着那些合法的豪赌者。

接着，温用其在拉斯韦加斯的财产作为抵押，又在大西洋城开了一家金块赌场。1987年，他将其所有的产业都卖给了百利公司（Bally Corporation）。温利用这笔收益，加上他发行债券筹集的资金，投资修建了金殿度假饭店，于1989年正式开业。

金殿度假饭店是拉斯韦加斯的第一家新式饭店，设计接待家庭度假客人。客人们进入饭店要穿过一片具有热带风情的中庭，这里郁郁葱葱，满眼是棕榈树和流淌的瀑布。前台后面是一个巨大的珊瑚礁的水族馆，那里面养着鲨鱼和其他大型鱼类。金殿饭店也是另外两种独特动物栖息的家园：海豚栖息地和神秘花园，这里居住着6只珍稀的白狮和白虎。

1993年，温在金殿饭店的旁边开了金银岛饭店。这家饭店的主题是海盗，每小时这里都上演一场模拟海战，包括一艘英国帆船的复制品被完全摧毁和沉没。

1998年，温的另一家价值16亿美元的百乐宫饭店开业，他认为，这家饭店是"世界上最浪漫的饭店"。这个度假饭店有一个8.5英亩的人造湖，湖内有多个音乐喷泉。

2000年5月，米高梅大饭店有限公司以64亿美元的价格收购了金殿度假饭店的全部资产。这样温的旗下就不再拥有饭店了，但是这种局面并没有持续很久。几个月后，他收购了拉斯韦加斯的占地200英亩的沙漠旅馆（Desert Inn），并将其改建成一座崭新的60层楼博彩饭店，于2005年4月开业。2006年9月，其澳门永利博彩酒店开业。

众所周知，温在政治上很活跃，尤其是关心环境保护事业。他曾亲自倡导一项措施，禁止所有的私人船只（喷气划艇）进入他居住的塔霍湖，他认为这些船只会污染湖水。他还曾领导人们争取立法，控制拉斯韦加斯的水土侵蚀、交通和空气污染。他还是他的母校——宾夕法尼亚大学和乔治·布什总统图书馆的理事会的理事。在2006年5月出版的《时代周刊》中，斯蒂芬·A.温荣登该刊的"开创者和巨人"（Builders and Titans）榜，以表彰其杰出能力对世界商业的影响。

老虎机返还的钱数由每个行政区自己控制。例如，在大西洋城，老虎机必须返还83%的赌金，即每压注1美元就要返还83美分，而赌场只能保留17美分。内华达州没有规定返还的比例，但是作为一项政策，该州的博彩管理委员会不批准任何返还金额低于75%的赌博游戏项目。为了在竞争的市场中吸引更多的生意，赌场返还赌金的比率可能会更高，期望通过增加压注的数量获取更高的收益。内华达州的一些赌场赢金的返还率甚至高达99%。

**赌场中的专业术语**　在我们进一步阐述之前，我们应该介绍一下赌场管理中使用的一些关键术语：

- **赌金借据**　赌金借据是打印的或者手写的，看上去像银行的支票，用于向玩家提供信用。它们就是借据，玩家可以用其代替现金向赌桌管理员购买筹码。赌金借据没有现金价值，只用于记录赌场愿意向玩家提供的信用额度。赌场通常承诺30天或者45天内不将赌金借据兑换成现金，留给玩家一定的时间向其银行账户存入足够的现金，以支付这些消费。

- **出纳柜台** 出纳柜台通常简称为"厢"，筹码和现金存放在这里，支票可以在这里兑成现金，这里接受信用卡，赌金借据也在这里确认。这里是筹码流入和流出赌桌的控制中心。
- **赌区** 赌场中划定为一个管理区的一组赌桌被称为**赌区**。一个赌区的赌桌可以进行同样赌博游戏，也可以进行不同的赌博游戏。例如，一个赌区可以包括四张掷骰子赌桌和四张轮盘赌桌，也可以只包括八张掷骰子赌桌。负责一个赌区的管理者被称为**赌区领班**。

动作敏捷是发牌员的重要技巧。图中的发牌员正在主持21点游戏。

- **填补凭单与信用凭单** 每张赌桌都存有一定数量的筹码。每个班次结束后，每张赌桌的盘存筹码都要恢复到原始的数目。如果盘存筹码出现亏空，就要填写**填补凭单**，由出纳柜台增发筹码。如果盘存筹码出现余额，则要填写**信用凭单**，将多出的筹码交回出纳柜台。

在现代的赌场中，这些纸条已被计算机网络所取代，这些要求可以直接从赌区通过计算机网络传到出纳柜台。如果没有计算机系统，需要用保安人员传递这些填补凭单和信用凭单。

- **赌金箱**　每张赌桌都配备一个加锁的箱子，安放在赌桌下面。从玩家收取的现金和赌金借据均从投币口投入**赌金箱**。每个班次结束后，将赌金箱取下，拿到清点室。在特定的时间，这些箱子将被打开，并在严格的监控下仔细清点箱子里的东西。箱子从赌桌取走时，投币口自动上锁，要使用受赌场财务人员控制的钥匙才能打开箱子。
- **赌桌赌金投入**　赌桌赌金投入指在某一赌桌投入赌金箱中的玩家换筹码所用的钱款和赌金借据总额。它可能代表，也可能不代表在该赌桌上压注的钱数，因为玩家常常带着从一个赌桌或者一种游戏换的筹码到另一个赌桌或者玩另一种游戏，或者将其换成现金。然而，赌桌赌金投入可以有效地衡量赌场内的赌博活动。
- **老虎机赌金投入**　赌桌赌金投入计算的是投入的钱款和赌金借据总额，但是**老虎机赌金投入**表示放入老虎机内的金额与老虎机付出金额的差。例如，如果放入老虎机内 100 美元，老虎机付出 90 美元，老虎机赌金投入则为 10 美元或者 10%。
- **赌桌赌金收益**　**赌桌赌金收益**是某一赌桌上的压注金额与付给玩家的赢金之间的差。计算方法如下：

|     |     | 班次开始时的盘存筹码数量 |
| --- | --- | --- |
| +   |     | 填补凭单 |
| –   |     | 信用凭单 |
| –   |     | 班次结束时的盘存筹码数量 |
| 合计 | =   | 赢得的筹码或者从赌桌转移的筹码的总数 |

　　确定了赢得的筹码或者从赌桌转移的筹码的总数，就需要进行第二次计算，以算出赌桌赌金收益：

|     |     | 赌桌赌金投入 |
| --- | --- | --- |
| –   |     | 赢得的筹码或者从赌桌转移的筹码的总数 |
| 合计 | =   | 赌桌赌金收益 |

- **留存率**　计算留存率可以确定赌客在某一赌桌购买的筹码被赌场赢回的比率。计算方式如下：

　　　　赌桌赌金收益 ÷ 赌桌赌金投入 = 留存率

　　例如，如果赌桌赌金收益为 1,000 美元，而赌桌赌金投入为 4,000 美元，那么留存率则为 25%。也就是说，赌场在该赌桌赢回了（留下了）卖出筹码的 25%。

385

**赌场的员工** 赌场设赌桌管理员，也被称为发牌员，其工作是主持桌上的赌博游戏、收赌注，并且用筹码向玩家支付其赢得的赌注。赌场经理期望发牌员的速度快并且为人友善。手头动作敏捷和数学的技能也很重要。和所有赌场员工一样，发牌员也是被仔细筛选出的诚实人。他们也连续不断地受到电子和人员的监视。在美国，一些主持高刺激性赌博游戏的发牌员，其年薪可达 50,000 美元，发牌员的平均年薪为 25,000 美元到 30,000 美元。发牌员也能挣到大笔小费。一些玩家不仅慷慨地给发牌员小费，他们还会在给自己压注的同时，也给发牌员压上一注（为了得到好运）。

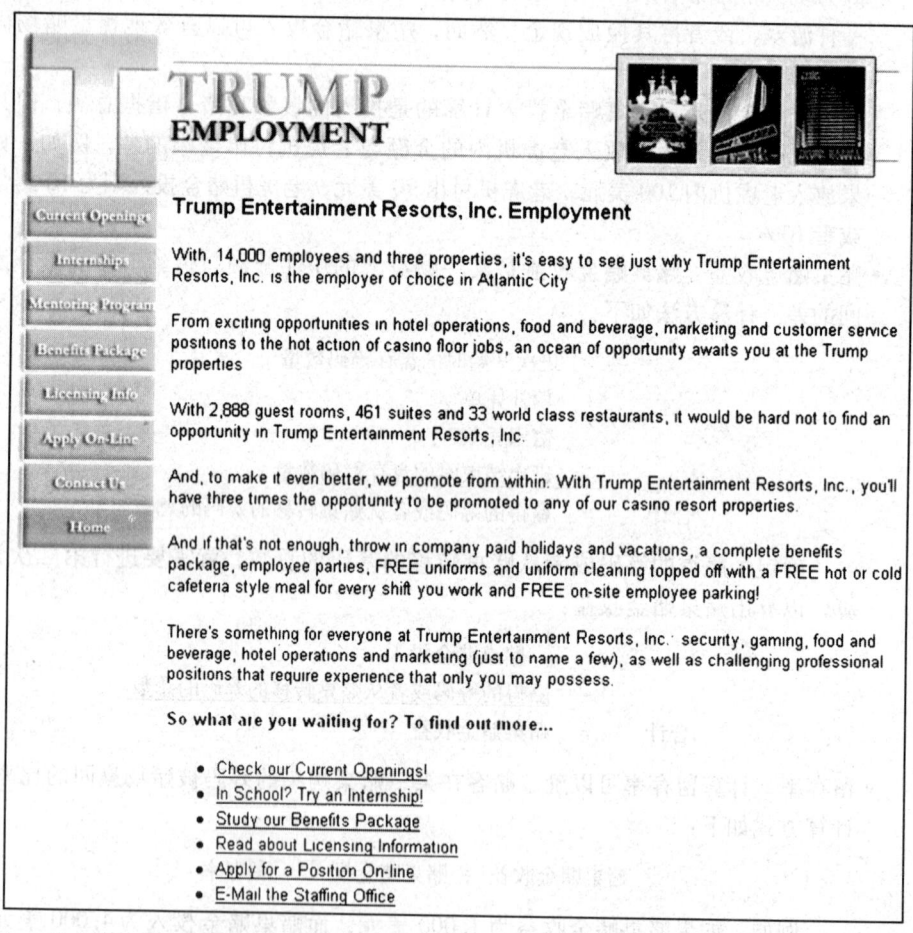

许多赌场都在它们的网页上刊登多种就业机会，包括最新的职位空缺和实习机会。（特朗普饭店和赌场集团供稿）

现场管理员是赌场中监督发牌员的员工。他们训练有素,以强化良好的发牌程序,处理纠纷,监视欺骗行为。今天的赌场欺骗者通常都非常有经验,他们使用计算机和其他电子设备。每个现场管理员通常监督两张到四张赌桌,并向赌区领班报告工作。

赌区领班管理较多的赌桌,并且专门注意那些下高额赌注的赌桌。赌区领班的大部分工作是要保证那些下大赌注的赌客心情愉快。赌区领班通常充当这些赌客的东道主。

在特定时间段负责赌场工作的人是值班经理。值班经理每次工作 6~8 小时。值班经理下面是博彩经理,他们负责所有的桌式赌博游戏。

所有的这些员工都承受着巨大的工作压力,因为他们都负责大量的现金。在大型赌场,一个小时的赌注达到 100 万美元是很平常的事。因此,很多赌场在其 18 个小时的营业时间内都可以为其老板赚 100 万美元。

愿意在博彩业中工作的学生通常可以在博彩学院得到专业的培训和经验。这些学院通常是私立学校,讲授从事这些工作需要的技能。例如,赌桌管理员和赌场经理。然而,大多数饭店管理专业的学生都被吸引到赌场的饭店和餐饮部门工作,这些都是博彩业的外延产业。在客务部、餐饮部和营销部工作的职业轨道的最终目标都是总经理的职位,博彩饭店也同样有这些部门。图 11-3 列举了博彩业中的各种饭店管理职位的平均工资。

图 11-3 博彩业的薪酬

| 职位 | 全国 | 陆地博彩饭店 | 河船赌场 |
| --- | --- | --- | --- |
| 总经理/首席执行官 | $232,246.94 | $261,473.84 | $222,500.00 |
| 餐饮总监 | $91,362.14 | $89,502.62 | $93,394.50 |
| 信息系统总监 | $75,000.00 | $77,217.64 | $72,000.00 |
| 营销总监 | $87,394.36 | $81,513.78 | $100,000.00 |
| 饭店经营副总裁 | $94,750.00 | $102,330.47 | $84,550.00 |
| 人力资源副总裁 | $105,000.00 | $114,746.94 | $97,817.63 |
| 销售和营销副总裁 | $130,000.00 | $140,876.61 | $125,736.00 |

资料来源:www.hospitalitycareernet.com。

**赌场的顾客** 赌场通常将其顾客分为两大类:小赌注玩家和豪赌玩家。这两类顾客对赌场的长期健康发展都是至关重要的。

**小赌注玩家**进入赌场时通常都有预定的预算。他们已想好只花费 25 美元、200 美元或者其他相对节制的数额。他们预算内的金额赌完后,或者他们赢了一定数额的钱,自己感到很幸运时,他们便会心满意足地离开。他们认为赌博是一种娱乐,输掉的钱则被认为是娱乐的成本。

**豪赌玩家**是另一类赌客。赌博对他们来说,意味着一次体验别具意义的冒险的机会,是一次巨大的刺激。为了这种体验,他们准备付出一大笔钱。很难估计豪赌玩家所下的赌注,因为它取决于赌场的特定市场状况。一个在一个周末的赌博中花费 5,000 美元的玩家通常会被认为是豪赌者。然而,一些豪赌玩家所下的赌注却可能大大超过这个数额,有时一次压注就可能高达 500,000 美元!

豪赌玩家会定期光顾赌场,有时他们会输得很惨。他们会与其经常光顾的赌场协商以最大限度地减小损失。赌场通常采取四种方式帮助他们缓解输钱的痛苦:回扣、礼品、免费客房和免费食品。通常,这些回扣和馈赠项目的价值可能高达玩家输掉金额的 25%~50%。在百家乐赌博游戏中最常采用回扣的方式,通常在压注最高赌注之前双方都协商回扣率。

大家都知道,当豪赌玩家夫妇到达饭店时,赌场经理会以劳力士手表相赠。这些玩家离店时,如果他们输得很惨(赌场赚得很多),他们可能会开着赌场奉送的卡迪拉克汽车离店。

在拉斯韦加斯大道(the Strip),超级豪赌者被称为"巨鲸"(whale)。澳大利亚的传媒巨头克里·帕克(Kerry Parker)就是其中之一。据报道,在 7 月的一个周末,帕克曾在拉斯韦加斯的百乐宫赌场输掉了 2,000 万美元。输掉的数额太大了,甚至引起了华尔街赌场股票的波动,也在澳大利亚引起了激烈的争论。但是帕克认为,"这不是别人的钱,是我自己的钱,我有权选择花钱的方式。我知道这是一大笔钱,我也知道某些人的确感到震惊。但是,说实话,我就是愿意时不时地赌一把"。帕克也是拉斯韦加斯历史上公认的最大赢家之一。据报道,他于 1995 年在米高梅大饭店赢了 2,000 多万美元。帕克喜欢玩百家乐和 21 点,他赌得很凶也很快,他一手最高下注 250,000 美元,而且经常同时赌好几手。他赌博有时间限制,一般每次几个小时,因此他对赌场的保本底线威胁更大。如果他先赢了,他会在庄家挽回败局之前离开赌场。[3]

一些豪赌玩家有自己的"私人代表",他们会在玩家光顾之前与赌场经理协商赌博条件。私人代表会提出以下问题:

- 你们期望客人玩什么赌博游戏?(你们期望我的客户消费多少钱?)
- 你们期望我的客户一天赌几个小时?
- 你们赠送的项目可以弥补我的客户损失的百分率是多少?

永利拉斯韦加斯度假饭店和乡村俱乐部占地215英亩，耗资27亿美元，是美国最大的私人投资建设项目。60层的度假饭店是拉斯韦加斯最高的建筑。该饭店于2005年4月28日开业。

- 你们将保留我客户的赌金借据多长时间？
- 如果我的客户当即付清赌金借据，你们可以给多少折扣？
- 你们是否可以为我的客户的一些亲戚朋友提供客房和餐饮服务，他们不去赌博但是希望住在贵饭店？

赌场通常会给私人代表佣金，数额为赌场从其客户那里赢取的赌金的10%。

**赌场的营销** 赌场通常有三个不同的目标市场。我们已经讨论过的高端市场的顾客每次光顾赌场的赌注额最低为5,000美元。因为他们大多数都是有经验的赌客，都定期光顾赌场，并且都事先做好信用安排，因此赌场都很熟悉他们。通常是通过代理人或者朋友介绍这类赌客。向这类赌客进行的营销活动主要包括回扣、免费住宿、免费食品和免费娱乐活动，还经常赠送礼品。

中间市场的顾客每次光顾赌场的消费额为3,000美元到5,000美元。许多赌场都把这部分顾客作为他们的核心市场。向这些顾客进行营销的关键是，首先能够找到他们，采用现代技术很容易做到这一点。现代赌场都采用自动评估系统，这个系统通过跟踪客人赌博的频率、赌博的时间、赌博的游戏种类和平均赌注的数额，为客人设定一个理论数值或者一定数量的点数。通过使用这些信息，赌场可以采取直邮广告的形式向那些符合条件的客人提供各种优惠条件，包括免费赌场游、客房折扣和特别活动项目等。具体提供什么项目，则根据客人预期（或者同意）花费的金额，经过仔细地计算得出。一些博彩饭店不论玩家是赢是输还是平，都为玩家补偿桌式赌博游戏赌注额的40%和老虎机赌博额的30%，这可以抵付玩家住在饭店期间所发生的房费和餐饮费用。

赌场游（junket）有时由经纪人做广告或者组织。赌场游就是到赌场的旅行费用部分免除或者全部免除。客人们通常都是预先同意在一定时间内花费一定数额的钱玩赌博游戏，通常为四个小时。赌场的工作人员会仔细监控他们的博彩活动。赌场游通常会吸引初次来访的客人，赌场根据观察到的客人的博彩表现，可能会再次邀请某些人光顾赌场。

赌场确认了某个有价值的中间市场客人后，就会定期给客人寄赌场的时讯刊物，并且邀请客人参加某个特别赛事，加入赌场的VIP俱乐部，参加庆祝某个特别节日的聚会或者活动。

低端市场的客人对赌场的健康发展也非常重要。因为这些客人最常选择的博彩方式是老虎机，所以他们可以帮助赌场营造一种繁忙的氛围，而且这种赌博游戏也非常赚钱，因为赌场在老虎机上的胜算机会大大高于其他赌博游戏。由于大西洋城毗邻纽约和费城，所以乘巴士到赌场博彩非常受欢迎，因此巴士成为这里针对低端市场的主要营销手段。这些巴士都按固定的时间表运营。乘巴士来的客人的车费通常以其他形式退还。例如，可以用于购买饮食和演出票的抵偿券、玩老虎机用的25美分硬币或者代用币。

通常，乘巴士来的低端市场客人都会在大西洋城逗留6个小时左右。为了让客人留在某个赌场，使他们不会溜到街道对面竞争对手那里去，赌场可能会向客人免费提供鸡尾酒，并且不断地举行抽奖活动，这些抽奖活动有抽到汽车和现金的机会。

**未来的市场趋势**　随着博彩业的不断发展，赌客们已经变得非常成熟了。那些面向小赌注玩家市场的赌场也被迫向小赌注玩家提供免费的项目，这些客人们已经懂得，博彩项目的一部分可以用来补偿自己的部分损失。拉斯韦加斯的许多赌场都成立了老虎机俱乐部。加入这些俱乐部无须任何费用。俱乐部成员可以得到电子会员卡，会员玩老虎机之前将该卡插入机器。会员卡记录玩家博彩的总额，根据赌注的多少玩家可以获得积分奖励。用这些积分可以换取食品、饮料、客房或者礼品。

**赌场的控制和规则**　因为赌场有大量的现金和信用交易，所以必须对赌场进行严格的控制。顾客和员工有很多捣鬼的机会。因为赌场博彩经营的利润不是来自销售服务或者产品（如住宿或者食品），所以无法衡量赌场"卖出"了什么东西。每笔博彩交易都记录在案也不现实。那么赌场怎样才能保证其赚的所有现金不流失呢？

赌场使用的三种控制方法：
- 财务控制。包括用复杂的公式计算每种赌博游戏、每张赌桌和每个班次的预期赢利情况。我们在前面已经谈到，赌场里有很多信用和现金控制程序，可以遵守。
- 设备控制。涉及一些设备，如电子监视器、保险箱、加锁的箱子等。
- 人员控制。控制人员布置在员工的各个层次，包括赌区领班和保安人员。还有现场监督员（既有电子监督也有人员监督）监视赌场的每个角落和每一笔博彩交易。

批准赌场营业的政府对赌场进行认真的管理。这对保证政府能收取其应得的收益及打击有组织的犯罪活动很有必要。法规通常规定赌场的规模、允许经营的博彩游戏类型、员工的调查和执照、营业时间和工作日、营销活动和公共空间的类型和面积。

虽然各个州的法规不尽相同，但是内华达州的博彩业控制模式却被广为效仿。内华达州有两个机构管理博彩业，并且直接向州长报告工作，即"博彩委员会"和"博彩控制委员会"。博彩委员会负责制定必要的博彩规则、颁发执照和处理惩戒性事务；博彩控制委员会负责调查申请人、执行法规及审计赌场的账册和控制系统。

# 小结

关于赌博的最早记载可以追溯到古代的中国。今天，许多国家都设有赌场。这些赌场通常都由政府所有或者控制。

赌博很早就在美国的一些地区被人们所接受，河船成为流行的赌博场所。但是到20世纪初，赌博在美国的大多数地区被视为非法。1931年，博彩业在内华达州复兴，并于1976年在新泽西州成为合法活动。今天，博彩业在美国，如果不遍及全国，也在大多数州以各种形式存在，在印第安保留地内、河船上及海上都可以看到博彩活动。

为了解博彩饭店，最好不要把博彩饭店当做设有赌场的饭店，而是把博彩饭店当做设有客房、餐厅、购物廊区甚至主题公园的赌场。在博彩饭店，饭店的经营从属于博彩经营。因此，许多在非博彩饭店里属于饭店经理管辖的业务，如餐饮服务和营销，在博彩饭店中则不属于饭店经理的职责范围。这种情况可能会导致博彩饭店中的饭店经理与赌场经理之间产生矛盾。

赌场中的赌博可以分为两种基本类型：桌式赌博游戏和老虎机。最普通的桌式赌博游戏包括百家乐、21点、掷骰子和轮盘。在所有的桌式赌博游戏中，21点在美国最受欢迎，其次是掷骰子和轮盘。老虎机是赌场最赚钱的赌博游戏，因为赌场留存的赌金比例高，而且需要的人力少。

赌场的员工包括赌桌管理员（发牌员）、现场管理员、赌区领班和值班经理。从经营的角度，赌场通常将其顾客分为两大类：小赌注玩家和豪赌玩家。虽然有两类不同的顾客，但是从营销的角度，赌场通常有三个不同的目标市场：高端市场、中间市场和低端市场。赌场针对不同的市场采取不同的营销策略。

赌场使用三种控制方法：财务控制、设备控制和人员控制。批准赌场营业的政府对赌场进行认真的管理。虽然各个州的法规不尽相同，但是内华达州的博彩业控制模式却被广为效仿。

## 注释

[1] Dave Berry, *Tropic Magazine*, *The Miami Herald*, 31 January 1993.
[2] Deborah Silver, "Lion's Share", *Restaurants & Institutions*, May 1, 2000.
[3] Rebecca Trounson, "Big Spender Not Sweating Fat Vegas Loss", *Miami Herald*, October 2, 2000.

## 🔑 主要术语

**出纳柜台**（cashier's cage）　通常简称为"厢"，这个区域位于赌场内，筹码和现金存放在这里，支票可以在这里兑成现金，这里接受信用卡，赌金借据也在这里确认。这里是筹码流入和流出赌桌的控制中心。

**信用凭单**（credit slips）　每个班次结束时填写的凭单，表明每张赌桌多出的筹码数额。多出的筹码和信用凭单一起交回出纳柜台。

**赌桌管理员**（croupier）　赌桌边的工作人员或者发牌员，其工作是主持赌博游戏、收赌注，并且用筹码向玩家支付其赢得的赌注。

**赌金箱**（drop box）　位于每张赌桌下面的一个加锁的箱子，从玩家收取的现金和赌金借据均投入此箱。每个班次结束时，将赌金箱取下，拿到清点室。在这里，这些箱子将被打开，并在严格的监控下仔细清点箱子里的东西。

**填补凭单**（fill slips）　每个班次结束时填写的凭单，表明每张赌桌缺少的筹码数额。

**现场管理员**（floor people）　赌场中监督发牌员的员工。他们训练有素，以强化良好的发牌程序，处理纠纷，监视欺骗行为。

**小赌注玩家**（grind players）　赌博预算金额不多的赌客，他们通常在预算金额用光后就离开赌场。他们认为赌博是一种娱乐，输掉的钱则被认为是娱乐的成本。

**豪赌玩家**（high-end players）　定期光顾赌场的赌客，他们准备压注的金额巨大，他们也有输得很惨的心理准备。豪赌玩家在英语中还可以称为"high roller"或者"high-stakes player"。豪赌玩家的单笔赌注可能会高达 500,000 美元。

**留存率**（hold percentage）　计算留存率可以确定赌客在某一赌桌购买的筹码被赌场赢回的比率。计算方式如下：赌桌赌金收益÷赌桌赌金投入＝留存率。例如，如果赌桌赌金收益为 1,000 美元，而赌桌赌金投入为 4,000 美元，那么留存率则为 25%。也就是说，赌场在该赌桌赢回了（留下了）卖出筹码的 25%。

**赌金借据**（markers）　打印的或者手写的借据，用于向玩家提供信用。玩家可以用其代替现金向赌桌管理员购买筹码。赌场通常承诺 30 天或者 45 天内不将赌金借据兑换成现金，留给玩家一定的时间向其银行账户存入足够的现金，以支付这些消费。

**赌区**（pit）　赌场中划定为一个管理区的一组赌桌。一个赌区的赌桌可以进行同样赌博游戏，也可以进行不同的赌博游戏。例如，一个赌区可以包括四张掷骰子赌桌和四张轮盘赌桌，也可以只包括八张掷骰子赌桌。

**赌区领班**（pit boss）　监督赌区内所有赌桌的管理人员。

393

**老虎机赌金投入**（slot drop）　　放入老虎机内的金额减去老虎机付出的金额。例如，如果放入老虎机内 100 美元，老虎机付出 90 美元，老虎机赌金投入则为 10 美元或者 10%。

**赌桌赌金投入**（table drop）　　指在某一赌桌投入赌金箱中的玩家换筹码所用的钱款和赌金借据总额。赌桌赌金投入可以有效地衡量赌场内的赌博活动。

**赌桌赌金收益**（table win）　　是某一赌桌上的压注金额与付给玩家的赢金之间的差。

## 复习题

1. 博彩业的早期历史是什么？博彩业在美国是如何发展的？
2. 博彩饭店和其他类型饭店在组织和管理上有何区别？
3. 赌场的两种基本赌博游戏是什么？
4. 赌场管理中常用的关键术语有哪些？
5. 发牌员、现场管理员和赌区领班的工作职责是什么？
6. 对赌场的长期健康发展起决定作用的两大类赌场顾客是什么？他们有哪些特点？
7. 赌场采取哪些激励措施吸引高端、中间和低端市场的顾客？
8. 如何对赌场经营进行控制和规范？

## 网址

访问以下网址，可以获得更多的信息。谨记：互联网地址可能不事先通知而改变。如果该网址已不存在，可以用搜索引擎查找另外的网址。

**赌场**

Bellagio
www.bellagiolasvegas.com

MGM Grand
www.mgmgdrand.com

Caesars Palace
www.caesarspalace.com

The Marige
www.marige.com

Casino Windsor
www. casinowindsor. com

Monte Carlo Resort & Casino
www. monte-carlo. com

Circus Circus Las Vegas Hotel Resort and Casino
www. circuscircus. com

New York-New York Hotel & Casino
www. nynyhotelcasino. com

Excalibur Hotel and Casino
www. excaliburlasvegas. com

The Orleans Hotel & Casino
www. orleanscasino. com

Foxwoods Resort Casino
www. foxwoods. com

Trump Taj Mahal
www. trumptaj. com

Golden Nugget Casino
www. goldennugget. com

Treasure Island
www. treasureislandlasvegas. com

Harrahs Casino
www. harrahs. com

Tropicana Casino & Resort
www. tropicanalasvegas. com

Imperial Palace Hotel/Casino
www. imperialpalace. com

Trump Entertainment Resorts
www. trumpcasinos. com

Island Casino
www. islandcasino. com

The Venetian
www. venetian. com

Las Vegas Hilton
www. lv-hilton. com

Wynn Las Vegas
www. wynnlasvegas. com

Luxor Hotel and Casino
www. luxor. com

# 第三部分
# 饭店的管理

迈阿密海滩洛伊斯酒店（Loews Miami Beach Hotel）。（厄尼·皮克供稿）

佐治亚州亚特兰大巴克黑德温盖特酒店（Wingate Inn）。（万哈姆酒店集团供稿）

# 12 管理和领导饭店企业

## 概要

管理者的工作
    管理的任务
管理理论的发展
    古典学派
    行为学派
    定量方法学派
    系统方法学派
    权变学派
    质量中心学派
    顾客中心学派
再造
领导的重要性
    策略一：远见卓识
    策略二：有效沟通
    策略三：坚定不移
    策略四：自我完善
    服务组织与员工的力量
结论
小结

## 学习目的

1. 学习管理者的基本目标和任务及管理理论的发展（第一个管理理论家罗伯特·欧文、古典学派和行为学派）。

2. 学习管理理论中的定量方法学派、系统方法学派、权变学派、质量中心学派和顾客中心学派。

3. 学习再造理论、有效领导者的四个基本策略、授权的概念。

本章首先界定管理者的任务。然后将回顾管理学理论的发展历程并讨论管理学的7个学派：古典学派、行为学派、定量方法学派、系统方法学派、权变学派、质量中心学派和顾客中心学派。本章还将论述再造理论及其在饭店中的应用，最后将讨论领导的重要性。

## 管理者的工作

在饭店、餐馆或俱乐部中，管理者通常很容易被识别出。管理者都有头衔。他们通常都有漂亮的办公室。管理者职位还附加额外福利，例如，公司配的小轿车、乡村俱乐部会员资格和公款支付账户。但是管理者的工作到底是什么？这个问题无法很准确或者很容易地回答出来。不同企业的管理者所做的工作不尽相同，而且整个管理领域也随着世界经济由生产型向服务型转变而发生着迅速的变化。

彼得·德鲁克可能是美国最伟大的管理理论家，他指出，管理者有两个主要目标。第一个目标是"创造出一个大于各部分总和的真正整体，这是一个高产的实体，其产出大于投入资源的总和"。[1] 德鲁克把管理者比作交响乐队的指挥，乐队的指挥能够把每个乐师演奏的音乐合成一首优美的交响乐。四季饭店公司在其经营理念中就把其总经理比作交响乐队的指挥。应该告诉经理，他们的角色是"让各种不同的乐器演奏和谐的乐曲，这样演出就能使顾客满意"。[2] 德鲁克认为，乐队指挥的面前有作曲家的乐谱，他只是把其演奏出来，而管理者却与乐队指挥不同，他们必须做更多的工作。他们必须谱写自己的乐谱，所以从这个意义上讲，管理者既是作曲家又是乐队指挥。

管理者的第二个主要目标是"在所有的决策和行动中使近期的需要和长期的未来需要保持协调"。也就是说，管理者不仅要考虑今天的需要，还要考虑明年和以后的需要。"他不但要准备跨过远处的桥梁，而且还必须在其到达之前建起这些桥梁。"[3]

这两个目标将经理与主管区别开。主管通常只是执行既定的政策。尽管主管有时也扮演类似乐队指挥的角色，领导和指挥其员工，但是他们没有编写乐谱的责任，因为乐谱已经由高层经理编写好了。主管也不必担忧长期的未来，他们的任务是做好今天的工作。

这并不意味着管理者不做督导工作。管理者除了做管理工作外，还做其他工作，但是他们总是将其主要精力放在创造和协调方面。要想成为高效的管理者，他们就必须这样做。

## 管理的任务

依据德鲁克的理论，管理者有五项基本任务：
- 制定目标；
- 组织；
- 激励和沟通；
- 评估绩效；
- 开发人力资源[4]。

下面我们逐一讨论每项任务。

**制定目标**　管理者负责制定目标。与员工和监工不同，管理者必须确定其部门或组织应该达到的目的和完成的目标。然后管理者还要确定为了达到目标应该完成的工作，最后管理者还要指挥员工并与之沟通，使之完成任务。

里兹—卡尔顿饭店公司两次获得了马尔科姆·鲍德里奇国家质量奖。该奖由美国国会设立，奖励那些通过坚持质量改进计划取得杰出成绩的美国公司。里兹—卡尔顿饭店公司建立了一套体现其管理者服务目标的"金牌标准"（图12-1）。"金牌标准"卡是衣袋大小的卡片，要求所有员工在工作时必须随身携带。"金牌标准"明确表述了公司的目标是要创建某种类型的饭店：

> 在里兹—卡尔顿饭店，我们的最高宗旨是让客人得到真正的关心和舒适。
> 我们保证为我们的客人提供最好的个性化的服务和便利，使他们始终享受到一种温暖、轻松、优雅的气氛。
> 客人在里兹—卡尔顿饭店可以体验到感官的愉悦、增进健康，甚至连没有表达出来的愿望和需要也能得到满足。[5]

**组织**　管理者负责组织。管理者必须分析其部门负责的工作，将其分解为各种具体的工作任务，并将其分派给员工，可能还需要对一些员工进行培训。所有的古典管理理论都强调，管理者必须懂得如何授权。韦斯·罗伯茨指出，甚至连5世纪

图12-1 里兹—卡尔顿饭店公司的金牌标准

**三步服务法**

1
一个热情而真诚的问候。要尽可能使用客人的名字。

2
预测并满足客人需要。

3
深情地道别。要热情地向客人说再见,并要尽可能地使用他们的名字。

"我们是
为女士和先生们
服务的
女士和先生"

**里兹—卡尔顿饭店公司**
**信条**

在里兹—卡尔顿饭店,我们的最高宗旨是让客人得到真正的关心和舒适。

我们保证为我们的客人提供最好的个性化的服务和便利,使他们始终享受到一种温暖、轻松、优雅的气氛。

客人在里兹—卡尔顿饭店可以体验到感官的愉悦、增进健康、甚至连没有表达出来的愿望和需要也能得到满足。

**里兹—卡尔顿饭店**
**服务价值**

我为成为里兹—卡尔顿饭店的一员而自豪

1. 我与客人建立良好的关系,并为里兹—卡尔顿饭店创造终生客人。
2. 我总是及时地对客人表达出和没表达出的愿望和需要做出反应。
3. 我得到授权,为我们的客人创造独特、难忘的和个性化的体验。

4. 我了解自己在实现关键成功因素和创造里兹—卡尔顿饭店成功秘诀的过程中所扮演的角色。
5. 我不断地寻找机会创新和改进里兹—卡尔顿饭店给客人创造的体验。
6. 我对客人遇到的问题负责,并立即解决。
7. 我致力于创造团队合作和相互服务的工作环境,以满足客人和同事的需要。
8. 我有不断学习和成长的机会。

9. 我参与制订与我相关的工作计划。
10. 我为自己的职业形象、语言和行为而自豪。
11. 我致力于保护我们的客人、同事和公司的机密信息和财产的私密性和安全性。
12. 我有责任坚持清洁标准,并创造安全和无事故的环境。

这是里兹—卡尔顿饭店的全体员工工作时应该随身携带的六页小卡片的部分复制件,其目的是提醒他们优质服务的重要性。(佐治亚州亚特兰大里兹—卡尔顿饭店公司供稿)

伟大的匈奴王阿提拉都深谙此道,阿提拉将70,000名聚集在一起的蛮人锻炼成了一支训练有素的军队。大家公认阿提拉采用了如下观点:

- 首领决不应该放弃需要其直接负责的责任。
- 那些不需要首领直接处理的行动应交给最胜任的人完成。
- 应该认识到,首领不可能亲自完成其负责的所有的任务。除非领导者能够提供证据,否则领导者应该明白,事实上,他只是少数几个人的首领,或者不是任何人的首领。[6]

(在里兹—卡尔顿饭店公司的金牌标准中,"基本要求"第7条中的Mr. BIV"比乌先生"是一个表情淘气的动画人物,代表饭店存在的缺陷,是一个英文缩略语,即错误"Mistakes"、返工"Rework"、故障"Breakdowns"、不称职"Inefficiencies"和变化"Variations"。详细内容请见《饭店业质量管理》,中国旅游出版社出版,第80页。——译者注)

管理者必须知道如何有效地进行口头和书面沟通。

**激励和沟通** 管理者必须把一组个体变成共同工作的团队。要做到这一点,管理者必须具备"人际关系技能"。他们必须善于倾听员工的问题并帮助他们找出解决的办法。他们所做出的关于工资和晋升的决策必须明智和公平。他们还必须凭直觉知道如何鼓励和褒奖杰出的绩效。

迎客实业公司[Lettuce Entertain You Enterprises(LEYE)]是总部设在芝加哥的餐馆公司,在美国的6个州和日本经营着很多不同概念的餐馆。其业主理查德·梅尔曼相信,让人们高兴是迎客实业公司获得成功的最重要原因之一。公司的伙伴都被授予股权。全体员工都享有很多福利待遇,例如,离婚者的心理治疗,而新婚者会得到50美元的奖励。新生婴儿的父母会得到100美元的支票和一把蒂芙尼(Tiffany)牌银勺。[7]星巴克也有一个类似的项目,为每星期工作20个小时以上的员工提供职工优先认股权。奥莫罗·盖伊是一个很好的例子。奥莫罗·盖伊是星巴克的"伙伴"（在星巴克，每个人都是伙伴），从肯尼亚移民到美国。"6年之后，我把股票兑现了，用所赚的25,000美元为我孀居的母亲建了一幢4个卧室的房子。这就是我的公司。我是其中的一个所有者，我负责为公司创造业绩，公司对我也非常好。"[8]

最重要的是，管理者应该知道如何与其上司、同事和下属进行口头和书面沟通。那些想成为管理者的人往往认识不到沟通技能的重要性。由于其工作的性质，管理者必须把自己的观点"销售"给他人。出卖一个观点需要很多能力，例如，撰写有说服力的备忘录或者报告；站在一群人前面作有条理的讲演。开发沟通技能可以通过培训和实践的方式。

**评估绩效** 管理者要确定哪些因素对其组织的成功很重要，然后制定标准，用其评估个人或者班组的工作绩效。多美乐比萨店（Domino's Pizza）评估绩效的办法是，每星期给一定数量的订购比萨饼的顾客打电话询问满意度。塔科钟快餐店（Taco Bell）的驻店经理的大部分时间都在柜台外活动，以听取顾客对经营质量的评价。

万豪饭店集团的经理，除了定期对客人和非客人进行科学的抽样调查以外，还特别重视客人满意指数（GSI）。这个指数的信息来自顾客自愿填写的房间内调查表。万豪饭店公司集团主席J·W·比尔·马里奥特指出，"衡量顾客的感受可以使我们更加重视顾客，这正是我们所需要的"。[9]

为了衡量工作绩效，管理者必须收集关于组织或者部门工作绩效的统计、财务和定性的数据，然后将分析和解释的结果告诉下级、上级和同事。

施乐公司创造了一套衡量工作绩效的技术，这个技术已被很多行业的服务公司采用，包括饭店和餐馆连锁店。施乐公司将其称之为"竞争基准法"：

> 竞争基准法是比照我们最强的竞争对手或者公认的主导公司的标准，衡量我们的产品、服务和经营实践的连续过程。制定基准着眼于组织外部，研究其他组织并采用外部组织的最佳实践，以此来改善我们的内部经营并且进行创新。这是一种不断发展的管理过程，要求持续不断的更新，并且将竞争对手的信息、实践和绩效融入到我们企业的各级决策和沟通职能中。[10]

里兹—卡尔顿饭店公司、万豪饭店集团、麦当劳和塔科钟快餐公司等公司都把竞争基准作为经常性的评估工具。基于这一原因，管理者必须娴熟地掌握市场调研技术、统计分析方法和沟通技能。

**开发人力资源** 管理者必须注意人的发展，包括管理者本人。不断学习能使人进步。除了外部的讲座和教育计划外，经常性的在岗培训也是管理者开发员工的一个主要方式。在星巴克，对伙伴进行全面广泛的培训，包括产品知识、成功的指导原则、个人启能和为顾客创造积极体验的重要性。事实上，与大多数500强公司不一样，星巴克对培训的资金投入超过了对广告的资金投入。[11]

成功的管理者都认识到，其员工是其最重要的资源。他们还知道，树立榜样是开发人力资源的最可靠和最佳的方法。追随好的领导者，人们才能学会自己如何能成为领导者。彼得·德鲁克认为，"可以对管理者的所作所为进行系统的分析。通过学习，管理者可以掌握其应该做的事情（尽管不一定能完全通过学习得到）。但有一种素质是无法通过学习得到的，是生来就有的。它不是天资而是品格"。[12] 万豪饭店集团的创始人J·威拉德·马里奥特也相信这个观点。其儿子比尔接管公司时，老马里奥特在给儿子的信中写道："领导者必须具备一种品格，即做任何事情，都要成为表率。这是领导者的最大影响力。"[13]

## 管理理论的发展

尽管人们在数千年以前就发现了人员管理和劳动管理的最佳方式，但是直到19世纪英国工业革命和其他国家的工业化之后，管理理论才得到系统的研究和书面的记载。

苏格兰的一家棉花厂的经理罗伯特·欧文（Robert Owen）（1771~1858年）也许是第一位现代管理理论家。欧文认为，管理者的工作是实施改革。他相信，激励工人和提高生产力的方法是善待工人。他将标准的日劳动时间缩短为10.5小时，拒绝雇用10岁以下的童工，并且建立了以员工每日的工作绩效为依据的激励工资制度。

在欧文之后，其他实业家和理论家也对管理理论作出了贡献。多年后形成了7种管理理论学派：
- 古典学派；
- 行为学派；
- 定量方法学派；
- 系统方法学派；
- 权变学派；
- 质量中心学派；
- 顾客中心学派。

罗伯特·欧文（Robert Owen）（左图）1771年生于苏格兰，被认为是最早的现代管理理论家。除了其他改革之外，他还把标准工作日的工作时间缩短到10.5小时，并拒绝雇用10岁以下的儿童。弗雷德里克·泰勒（Frederick Taylor）（1856~1915年）（右图）是美国的一位产业工程师，他通过制定科学的生产原则改革了生产流程。

## 古典学派

古典学派的创始人是弗雷德里克·W·泰勒（Frederick W. Taylor）。泰勒是美国费城的一位产业工程师，是米德维尔钢铁公司的经理。泰勒运用科学的生产原则改革了生产流程。根据泰勒的科学管理理论，每一项工作都有一种最佳方法；如果经理分析了完成一项工作需要做的事情，他们就可以找到最佳和最有效的工作方法。泰勒认为，应该训练工人只使用这种由管理部门制定的"最佳方法"，工人应该按其工作速度和质量领取报酬。他建议采用"差别计件付酬制"，将每项工作都划分为两种工资标准："工人如果以最短的时间、优质地完成任务，获得高额工资；如果完成任务所花费的时间长，或者工作中出现缺陷，则支付低额工资。"[14] 泰勒还倡导，"如果工人顽固不化拒绝改进，可以解雇工人和降低其工酬"。1912年，美国众议院的一个委员会召开听证会，调查在政府中采用"泰勒制度"的实用性。泰勒将工人比做马，他说，跑马是"一流"的马，但不适合拉煤。同样也有"一流"的人，他们比其他人更适合做某些工作,因此应该把这些工作交给他们去做。[15]

虽然泰勒的方法受到广泛的赞扬,但是很多人却认为他的方式太顽固,批评他将人比做马,不考虑工人的需要。这些人认为逼迫工人提高生产率是不理性的,最终可能会导致工作机会减少,因此工会和工人都对泰勒的观点持批评态度。在沃特敦兵工厂的一次罢工中,政府机关的工人拒绝执行所谓的泰勒"秒表制度",因为"这不是一件工作的价值问题,而是看谁能用最短的时间完成它"。[16]泰勒则为自己的观点辩护,提出如果工人和管理层合作,他的制度会有效。

亨利·甘特(Henry Gantt)(1861~1919年)曾一度是泰勒的合作者,他发展了泰勒的思想,设计出一种生产—计划控制系统,使管理者可以预先了解每位员工应该完成的工作量。在他的"甘特图"中可以看到工作进度和完成工作的最终时间,人们现在仍然使用他的"甘特图"。

弗兰克·吉尔布雷斯(Frank Gilbreth)(1868~1924年)和他的妻子莉莲·吉尔布雷斯(Lillian Gilbreth)(1861~1919年)对古典管理理论作出了巨大贡献。弗兰克是一位效率专家;莉莲是一位工业心理学家。通过对一系列动作的研究,弗兰克将砌砖的动作由18个减为5个。如果采用吉尔布雷斯的五步法训练砌砖工砌砖,他们的工作效率可以提高3倍。吉尔布雷斯的研究是泰勒思想的延续,即每一项工作都有一种"最佳方法"。莉莲则集中精力研究工人的疲劳问题。她倡导要为所有的员工规定标准工作日、午餐时间和固定的工间休息。吉尔布雷斯夫妇共同设计了"三个岗位晋升计划",在这个计划中,工人在做本岗位工作的同时,学习准备晋升的高级岗位的工作,还对下级岗位的人员进行培训,以备晋升时这个岗位有人接替。采用这种方法,每个工人都会永远向前看,准备晋升到更好的工作岗位。

一些古典管理理论家致力于研究如何提高工人的工作效率和生产力;而另一些管理理论家则集中研究组织理论,确定管理者的责任和职能。这个领域的杰出代表是亨利·法约尔(Henri Fayol)(1841~1925年),法约尔是一位法国工程师,是一个大型煤矿公司的经理。法约尔关注管理者对企业的贡献和企业应该如何组织。通过研究,法约尔总结出了一些管理原则。法约尔认为这些原则适用于任何情况。我们今天的大多数基本管理理论均首次出现在法约尔的14条管理原则中(图12-2)。法约尔认为,管理者的基本角色是控制者和整合者,利用组织的所有规章、结构和传统,并将其结合在一起共同工作。

总之,古典学派主要关注生产力。这些理论家认为,工人是理性的,他们主要希望赚钱。古典学派强调满足员工的经济需要(干得越多,薪酬越高)和生理需要(不要使其过度劳累),但是却忽视了他们受尊重和受认可的社会需要。尽管泰勒及其追随者创立的许多观点至今仍在使用,但是我们已经认识到,科学管理理论忽视

图 12-2　法约尔的 14 条管理原则

1. **分工**　法约尔认为，专业化可以使员工"提高工作效率"。这个概念最终导致了现代装配线的产生。法约尔相信专业化适用于管理者，也适用于工人。
2. **职权和职责**　法约尔将职权和职责定义为"发布命令的权力和强迫服从的能力"。管理者需要有职权和职责才能完成任务。
3. **纪律**　纪律是一项领导职能。无力的领导产生无效的纪律。领导者必须与员工达成公平的协议，双方都必须尊重和遵守所有的规则。如果违反规则，管理者为了企业的利益必须采取某种惩罚措施。
4. **统一指挥**　法约尔认为，"不论何时，一个员工应该只接受来自一位上级的命令"。
5. **统一领导**　一个组织中具有相同目标的活动，应该在一个管理者的一个计划的指导下进行。例如，一个人负责销售，另一个人负责财务，依此类推。
6. **个人利益服从整体利益**　任何员工个人或者员工群体的利益都不应该高于整个组织的利益。
7. **个人报酬**　工人的薪酬应该公平，使雇主和雇员双方都满意。法约尔提出：（1）计时工资或者计件工资；（2）奖金；（3）通过改善工作条件提供福利。除了对高级管理者外，他不赞成分红制，因为这种做法不切合实际。
8. **集中**　"集中与分散是个简单的程度问题，关键是要找到在每一种情况下的最佳集中程度"。管理者必须有足够的集中，这样才能保持控制，但同时也必须赋予员工一定的职权，这样员工才能完成任务。这种平衡因不同的组织而异，因此管理者必须灵活，寻求最佳的集中程度。
9. **等级链**　这是"从公司最高层到最底层的等级链"。法约尔认为，无故违背这个等级链是错误的，但是他还认为，有时候这样做也可能是必要的。
10. **秩序**　"每一事物各有其位，每一事物各在其位。"同样，"每个员工也各有其位……与物料要有秩序地安排一样，也要使用表格和计划协调组织和控制人员的安排"。
11. **公平**　管理者必须公平，同时与员工交往时必须善解人意。法约尔提倡和蔼和公平地对待员工。
12. **人员的稳定**　人员的流动率过高对任何组织都是不利的。组织应该制定政策和计划，以帮助留住员工。
13. **首创精神**　应该鼓励员工在工作中发挥首创精神。法约尔认为，"聪明人的两个最大的满足是，想出一个计划并保证其成功地实施"。虽然可能会出现一些错误，但是让员工发挥首创精神可以为企业注入热情和活力。
14. **团结精神**　"团结就是力量。"促进团队精神是良好管理的关键因素。"分化敌人使其削弱是聪明之举，但分化自己的队伍，则会招致毁灭。"法约尔还提倡运用口头沟通而不用书面沟通，因为书面沟通容易被误解。

资料来源：选自亨利·法约尔《一般管理与工业管理》。

了人对工作满意度的需要。在服务行业中，例如饭店和餐馆，这种人的因素在提供优质产品还是劣质产品方面起着很大的作用。

## 行为学派

近年来，许多管理者发现，古典管理方法存在严重的局限性，在服务行业中的应用尤为明显。首先，古典理论家所处的那种相对稳定和可预见的企业环境已不复存在了。在今天的商界，混乱和不明确是正常的现象。这意味着，僵化的制度和规章已不像过去那样行之有效了。管理者必须更灵活和更具应变能力。尤其是在服务业中，规章和正式的工作程序可能会妨碍员工满足顾客的需要。其次，今天员工的受教育程度比较高，他们希望尽可能地自己做决策。

由于上述及其他原因，出现了人际关系理论，也称为管理的行为学派。行为学家试图在古典管理学家提出的规章、制度和工资等手段之外，找出激励员工的新方法。切斯特·I·巴纳德（Chester I. Barnard）（1886~1961年）是早期的行为学家之一，他是美国新泽西电话公司的总裁。巴纳德认为，只有雇员和雇主都对各自的目标感到满意，组织才能发展和繁荣。巴纳德认为，人们愿意在组织中工作，因为与自己独立工作相比，在组织中可以取得更大的成就。因此，如果管理者能够使员工的个人目标和组织的总体目标相吻合，公司就一定会成功。

乔治·埃尔顿·梅奥（George Elton Mayo）（1880~1949年）的研究是行为管理理论的里程碑。梅奥是哈佛商学院的教授，他在伊利诺伊州霍桑的西方电气公司的工厂里进行了人类行为的研究。1924年至1933年进行的"**霍桑研究**"彻底改变了管理者对人际关系问题的看法。西方电气公司设计并实施了这个实验，研究照明条件对工人的影响。在第一阶段的实验中（持续三年的时间），让两组工人分别在各自的"实验室"里工作。实验开始时，每个实验室的照明条件相同，工人做同样的工作。其中一组的照明强度逐步提高，不出所料，这一组工人的效率提高了。然后，再把照明强度逐渐调低，令研究人员吃惊的是，工人的效率同样提高了。而且，在另一个实验室，照明强度未做任何调整，而工人的效率也提高了！这些困惑的研究人员认定，除了照明强度以外一定还有其他因素在起作用。

研究人员又开始了第二阶段的实验，寻找可能影响工作效率的其他因素。这次让5名工人在一个单独的工作间工作，给他们不同的休息时间，减少工作日，减少工作周，增加工资。研究人员以主管的身份参加实验，让工人自己决定休息时间的长短。尽管整体的工作绩效有所改善，但是出现了意料之外的一些因素。

在实验进行的中间，梅奥及其助手参加了实验，他们开始怀疑，真正的动因可能是人的因素：

实验室的记录显示,无论条件如何变化,操作人员的工作绩效都持续提高。记录还显示,工人对工作和工作环境的态度发生了明显的变化。态度和效率的同步变化,说明它们之间必然有联系。我们可以合乎逻辑地把工作效率的提高归因于工人士气的提高,而不是实验中其他条件的变化。参加实验的女工们一次又一次的评论表明,她们摆脱了以前的紧张工作气氛。她们不再把男性的负责人当做工头……她们感觉,提高生产率与更加宽松、愉快和舒适的工作环境有很大的关系。[17]

在第三阶段的实验中,在三年内对工厂的21,126名工人进行了访谈,以核实实验中的发现。最后,梅奥和他的助手确信其发现是真实的。如果员工们知道管理层对他们感兴趣,并且有一个愿意倾听他们声音、有同情心的主管,他们的工作就会更努力,就会提高工作效率。从激励员工的角度,这比增加照明强度,甚至增加薪酬更重要。这个发现,即督导、士气和生产率之间存在着明显的联系,后来被称为**霍桑效应**,梅奥的著作《工业文明中人的问题》成为当时商界的畅销书。

亚伯拉罕·马斯洛(Abraham Maslow)(1908~1970年)进一步发展了管理者应当注重激励员工的思想。[18]按照马斯洛的见解,我们每个人的需要都是有层次的。马斯洛确定了需要的层次,并提出我们逐级满足自己需要的理论,即我们首先满足一个层次的需要,因为这是最基本的(或者最强烈)的需要,然后再满足第二个层次的需要,依此类推。

第一层次是生理需要。这是我们最强烈的需要,这些需要满足后,我们才会对其他事情感兴趣。这是我们对水、食品和栖身之所的需要。

第二层次是安全需要。我们需要保护和安全。在我们有了栖身之处,有了吃的东西之后,安全需要就变成了基本需要。

第三层次是社会、归属和爱的需要。我们对食物、栖身之地和安全的需要得到满足之后,就开始寻求爱情、友情和对社区和群体的归属感。这些需要都与我们周围的人有关。

第四层次是尊重的需要。我们每个人都需要有自豪感,同时也需要别人尊重自己。我们都期望某种程度的独立,期望我们的工作得到认可,得到赞赏。

第五层次是自我实现的需要。这是实现理想的需要,充分地表现自己并最大限度地发挥自己的潜力。这是需要中的最高层次,只有在其他需要得到满足之后,才会出现这个层次的需要。

麻省理工学院的心理学教授道格拉斯·麦格雷戈(Douglas McGregor)(1906~1964年)提出了另一个人类的激励理论。麦格雷戈认为,管理者都相信关于人类本性和行为的两种假设，这两种假设决定管理者的行为和管理风格。

麦格雷戈把第一种假设称为 X 理论，认为这种假设代表了"传统的指挥和控制观点"。X 理论的假设是：

- 一般人天生就厌恶工作，总是极力躲避工作。
- 由于人们厌恶工作，所以对大部分人，都必须用强迫、控制、指挥和惩罚加威胁的方法，迫使他们做出适当的努力去实现组织的目标。
- 一般员工，情愿接受别人的指挥，希望避免承担责任，相对缺乏进取心，而把个人的安全看得最重要。[19]

麦格雷戈认为，尽管大多数管理者都相信这些假设，但是这些假设只不过是一些自我实现的预言。麦格雷戈说，事实上，如果更多的管理者能将其假设转变为 **Y 理论**，工人的表现将会截然不同。Y 理论依据完全不同的观点，Y 理论的假设是：

- 工作犹如玩耍和休息一样是自然的。一般人不是天生就厌恶工作。
- 外部的控制和惩罚的威胁都不是鼓励员工为组织目标努力工作的唯一手段。员工在自己对目标负有责任的工作中能够实现自我指挥和自我控制。
- 对目标负有责任是与成绩联系在一起的报酬的函数。最重要的报酬，即自我意识和自我实现需要的满足，是努力实现组织目标的直接产物。

在最后的分析中，麦格雷戈相信，管理者如果不用正式的结构去控制员工，而采用鼓励和挑战的方法激励员工，就一定会获得成功。

## 定量方法学派

尽管由巴纳德和梅奥创立的行为学派影响了很多管理者，但仍然有一些问题没有解决。例如，并不是所有改善了工作条件的公司都达到了预期效果。许多实例证实，公司文化、工资水准和公司的组织形式，在激励和提高生产率方面起更重要的作用。换言之，如何激励员工的问题，远比早期行为学家们的发现复杂。

因此，需要找出一种新的方法，将古典的管理观点和行为管理学派的观点有机地结合在一起。许多管理问题的答案需要进行数学计算，要使用第二次世界大战时期科学家们研制雷达、导弹和原子弹时创造的数学模型进行计算。这种方法的基础是运筹学（OR）和管理信息系统（MIS）。受过**定量方法学派**理论训练的管理者使用依据顾客调研结果制定的复杂数学决策模型，确定选择新餐馆位置的成功概率或者确定某一饭店位置的最佳客房数量。这样，管理者就可以确定建设成本、经营饭店所需的员工数量和业主的预期投资回报（ROI）。管理信息系统为饭店和餐馆经理提供决策所需的信息。例如，预订系统预测在未来时间段中饭店的客房入住率和收入，这样经理就可能对营销计划安排进行相应的调整。经营管理系统报告每日的收支变化。收益管理系统指导饭店经理制定最佳房价。

定量管理的主要问题是，它使管理者只注意短期目标，例如，取得最低成本和最高利润。这样做的结果常常却是忽视了一些关键的因素，例如，员工的士气、人员的流动，甚至忽视了顾客满意度这个最重要的因素。而且，人员培训和研究与发展（R & D）等重要活动也常常被搁置在一旁，因为这些活动对增加利润看不出明显的效果。近年来，许多主要大学的 MBA 课程都调整了课程计划，淡化了定量方法在决策中的作用。虽然定量方法是一个重要的管理工具，但是只应该将其作为管理者的管理技巧武库中的一种武器。

## 系统方法学派

根据**系统方法学派**的观点，公司由多个相互联系的部门组成，同时又是外部大环境的一部分（外部大环境包括竞争对手公司、总体经济形势和社会价值等），外部大环境对公司的行为产生影响。管理者不可能独立行动，他们能否取得成绩取决于公司内部其他管理者和外部的环境因素。例如，饭店餐饮总监做出的关于餐厅提供食品的种类和价格的决策，会影响饭店销售部吸引来店的团体客人的种类。同样，销售部销售给团体客人的房间数量也会影响客务部销售给散客的房间数量。所有这些决策也都受外部环境的影响，例如，附近有多少家饭店？其房价如何？饭店之间的竞争程度如何？客人的需求如何？

青睐系统方法的管理者，从内部系统和外部系统的角度看待自己的组织。内部系统不是员工和部门，而是提供服务的手段。例如，客人登记入住饭店，涉及多个部门。客房部负责清理房间并使之处于备租状态。前台负责为客人办理入住手续，分配房间。礼宾服务部的服务人员陪送客人到房间。整个过程涉及多种职能和多个部门。最终的产品是客人舒适地在客房中安顿下来。

外部系统是管理者无法控制的饭店外部环境，包括经济形势、政府法规和竞争对手的行动。供应商也是外部系统的一部分。

内部系统与外部系统是相互关联的，如果两者互动和合作，通常能产生"协同效应"（synergy），也就是说，其各种行动的总和大于各个部分。例如，饭店之间相互合作，政府就能够减少该地区的犯罪，这样就使该地区更安全，成为更吸引旅游者的目的地。

采用系统方法的管理者懂得，他们必须把其组织当成一个整体，而不是各个部分。这与环境专家的观点相同，环境专家认为，我们共同生活在"地球太空船"上，相互合作是我们生存的需要。持有这种观点的管理者不但要看到木，而且还要看到林。他们深知，企业提供的服务质量是其每项投入的结果，投入影响着最终的成果，这意味着，每位员工的工作都对最终成果产生影响。这样就诞生了质量和质量管理的重要概念。

## 权变学派

**权变学派**有时被称为**情境管理学派**，这一学派认为每个情境都是不一样的，每个管理者也是不一样的。权变理论的理论家们认为，泰勒、法约尔和梅奥所相信的管理原则只是少数几个可以普遍应用的管理原则。管理者必须奉行实用主义的原则，决定在任何特定的情境下，怎样做才能得到需要的结果。管理者应该根据不同的问题和现有的资源，用古典管理方法、行为理论管理方法或者定量方法来解决问题。管理者必须不断地适应不断变化的情况，方法要灵活，头脑要开放，调整自己的行为适应当前的情境。

热衷于权变理论的管理者，通常特别善于管理有多种民族背景的员工群体。这些管理者在国外也能工作得很出色，在那里他们可能被安排在传统的管理方法行不通的环境中工作。这些管理者非常适应变革，因为他们愿意实验和尝试新方法。

这种观点的一个实例是，美国的一些管理者试图了解和借鉴日本的管理技术。日本的管理者和员工都相信"Kawaiso"和"Kaizen"这两个概念。日语"Kawaiso"是"可怜"或"怜悯"的意思，但是在管理学中，这个词指管理者保护和照顾其员工的责任，就像父母有责任保护和照顾自己的孩子一样。"Kaizen"也代表日本人的观念：持续不断地寻求更好的行为方式，以此来完善自己，这样做是值得的，也是重要的。这两种观点暗含着管理者和员工之间的一种互惠的默契。管理者有责任帮助和保护自己的员工，而员工则应该寻找更好的工作方法和提高自己的工作技能，以帮助管理者更好地工作。

## 质量中心学派

20世纪80年代初，在权变理论日益普及的同时，美国的管理者开始把注意力集中到质量管理上。这样做是合乎逻辑的，因为系统方法强调服务是一个过程，而不是一种职能，也就是说，组成服务流程的各个环节与各个环节之间的连接同等重要。日本式管理技巧的成功，尤其是在汽车制造业中的成功，使美国人的目光发生了转向，更加仔细地研究日本人成功背后的原因。

他们发现，日本人在很大程度上是受20世纪80年代三位美国人的思想的影响，但这些思想在美国却没有引起注意。这两位无名的质量管理英雄是威廉·爱德华兹·戴明（W. Edwards Deming）和约瑟夫·朱兰（Joseph Juran）。第三位美国人是菲利浦·克罗斯比（Philip Crosby），他曾任国际电话电报公司（ITT）质量管理副总裁，后来创办了自己的质量咨询公司。克罗斯比也宣扬质量的重要性，并受到了很大关注。这几个人中的每个人都有各自独特的质量管理方法。[20]

威廉·爱德华兹·戴明（W. Edwards Deming）被认为是质量中心学派管理理论的创始人，他是一位电气工程师，他的质量观点帮助了日本20世纪80年代的经济复苏，随后也对美国的企业产生了影响。

戴明是一位电气工程师，曾于1950年首次访问日本。他提出了一个全新的概念：消费者不但是生产线的一部分，而且是最重要的部分。他还提出，企业获利的方法是吸引回头顾客，这些回头顾客会把你的产品或者服务再告诉其他顾客。戴明把他的观点总结为"14点质量方法"，告诉管理者，如果他们希望管理高质量的企业，他们就应该做到：

首先，管理者必须放下今天的工作将目光投向明天。他们必须致力于不断改进产品和服务以满足顾客的需要，保持在竞争中处于领先地位。他们必须持续创新，调动资源支持创新和持续的质量改进。他们必须建立质量体系。他们必须打破部门之间、工人与主管之间的障碍。他们必须摆脱数字化的目标和定额，集中精力改进工作流程，明确地告诉员工什么是可以接受的工作标准和达到这个标准所需要的工具。其次，他们还必须要营造一个没有相互指责和恐慌的气氛，这样才能够共同发现问题并解决问题。[21]

戴明认为，如果管理者能做到这些，不但会提高质量，还会提高生产率，因为建立了质量体系，所以一开始你就不会出错，因此就没有返工成本或者替补丢失顾客的成本。

约瑟夫·朱兰于1953年第一次访问日本（只比戴明晚了三年），他认为，质量的定义是"可用性"。换言之，人们说某种产品或服务的质量好，是因为这种产品或服务可以做他们所期望做的事，可以按照他们所期望的方式工作。要采用综合的方法才能达到质量要求，这涉及公司的每个工作环节，包括产品或服务的设计、开发产品或服务的传送系统、公司顾客的关系，甚至公司与供应商的关系等。朱兰开发了质量成本会计系统（COQ）。他确定了四种不同的质量成本：

- 内部缺陷成本（产品和服务提供给顾客之前发现的缺陷）；
- 外部缺陷成本（产品和服务提供给顾客之后发现的缺陷）；
- 评估成本（检查原料或者材料的状况所需的成本）；
- 预防成本（用于防止缺陷的成本）。

例如，在一家餐馆，内部缺陷成本可能是，厨房中烹制的不合格的食品在送给客人之前被替换掉的成本。而外部缺陷成本则可能是替换一个错误点单的成本，客人点了烤土豆，但服务员却送上了炸薯条。评估成本可能是检查从供应商处购买的食品的费用，这些食品的质量、规格和数量达不到标准。预防成本包括为了避免出现质量问题，对员工和供应商的培训和与其沟通的费用。朱兰认为，零缺陷的目标在经济上是不可行的，因为在某种程度上，这样做的代价太高了。他提出了一种用不断改进的方式取得最佳质量的方法。

菲利浦·克罗斯比却提出了"质量是免费的"相反观点。克罗斯比将质量定义为"符合要求"，他认为，任何按照设计标准连续重复生产的产品都是高质量的。质量改进的最终目标是零缺陷，产品的零缺陷是通过预防取得的，不是通过事后的检查取得的。[22]克罗斯比相信，要改进产品的质量，高层管理部门必须转变思维。如果管理者的期望值是有缺陷的产品，他们是会达到目的，因为员工会认为管理者的期望值是有缺陷的产品，他们会容忍的。但是如果管理者将目标设定为零缺陷，并将这个标准告诉所有的员工，则有可能达到无缺陷的结果。为了达到无缺陷的目的，公司应该重视改变公司文化，这样员工就可以不惜一切代价参与和投身于为顾客提供最佳产品和服务的工作。朱兰重视用统计和分析工具测量质量成本，克罗斯比的观点与其不同，他认为，如果你注重人而不是数字，你就可能达到零缺陷的目的。预防成本将永远低于纠正错误和失去顾客的成本，因此质量的成本永远低于控制差错和纠正差错的成本。

里兹—卡尔顿饭店公司的高级管理者认为，他们在制订自己的质量计划时，受到了戴明、朱兰和克罗斯比观点的影响。[23]里兹—卡尔顿饭店公司的管理者建立了一个要求员工使用的解决问题的系统：

1. 确认和选择问题。

2. 分析问题。
3. 确定潜在的解决方案。
4. 选择和策划解决方案。
5. 实施解决方案。
6. 评估解决方案。

请注意，这一系列步骤的重点是消除问题。里兹—卡尔顿饭店公司力争"百分之百地满足客人的要求"。储存在计算机中的顾客资料可以重复显示客人的偏爱。经理们每天收到根据每个饭店的 720 个工作区的数据做出的工作质量报告。指导全体员工不断地在整个饭店范围内寻找缺陷，要求并授权员工听到顾客反映的问题后立即解决，可以"采取任何方式"，即使这个问题涉及其他部门也要这样做。如果处理客人投诉或者满足客人要求的员工请求同事帮助，无论其正式的职责是什么，这个人必须提供帮助。

里兹—卡尔顿饭店公司的员工为客人精心服务的故事多得很。曼哈顿的南希和哈维·赫夫纳的故事被《纽约时报》所引用，"他们对你好得不能再好了"。这对夫妇的儿子在佛罗里达的那不勒斯生病了，饭店的员工在夜里的每个小时都给他送去加蜂蜜的热茶。赫夫纳先生必须要飞回家一天处理商务，但他回家的飞机延误了，饭店的司机在大堂几乎等了他一整夜。[24]

里兹—卡尔顿饭店公司只是采用**质量中心学派**观点的许多公司之一。托马斯·H. 彼得斯和小罗伯特·A. 沃特曼是麦肯锡顾问公司（McKinsey & Company）的两位咨询专家，他们合著了《追求卓越》（In Search of Excellence）一书，书中介绍了他们对 43 家业绩卓著的大型公司进行的研究。在总结他们的研究结果时，彼得斯说，"无论是私营还是公立，无论是大企业还是小企业，我们发现，只有两种方法可以创造并长期保持卓越的绩效。首先，通过提供卓越的服务和卓越的质量，精心照顾你的顾客。其次，不断地革新。就是这些。研究商务策略的专家指出，采用其他任何方式都无法取得长期的卓越绩效，也无法在策略上保持竞争优势"。[25]

彼得斯和沃特曼将管理的目光移向了顾客，他们建议，虽然各种管理理论和体系均有其位，但是管理者务必牢记他们的工作是让顾客满意，在世界的所有管理体系中，使用科学原则激励员工和组织员工都不会成功，除非其最终结果是一位满意的顾客。虽然定量管理理论家认识到了外部环境（包括顾客）的重要性，但是彼得斯和沃特曼认为，管理者决定如何管理自己的企业时，顾客应该是最重要的考虑因素。彼得斯建议，公司应该将其组织机构图倒置，把顾客放在顶部，把公司的总裁放在底部！[26]在彼得斯和沃特曼的卓越管理模式中，科学管理原则只在帮助公司取悦于顾客时才适用。甚至连员工的工资也应该与顾客的满意度挂钩。我们与弗雷德里克·泰勒的分歧已经很大了,因为泰勒认为,应该根据工人满足其经理要求的程度,而不是根据其满足顾客要求的程度,支付工人的工资。

## 顾客中心学派

**顾客中心学派**只是质量管理学派和彼得斯和沃特曼的理论的逻辑延伸。我们已经很清楚地知道当今顾客的需要和愿望,因此能够更好地创造他们需要的服务和产品。杨克洛维奇调研公司(Yankelovich)在其刊物《国家休闲旅游2000年透视》(*National Leisure Travel MONITOR* 2000)中指出,公司在其接待服务业的产品的营销和经营方式方面正面临着一场革命。"为了在变化的环境中取得成功,旅游业的营销人员必须要认识到这一点,驱动21世纪有效市场的将是一个新的现实:这个市场动力不是你,而是要为你的顾客创造一个自我创造的环境。你应该准备见证顾客依赖性的终结。你必须要把顾客,要把单一的一位顾客,当成与你这个营销人员在同一个运动场游戏的参与者。新型的顾客不会只选择现有的项目。他们将自己创造个性化的项目满足自己的旅游需要。"[27]在同一项研究中,大约64%的消费者同意这样的观点,"商家更注重向我们推销他们现有的产品和服务,而不是提供真正适合我们生活方式的东西"。最基本的一点是,管理学理论中的顾客中心学派倡导,企业应该探索新的领域,重视与消费者之间的互动关系。

盖洛普公司的马库斯·白金汉和柯特·科夫曼,用25年的时间进行了两项大型管理研究,将其研究成果写成了《首先,打破一切常规:世界上最伟大的经理有什么不同》(*First, Break All the Rules: What the World's Greatest Managers Do Differently*)一书。盖洛普公司调查来自不同公司、行业和国家的100多万名员工。在调查过程中,调查了杰出的经理们如何对待其顾客。调查发现,那些杰出的经理和他们的员工在其职权范围内尽最大努力建立不断增长的忠诚顾客群体。他们抓住那些从未尝试过他们产品和服务的消费者,并且将其转变成了"鼓吹者",即特别忠诚的顾客。"他们不但能够承受产品的缺陷,而且能够主动称颂你。这些拥护者是你最大的不拿工资的销售队伍。这些拥护者不但为你进行营销,进行宣传促销活动,甚至制定价格,而且是你持续发展的动力。"[28]也就是说,杰出经理的重点应该是他们的顾客。

在过去的25年中,盖洛普公司还调查了10多亿顾客。虽然不同行业的顾客的需要各异,但是所有的顾客都有四种期望。这些期望是分层次的,低层次的期望满足后,顾客才注意更高层次的期望。

第一层次的期望是准确性。例如,饭店的顾客希望饭店提供给他们的房间是他们所预订的房间。餐馆的顾客希望服务员送上的是他们所点的饭菜。

第二层次的期望是可用性。顾客希望他们喜爱的饭店连锁店在很多城市中都有,这样就可以方便他们出行时的住宿。餐馆的顾客希望他们喜爱的餐馆就在附近，并且有充裕的停车空间。

第三层次的期望是伙伴关系。顾客希望他们光顾的商家能够倾听他们的意见，并对其做出反应，使顾客感到自己和商家在一个"团队"中。这就是为什么航空公司创立了忠诚顾客俱乐部，为常客提供特殊的优惠。

第四层次的期望是忠告，也是最高层次的期望。顾客认为帮助他们学到知识的商家最亲密。在今天的环境中获得成功的旅行代理商已经将自己变成了顾问。他们不再试图"出售"什么东西，而是花时间发现顾客的旅行需要和愿望，然后向顾客介绍现有的各种旅行选择方案。家得宝公司（Home Depot）多年来一直在满足顾客的这种对忠告的期望。其销售队伍实际上是一组店内专家，他们向顾客传授各种知识，包括园艺技术和粉刷墙壁知识。[29]

# 再造

**再造**是美国商界的一个很流行的管理术语。很多公司都做过尝试，有些成功了，有些失败了。然而，作为一个管理概念，其重要性已经确立了。迈克尔·哈默和詹姆斯·钱培是公认的再造理论的创始人。1993 年他们的畅销书《公司再造：企业革命宣言》出版后，他们的观点引起了全国的关注。[30] 由于这本书引起了轰动，哈默与钱培又各自独立和与他人陆续出版了多本书。[31] 很快又出版和发表了很多论述再造的书籍和文章。

在《公司再造》一书中，哈默和钱培提出，现代的管理实践是从弗雷德里克·泰勒、亨利·法约尔和其他人的那些过时的思想中发展起来的，这些人重视完成任务的最佳方法。虽然人们都认同顾客应该是所有管理活动的中心，但是如果你继续坚持采用传统的组织结构，热衷于劳动分工和集中的观点，你也不会有太大的变化。在提出这些观点的初期，它们可能是有其优点的，但是随着时间的推移，人们发现它们在工人和管理部门之间增加了层次。要产生真正的结果，你必须实施显著的变革，而不是渐进式的变革。10% 的变化是渐进式的变化。再造能使结果发生 40% 以上的改变。这就是革命。

再造的定义是：对业务流程进行根本的重新构思和彻底的重新设计，以对成本、质量、服务和速度等关键的、现行的绩效评估方法进行彻底的改进。"业务流程"在这里是关键词。流程是公司的肉和土豆，是生产、销售和为顾客服务的方法。流程通常涉及多个部门的人员的工作。例如，在饭店举行大型会议，至少需要销售和营销部、客务部和餐饮部的人员的参与。哈默和钱培认为，按照职能和任务组织工作永远不能取得按结果组织工作取得的显著效果。为取得这种显著效果，职能部门应该由流程团队取代。毕竟，顾客关心的是成果，而不是生产产品所投入的工作。

---

### 饭店再造

饭店是按照职能组织企业的典范。各个部门分管专门的区域：餐饮、客务、销售和营销等。职业发展通常都在同一个区域，因为技能没有通用性。其结果是，饭店内各部门之间的沟通与合作通常很困难。由于各部门的目标不同，部门之间往往需要以妥协的方式达成一致，这就导致了对客服务标准的降低。"我们不能这样做，因为我们一直是那样做的"，这是在饭店经常听到的一种说法。

尼贝尔、拉瑟福德和谢弗教授对这个问题进行了研究。在《康奈尔季刊》上发表的一篇文章中，他们列举了大量的导致饭店运营困难的问题，其中包括：

• **集中决策** 采购单必须由总经理亲自签批，对特殊需要的反应速度很慢。制定房价的权限集中在上层，所以调整房价的建议通常必须经总经理批准，这也同样减慢了工作流程的速度。

• **职能部门交叉协调困难** 饭店各部门的协调问题包括：送餐部和客房部在应该由谁负责清除客房内的餐具方面产生矛盾；客人与收银员之间出现的服务问题，只报告给财务总监，而不通知餐饮部；厨房设备维修方面的问题应该由工程部负责而不是由行政总厨负责。

• **总体绩效的责任不明确** 例如，饭店销售工作的专业化（将销售人员的工作分为商务旅行者和休闲旅行者）会导致无法确定总体责任和佣金。

• **总经理的培训机会有限** 美国饭店的总经理，在被提升到总经理的位置之前，大部分时间一直在一个部门工作。由于缺少交叉岗位的培训，新提升的总经理只全面掌握自己以前工作过的部门的知识。

• **压制创新** 集中决策和集中协调通常会导致饭店形成官僚行政的管理体系，将权力集中在少数几个高层管理者的手中。这种做法不鼓励创新。例如，航空公司已经开发了先进的预订系统，包括座位预订、特殊膳食和预登机牌确认等多项服务，但是大多数饭店仍然要求客人排队登记入住，甚至已经预订的客人也不例外。[32]

如果饭店愿意停止问这样的问题，"我们如何改进现在的工作？"而问这样的问题，"我们如何调整工作方法，让顾客更满意？"饭店也同样可以再造。

---

哈默和钱培引用了一个实例，说明再造如何起作用。这是一个保险公司，这家公司过去签发一份保险单需要用24天。而实际的文书工作只需要10分钟，其余的时间用在14个部门之间的文件传送。公司进行了重新组织，让一个人完成所有必要的任务。现在，这个过程只需要几个小时。亨利·福特用减少文件的方式对公司的采购程序进行了彻底的再造，这样他就能够把3个部门的工作合为一个部门的工作，显著加快了采购过程，同时把员工的数量从500人减至125人。

资料来源：选自迪尔伯特，联合辛迪加提供。

这类例子导致人们认为，再造的特征就是精简（减少劳动力），用计算机代替人力。哈默和钱培坚持认为，精简与再造不相同，无论公司是否进行再造，精简总是会发生的。再造的含义是一切从头开始。当然，这样做意味着要改变现状，因此必然会遭到那些关心自己工作的工人的抵制。

漫画家斯科特·亚当斯在他的畅销书《迪尔伯特原则》（*The Dilbert Principle*）中写道：

> 再造趋于减少完成职能所需的员工数量。这个令人遗憾的负面作用可以引起员工的恐惧和不信任，而员工的参与对再造的成功与否是至关重要的。你可能会认为，恐惧和不信任会对改革的努力产生破坏作用，但是并非一定如此。许多例子可以证明，尽管有很多恐惧和不信任，但是这些过程仍然正常运行。例如：
> - 死刑；
> - 总统竞选；
> - 多重市场。
>
> 应该同情负责公司再造任务的可怜家伙：没有来自上层的足够管理支持和来自下层的造反精神。有成功的可能，但是可能性不大。如果你把赌注下在一匹赛马上，这匹马在泥泞的赛场上输掉，现在又突然下起了大雨，你获胜的概率是很小的，公司再造成功的机会和你这次下注的成功机会几乎是一样的。而且这匹马还丢掉了两只马掌。这匹马最终死了。[33]

尽管人们这样惧怕再造，提出了这些看法，但再造在当前的管理思想中仍然有很坚实的立足之地。

## 领导的重要性

在本章中我们将管理一个组织的人称为"管理者"。这可能是误导。沃伦·本尼斯是一位工业心理学家，曾担任过四位美国总统的顾问，被称为领导理论之父。他与伯特·纳纽斯合著了一本里程碑性著作《领导者：掌管的策略》（*LEADERS: The Strategies for Taking Charge*）。本尼斯和纳纽斯走访了60位成功的首席执行官，他们都是总裁或者董事长，还走访了30名杰出的公职领导者。本尼斯得出结论，这些人士的成功不是因为他们是管理者，而是因为他们是领导者。尽管本尼斯承认管理和领导同样重要，但是他认为，两者之间存在着巨大的区别：

> 管理意味着实现、完成、负责、责任和指挥。领导则是影响，指引方向和路线，引导行动和建议。这个区别是非常重要的。管理者把事情做正确，领导者做正确的事情。其差别可以归纳为：远见和判断的活动（有效性）和控制日常工作的活动（效率）。[34]

为了更明确地区分两者的含义，本尼斯引用了联合技术公司在《华尔街日报》上刊登的一则广告，标题为"让我们摆脱管理"。广告这样说：

> 人们不愿意被管理，他们希望被领导。有谁听说过世界经理？但是人们听说过世界领袖：教育领袖、政治领袖、宗教领袖、童子军领袖、社区领袖、工人领袖和商界领袖。他们都领导，而不管理。胡萝卜总是比大棒有效。问一问你的马。你可以把马领到水边，但你无法管理它喝水。如果你想管理别人，先管理你自己。真正做到这一点，你将会停止管理，而开始领导。[35]

研究结束后，本尼斯和纳纽斯得出结论，他们访谈的这90名领导者都使用了四种基本策略：

- 策略一：远见卓识；
- 策略二：有效沟通；
- 策略三：坚定不移；
- 策略四：自我完善。

下面我们将逐一讨论这些策略。

## 策略一：远见卓识

领导者为组织创造工作重点。麦当劳公司的雷·克罗克告诉本尼斯，"领导能力可能是你的背景、本能和梦想的结合"。领导者清楚地知道其组织的发展前景，同时他们善于向员工灌输其意图。在浇注第一桶水泥之前，沃尔特·迪士尼就知道未来的迪士尼乐园是什么样子、人们在这里游玩一天之后的感受及采用何种方法才能让游人获得这种感受。这就是他的远见卓识。凯蒙斯·威尔逊梦想创建一个路边旅馆网络，旅馆的间隔不超过100英里，店内专设供儿童使用的设施。领导者知道其组织的未来，在一切就位、一切运转正常时是什么样子。

## 策略二：有效沟通

本尼斯和纳纽斯指出，只有梦想是不够的。成功的领导者有能力让其他人也分享其梦想、努力和热情，将其梦想变成现实：

> 如何抓住想象力？怎样使人们支持组织的总体目标？如何让人们认可并接受一个想法？工人必须认同并支持已经建立起来的目标。管理的含义是控制沟通，这与有效的领导是分不开的。[36]

有效的领导在一定程度上是通过有效的沟通实现的。一些领导者公布鼓舞人心的备忘录；另一些领导者召开会议，利用模型、挂图和图表详细讲述他们的想法。很多领导者运用类比的方法，把他们提出的计划比作大家已经了解的事物。本尼斯指出，这样的沟通与事实无关，重点是指明方向。其目的是让组织中的每个人都具有同样的观点和梦想，这样大家就可以听到同样的音乐，演奏同样的曲调，其依据不是面前的一本歌曲集，而是他们本能地知道曲调的旋律应该什么样。

## 策略三：坚定不移

领导者不但具有远见和通过沟通让每个人都支持这种远见的能力，他们还知道如何沿着他们设计的方向开辟一条持续、稳定的航线。与有效领导者共事的人都相信他们的领导者。他们知道不管代价有多大，他们的领导者都会说到做到，从不食言。里兹—卡尔顿饭店公司的管理者要求员工不惜任何代价使顾客满意，每个员工都知道其含义是什么。本尼斯和纳纽斯走进雷·克罗克的办公室后，克罗克向他们展示了镶在精致镜框中的一段他最喜欢的激励名言。麦当劳公司每个总经理的办公室都把这段名言放在最醒目的地方。这段名言出自美国前总统卡尔文·柯立芝之手：

世界上任何东西都不能代替坚韧不拔。

天才不能代替；很多不成功的人士都具有伟大的天才。

才华不能代替；没得到回报的才华只不过是人们的话柄。

教育不能代替；世界上有很多受过良好教育的被人们所抛弃。

只有坚韧与决心是无所不能的。

有效的领导者坚持他们的原则、观点和远见，无论什么不可逾越的障碍都不能阻止他们。与其共事的人们都知道这一点，并相信他们能够实现其远景目标。在这方面，领导者与军事史上的传奇将军没有什么区别，这些将军的士兵深知将军将战斗到胜利为止，因此他们决心与将军共同战斗到底。

## 策略四：自我完善

本尼斯相信，有效的领导者在大部分时间都在第一线冲锋陷阵。"我们的高级管理者大约90%的时间都与员工在一起，事实上，他们还用同样的时间考虑棘手的员工问题。"[37]本尼斯将其称之为"自我的创造性发展"。领导者知道自己的长处，他们不断地运用个人的优势取得自己的目标。同时，领导者也知道自己的弱点，并自觉地进行弥补。如果他们知道无法弥补自己的弱点（例如，做某项自己不擅长的工作时，身边没有能胜任此项工作的人员），他们通常不会承担这项工作。本尼斯认为，"领导者和追随者的主要区别是开发和改进自己技能的能力"。[38]领导者通常不需要别人督促，主动这样做。他们具有强烈的自我价值感：他们是谁，他们能做什么，领导者的行为基于他们的自信和能力。

同时，领导者也重视和尊重他人。他们知道，你无法让其他人心甘情愿地追随你，除非他们认为这样做对他们自己有好处。领导者很少批评他人。洛杉矶公羊（Los Angeles Rams）橄榄球队的前任主教练告诉本尼斯和纳纽斯：

> 他在确信他的球员无条件地相信他之前，从来不批评他的球员。他的球员无条件地相信他之后，（如果他发现了有助于球员改进的地方）他可能会说，"瞧，你已经做得99%的非常好了，但是这1%的因素会使你变得更棒。让我们共同向这个方向努力"。[39]

几十年来，沃伦达（Wallenda）杂技世家一直是国际上最知名的杂技团。他们在世界各地的主要杂技场表演高空走钢丝的绝技。他们的胆识和技巧无与伦比。本尼斯和纳纽斯引用了卡尔·沃伦达的一段话，"在钢丝绳上是生存，其余的都是等

423

待"。[40]在波多黎各的圣胡安，卡尔·沃伦达在两座高楼之间表演走钢丝时，在数千名观众面前不幸丧生。沃伦达家族能够在钢丝绳上行走，是因为他们没有想到会掉下来。他们期望成功，不是失败。

强生公司（Johnson & Johnson）的退休首席执行官詹姆斯·伯克是跨国公司中最成功的领导者之一。他喜欢讲述，他年轻时，当经理的时候曾经犯了一个严重的错误，使他的公司损失了数百万美元。总经理约翰逊召见他时，他以为要被炒鱿鱼了。出乎意料，约翰逊表扬了他，说他非常赏识敢于冒风险和犯错误的管理者。甚至在今天的强生公司中，那些拒绝承担风险和从来不犯错误的管理者也很难得到提升。

领导者不怕犯错误。他们认为犯错误可能是最好的学习方法，不但能从自己身上学到东西，而且也能从员工身上学到东西。由此产生了**授权**原则。领导者授权其员工解决问题。他们知道，这样做，一些员工可能会犯错误，一些错误的代价甚至很高。但是犯错误的员工会从错误中吸取教训，学会如何把工作做得更好。这使工作更值得做，因为员工获得了担当领导的机会，可以爬上钢丝绳，在上面行走，并对自己的行为负责。当然会有风险，但是也有回报。如果公司鼓励员工承担风险，允许失败，表彰其成功，就会开发出稳定的一批训练有素的领导者，这些人也知道如何服从领导。最好的公司都鼓励所有的员工要成为领导者，让他们自己处理和解决顾客的问题。通过提供资源的方式授权员工解决顾客的问题，这些资源可以是金钱，也可以是其他员工的支持。这需要有对领导者的充分信任，还需要有一支训练有素的员工队伍，这样员工也是可以信赖的。本尼斯指出，相信自己的领导者本能地理解信任他人的重要性。

## 服务组织与员工的力量

成功的服务性公司都鼓励和授权与顾客接触的员工负责满足顾客的需要。例如，美国三角航空公司授权其接待人员，如果旅客在飞机上受到颠簸或者飞机发生不必要的延误，有权为旅客升舱，甚至提供免费机票。

根据《华尔街日报》的报道，美国许多最大型的连锁饭店都授权员工为顾客提供更好的服务，这样做降低了成本，提高了服务质量。凯悦饭店集团的前总裁达里尔·哈特利-伦纳德认为，"授权承认员工并不像雇主想象的那么愚笨"。[41]在旧金山的菲蒙饭店（Fairmont Hotel），行李员基思·汉隆在帮助一对庆祝50周年结婚纪念的夫妇进入房间时，送上一瓶冰镇香槟酒和自己的名片。在北卡罗来纳州的格林斯伯勒的汉普顿饭店（Hampton Inn），客房服务员托尼娅·格林看到一位客人因为通风设备太冷而调换了两次房间后，她主动为客人免掉了这每晚54美元的房费。汉普顿饭店公司在全公司实施了一项计划，如果客人不十分满意，可以减免客人一天的房费。[42]

根据彼得斯和沃特曼的观察，成功的服务性公司只有相对数量很少的高级行政人员在高层经常性和非正式地开会。管理者大部分时间不在办公室，而是实施走动式管理（亲临现场管理）（MBWA）。

这种观点是尽可能减少组织高层与基层之间的管理层次，鼓励员工之间进行合作，而不用多层管理层次和无数紧闭的门阻止员工之间的合作。由于员工和员工之间的关系在服务性组织中非常重要，所以选择、培训和提升恰当的员工尤为重要。

## 结论

在本章中，我们试图说明在饭店组织中，没有一种单一管理模式或者管理风格适用于所有组织中的所有情况。管理者的个性不同，因此任何两位经理都可能会采用不同的方法解决同一个问题。做事情没有绝对的正确和错误之分。然而，的确有一些管理原则应用在一些杰出的公司中，并且产生了最佳效果。为了应用这些原则，管理者必须要做某些事情，其中很多事情无法在教室里学到，必须通过实践学习。四位管理学教授，罗伯特·E·奎恩、休·R·费尔曼、迈克尔·P·汤普森和迈克尔·R·麦格拉思，总结出了八种管理/领导角色及其关键能力（见本章附录）。管理者和未来的管理者如果牢记这些管理角色，就会把工作做好；会在他们的职业生涯中发展自己的管理技能。

## 小结

管理者的工作与乐队指挥的工作相似，管理者必须把公司的所有个体部分协调成一个整体。经理还必须编写供交响乐队演奏的乐谱。管理者肩负五项基本任务：制定目标、组织、激励和沟通、评估绩效和开发人力资源。

古典管理学派的创始人是弗雷德里克·泰勒，他倡导科学管理。泰勒认为每一项工作都有一种最佳方法。弗兰克·吉尔布雷斯和莉莲·吉尔布雷斯寻找使工人的效率更高的新途径，还研究工人的疲劳问题。亨利·法约尔提出了14条管理原则，其中包括：分工、统一指挥和集中。他的理论是今天在工业管理中使用的系统方法的基础。

行为学派的创始人是切斯特·巴纳德和乔治·埃尔顿·梅奥。巴纳德认为应该同时满足雇主和雇员的需要。梅奥参与了霍桑研究，他发现如果管理者真正地关心员工，员工会更努力地工作，士气会更高涨。亚伯拉罕·马斯洛发现了需要的层次，从基本的生理需要一直到自我实现的需要。道格拉斯·麦格雷戈提出了 X 理论和 Y 理论，代表两种相反的激励员工的论点。

定量管理学派试图将古典的管理观点和行为管理学派的观点有机地结合在一起。使用定量技术的管理者用数学决策模型解决管理问题。定量管理方法的问题是，它将管理者的注意力集中在短期财政目标上，而以员工的士气、研究和发展及其他因素为代价。

系统方法学派认为，所有组织都是一个系统，因此，一个部分发生的事件和决策会对其他各部分产生影响。管理者不可能独立行动，他们能否取得成绩取决于公司内部其他管理者和外部的环境因素，例如，整体的经济状况。

权变学派提出，每个情境都是不一样的，每个管理者也是不一样的，因此没有可以普遍应用的管理原则。管理者必须奉行实用主义的原则，决定在每一种情境中，应该采取何种行动才能取得预期的效果。

由于日本汽车公司的成功，质量中心学派在20世纪80年代很流行。日本人受三位美国人的影响：W·爱德华兹·戴明、约瑟夫·朱兰和菲利浦·克罗斯比，但是直到他们的观点帮助日本公司取得了成功，美国人才对他们有所了解。戴明强调，管理者必须面向未来，致力于不断改进产品，打破员工和管理者之间障碍。通过建立质量体系，公司可以节省发生在招回产品和失去顾客方面的成本。

约瑟夫·朱兰将质量定义为"可用性"。如果产品的功效满足了顾客的预期，顾客就认同其质量。朱兰认为，产品的零缺陷是不现实的，因为在某种程度上，这样做的代价太高。

菲利浦·克罗斯比提出，质量是"免费的"，因为预防缺陷的成本将永远低于纠正错误和丢失顾客的成本。他认为，如果管理者的期望值是有缺陷的产品，他们是会达到目的的，因此管理者的期望值应该是优质产品。管理者可以通过提高工人参与改进工作流程的程度，增强其生产优质产品的责任感，达到无缺陷的目标。

根据顾客中心学派的观点，管理者应该集中精力建立忠诚的顾客群体，使其成为产品的鼓吹者。顾客中心学派认为，今天的企业必须认识到，顾客希望购买的东西比商家希望出售的东西重要。对21世纪的顾客，如果没有适合其需要的产品，他们将不会仅仅从现有商品中进行选择，而努力去创造个性化的选择来满足自己的需要。

再造的定义为，"对业务流程进行根本的重新构思和彻底的重新设计，以对成本、质量、服务和速度等关键的、现行的绩效评估方法进行彻底的改进"。按照职能部门组织的饭店可能适合于实施某种流程的再造，例如，接待大型团队的流程。

管理者首先应该是领导者。成功的管理者知道其企业的目标，能够把自己的远见清晰地传达给员工，善于排除障碍，并且大部分时间都在第一线冲锋陷阵。他们不怕犯错误,致力于完善自己和改进自己的技能。领导者也授权员工去解决问题,使其也成为领导者。有效的服务性组织相信员工的力量和走动式管理(MBWA)方式。他们非常注重选择、培训和提升恰当的员工。

管理者必须担当八种管理/领导角色:指挥者、生产者、协调者、监督者、导师、促导者、改革者和经纪人。为了增加成功的机会,管理者和未来的管理者应该发展自己在每个角色上的技能。

# 注释

[1] Peter F. Drucker, *Management*:*Tasks*,*Responsibilities*,*Practice* (New York:Harper & Row, 1974), p. 398.

[2] Ronald Zemke and Dick Schaaf, *The Service Edge* (New York:New American Library, 1989), p. 43.

[3] Drucker, p. 399.

[4] Ibid. , pp. 400 – 401.

[5] All of the quotes and references to Ritz-Carlton in this chapter were supplied to the authors by Patrick Mene, corporate director of quality for The Ritz-Carlton Hotel Corporation, Atlanta, Georgia, in the form of a series of articles, speeches, presentations and other documents. The material was updated with the assistance of Marco Selva, General Manager, The Ritz-Carlton, Key Biscayne. The authors wish to acknowledge the generous assistance of Mr. Mene, Mr. Selva, and Ritz-Carlton for sharing this material.

[6] Wess Roberts, *Leadership Secrets of Attila the Hun* (New York:Warner Books, 1990), pp. 74 – 75.

[7] Janet Denefe, "Melman's Magic", *F & B Magazine*, July/August 1993, p. 24.

[8] Joseph A. Michelli, *The Starbucks Experience*:*5 Principles for Turning Ordinary into Extraordinary* (New York:McGraw-Hill, 2007), p. 8.

[9] Zemke and Schaaf, p. 48.

[10] *Competitive Benchmarking*:*The Path to a Leadership Position* (Xerox Corpora-

tion, 1992).

[11] Michelli, p. 8.

[12] Drucker, p. 402.

[13] Robert O'Brien, *Marriott: The J. Willard Marriott Story* (Salt Lake City: Deseret Book Company, 1987), p. 265.

[14] Frederick W. Taylor, "A Piece Rate System", *Scientific Management: A Collection of the More Significant Articles Describing the Taylor System of Management*, edited by Clarence Bertrand Thompson (Cambridge: Harvard University Press, 1914), p. 637.

[15] "The Taylor System of Shop Management at the Watertown Arsenal", *Scientific Management*, p. 755.

[16] Ibid., p. 743.

[17] George Elton Mayo, *The Human Problems of an Industrial Civilization* (Boston: Macmillan, 1933), pp. 75 – 76.

[18] This discussion of Maslow's theories is distilled from A. H. Maslow, *Motivation and Personality* (New York: Harper & Row, 1970).

[19] Daniel A. Wren, *The Evolution of Management Thought* (New York: Wiley, 1979), p. 484.

[20] The following discussion of Deming, Juran, and Crosby has been abstracted and paraphrased in part from "A Note on Quality: The Views of Deming, Juran, and Crosby", by Artemis March, associate for case development, under the supervision of Professor David A. Garvin of the Harvard Business School, 1986 (9 – 687 – 011), and from a teaching note by research associate Norman Klein and Professor David A. Garvin on the same subject, 1990 (5 – 691 – 022). Both documents are the property of the President and Fellows of Harvard College and are available from the Publishing Division of the Harvard Business School, Boston, Massachusetts 02163.

[21] March, p. 2.

[22] Ibid., p. 7.

[23] Edwin McDowell, " Ritz-Carlton's Keys to good Service", *New York Times*, 31 March, 1993.

[24] Ibid.

[25] Tom Peters and Nancy Austin, *A Passion for Excellence* (New York: Random

House, 1985), p. 4.
[26] Ibid., p. 34.
[27] The YP & B /Yankelovich Partners *National Leisure Travel MONITOR* 2000.
[28] Marcus Buckingham and Curt Coffman, *First, Break All the Rules: What the World's Greatest Managers Do Differently* (New York: Simon & Schuster, 1989).
[29] Ibid., pp. 129 – 132.
[30] Michael Hammer and James Champy, *Reengineering the Corporation: A Manifesto for Business Revolution* (New York: HarperCollins, 1993).
[31] Hammer authored *The Reengineering Revolution: A handbook* with Steven A. Stanton (Harper Business, 1995) and Beyond Reengineering: How the Process-Centered Organization Is Changing Our Work and Our Lives (HarperCollins, 1996). Champy wrote Reengineering Management: The Mandate for New Leadership (HarperCollins, 1994) and co-edited Fast Forward: The Best Ideas on Managing Business Change (Harvard Business School Press, 1996) with Nitin Nohria.
[32] Eddystone C. Nebel Ill, Denney Rutherford, and Jeffrey D. Schaffer, "Reengineering the Hotel Organization", *Cornell Quarterly*, October 1994, pp. 88 – 95.
[33] Scott Adams, *The Dilbert Principle* (New York: Harper Business, 1996), pp. 276 – 277.
[34] Warren Bennis and Burt Nanus, *LEADERS: The Strategies for Taking Charge* (New York: Harper & Row, Perennial Library Edition, 1986), p. 21.
[35] Ibid., p. 22.
[36] Ibid., p. 33.
[37] Ibid., p. 56.
[38] Ibid., p. 60.
[39] Ibid., p. 64.
[40] Ibid., p. 69.
[41] James S. Hirsh, "Now Hotel Clerks Provide More Than Keys", *Wall Street Journal*, 6 March, 1993, p. B – 1.
[42] Ibid.

## 🔑 主要术语

**管理的行为学派**（behavioral school of management）　管理理论家在古典管理学家提出的规章、制度和工资等手段之外，寻找激励员工的新方法。

**古典学派**（classical school）　一种管理学派，这种理论认为，工人是理性的，他们主要希望赚钱。这种管理方法重视员工的经济需要和生理需要，但不是忽视工人的社会需要或者工作满意度的需要。

**竞争基准法**（competitive benchmarking）　由施乐公司提出，指比照最强的竞争对手或者公认的主导公司的标准，衡量产品、服务和经营实践的连续过程。

**权变学派**（contingency school）　这一学派的理论认为，每个管理情境都是不一样的，每个管理者也是不一样的，因此几乎没有可以普遍应用的管理原则。这种学派也被称为情境管理学派。

**顾客中心学派**（customer focus school）　这一学派认为，应该注意，设计和销售的产品和服务要符合顾客的需要和生活方式，不要简单地提供现有的产品和服务。

**授权**（empowerment）　一种管理技巧，一线员工被赋予权力解决顾客的问题和做其他决策，这些工作过去都是由组织中的较高管理层来完成。

**霍桑效应**（Hawthorne effect）　当员工知道管理者对他们及他们的工作感兴趣时，他们就会更加努力地工作，就会提高工作效率。这种现象被称为"霍桑效应"。

**霍桑研究**（Hawthorne studies）　伊利诺伊州霍桑的西方电气公司对工人进行的系列研究，哈佛商学院教授乔治·埃尔顿·梅奥参与了这项研究。这项研究最初的目的是研究照明条件对工人生产效率的影响，但是后来扩展到研究其他工作条件，例如，休息的时间和督导的方式。

**质量中心学派**（quality focus school）　这种管理学派强调，与管理的其他方面相比，质量最重要。这一学派的创始人是戴明、朱兰和克罗斯比。

**定量方法学派**（quantitative school）　一种管理学派，试图将古典管理理论和行为管理理论结合在一起，用数学方法解决管理问题。

**再造**（reengineering）　对业务流程进行根本的重新构思和彻底的重新设计，以对成本、质量、服务和速度等关键的、现行的绩效评估方法进行彻底的改进。

**情境管理学派**（situational management school）　这一学派的理论认为，每个管理情境都是不一样的，每个管理者也是不一样的，因此几乎没有可以普遍应用的管理原则。这种学派也被称为权变学派。

**系统方法学派**（systems school）　一种管理理论，其主要内容是，公司是一个由许多相互联系的部门组成的系统,公司同时又是外部大环境(系统)的一部分。因此,管理者不能独立行动,他们取得的成绩取决于公司内部和外部的环境因素。

**X 理论**(Theory X) 一些管理者对人类本性的传统假设,这种假设决定了管理者的管理风格。根据 X 理论,一般的员工:(1)厌恶工作,必须用指挥和惩罚加威胁的方法,迫使他们做出适当的努力;(2)希望避免承担责任,把个人的安全看得最重要。

**Y 理论**(Theory Y) 一些管理者对人类本性的假设,这种假设决定了管理者的管理风格。根据 Y 理论:(1)一般员工不是天生就厌恶工作;(2)如果员工对组织的目标负责,就没有必要实施外部控制;(3)组织目标应该用将对目标负有的责任和报酬结合在一起的方式实现。

**三个岗位晋升计划**(three position plan of position) 由弗兰克和莉莲·吉尔布雷斯设计的一个计划,要求工人不但要履行自己的岗位职责,而且还要:(1)学习上级岗位的工作;(2)训练一个下级岗位的工人,以便在其晋升时接替其目前的工作。

## 复习题

1. 管理者必须履行哪五项基本任务?
2. 古典管理学派的主要人物有哪些?行为管理学派的主要人物有哪些?他们的贡献是什么?
3. 什么是霍桑研究?
4. 什么是定量方法管理学派?
5. 系统方法学派与权变学派的区别是什么?
6. 质量中心学派的主要代表人物是哪几位?他们对管理理论的主要贡献是什么?
7. 顾客中心学派的主要观点是什么?
8. "再造"如何在企业中应用?
9. 成功领导者的四个基本策略是什么?
10. 什么是员工授权?

## 网址

访问以下网址,可以获得更多的信息。谨记:互联网地址可能不事先通知而改变。如果该网址已不存在，可以用搜索引擎查找另外的网址。

### 饭店公司/度假饭店

Fairmont Hotels
www. fairmont. com

Hampton Inn
www. hampton-inn. com

Hyatt Hotels Corporation
www. hyatt. com

Lettuce Entertain You Enterprises
www. lettuceentertainyou. com

Marriott International
www. marriott. com

Ritz-Carlton Hotels
www. ritzcarlton. com

### 组织和资源

Business Process Reengineering and Innovation
www. brint. com/BPR. htm

The Malcolm Baldrige Award
www. quality. nist. gov

### 出版物

*Inc.* Onlin
www. inc. com

*Strategy & Business*
www. strategy-business. com

### 餐馆公司

McDonald's
www. mcdonalds. com

Taco Bell
www. tacobell. com

# 附录　八种管理/领导角色

### 指挥者角色

作为指挥者，管理者必须是果断的引导者，要明确问题、确立目标、制定规则和政策、发布指示。管理者通过控制形势、注重结果和促进事件发生的方式实施指挥。作为指挥者，管理者还必须制定具体目标和确定达到目标所需的行动计划。最后，管理者必须懂得如何有效地授权，要认识到他们自己无法独自完成任务。只有通过他人的工作才能完成任务。

### 生产者角色

作为生产者，管理者应该以任务为导向，以工作为中心，高度重视手中的任务。管理者必须能够激励自己提高生产率，积极应对挑战，尽最大努力不断提高工作绩效。

管理者应该像激励自己一样激励他人，应该懂得，他们对员工的期望和他们如何对待员工，在很大程度上决定员工的工作绩效和职业进步。

作为生产者，管理者也必须学习如何处理最大限度地减小压力的负面作用，很多饭店的工作定期会出现这样的压力，因为淡季之后通常是疯狂的旺季。

### 协调者角色

作为协调者，管理者必须确保工作流程顺畅，所有活动均按轻重缓急的顺序进行，让个人、部门和班组之间的矛盾降至最低点。要达到此目标，必须做资金和人力资源的使用计划，保证最有效地提供服务。

管理者必须为工作任务和员工制定标准、先后顺序和时间安排，还必须制定等级链，明确谁向谁报告工作和谁应该做什么工作。

最后，作为协调者，管理者必须学会使用有效的控制机制，控制机制可以提供反馈信息，显示实际的绩效是否与预计的绩效一致，顾客是否得到了预期水准的服务。

### 监督者角色

作为监督者，管理者应该了解现场的情况，确保员工能够遵守规章，按要求生产。管理者一定要掌握一些数据，例如，食品成本或客房入住率，并对其进行分析，确定其重要性。为此，管理者必须善于文字处理工作、审阅备忘录和做会议记录。管理者还必须知道如何有效地利用信息，虚心听取意见，做出正确判断。为了解决问题，管理者必须能够发现和权衡所有的可能因素，然后确定哪种解决方法能产生最佳效果。这就要求有清晰的分析思维。管理者也必须能够通过撰写有效的备忘录、建议报告和信件的方式，向他人传递信息。

### 导师角色

作为导师，管理者应该乐于帮助人、能够体谅人、敏感、易于接近、开放和公平。为此，管理者要了解自己和他人，要进行人际交流（包括培养主动倾听技能），要通过绩效评估和培训的方式开发员工的能力。

### 促导者角色

作为促导者，管理者需培养集体观念、建立内聚力和士气，管理人际冲突。通过团队建设可以达到这些目的。有效的管理者首先是团队的建立者。他们相信，合作比单干好。他们能够让他人相信这个观点。起促导者作用的管理者采用参与性决策方法。做重要决策时，他们请其工作生活受此决策影响的相关个人参与。他们还善于冲突管理。调查显示，管理者需要花费20%～50%的时间进行冲突管理。这些管理者知道怎样运用协作方法解决争端。

### 改革者角色

在当今飞速变化的环境中，管理者与时俱进发起和实施改革的能力是基本的生存技能。任何地方的变化也没有饭店领域显著，在那里，新的生活方式和人口结构不但持续不断地影响着人们的旅行方式和旅行目的地，还影响着人们的饮食和口味。管理者必须应对那些突如其来的变革，有时甚至是令人讨厌的变革。要做到这一点，管理者需要有构思新创意和发现新途径的创造能力。有改革精神的管理者知道怎样策划和管理变革。他们欢迎新技术、新的思想，愿意承担改革的风险。

### 经纪人角色

在组织中，好的观点，只有在人们看到了接受这些观点所带来的利益之后，才是可行的。管理者应该是经纪人，知道如何建立并保持一个能力的基础，如何通过磋商达成共识，如何有效地提出观点。作为优秀的经纪人，管理者知道能力和权力是不相同的。真正的能力不来自头衔或者职位，而来自一个人自身展现出来的对他人的塑造作用和影响力，也就是具有吸引力、影响力和说服力的人格魅力。管理者在一些特殊领域中具有的专长也是能力，例如，烹制食品和计算机等方面的专长。作为高效的经纪人，管理者应该善于谈判，知道怎样让持相反意见的团体或个人达成共识。他们还是称职的公共发言人，不但善于向一个人传达观点，还善于向一群听众传达观点。

费尔蒙坦伯利岛度假村及俱乐部（Fairmont Turnberry Isle Resort & Club）。（费尔蒙酒店和度假村集团提供）

# 13 人力资源管理

## 概要

劳工趋势
    人口结构的变化
    离职率高
    法规

人力资源计划
    真心关心员工
    明确岗位职责
    制定生产率标准
    招聘最合适的候选人
    遴选最佳应聘者
    实施持续培训计划和职业发展计划
    激励和留住员工
    对员工进行评估

小结

## 学习目的

1. 了解并讨论当前影响饭店业的劳工趋势。
2. 了解合理的人力资源计划中应该包括的内容。

有人曾经这样说，可以把管理者比作乐队指挥，其工作是指导和指挥不同的乐师共同演奏成功。但是，首先所有的乐师必须能够娴熟地演奏自己的乐器，然后指挥才可能指挥出优美的乐章。如果小提琴手不会拉小提琴或者吹长笛的演员不识乐谱，你能期待什么样的演出结果呢？

饭店业也如此。管理者首先必须把员工变成知道如何工作的合格工人，然后才能指挥员工，并且把员工的个人贡献塑造为一个整体。员工是交响乐团的乐师，而客人是交响乐的观众。如果员工的工作技能不熟练，他们的演出（工作绩效）就会得到不好的评论。一个交响乐团可能会有伟大作曲家的乐谱，但是由于乐师不称职，演出仍然很糟糕。同样，一个饭店或者餐馆，可能会有最好的标准食谱、最好的服务程序和质量标准，但是由于员工的表现不佳，仍然会使客人不满。

这就是在饭店业中正确的人力资源管理是非常重要的原因。任何一个行业都不像饭店业那样，员工和客人有那么多的接触机会，有那么多的机会可以强化客人的良好印象或者使客人产生不良印象。在本章中，我们将讨论工人短缺、高离职率和与劳工相关的法规，这些因素都能引起劳工危机。然后，我们将讨论饭店和餐馆战胜劳工危机的主要策略：可以帮助管理者雇用、培训、激励和留住员工的人力资源计划。

## 劳工趋势

不论用什么标准衡量，当今饭店业面临的一个最严重的问题都是劳工短缺。许多饭店业领导者都认为，工人短缺和工人质量低下是饭店业面临的最大问题。管理者面对的问题包括：（1）没有应聘者；（2）工作岗位空缺的时间长；（3）离职；（4）缺少合格的应聘者。导致劳工危机的因素很多：

- 人口结构的变化；
- 离职率高；
- 法规。

在饭店业中，给客人留下良好印象的机会很多。

## 人口结构的变化

大多数观察者都一致认为，至少有六种人口结构变化的趋势将在未来的10年中对美国的劳动力队伍产生重大的影响，并最终将对美国的所有行业都产生重大的影响。

**人口增长** 美国人口在20世纪50年代的年增长率高达2%。今天的人口增长率仅为0.9%多一点，据预测，这个比率未来将逐渐下降。虽然美国近年来经历了出乎意料的高出生率和高移民率，但是死亡率也在增长。由于美国出生率持续下降，而死亡率上升（由于人口的老龄化），移民在劳动力队伍中的作用日益重要。

**中年美国人** 根据美国劳工统计局的数字，1985年，50%美国工人的年龄在16岁至34岁之间，38%美国工人的年龄在35岁至54岁之间，其余12%美国工人的年龄在55岁以上。但是今天的情况发生了巨大的变化。据估计，16岁至34岁年龄段的工人的数量已经下降了12%，因此只占工人总数的38%，而35岁至54岁年龄段工人的数量增加了13%，从38%增加到51%。同时，55岁以上的工人的数量下降至11%。这组统计数字既透露了好消息，也透露了坏消息。好消息是，中年工人通常比青年工人更有经验，更可靠。坏消息是，缺少能够从基层做起、一步步被提升的青年工人。

**女性工人增加** 由于生活费用的提高和单亲家庭的增加，从20世纪中期开始，加入美国劳动力队伍的妇女人数稳步增加。1955年，只有35%的美国妇女在外面工作，但是，今天有一半以上的妇女加入了劳动力队伍，2/3 的美国母亲在外面工作。越来越多的女性参加工作为餐饮业带来了福音，因为这些妇女没有多少时间做家务，所以她们（和他们的家庭）在外面就餐的次数增加了。希望雇用妇女的雇主们必须知道并且能够帮助解决其子女的照顾问题，而过去在对待以男性为主的劳动力队伍时，是不必考虑这个问题的。

饭店业雇用的女性员工的数量不断增加。

**人口流动** 从加勒比地区、中南美洲及亚洲涌入了大量的移民，他们都定居在美国南部和西部。涌入移民最多的 10 个州，有 8 个州在西部。这意味着，在美国的一些地区出现了劳动力短缺，但不是全国。

**受教育程度提高**　虽然大学的入学率不断提高，但是大多数美国成年人仍然没上过大学。甚至有迹象显示，在某些地区由于每年有大量的非英语移民涌入，导致识字率下降。然而，由于需要技能型工人，就要求越来越多的成年人取得某种学历：大学、大专或者技术学校。

**劳动力队伍的多样化**　1960 年，只有 10% 的美国人属于少数民族。今天，25% 的美国人是非白种人。到 2050 年，黑人、拉美西班牙裔、亚洲裔和美国土著人将占美国总人口的 50% 以上，非拉美裔白人将变成少数民族。很明显，随着越来越多的来自不同种族和文化背景的管理者和员工在一起工作，对多样性培训的需要也越来越大，管理者也需要更好地了解如何管理多样化的劳动力队伍。

## 离职率高

高离职率是饭店管理者必须处理的另一个劳工问题。根据美国饭店业协会的统计数据，饭店业员工的年离职率为 60% 至 300% 以上。某一饭店经营者报告，大部分离职人员为客房服务员、餐饮服务员和杂工，他们当中有将近一半的人在被雇用后的两个星期之内离职。这种高离职率的一个后果是，许多饭店和餐馆的员工都缺少训练或者缺少经验，不能为顾客提供预期的优质服务。

要找出饭店业离职率高的全部原因是很困难的，但是仍然存在少数比较普遍的原因：

- **无效的聘用机制**　由于很难找到员工，所以管理者在聘用员工时，不采用甄别手段，不考查受聘人员是否适合于这个岗位，不向受聘人员详细讲解其岗位的工作内容。例如，饭店开业每天必须 24 小时有人值班，每星期 7 天，天天如此。新员工通常不了解夜班、节日或者周末的工作职责，而他们有可能被安排到这样的岗位上工作。他们了解了饭店工作的具体情况后，通常感到很失望，所以通常会去寻找其他工作。
- **提升机会有限**　大多数人都希望获得更好的职位和待遇。如果能够找到更好的工作，没有人会满足于饭店或者餐馆的最低工资职位。通常他们可以找到更好的工作。另外一个问题是，许多饭店或者餐馆不能为初级岗位员工提供培训计划，因此他们无法学到在本公司内提升所需的技能。寻求发展的员工一定会辞职，另谋高就。
- **缺少培训和监督**　被聘用为初级岗位的员工应该接受岗位培训。许多新员工没接受过足够的培训，工作中犯了错误，感到很沮丧，最后导致离职。在岗培训是最廉价的培训方式，也是最有伤害性的培训方式。

## 工作场所中的多样化

现在，在处理工作场所中的多样化问题时，大多数公司仍然采用被哈佛商学院的大卫·A. 托马斯（David A. Thomas）和罗宾·J. 伊利（Robin J. Ely）称之为"歧视与公平"（discrimination and fairness）的范式。这个范式的基础是承认歧视是错误的。基于这个范式，可以用公司实现其招聘和留职目标的程度来衡量公司在多样化方面的进步程度。"歧视与公平"范式理想化了同化及肤色和性别中性的一致性。但是托马斯和伊利认为还有一种更好的方法。他们提倡'进入与合法化"（access-and-legitimacy）范式。这个范式不寻求一致性，而颂扬差异性。基于这个范式，组织寻求进入更多样化的员工队伍，使员工的人口统计特征与组织的目标消费者一致。

下面是8点"先决条件"，托马斯和伊利认为公司需要具备这些"先决条件"才能成功地转变为"进入与合法化"范式。

1. 领导必须要懂得，多样性的劳动力队伍将会体现不同的观点和工作方法，他们必须真正重视各种不同的观点和见识。
2. 领导必须要承认，不同的观点为组织提供了学习的机会和挑战。
3. 组织文化必须要为每个人创造一种高标准的绩效预期。
4. 组织文化必须要能够激励个人的发展。
5. 组织文化必须要鼓励开放性。
6. 组织文化必须使员工感觉到自己受到了重视。
7. 组织必须要有一个明晰的和大家都了解的使命。
8. 组织必须要有一个相对平等、非官僚主义的结构。

星巴克是把多样性放在首位的一个公司。这个公司制定了6条指导原则，要求其管理人员以此为依据，来判断所有公司决策的合适性。前2条原则与劳动力队伍相关：

1. 提供良好的工作环境，相互尊敬和尊重。
2. 把多样性作为我们做生意的一个基本方法。

星巴克的总裁和首席执行官奥林·史密斯（Orin Smith）认为："接受多样性不但是在人际交往和伦理道德方面应该做的正确事情，而且也对企业有利。由于世界变得越来越复杂，因此拥有一支多样性的工作团队有助于我们的公司更具适应性。这是非常重要的，因为我们正在全世界进行发展。多样性帮助我们做出更好的决策。多样性一定是我们价值体系中的一部分。"

资料来源：修改自 David A. Thomas and Robin J. Ely, "Making Differences Matter: A New Paradigm for Managing Diversity", Harvard Business Review on Managing Diversity (Boston, Mass.: Harvard Business School Publishing Corporation, 2001), pp. 23, 52–53; and www.starbucks.com.

## 法规

对饭店业的管理者来说,了解那些影响他们管理方式的法规是十分重要的。1938年,美国国会通过了"合理劳动标准法案"(FLSA),规定了关于工资和加班的法律。1967年之前服务行业的员工不执行这些法律条款,直到1979年,所有的条款才全部生效。这个法案强调了少数民族的就业问题和男女同工同酬等问题。

许多联邦和地方法律都对人力资源的管理实践产生了影响。"1964年民权法"禁止种族、性别、宗教或者原国籍的歧视。民权法的一个结果是成立了"就业机会均等委员会"(EEOC),监督和实施这个法律。近年来,就业机会均等委员会扩大了管辖范围,也监督管理性骚扰问题。

"1970年职业安全和健康法案"规定了安全工作条件的内容。此外,该法案还要求雇主必须保证工人在工作中有安全设施,切肉机和梯子等劳动工具必须符合安全标准。美国成立了"职业安全和健康署"(OSHA),监督工人的安全。

"1990年美国残疾人法案"的目的是保护肢体和精神残疾者的人权。雇主不得拒绝为有能力工作的残疾人提供工作,并必须为他们提供进入工作场所的通道(例如,特别停车空间和轮椅车坡道)。

"1993年家庭和医疗休假法案"规定,如果员工因为生小孩或者收养小孩需要休假,或者因为员工本人或者家庭成员生病,必须得到每年最多12周的无薪假期。

"1996年非法移民改革和移民责任法案",规定了惩罚故意雇佣非法移民的雇主的条款。该法案还禁止因为血统或者国籍的原因在就业方面的歧视。

## 人力资源计划

合理的人力资源计划应该包括下列内容:
- 真心关心员工;
- 明确岗位职责;
- 制定生产率标准;
- 招聘最合适的候选人;
- 遴选最佳应聘者;
- 实施持续培训计划和职业发展计划;
- 激励和留住员工;
- 对员工进行评估。

下面我们将逐条讨论这些内容。

## 真心关心员工

越来越多的服务行业的管理者认识到,你不能期望员工对待顾客比你对待他们好。里兹—卡尔顿饭店公司在其宗旨陈述中把其员工当做"内部顾客",并认为,为了让员工向客人提供优质服务,里兹—卡尔顿饭店公司必须首先向员工提供优质服务。里兹—卡尔顿饭店公司倡导一种公司文化,鼓励员工可以放下手中的日常工作帮助同事。这样做可以消除内部竞争,建立强有力的员工团队。

麦当劳公司发给每个青少年员工一本手册,告诉他们"利用业余时间打工是了解现实世界的最好手段,但是更重要的是你们要把学习放在首位。在麦当劳,我们的承诺是帮助学生探索知识世界和现实世界中的最好的东西"。[1] 这告诉员工,麦当劳相信教育的重要性。

上述两家企业都同意,当他们谈及做"与人打交道的生意"时,他们既指其员工,也指其产品的购买者。有成功的人力资源计划的公司都认识到,人是最宝贵的资源,因此要保证人力资源计划的每一步都考虑到每个人的最基本价值、他们的敏感性和他们的脆弱性。这些公司都认为,事实上,"我们是关心自己员工的雇主"。

## 明确岗位职责

管理者雇佣恰当的人做某一个岗位的工作之前,必须清楚这个岗位的职责,只有这样,申请者的技能才能和这个岗位的要求相吻合。

在服务行业中,对工作任务的分析比其他行业更复杂。例如,电焊工的工作,无论在摩天大厦的顶层还是在机器车间,实际上都是相同的。但是餐饮服务员的工作的差异非常大,取决于多种因素,包括每天的时间、餐馆的布局和设计、服务员在当地的小餐馆工作还是在美食餐馆工作、餐馆的设备及客人的期望值。甚至,推销技巧也会影响餐饮服务人员的工作:在大多数餐馆,客人都是根据印刷的菜单点菜,而在另一些餐馆,餐饮服务员要将写在黑板上的菜单展示给顾客或者将当日的特色菜背下来。

因为在不同的工作场所,同样的工作是不同的,所以独立饭店或者餐馆必须进行自己的工作任务分析,这样才能知道自己的饭店和餐馆中的岗位职责。连锁饭店或者餐馆通常不进行自己的工作任务分析,这项工作由公司总部进行。例如,戴斯酒店(Days Inn)连锁公司将分析戴斯酒店客房清洁程序的工作委托给了佐治亚理工大学的工业和系统工程学院。佐治亚理工大学的分析专家的结论是,所有主要客房清洁工作可以分成"自然组"或者工作步骤群(job block),他们建议戴斯酒店采用图13-1中的客房清洁程序。

图 13-1　客房清洁程序实例

**预备**
客房服务员进入房间，开灯，拉开窗帘。将推入房内的清洁车停放在梳妆台前。然后清扫房间，将烟灰倒入垃圾袋中，收集垃圾袋、清理房间垃圾。将垃圾倒入停放在门外的清洁车中，然后返回房间，把烟灰缸拿到洗面盆内清洗，如有必要，在水中浸泡一会儿。

**第一工作步骤群**
从梳妆台开始，客房服务员进行第二次房间清扫，收集所有的脏毛巾，并将其放到客人用过的床上，然后用脏床单将其包裹起来。如果两张床都住过客人，则将这个脏布巾卷放到第二个床上，用该床的床单包住这个脏布巾卷。注意，这个程序可以防止将脏毛巾和床单塞入枕头套。这是一个耗费时间的程序。客房服务员将卷在一起的脏布巾放到门外的清洁车内。

**第二工作步骤群**
从门外的清洁车上取出所需的全部布巾，回到房间内做床。

**第三工作步骤群**
做完床后直接到梳妆台完成必要的工作，包括放置新毛巾。服务员不必离开梳妆台，因为推入房间的清洁车非常方便。

**第四工作步骤群**
将推入房间的清洁车移至卫生间旁边，开始卫生间的全部清洁工作。

**第五工作步骤群**
对全房间进行除尘。返回房内清洁车，将其移至桌前，清洁桌前镜，更换垃圾袋，放置必要的文具用品，更换桌上的烟灰缸。然后将清洁车移至门口，更换空调处烟灰缸，将清洁车推出房间。

**第六工作步骤群**
从清洁车上拿下吸尘器（或者其他地毯清洁工具），为房间地毯吸尘。

以上只是一个典型的客房服务员的工作分析的一部分。全部的工作分析可能还要包括客房服务员向推入房间的清洁车上放置床单、枕套、毛巾、玻璃杯、香皂、卫生纸、文具用品和其他物品，还包括如何做床、如何清洗抽水马桶等细节。

工作分析完成之后，就可以制定很多文件，帮助员工了解工作内容，其中包括工作目录、工作明细和工作描述。

从名称上可以看出，**工作目录**只是某一岗位的员工必须完成的任务目录（图13-2）。工作目录是培训新员工的有效工具，也可以作为提示新员工工作的文件。

工作目录是**工作明细**的基础，工作明细是完成一项任务所需的具体的、一步一步的程序（图13-3）。图13-3中的第一栏是图13-2工作目录的第七项任务。

图13-2 工作目录实例

---

日期：

### 工作目录

**岗位**：客房清理服务员
**任务**：员工必须能够：

1. 停留在指定区域内。
2. 身着恰当的制服。
3. 打卡上班。
4. 领取夹纸书写板和钥匙。
5. 面见主管。
6. 获得备品。
7. 计划你的工作。
8. 进入房间。
9. 准备房间。
10. 铺床。
11. 收集清洁物品。
12. 清洁卫生间。
13. 为房间除尘。
14. 检查/更换纸用品和客用品。
15. 清洁窗户。
16. 检查你的工作。
17. 用吸尘器清洁房间。
18. 锁好房间门，在报告单上做记录。
19. 在规定的时间内休息。
20. 返回并重新往清洁车上装备品。
21. 返回客房部，上交夹纸书写板和钥匙。
22. 打卡下班。

图 13-3 工作明细实例

| 岗位：客房清扫服务员，早班 姓名： 主管： ||||
|---|---|---|---|
| 工作目录 | 工作标准 | 其他信息 | 一季度 二季度 三季度 四季度 是/否 是/否 是/否 是/否 |
| 7. 计划你的工作。 | A. 研究你的任务单。 | 请求尽早清扫的房间、需要快速清扫的房间、离店房间、VIP 房间和要求不清扫的房间都记录在你的清洁车上。 | |
| | B. 尽可能先清理离店客房。 | 首先清扫离店房间可以为前台提供可售客房。 | |
| | C. 按照报告单清扫请求尽早清扫的客房。 | | |
| | D. 尽可能在午饭前清扫 VIP 客房。 | VIP 客人是我们最重要的客人。 | |
| | E. 锁上清洁车库的房门，到工作区工作。 | | |
| | F. 尊重"请勿打扰"标志。 | 我们必须尊重客人的隐私。许多客人喜欢白天睡觉。永远不要敲有"请勿打扰"标志的房门。 | |
| | G. 核对标有 CO 的房间，然后核对报告单上圈出的房间。这些房间是离店客房。 | 标有 CO 的房间是客人已经在前台结账离店的房间。离店时间为中午。 | |
| | H. 根据请求尽早清扫房间的要求，计划你的工作。 | 如果有尽早服务的请求，一定要在恰当的时间清扫这些房间。 | |

第二栏分解了员工完成这个任务必须要采用的一些步骤。这些步骤是员工的工作绩效标准。第三栏"其他信息",解释为什么要执行这项任务的每一个步骤,还可能包括执行这些步骤时所要求的态度、安全提示或者如何达到绩效标准的提示。在第四栏中,经理可以记录员工的季度绩效评估信息。正如你所看到的,工作明细既可以用于员工的绩效评估,也可以用于员工培训。

某一项工作的工作目录和工作明细制定出来之后,就可以制定**工作描述**,工作描述应该概括:(1)与工作相符的头衔;(2)该员工向谁报告工作;(3)应该完成的工作(总体上);(4)员工必须具备的学历和技术;(5)完成该项工作的身体要求。工作描述的用途很广。工作描述可以作为招聘工具,告诉未来的员工这项工作的性质;工作描述是一个非常好的培训工具;主管可以用工作描述监督员工的工作;工作描述还可以作为对员工进行评估的标准。工作描述可以减轻员工的忧虑,因为它以书面形式明确了员工应该向谁报告工作及员工的工作职责。

## 制定生产率标准

良好的人力资源计划应该包括生产率标准。生产率标准告诉管理者,采用管理部门制定的最好方法,员工完成任务需要多长时间及在规定的时间内员工能够完成多少工作。生产率标准通常依据管理者的个人经验、企业的历史记录和行业标准。

为了了解是否达到生产率标准,必须测量员工的生产率。生产率可以以美元,或者生产或者服务的单位来计算。

如果生产率以美元表示,可以用两种方法计算。第一种方法是用销售额除以工资成本:

$$\frac{10,000,000 \text{ 美元(销售额)}}{2,500,000 \text{ 美元(工资额)}} = 4 \text{ 美元}$$

在这个例子中,每 1 美元的工资生产出 4 美元的销售额。

第二种以美元计算生产率的方法是用销售额除以**全日员工约当单位(FTE)**总数:

$$\frac{10,000,000 \text{ 美元(销售额)}}{280 \text{(全日员工约当单位)(FTE)}} = 35,714 \text{ 美元}$$

在这个例子中,每个全日员工约当单位(FTE)创造 35,714 美元。

用生产和服务的单位除以员工人数也可以计算生产率。例如,假设一个有 10 个全日员工约当单位的餐馆某一天晚上供应了 500 个餐席或者晚餐:

$$\frac{500 \text{ 餐席(生产或服务的单位)}}{10 \text{(全日员工约当单位)(FTE)}} = 50$$

在这个例子中，每个全日员工约当单位（FTE）供应了50个餐席。

50个餐席是那个晚上的实际供餐数量，但是50个餐席可能达到也可能达不到这个餐馆的生产率标准。该餐馆的标准可能是，每个全日员工约当单位（FTE）应该供应65个餐席，因此在这个例子中，10个全日员工约当单位（FTE）应该供应650个餐席。经理们有几个选择。他们可以调查那天晚上员工的供餐量为什么较少。可能是许多餐桌的客人比平常待得久，所以餐馆不能容纳更多的客人，无法达到生产率标准。也可能是那天晚上安排了几名新手做服务员，他们不像有经验的服务员工作那么麻利。根据这些情况，经理可能会决定对新服务员进行再培训，或确定他们只需要一些经验。经理还可以等待，观察是否真正有必要进行调查。经理可能会决定不对那天晚上发生的事进行调查，而是密切注视未来的一个或者两个星期每个全日员工约当单位（FTE）提供的餐席数。只有当每个全日员工约当单位（FTE）提供的餐席数在很长时间内都低于正常标准，他们才会花时间去调查其原因。

生产率标准不仅是工资控制的基础，在招聘、培训或者进行员工评估时进行的工作分析和制定预期评估标准方面也很重要。

经理决不能认为高生产率就等于客人满意和企业成功。虽然服务企业的经理们必须十分关注他们的生产率标准，以取得他们的经济目标，但是他们还必须记住，企业的成功与否既有定性标准也有定量标准。换句话说，成功的企业在一定程度上以客人的期望值为依据制定其生产率标准，不仅仅以利润或者效率目标为依据。例如，鲍伯·伊文斯连锁餐馆（Bob Evans）制定很多生产率标准的依据是客人的期望值，并认真检查这些标准是否能够很好地满足客人的这些预期。不应该让客人等待座位的时间超过15分钟；客人就座后，服务员应该在60秒钟内送上一杯水，并向客人问好；客人点餐后，餐品应在10分钟内送到餐桌；客人用餐后，餐桌应在5分钟内重新摆好供新客人使用。

## 招聘最合适的候选人

明确了各种工作的岗位职责和确定了生产率标准之后，招聘员工成为经理的首要工作。招聘工作的一个主要目的是寻找最好的员工，这些人认为该工作有吸引力，并且愿意以企业提供的工资标准工作。招聘工作很复杂，因为在饭店业，工作技能本身不足以衡量一个人是否适合做某一项工作。如果工作岗位涉及与客人交往，还必须考虑员工的个性。

在很大程度上，一个公司能否招聘到个性和技术都适合于服务行业的人员取决于其所在地的劳动力市场的运行情况。劳动力市场区域因失业者的层次的不同，劳动力队伍多样性的不同及竞争行业的不同而不同。饭店和餐馆在失业率低和有许多

在饭店业，并不能完全用工作技能来衡量一个人是否适合做某项工作。还要考虑这个人的个性，如果这个岗位需要与客人互动，那么尤其需要考虑这个人的个性。向一个人传授工作技能要比传授乐观的性格和温暖的微笑更容易；这就是一些人力资源经理在为很多岗位招募员工的时候，"聘用微笑的人"的原因。（厄尼·皮克供稿）

高薪企业的地区可能很难招聘到好员工。甚至在一些高失业率地区，寻找具备在饭店行业工作所需的基本技能和素质的人的选择余地也不大。在一些不利的市场区域，必须每天把员工从附近的城镇运送到其工作地点，这是一个高代价的程序。麦当劳在佛罗里达州的博卡拉顿新开设一个餐馆时，当时该镇的主打企业是 IBM，麦当劳发现，他们必须从 50 英里外的迈阿密用巴士接送员工！位于康涅狄格州的格林尼治的凯悦饭店帮助住在芒特弗农、纽约或者康涅狄格州斯坦福的员工乘火车上班。饭店租用一辆中型面包车并雇用两名全职司机在火车站接员工，保证员工可以按时上班，节省他们的出租车费用。

**员工的内部和外部来源**　新员工的所有来源可以分为两类：内部或者外部。在这两类中，内部来源成本最低，而且通常最可靠。其中的一个内部来源是现有员工推荐的人员。因为员工对其工作的性质了如指掌，又因为他们非常慎重地推荐人选，所以员工推荐的人选通常都干得很出色。在紧张的劳动力市场中，如果新招聘的人员能够持续工作一定的时间（通常为 90 天），推荐人可以得到一定数额的推荐费。公告板和公司的业务通讯物是向员工提供新工作岗位消息的渠道。

员工经常会建议他们的朋友和亲戚申请这些工作。有些企业禁止家庭成员在一起工作。制定这些规定通常是由于以前的负面经验，或者害怕如果一个家庭成员离开公司，其他家庭成员也可能随之离开。虽然这些考虑有时候是有道理的，但是也有很多家庭成员同时为同一个雇主工作的实例，他们都是相当成功的。

另一个寻找空缺岗位申请人的内部来源是现有的员工。从公司内部提升员工可以证实该公司是一个值得工作的单位，因为公司给那些希望提升、适合提升和努力工作的人提供了机会。事实上，强有力的内部提升政策本身就是一个有价值的招聘工具，很多公司都将内部职业阶梯作为其招聘计划的一部分。例如，很多多美乐比萨店的特许经营加盟商都曾经是一个比萨店的经理，"拥有你自己的比萨店"是其招聘宣传中提供的职业轨道的一部分。50% 以上的万豪酒店的经理都是从公司内部提升的。在餐桌式服务餐馆中，10 个领取工资的员工中有 9 个是从小时工做起的。洛斯酒店（Loews Hotel）为一线员工规定了职业发展日期。

内部提升也存在一些潜在的问题。如果一个员工在岗位竞争中输给了另一个员工（或者一个外部申请人），他可能会将自己的失望转变为消极行动，例如，达不到绩效标准或者对其工作提出抱怨（这可能会影响其他人的士气）。通常，采用有效的内部提升计划的雇主还同时设有强有力的员工咨询劝导计划。

雇员的外部来源可能是非正规的渠道。经理和主管员工经常能够通过社交和专业接触发现新人才。在很多情况下，这包括从竞争对手那里挖人才。公司发现，积极参与社区事务可以使公司更易于接近，这样就会有更多的人前来应聘工作。

分类广告和直邮广告都是正式的外部招聘方法的例子。分类广告可以刊登在当地日报上、行业杂志上，甚至还可以在电台广播。直接邮寄到大学、学院或者高年级学生群体的电子邮件和直邮广告也是接触工作应聘者的好方法。分类广告和直邮广告的优点是，通常可以获得大量的应聘者，寻找工作的每个人都可能申请听起来很有吸引力的工作岗位。直邮广告招聘方法的缺点是，很多应聘者都不符合条件，人力资源部必须进行筛选。这可能既浪费时间，又提高成本。

最成功的一个招聘工具是互联网。虽然曼斯特（Monster.com）这样的一些网站登出了大量的工作招聘信息，但是还有一些饭店行业的专门网站。其中两个最著名的网站是"hcareers.com"和"hospitalitycareernet.com"。后者还登载就业民意调查、工资待遇调查和职业咨询。各个饭店公司也经常在他们自己的网站上设置就业网页。

招聘员工经常使用的其他正式外部来源是州政府就业办公室和私人就业代理机构。失业者和希望得到失业补偿的人通常要到州政府就业办公室登记备案，所以这些办公室经常有大量的候选人员名单。这些人中的很多人可能不符合饭店工作的要求，必须进行认真的筛选。有些私人就业代理机构以收费的方式为公司推荐人员；费用可以由员工支付，也可以由雇主支付。这些代理机构主要介绍主管和管理人员。

纽约市和迈阿密—戴德县的城市学校系统设有自己的"旅游学院"（Academies of Tourism）。这些学院帮助中学生认识和了解饭店业。所有的学生在高年级时都参加实习；有些学生毕业后进入大学继续学习饭店管理专业，另一些学生则直接加入劳动力队伍。在很多社区，初级学院和四年制学院中的饭店管理专业的学生都迫切地希望在校期间就获得工作经验。

（美国）全国餐馆协会（NRA）确认了一些有时被人们所忽视的群体，这些人可以满足餐馆业和其他饭店组织的需要。这些群体包括少数民族、残疾工人、已退休的老年人和缺少工作技能的工人。全国餐馆协会指出，这些群体中的一些人可能需要帮助，以提高他们的英语口语能力。残疾工人可能需要专门的岗位培训人员或者设施，还需要为年龄大的工人设置新的职业阶梯。

公司的大量招聘工作是在讲授饭店管理课程的学院里进行的。饭店集团或者餐馆连锁集团可能会为毕业生提供进入其管理培训项目学习的机会，学习结束后，合格者可以进入其饭店或者餐馆的主管岗位工作。毕业生也可能直接得到工作安排，这样，毕业生就可以直接进入主管或者管理岗位，接受在岗培训。独立饭店/餐馆和私人俱乐部通常直接安排毕业生上岗工作，因为他们不提供全面的管理培训项目。

有些饭店和餐饮服务公司雇用高级管理人员招聘公司或者"猎头公司"进行招聘工作。公司经常委托这些招聘公司寻找高级管理岗位的人选。高级管理人员招聘公司对此项服务的收费很高。

另一个招聘技术通常被称为"关系网"(networking)。在这个网络中，人们通过朋友、同学及原来的同事沟通关于新工作岗位的信息。许多观察家都认为，大多数管理岗位都是通过关系网找到合适人选的，而不是通过广告。

当然，许多饭店管理专业的毕业生及已经在饭店业就业的主管和经理，都是通过直接与他们感兴趣的公司联系的方式找到自己的岗位的。

## 遴选最佳应聘者

长期以来，人们一直认为选择恰当的员工是饭店企业经营成功的关键之一。如上所述，招聘时除了工作技能之外，还应该考虑申请人的个性。大约100年以前，伟大的饭店业家埃尔斯沃思·斯塔特勒（Ellsworth Statler）就告诉他的饭店经理"只雇用性格好的人"。今天，这仍然是一个好主意。

遴选一个工作岗位的应聘者包括五个步骤：

1. 接受和审阅申请表。
2. 对应聘者进行面试。
3. 评估应聘者。
4. 核对证明人。
5. 录用入选的人员。

应该认真执行这些步骤。高等级的公司甚至在雇用低薪岗位人员时也十分谨慎。这里的格言是选择性。在沃尔特·迪士尼公司录用任何人都不是依据一次面试的结果或者依据一个面试主持人的推荐意见，至少要有两次面试或两个人推荐。

**接受和审阅申请表** 大多数饭店和餐馆不论招聘无技术还是有技术的员工都使用完全相同的申请表格。大家都认为要求应聘人员当场填写这些表格的做法很好。这样做可以保证应聘人员亲自填写表格，因为从填写好的申请表上可以看出应聘者的整洁性和识字程度。

申请表一般应该包括应聘者的姓名、地址、电话号码、工作经历、证明人、学历及一些其他项目。有些申请表还包括这样的条款，即接受该工作后，申请人同意在将来的任何时间按雇主要求进行吸毒测试。员工被录用后，是否需要进行吸毒测试则由双方协商确定。大多数雇主都认为最好事先有承诺，这样他们就可以根据需要进行这种测试。

人力资源经理经常对应聘者的智力和态度的关注胜过对其专门技能的关注。由于采用当今先进的培训技术，几乎所有的初级岗位的工作技能都可以在几周内学会，所以经理在应聘者身上寻找的关键因素是个人的才能、对一项工作的适应性、热情和学习的愿望。这意味着，工作申请，至少在招聘初级岗位员工时，是一种预选工具，它有助于排除不合适的人选，而不是找出最好的候选者。喜来登亚特兰大饭店经理保罗·布雷斯林这样认为，"我们不再寻找有5年工作经验的人做前台员工。他们通过两个星期的培训和两个星期的亲身实践就可以掌握这个岗位的工作技能。我们所要的是那些能够适应新环境并能够记住他们所学知识的人"。[2]

**对应聘者进行面试** 应聘者填好并递交了申请表之后，人力资源办公室的人员通常会对应聘者进行简短的面试。面试时，面试人员查看申请表上填写的内容，注意应聘者的个人仪表和语言技能。小公司的面试可能还涉及应聘者过去经历中的所有方面，因为面试主持人也负责录用工作。大公司的人力资源部只负责筛选和第一次面试；新员工将要工作的部门的经理通常要对其进行第二次面试。

布雷斯林就面试未来员工的工作提出了一些建议："不要问他们那些你不需要知道的问题，例如'你结婚了吗？'或'你有几个孩子？'。"布雷斯林认为，面试残疾人，"重点要放在这个人能做什么，而不是不能做什么"。[3]

---

### 万豪酒店集团是如何吸引和留住员工的

万豪国际酒店管理集团主席和首席执行官 J·W·马里奥特在底特律经济俱乐部的一次讲话中，告诉客人，"在就业率达到高水平时，如何招聘和留住员工是当今美国企业面对的最大挑战"。马里奥特说，他公司的"人力资本战略"重视五项原则，其目的是为员工和公司创造更大的价值。这五项原则包括：

1. "雇用恰当的人做恰当的工作。优秀的经理能够确定、雇用并明智地安排顶尖人才。"

2. "金钱只是价值的一部分，经理必须提供价值的全部：有竞争力的薪酬和极好的工作场所。我们的研究表明，虽然工资是员工决定去留的首要因素，但是其他因素加到一起将超过金钱因素，例如，工作与生活的平衡、领导质量、职业发展机会和工作环境。一个员工与我们共事的时间越长，这些非金钱因素就变得越重要。"

3. "工资可以使员工坚持在这个岗位工作，但是工资不能激励他们为公司创造更大的价值，或者做额外的工作。在我们的行业中，一个真正温暖、关心、富有人情味的工作场所是提高我们产品质量的明显驱动因素。"

4. "我们给所有有能力的员工提供晋升的机会。这不但能帮助我们建立长期的领导群体，还能使我们长期保持我们的文化，这种文化为我们的公司提供持久的竞争优势。员工们特别把晋升机会当成他们决定是否留在万豪酒店公司的关键因素。"

5. "消费者的品牌意识使我们能够向有无限选择性的顾客出售我们的产品。就业的品牌意识使我们能够吸引同样也有广泛选择的潜在员工。今天的员工比以往任何时候都更加寻求那些名声显赫、高标准的品牌。"

有些方面的问题应该完全避免,因为与之相关的问题可能被认为侵犯了申请者的权利。面试中应避免的问题包括应聘者的出生地、年龄、种族或肤色、宗教信仰或信念、身高、体重、婚姻状况、性别取向、原国籍、国籍、联谊会和宗教或民族俱乐部成员及被逮捕的记录。总的原则是:除非这个问题与应聘者是否能够成功地履行岗位职责有直接的联系,否则不要问这些问题。由于歧视性问题或不合法的问题的标准因州而异,而且每年都有变化,因此,面试人员必须及时了解最新的联邦和州法律。

**评估应聘者** 评估应聘者的目的是寻找合适的工作岗位人选。经理不应将适合在饭店后台工作的人员放在将与很多客人接触的前台岗位上。饭店的客房服务员必须弯腰铺床或者刷洗卫生间地面或浴盆;很显然,背部有疾病的员工不适合做这项工作。

经理应该选择对该项工作最感兴趣的应聘者,这样应聘者才能愿意做必须完成的工作。经理还应该确定,应聘者应该具备必要的语言能力、写作能力和肢体技能,当然,还应该具备良好的个人仪表习惯。除了这些品质之外,热情和乐观的态度及团队工作的能力也是非常重要的。

马库斯·白金汉(Marcus Buckingham)和柯特·科夫曼(Curt Coffman)在他们合著的《首先,打破一切常规:世界上最伟大的经理有什么不同》(*First, Break All the Rules: What the World's Greatest Managers Do Differently*)一书中提到,优秀的经理雇用才能,而不雇用经验。这两位作者指出,"每个人都有一些独特的才能。关键是要找到你正在寻找的具有这种特殊才能的人"。在对饭店客房服务员进行的一次调查中,他们发现,优秀的客房服务员都认为工作是一种力量,而不是一种负担。这些服务员认为,客房清扫工作使他们有机会完成一些实际工作。这种挑战赋予他们力量。[4]

在雇用客房服务员时,经理应该寻找那些愿意接受挑战、保持饭店客房清洁的人,而不寻找那些只想找份工作的人。万豪酒店集团对此了解得非常透彻。比尔·马里奥特常常讲安尼·克鲁谢斯基的故事。安尼在他们的一个大饭店负责清扫女卫生间。马里奥特说:

> 我们收到了很多信件,表扬女卫生间干净和安尼开朗的性格。安尼甚至将自己花园中种植的鲜花带来装饰台面。她为什么做这些额外的工作呢?因为我们雇用了恰当的人。安尼这样告诉我们:"我最喜欢的工作是能够帮助他人。我还喜欢做清洁工作,所以这是最适合我的工作。"她的故事证明,如果头脑和态度是现代经济的材料和机器,那么雇用正确的人就和设计正确的产品同样重要。这似乎是显而易见的,但是在当今的劳动力市场

中，还需要纪律。对一个急于为一个班次补充人员的经理来说，雇用到第一个应聘者是非常诱惑人的。但是，优秀的经理能够确定、雇用并明智地安排人才，他们确定需要什么，然后去寻找所需要的东西。[5]

饭店专业的作家凯西·琼斯（Casey Jones）和托马斯·A·德科蒂斯（Thomas A. Decotiis）提倡用"工作样本"方法在雇用接触客人岗位的员工之前预测其工作绩效。"工作样本"方法用模拟实际工作的情境对员工进行测试。约翰斯和德科蒂斯与一个大型饭店公司合作开发了工作样本测试录像带，该测试录像带可以很容易地对大批应聘者进行测试，并迅速评出分数。[6]测试录像带中有40个根据客人和员工之间发生的真实事件录制的对客人服务模拟情境。播放了每个模拟情境之后，应招员工要对客人的行为做出反应，有4个答案供选择。下面是一个典型的模拟情境：

地点是前台，前台只有一个服务员值班，正在为一个客人办理离店手续。其他几位客人排队等待办理离店手续。突然，另一位客人冲到前台说，"嗨，我要赶不上飞机了。我要马上办理离店手续，否则我就赶不上飞机了。"画面在这里停止。服务员应该：（A）询问排队的人是否可以让他先办手续；（B）说，"对不起，先生，我为斯坦伯格先生办完后立即为你办理"；（C）说，"好的，先生，我马上为你办理"；（D）请示主管。

B是最佳选择。这样做承认了这位客人的特殊需求，同意下一个为他办理，同时服务员又可以继续为排在最前面的客人办完手续（可能还会有时间问题）。A会把问题转嫁给其他客人，如果其中一个客人反对，就会出现尴尬的局面。C最不体谅排队的客人和正在办手续的客人。D是最差选择，只有在特别困难的情况下才叫主管出面解决问题。[7]

研究人员认为，事实证明，这样的工作样本测试是有效的岗位绩效预测工具。该测试还尤其适用于英语为第二语言的应聘者，因为他们既可以看到，又可以听到测试中的问题。

**核对证明人** 经理在录用某人之前，应该核对其证明人。核对证明人是雇用程序中的一个重要步骤。布雷斯林指出，"给证明人打电话可以详细了解应聘者以前的整体工作表现。此外，应聘者通常知道你打了电话，这使他们感到，他们在你的心目中很重要，你准备长期雇用他们"。[8]当然，应聘者以前的雇主可能只能证实，应聘者从某年某月到某年某月在其公司工作，拒绝透露更多的信息。即使这些信息也是很有用的，因为这些信息可以帮助你核对应聘人申请表和简历中内容的准确性。

有些公司请第三方，如侦探机构，进一步审查某些岗位的候选人。如果候选人面试应聘一个负责大笔金钱的岗位，经理可能要对其进行信用和犯罪记录调查。如果应聘者申请饭店的泊车服务员或者接客中巴司机的岗位，经理应检查其驾驶执照。但是，经理必须要十分小心，因为除非这些检查与候选人申请的工作有明确的联系，否则有些检查是违法的。

**录用入选的人员**  经理在录用入选人员时，应该牢记的要点是，要确认应聘者完全了解他们即将从事的岗位；他们应该做的工作；他们的工作时间；他们将向谁报告工作；他们的假期和其他福利待遇；着装规则或者制服要求（如果需要）；初始工资数额；什么时候和在什么情况下可以增加工资。如果经理不将这些问题完全清楚地告诉应聘者，双方就可能会产生误解，这种误解甚至在开始工作之前，就会永久性地损害经理和员工之间的关系。

**曼谷东方饭店**

亲爱的客人：

　　我谨通知您，我们已经制订并正在实施泰国第一个全面专业培训计划。在这个"东方饭店学习计划"（OHAP）中，我们将观察数百名学生在饭店的各个部门中将理论与实践结合的情况。您在住店期间可能会碰到这些年轻人，如果他们在任何方面没达到您所预期的东方饭店服务标准，我们恳请您的善意谅解。

　　这个学习计划的目的是为了解决泰国急需训练有素的饭店人员的问题。我们饭店和整个泰国旅游业将尽最大努力为我们未来的客人提供最佳服务，这是我们不懈努力的一部分。

　　谢谢您的关注。

您忠实的，
总经理
科特·沃特维特

　　这封信放在曼谷东方饭店的每一间客房内，通知客人饭店正在进行一个培训项目，如果任何学生/受训者达不到饭店的服务标准，请求客人给予谅解。（泰国曼谷东方饭店供稿）

## 实施持续培训计划和职业发展计划

　　培训是人力资源计划中最重要的部分之一，但是，通常是说得多，做得少。如果一个单位的生意忙，由于缺少时间和培训教员，培训工作经常被忽视或者暂时中止。

　　对培训的需求量非常大。培训应该是面向所有在岗员工的一个持续不断的过程；对新员工，这个培训过程或者计划必须一切从头开始。培训的成本也很高，正在参加学习的员工的工作效率不会太高。为此，许多人都试图在培训中走捷径。经理们常常自认为员工不需要培训或者对新雇员进行在岗培训就足够了，以此为忽视培训的行为找借口。然而，如果在组织内各个层次都不进行培训，就不可能有产品和服务的一致性。培训是向受训员工传授知识和技能的过程，使他们能够按照管理层制定的标准工作。培训还试图培养员工发自内心的为客人服务的积极态度。

培训有助于员工树立信心。

　　缺少培训会造成员工的高离职率和达不到标准的工作绩效。员工应该对他们的工作感到满意，并能够做好自己的工作，这样他们就不会气馁和辞职。为了更好地培训自己的员工,许多公司在招聘新员工时都采用前面提到的录像片测试方法。多美乐比萨店、麦当劳和温迪餐馆的一线培训都是用这种方式进行的,将CD和DVD送到每个餐馆。这些录像节目介绍新的食品项目,强调产品的一致性和控制标准。麦当劳更新了培训方式,增加了互联网和网上互动的电子学习(e-learning)技术,这样其员工就可以在自己的计算机上进行学习了。索尼斯塔国际饭店集团(Sonesta International Hotels)采用棋牌游戏对员工进行培训,所有员工都要玩这种游戏使自己重视客人的需要。对客人的需要回答正确的员工在棋盘上前进一步,回答错误的退回一步。奶酪蛋糕工厂餐馆(Cheesecake Factory)为新店铺经理开设14个星期的综合培训课程,为厨房经理开设15个星期的培训课程。培训结束后,新员工进入奶酪蛋糕工厂学院学习。这个为期5天的技能研讨班涉及很多内容,包括领导、财务和顾客关系。学员们学到,"如果你用其他方法不能解决顾客的问题,那你就准备卑躬屈膝吧"。[9]

《饭店业培训》(Training for the Hospitality Industry)一书的作者刘易斯·C·福雷斯特(Lewis C. Forrest)认为,培训过程的基本步骤是:

1. 制定培训政策。
2. 确定培训需要。
3. 制订培训计划。
4. 员工做培训准备。
5. 进行培训。
6. 评估培训效果。
7. 培训后不断地进行指导[10]。

培训应该连续不断地进行。实施积极培训计划的公司都对其员工表示出一种承诺。培训计划应该确定培训的对象(最好是所有类别和层次的员工)、培训负责人(公司员工、现场经理、主管人员)及培训使用辅助设施和技术。

通常,组织内所有层次的基本工作技能都需要进行持续不断的培训。除非持续不断地对员工进行积极的强化培训,否则员工将会忘掉一些所学的知识。除了对员工进行持续不断的正常工作职责培训之外,还应该对员工进行其他项目的培训,例如,卫生和防火安全培训。

虽然大多数培训都重视知识和技能,但是其他直接影响员工工作满意度和态度的问题也同样重要。大多数这些问题都可以归纳在"多样性"这个大类别中。多样性培训计划的目的是让所有员工在工作气氛中都感到舒服,不管他们的种族、文化、性别或年龄如何。多样性计划与肯定行动计划不一样。肯定行动计划是政府为了消除性别和种族歧视而制订的计划。由于肯定计划的这个本质,肯定计划促进了员工的多样性,因此员工也就更加需要多样性培训。

## 激励和留住员工

寻找激励员工的方法也许是经理面临的最大挑战。激励员工的重要性是显而易见的。由于目前劳动力短缺,因此要求每个员工都要提高自己的生产力。那么,经理如何提高生产力呢？全国科学基金会的报告汇总了 300 个关于生产力、工资和工作满意度的研究报告,这个报告指出:

> 提高生产力取决于两个因素。首先是激励:产生并保持有效工作的意愿,有生产力的员工,不是因为他们被强迫工作,而是因为他们愿意工作。其次是奖励。在所有的有助于创造高度激励和高度满意员工的因素中,最主要的因素似乎是有效的工作绩效得到了承认和奖励,不论用什么方式,金钱、心理或者两者兼而有之,只要对员工有意义就可以。[11]

这段话的含义很明确。激励是一种承诺。只有员工愿意做的事情和经理希望他们做的事情一致,经理才能最大限度地激励员工。一家大银行的前首席执行官比尔·麦克林认为:"除非你真正懂得如何让员工最低限度地完成任务,否则你不必进一步学习如何激励员工,你只需推动他们。要让他们达到最佳绩效,你必须唤起他们自己推动自己。"[12]

**激励技巧** 经理可以采用四种激励技巧为员工创造自我激励的环境。

**消除惧怕失败的心理** 饭店企业工作繁忙,有时也有压力。员工为了做好工作,他们必须受到良好的培训,必须确保他们受到重视,确保他们工作的稳定性。员工受到尊重,知道了自己在公司中的重要性之后,就会不怕冒风险,尽最大努力做好工作。许多饭店公司甚至不把他们的工人当做员工:麦当劳将其称为"同伴"（crew members）;沃尔特·迪士尼公司将其称为"角色演员"（cast members）。这些称谓的目的都是让员工感觉到自己的重要性。

**支付合理的工资** 如果员工担心如何支付下个月房租或者大额的修车费,他们通常无心理睬别人的问题,他们太担心自己的事情了。《匈奴王阿提拉的领导秘诀》（Leadership Secrets of Attila the Hun）是一本管理学畅销书,作者认为下面这条管理忠告来自阿提拉:"把你的好东西发给你的士兵,使他们改善家庭福利和他们的店铺条件;让那些忠实于你的人和需要的时候能冲锋陷阵的人分享你的财富。当你需要的时候,他们一定会坚定地跟随你一起下地狱。"[13] 所以,很多成功的公司都把公司当做一个大家庭。《追求卓越:美国最佳管理公司案例》（In Search of Excellence: Lessons from America's Best Run Companies）一书的作者托马斯·J·彼得斯（Thomas J. Peters

和小罗伯特·H·沃特曼（Robert H. Waterman）认为，"我们发现一些成功的公司，例如，迪士尼、麦当劳和三角航空公司，都很愿意使用'家庭'、'大家庭'，或'家庭感情'之类的专门词汇"。[14]

这个桌卡请找工作的人加入麦当劳"大家庭"。（伊利诺伊州奥克布鲁克麦当劳公司供稿）

很多情况下，员工要求提升到其他岗位是为了达到提高工资的目的。这对员工和组织可能并不是一件好事，因为一个优秀的客房清洁服务员或者餐饮服务员可能不是一个优秀的主管。为了让员工满意，但是又不对员工进行超越其能力或者兴趣的提升，一些公司采用"宽幅薪酬制"（broadbanding）。采用宽幅薪酬制，某一个岗位的工资分成多个等级，低一级工作的最高工资与高一级工作的最低工资相重叠。

沃尔特·迪士尼公司就采用了这种薪酬方法。迪士尼的一个美食餐馆的优秀服务员每年的工资可能超过60,000美元。如果这个服务员选择走迪士尼经理的职业道路，那么其起始年薪降至25,000美元。这表明，服务员和实习经理两个岗位的工资重叠的数额很大。当然，一旦服务员成为优秀的经理并被提升到各种管理层次，其全部工资将远远超过60,000美元。当然，宽幅薪酬制使那些愿意继续做服务员的优秀员工也能挣到很多钱。[15]

**激励和奖励绩效** 人们希望得到奖励。奖励使人们感到高兴。公司给予的奖励越多，对员工的激励性也就越大。物质刺激并不一定很重要。彼得斯和沃特曼这样认为：

> 我们被杰出公司使用的非金钱激励方法所打动。没有什么比积极的强化更有力量。每个人都可以使用这种方法。但是，只有顶级公司才广泛使用这种方法。麦当劳、特百惠公司（Tupperware）、IBM及其他许多顶级公司都不断地创造出大量的机会向员工授予荣誉别针、证章、徽章和奖章。他们不断地寻找各种理由奖励员工。[16]

**采取开放政策，让每个员工都了解情况** 员工激励性高的公司没有秘密。在这些公司中沟通是双向的。基层的每个员工都知道高层管理人员在考虑何种重要的问题，高层管理人员也知道基层员工在考虑什么。埃德·卡尔森担任美国联合航空公司总裁时曾说过："各级之间缺少沟通比缺少士气更糟糕。我把这种现象称为NET-MA（Nobody Ever Tells Me Anything，从来没有人告诉我任何事情），我尽量减少这种现象。"[17]人们一直公认联合航空公司在任何时候都保持与员工的沟通。公司每天出版《员工新闻》，每月出版员工月报，每隔一周出版《主管热线》。沃尔特·迪士尼世界的员工每星期会收到一份《眼睛和耳朵》通讯和《度假村报告》，主要登载对角色演员（员工）的表彰和度假村信息。沃尔特·迪士尼世界的经理每月还会收到一份《五星团队》通讯，讨论当前的管理问题和管理发展。最后，迪士尼世界还设计出了一系列供不同单位的员工使用的手册。

除了使用通讯和报纸，高效的经理与员工沟通的方式还包括定期会议、公告甚至工资支票附单。应该把经营情况公布在每个员工都能看到的地方。公司应该采用各种手段确保上层管理部门了解一线员工的想法。比尔·马里奥特几乎用一半的时间在现场，首先倾听员工的意见，然后与员工交谈（这个顺序很重要）。除了采用其他沟通形式外，万豪酒店公司每年还对所有员工进行态度调查。一名万豪酒店公司的总经理将其称为"我们的预警系统"。[18]

为了保持沟通线路畅通，肖内餐饮连锁公司（Shoney's）（该公司通常被认为是业界最好的有限菜单餐馆连锁店）的高层管理人员定期访问各个肖内餐馆。公司要求餐馆经理每星期至少有四天在一线工作。他们的工作不仅仅是倾听员工的意见和与员工交谈。人们都知道雷·丹纳总裁亲自清扫肮脏的卫生间，然后擦拭餐馆员工使用的钟，餐馆的员工谁都没有想到钟需要擦拭。[19]

为了确保沟通持续到底，卓越的公司几乎都与离职员工进行谈话，了解他们辞职的原因。正确地使用离职谈话，可以找出造成员工离职的原因。

## 对员工进行评估

尽管我们最后讨论评估的问题，但是至此我们应该清楚，人力资源计划中几乎每个部分都涉及评估，包括遴选、录用、培训和激励。在留住、培养和激励员工方面做得比较好的公司都认为，问题的发生通常是由于制度有缺陷，而不是由于人有缺陷。例如，如果送餐服务员经常不能按时将早餐送到客人的房间，你不能为此而责备员工，因为，饭店唯一的服务电梯，经常被急于去清扫客房的服务员占用。

通常每3个月、6个月或者12个月进行一次员工绩效检查。检查新员工的次数通常多于检查有经验的老员工的次数。绩效检查的目的不是指证员工的缺点。绩效检查是遴选、培训和激励之后的正常步骤。绩效检查使员工知道他们是否学会了公司要求他们做的工作，使经理知道他们在录用恰当的人员和对其进行培训方面做得怎样。绩效检查还是经理用来提高员工绩效的指导工具。

有效的绩效检查应该是具体和客观的。有些经理与员工谈话之前先填写一份检查表格，他们通常用数字分数评定员工的知识、技能和个人态度水平。在检查过程中，经理让员工了解这些分数，并让员工对这些分数发表意见。有些公司让员工在面谈之前也填写同样的表格，这样经理和员工就可以比较彼此的打分情况。如果需要，经理可以建议继续进行培训、给予指导和进行劝导。有些公司要求经理和员工共同签订一份目标协议，在协议中双方同意：（1）为了提高员工在现在岗位上的绩效，双方应该做的工作；（2）为了让员工的岗位更有价值，经理和员工应该做的工作。

## 小结

饭店业正面临劳动力危机。应聘饭店岗位的人员减少，一些工作岗位长时间空缺，员工离职率提高，缺少合格的员工。一些企业采用不适当的雇用程序，几乎不给员工提供晋升的机会，采用不恰当的方式对员工进行培训和督导，这都使情况变得更坏，但是产生这种危机的主要原因是人口结构的变化。合理劳动标准法案、民权法和美国残疾人法案也对饭店业的劳动力现状产生了影响。

作为解决员工短缺的部分策略，许多饭店公司都开发了人力资源计划。人力资源计划涉及的公司理念通常都重视员工的价值。人力资源计划还包括工作分析，生产率标准，员工招聘、遴选、培训、激励和评估计划。

应该对工作进行分析，以确定完成任务的最好方法。了解了工作岗位之后，就可以准备工作目录、工作明细和工作描述。这些项目有助于员工招聘、员工培训和评估员工。

生产率可以用美元或者生产或服务单位表示。但是，生产率标准不能只以数字为依据，还必须考虑质量目标和客人的期望值。

有效的招聘需要了解当地的劳动力市场状况。招聘的目的是寻找最好的员工，这些人认为该工作有吸引力，并且愿意以企业提供的工资标准工作。招聘可利用内部来源（现有的员工和员工推荐的人）和外部来源（通过广告、社区活动和就业机构招聘的人员）。有时被忽视的一些群体可以满足饭店行业对劳动力的需要，这些群体包括少数民族、残疾工人、已退休的老年人和缺少工作技能的工人。有许多工作计划可以帮助饭店企业寻找和培训这些群体内的潜在员工。

遴选应聘者补充空缺岗位涉及五个步骤：接受和审阅申请表、对应聘者进行面试、评估应聘者、核对证明人和录用入选的人员。

培训是人力资源计划中最重要的部分之一。遗憾的是，培训经常被忽视。培训过程的基本步骤是：制定培训政策、确定培训需求、制订培训计划、员工做培训准备、进行培训和评估培训效果。各种类型的培训之后都需要经理进行不断地指导。现在很多公司都采用CD、DVD和网上课程的形式以补充传统培训方法的不足。

希望激励员工的经理必须对公司及公司的目标做出承诺。经理可以采用四种激励技巧达到这个目的：（1）消除惧怕失败的心理；（2）支付合理的工资；（3）激励和奖励绩效；（4）采取开放政策，让每个员工都了解情况。

评估员工是人力资源计划的最后一个步骤。员工需要知道他们干得怎样；定期的绩效检查可以帮助员工了解自己的工作情况。在留住、培养和激励员工方面做得比较好的公司都认为，问题的发生通常是由于制度有缺陷，而不是由于人有缺陷。

# 注释

[1] From a letter by Edward H. Rensi, President, McDonald's U. S. A., Printed as an introduction to *Ingredients for Success*: *Food for Thought on Finding Your First Job*, produced in conjunction with the American School Counselor Association.

[2] From a personal interview with Paul Breslin, manager, Sheraton Atlanta Hotel.

[3] Ibid.

[4] Marcus Buckingham and Curt Coffman, *First, Break All the Rules*: *What the World's Greatest Managers Do Differently* (New York: Simon & Schuster, 1999), p. 67.

[5] *Hotel* Online, October 2000. "How Marriott Attracts and Retains Employees" sidebar was also adapted from this source.

[6] Casey Jones and Thomas A. Decotiis, "A Better Way to Select Service Employees: Video-Assisted Testing", *Cornell Quarterly*, August 1986.

[7] Ibid.

[8] Breslin interview.

[9] Alan J. Liddle, "The Cheesecake Factory", *Nation's Restaurant News*, August 14, 2000.

[10] Lewis C. Forrest, Jr., *Training for the Hospitality Industry*, 2nd ed. (Lansing, Mich.: Educational Institute of AH & LA, 1990), p. 5.

[11] Ron Zemke and Dick Schaaf, *The Service Edge*: 101 *Companies that Profit from Customer Care* (New York: New American Library, 1990), p. 72.

[12] J. W. McLean, *So You Want to Be the Boss? A CEO's Lessons in Leadershp* (Englewood cliffs, N. J.: Prentice-Hall, 1990), p. 44.

[13] Wess Roberts, *Leadership Secrets of Attila the Hun* (New York: Warner Books, 1990), p. 79.

[14] Thomas J. Peters and Robert H. Waterman, Jr., *In Search of Excellence*: *Lessons from America's Best-Run Companies* (New York: Harper & Row, 1982), p. 261.

[15] Buckingham and Coffman, p. 188.

[16] Peters and Waterman, p. 269.

[17] Ibid., p. 267.

[18] James L. Heskett, *Managing in the Service Economy* (Boston: Harvard Business School Press, 1986), p. 127.

[19] Zemke and Schaaf, pp. 286–287.

## 🔑 主要术语

**餐席**（covers）　在一次宴会或者一次用餐时间内，实际供应的餐数。

**多样性培训**（diversity training）　一种培训，通过培训让所有员工在工作气氛中都感到舒服，不管他们的种族、文化、性别或年龄如何。

**全日员工约当单位**（full-time-equivalent employee）（FTE）　一种统计标准，两名或两名以上兼职员工每星期的合计工作时间达到 40 小时（1 名全职员工每星期工作 40 小时）等于 1 个全日员工约当单位（FTE）。例如，4 名每星期工作 10 小时的员工，统计时可以记录为 1 个全日员工约当单位。

**工作明细**（job breakdown）　完成一项任务所需的具体的、一步一步的程序。

**工作描述**（job description）　一种招聘和培训工具，概括一项具体工作，包括：(1) 与工作相符的头衔；(2) 该员工向谁报告工作；(3) 应该完成的工作（总体上）；(4) 员工必须具备的学历和技术；(5) 完成该项工作的身体要求。

**工作目录**（job list）　某一岗位的员工必须完成的任务目录。

**绩效检查**（performance review）　经理与员工面谈：(1) 使员工知道自己是否学会了按照公司的标准工作；(2) 使经理知道自己在录用员工和对其进行培训方面做得怎样。根据员工的工作绩效和经验，通常每 3 个月、6 个月或 12 个月进行一次绩效检查。

**生产率标准**（productivity standards）　一种测量标准，可以告诉管理者，采用管理部门制定的最好方法，员工完成任务需要多长时间及在规定的时间内，员工能够完成多少工作。生产率标准随着员工的任务的不同而变化。

## 📖 复习题

1. 发生劳动力危机的原因是什么？
2. 人口结构的哪六个趋势将在未来 10 年对美国的企业产生重要影响？
3. 饭店业高离职率的共同原因有哪些？
4. 工作目录、工作明细和工作描述有哪些不同之处？
5. 举例说明饭店业中的生产率标准。

6. 员工的内部和外部来源有哪些？
7. 补充空缺岗位涉及哪些步骤？
8. 培训为什么很重要？
9. 激励员工有哪些技巧？
10. 什么绩效检查对员工和经理同样重要？

## 网址

访问以下网址，可以获得更多的信息。谨记：互联网地址可能不事先通知而改变。如果该网址已不存在，可以用搜索引擎查找另外的网址。

### 协会

American Hotel & Lodging Association
www. ahla. com

National Restaurant Association
www. restaurant. org

### 饭店/餐馆

Bob Evans
www. bobevans. com

The Ritz-Carlton Hotel Company
www. ritzcarlton. com

The Cheesecake Factory
www. thecheesecakefactory. com

Sheraton Hotels & Resorts
www. sheraton. com

Domino's Pizza
www. dominos. com

Shoney's Restaurants
www. shoneys. com

Marriott International
www. marriott. com

Walt Disney Corporation
www. disney. com

McDonald's
www. mcdonalds. com

Wendy's
www. wendys. com

**组织和资源**

Americans with Disabilities Act
www. usdoj. gov/crt/ada/adahom1. htm

ehotelier. com
www. ehotelier. org/browse/jobsearch. htm

hospitalitycareernet. com
www. hospitalitycareernet. com

HRMagazine
www. shrm. org/hrmagazine

Human Resources Law Index
www. hrlawindex. com

Monster. com
www. monster. com

Occupational Safety & Health
Administration (OSHA)
www. osha. gov

hospitality careers online
www. hcareers. com

Hospitality Net
www. hospitalitynet. org

Hotel Jobs Network
www. hospitalityjobs. com

Society for Human Resource Management
www. shrm. org

U. S. Department of Labor
www. dol. gov

Workforce Online
www. workforceonline. com

蓝调之家酒店（House of Blues Hotel）。（洛伊斯酒店集团提供）

# 14 饭店业营销

## 概要

营销的概念
　　营销中的4P
　　制订营销计划

销售管理和人员推销
　　如何成为成功的销售员

广告
　　广告的定义
　　广告发布者的需要
　　广告代理商
　　制作有效的广告

公共关系

公开信息

促销

调节你的营销资金

小结

## 学习目的

1. 了解营销与销售的区别、营销中的4P和如何制订营销计划。

2. 学习饭店如何组织其销售部；总结销售人员应该具备的性格和素质。

3. 广告概述，包括广告发布者的需要、广告代理商及如何制作有效的广告。

4. 了解公共关系、公开信息和促销对接待服务业企业的作用和重要性；讨论营销人员如何调节其营销资金。

本章将讨论饭店公司如何进行营销。将涉及营销中的4P，即产品、地点、价格和促销，还将讨论饭店和餐馆如何制订自己的营销计划。然后，我们将探讨人员推销对饭店和餐馆的重要性。在饭店广告部分，将讨论广告的定义和怎样制作成功的广告。本章结尾将讨论一些营销活动，例如，公共关系、公开信息和促销，然后还将讨论如何调节营销资金。

## 营销的概念

企业的目的是得到并留住顾客，因为没有顾客就没有企业。哈佛商学院教授西奥多·莱维特（Theodore Levitt）指出：

> 不断地向顾客提供多种选择可以帮助顾客解决他们的问题。他们购买的不是物品，而是解决问题的办法。如果企业不知道如何得到顾客，不知道其未来顾客的需求是什么，不知道其竞争对手为顾客提供的东西，没有重视市场变化的明确策略和计划，企业就不可能有效地运营。[1]

这就是营销，即努力确定和满足现有顾客和潜在顾客的需求。

很多学生都不知道销售（selling）和营销（marketing）之间的重要区别。这是因为企业中经常使用的术语含糊不清。在销售部门（sales）工作的人通常被称为"营销代理"（marketing represetative）。这个头衔使人们认为"sales"和"marketing"这两个词是可以互换的，但是它们实际上是不可以互换的。**营销**（marketing）是一个含义很广的词，包括销售及许多其他内容。人们经常这样描述这两者的区别：销售是甩掉你拥有的东西，而营销则是拥有人们想要得到的东西。

一些市场学家这样认为：营销是从顾客手中购买东西的艺术，与把东西卖给顾客截然相反。换句话说，顾客口袋里有钱，而你（销售人员）想"购买"这些钱。

你怎么购买顾客的钱呢？你用产品和服务购买顾客的钱。这种用营销的方式进行销售的方法可以从两个方面帮助你。第一，你的注意力集中在顾客身上，而不是你的产品。如果你把注意力放在你产品的特征上，你就可以集中精力说服顾客向你"出售"他们的钱，这通常会引导你研究你的顾客及他们的需求。第二，你会对顾客持有截然不同的态度，你会更重视他们的价值，会更细心地接近他们，因为你知道，你正在试图说服他们把有价值的东西交给你。

## 营销中的 4P

努力得到并且留住顾客的活动包括很多内容。对一个餐馆，影响顾客是否在这里就餐的因素包括：位置、装饰、菜单、饭菜的质量和外观、服务的类型和价格。所有这些都是制定营销决策时应该最首先考虑的因素。为了作这些决策，餐馆经理必须确定：（1）他们现有和潜在顾客的需求是什么；（2）如何为其提供这些东西；（3）如何说服现有和潜在顾客光顾你的餐馆。这些活动可以分解成4个基本责任，我们通常将其称为"**营销中的4P**"，即产品（product）、地点（place）、价格（price）和促销（promotion）。

在饭店领域中，"产品"一词有多种含义。一个饭店产品可以是有形的，例如，一瓶高级葡萄酒；同时饭店产品也可以是无形的服务，例如，侍酒师对某个特殊场合应该使用某种葡萄酒的恰当建议。（内华达州拉斯韦加斯金字塔度假饭店和赌场供稿）

473

企业如何在产品、地点、价格和促销方面分配自己的资源取决于企业的目标，各个企业之间的差异很大。在某种意义上，4P就像成功秘方中的配料，企业分配给每一个要素的资源的相对比例和这四个营销努力的结合通常被称为**营销组合**。

**产品：你出售什么？** 在饭店领域中，"产品"一词有多种含义。很明显，产品可以是饭店或者餐馆向客人提供的客房和膳食。饭店提供的产品也可以是无形的服务。例如，餐饮服务员为客人上菜或者行李员帮助客人提行李。产品也可以指饭店或餐馆的概念。例如，公平旅馆（Fairfield Inn）是专门为商务客人设计的一种经济型产品。在这个例子中，"产品"包括客人在饭店内体验到的一切：饭店的理念、设施、环境和用品、服务水准及饭店向客人出售的有形产品。

对许多小型饭店的业主来说，确定饭店或餐馆的概念不是营销决策。例如，在美国有许多民族风味的餐馆，这是因为很多来自意大利、希腊和法国的移民家庭决定开设餐馆，供应他们会做的食品。由于这些家庭通常把餐馆开在他们居住的社区内，这里居住着其他与他们有相同种族背景的人，因此他们的餐馆拥有一个内在的市场。这些业主不必关注营销，他们只是出售自己会做的食品，只要食品做得地道，他们就会有足够多的顾客。

这种方式现在已经不起作用了，因为绝大多数这样的内在市场已经消失了。尽管具有同样口味和生活方式的人们仍然愿意居住在同一个社区，但是，今天顾客的选择余地太大了，因此简单地在一个地方开设一个企业，不管其位置有多佳，也不能保证其成功。饭店业尤其如此，饭店业没有创新性的发展，因此无法说服顾客放弃旧的购买习惯，形成新的忠诚顾客群体。人们以同样的方式在饭店中就餐和住宿已经有数千年的历史了。虽然饭店和餐馆的环境变得越来越好，但是餐馆和饭店提供的基本服务却没有变化。而且令人感到吃惊的是许多饭店和餐馆仍然采用过去的营销方式，似乎他们是在一个没有竞争对手的市场中，提供独一无二的产品。他们首先确定自己要出售的产品，然后才全力解决如何销售产品的问题。

饭店或者餐馆的概念，即现在或者将来这是一个什么样的企业，应该是第一个也应该是最重要的营销决策。这个营销决策的依据是，能够为顾客比较好地解决一个问题，这个问题可能是找个吃饭的地方，也可能是寻找一个地方举行300人参加的婚礼。为了确定一个成功的概念，饭店业中的一个企业需要清楚地知道人们在寻找什么及竞争对手已经向他们提供了什么。一个企业只有知道了顾客希望解决的问题，并且能够提供很好的解决方法，才会有成功的希望。

这一点证实了莱维特教授的观点，即人们从来不购买一种产品，而是购买期望从产品中得到的实用价值。在西弗吉尼亚州白硫磺泉的格林布赖尔饭店（Greenbriar）举行的美国广告商协会的一次会议上，莱维特指出："当你走进五金商店时，你不是去买一个1/4英寸*的钻,而是期望购买一个1/4英寸直径的孔。"

这些都与我们在前面提到的观点相同,接待服务业不是简单地出售客房、膳食、矿泉浴、航班座位或者租赁汽车。他们出售的是使用这些物质的服务,就像在剧院中上演的戏剧要使用舞台、布景、服装和道具一样。的确,提供服务和剧院有很多相似之处,如果从顾客的角度看饭店业营销,想一想这些相似之处是很有益处的。

首先,在饭店中用**前台**和**后台**这两个术语描述客人看得见的区域(例如,前厅部)和客人看不见的区域(例如,厨房和其他看不见的区域)。剧院也有前台(观众的座位和表演的舞台)和后台(更衣室和灯光间等)。饭店和剧院的前台都是设计用来营造成一种印象。和剧中的演员一样,饭店员工也都在扮演角色,例如,前台工作人员、餐厅经理和客房服务员。观众看戏是为了娱乐或者将他们的注意力从通常关注的问题中分散出来,同样,休闲旅游者登记入住饭店或者走进餐馆用餐,也是为了摆脱他们熟悉的环境。虽然可以进行很多比较,但是我们的目的是希望你记住莎士比亚在悲剧《哈姆雷特》中所指出的,"剧就是剧"。当人们进入饭店或者餐馆时,他们期望自己来到一个看上去一切都很漂亮、都很干净的地方,微笑的人们愿意很友好地对他们提供帮助和照顾。他们还希望看到饭店经理和员工为他们提供的演出。

**地点:你在哪里出售?** "地点"在饭店营销中也有多种含义。首先,"地点"指企业的物理位置,如前所述,这一点对其成功是至关重要的。

地点对营销方法也具有深远的影响。例如,假日饭店遍及美国各地,这意味着人们无论走到哪里都可以看到假日饭店,因此,当他们来到一个陌生的城市时,这里的假日饭店是他们熟悉的地方。另外,由于假日饭店无处不在,因此,假日饭店公司的管理部门可以在全国性的电视或者杂志上做广告,对它的许多竞争对手来说,这样做不但成本高,而且也是无效的。

地点的另一个含义不是饭店所在的物理位置,而是可以进行预订的地点。客人可以通过饭店内的电话预订房间,也可以通过中心预订系统的办公室预订房间(也要通过电话),可以通过旅行社预订房间(通过电话或者人员),甚至可以通过互联网预订房间。下面是可以预订饭店房间、飞机票和提供其他服务的网站:

- Expedia.com 是美国微软公司创建的在线旅行社。
- Travelocity.com 是一个很受欢迎的在线旅行社。
- 廉价票公司(Cheap Tickets, Inc.)(www.cheaptickets.com)是一个航空集运商,也可以预订饭店和房间。
- Priceline.com 是一个拍卖网站,人们可以在这里竞拍到低价的飞机票、饭店房

---

* 1英寸等于2.54厘米。

间、包价度假和汽车租赁。也提供"最佳交易"价格。
- Orbitz.com 由多家大航空公司共同建立，提供廉价的电子机票。

除了这些网站，很多连锁饭店和独立饭店也都有它们自己的网站，人们在这里可以浏览房间情况和预订房间。而且随时都会突然出现一些销售饭店、房间的新地点。最近出现的新地点是药店和其他零售商店，这里不但出售饭店的礼品卡，也出售航空公司的礼品卡。显然，可以预订饭店房间和航班座位的地点越多，饭店就越容易住满客人，航空公司就越容易满座。

**价格：你以什么价格出售？** 饭店和餐馆经常采用成本加成定价法。例如，假设食品成本应该占向客人提供的菜单项目的总成本的30%。但是，这种定价方式忽视了客人对他们所得到的食品的感受及客人愿意为这样的食品花多少钱。**成本加成定价**的基本缺陷是客人并不关心你们的成本是多少。另外，这种定价方法没有考虑到所有零售商都知道的一个道理：有些商品项目是**蚀本向导商品**，这些项目本身不赢利，但是可以把顾客吸引到商店来，顾客到商店后就有可能购买其他赢利商品。酒吧通常在优惠时间段提供免费或者象征性收费的自助餐，其目的是牺牲食品销售上的低利润，获取酒水销售上的高利润。

许多企业都采用成本加成定价法或者产品驱动定价法制定价格，但是，最终还是要由消费者决定他们是否愿意购买这些产品。如果消费者不愿意按照公司管理部门制定的价格购买产品，这个价格就必须进行调整或者将这个产品或服务淘汰。因此，**消费者定价**是一种更现实的定价方法。采用消费者定价方法，公司首先确定顾客需要什么，他们愿意以什么价格购买，然后想办法以顾客愿意接受的价格向其提供产品和服务。

采用消费者定价法的饭店和餐馆力图以顾客预期的价格（或者低于顾客预期的价格）为顾客提供产品和服务。那些制定价格时考虑客人利益的企业认为在顾客的知觉中，9.95美元和10美元的差别可能比实际的差别大，因此应该尽量保持较低的价格。还有一种心理因素影响价格的制定，即质量是有成本的，要得到好质量就必须花大价钱。许多人愿意多花钱，不住廉价的饭店。这些顾客认为，没有免费的午餐，你买到的东西与你花的钱总是一致的。产品和服务的质量高于其他竞争对手的餐馆也具有定价优势。即使他们制作食品的成本低于其竞争对手，他们也可以把价格定得很高，他们的销售额实际上会提高，因为很多顾客相信，高质量值得多付钱。

除了成本加成定价法和消费者定价法外，还有很多其他定价方法。其中一个是**竞争性定价**。采用这种方法，饭店根据其竞争对手的价格制定自己的房价。只有在消费者平等看待所有的竞争饭店的情况下，这种价格策略才可行。如果存在知觉上的不同（例如，一个饭店是全新的，而另一个饭店非常破旧），竞争性定价将有利于那些提供最多、最新或者最好设施的饭店。竞争性定价的另一个问题是你的竞争对

476

手可能情愿赔钱，或者他们的成本可能很低，因此他们制定的价格，对你可能意味着亏本，但他们仍然能够赚钱。

有一种现象叫**需求弹性**，特指顾客对价格变化的反应。了解需求弹性是非常重要的，因为如果对一种产品或者服务的需求是弹性的，那么，经理就可以通过各种不同的策略增加或者降低消费者的需求，包括提高或者降低价格。如果在某一价格下，消费者对一种产品或者服务的需求很低，那么，降低价格可能会提高需求。例如，在纽约市，饭店的房价在每星期的工作日内价格很高，因为商务客人愿意付高价。但是，这些客房在周末却闲置无人入住，因为商务客人的需求明显下降。如果大幅度降低这些客房的价格，这些客房也可能会售出去，这些低价的客房可以吸引不同的客人群体，例如，希望外出度周末的家庭客人或者单身客人。

如果需求不具弹性，那么无论怎样调整房价，需求也不会发生变化。一些度假胜地的情况就是这样的。例如，百慕大（冬天太冷）和加利福尼亚的棕榈泉（夏天太热），这些地区在度假淡季，不论是降低房价还是进行特别的促销宣传都不能有效地提高客房的入住率。无论房价怎样有吸引力，许多人也不愿意在度假淡季到百慕大或棕榈泉度假。

一些批评学家指责饭店业不愿意接受需求弹性的现实。如果饭店的入住率低，这可能是因为饭店经理没有认识到，如果客房的价格太高，使消费者认为房价不是物有所值，他们就会去寻找其他事情做或者到其他地方去。

对定价问题感兴趣的学生应该认识到，在本章中我们出于介绍的目的，已经大幅度简化了这个主题。例如，当前许多饭店都使用**收益管理**计算机程序制定其客房价格。收益管理程序通过调整提供给不同市场份额的客房价格，优化饭店在某一时间的收益，其依据是预期的客房供应量和需求量。收益管理系统最初是由航空公司开发的，用于分配每个航班的座位数量，航空公司为每个航班都提供各种不同的票价。这些数字随着预订数量的变化而不断地变化，预测也相应地进行调整。

在另一种更复杂的定价方法中，威廉·奎因教授发明了一种方法分析销售组合利润，这种方法从市场份额利润分析（PABS）的角度看待价格。奎因认为，如果饭店简单地根据日平均房价（ADR）判断其经营绩效，那么这个饭店在犯一个"错误，即饭店只有销售计划（sales plan），没有营销计划（marketing plan）"。[2] 奎因的研究表明，销售的成本应该是制定客房价格中的关键部分。例如，将100间客房一揽子出售给一个会议策划者的成本低于单独处理100个预订，因此给会议策划者的房价可以定得低一点。客人在饭店内的预计消费额也是制定房价时应该考虑的一个因素。参加会议的客人通常全部在饭店内用餐，因此虽然会议房价低于散客房价，但是饭店从100个会议参加者身上获得的利润要高于100个散客。

克里斯托弗·W·诺德灵（Christopher W. Nordling）和莎伦·K·惠勒（Sharon K. Wheeler）为拉斯韦加斯希尔顿饭店开发了一种市场份额会计模式。该模式重新调整了传统的方法，传统的方法把饭店的每个部门都看做是一个利润中心，然后用这个信息计算收入、成本和利润，并据此进行价格决策。诺德灵和惠勒指出，"经理们总是追求他们相信的最高利润市场份额，其依据是哪种类型的客人可以支付最高平均房价。但是几乎没有经营者测算为每个市场份额提供服务时所发生的全部服务员成本和由此产生的非客房利润（或亏损）。"[3]他们认为，这种分析可以显示出每个市场份额的相对价值，因此只有进行这种分析，才能帮助经理正确地制定价格，为饭店创造最佳收入。

**促销：你如何散布消息？** 营销中的第四个"P"代表"促销"。将其放在最后是因为促销决策最好应该在产品、地点和价格决策之后作出。促销包括企业说服人们购买他们产品和服务的全部活动。促销活动可以分为六大类：

- 人员推销；
- 广告；
- 公共关系和赞助式营销；
- 促销；
- 直效行销宣传；
- 购买现场促销宣传。

在传统上，公司孤立地看待各个促销职能。饭店用不同的人（自己的员工或外部的代理）协调销售、公共关系、直效行销和购买现场促销是很正常的。例如，饭店的广告和网站可能由广告代理商与总经理合作共同设计和发布，而人员推销和公共关系则由饭店内不同的人员承担。广告电话直销计划可能由营销部启动，购买现场促销宣传材料可能由当地的图形设计公司或印刷公司直接送到餐饮部。

有一种学派认为，所有这些工作都是各种形式的营销传播，为了有效地管理这些工作，应该进行整合。**整合营销传播**已经成为许多公司组织其营销活动的新模式。所有活动，不论是电话直接推销、广告计划，还是放在餐厅桌面上的促销宣传卡，都统一协调进行。这种方式确保企业传递给员工、顾客、新闻媒体和其他方面的信息是一致的，其目的都是要达到企业的总体目标。

但是，尽管应该对各种不同形式的营销传播进行整合，但是每种形式的营销传播都有其优点和缺点。人员推销是吸引公司和团体客户的主要方法。广告的目标通常是休闲旅行者（用直销的方式无法接触到他们），广告也用来树立品牌形象，例如，希尔顿品牌或万豪品牌。公共关系涉及的公众面通常很广，并力图影响那些用传统的人员推销或广告手段无法接触到的个人和群体，例如，员工、社区民意领袖、财务机构、工会等。促销用于快速提高销售额。

当今饭店业　　　　　AH&LA　　　HOSPITALITY TODAY An Introduction

餐馆的最重要的营销和促销物品可能是菜单。这是红辣椒扒房和酒吧（Chili's）的菜单封面。在菜单内页有4色印刷的大照片和诱人的文字描述，诱惑食客花钱。（红辣椒扒房和酒吧供稿）

为了取得成功，饭店或餐馆必须知道如何利用促销活动、如何组织和联合使用这些活动，这样才能产生协作效果，使整体的力量大于各个部分的力量。饭店或餐馆的营销计划是达到这一目的主要工具。

## 制订营销计划

所有的经营活动都应该有计划性。尽管大家都知道这一道理，但还是经常被忽视。经理有时候认为制订计划花费的时间太多。他们认为，最好直接出去干，不必坐在那里筹划如何去做。然而，就营销而言，因为涉及的费用巨大，因此制订计划被认为是成功的基础。麦当劳这样的公司每年的营销和广告活动费用超过 10 亿美元。如果这些资金不能有效地使用，不能取得预期的成果，这些公司就会遭受严重的损失。甚至营销预算为 25,000 美元的小餐馆业主也必须从这些资金中迅速得到回报，增加收入，否则这些用于营销的资金就会即刻消失。

营销计划是一张蓝图，可以最有效地组织企业的营销策略和活动。通常应该定期制订新的营销计划。许多企业每年制订一次，另外一些企业每两年、三年或五年制订一次。好的营销计划要经常检查，并根据当时情况按季度进行修改。一个好的营销计划包括多个部分：

- 形势分析；
- 目标；
- 策略；
- 战术；
- 控制。

制订营销计划听起来像一个很吓人的程序，但是它相对来说并不复杂，而且按照一系列的逻辑步骤进行。

**形势分析** 制订营销计划的第一步是形势分析。营销部的形势分析在某种程度上与建立新餐馆和饭店时所做的可行性研究相似，但是，营销部的形势分析是针对已经存在的饭店或餐馆，所以具有更大的市场倾向性。

营销部所做的市场分析通常包括市场分析、竞争分析、内部数据分析、目标顾客群体的情况及问题与机会。形势分析通常被称为 SWOT 分析；SWOT 代表优势（strengths）、弱势（weaknesses）、机会（opportunities）和挑战（threats）。

**市场分析**。在对一种形势进行分析之前，我们必须要了解这种形势。因此，形势分析的第一步是描述市场状况。如果为一个饭店做形势分析，我们的第一步是记录在下一年度可能影响本地区饭店住房率的重要数据。是否有新开业或关闭的饭店？经济是否增长？旅游业的前景如何？州或城市是否有新的吸引游客的大型活动？机场的预计客流量是增加还是减少?

**竞争分析**。市场信息是非常笼统的。形势分析应该集中在那些在未来几年可能会对经营产生影响的综合或者重大趋势。除了这些信息之外,形势分析还应该包括竞争分析。竞争分析要明确指出谁是你的竞争对手。要做到这一点并不是很容易的。例如,位于西弗吉尼亚州白硫磺泉的格林布赖尔饭店(Greenbriar)与菲尼克斯的亚利桑那巴尔的摩饭店(Arizona Biltmore)争夺会议市场。快速服务餐馆中的塔科钟快餐店(Taco Bell)和赛百味(Subway)不仅与其他快速服务餐馆竞争,还与便利店和超级市场争夺市场。

除了简单地列出竞争对手外,还应该书面描述这些竞争对手的铺面情况,和竞争对手比较设施情况,既要比较硬件设备的情况,也要比较服务质量。还应该将你的价格(或者计划价格)与竞争对手进行比较。饭店的竞争分析还包括市场中饭店客房或床位的数量,平均住房率,本地区内饭店的类型:度假饭店、市区饭店、汽车旅馆等。如果市场已经饱和,也应该在竞争分析中注明。最后,竞争分析还包括仔细观察谁是竞争对手的客人,他们来自什么地方,你是否能够理性地将他们从竞争对手那里吸引过来。新生意几乎总是来自竞争对手的顾客群体,这些顾客可能对原来的服务不满意,也可能认为你可能为他们提供更优质的服务。

**内部数据分析**。形势分析需要收集供制定营销策略和营销方法参考的内部数据。这些数据包括销售组合信息,例如,来自客房销售、食品、酒水、宴会和其他活动的收益的百分比和数额。财务数据也应该考虑在内,包括可用资金和资源、现金流量和预算。还应该包括人力资源政策和经营数据,例如,预订系统和网站的运行情况。

**目标顾客群体的情况**。形势分析中最重要的部分是目标顾客群体的情况。首先应该进行人口学分析,即你的客人的年龄、收入、家庭和居住地的情况。你还应该尽可能多地了解你的客人的生活方式。他们外出旅行或用餐的频率?他们到哪里吃饭?谁作决策?这些信息可以帮助你组织销售活动和选择广告媒体。

最理想的是这些目标顾客群体的情况能够帮助你确定当前或者潜在的主要客源。以餐馆为例,你的客人是在上班路上快速吃早点的商务人士,还是与朋友共进午餐的带孩子的母亲?餐馆的主要客人有时候只占客人总数的25%,但是却占总销售额的75%,因为他们每星期定期多次光顾餐馆。饭店也如此,少数的公司客人可以占据饭店销售总额的一半以上。

许多饭店(和一些餐馆)的最重要的目标客源是团体客人。这些团体客人可能是乘豪华巴士的旅游团队,也可能是会议团体。了解这些团队的特别需求是非常重要的。他们可能需要大房间举行会议和宴会,也可能需要小房间进行专题讨论会。

他们可能需要几个饭店套间。他们还可能需要特殊的入住登记和离店程序。

**问题与机会。**在"问题与机会"这部分中,通常要确定公司的优势和弱势。在形势分析中收集数据和事实的工作完成后,工作才真正开始。现在,你必须解释这些事实的含义。你周围没有希腊餐馆的事实意味着给你提供了将你的餐馆改为希腊餐馆的机会,还是仅仅意味着这个地区的人们不喜欢希腊食品?你所在的城市中所有饭店都是中等价位的事实是否意味着这个地区有豪华饭店的市场?也许确实存在这样一个市场,但是这个市场可能很小,因此将你的饭店升级为豪华饭店是不会有利可图的。许多餐馆开始经营对外包餐服务,他们认为其食品服务专业技术足以吸引客人并可获得利润。这经常是一种错觉。该地区可能已经有一些已建立良好声誉和拥有忠实客户的包餐商。在这种情况下开始新的对外包餐业务可能需要经过一个漫长的、高代价的过程,而且除非你的经营与原有包餐商有实质性的不同,否则几乎不可能取得成功。即使如此,也不能保证取得成功。有一段古老的谚语,"有个人做了一个很好的老鼠夹子,然后他就在家里等待世人把路修到家门口,结果自己饿死了"。

在"问题与机会"部分,应该尽可能客观地列出你面临的那些可能显著阻碍你提高销售额或者市场份额的问题。例如,如果你在城市的中心区经营一个正餐餐馆,而晚上到市中心就餐的人越来越少,你应该把这种情况记录下来。你面对一个真正的问题。你也可能面对一个真正的机会,你可以在郊区开设第二个餐馆或者在市中心开设一个午餐餐馆。

同样,随着放松对航空公司的管制,许多航空运营商发现他们原来专有的航线面临着新的竞争。这是一个问题。但是同时也给这些航空公司提供了新的机会,这些航空公司可以自由地开发新的赢利市场,这些市场以前是不对他们开放的。但是,请牢记,并不是所有的机会都是可以追求的。20世纪80年代过度建造新饭店导致很多饭店倒闭和被取消抵押赎回权。

**目标** 饭店或餐馆的市场营销人员收集到关于当前的经营形势的数据和事实并在形势分析中对其进行了归纳和分析之后,经理就可以查看形势分析,并开始确定营销目标。营销目标简明清楚地描述经理期望营销计划要完成的任务。这些目标通常是具体的和可以测量的。

一个企业通常有多种不同的营销目标。财务目标通常是第一个目标。大多数公司都根据预期收入制定全公司的支出预算;在营销计划中预期收入是每个月的利润目标。通常还有发展目标。显著增加销售额的目标或者开拓新市场的目标都是发展目标。有时候财务目标和发展目标会发生冲突,例如,为饭店加盖一个翼楼可能暂时会减少饭店的利润。在服务性组织中质量目标在营销计划中是非常重要的。质量目标可能包括引入新的客用设施或者改进现有的产品或服务。最后是伦理目标，伦理目标强调的问题包括改善员工的工作条件、更具环境意识的废弃物管理或者支持当地的慈善机构和文化项目。

**策略** 确定了营销目标之后，就可以制定营销策略。策略简单描述组织如何实现其营销目标。例如，假设你的一个目标是在6个月内将饭店接待休闲客人的收入由20%提高到30%。你达到这个目标的策略可能包括：
- 获得更多旅行社的支持；
- 增加广告费支出；
- 开发特别蜜月包价项目和其他包价旅游；
- 网上促销。

为了确保这些策略的现实性，每一项策略都应该附有预计成本数额。例如，获得更多旅行社的支持或者网上促销需要花费多少钱。如果一个策略的成本太高，可以进行调整，用成本较低的策略代替，也可以取消这个策略。

**战术** 策略是宏观的，具体操作方法是战术。你如何"获得更多旅行社的支持"？你打算邀请旅行社到你的饭店进行熟悉游（fam）吗？你打算给他们特殊房价吗？你打算到他们办公室去拜访并送上饭店宣传册吗？你要去拜访多少次？将安排谁去拜访？你要拜访哪些旅行社？什么时候拜访？

回答这些问题和其他问题可以帮助经理制定实现营销目标的战术或行动计划。没有这些战术，营销计划就是一个无用的文件，根本就不是计划。真正的营销计划应该包括每个策略的战术，使每个手持计划的人都知道应该做什么和如何做。

**控制** 控制在营销和经营中同等重要。如果营销战术很具体，你就能够知道每月应该发生的事情及预期的成本。其结果也可以预测。广告宣传特别蜜月包价项目的结果应该是有大量的度蜜月者预订客房。如果不是这样，那么肯定什么地方出了问题。营销计划应该有灵活性，应该定期检查营销计划，必要时进行修改。这就是控制职能，使经理能够监督营销计划的运行情况，必要时进行调整。

## 销售管理和人员推销

一些饭店和餐馆连锁店花费数百万美元做广告，进行公共关系活动和促销，但是大多数饭店和餐馆的营销预算都很有限。因此饭店和餐馆的业主、经理或销售队伍的人员推销成为饭店和餐馆最常使用的招徕生意的工具。

大多数饭店都有营销和销售部或者销售部。许多这样的部门都是相当复杂的。销售人员一般向销售经理报告工作，销售经理向营销和销售总监报告工作（请记住，销售只是营销职能的一个部分)。在中等规模和小型饭店,营销和销售总监和销售经理通常由一个人担任,尽管每个岗位的职能不同。大多数私人俱乐部、有私人会议室的餐馆和餐饮承包商都至少有一名全职销售人员(除非业主或经理承担这项工作,但这通常不是个好办法)。

销售经理负责销售办公室的工作和管理销售人员。有些销售经理根据业务来源分配销售人员。例如,可能有专门的销售人员负责销售面向商务散客的公司项目;另一个销售人员负责会议预订业务;第三个销售人员负责旅游业务。其他销售人员可能负责旅行社销售、军队和政府客人的销售和对外包餐销售。销售经理也可能会采用地区方法,根据业务的规模和性质划分销售区域,例如,"东部地区"销售人员、"西部地区"销售人员,甚至国际业务销售人员。根据《饭店销售和广告》(*Hospitality Sales and Advertising*)一书的作者詹姆斯·阿比的观点,销售经理的总体目标包括:

- 通过个人销售拜访、电话销售和信函销售增加饭店的收入;
- 为每个销售人员制定个人销售拜访、电话销售和信函销售的指导原则;
- 协助总经理在销售方面最大限度地得到员工的支持;
- 召开每星期和每月的销售会议;
- 保存销售报告,建立销售档案系统,以确保所有文件得到及时处理和更新。[4]

为了完成这些任务,销售经理必须首先招聘和培训销售人员。高效销售人员的能力可以通过学习获得;销售技能不会来自遗传,也不是纯粹的天资。但是,一些人的确比另一些人更适合从事销售工作。

有些人不喜欢向别人推销东西,他们认为这是具有操纵性和不道德的行为。的确,不道德的推销员是美国民间传说的一部分。一些早期的美国推销员是沿街叫卖蛇油、护身符和假古董的小贩,出售这些东西需要欺骗技巧。甚至在今天,调查也显示,二手汽车销售员也仍然是最不受信任的生意人。销售人员作为一个整体也不像其他专业人员那样值得信赖。然而,销售是一个高尚的和能够得到回报的职业,今天的销售员往往被认为是重要的合作伙伴、顾问和助手。例如,IBM销售队伍的使命是帮助公司解决问题,这不同于向公司推销计算机。由于IBM的销售员都善于解决问题,因此他们也销售了大量的计算机。

## 如何成为成功的销售员

加利福尼亚大学心理学教授查尔斯·加菲尔德认为,成功的销售员具有一些共同的特征。加菲尔德对各个领域中的超级成功人士进行了研究,他认为,成功的销售员具有如下共同特点:

- 他们不断创新，富有冒险精神，总是力图超过以前的绩效水平。
- 他们有强烈的使命感，并确定实现这一使命的短期、中期和长期目标。他们的个人销售目标高于经理为其制定的目标。
- 超级销售员更愿意解决问题，而不责备或者虚张声势。因为他们视自己为专业人员，所以他们总是不断提高自己的技能。
- 超级销售员把自己当做顾客的伙伴和团队的一员，而不是他们的对手。他们认为自己的工作就是与人沟通。
- 超级销售员个人不接受拒绝，他们把拒绝当做可以学习的信息。
- 超级销售员在心中预演推销过程（mental rehearsal）。每次推销之前，他们会在心中检查整个销售过程，从走进去与顾客握手到讨论顾客的问题和向客人推销产品。[5]

成功的销售员知道如何处理与他人的关系，把自己当做其顾客的伙伴和团队成员，而不把自己当做顾客的对手。

如何成为一名优秀的销售员？销售需要的一个基本素质是"智慧"。德里克·泰勒（Derek Taylor）是英国的一名出色的饭店销售总监，他有30多年的工作经验，他认为：

销售是一种用脑的职业。销售需要进行大量的思考，为了说服客人购买产品，你要力图影响他的思想。人们经常问我，要想成为饭店销售员应该读什么书来了解这个工作；我的回答仍然是弗洛伊德的《心理分析的两个短篇报道》。这是一本简单易懂的书，它告诉你销售的游戏规则。具有了解那些对你的饭店毫无兴趣的客人内心所想的能力是成功的关键。[6]

大多数专业销售人员都同意泰勒的观点，即了解人们的内心所想和如何应对这些想法是销售人员应该具备的最重要的素质。认为外倾性格和愿意交往的人比少言寡语和内倾性格的人更适合当销售员的观点事实上是没有根据的。他们可以成为不同类型的销售员，但是研究表明，外倾性格和愿意交往的销售员与少言寡语和内倾性格的销售员的销售效果没有区别。关键是能够与他人打交道，能够倾听他人的诉说，然后能够用他们了解的词句和善解人意的方式与他们沟通。

# 广告

鳕鱼产一千个卵
家养的母鸡产一个蛋
但是，鳕鱼从不咯咯叫
以显示它做了什么。
我们因此而赞赏家养的母鸡
我们轻视鳕鱼
这个道理清楚地告诉你和我
做广告是值得的！

佚名

广告是人员销售的替代物。通过广告，我们可以与那些因为某种原因从来得不到推销员拜访或者从来没与广告商沟通过的人们交谈。与人员销售相比，广告还有一些独特的优势。例如，广告可进入销售人员无法进入的办公室和家庭。很多公司做广告正是由于这个原因，让"销售员"穿过紧闭的大门。

广告的另一个优势是其重复性。我们看见一个销售人员，听其讲述了推销的内容后，我们可能再也听不到这种讲述了，但是印刷的广告和广播的广告可以多次接触我们。这是广告的一个重要特征。许多人需要反复接触销售信息才能理解和记住这些信息。

广告可能，并且经常，提高产品和服务在顾客眼中的价值。多种方法可以产生这种效果。方法之一是激发顾客的信任感。顾客对产品和服务的信任可以从多个方面表现出来。顾客希望有安全感，知道他们的钱没白花；商标品牌也能够提供安全感，顾客通过广告熟悉了商标品牌，品牌可以保证质量的一致性。一座普通的两层楼很不显眼，但是如果加上假日饭店（Holiday Inn）两个字就不一样了。现在，即使你不能确切地了解楼里面的情况，但是你知道你会以合理的价格得到一间干净的客房、可靠的服务和体贴入微的环境和用品。其他饭店品牌，例如，四季（Four Seasons）、凯悦（Hyatt）、喜来登（Sheraton）、希尔顿（Hilton）和万豪（Marriott），都向顾客保证他们将得到饭店承诺的质量或者价值。这些公司都知道如果很多客人都对他们的产品和服务感到失望，公司就会面临风险，所以他们都非常认真地向客人提供一致的产品和服务，并且真实地进行广告宣传。

如果一个产品的广告宣传其产品可以提高顾客的自尊，告诉他们使用这个产品他们会感到更具成功感、更重要或者更自信，顾客就产生了另一种信任。住过弗吉尼亚州华盛顿的小华盛顿旅馆（Inn at Little Washington）、比佛利半岛酒店（Peninsula in Beverly Hills）和佛罗里达州那不勒斯的里兹—卡尔顿饭店的旅游者都知道，他们买的是用钱可以买到的最好的产品和服务。如果商务人员住在一个以接待总经理而著称的饭店里，就会有一种成功感，也可以向其当地的同行显示他们的地位。广告可以让很多人了解饭店或餐馆的地位。

广告给产品增加的价值称为增加值。美国广告商协会引用波士顿咨询集团副总裁托马斯·S·伍斯特（Thomas S. Wuster）博士的一段话：

> 鸡、水和支付系统都被认为是日常用品。但是，珀杜农场公司（Perdue）用广告和质量管理把鸡从日常用品变成一种独特的产品；毕雷矿泉水公司（Perrier）用吸引人的包装和广告使水变成一种首选饮料；美国运通公司（American Express）通过介绍它的金卡和白金卡不断地使其商标升值。在上述每个例子中，公司都为顾客增加了一些有价值的东西。[7]

许多饭店和餐馆经理都认为，虽然强调他们所提供的产品和服务的价值是一个有趣的概念，但是在广告中宣传低价格会取得更好的效果。伍斯特的观点与之相反：

> 许多人相信，低成本的优势比高价位和"难以琢磨"的超级顾客价值的优势更真实，更持久。但是，我们的经验和研究证明，事实恰恰相反：以价值为基础的优势比以成本为基础的广告更具持久性。[8]

波士顿咨询集团公司认为，底线是"与低成本相比，忠诚是一个长期持久的竞争障碍"，通过广告使自己公司的品牌与高质量联系在一起的公司和那些以降低价格为竞争手段的公司相比，更能长久地留住自己的顾客。虽然一些人能经常提供较低的价格或者较新的饭店，但是象征超级价值或服务的品牌将长盛不衰。

为了说明这一点，波士顿咨询集团公司指出，在22个消费类别中的19个类别里，1925年领先的品牌75年后仍然位于领先地位。例如，在1925年，凯洛格（Kellogg）是知名的谷类食品商标，现在仍然如此。吉列剃须刀（Gillette）、好时巧克力（Hershey）、箭牌口香糖（Wrigley）、纳贝斯克饼干（Nabisco）、象牙香皂（Ivory）、金宝汤（Campbell）、可口可乐软饮料和高露洁牙膏（Colgate）也是知名商标品牌的实例，它们能够保持领先地位，是通过质量和价值的竞争，而不是价格竞争。

尽管波士顿咨询集团公司没有对饭店和餐馆进行研究，但是我们在很大程度上是可以很容易地做出同样的推论。科罗拉多州科罗拉多斯普林斯的布罗德莫酒店（Broadmoor）和西弗吉尼亚州白硫磺泉的格林布赖尔饭店（Greenbriar）从来都不以价格为竞争手段。一些著名的餐馆，例如，纽约的马戏团餐厅（Le Cirque）、迈阿密的乔氏石蟹餐馆（Joe's Stone Crab）或者巴黎的银塔餐馆（Tour D'Argent）也从来不以价格为竞争手段。这些公司已经把自己变成了后来者或者新潮者无法替代的知名机构。

研究显示，广告对所有的消费者产品都是至关重要的。战略计划研究所的一项研究表明，广告频率超过竞争对手的商标品牌的平均投资回报（ROI）为32%，广告频率低于竞争对手的商标品牌的平均投资回报（ROI）仅为17%。根据该研究所的研究，"有关的广告影响对相关质量的知觉、市场份额和相关的价格。这些因素又影响利润和企业的发展"。[9]

强调饭店经理必须了解广告的作用，是因为饭店企业在广告上投入大量资金。例如，2003年，麦当劳的广告投入为21亿美元，成为美国第15大广告投入者。[10]

讨论广告的作用必须要提到做广告时产生的一些社会关注的问题。一些批评家经常指责说，广告让人们购买他们不需要的和买不起东西。但事实并非如此。消费者的需求是由社会决定的，不是由广告决定的。大多数登广告的公司都通过广告体验到要改变消费者的购买行为是非常困难的。因此，广告的作用通常是在消费者已经决定了要购买某类产品的情况下，给他们提供几种供选择的竞争品牌。

批评家还认为，广告有时很庸俗，强化了一些令人讨厌的陈规陋习，对社会价值产生了不良影响，也影响了媒体的声望。如果认为在上述指责中，广告是无辜的，则是天真幼稚的。但是，大多数经济学家都认为，广告在总体上对社会是件好事，因为广告给消费者造成的负担很低，但是支持着高度多样化的媒体结构。例如，订户只需支付报纸出版成本1/3的价钱，其他的费用则从广告费用中支出。在美国，商业电视节目对公众是免费的，全部费用均由广告发布者支付。在限制广告的国家，电视节目由政府资助，而政府的钱来自民众向政府交纳的税负，这样就会影响节目的内容，对公众不利。

## 广告的定义

根据丹佛大学的查尔斯·H·帕蒂教授和科罗拉多大学博尔德分校的查尔斯·F·弗雷泽教授的观点，广告具有许多特点，不同于其他形式的沟通。其中的一些特点是：

- 广告由做广告的人出资付费，媒体不能自行处置。这一特点使广告区别于公开信息（公开信息不用付费，媒体可自行处置）。
- 广告不针对某个人。广告向大众散布。这一特点使广告区别于人员销售。
- 广告明确表明信息的发布者。广告不同于宣传，因为广告信息本身就明确表明了信息的来源。
- 广告具有诱导性。广告不会把产品和服务的全部情况都讲述出来，广告的设计不是客观的。广告是企业用来说服人们接受他们的产品、服务或观点的工具。[11]

简而言之，帕蒂和弗雷泽把广告定义为"有计划的沟通活动，在这个活动中，用大众传媒发布的信息说服民众接受产品、服务或观点"。[12]

许多人说，"我依靠口头广告推销我的生意。"这些人不了解什么是广告。口头说的话不是出资做广告的人在媒体上发布的信息，它没经过策划，也不必有诱导性。它的确可以帮助促销某种生意，因此它是一种合法的营销沟通形式，但不是广告。

## 广告发布者的需要

广告并不是在所有的条件下对所有的产品和服务都同样有效。为了创造有效的广告战役效果，广告发布者需要具备竞争优势、独特的定位和细分的市场。

**竞争优势** 广告成功的一个关键因素是产品的差异，也就是说，你提供的产品必须明显地不同于你竞争对手提供的产品。例如，蔬果批发商不必向餐馆做生菜或西红柿的广告，因为大多数蔬果批发商都销售同样等级和质量的蔬果产品。但是，如果批发商能够申明不同点，例如，保证快速送货或价格低廉，那就另当别论了。如果企业有明显的竞争优势，并希望将其告诉消费者，这时做广告能取得最佳效果。这种优势可以是超级服务、低廉的价格或较高的质量。

这种优势不但要明显，即可以看到或者体验到，而且必须要满足消费者的一个重要需要。例如，凯悦饭店集团在主要城市促销其周末度假包价项目时，将业界通行的中午12点结账离店改为星期日晚上8点结账离店。这一点对客人来说是重要的不同点，因为如果晚上8点结账离店，客人就可以在海滩或游泳池度过星期日下午，甚至可以在饭店吃完晚饭后结账离店。饭店业的另一个重要的竞争优势是地理位置和价格。位于曼哈顿的原多拉尔旅馆（Doral Inn），现为W饭店（W饭店是仕达屋饭店及度假村国际集团的连锁饭店）发布了一条效果很好的广告，大字标题是"多拉尔旅馆与沃尔多夫—阿斯托利亚饭店的区别是什么？40英尺的距离和大约100美元"（图14-1）。

广告的发布者经常忽略了广告应该展示重要的不同点这一原则，因此广告的内容常常是消费者不关心的东西。对全国最常旅行的客人进行的一项调查发现，大多数旅游者都不关心房间内是否有小酒吧、计算机化的旅游指南或其他新玩意儿。他们真正需要的只是心情愉快，安静的饭店客房、清洁的租赁汽车、舒适的飞机座位。把报纸送到客房比提供健身俱乐部更能赢得客人的满意。很多饭店都不愿意提供送报纸到客房的服务，如果提供了这种服务，他们也不去做广告宣传。

有时，一个企业可能与其竞争对手具有相同的重要特点，但是如果都有不做广告宣传这个特点，那么第一个做广告的企业就可能获得优势。在航空公司的票价大战中，所有航空公司都可能将票价降低到同一个水平，但是第一个做广告宣传减价的航空公司通常会得到这个行业最大的份额。几乎80%的饭店都提供"小孩免费"的项目，但是很多饭店都不做广告。用广告宣传这个项目的饭店更有可能得到源自家庭客人的生意。

**独特的定位** 决定广告的有效性的另一个因素是定位。最先提出这种理论的是两个广告代理商艾尔·里斯（Al Ries）和杰克·特劳特（Jack Trout）。这种理论认为，因为当前市场上的产品很多，我们每天都能听到这些产品广告发出的大量"喧闹声"或者营销噪声，所以大多数人记不住（他们也不愿意记住）广告在说什么。简而言之，广告信息不能"进入"消费者的头脑。希望在广告中提供所有信息的公司实际上不能提供任何有价值或者重要的内容，因为人们记不住广告的内容。里斯和特劳特认为，广告成功的秘密是让广告进入未来顾客的头脑。"你应该把重点放在未来顾客的知觉上，而不是现实的产品上。"[13]

里斯和特劳特认为，广告发布者进入我们头脑的方法是让广告信息和我们已知的信息联系到一起，而不是让我们记住新的信息。例如，安飞士汽车租赁公司（Avis）是一个典型的例子，安飞士的成功是因为它告诉消费者"再接再厉"（We Try Harder.）。安飞士以这个主题进行广告运动的时候，赫兹（Hertz）是最大的汽车租赁公司，当时甚至没有人听说过安飞士这个名字。通过将自己与"再接再厉"这个主题联系在一起（甚至没有提及竞争对手的名字），安飞士得以迅速地在其未来顾客的心目中确立了一个"地位"，这个地位是独特的并且咄咄逼人的。

当今饭店业　　　　AH&LA　　　　HOSPITALITY TODAY An Introduction

图 14-1　强调竞争优势的广告实例

> **多拉尔旅馆与沃尔多夫—阿斯托利亚饭店的区别是什么？**
> **40 英尺的距离和大约 100 美元。**
>
> Come enjoy a Waldorf location at the Doral Inn EXCL Executive Club. For as little as $138 per night, per room, take the elevator directly to our private sixth floor welcoming lounge. And enjoy complimentary continental breakfast and evening hors d'oeuvres. An exclusive executive lounge for cocktails and relaxing. Free use of personal computer and copier. An on-site fitness center with squash courts. And deluxe accommodations on two private floors. Reserve the EXCL Executive Club Level by calling 1-800-22-DORAL or (212) 755-1200. And discover Doral value in a Waldorf location.
>
> **Doral Inn**
> 541 Lexington Avenue at 49th Street
> New York, New York 10022
>
> Doral Hotels & Resorts · Florida: Doral Ocean Beach Resort · Doral Resort and Country Club · Doral Saturnia International Spa Resort · New York: Doral Court · Doral Inn · Doral Park Avenue · Doral Tuscany · Doral Arrowwood · Colorado: Doral Telluride Resort and Spa

在这张报纸广告中，多拉尔旅馆告诉读者，其位置优越，但价格比附近的竞争对手低廉。（纽约多拉尔旅馆供稿）

491

当然，你的产品的名字可以帮助你定位。在已故的亨廷顿·哈特福德购买巴哈马的霍格岛并将其更名为天堂岛之前，几乎没有人去那里度假。新的地位吸引了很多新的度假饭店和旅游者。图片也可以创造地位。在过去的20年中，百慕大的广告展示了粉红色的海滩、机动脚踏两用车、老式四轮马车和英国交通警察。夏威夷以其热带植物而闻名，因此在所有的广告中都可以看到这些热带植物。

**细分的市场** 提高广告效果的第三个因素是细分的市场。**市场细分**指一个公司确定自己的不同市场份额并针对这些市场促销其产品和服务的能力，也称为**目标营销**。实施目标营销的公司为每个细分市场生产不同的产品，并针对每个细分市场进行不同的广告活动。

万豪酒店集团实施了充分的市场细分。万豪的公平旅馆（Fairfield Inn）针对经济型细分市场，这个市场的消费者群体根据价格购买产品。万豪的万怡饭店（Courtyard）的对象是愿意支付中等价格的商务旅客。万豪的住宅旅馆（Residence Inn）提供带厨房设施的小型套间，其目标市场是需要在一个地方长期居住的商务客人。万豪套房饭店（Marriott Suites）是完全服务饭店，针对需要较大客房的商务旅客。万豪酒店、度假饭店和套房饭店（Marriott Hotels, Resorts & Suites）是高档消费饭店，针对高档细分市场。万豪有不同的品牌，并且针对每种产品进行不同的广告宣传。万豪不是简单地将其市场视为"进入饭店的人"，而是将其市场细分为较小的、可以识别的顾客群体，根据这些顾客群体的需要设计特色产品，然后对外宣传这些不同的特色。

几乎所有的饭店都进行某种形式的市场细分。城市饭店力图在平日吸引商务旅客，在周末吸引旅游者。百慕大的饭店在夏季的月份针对家庭客人做水上运动项目的广告，但是在水温较低不能游泳的冬季，则提供高尔夫球和网球包价项目。度假饭店在旺季可能会追逐富裕的消费者，但是在淡季则做广告以低价吸引其他客源群体。

价格只是对顾客进行市场细分的一种方法。美国运通公司根据顾客对不同旅行产品的反应将其旅行社的顾客细分为不同的群体。在盖洛普公司的帮助下，美国运通公司将其顾客分为五种基本类型：

- **享乐型旅行者** 这类旅行者富裕并且自信，愿意花钱买舒适。他们愿意放纵。这些人喜欢乘邮轮航游和设有健康水疗设施的度假饭店。
- **梦想型旅行者** 这类旅行者经常阅读和谈论旅游，但他们对自己的旅游技巧缺少信心。他们愿意到旅游指南推荐的地方旅游，愿意购买经过实践检验的包价旅游项目。
- **经济型旅行者** 这类旅行者把旅游当做释放压力的渠道和放松的机会。即使能够支付得起，他们在服务和环境设施上的花销也会精打细算。经济型旅行者注意价格和价值。
- **探险型旅行者** 这类旅行者年轻、自信、有独立性。他们愿意体验新事物，接触文化和人。他们愿意到南太平洋和东方旅行。44%的探险型旅行者为18～34岁的年轻人。
- **担心型旅行者** 这类旅行者害怕坐飞机，旅途中作决策缺少信心。50%的这类旅行者超过50岁。他们需要那些经常旅行、有丰富经验的旅行代理帮助他们选择旅游目的地，并告诉他们如何到达那里。[14]

把市场划分为较小的市场群体后，美国运通公司和其他公司可以根据每个群体的需求制作不同的广告，在适合每个群体的媒体上发布广告。

## 广告代理商

饭店业主或者经理组织广告活动时需要作的第一个决策是：他们是自己做广告，还是委托广告代理公司为其做广告？广告代理公司帮助客户制作和发布广告。广告代理公司聘用营销战略家、艺术家、作家、制作经理和媒体选择专家。广告代理费可以协商确定，也可以按15%收取代理佣金。如果广告代理公司收取15%的代理佣金，则意味着如果广告发布者用100万美元进行一次广告活动，需要付给广告代理商15万美元广告代理服务费，用85万美元购买媒体的广告空间。广告代理商向客户收取媒体空间或者播放时间的费用，广告代理商从客户那里收到全部费用后，从中扣除15%，然后将余额付给媒体。

许多广告发布者选择自己制作广告，他们雇用自由作家和艺术家设计广告，然后直接与媒体谈判广告空间和播放时间的价格。对小的广告发布者，这样做可以节省很多钱，因为广告代理商收取的佣金加上撰写和设计广告的费用有时候会很高。另外，许多广告发布者还发现，消费者对好广告和不好广告的反应可能非常不同。广告发布者认为，即使小的广告发布者雇用广告代理商制作广告得到的效果也比自己制作的广告好。尽管如此，但是仍然有一些自由作家和艺术家能够创造出杰出的广告（事实上，一些广告代理公司聘用了许多自由作家和艺术家制作某些广告项目），因此，这在很大程度上取决于要制作的广告的性质、一个区域内自由作家和艺术家的数量及所用的媒体。媒体的价格有时可以通过谈判确定，广告代理商比较可能得到最优惠的价格。

有很多书籍和文章介绍如何选择广告代理公司，但是最好的一个办法是记下你喜欢的广告，然后打电话给广告发布者或发布广告的媒体询问广告的制作者。但是，应该注意：大多数广告代理公司都不承接相互竞争的广告业务，除非这些广告针对不同的市场区域。

## 制作有效的广告

电影和电视节目为人们创造了一个如何制作广告的简单而富有魅力的印象。人们通常认为，作家和艺术家一夜之间就产生了构思广告的灵感，就像一道闪电从天而降。但事实并非如此。优秀的广告活动基于营销计划，而营销计划基于彻底的市场调查。有效的广告几乎都是理性的、有秩序的过程的产物。大多数广告反映的市场定位都是事前经过周密策划的，广告的语言针对某一个具体的目标市场。创造这些广告的人不是从稀薄的空气中得到伟大思想的天才。毫无疑问，广告创作涉及天资，但是这是一种特殊的天资，包括分类和综合的能力。的确，我们常常会看到有很强研究背景的广告撰稿人。大多数专业广告撰稿人的成功都得益于调查报告、目标客源的资料、人口统计资料和心理分析资料。

想一想发明家托马斯·爱迪生。他发明灯泡的想法不是坐在实验室中，把双脚放在桌子上想出来的。这个想法来自他多年积累的关于电和导体的知识。制作优秀的广告也是如此。

**有效性地使用印刷媒体**　印刷广告包括三个基本因素：大字标题、主体文字和署名。

**大字标题**是广告的题头或标题。它与报纸文章的大字标题相似。大字标题的目的是吸引读者的注意，使他们进一步阅读广告的其他部分。有效的大字标题通常包括广告主要的承诺。有些广告还包括副标题，进一步明确解释大字标题中的承诺。

**主体文字**是广告的主要部分。这是文字内容，通常是对大字标题中提到的承诺和利益的详细说明。

广告的最后部分通常包括署名或标识。"署名"是广告发布者的名字；"标识"是"区别一个公司或其他组织的独特的商标、名称、符号、签名或装饰图案"。[15]麦当劳的金色拱形图案就是一种"标识"；可口可乐公司名称的独特字体也是一种标识。

广告制作的好坏没有规则可循。由于广告既是一门艺术，一门技巧，也是一门科学，因此广告发布者总是试图使用新技巧吸引消费者的注意力，说服消费者购买其产品和服务。然而，一些独立的研究公司、广告发布者和广告代理公司多年来进行了很多广告研究，他们总结出了一些大多数广告发布者应该遵循的总体指导原则。

**印刷广告的指导原则**　无论广告刊登在报纸上、杂志上，还是其他印刷媒体上，都应该包含一个承诺。承诺可以明确表达，也可以暗示，但必须有承诺。承诺通常出现在大字标题中，因为大多数人都首先读标题。很多人读大字标题的次数是读主体文字次数的5倍。这意味着，除非大字标题能够达到预期效果，否则做这则广告的大部分钱就等于白花。

广告为什么需要包括一个承诺？为了吸引读者。不管广告的文字写得多么雄辩或清晰，人们并不会因为广告发布者希望他们记住广告的内容就会记住广告内容。要想让读者记住广告的内容，广告必须包括对读者有意义的信息。消费者不关心你饭店特点的本身，他们关心的是这些特点如何对他们有利。

如果你广告上宣传的东西只适用于某些群体，最好在大字标题中指出这一点。万豪酒店向美国做广告"仅向美国退休人员协会（AARP）的会员提供折扣价格"时，通常在广告上方的突出位置注明"仅适用于美国退休人员协会会员"。

人们对大字标题的长度有不同的看法。一些研究显示，少于10个字的大字标题的效果优于较长标题的效果，而另一些研究显示，如果人们对广告感兴趣，他们既阅读标题，也阅读广告的内容。大卫·奥格尔维（David Ogilvy）是奥美广告公司（Ogilvy & Mather Advertising）的创始人，曾获得"广告名人堂荣誉奖"（Advertising Hall of Fame），他为劳斯莱斯汽车公司撰写了该公司有史以来最著名的一则广告。这则广告的大字标题由17个英文单词组成："以每小时60英里的速度，你能听到的最大的声音是钟表的滴答声"（At 60 miles an hour the loudest sound you can hear is the ticking of the clock.），接下来是607个英文单词的描述文字。威斯汀酒店及度假村集团（Westin Hotels & Resorts）在一则杂志广告中用了一条19个英文单词的大字标题（图14-2）。

吉姆·约翰逊是吉姆·约翰逊广告公司的主席和合作创建人，他在《华尔街日报》上的一则广告中这样论述大字标题和广告文字：

> 大字标题可以产生视觉效果；文字可以使读者留步。广告标题可以吸引、激励、刺激和推动读者阅读广告文字。但是这只是开始。撰写广告文字不是新手能做的工作。广告文字必须逐字逐行推敲。写得好的广告文字简单但不单调；聪明但不尖刻；令人感兴趣但不轻浮。人们可能会读长篇的广告文字。但他们不会去读那些乏味无趣、内容混淆的广告文字，不管它有多短。

广告发布者应该在广告主体文字中尽量"做推销工作"，即解释人们为什么应该购买他们的产品、入住他们的饭店或者在他们的餐馆用餐。纽约的丽晶酒店（Regency Hotel）在广告中用大字标题强调其地理位置："与公园大道一样，是你的首选（As Preferred as Park Avenue）。"广告的主体文字进一步解释这一承诺："位于世界最高级的一个社区，这是一个安静优雅的地方。这里有豪华的住宿设施、餐厅、酒吧、健身中心和精选的会议设施……当然还有无可挑剔的服务。"

当今饭店业 AH&LA HOSPITALITY TODAY An Introduction

图14-2 使用大字长标题的广告实例

大字长标题是有效的广告工具。（威斯汀酒店及度假村集团供稿）

496

广告的最后部分应该包括联系方式。大多数广告不销售产品，销售工作由销售人员做。大部分广告的目的是引起读者的兴趣，促使他们与销售人员联系。"请打这个电话号码预订"、"请与你的旅行代理联系"或"请索取我们的免费宣传册"是典型的联系方式。不做促销的销售员不是成功的销售员；没有联系方式的广告也不是成功的广告。

广告一定要包括署名或广告发布者的名称和标识（如果有的话）。有时，广告发布者很谨慎地尽量不把自己的名字写得很大，好像羞于说出他们是谁。但是，如果广告署名不大、不清楚，人们可能完全看不到这个名称。人们在广告中看到的通常只是大字标题、图片（如果有的话）和署名。这是为什么有些广告发布者总是将他们的名称放在大字标题中的原因。对读者的研究表明，很多广告成功地吸引了人们的注意力，并获得了读者，但是却没让未来的顾客记住是哪个公司做的广告。香港旅游协会将自己的名称放在广告大字标题中和广告的底部，在广告的底部还邀请读者与其联系。

图 14-3 一次获奖的印刷广告运动

这个广告运动获得了国际饭店销售和营销协会的艾德里安金奖。（马萨诸塞州尼德姆喜来登饭店布拉德餐厅和 ISM 公司提供）

最后，有一句谚语这样说，"一燕不成春"。一个广告也不能形成广告运动。广告运动包括大量的形式和内容类似的广告，但是要与读者以前看见过的广告有明显的不同，这样才能引起读者新的注意力。马萨诸塞州的尼德姆喜来登饭店中的布拉德餐厅的广告运动是一个效果很好的餐馆印刷广告运动实例（图14-3）。这个获奖的广告运动是波士顿广告代理公司ISM公司制作的，遵循了前面所讨论过的指导原则。所有广告都使用了同样的版面设计和同样的大字标题："美食"。但是每个广告的插图都不相同，每个广告主体文字介绍不同的主菜。大字标题使读者产生好奇心，暗示读者，布拉德餐馆的膳食是独具特色的。插图强化了这个构思。广告主体文字很简单，但是却进一步强化了这个真诚的信息：布拉德餐馆的膳食是独具特色的和富有想象力的。最后，广告请读者给餐馆打电话，用这种方式进行推销。

**有效地使用广播媒体** 在印刷媒体中，消费者选择阅读他们最感兴趣的广告。与印刷媒体不同，广播媒体中的广告具有侵入性。听众和观众调到一个节目，在节目期间的中间他们被可能并不感兴趣的商业广告所打断。报纸和杂志主要是信息性媒体，但是广播和电视则主要是娱乐性媒体。商业广告打断的是娱乐节目。因此，广播广告的发布者为了使广告的信息更迎合公众的口味，经常想方设法让广告具有娱乐性。

幽默是给消费者增加乐趣的一种方法。但是幽默需要高超的技巧，因为商业广告夹在专业娱乐节目中间，不成熟的商业广告会使人觉得很不恰当。另外，商业广告需要有"感召力"，这样听众和观众才愿意反复地收听或者观看，商业广告除非做得很好，否则人们会很快调到别的节目。

一些广告发布者利用当地广播电视中的名人的市场效应，因为这些名人有很多追随者。当地电视台的脱口秀主持人或者广播电台的音乐节目主持人通常在听众心目中的可信度很高，他们亲自光顾过的餐馆或其他公司，如果得到他们的认可，也一定会得到其听众的认可。

如果使用恰当，音乐也可以有效地用在广播广告中。不宜用音乐讲述整个广告信息，贯穿歌曲的商业广告很难被人们记住（也有少数几个特例，例如，从20世纪70年代开始出现的获奖电视广告中的歌曲"我想请全世界喝瓶可口可乐"（I'd Like to Buy the World a Coke），但是音乐可以强化广告的主题。麦当劳有时仍然使用令人难忘的"今天你该休息了"（You Deserve a Break Today）的音乐旋律，尽管这个旋律的歌词自从第一次出现以来已经修改了很多次。

皇家加勒比邮轮公司找到了一种既能使观众获得乐趣又能宣传其网站的电视广告方法。这个广告运动的主题为"到那里去"（Get Out There），皇家加勒比邮轮公司制作了一个非常生动的30秒钟电视广告，邀请消费者访问其网站，体验一下"虚拟"航游度假（图14-4）。

图 14-4 电视广告实例

DAD: Take it! I can't hold it much longer!

SFX: Cameras clicking
GIRL: Real original Dad.
Dad: What?

MUSIC UP: Lust for Life

VO: Somewhere between exploring Barcelona, rock climbing in France, and hiking in Tuscany, it hits you. This is way more than a cruise. See for yourself at royal caribbean.com and get out there!

皇家加勒比国际邮轮公司的这个电视广告在让观众获得乐趣的同时邀请他们登录皇家加勒比邮轮公司的网站。(皇家加勒比国际邮轮公司供稿)

**广播广告的指导原则** 《财富》杂志采访了麦迪逊大道上的一些广告公司的总经理及其客户，了解什么样的广播广告对 21 世纪的消费者有感染力。他们发现了三个能够吸引和抓住消费者的最新策略：

• **让他们笑** 克利夫·弗里曼伙伴公司（Cliff Freeman and Partners）的主席克利

夫·弗里曼认为，幽默和讽刺是很多广告成功的关键。"实际情况是，许多产品是无法描述的。因此，营销就是让人产生联想，留给人们一个简单的概念。如果你恰当地运用幽默，人们就会喜欢这个品牌。"

- **让他们成为纽带** 现在有很多聪明的市场营销人员围绕强调个人价值的概念进行广告运动。任何广告发布者，包括高级市场营销人员，都没有可口可乐公司和耐克公司做得好。可口可乐公司将其汽水与某些不明确的、世界性的社会活动联系在一起；耐克公司重视成就和反抗精神。可口可乐公司和耐克公司将他们的商标品牌变成了人们崇拜的偶像，他们挤跑了竞争对手，并向他人证明他们是如何冲破了"我们的产品更好和更便宜"的界限。公司应该不断地重新定位他们在市场中的形象，不断迎合消费者不断变化的态度。

- **研究消费者真正喜欢什么** 消费者对某些媒体和名人有强烈的忠诚感，包括探索（Discovery）频道、ESPN频道和新闻主持人萨利·杰西·拉斐尔（Sally Jessy Raphael）。如果把吸引狂热爱好者的媒体和吸引多数偶然观众的媒体区分开，广告发布者使用相对小的广告预算就可以获得更多的预期顾客。根据恒美广告公司（DDB Needham Advertising）的研究，典型的电视节目忠诚观众购买在电视节目中做广告的产品的概率比偶尔看电视的观众高30%以上。[16]

# 公共关系

饭店公司不是在真空中运营，他们是社会的一部分，这个社会包括：为公司工作的人、与公司打交道的人和公司、普通的民众及管理这个公司并向其征税的政府。这些群体被称为公司的"公众"。公司为了有效地与这些公众打交道，必须与其建立一种信赖关系。如果员工不信任公司或者认为公司在利用他们，就不会与公司合作，也不会为其效力。公众不会从他们认为不负责或不可靠的公司购买服务和产品。如果他们不信赖这个公司或公司的业主，他们怎么会信赖该公司销售的服务和产品呢？作为社会的保护者，政府与在经营中违背公众利益的公司打交道时十分警惕。因此，每个饭店、餐馆、旅行社、旅游公司和其他接待服务企业都应该考虑与公众之间的关系，因为他们要与各种公众进行交往。公司用于改善这些关系的技巧被称为**公共关系**或"PR"。

公共关系的目的通常是改善公司的经营环境。公司从成功的公共关系活动中可以得到如下结果：

- 使人们更了解公司的服务和产品；
- 改善了公司与员工的关系；
- 提高了公司的公众声誉。

成功的公共关系活动使人们做有益于公司的事，不做有害于公司的事，或至少使公司的运行不受批评。理查德·韦纳是一个获奖的公共关系顾问，还是《韦伯斯特新世界传媒和通讯字典》的主编，他认为，"有良好公共关系的组织都有良好的形象或声誉，这也许是公共关系活动的结果"。[17]

公司在制订和实施公共关系计划时，经常采用简单的五步法：

1. **研究或者寻找事实** 研究或寻找事实的目的是确定公司的各类公众的态度、谁是关键意见的代表者、为了改变公众不好的知觉或者强化好的知觉必须采取的措施。

2. **计划** 制定公共关系策略应该能产生预期的效果。

3. **行动** 为了实施策略计划，应该有行动步骤。

4. **沟通** 应该将公司的行动告知有兴趣的公众。

5. **测评或者评估** 研究公共关系活动的结果，确定是否取得了预期的结果，或者是否需要采取进一步的行动。

麦当劳是接待服务业公司中公共关系工作做得最好的一个典型范例（图14-5）。让人们知道麦当劳重视清洁，这一点永远是非常重要的。麦当劳的创始人雷·克罗克强调，清洁与质量、服务和价值共同成为所有麦当劳餐馆中的最重要的四个因素。为此，克罗克要求麦当劳的第一个特许餐馆，将其餐馆所在地两个街区之内的所有垃圾都捡拾干净，不管这些垃圾是不是麦当劳的。[18]但是，到20世纪70年代中期，麦当劳的规模已经相当大了，因此到处都可以看到被丢弃的麦当劳包装袋，从附近城市的街道到距最近的麦当劳餐馆数英里远的宿营地和海滩，随处都可以看到。随着越来越多的公众认识到了防止污染的重要性，越来越多的城市指责麦当劳是环境污染的首恶，麦当劳公司认识到他们需要采取进一步措施。

1976年，麦当劳委托斯坦福研究所进行环境影响研究，对麦当劳使用的纸板包装和聚苯乙烯包装进行比较，聚苯乙烯包装是一种更经济的替代包装，同时还能产生其他产品效益。研究结果表明，从环境的观点看，如果考虑所有的因素，聚苯乙烯包装优于纸包装。"用于包装食品的纸张或纸板外面必须加膜，使其成为几乎不能循环再生的'混合材料'。生产聚苯乙烯需要的能源比生产纸低，节约自然资源，减轻垃圾的重量，减小垃圾的体积，而且可以循环再生。"[19]麦当劳接受了这项研究提出的建议，并尽可能使用聚苯乙烯包装。

图14-5 麦当劳的公共关系

麦当劳使用小册子、海报和其他公共关系材料让顾客知道，麦当劳在很多方面都对社会负责。（麦当劳公司供稿）

但是，到20世纪80年代，又出现了新的问题。环境学家指出，生产聚苯乙烯的过程向地球大气释放卤化氟氯化碳，破坏大气臭氧层。1987年，麦当劳要求其所有的包装供应商在生产过程中消除这种有害的化学物质。与此同时，麦当劳将其包装的厚度减少了29%，将塑料吸管的重量减轻了20%。麦当劳使用较轻的包装纸包装三明治，并开始用再生纸生产餐巾纸和托盘衬垫。公司还对其循环再生利用计划进行新的调查研究。

为了让大家都知道公司的工作，麦当劳把对环境的关注作为1989年年度报告的主题，年度报告完全用再生纸印刷，这些再生纸是用麦当劳在世界各地的办公室和餐馆中的废纸制造的。[20] 1990年，麦当劳宣布了"美国麦当劳循环再生计划"（McRecycle USA），在这个计划中，麦当劳承诺在下一年度购买1亿美元的再生材料用于餐馆的建设和装修，其目标是到2000年，购买的再生产品达到10亿美元。1999年，"美国麦当劳循环再生计划"购买的再生产品超过了30亿美元，提前5年完成了计划。[21]

尽管麦当劳采取了所有这些积极的行动，许多批评家仍然继续对麦当劳是否真的是一个善待环境的公司表示怀疑。作为对这些批评的回应，麦当劳公司在研究其他可选包装材料的同时，于1990年11月决定逐步淘汰聚苯乙烯包装，重新使用纸包装。从1990年以来，麦当劳用缩小餐巾纸和吸管尺寸等方法减少了2000万磅包装材料，还减少了20%的开心乐园餐包装纸和卡通玩具包装纸用量。1993年，麦当劳加入了美国环境保护协会（Environmental Defense）（这是一个美国全国性的非营利性组织，主要关注环境问题），参与推动企业使用有利于环境的纸产品的创新工作。[22]

了解公共关系在所有这些决策中所起的作用是非常重要的。麦当劳一直承担社会责任，并且非常注意自己的形象。这两点是其公共关系的重要部分。麦当劳的公共关系活动不仅仅是发布新闻信息和让公司的官员出任各种慈善机构的理事。麦当劳公司认识到真正的公共关系活动首先意味着行动，然后向公众公布这些行动。没有第一步，第二步就没有任何意义。许多公司不理解这个基本原则：如果你想制造新闻，你首先必须要做有新闻价值的事。

# 公开信息

公共关系和公开信息这两个概念经常相互混淆，但它们并不是一回事。理查德·韦纳把公开信息定义为"一种公共关系技巧，来自外部（通常是一个公共关系从业者）的信息被媒体所采用。信息的制作和发布通常不需要向媒体支付费用，这些信息通过选择的媒体（杂志、电视等）传播给某些感兴趣的客户"。[23]

公开信息有时被称为"免费广告"，但这是用词不当。做广告需要付钱，广告发布者控制广告的内容。广告发布者不必为公开信息付钱，信息的内容由媒体控制，而不由广告发布者控制，因为媒体编写和广播他们认为有新闻价值的内容，这些内容只是偶然提到一个公司或者关于一个公司的情况。由于公开信息不需要广告发布者付钱，所以消费者认为公开信息的内容比广告更具可信性。遗憾的是，从公司的角度，公开信息对他们既有利又无利。报纸上刊登的关于一个餐馆用非法歧视的手段招聘人员的文章和关于邮轮着火的电视报道都是有负面影响的公开信息。

新饭店和餐馆通常都尽最大努力公开他们开业典礼的信息，并通常都会受到很多人的关注，获得公开信息的效果。公司把最常用的公开信息材料装在新闻手册包中。这些新闻手册包通常包括有关公司情况的各种数据，一些关于建筑、建筑师、总经理和公司其他重要人员的介绍，和一些光面黑白照片供报纸刊登使用。

但是，开业典礼只能有一次，而公司在其生存期间则一直需要公开信息。报社每个星期收到数以千计的新闻稿，通常大部分都不被采用。因此，公司有必要经常举行特殊的活动或者创造新产品或服务，以吸引媒体的注意，给他们提供有报道价值的东西。理查德·韦纳的最著名的公开信息花招是他为孤星啤酒（Lone Star Beer）创作的得克萨斯犰狳比赛。韦纳招募了一些"专业"犰狳赛手，让他们进行比赛。组织比赛的费用很低，但是这次犰狳比赛（和孤星啤酒）在数家电视广播网上播放。

为了促进公开信息，饭店和餐馆经常邀请旅游编辑和作者来访。有时广告公关人员邀请这些人参加免费旅游。虽然很多自由记者和作家经常接受邀请参加这些免费游，但是很多主流报纸和旅行杂志都不刊登这些参加免费旅行的记者所写的报道，因为他们认为这些人写的文章可能会有倾向性。这些报纸和杂志的编辑或作者通常自费访问饭店或餐馆，他们既报道他们看到的正面信息，也报道负面信息。

# 促销

广告和公共关系的目的是在一段时间内取得效果，**促销**与之不同，**促销**包括运用销售工具和技巧鼓励立即采取行动，不但鼓励消费者采取行动（图14-6），还鼓励业界其他人采取行动。针对接待服务业人士的促销包括向旅行代理商支付额外佣金、举行销售比赛和组织熟悉游。多年来，嘉年华邮轮公司一直实施"暗访计划"（mystery-shopper）。根据这个计划，暗访人询问到加勒比度假的信息时，如果旅行代理推荐嘉年华邮轮公司，旅行代理会当场得到1000美元的现金奖励。

最常用的针对消费者的促销方式可能是忠诚营销计划，例如，万豪酬宾计划（Marriott's Rewards）、凯悦金护照（Hyatt's Gold Passport）或美洲航空公司常旅客计划（American Airlines Advantage）。所有这些计划都对经常旅行并经常与其打交道的顾客给予奖励。这些计划都采用激励措施鼓励旅客乘坐其飞机和入住其饭店。提供免费旅行是一种常用的促销方式。

异业联合促销（tie-ins）是一种促销方式，不同产品和服务的销售人员联合进行促销活动，提高消费者的消费意识，促进销售。三角航空公司和宝丽来照相机公司联合进行了一次成功的促销活动，在这次活动中，消费者用购买宝丽来600型照相机的凭证可以换得一张优惠券，用该优惠券可以得到三角航空公司通航的任何地点的免费往返机票（条件是另外还要购买一张等于或高于这张往返机票价值的机票）。

图 14-6 促销宣传材料实例

柏林阿德龙饭店的这些小册子（只显示封面）设计用来鼓励立即采取消费行动。左图用于饭店的新年包价项目的促销；右图用于促销歌剧包价项目。小册子内印有包价项目的详细内容和价格表，并邀请消费者打电话预订。（德国柏林阿德龙饭店和凯宾斯基饭店和度假饭店集团供稿）

  抽奖是一种很流行的促销方式。几年前，由于旅游者害怕恐怖主义，跨大西洋的航空交通减少，为了应对这种形势，英国航空公司推出了一项雄心勃勃并且获得了成功的抽奖活动："从美国来取"（Go For It America）。他们6月份推出这项活动，把空白抽奖单印在报纸上，英国航空公司向5,200名读者提供了供两人使用的到伦敦的免费往返机票，包括第一个晚上的免费住宿。7月份是100,000英镑的奖金；8月份的获胜者得到一份在伦敦的为期5年的联排别墅租约；9月份的奖品是一辆崭新的劳斯莱斯轿车。英国航空公司也把旅行代理商包括在这次促销活动中，旅行代理每次为旅客预订英国航空公司的飞机票都会得到一次抽奖机会。

  为了对外宣传自己和刺激销售，餐馆也广泛地采用促销活动。餐馆经常与葡萄酒厂联合开展"喝酒吃饭"（Wine and Dine）促销活动，促销某种特殊的膳食。其中最著名的是纽约葡萄酒周，由艾伦·斯蒂尔曼的纽约餐馆集团主办，该集团拥有公园大道咖啡厅（Park Avenue Café）、史密斯和沃伦斯基餐馆（Smith & Wollensky）、波斯特屋（Post House）及纽约的一些其他餐馆。在纽约葡萄酒周期间，顾客付普通午餐的钱就可以喝到法国和加利福尼亚最好的葡萄酒厂生产的散装葡萄酒。在一周的促销活动期间，参加活动的葡萄酒商推出100多种葡萄酒。[24]

在华盛顿州西雅图海湾的卡斯帕餐馆（Kaspar's），卡斯帕·多尼尔主厨把烹调学习班与定价客饭结合在一起，每个月向大约60名"烹饪俱乐部"的会员顾客提供一次。这些顾客晚上7点来到餐馆，多尼尔示范表演完烹饪技术之后，餐馆向顾客提供价格为25美元的四道菜晚餐。晚餐之后，多尼尔向客人提供食谱并回答问题。[25]据《华尔街日报》报道，新泽西州的一些餐馆开辟了一个新市场，为参加完葬礼的人提供膳食。根据该报的报道，"这些被称为正餐、怜恤午餐或葬礼早午餐的膳食在伯根县和哈得逊县丧失亲人的人中很受欢迎"。[26]当地餐馆需要用广告宣传这些早午餐，这件事提示了新泽西卡尼镇的一份名为《观察》的周报，该报纸在其讣告版设了一个"葬礼早午餐"广告专栏。

## 调节你的营销资金

在这一章中，我们已经讨论了好消息。好消息是：我们有很多消费者；他们想买很多东西；他们中的很多人都希望通过广告和促销宣传来了解新产品和新服务。坏消息是：市场中的广告太多了；大多数消费者都对过多的广告感到厌恶。下面是《纽约时报》对目前广告泛滥的评论：

> 请把这个东西加入濒危物种清单：空白空间。广告商似乎决心要填满最后一块空白空间。超级市场的鸡蛋被印上了哥伦比亚广播公司（CBS）电视节目的标记。地铁入口的旋转栅门上有盖可（Geico）汽车保险公司的广告信息。美国大陆航空公司在中餐餐盒上做促销广告。美国全美航空公司在晕机袋上做广告，而机场安检使用的托盘上充满了罗乐德斯（Rolodex）卡片产品的广告。
> 
> 营销商过去常常尽最大努力让人们在家里就能够接触到广告，让人们在看电视或者看报纸、杂志时能够看到广告。但是现在消费者的观看和阅读习惯是非常漫无目的的，因此很多广告商都认为接触时间紧迫的消费者的方法是每时每刻都要吸引他们的眼球。[27]

据市场调研公司杨克洛维奇（Yankelovich）估计，30年前的城市居民每天看到的广告信息多达2,000条，而今天的城市居民每天看到的广告信息多达5,000条。在杨克洛维奇公司去年春天调查的4,110人中，大约有50%的人认为营销和广告活动失控了。[28]

除了消费者厌恶的因素之外，营销商们还必须要应付不断变化的消费群体。这里的关键词是"多元文化主义"（multiculturalism）。由于其比较高的出生率和不断增加的外来移民，到2016年，少数民族人口将占美国总人口的1/3。美国人口普查局预测，到2051年，每4个美国人中就有1个人是拉美裔。拉美西班牙裔是美国增长最快和最大的少数民族。到2020年，他们将占劳动力队伍增长人数的50%。在20年内我们将会看到一位非洲裔的美国总统，而亚裔将在美国社会和企业界中变得越来越具影响力。营销商需要了解这些多样化的消费者群体，这样他们才能用他们自己的方式与其交流。

还有人口老龄化的问题。美国现在有大约8,000万婴儿潮出生的人。他们的平均预期寿命为77岁。20年后，人们的平均预期寿命将超过80岁。谁知道50年人们的平均预期寿命是多少？[29]

营销商如何应对人口统计中的这些巨大变化。过去广告相对比较容易触及美国的消费者。那时只有3个主要电视网，因此如果你在这3个电视网上做广告，80%的电视观众都会看到你的广告。几乎所有的人都从报纸上获取新闻，因此报纸被认为是有效的广告媒体。几乎所有的人都收听广播，至少开车时收听广播。但是据《华尔街日报》报道："今天的消费者不局限于只观看几个电视频道，他们没有耐心坐在那里等到广告结束，因此广告商们都试图采用各种各样的新策略来赢回消费者的注意力。"[30]

其中的主要策略是互联网。人们每天都发现一些使用这个强有力的交际工具的新方法。广告商的互联网广告针对多样化的受众群体，同时还创造出与传统广告完全不同的广告。搜索引擎广告（search-engine advertising）飞速发展。2005年，美国的搜索引擎广告额超过了51亿美元，而根据美国互动广告局（Interactive Advertising Bureau）的贸易团体和普华永道（Price Waterhouse Coopers）咨询公司的数据，搜索引擎广告是互联网广告中最大的一个类别。搜索引擎广告商在一个在线拍卖系统上投标做广告，因此消费者每次使用这个搜索引擎搜索某个关键词或者关键词组时，都会看到他们的广告。只有消费者点击他们的网站时，广告商才付费；根据分析家估计，消费者每点击一次，他们不情愿地平均支付大约0.50美元。[31]

另一种新形式的广告是病毒式广告（viral advertising），使用这种名称的原因是其营销信息像病毒那样进行人际传播。这种技术实际上非常简单。你创造一个电子邮件玩笑，或许是一个游戏，甚至是一段广告词，然后你用电子邮件群发出去，并建议接收者将其转发给他们的朋友。2005年，有130万人在网上看到了百威啤酒一段简短的视频，在这段视频中出现了百威啤酒公司著名的两个广告蜥蜴"弗兰克和路易"（Frankie and Louie）。圣路易斯的安海斯—布希公司（Anheuser - Busch）马林·库利斯（Marlene Coulis）品牌管理副总裁认为，当一个消费者看到这段视频，并将其转发的时候，"这就像是个人的一种公开认可"。[32]

传统的30秒电视广告几乎濒于消失，其原因只是电视台太多了，电视广告太多了。因此，"现在的电波中充满了令人头昏眼花的广告噱头，例如，短广告、长广告、以娱乐节目形式遮掩的半个小时的广告、单一广告商赞助的'无广告'首映式和插播商业广告期间一个接着一个播放的来自一个广告商的多个广告"。[33]传统的电视广告是在非常不同的时期创造的，当时大多数人只能选择3个大型电视网，只有为数不多的独立电视台。当时没有有线电视，没有互联网，也没有视频游戏来分散人们的注意力。在那个时候，广告界认为，只要观众每个星期都观看一些知名的电视节目，广告商就完全有理由相信，他们设计的那些精明的广告词和广告歌曲会被人们听到和记住。

但是，现在的观众有数十个电视频道选择，有时候有数百个频道选择（更不用说还可以选择网站、DVD、视频游戏、视频点播节目和播客①了）。同时，数字硬盘录像机（DVR）使消费者更易于完全避开电视广告；观看用数字硬盘录像机录制的节目可以让观众自动跳过广告时段。[34]广告商们正在试验多种新方法，以克服这个问题。传统的广告宣传活动的针对性太广了。一些广告商现在创造的电视广告专门针对他们做广告的电视节目的观众。其他广告商则创造他们自己的电视节目。另一个技术是把产品植入电视节目中，这是一种不易被察觉的广告形式。很多广告商都在好莱坞的故事片中使用这种技术。在这些故事片中，广告商向制片商付酬，让影片中的人物在屏幕上使用其产品，清楚地显示出广告商的名字或者商标标识。例如，影片中两个人物坐在一起喝咖啡的镜头可能会专门设置在星巴克。

今天，调节广告资金意味着，使用所有这些新技术和其他技术。这需要跳出固有的思维模式，创造传递信息的新方法。找到这些新方法并有效地使用这些新方法的广告商将会获得成功。如果不这样做，就会失败。

---

① 播客（Podcasting）的英文全称叫 Personal Optional Digital Casting（个性化的可自由选择的数字化广播），这是一种让用户自由地在互联网上发布文件，并允许用户采用订阅feed的方式来自动下载文件的技术和理念，是一种全新的广播形式。Podcasting源于苹果公司的iPod，兼具broadcasting（广播）和 webcasting（网络广播）之意。——译者注

# 小结

销售和营销有实质性的区别。销售是甩掉你拥有的东西,而营销则是拥有顾客想要得到的东西。营销的概念可以定义为确定和满足当前和潜在顾客需求的努力。

营销的4P是产品、地点、价格和促销。在饭店领域中,"产品"一词有多种含义。很明显,产品可以是饭店或者餐馆向客人提供的客房和膳食。饭店提供的产品也可以是无形的服务,例如,餐饮服务员为客人上菜或者行李员帮助客人提行李。产品也可以指饭店或餐馆的概念。例如,公平旅馆(Fairfield Inn)是专门为商务客人设计的一种经济型产品。在这个例子中,"产品"包括客人在饭店内体验到的一切:饭店的理念、设施、环境和用品、服务水准及饭店向客人出售的有形产品。一个餐馆或饭店的概念是最重要的营销决策。

"地点"指饭店的物理位置,还代表可以预订饭店客房和餐馆膳食的地点。预订可以通过电话、旅行社或互联网进行。

饭店业通常采用三种定价方法:成本加成定价、消费者定价和竞争性定价。还有一些更复杂的定价方法。例如,有些饭店采用收益管理技术,通过调整提供给不同市场份额的客房价格,优化饭店在某一时间的收益,其依据是预期的客房供应量和需求量。

前三个P确定之后就可以制定促销决策了。促销包括企业说服人们购买他们产品和服务的全部活动。促销活动可以分为六大类:人员推销、广告、公共关系和赞助式营销、促销、直效行销宣传、购买现场促销宣传。

为了合理分配营销资源,公司应该制订营销计划。一个好的营销计划包括多个部分:形势分析、目标、策略、战术(或行动计划)和控制。

饭店和餐馆的业主、经理或销售队伍的人员推销成为饭店和餐馆最常使用的招徕生意的工具。大多数饭店都有营销和销售部或者销售部。饭店销售部人员经常分工负责特定类型的旅游者或特定的区域。销售经理负责销售工作,他们应该用下列手段增加企业的收入:电话销售、制定销售指导原则、协助总经理在销售方面最大限度地得到员工的支持、每周和每月召开销售会议、保存销售报告和建立销售档案系统。成功的销售人员拥有一些共同的特征。主要的特征是了解人们的内心想法的能力和如何应对这些想法的能力。

广告是人员销售的替代物。广告的价值在于它的重复性,因此可以帮助消费者了解和记住销售信息。广告通过提高公司名称的价值和声誉使公司的产品和服务增值。

一些批评家认为,广告导致人们购买他们不需要的东西,但是事实上,大多数广告的作用是影响消费者已经决定购买的产品和服务的品牌选择。

广告由做广告的人出资付费；广告不针对某个人；广告明确表明信息的发布者；广告具有诱导性。广告是一种有计划的沟通活动，在这个活动中，用大众传媒发布的信息说服民众接受产品、服务或观点。

使用广告的一些有利因素包括：明显的竞争优势、独特的定位和细分的市场。"定位"就是通过把广告发布者希望传达的信息与未来消费者已经知道的信息联系到一起的方法让广告进入未来顾客的头脑。市场细分指一个公司确定自己的不同市场份额的能力，然后针对每个细分市场促销其产品和服务。

饭店业的许多广告发布者委托广告代理公司为其制作和发布广告。广告代理公司由营销战略家、艺术家、作家、制作经理和媒体选择专家组成。广告代理公司的广告代理费通常可以协商确定也可以按15%收取代理佣金。一个公司是否应该委托广告代理公司，在很大程度上取决于要制作的广告的性质、一个区域内自由作家和艺术家的数量及所用的媒体。媒体的价格有时可以通过谈判确定，广告代理商比较可能得到的最优惠的价格。

有效的广告不仅仅有感召力，而且几乎都是理性的、有秩序的过程的产物。印刷广告包括多个因素，通常有大字标题，有些广告还有副标题。广告的主体部分称为主体文字，在广告的结尾部分通常有署名和标识。

大多数印刷广告发布者应该遵循一些总体指导原则：（1）将承诺放在大字标题中；（2）在广告主体文字中"做推销工作"；（3）广告的最后部分提供联系方式，例如，"请索取我们的免费宣传册"或"请打这个电话号码预订"。成功的印刷广告运动包括一系列形式和内容类似的广告，但是要与读者以前看见过的广告有明显的不同，这样才能引起读者新的注意力。

广播广告的发布者想方设法让广告具有娱乐性，商业广告常常打断广播媒体播放的娱乐节目。为此，他们常常使用幽默的手法。

每个饭店、餐馆、旅行社、旅游公司和其他接待服务企业都应该考虑自己的关系，即与各种"公众"（客户、员工，政府机构等）的关系。公司用于改善这些关系的技巧被称为"PR"或者公共关系。公司在制订和实施公共关系计划时，经常采用简单的五步法：研究或者寻找事实、计划、行动、沟通、测评或者评估。

公开信息是一种公共关系技巧，来自外部（通常是一个公共关系从业者）的信息被媒体所采用。饭店和餐馆开业典礼时通常都会产生很大的公开信息效果。公司在其生存期间一直需要公开信息。

促销包括运用销售工具和技巧鼓励消费者或者业界其他人士立即采取行动。最常用的针对消费者的促销方式可能是忠诚营销计划，例如，万豪酬宾计划（Marriott's

Rewards)、凯悦金护照（Hyatt's Gold Passport）或美洲航空公司常旅客计划（American Airlines Advantage）。餐馆也用促销的方式公开信息，促进营业额。例如，美食餐馆经常与葡萄酒制造商联合进行促销活动。很多旅游和饭店公司还广泛地把抽奖活动当做一种促销方式。

我们有很多消费者；他们想买很多东西；他们中的很多人都希望通过广告和促销宣传来了解新产品和新服务，这是好消息。坏消息是，很多消费者对市场中过多的广告感到厌恶。营销商过去常常尽最大努力让人们在家里就能够接触到广告，让人们在看电视或者看报纸、杂志时能够看到广告。但是现在消费者的观看和阅读习惯是非常漫无目的的，因此很多广告商都想方设法每时每刻地吸引消费者的注意。其结果是很多人都认为广告活动失控了。

过去广告相对比较容易触及美国的消费者。例如，很多年以前，只有3个主要电视网。但是，今天人们可以观看数十个电视频道，有时候可以观看数百个频道选择（更不用说还有网站、DVD、视频游戏、视频点播节目和播客了）；人们没有耐心坐在那里等到广告结束。因此，广告商试图通过新的策略和新的媒体来接触消费者，例如，通过互联网的搜索引擎做广告。在电视上，广告商们试图采用很多不同的方法来吸引观众的注意力，例如，短广告、长广告、以娱乐节目形式遮掩的半个小时的广告、单一广告商赞助的"无广告"首映式和一个接着一个播放的来自一个广告商的多个广告。一些广告商现在创造的电视广告专门针对他们做广告的电视节目的观众。其他广告商则创造他们自己的电视节目。另一个技术是将产品植入节目本身。（很多营销商也将这种技术应用于电影。）

今天，调节广告资金意味着，使用所有这些新技术和其他技术。这需要跳出固有的思维模式，创造传递信息的新方法。找到这些新方法并有效地使用这些新方法的广告商将会获得成功。如果不这样做，就会失败。

# 注释

[1] Theodore Levitt, *The Marketing Imagination*（New York：Macmillan, 1983）, pp. xii-xiii.

[2] William J. Quain, "Analyzing Sales-Mix Profitability," *Cornell Quarterly*, April

1992, pp. 56 – 62.

[3] Christopher W. Nordling and Sharon K. Wheeler, "Building a Market-Segment Accounting Model to Improve Profits", *Cornell Quarterly*, June 1992, pp. 29 – 36.

[4] James R. Abbey, *Hospitality Sales and Advertising*, 3rd ed. (Lansing, Mich.: Educational Institute of the American Hotel & Lodging Association, 1998), p. 91.

[5] Philip dotler and Gary Armstrong, *Marketing: An Introduction*, 2nd ed. (Englewood cliffs, N. J.: Prentice-Hall, 1990), p. 444.

[6] Derek Taylor, *Sales Management for Hotels* (New York: Van Nostrand Reinhold, 1987), p. 23.

[7] *The Value side of Productivity* (New York: American Association of Advertising Agencies, 1989), pp. 17 – 18.

[8] Ibid., p. 18.

[9] Ibid., p. 35.

[10] McDonald's and Bear Sterns.

[11] Charles H. Patti and Charles F. Frazer, *Advertising: A Decision-Making approach* (New York: Dryden Press, 1988), p. 4.

[12] Ibid., p. 5.

[13] Al Ries and Jack Trout, *Positioning: The Battle for Your Mind* (New York: Warner Books, 1981), p. 8.

[14] "Profiles in Travel", *Travel Agent Magzine*, 16 October 1989, p. 40.

[15] Richard Weiner, *Webster's New World Dictionary of Media and Communications* (New York: Simon & Schuster, 1990), p. 272.

[16] Edward A. Robinson, "Frogs, Bears, and Orgasms: Think zany if you want to reach today's consumers", *Fortune*, 9 June 1997, pp. 154 – 156.

[17] Weiner, p. 381.

[18] Scott Hume, "The Green Revolution", *Advertising Age*, 29 January 1991, p. 32.

[19] Ibid.

[20] Ibid.

[21] "McDonald's USA Earth Effort—Frequently Asked Questions", www.mcdonalds.com, May 2001.

[22] Ibid.

[23] Weiner, p. 380.

[24] "Build It", *Food Arts*, October 1992, p. 64.

[25] Ibid, p. 66.

[26] Eleena de Lisser, "House Wines From These Burnches, Of Course, Will Be From Graves", *Wall Street Journal*, 8 March 1993.

[27] Louise Story, "Anywhere the Eye Can See, It's Now Likely to See an Ad", *New York Times*, January 15, 2007, p. 1.

[28] Ibid.

[29] These demographic figures are from the public relations firm GolinHarris, cited in its pamphlet, "The Next 50 Years" (published in 2006). As of this writing, the publication could still be found by searching the GolinHarris Web site (www.golinharris.com).

[30] Brian Steinberg, "The Marketing Maze", *Wall Street Journal*, July 10, 2006.

[31] Kevin Delaney, "Wisdom for the Web", *Wall Street Journal*, July 10, 2006.

[32] Suzanne Vranica, "Laughing All the Way to the Bank", *Wall Street Journal*, July 10, 2006.

[33] Brianne Steinberger, "Testing Testing", *Wall Street Journal*, July 10, 2006.

[34] Ibid.

# 主要术语

**增加值**（add-value） 广告给产品、服务或做广告的公司增加的价值和声誉。

**广告**（advertising） 有计划的沟通活动，在这个活动中，购买大众传媒发布的信息说服民众接受产品、服务或观点。

**后台**（back of the house） 饭店或者餐馆的一些区域，这些区域的员工很少或者不与客人直接接触，例如，厨房和财务部。

**主体文字**（body copy） 广告的主要文字内容。

**竞争性定价**（competitive pricing） 根据竞争对手的价格制定价格。

**消费者定价**（consumer-based pricing） 根据消费者的意愿制定价格。

**成本加成定价**（cost-plus pricing） 一种定价方法，即产品或者服务的总成本加上：（1）一定百分率的管理费或者固定费用；（2）预订的毛利。

**需求弹性**（elasticity of demand） 消费者对价格变化的反应。

**营销中的 4P**（Four Ps of Marketing） 四项基本的营销责任：产品、地点、价格和促销。

513

前台（front of the house） 饭店或者餐馆的一些区域，这些区域的员工广泛地接触客人，例如，饭店的前厅接待部和餐馆的餐厅。

大字标题（headline） 印刷广告中最醒目的部分，通常包含广告提出的承诺或利益。大字标题的作用是引起读者的注意。

整合营销传播（integrated marketing communication） 一种营销模式，协调所有的营销活动以确保所有的公司营销信息保持一致，其目的都是要达到企业的总体目标。

标识（logotype，logo） 区别一个公司或其他组织的独特的商标、名称、符号、签名或装饰图案。

蚀本向导商品（loss-leaders） 以成本价或者低于成本价出售的商品，其目的是吸引顾客前来购买，顾客来到后就有可能购买其他赢利商品。

市场细分（market segmentation） 根据各种因素（从营销的角度确定哪些因素最有用）把顾客划分为群体或者部分的过程。市场细分可以依据人口统计信息（年龄、收入）、地理信息（顾客居住的地点）、心理分析信息（生活方式，社会阶层）或上述信息的结合进行。

营销（marketing） （1）一个由相互关联的活动组成的系统，旨在帮助经理制订计划、确定价格和促销，为顾客和特定的目标市场中的潜在顾客提供服务或产品；（2）确定和满足当前和潜在顾客需求的努力。销售只是营销中的一个部分。

营销组合（marketing mix） 企业参与的各种营销活动。

定位（positioning） 一个营销术语，描述消费者如何针对某个广告发布者的竞争对手提供的类似产品和服务感知该广告发布者的产品和服务。定位策略试图在消费者的心目中建立广告发布者的产品和服务的某种形象。

公共关系（public relations，PR） 指一个企业为确立自己的积极形象向各种内部和外部公众传递对自己有利的信息的系统性努力。

公开信息（publicity） 撰稿人在媒体上提及一个组织的人物、产品或者服务。

收益管理（revenue management） 从航空公司引进的饭店价格系统。该系统使用饭店的计算机预订系统跟踪预订的情况，然后根据每天的变化情况，相应地降低或提高客房的价格，以获取最大的收益。在提前销售客房以前，饭店预测将该房间出售给另一个愿意支付更高房价的客源的可能性。

促销（sales promotion） 销售的工具和技巧，包括销售比赛、额外佣金、熟悉游和忠诚营销计划等，这些活动旨在获得即刻效果。

署名（signature） 广告发布者的名字，通常出现在印刷广告的底部。

目标营销（target marketing） 针对一个具体消费群体的营销。

## 复习题

1. 营销和销售的区别是什么？
2. 什么是营销中的4P？
3. 饭店业经常使用哪几种定价方法？它们的区别是什么？
4. 促销活动分为哪六类？
5. 营销目标、策略和战术的区别是什么？
6. 优秀的销售人员共同的特点是什么？
7. 广告区别于其他沟通方式的特征是什么？
8. 为了让广告运行取得好效果，广告发布者需要具备哪三个因素？
9. 制作印刷广告的指导原则是什么？
10. 广告发布者如何有效地利用广播媒体？
11. 公共关系与公开信息有什么区别？
12. 什么是促销？

## 网址

访问以下网址，可以获得更多的信息。谨记：互联网地址可能不事先通知而改变。如果该网址已不存在，可以用搜索引擎查找另外的网址。

**航空公司**

American Airlines
www.aa.com

Delta Air Lines
www.delta-air.com

British Airways
www.british-airways.com

Qantas Airways
www.qantas.com

Continental Airlines
www.continental.com

## 饭店和餐馆

Four Seasons Hotels
www.fshr.com

Hilton Hotels
www.hilton.com

Marriott
www.marriott.com

McDonald's
www.mcdonalds.com

The Ritz-Carlton Hotel Company
www.ritzcarlton.com

Sheraton
www.sheraton.com

Holiday Inn
www.holiday-inn.com

Hyatt Hotels
www.hyatt.com

Starwood Hotels & Resorts Worldwide
www.starwoodlodging.com

Taco Bell
www.tacobell.com

Westin Hotels
www.westin.com

## 组织和资源

Advertising Age
www.adage.com

American Association of Advertising
 Agencies
www.aaaa.org

American Hotel & Lodging Association
www.ahla.com

Boston Consulting Group
www.bcg.com

FORTUNE.com
www.pathfinder.com/fortune/

GitThere.com
www.getthere.com

Interactive Advertising Bureau
www.iab.net

National Restaurant Association
www.restaurant.org

Cheap Tickets, Inc.
www. cheaptickets. com

Environmental Defense
www. edf. org

Expedia. com
www. expedia. com

TravelersNet. com
www. travelersnet. com

TravelNET
www. travelnett. com

Travelocity. com
www. travelocity. com

亚特兰大威斯汀桃树广场酒店（Atlanta Westin Peachtree Plaza）。（喜达屋酒店及度假村国际集团供稿）

# 15 管理公司如何管理饭店

## 概要

为什么会出现管理公司

管理公司的发展

管理合同
  合同条款
  优点与缺点

小结

## 学习目的

1. 了解饭店企业的独特性、饭店管理公司存在的原因和饭店管理公司的历史。

2. 了解饭店管理合同的基本内容。

本章论述饭店管理公司及其经营方式。首先介绍管理公司初创时期的情况及其发展历史。然后重点介绍饭店业主与管理公司之间的管理合同，解释合同的主要条款和设置这些条款的原因。本章最后介绍饭店业主和管理公司签订合同时面临的机会和风险。

## 为什么会出现管理公司

饭店管理公司的发展和繁荣及管理公司与饭店业主之间关系的独特性和变化性，强调了这样一个事实，饭店属于一种特殊的不动产。例如，它与办公楼和大型购物中心的区别非常大。

首先，与其他很多企业不同，饭店每天24小时营业。但是，又与24小时营业的加油站或杂货店不同，饭店必须随时提供大量的专门服务。在提供完全服务的饭店，客人希望提供某种程度的24小时餐饮服务。客房必须每天打扫。完全服务饭店可能还要提供洗衣和熨衣服务、会议室及会议服务、健身俱乐部、网球场和高尔夫球场、机场豪华轿车、礼仪服务、商务中心、互联网接入和秘书服务。住宿饭店提供的设施和服务的数量和规模取决于其最大的顾客群体，这个群体可以是商务客人、旅游者或会议客人。

事实上，饭店是一个微型的自给型社会。大饭店的经理常常把管理饭店比作管理一个小型城市。许多大饭店都有自己的动力设施、保安人员和商店。客人在饭店住宿、就餐、工作、娱乐，有时甚至死在饭店。饭店是客人的总部，即他们的办公室和家，他们日常工作和社会生活的中心。由于饭店涉及的范围太广，所以管理饭店是一项很复杂并且要求非常高的工作。饭店经理及其员工在维护和控制饭店本身的同时，还必须准备处理各种各样的活动和紧急事件。

管理饭店需要特殊专长。购买饭店的特许经营权是没有饭店管理经验的业主获得管理技能的一种方法。他们购买特许经营权的同时，例如假日饭店，也购买了一个已经确立的形象、一个经过检验并且证明是成功的经营系统、员工培训计划、营销和广告计划以及预订系统。

然而，虽然特许经营权能够提供经营系统、计划和培训，但是不能提供饭店必需的有经验的管理人员和员工。因此，像希尔顿和喜来登这样的饭店连锁集团开始扩张时，他们自己管理每一个新饭店，不对外出售特许经营权。他们知道，他们不可能将所有的管理经验都写入培训计划，而且，管理饭店的学问也不可能简单地通过短期培训课程获得。

一些无经验的饭店业主不购买饭店特许经营权，他们认为确保其饭店赢利的最好方法是从已有的饭店连锁店集团或独立的管理公司中雇用专业的饭店经理。因此，饭店管理公司应运而生。

## 管理公司的发展

几百年来，饭店都是由饭店业主创建和经营，正如餐馆是由厨师创建的一样。这些饭店业主是熟知如何管理饭店的专家。

但是，在20世纪后半叶随着住宿业的发展，出现了一种新型的业主。这些新业主是一些企业家，他们认为购买土地建大楼是最有吸引力的投资方式；他们也可能是房地产开发商，认为开饭店是使用其不动产的最佳方案。这些人对饭店经营一窍不通，通常也对饭店经营不感兴趣。他们选择不同的方式管理自己的饭店。许多人雇用专业的饭店经理，独立经营他们的饭店。为了获得生意和使饭店的名称得到认可，他们有时与饭店查询系统或者饭店营销集团联合，例如最佳西方酒店连锁公司（Best Western），或者优选饭店系统（Preferred Hotels）。

另一种选择是将饭店交给一家饭店公司管理。类似希尔顿这样的饭店公司都愿意承接这种饭店管理工作，因为这是增加收入的一种方式，同时还没有开发新饭店的财务风险。

这些新饭店的业主是房地产的投资者，不是饭店业主，他们认为，最合乎逻辑的利用饭店公司的方式是出租，他们非常熟悉这种方式。按照这种方式，饭店业主或者发展商（可能是个人、公司或政府）把一个建筑出租给一个饭店公司，这个建筑可能是已经完全建好并配备了家具的交钥匙工程，更可能是一个没配备家具的建筑，需要由饭店公司进行装修。例如，百慕大政府在圣乔治修建了该镇的第一个饭店，希望饭店能够将游客吸引到这个岛屿的这个地方。他们将这个饭店租给了假日饭店公司。后来，这个饭店又被出租给了其他一些经营者。

在早期的出租模式中，饭店公司负责雇用和管理全体饭店员工，收取所有的销售收入和支付所有的经营费用。他们还向业主支付使用设施的租金。作为回报，他们可以从饭店经营毛利中获得分成。总收入减去经营成本得到经营毛利。显然，饭店的固定支出，例如折旧、贷款利息和房地产税，要由楼房的主人支付。一些饭店的出租协议规定，租金按总销售额的百分比支付。有时根据销售额的百分比和经营毛利两个因素确定租金。

另一种典型的租约是按 2/3 和 1/3 分配。经营毛利的 2/3 分给业主，1/3 分给饭店公司。这种分配方式是 1954 年希尔顿酒店集团（承租方）和波多黎各政府（出租方）签订的波多黎各圣胡安加勒比希尔顿酒店的管理合同的基础。希尔顿酒店集团又把这种模式扩大到了土耳其、墨西哥和古巴的饭店。在古巴，卡斯特罗接管了政权，革命破坏了饭店的经营，这个事件发生之后，希尔顿酒店集团认识到了不可抗力给其带来的潜在损失。希尔顿国际酒店集团前执行副总裁查尔斯·A·贝尔指出："这就是为什么希尔顿酒店集团将其利润分成租约改为管理合同，根据管理合同，业主承担经营损失的风险和债息，并负责不断提供周转资金。"[1]

虽然希尔顿酒店集团通过承租新的饭店和创造新的租赁形式得到了不断地发展，但是洲际饭店公司（Inter-Continental Hotel Corporation，IHC）是创造管理合同的先驱。在 20 世纪 50 年代初，洲际饭店公司就与哥伦比亚波哥大的"泰肯德马饭店"的业主和委内瑞拉加拉加斯的"塔马那可饭店"的业主分别签订了最早的管理合同，尽管这些饭店当时还在建设之中。洲际饭店公司不是用支付租金的方式换取饭店的利润，而是采用不付租金，但向每个业主收取管理费（最初根据房间收取固定费用）和"奖励费"的方式。奖励费是饭店经营毛利的百分率加上对洲际饭店公司管理费用的补偿，管理费用是洲际饭店公司管理饭店时发生的特殊费用。

目前，奖励费已成为管理合同中的固定条款，但是在 20 世纪 50 年代，这个概念还真正是一个创新。"**奖励费**"一词的含义是，饭店付给管理公司的管理费的一部分，按百分比从双方商定的利润水平中提取。例如，奖励费可以按偿还债息后的营运现金流量（CFADS）的百分比支付。将其称为奖励费的原因是通过这个手段激励饭店公司为业主创造最大的利润，这样饭店公司也可以得到最高的奖励费。随着洲际饭店公司在这方面取得更多的经验，他们将每个房间的固定费用变成按总收入的百分比提成和按经营毛利的百分比提成，不再要求对公司的日常管理费用进行补偿。起初，洲际饭店公司在他们管理的每一家饭店都投入了小笔资金，使自己成为拥有饭店的一名公司董事。后来，在欧洲和在远东，洲际饭店公司在每个饭店的投资额达到总项目成本的 1/3。

罗伯特·M·詹姆斯是美国注册饭店管理师（CHA）及富豪艾尔可公司（Regal-AIRCOA）的前任总裁（已退休），他是美国独立管理公司的先驱之一。詹姆斯在 1971 年创建他的公司时，美国几乎没有饭店由管理公司管理。在 1970 年，只有

洲际饭店集团的这则广告强调了其可以向其业主提供的体验，这些饭店的业主可能不了解饭店行业。（洲际饭店和度假村供稿）

不到 10 个管理公司管理着 22 家饭店。

由于签订合同为饭店业主管理他们的饭店是一个崭新的领域，因此早期的美国管理公司几乎没有任何可以借鉴的资料和经验。为了弥补这些不足，詹姆斯创建了国际饭店和汽车旅馆管理公司委员会，这是美国饭店业的一个委员会，这个委员会使管理公司的代表能够相聚在一起，进一步学习管理合同方面的知识。

由于 20 世纪 70 年代初发生了经济衰退，因此对管理公司的服务的需求很大。管理公司能够为那些被投资者收回的美国的饭店提供专业化的管理，这些投资者大多是保险公司。图 15-1 是当今名列前 10 名的管理公司。

图 15-1  管理公司 10 强

| 2005 年总收入前 10 名* | |
|---|---|
| 1. 州际饭店和度假村集团（Interstate Hotels & Resorts） | $2,600.0 |
| 2. 帝斯曼酒店公司（Tishman Hotel Corp.） | $700.0 |
| 3. 大洋酒店（Ocean Hospitalities, Inc.） | $615.5 |
| 4. 约翰哈芒斯饭店集团（John Q. Hammons Hotels & Resorts, LLC） | $595.5 |
| 5. 目的地饭店和度假村集团（Destination Hotels & Resorts） | $545.1 |
| 6. 奥特瑞格企业集团（Outrigger Enterprises） | $438.0 |
| 7. 怀特住宿服务公司（White Lodging Services Corp.） | $425.0 |
| 8. 美国酒店管理公司（American Property Management Corp.） | $415.0 |
| 9. 克雷斯特莱恩饭店和度假村集团（Crestline Hotels & Resorts） | $339.1 |
| 10. 罗斯伍德饭店和度假村集团（Rosewood Hotels & Resorts） | $311.0 |
| *百万美元 | |
| 2005 年可销售客房收入前 10 名 | |
| 1. 罗斯伍德饭店和度假村集团（Rosewood Hotels & Resorts） | $274.00 |
| 2. 贵族之家饭店和度假村集团（Nobel House Hotels & Resorts） | $246.76 |
| 3. 帝斯曼酒店公司（Tishman Hotel Corp.） | $125.00 |
| 4. 宝石度假村国际集团（Gemstone Resorts International, LLC） | $109.07 |
| 5. 目的地饭店和度假村集团（Destination Hotels & Resorts） | $107.68 |
| 6. 伯衣金管理公司（Boykin Management Co.） | $99.32 |
| 7. 基准国际酒店集团（Benchmark Hospitality International） | $96.85 |
| 8. 太平洋饭店管理集团（Pacific Hotel Management, LLC） | $95.30 |
| 9. 夸鲁姆饭店和度假村集团（Quorum Hotels & Resorts） | $94.25 |
| 10. 太平洋饭店公司（Pacifica Hotel Co.） | $93.43 |

资料来源："Top Five Management Companies Show Gross Annual Revenue Gains in 2005", *Hotel Business*, April 7-20, 2006, p. 30.

## 管理合同

康奈尔饭店管理学院的詹姆斯·艾斯特教授将饭店**管理合同**定义为："业主和饭店或汽车旅馆经营者签订的书面协议，根据这个协议，业主雇用这个经营者作为代理人（员工）承担经营和管理饭店的全部责任。"[2] 经营者（管理公司）可以是一个具有人们所熟悉的名称和市场形象的饭店连锁集团，例如凯悦或喜来登，也可以是一个独立的管理公司。独立的管理公司既管理特许经营饭店，也管理独立的饭店。例如，洲际饭店集团管理很多特许经营饭店，例如万豪、丽笙（Radisson）和汉普顿旅馆（Hampton Inns），还管理独立饭店和度假村，例如马萨诸塞州剑桥的查尔斯饭店和纽约市的缪斯酒店（Muse Hotel）。

在最早的管理合同中，经营者只是简单地受雇于公司履行某种服务，就像雇用建筑公司为饭店绘制平面图一样。管理公司因履行这些服务而得到报酬，但是管理公司不承担财务风险，因此也无权得到任何利润。然而，如前所述，随着时间的推移，这些基本概念已经得到了发展。管理公司现在通常对其管理的饭店拥有部分所有权，因此也承担相应的财务风险。下面是基本概念发生的其他变化：

- 30年前，美国饭店的资金筹措的大部分由保险公司和借款机构承担。他们的投资是长期的，既期望得到利润也期望房产升值。从20世纪80年代后期以来，情况发生了巨大的变化。洲际饭店和度假村集团的首席执行官托马斯·F·休伊特（Thomas F. Hewitt）认为，现在的投资者包括"主要的饭店品牌和大型经营管理公司本身、私人并购基金、主要的华尔街基金和房地产投资信托基金（REIT）"。[3] [**房地产投资信托基金**（REIT）类似互助基金，允许联合大家的资金，投资营利性房产或贷款给开发商和建筑商。] 休伊特进一步指出，"品牌，主要是公共公司的品牌，都偏爱建立合资企业，因为这样他们就不必将整个投资都记在自己的账本上了"。因此，饭店公司可以用其财力资源来开发品牌，而不是不动产。在欧洲和太平洋区域，金融机构在饭店的资金筹措领域仍然起重要的作用，尽管在墨西哥、委内瑞拉和阿根廷，政府通常向饭店提供所需的基金。

- 业主和经营者的关系发生了巨大的变化。艾斯特在《康耐尔季刊》（*Cornell Quarterly*）撰文指出，由于经营者之间的激烈竞争和业主在管理自己的投资中所起的作用越来越积极，因此管理合同也发生了巨大的变化。[4]

- 在美国和国外的生态敏感区域，环境因素也减缓了饭店的发展速度。现在，人们认识到了饭店和度假村可能会破坏生态敏感区域内的环境，因此，在这

洲际饭店和度假村集团的首席执行官托马斯·F·休伊特是饭店管理公司行业中的著名领袖。

些区域建设饭店很难得到批准。达到环境要求所需的成本通常会显著增加开发新饭店所需的资金。

由于这些原因，饭店业主都不愿意像以前那样独自承担财务风险。投资的风险太大。另外，一些管理公司的规模和实力都发展到了非常大的程度，因此他们只有部分或全部拥有他们管理的饭店才能获得经济效果。作为饭店的部分所有者，管理公司除了获得管理费之外，还可以获得一部分饭店的利润。洲际饭店集团的休伊特指出，"我认为，今天只有不到25%的管理合同是纯粹的管理合同，即经营者不做任何形式的投资。大多数管理合同都涉及不同程度的产权、贷款或管理公司承担风险的条款"，其方式为小股权（占5%～10%）、少数股权（占15%～25%）或合资（占26%～50%）。[5]

## 合同条款

管理合同的条款不但对业主和经营者非常重要，而且对向饭店建设项目提供资金的出借者也很重要。资金出借者希望确保业主和管理饭店的管理公司有机会赢利。

他们还希望业主和管理公司之间的分歧能够事先得到解决，否则，饭店项目的生存将会受到威胁。

合同的条款详细规定了合同各方同意已经达成协议的所有内容。尽管所有管理合同的基本条款都很相似，但是各个合同之间也有明显的不同。这些不同点包括业主和管理公司投资的数额、各方实施控制的性质和数量及管理费结构（包括奖励费条款）。

下面我们将讨论饭店管理合同中经常使用的一些主要条款和规定。[6]

**经营期限**　经营期限条款规定合同的最初期限和合同的延期选择。管理公司（以下称为"经营者"）通常希望合同的初始期限长一些，而业主通常希望合同的初始期限短一些。艾斯特认为，虽然长期合同对双方来说都较稳定，但是如果业主在合同期未满之前想更换经营者，长期合同对业主不利。经营者通常愿意签订长期合同，因为这样的合同使他们有更多时间收回他们的投资。资金出借者关心的是合同期限和贷款期限是否一致，希望在整个贷款还款期间饭店只由一个经营者管理。这种稳定的局势可以使饭店的收入和利润不中断，保证贷款的偿还。

合同期限经常是双方谈判的焦点。仲量联行饭店集团（Jones Lang LaSalle Hotels）的一项研究指出，在美洲地区，平均初始合同期为13年，而最常见的延长期选择为1年、2年和5年。[7]他们的研究还显示，"由于国际经营者在全球范围的影响，所以管理协议的期限变得更统一了"。[8]

**管理费结构**　管理费结构条款规定了业主必须向经营者支付的各种管理费。这是合同中最重要的条款之一，因为它将影响业主和经营者双方的利润。管理费结构是可协商的，根据双方讨价实力的不同，各个合同的管理费结构也不尽相同。艾斯特把业主向经营者支付的管理费归纳为三个方面。

**技术支持费**　包括经营者作为咨询顾问在设计饭店设施中所花费的时间和投入的专业技术。建筑和内部装修设计服务通常都应该付给报酬，选择设备和协助解决安全问题也通常需要付酬，例如照明和门锁系统。

**开业前管理费**　与技术支持费相似，包括经营者在饭店开业前所做的工作。开业前的管理活动包括计划、人员配备、员工培训、市场推广、制定预算及经营者在饭店开始接待客人之前必须要做的其他工作。这些工作非常重要，尤其是对那些以前没有任何经验的饭店业主，因为这些工作对饭店的长期成功影响很大。

**基本费**　也可以简单地称为"管理费"，是支付给经营者的管理饭店的费用。对一些连锁饭店经营者，例如希尔顿饭店公司或威斯汀饭店公司，基本费还包括其知名品牌的使用费。如前所述，独立管理公司在谈判中不涉及知名品牌的使用。如果业主希望使用某些特许品牌，例如汉普顿旅馆（Hampton Inn）或大使套房饭店

（Embassy Suites），或者希望其饭店加入某一知名的饭店预订系统，例如最佳西方酒店连锁公司（Best Western），饭店业主必须直接与这些特许经营授权商或者预订系统协商。这些费用另计，不包含在管理费中。这就是连锁饭店经营者的管理费比较高的主要原因，因为连锁饭店经营者给饭店业主带来了一个已经知名的品牌。

开业后管理费几乎总是按某种公式计算。通常是基本费加上奖励费。确定公平的管理费时，应该考虑的一个重要问题是将管理费与得到的服务联系在一起，并确定制定奖励费所依据的利润标准。根据仲量联行的研究，美洲地区的平均基本费为总收入的2.8%。奖励费可以协商确定，有多种计算方法。如前所述，其中一种方法是按偿还债息后的营运现金流量（CFADS）的百分比计算。还有其他一些方法，使业主可以在经营者得到奖励费之前，从项目总成本或者业主投资的股权中得到指定百分比的回报。虽然各个管理合同的具体条款不尽相同，并且通常要考虑业主的情况，但是目前的管理合同中的管理费通常包括：基本费，即饭店总收入的2%～4%和奖励费，即扣除利息、税项、折旧、摊销前收益（EBITDA）的5%～10%。休伊特认为，如果以净收入为依据，奖励费会更高一些。[9]

如果管理公司的办公室提供中心预订系统、大宗采购服务、全国性广告促销活动和会计服务，则会出现**经营者可以得到补偿的费用**。监督饭店工作的公司职员的差旅费也是经营者可以得到补偿的费用。管理公司管理的每个饭店都向经营者支付上述费用中他们应该负担的份额。

**报告要求** **报告要求条款**规定经营者向业主提供的报告的种类和报告的频次。这些报告包括预算报告、财务报表、预算和实际执行情况之间的差异报告、市场计划、审计报告，有时还包括每星期和每天的工作报表。

**确认** 由于管理合同是饭店业主和经营者之间的协议，因此关于饭店发展或经营的决策通常需要双方同意，或者至少一方同意另一方的决策。协议应该有**确认条款**，规定什么领域内的决策需要听取双方的意见。休伊特指出，大多数合同都规定饭店总经理、财务总监和销售总监的人选必须得到饭店业主的同意。今天的资金出借者不再完全被动，他们可能会参与饭店的市场定位、资本计划和财政预算等领域中的决策。[10]很多业主也都很关心餐厅的概念、营销策略和价格策略。

休伊特认为，"在20世纪70年代和80年代，管理公司提出营销计划、资本计划和经营计划，然后告诉业主'我们明年再见'。但是形势已经发生了巨大的变化，而且今天的形势仍然继续在变化。业主或他们的代表（业主留在饭店内的**资产管理经理**）经常性地参与饭店所有方面的工作。"虽然有些人可能不同意，但是休伊特确信，业主通过管理公司参与管理，通过与总经理的相互协调，是可以获得很大利益的。当然，潜在的危险是业主可能会直接参与员工关注的日常问题。[11]

合同中关于听取业主意见的条款使业主和资金出借者，或他们的代表（资产管理经理）在经营决策方面有更大的发言权。詹姆斯·艾斯特认为，他们在经营决策、饭店经营方针、制定预算过程和人员选择方面的参与程度已经有了很大的提高。

尽管管理公司继续制定各种标准，但是业主通过其驻店代表或政策制定委员会的代表参与决策的过程。过去，经营者负责制定和执行经营预算。今天，许多业主对预算发表意见，并有权批准预算。业主对资本置换和预算的控制力度也大大提高了。根据某些管理合同的规定，一线员工有时候是业主的雇员，行政管理人员由经营者聘用。现在，业主在选择总经理和其他主要部门的经理方面也有更大的发言权。[12]

即使业主和经营者之间有很好的沟通，他们也不可能总是意见一致，因此，合同中应该包括解决争端的条款。很多管理合同中都包含仲裁条款，明确规定仲裁工作由有资格的个人或公司执行。[13]

**履约** 允许业主终止与管理公司合同的履约条款已经成为管理合同中很普通的一项附加条款。斯蒂芬·拉什莫尔（Stephen Rushmore）认为，履约条款通常包括如下内容："标准、执行期限、经营者的矫正能力、终止合同时的例外条款"。[14]标准通常指收益和利润水平的双重基准。常用的检验收益的方法是与一系列竞争对手饭店比较各自的可销售客房收入（RevPAR）。利润标准水平可能会因业主的不同需要而不同，但是利润标准通常是业主投资回报的纯收入水平。

执行期限指管理公司必须要达到上述标准的时间。依据市场条件的不同，执行期限的长度可以从1年到3年不等。新饭店和现有饭店的执行期限也可能不相同，因为新饭店需要用一段时间来开发业务；而在现有饭店中新的管理公司则只需要安排其营销系统和运营系统，不必从头开发业务。

如果没有达到预期的利润水平，一些合同要求管理公司提供或者借给业主"足够的资金，以弥补标准所规定的纯收入水平与实际收入水平之间的差异"。[15]

管理公司无法控制的情况，例如，自然灾害或者恐怖袭击，可能会改变市场环境，也是不能达到约定的履约标准的正当的理由。因此，管理协议必须要明确双方可以接受的例外条款。

**终止合同** 所有的管理合同均含有允许任何一方在某种条件下终止管理合同的条款：

- 另一方不履行合同的一个条款（有时候有一次性的"矫正"权力，即纠错机制）；
- 任何一方申请破产；
- 任何一方造成营业执照被终止或吊销。[16]

有些合同还包括其他一些终止合同的原因。这些原因涉及饭店财产的破坏或丢失，或涉及饭店的出售。有时合同中还会有"无理由终止合同"的条款。如果合同被无理由终止，业主必须向经营者支付赔偿金，补偿经营者损失的预期利润。

**经营者投资**　一方面经营者或管理公司主要从事管理业务。但是在另一方面，业主希望从经营者那里获得具有良好信用的投资。现在，更多的经营者投资他们管理的饭店，通常以贷款或入股的形式。如果经营者向业主提供贷款，管理合同中的**经营者投资条款**应该明确贷款的数额、如何使用贷款（例如作为启动经营资金或弥补负现金流量）、贷款的期限和贷款利率。如果投资是股权投入，其形式可以是现金、免费技术服务、免除开业前管理费，甚至可以转换成奖励费。[17]

**经营费用**　除了经营饭店的正常成本外，在经营者的总部办公室或者在管理的饭店内还会发生一些费用。比较典型的这类费用有：集中进行的广告宣传活动、中心预订系统、中心计算机系统和财务系统的费用，经营者有时候要求业主支付这些费用。在**经营费用**条款中，经营者应该明确说明需要由业主支付的经营费用，这样可防止业主以后提出异议。

**其他条款**　大多数管理合同中的其他条款包括：

- 限制经营者在同一市场竞争区域内管理另一家饭店（业主同意除外）；
- 明确各方以出售或租赁的方式转移所有权或管理权益的方法；
- 规定双方在未来饭店中合作的专有权；
- 确定，如果饭店遭到破坏或者被没收，各方的权利；
- 一方失误要向另一方提供赔偿；
- 制订现金储备计划，用于更换家具、固定装置和设备。

## 优点与缺点

管理合同对合同各方都存在优点和缺点。

对业主的一个主要不利因素是尽管管理合同免除了业主日常经营的责任，但是他们仍然必须承担全部或者大多数的财务责任。尽管近年来越来越多的经营者提供贷款和进行股权投资，但是业主仍然承担为其饭店筹措资金的主要责任。业主必须对亏损或收入不足进行补偿，以支付经营成本。此外，管理费也减少了业主的利润。

但是，业主也从管理合同中获得了利益。主要的优点是他们购买的服务来自事实已证明是成功、具有良好声誉的饭店经营者。尽管必须要支付管理费，但是可以增加潜在利润。经验丰富的经营者可以提供业主不具备的营销专长和成本控制系统。

开始，管理合同似乎对经营者没有什么不利因素。从经营者的观点，合同的最大优点是经营者可以用相对有限的投资控制大量的饭店。经营者的财务风险大大低于业主。

然而，管理合同对经营者也有一些不利因素。经营者的声誉在其管理的每个饭店中每天都处于危险状态。如果出现收入亏空，经营者必须要求业主补充资金。如果业主不同意投入资金或者没有资金，由此导致的低于标准的服务和设施标准的降低将会对经营者产生不利影响。此外，今天的经营者获取利润的真正机会是得到奖励费。但是，与资金困难或者资金不足的业主打交道，经营者可能永远也不能实现其预期的利润目标。

另一个缺点是，除非经营者购买股权，否则业主制定饭店发展或者出售饭店的决策可以不征求经营者的意见。业主还可以解除经营者的管理合同或者合同到期时不延期合同，这些都可能损害经营者的声誉，并使经营者失去从其工作中获得利润的机会。一个饭店不可能一夜之间获得成功，它通常需要很多年才能实现其经营利润目标，只有那些长期在饭店工作的经营者才可能得到收获。

总的来说，管理合同的条款都是精心设计的，因此各方的利益都能够得到保护。但是，即使有最好的愿望，有时业主和经营者之间也会发生严重的分歧。例如，里兹—卡尔顿饭店公司一夜之间将其名字从其管理的4家饭店撤掉，这4家饭店的业主是洛杉矶的一家控股公司，这样公众就知道了饭店经营者和业主之间出现了分歧。里兹—卡尔顿饭店公司声称，业主拖欠他们400万美元的管理费和其他费用，业主对出现问题的饭店的重新装修和改造经营系统的承诺从来没兑现过。饭店业主回应说，里兹—卡尔顿饭店公司管理不当，非法使用公款支付账户。在双方谈判陷入僵局时，里兹—卡尔顿饭店公司在事先没有警告的情况下，一夜之间将其名字从纽约、休斯敦、阿斯彭和华盛顿特区的4家饭店撤掉，认为这是为了保护自己的声誉。《华尔街日报》这样报道，"里兹—卡尔顿饭店公司采用半夜袭击的方式，让员工从这4家标志性饭店的后门出去，拿走公司的档案、金框奖牌、照片和计算机。然后匆忙将公司著名的狮子和皇冠的蓝金色旗子降下，把这些物品运送到在附近租用的房间中，还撤走了大约200名公司职员。每晚花1,500美元的住店客人一觉醒来发现他们的门下塞进一封信，告之他们，其下榻的饭店已不再是里兹—卡尔顿饭店公司管理的饭店了。"[18]

尽管这种事件是非常少见的，但是的确偶有发生。这个事件显示，双方都必须知道在管理合同中他们将得到什么和放弃什么。

# 小结

饭店是一种特殊类型的不动产。饭店是一个小型的、自给型社会，需要具备饭店管理专长的人管理。在20世纪后半叶，没有经验的饭店业主，例如投资者和房地产开发商，开始涉足饭店。这些业主认为，获得饭店管理经验的最好的方法是引进有经验的饭店经营者，可以采用两种方式：（1）将饭店租给他们；（2）与他们签订管理合同，允许他们经营饭店。

根据最初的承租协议，经营者向业主支付饭店建筑的租金，留存获得的全部利润。根据最初的管理合同，经营者不向业主支付饭店建筑的租金，也不留存饭店的全部利润，他们得到基本费，可以用其冲抵管理费成本，另加利润分成或奖励费。

管理合同是饭店业主和饭店管理公司（经营者）签订的书面协议。根据管理合同，业主雇用管理公司作为代理，承担管理饭店的全部责任。经营者可以是一个知名的饭店连锁公司，也可以是一个独立的管理公司。

由于多种原因，管理合同的内容一直在发展演变。大多数新饭店的业主只对短期效应感兴趣。饭店的发展已经开始减慢，其原因是税负结构和经营气候发生了变化，环境因素变得越来越重要。此外，业主不再愿意单独承担财务风险，现在经营者承担部分财务风险。

管理合同中最重要的条款是经营期限、管理费结构、报告要求、确认、履约、终止合同、经营者投资和经营费用。

从业主的角度，雇用管理公司的优点是业主可以不必经营饭店，管理公司可以给饭店提供有经验的管理人员和经营系统。缺点是，尽管饭店由管理公司管理，业主仍然要负责买单，而且由于支付管理费而减少了业主的利润。

饭店管理公司从管理合同中得到了利益，因为他们不必投入大量资金就可以使公司得到发展，并降低了财务风险。然而，资金困难或资金不足的业主会损害经营者的声誉，丢掉已获得的利润。即使饭店赢利，业主也可以解除为饭店建立起业务的经营者的管理合同。

## 注释

[1] Charles A. Bell, "Agreements with Chain-Hotel Companies", *Cornell Quarterly*, February 1993, p. 28.

[2] James J. Eyster, *The Negotiation and Administration of Hotel and Restaurant Management Contracts*, 3rd rev. ed. (Ithaca, N.Y.: School of Hotel Administration, Cornell University, 1988), p. 4.

[3] Thomas F. Hewitt, personal interview, February 2004.

[4] James J. Eyster, "Hotel Management Contracts in the U.S.", *Cornell Quarterly*,

June 1997, p. 14.

[5] Hewitt interview.

[6] These provisions and some of the comments about them are adapted from Stephen Rushmore, "Make Sure Monagement Contracts Contain These Terms", *Lodging Hospitality*, April 1988. The authors also wish to acknowledge their debt to Professor James J. Eyster. Many of the observations and comments relating to these provisions are based on Eyster's *The Negotiation and Administration of Hotel and Restaurant Management Contracts*.

[7] "Global Hotel Management Agreement Trends", Jones LaSalle Hotels, in conjunction with CMS Cameron McKenna LLP and Baker & McKenzie, June 2005.

[8] Ibid.

[9] Hewitt interview.

[10] Ibid.

[11] Ibid.

[12] Eyster, "Hotel Management Contracts in the U. S.", p. 15.

[13] Ibid., p. 33.

[14] Stephen Rushmore, "Performance Clauses Essential in Contract", *HOTELS*, November 2002, p. 36.

[15] Ibid.

[16] Eyster, *Negotiation and Administration*.

[17] Eyster, "Hotel Management Contracts in the U. S.", p. 22.

[18] "Ritz-Carlton Checks Out of Four Key Hotels", *Wall Street Journal*, 4 August 1997, B-1.

## 主要术语

**确认条款**（approval provision） 饭店管理合同中的条款，规定经营者的哪些决策需要确认。解决业主和经营者之间的争端的机制有时也包括在这个条款中。

**资产管理经理**（asset manager） 监督饭店经营的业主代表。

**基本费**（basic fees） 饭店业主支付给管理公司的管理饭店的费用。对连锁饭店管理公司，基本费还包括其知名品牌的使用费。基本费也称为"管理费"。

**管理费结构条款**（fee structure provision） 饭店业主和饭店管理公司的合同中的

条款，规定了业主必须向管理公司支付的各种管理费。

**奖励费**（incentive fees）　管理费的一部分，由饭店业主向饭店管理公司支付，按百分比从扣除非经营费用前的收入也称为经营毛利润中提取，或者按偿还债息后的营运现金流量的百分比支付。

**管理合同**（management contract）　业主和饭店或汽车旅馆经营者签订的书面协议，根据这个协议，业主雇用这个经营者作为代理人（员工）承担经营和管理饭店的全部责任。

**经营费用条款**（operating expenses provision）　饭店管理合同中的条款，详细规定管理公司要求饭店业主支付的费用。

**经营期限条款**（operating term provision）　饭店管理合同中的条款，规定合同的最初期限和合同的延期选择。

**经营者投资条款**（operator investment provision）　饭店管理合同中的条款，规定经营者在饭店投资的细则。

**经营者可以得到补偿的费用**（operator-reimbursable expenses）　饭店管理公司为其管理的饭店提供服务（例如大宗采购服务和全国性广告促销活动）所发生的费用。管理公司管理的每个饭店都向经营者支付上述费用中他们应该负担的份额。

**开业前管理费**（pre-opening management fees）　饭店业主为管理公司在饭店开业前所做的工作支付给管理公司的管理费，包括计划、人员配备、员工培训、市场推广、制定预算及管理公司在饭店开始接待客人之前必须要做的其他工作。

**房地产投资信托基金**（real estate investment trust，REIT）　一种投资工具，类似互助基金，允许联合大家的资金投资营利性房产或贷款给发展商和建筑商。

**报告要求条款**（reporting requirements provision）　饭店管理合同中的条款，规定管理公司必须向饭店业主提供的报告的种类和报告的频次。

**技术支持费**（technical assistance fees）　饭店业主向管理公司支付的费用，包括管理公司作为咨询顾问在设计饭店设施中所花费的时间和投入的专业技术。

## 复习题

1. 如果饭店业主本身不是饭店管理者，那么他如何使其饭店得到有效的管理？
2. 什么是奖励费？
3. 几乎所有的管理合同都包括的三个条款是什么？
4. 租约和管理合同有什么不同？

5. 整个饭店业发生的哪些变化导致了管理合同的发展演变?
6. 在管理合同的谈判中,哪一方愿意签订长期合同,哪一方愿意签订短期合同?为什么?
7. 饭店业主向经营者支付的四种费用是什么?
8. 管理合同中的"确认"和"终止合同"条款的内容是什么?
9. 分别从业主和经营者的角度看,管理合同有哪些优点和缺点?

## 网址

访问以下网址,可以获得更多的信息。谨记:互联网地址可能不事先通知而改变。如果该网址已不存在,可以用搜索引擎查找另外的网址。

**饭店公司和度假饭店**

Best Western
www. bestwestern. com

Doubletree Hotel Corporation
www. doubletreehotels. com

Hilton Hotels
www. hilton. com

Ritz-Carlton Hotels
www. ritzcarlton. com

Sheraton Hotels
www. sheraton. com

Preferred Hotels & Resorts
www. preferredhotels. com

Richfield Hospitality Services
www. richfield. com

Host-Marriott Corporation
www. hostmarriott. com

Interstate Hotels Corporation
www. ihc-hotels. com

Starwood Hotels & Resorts Worldwide
www. starwood. com

**组织和资源**

Bison. com
www. bison1. com

535

照片由纳什维尔万丽酒店（Renaissance Nashville Hotel）提供。

# 16 特许经营充满商机

## 概要

什么是特许经营
  特许经营的类型

特许经营的历史
  产品或商标型特许经营
  经营模式特许经营

特许经营如何运作
  初期投资
  特许经营规则

拥有一家特许经营店
  有利因素
  不利因素
  特许经营授权商的有利因素和
  不利因素

特许经营的问题

小结

## 学习目的

1. 了解什么是特许经营、特许经营的类型、特许经营的历史和特许经营如何运作。

2. 了解个人购买特许经营权的原因、拥有特许经营店的优点与缺点、特许经营对特许经营授权商的有利因素和不利因素及特许经营带来的其他问题。

本章论述饭店业的特许经营。内容涉及特许经营的历史、深受欢迎的原因、拥有特许经营企业的优点和缺点及特许经营的运作方式。

## 什么是特许经营

特许经营权一词的简单含义为：一个公司授予另一个公司或个人销售其独特的产品和服务的权力。特许经营是一个营销或销售系统：特许经营授权商根据自己的原则，授予一个个人或公司在规定的时间和规定的地点进行某种经营的权力。

让我们熟悉一下本章将使用的下列术语：

- **特许经营权** 除了前面提到的含义外，"特许经营权"还可以指经营模式或产品名称的特许使用权。万豪酒店集团授予住宅旅馆（Residence Inns）连锁店和万怡饭店（Courtyard）连锁店使用"万豪"商标。
- **特许经营授权商** 将拥有的商标、产品或经营模式对外授权的特许经营公司。
- **特许经营加盟商** 被授权使用特许经营授权商的名称进行经营的个人或公司。购买 DQ 冰淇淋（Dairy Queen）特许经营权的人就是一个特许经营加盟商。
- **特许经营** 主要特许经营行业协会"国际特许经营协会"将特许经营定义为"特许经营授权商和特许经营加盟商之间的一种持续的关系，在这种关系中，特许经营授权商向特许经营加盟商提供从事某种经营的特许权，并且在组织、培训、推销和管理方面给予帮助，特许经营加盟商为此支付报酬"。

各种特许经营权不尽相同。大多数特许经营授权商授权特许经营加盟商使用其名称、独特的商标、标志、建筑物造型和室内装饰设计。一些特许经营授权商也出售他们的经营方法或者限定特许经营区域。有时，特许经营授权商还可能授权特许经营加盟商出售授权商的产品，例如 31 种美国风味冰淇淋店（Baskin-Robbins）的特许经营加盟商有权出售 31 种美国风味冰淇淋。

538

## 特许经营的类型

特许经营分为两种类型：产品或商标型特许经营和经营模式特许经营。

**产品或商标型特许经营**是一种供应商和代理商的关系。代理商（特许经营加盟商）出售供应商（特许经营授权商）提供的系列产品，并且在某种程度上代表供应商的身份。汽车、加油站和软饮料等行业均采取这种类型的特许经营权。美国的大多数特许经营销售都采用产品或商标型特许经营。

万豪酒店是特许经营饭店中最著名的品牌之一。（万豪酒店集团供稿）

**经营模式特许经营**包括快速服务餐馆和连锁饭店，其特征是特许经营授权商与特许经营加盟商之间存在着不断发展的业务关系，这种关系不仅包括产品、服务和商标，还包括整体经营概念。

特许经营的主要发展体现在经营模式特许经营方面。除了餐饮服务和饭店之外，经营模式特许经营还包括非食品零售商、个人和商务服务、房地产服务及其他服务业。餐馆是经营模式特许经营的主要部分。

# 特许经营的历史

特许经营并非新概念。现代特许经营的先驱出现在古罗马时代，当时平民投标竞争为政府收税的"特许权"。这些"受许人"被称为"收税人"，他们可以从收取的税款中提取一定比例为己所有。这是一个获利的营生，对那些不讲道德的人尤其如此，这些收税人通常被人们所憎恶，正如《圣经》中的语句所警示："收税人和罪人"。[1]中世纪也存在这种形式的特许经营，当时的皇族和教会官员以奖励的方式授权地位显要的公民收取国税，以回报其付出的"各种服务或酬报"。[2]

## 产品或商标型特许经营

早期的特许经营权都是产品或商标型特许经营，允许愿意投资的个人或者公司销售特许经营授权商的产品，有时还允许制造特许经营授权商的产品。对特许经营加盟商的唯一限制是所售产品的种类和销售的地域。

1851年，胜家缝纫机公司（I. M. Singer & Company）采用特许经营的方式发展了一个遍及全美国的缝纫机经销代理商网络。按照辛格的概念，代理商开设胜家缝纫机商店的条件是专营胜家牌缝纫机和配件。由于人们不知道如何使用这种新型缝纫机，经销代理商同时还开设缝纫课程。这是现代特许经营制度的开端。

由于胜家缝纫机公司拥有市场上需要的独特产品，而经销代理商必须要同意开设胜家缝纫机专营商店才能得到其产品，因此胜家缝纫机公司获得了成功。但是直到20世纪初叶，随着汽车工业和软饮料工业的发展，特许经营才得到大规模发展。

与胜家缝纫机一样，汽车是一种新型的、复杂的机械装置，需要售后服务和维修。除非发生故障后，附近有人能够维修，否则没有人愿意买一辆不用马拉的车。因此，汽车制造厂商们，最初是通用汽车公司，想出了一种与胜家公司相似的解决办法：建立既销售汽车又提供售后服务的销售代理制度。销售代理商所在的社区，也是出售汽车的社区，因此由于社区的民众相信销售代理商，所以他们也相信汽车制造厂商的承诺。毫不奇怪，与汽车销售代理商共同发展起来的石油公司也采用了同样的销售方式。甚至现在,大多数个人所有的小型加油站也获得授权,可以使用某一个公司的商标和销售其产品。

可口可乐公司于1899年首次对外授予特许经营权。可口可乐的特许经营是很有必要的,因为可口可乐灌装在一个独特的玻璃瓶内,消费者购买时需要交瓶子的押金,公司回收瓶子。需要由当地的灌装公司处理这些瓶子,对瓶子进行回收、清洗和再使用。另外,从佐治亚州亚特兰大的可口可乐公司总部向全国各地运送瓶装饮料的成本也很高。为了扩大生产,可口可乐公司授权特许经营加盟商建立可口可乐灌装厂,要求其购买可口可乐的瓶子和原浆。可口可乐公司还同意为灌装厂提供生产技术和市场营销培训。很快美国的全国各地都建立了可口可乐灌装厂。

胜家缝纫机公司和通用汽车公司的特许经营权涉及制造厂商(特许经营授权商)与直接向公众销售产品的零售商(特许经营加盟商)之间的关系。我们注意到,零售商除了销售产品之外,还负责特许经营授权商的产品的售后服务和维修。这就是为什么特许经营是销售这些产品的最有效的方式的一个原因。在可口可乐公司的例子中,生产厂商(特许经营授权商)和批发商(特许经营加盟商)之间存在着特许关系。可口可乐的批发商不直接向公众出售产品,而是将可口可乐送到零售商的汽水容器中或食品杂货店中。在这个例子中,特许经营加盟商(批发商)同样代替特许经营授权商履行服务职能:灌装可口可乐。这些新型产品,缝纫机、汽车和软饮料,要求销售商不但出售产品,还要提供服务,这就使特许经营权变得必要和具有实用价值。

## 经营模式特许经营

第一位在饭店业创立经营模式特许经营理念的人是豪生公司(Howard Johnson Company)的创始人霍华德·迪林·约翰逊(Howard Dearing Johuson)。约翰逊于1925年开始创办其连锁店,首先他开设了一个杂货店,并成功地将其改成冰淇淋店。到1928年,他已经拥有了两家生意兴隆的冰淇淋店,他决定开设第三家冰淇淋店同时供应食品。这是他的第一个餐馆。约翰逊的一位朋友为他提供了一块土地,这样约翰逊就可以兴建第二家餐馆了。但是约翰逊的资金不足,因此他说服他的朋友投资修建餐馆。约翰逊可以授予他的朋友特许经营权,出售豪生公司的冰淇淋,同时在餐馆的设计和管理方面提供帮助。

他朋友的餐馆很快获得了成功。约翰逊认识到,他发现了一种不必自己投资就可以拓展生意的方法。约翰逊决定继续实施这种策略,鼓励其他人投资修建霍华德·约翰逊餐馆,出售霍华德·约翰逊牌冰淇淋和他提供的其他产品。他继续在新餐馆的设计和管理方面提供帮助,使他们获得成功。约翰逊对其提供的额外服务不从产品的销售中索要回报,他唯一的利润来自向其出售霍德华·约翰逊的产品。到 1936 年年底,霍华德·约翰逊餐馆的数量已经达到 61 家,其中大多数是特许经营店。到 1939 年,在美国的 6 个州中开设了 107 家霍华德·约翰逊餐馆。[3] 约翰逊于 1954 年涉足住宿业,他在佐治亚州的萨凡那用特许经营的方式开设了他的第一家汽车旅馆。到 1969 年,已经发展了 391 家旅馆,其中 90% 是特许经营。〔后来又经过了 11 年的不断发展,他的儿子霍华德·B·约翰逊把豪生公司卖给了英国的帝国集团公司。1985 年帝国公司又将其转让给了万豪集团。该集团只保留几家大型饭店,然后很快将其余的旅馆卖给了"一流汽车旅馆集团"(Prime Motor Inns);万豪集团在后来的几年中把独立式霍华德·约翰逊餐馆出售给了各种买主。"豪生"饭店的品牌现在属于万哈姆饭店集团(Wyndham Hotel Groap)。〕

### 寻求为您的菜单添些什么吗?
#### 开一家新餐馆怎么样

- 寻求有经验的多单元餐馆业主。
- 现在仍有多单元区域。
- 提供两种品牌的发展机会(与 T. J. Cinnamons 传统面包房合作)。
- 提供培训、营销与经营支持。
- 拥有 3,200 家餐馆并在继续发展。
- 同一餐馆的销售额连续 14 个季度持续增长。

阿贝(Arby's)和其他快速服务餐馆特许经营店是经营模式特许经营的范例。这则广告针对那些可能希望拥有阿贝特许经营权的人。(阿贝供稿)

尽管约翰逊取得了成功，但是特许经营直到20世纪50年代初才在饭店业被广泛采用。假日饭店集团是特许经营在饭店业中取得显著成功的一个早期实例。凯蒙斯·威尔逊与他的合伙人在20世纪50年代初拥有3家成功的假日饭店汽车旅馆，并希望在美国全国发展。他们决定为其扩张筹措资金，采用的方式是向特许经营加盟商出售假日饭店的特许经营权，要求特许经营加盟商投资修建的假日饭店要符合固定的模式，还要求特许经营加盟商从每间客房的收入中拿出一定的广告费。

特许经营巨头麦当劳起家时是加利福尼亚州圣贝纳迪诺的一家"免下车"（drive-in）自助餐馆，由莫里斯·麦克唐纳和理查德·麦克唐纳两兄弟于1948年创建。1954年，一位名叫雷·克罗克的奶昔机推销员造访麦克唐纳兄弟，送去他们订购的8台多功能搅拌机。克罗克发现了一台高效的八角形流水生产线，能生产各种饮料、炸薯条和售价15美分的汉堡包。克罗克说，"1954年的那一天我看到这个流水生产线时，我感到仿佛是后世的牛顿被一个爱达荷州的土豆砸到了头上"。[4]克罗克明白了这家餐馆为什么会成功。在《铁杵磨成针：麦当劳成功的秘诀》（Grinding It Out: The Making of McDonald's）一书中，他描述了当时的想法：

> 经常有人问我，为何不简单地照搬麦克唐纳兄弟的计划。他们向我展示了一切，按照他们的模式仿造一个餐馆似乎是件很容易的事。说实话，我从来没这样想过。我以推销员的眼光看穿了这件事。这是一个完整的可行方案。我可以将它渲染得惊天动地……此外，麦氏兄弟的确有许多设备是无法简单模仿的。其中之一是一个特制的铝制烤盘，其他所有设备的安置都经过精确的计算，可以使员工不浪费任何一步。然后是这个名称。我有一种直觉，麦当劳这个名字起得恰如其分。我本可以不要这个名称。但是对其余的东西，我认为，真正的答案是，我太天真或者太诚实了，我从来没有想到我可以采用他们的想法，将其复制出来，而不用付给他们一分钱。[5]

麦克唐纳兄弟开着卡迪拉克，共同住在豪华的房子里，他们对拓展事业不感兴趣。他们满足于已取得的成就，不愿意进一步努力。他们以200万美元的价格授予克罗克10年的独家特许经营权。克罗克同意按照他们设计师的要求修建餐馆，并使用金色的拱形标志。麦克唐纳兄弟在合同条款中要求克罗克完全执行他们的计划，甚至连标志和菜单也不例外。合同中有一个条款规定，未经两兄弟的书面同意，克罗克不得做任何改动。双方同意，克罗克可以向特许经营加盟商收取总销售额的1.9%，并将其中的0.5%交给麦克唐纳兄弟。克罗克还可以收取950美元的特许经营费，以补偿其为每个特许经营店选择店址和选择符合麦当劳标准的建筑承包商所发生的费用。

克罗克请哈里·索恩本当他的助手,两个人筹划他们新企业的未来。他们认识到,为了让他们的特许经营获得成功,他们不能只向未来的特许经营加盟商出售名称和菜单。此外,按照特许经营授权商的标准预先制作的汉堡包不能像霍华德·约翰逊的冰淇淋一样批发给特许经营加盟商。特许经营加盟商必须自己制作汉堡包。克罗克写道:

> 我们一致认为,麦当劳不应该是不同的人使用的名字。我们希望建立一个餐馆系统,以其始终如一的高质量食品和统一的食品制作方法而闻名。当然,我们的目的是以这个系统的信誉赢得回头客,而不是靠某个餐馆或经营者的质量。这就需要继续教育和继续帮助经营者的计划并不断检查他们的工作绩效。还需要一个全日制的研究和发展计划。我深信,一致性的关键是我们有能力向经营者提供他们可以接受的食品制作技术,因为这些食品制作技术胜过他们梦寐以求的任何方法。[6]

中国广州的麦当劳餐馆。(麦当劳公司供稿)

克罗克在这里描述了现代特许经营的核心概念：特许经营公司的声誉取决于其所有特许经营店的质量和一致性，而质量和一致性要通过不断的培训和开发来保持。1961年，克罗克又支付了270万美元买下了麦克唐纳兄弟的全部股权。今天，在119个国家中有30,000多家麦当劳餐馆。

## 特许经营如何运作

为了获得特许经营授权商的经营许可，特许经营加盟商必须支付一定的费用，以获得授权使用特许经营授权商的名称、身份、经营系统、操作程序、营销技术和（饭店）预订系统。特许经营费用通常分为两部分：（1）基本特许经营费，该费用在签订特许经营协议时支付；（2）后续特许经营费。

基本特许经营费各不相同。可以根据赋予下述项目的货币价值计算基本特许经营费：

- 特许经营授权商的信誉；
- 新开设的特许经营店的经营区域或地区的价值；
- 招募特许经营加盟商的平均成本；
- 培训特许经营加盟商的成本；
- 制作招牌、广告、计划和其他辅助物的成本。

企业的信誉，即其在消费者心目中的名誉和声望，是一种无形资产，评估一个已经建立起来的特许经营授权商的信誉，例如麦当劳，比评估一个新建的特许经营授权商容易。尽管信誉是无形的，但是却可以根据特许经营授权商的利润情况计算企业的信誉度，因为利润是衡量特许经营授权商的信誉度的一个尺度。例如，如果一个特许经营授权商的特许经营店的年均利润为15万美元，那么一家新特许经营店的信誉价值可能是其2.5倍，或37.5万美元。基本特许经营费中的信誉费可以是信誉价值的4%~12%。各个特许经营授权商计算信誉价值的方法不同，向特许经营加盟商收取的信誉费的多少也不相同。

由于人口结构和当地居民饮食习惯的原因，因此地区与地区的价值不一样。因此，确定基本特许经营费数额时要考虑新特许经营店的位置。

招募、培训及标志和广告之类的辅助物的价值都比较容易计算，因为可以参照实际成本。

餐馆特许经营授权商通常对一个特许经营店收取固定特许经营费，有些特许经营授权商对额外增加的特许经营店减少收费。而饭店特许经营授权商则根据客房的间数收取基本特许经营费，如果客房的间数低于一定数量，则规定最低收费标准。

下面是一些基本特许经营费的实例：

| 特许经营授权商 | 基本特许经营费 |
| --- | --- |
| 赛百味（Subway） | $15,000 |
| 阿贝（Arby's） | $25,000～$37,500 |
| 麦当劳（McDonald's） | $45,000 |
| 希尔顿花园酒店（Hilton Garden Inn） | 最低 $60,000 |
| 万哈姆饭店和度假村集团（Wyndham Hotels & Resorts） | 最低 $60,000 |

后续特许经营费的数额也不尽相同。所有的特许经营授权商都收取特许经营权使用费，通常按照特许经营加盟商销售额的比例计算。与基本特许经营费一样，特许经营权使用费的确定依据特许经营店的价值。下面是典型的收取特许经营权使用费的实例：

| 特许经营授权商 | 占收入的比例 |
| --- | --- |
| 希尔顿花园酒店（Hilton Garden Inn） | 5.0% |
| 万哈姆饭店和度假村集团（Wyndham Hotels & Resorts） | 5.0% |
| 麦当劳（McDonald's） | 12.5% |
| 阿贝（Arby's） | 4% |

一些饭店特许经营授权商设有中心预订系统，向特许经营加盟商收取该系统的运营成本。这种费用的计算方法不尽相同。通常根据客房收入的百分比、每月可售客房间数或每个预订的数量。

## 初期投资

尽管餐馆特许经营店仍然被视为小型企业，但是建立一个成功的特许经营店所需的初始投资也很大，其原因很多，主要包括不动产成本、工程建设费用和房产税。开设一家麦当劳餐馆的总投资可达 56 万美元到 160 万美元！土地为麦当劳公司所有，租金包括在 12%～14.5% 的后续特许经营权使用费中。（麦当劳还设有租赁计划，针对那些负担不起购买特许经营餐馆所需投资的新特许经营加盟商。）一些饭店特许经营店更昂贵。例如，一家完全服务假日饭店的投资可高达 2,000 万美元。由于特许经营饭店的成本很高，因此特许经营授权商希望确认，其特许经营加盟商拥有足够的资金经营特许经营饭店，直到开始赢利为止。基于这个原因，一些特许经营授权商要求其特许经营加盟商拥有一定限额的个人净资产。具体限额因特许经营授权商而异。

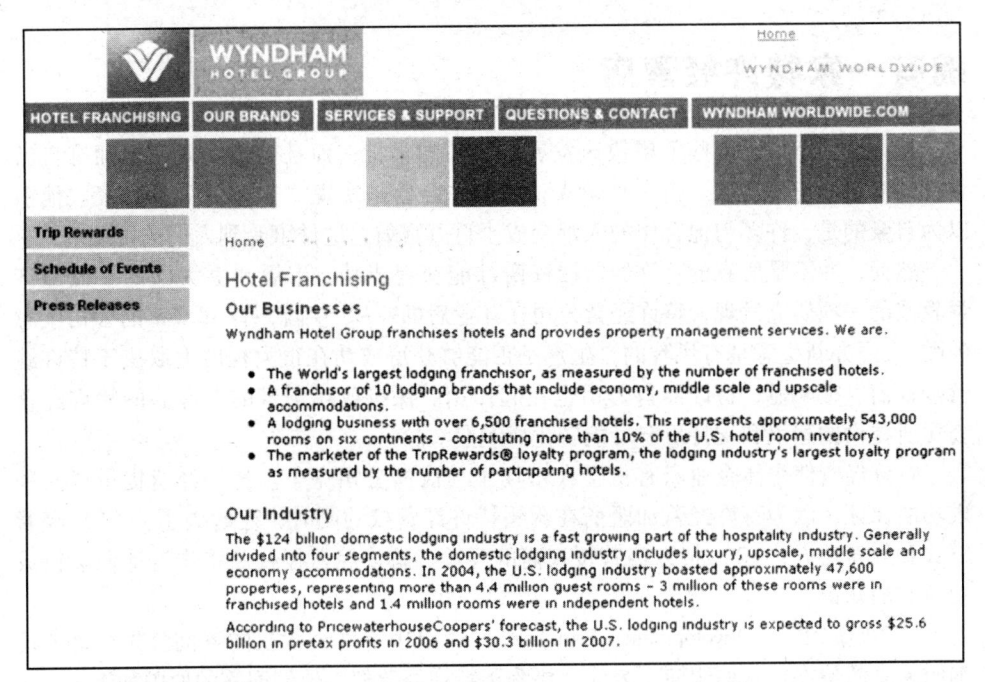

在万哈姆饭店集团的网页上，那些希望拥有该公司的一个品牌〔包括从"AmeriHost Inn"到万哈姆饭店和度假村（Wyndham Hotels & Resorts）的系列品牌〕的人可以了解特许经营的机会。（万哈姆饭店集团供稿）

## 特许经营规则

在美国，特许经营由联邦贸易委员会和一些州管理。在那些有特殊规则的州，特许经营授权商在州内出售特许经营权之前，必须到相关的州政府机构登记备案。如果本州和地方规则的要求高于联邦政府规则，则执行州和地方规则。

所有特许经营授权商都必须遵守联邦贸易委员会第436.1规则，该规则要求向未来的特许经营加盟商提供特许经营手册，即"**统一特许经营权提供公告**"（UFOC）。该手册是一份公开文件，让特许经营加盟商在签订特许经营协议之前，了解特许经营授权商的某些重要方面的情况和特许经营协议的内容。未来的特许经营加盟商必须在签订特许经营协议之前10个工作日拿到统一特许经营权提供公告，这样特许经营加盟商才能有足够的时间研究这份手册，了解特许经营的风险。统一特许经营权提供公告必须包括特许经营授权商的历史、财务情况及销售协议的详细条款。特许经营加盟商在购买特许经营权之前应该仔细研究统一特许经营权提供公告的内容（详细内容请见本章附录）。

## 拥有一家特许经营店

特许经营不但是那些希望快速发展的公司的福祉,而且也是个人实现拥有自己企业的梦想的一种方法。雷·克罗克认为特许经营是实现"美国梦"的途径。他引以为自豪的是,许多与他合作的人都变成了百万富翁,这件事受到人们的赞颂。

然而,并不是所有的特许经营授权商都能获得成功。韦恩州立大学的一位经济学教授的一项研究发现,特许经营公司在开业后的4~5年内,有38.1%的公司生意失败。[7]开办新生意是有风险的,生意是否能够获得成功在很大程度上取决于特许经营授权商。很明显,特许经营公司也在起作用。保持成功纪录的有经验的特许经营公司所提供的建议和支持更有可能转化成利润。

特许经营使个体企业家有机会在市场中与巨型公司竞争。特许经营提供了某种成功的保证,因为特许经营加盟商在购买特许经营权的同时,还购买了:(1)经营模式和经营秘方;(2)特许经营授权商的经验,特许经营授权商将告诉他们取得成功所需的知识。

"发展集团"(Development Group)是一个出售特许经营权的咨询公司,该公司询问未来的特许经营加盟商,为什么要购买特许经营权。他们回答的原因如下:

- 自我管理是最重要的原因:73%的申请人认为拥有一个特许经营店是自己当老板的一种方式。
- 经济上独立是仅次于第一个原因的第二个原因:69%的申请人认为,与依靠他人发工资相比,拥有特许经营店可以得到更大的财务保障。
- 事业发展是第三个原因(53%的申请人)。如果你拥有自己的特许经营店,就不必等待别人提拔你。你可以尽力快速发展。
- 49%的人认为新技术和培训是其购买特许经营店的理由。例如,很多人都希望拥有自己的饭店或餐馆,但是苦于不知道如何操作。优秀的特许经营公司提供培训和帮助。
- 32%的人把特许经营店看成是可以增值的长期投资。

### 有利因素

拥有特许经营店的好处很多,除了上述提到的原因之外,还包括:

- 协助选择经营地点;
- 信贷;
- 专业建筑支持;

- 提供固定设施和设备方面的支持；
- 培训；
- 开业支持；
- 促销支持；
- 规模经济效应；
- 持续的支持。

**协助选择经营地点** 特许经营加盟商得到的第一个好处是特许经营授权商会帮助他们选择一个最佳经营地点。几乎所有成功的特许经营授权商都清楚地知道何种地点最适合他们的特许经营生意。在多数情况下，特许经营授权商选择地点，购买或租用土地，修建店舍，然后出租给特许经营加盟商。有时特许经营加盟商自行解决上述事宜，即使是这样，特许经营授权商也几乎总是根据自己的经验，例如，一个地区必要的人口数量和结构、交通状况和其他因素，批准经营地点的选择。

精品国际酒店集团（Choice Hotels International）的特许经营饭店包括睡眠旅馆（Sleep Inn）、凯富旅馆（Comfort Inn）、品质旅馆（Quality）、克莱里昂酒店（Clarion）、罗德威旅馆（Rodeway Inn）、经济旅馆（Econo Lodge）和主流套房酒店（MainStay Suites）。精品国际酒店集团不仅帮助未来的特许经营加盟商选择饭店地点，还帮助他们购买这个地点，并且帮助进行地点评估和市场评估。餐馆特许经营授权商也提供同样的服务。赛百味（Subway）三明治连锁店在其在华盛顿特区联邦贸易委员会备案的特许经营权提供公告中写道：

店铺的地点必须经特许经营授权商和特许经营加盟商共同批准。特许经营授权商或其指定的代理公司将努力租到双方认可的经营地点，然后将其有偿转租给特许经营加盟商。找寻经营地点的责任完全由特许经营加盟商承担，特许经营授权商不得无故不批准特许经营加盟商所选的位置。特许经营授权商在提供帮助时应该考虑经营地点区域的人口状况。

赛百味要求特许经营加盟商自行寻找经营地点，但是麦当劳则根据先进的飞机和直升机航拍资料和人口统计的调查结果，为特许经营加盟商选择经营地点。

**信贷** 一些特许经营授权商可能会帮助合格的申请人筹措资金。其方式可以是提供贷款或担保、寻找潜在的贷款出借人或者帮助准备银行或其他贷款出借人要求的贷款文件和经营计划书。有的特许经营授权商还陪同特许经营加盟商拜访贷款出借人。许多人都采用各种富有创造性的融资计划，通过多种资金渠道，进入特许经营领域。这些包括信贷额度、小型企业管理贷款、员工持股计划（ESOP）、信用互助会、保险、风险投资和（供应商的）易货额度。有些特许经营授权商甚至还有出租计划，允许未来的特许经营加盟商租用店面或者购买店面。

**专业建筑支持** 大多数特许经营授权商都向特许经营加盟商提供特许经营建筑的建筑设计图和平面图。精品国际酒店集团为两层楼、100个单元的睡眠旅馆准备了3种不同的设计方案，提供所有的内部外部装修设计和店址平面图（包括环境绿化图）。麦当劳和汉堡王备有多种内部装修设计方案供选择，特许经营加盟商可以根据市场和自己的投资额进行选择。

一些特许经营授权商还帮助特许经营加盟商雇用建筑商和对工程进行监理。由于大多数特许经营加盟商都没有这方面的经验，因此提供专业的建筑工程支持可以为其节省很多资金。精品国际酒店集团提供初步和修改的施工图纸、立视图和平面图，还提供修建饭店所需的全部结构、机械、管道和电路图纸。饭店建成后，精品国际酒店集团的代表还进行现场实地检查，以保证一切都符合标准。

**提供固定设施和设备方面的支持** 特许经营授权商帮助特许经营加盟商选择、购买和安装固定设施和设备。赛百味连锁集团为那些没有足够资金购买必要设备的特许经营加盟商准备了设备租赁计划。喜来登集团向特许经营加盟商发放产品目录和客房设计目录，包括多种符合喜来登风格的内部装修设计方案。

**培训** 课堂教学和在岗培训是大多数特许经营计划的主要部分。如前所述，49%的特许经营加盟商认为培训是其购买特许经营权的主要原因。很多特许经营授权商都设有多种培训计划，因为他们要尽力确保特许经营加盟商能够达到特许经营的标准。

肯德基在其肯塔基州路易斯维尔的总部开设为期3周的强化培训课程。学费包括在基本特许经营费中，但是参加培训者需要自理大部分交通费。总部提供食宿补贴。课程涉及经营肯德基餐馆的各个环节，从记账到卫生制度都包括。此外，肯德基的代表还定期到每个餐馆寻找故障和提供指导。麦当劳在伊利诺伊州奥克布鲁克的汉堡大学开设4～8周的培训课程。麦当劳的特许经营培训计划的一个特点是，未来的特许经营加盟商必须首先成功地完成培训计划，然后才有资格申请特许经营权。假日酒店集团向其特许经营加盟商提供为期2周的强化培训计划，其课程包括：饭店组织、日常经营、餐饮控制、后台系统、市场营销、促销和人事管理。作为培训计划的补充，还派遣一名现场顾问到饭店与特许经营加盟商一起工作。

大多数特许经营合同都包括一套经营手册和培训录像带。一些经营手册的内容非常详细。唐恩都乐（Dunkin' Donuts）的经营手册为特许经营加盟商提供了所有的信息，从如何制作面包圈到如何面试应聘者，应有尽有。经营手册的内容还包括市场营销、簿记和设备运转。喜来登集团为每个喜来登特许经营加盟商准备了一套经营手册，介绍喜来登的基本政策和工作程序。内容包括：开业准备、餐饮运营、广告、销售、预算和预测、客房管理、前厅程序和保安。

**开业支持** 几乎所有的特许经营授权商都帮助其加盟商进行特许店的开业准备。麦当劳的特许店开张时，要举行一系列的香槟酒招待会，招待当地的政界人士和员工家属。1990年，俄罗斯的第一家麦当劳餐馆在莫斯科的普希金广场开业时，有700人参加了香槟酒和鱼子酱招待会。

**促销支持** 促销支持包括广告、销售和公共关系方面的支持，这是特许经营授权商向特许经营加盟商提供的最主要的支持之一。许多特许经营授权商向特许经营加盟商收取营销或广告费，用于购买电视时间、广播广告、报纸广告和制作其他促销用品，例如优惠券、抽奖券或比赛券。汉堡王向特许经营加盟商收取月销售额的1.2%作为全国性广告费和月销售额为3%作为当地广告费。这些钱用于报纸和杂志的广告、直邮广告、促销宣传展示及电视广告和广播广告。汉堡王公司还帮助特许经营加盟商制订合作广告计划，不断提供销售奖励，定期赞助杰出销售和质量奖。温迪餐馆收取总收入的2%用于全国性的广告，另外2%用于当地广告。

住宿业的广告和销售努力很复杂。希尔顿旗下的花园酒店从客房总收入中提取4%作为月度项目费。这个项目费包括广告、促销、公开信息、公共关系、市场调研、饭店指南以及开发和维护预订系统。还要额外收取月度项目费不涵盖的市场营销专项费用，使用范围包括希尔顿荣誉客会（Hilton Honors Worldwide），即希尔顿的常客和奖励计划。

**规模经济效应** 因为特许经营加盟商是特许经营连锁店的一部分，所以在采购备品、设备和广告宣传方面可以获得规模经济效应，节省开支。

**持续的支持** 特许经营店开业后，特许经营授权商仍然继续向特许经营加盟商提供支持。特许经营授权商设有大区代表和区域经理定期与特许经营加盟商会面。特许经营授权商协助特许经营加盟商进行促销宣传并解决日常发生的问题。作为特许经营组织的成员，特许经营加盟商可以随时找到各类专业人员，自己不必专门聘用专业人员。

## 不利因素

尽管特许经营有许多优点，但是也存在一些问题，使一些特许经营加盟商对其购买特许经营权的决策感到后悔。这些不利因素包括：

- 约束；
- 不愿接受的产品和程序；
- 不想做的广告；
- 不受保护的地域；

- 取消经营资格；
- 培训不足。

特许经营授权商的大区代表向特许经营加盟商提供持续的支持。（麦当劳公司供稿）

**约束**　特许经营的一个主要缺点是大多数特许经营合同都对特许经营加盟商有很多约束。特许经营授权商的成功取决于整个系统能否保持一致的质量。当人们在美国的任何一家假日酒店登记入住时，他们期望看到相同的房间、相似的价格和同样的家具及同样的客人用品和饭店环境。所有"巨无霸"或"华堡"的味道都应该完全一样，无论在加利福尼亚的洛杉矶购买，还是在英国的伦敦购买，其味道都一样。这意味着，特许经营授权商必须严格地强化其标准。假日酒店的所有经营者都必须按照一定方式为客房配备家具和维护客房。假日酒店的厨房必须遵守某些标准，必须按标准配备人员。麦当劳的特许经营加盟商必须扔掉10分钟内未卖出去的汉堡包，不论其成本如何。唐肯面包店的特许经营加盟商每隔4个小时必须制作新的面包圈。所有这些特许经营授权商都定期进行暗访，达不到标准的特许经营加盟商面临被取消特许经营权的风险。这不是毫无根据的恐吓，每年都有一些特许经营加盟商因为不遵守公司的原则而被取消合同。

这些约束意味着，一些特许经营加盟商不能随意创新。他们不能搞自己的广告宣传运动，也不能创造自己的菜单新项目。餐馆连锁店对菜单的控制尤为严格。特许经营加盟商不得对菜单进行任何增减，未经允许也不能改变烹调配方，得到允许的情况极为少见，尽管也有极个别的特许经营加盟商的想法可能会得到认可。麦当劳列举了几个根据经营者的建议修改的菜单项目。雷·克罗克对一些人的创意表示感谢：特许经营加盟商卢·格罗恩发明了"麦香鱼"，帮助他在辛辛那提天主教教区与大男孩连锁店（Big Boy）的竞争中取得了胜利；匹兹堡的吉姆·德里卡迪发明了"巨无霸"；圣巴巴拉的赫布·彼得森创造了"烟肉蛋汉堡"；康涅狄格州恩菲尔德的哈罗德·罗森发明了"酢浆草奶昔"（Shamrock Shakes），这是一种绿色奶昔，专门在圣帕特里克节前后出售。[8]

**不愿接受的产品和程序** 如果特许经营授权商引进了新产品或者新程序，特许经营加盟商无论愿意与否必须也包含这个产品或程序。最初，许多麦当劳经营者都不愿意开早餐，因为加开早餐意味着要增加很多成本，还需要增加一个班次。他们怀疑他们是否能卖出足够数量的早餐，以获取利润。但是总公司决定在电视上做广告推广早餐后，所有的特许经营加盟商都被迫在早晨6点钟开始营业，甚至在没有生意的地区也不例外。

很多特许经营公司都在全世界运营。有时候，特许经营授权商必须要对菜单、建筑结构或者其他特许经营的要素进行调整，以适应特定的国家或者地区的独特情况。这是罗马尼亚的一个麦当劳餐馆。

**不想做的广告**　特许经营授权商的广告计划也可能会使特许经营加盟商不满意。汉堡王决定进行以"植物迷倒人"为主题的电视广告活动时,许多特许经营加盟商都不喜欢这个主意,认为这事实上是在赶走顾客。但是他们还是被迫接受,并出资参与这个广告运动,直到公司自己看到效果不佳,决定取消为止。有时候,特许经营加盟商认为特许经营授权商进行的全国性广告活动对他们没有帮助,尽管某些地区的特许经营加盟商可能会从中受益。

**不受保护的地域**　特许经营授权商和特许经营加盟商的另一个有争议的领域是经营区域问题。许多特许经营授权商不划定经营区域。这意味着,如果生意需要,他们将允许新加盟的特许经营加盟商在现有的特许经营店附近一两英里的范围建立新店。这种做法被称为**侵蚀**。

已经发生了很多起特许经营店的经营者就此起诉特许经营授权商的案例。在艾奥瓦州,为了平息特许经营加盟商的愤怒,立法机构通过了一个法规,禁止在现有的快速服务餐馆3英里范围内或者人口为3万人的地区内开设相同品牌的特许经营店。[9]

根据《纽约时报》的一篇报道:

> 麦当劳正商议对一些面临新店铺侵蚀的业主进行赔偿的协议,或者为他们提供一个新的特许经营店,以便最大限度地消除潜在的冲突。尽管人们通常认为,扩大连锁经营店能够刺激人们更经常地到现有的餐馆就餐,这可以抵消所谓的侵蚀。[10]

立法保护特许经营加盟商的权利和建立一些特许经营业主团体可以限制特许经营授权商控制其经营者命运的能力。在很多情况下,现在这些团体在公司制定关于侵蚀经营区域的政策时,已经有了发言权,他们也可以对引进新产品和广告活动发表意见。

**取消经营资格**　特许经营加盟商不能保证他们20年(特许经营合同的一般年限)的经营合同期满后能否续签。例如,如果特许经营加盟商未能执行公司制定的标准,特许经营授权商可能会决定不再续签特许经营合同。特许经营授权商也可能由于特许经营加盟商无法控制的原因而终止合同。从理论上讲,特许经营加盟商花毕生精力创建的生意,最终却可能因为合同到期并不能续签而无法传给其子女。

**培训不足**　并不是所有特许经营授权商都向特许经营加盟商提供高质量的培训计划。有时候,一个特许经营授权商的销售人员歪曲了特许经营加盟商应该得到的培训计划。

### 特许经营授权商的有利因素和不利因素

对于特许经营授权商来说，特许经营既有优点也有缺点。优点是用很少的资金或者不用资金就可以进行企业扩张，因为资金由特许经营加盟商提供。特许经营授权商可以快速发展，同时将投资风险转嫁给特许经营加盟商。因为特许经营店由当地的一个个人或者公司拥有，所以特许经营授权商可以在当地得到愿意参与并全身心投入的经理，这个经理是当地社区的一员。这意味着，特许经营加盟商容易被当地社区接受，这个特许经营店掌握在熟悉当地权威机构和法规的人手中。

缺点是特许经营授权商放弃了其特许店创造的利润，只收取特许经营权使用费。特许经营授权商还将一定程度的控制权让给了特许经营加盟商。在公司拥有的特许经营店中，改变经营程序及营销方法和得到店面经理的反馈信息是比较容易的。

## 特许经营的问题

特许经营将继续是饭店业发展的主要力量。然而，也存在一些问题导致特许经营授权商和特许经营加盟商之间的关系紧张。最常见的争议领域包括：侵蚀、财务纠纷（例如拖欠特许经营费）和合同违约。

饭店业和餐馆业的某些方面已经进入了发展的成熟期。新概念越来越不易出现，特许经营连锁店与个体特许经营加盟商在相互争夺市场份额。但是特许经营授权商并不甘心于这些成熟市场的迹象，他们努力探求新的市场。很多餐馆连锁店的战略是在非传统地点开设餐馆，例如超级市场、便利店、机场、学校和学院、棒球场和医院。必胜客（Pizza Hut）为全国的精品饭店集团提供送餐服务。加利福尼亚州的一些中学提供必胜客和塔科钟（Taco Bell）的食品。塔科钟甚至在莫斯科的地铁设置了食品车，每天向大约900万乘坐地铁的俄国人出售食品。

住宿业的特许经营也在发生变化，饭店连锁在其原有商标名称下又开发出了新品牌，或者开发出全新的品牌。这种品牌战略的结果是一些特许经营加盟商指责特许经营授权商的侵蚀行为。特许经营授权商用影响研究的结果为其行为进行辩解，并且限定每个特许经营加盟商的经营区域，以此来减轻他们的恐慌。

## 小结

特许经营是一个营销或销售系统。特许经营权一词的简单含义为：一个公司授予另一个公司或个人销售其独特的产品和服务的权力。

特许经营权分为两种类型：产品或商标型特许经营和经营模式特许经营。产品或商标型特许经营是一种供应商和代理商的关系。代理商（特许经营加盟商）出售供应商（特许经营授权商）提供的系列产品，并且在某种程度上代表供应商的身份。经营模式特许经营是特许经营授权商与特许经营加盟商之间的一种不断发展的业务关系。在这种关系中，特许经营授权商向特许经营加盟商出售其产品、服务、商标和经营概念，并收取特许经营权使用费和其他特许经营费。

特许经营不是新概念。1851 年，胜家缝纫机公司（I. M. Singer & Company）采用特许经营的方式发展了一个遍及全美国的缝纫机经销代理商网络。第一位在饭店业创立经营模式特许经营理念的人是豪生公司的创始人霍华德·迪林·约翰逊。

特许经营发展的动力是一些公司希望进一步扩大和发展自己。一些企业家也促进了特许经营的发展，例如，麦当劳的创始人雷·克罗克就成功地接受了特许经营的概念，并将其付诸实践，而不是从头开始。特许经营还为公司的发展提供了另外一种筹措资金的方法，公司的发展资金并不一定来自公司自有的饭店。

特许经营费用通常分为两部分：（1）基本特许经营费，该费用在签订特许经营协议时支付；（2）后续特许经营费，包括特许经营权使用费（根据月销售总额提取）、广告费和市场开发费。除此之外，还要求初始投资，用于购买或租用物理设施、设备及经营特许经营店所需的用品。

联邦贸易委员会要求特许经营授权商在出售特许经营权之前，向未来的特许经营加盟商提供"统一特许经营权提供公告"（UFOC）。统一特许经营权提供公告必须包括本章附录中所述的内容。

特许经营是个人开办自己企业的一种方法。特许经营加盟商在购买特许经营权的同时，还购买了：（1）经营模式和经营秘方；（2）特许经营授权商的经验，特许经营授权商将告诉他们取得成功所需的知识。一项研究显示，未来的特许经营加盟商希望拥有他们自己的特许经营店的原因是：自我管理、经济上独立、事业发展、新技术/培训和长期投资。

拥有一家特许经营店还有许多好处。特许经营授权商为特许经营加盟商提供的帮助包括：协助选择经营地点、信贷、专业建筑支持、提供固定设施和设备方面的支持、培训、开业前和开业活动、促销支持、规模经济效应和持续的支持。

特许经营未必适合所有的人。许多特许经营加盟商不喜欢特许经营协议中对他们的约束条款。特许经营授权商有严格的标准，如果经营者不按标准行事，特许经营授权商会毫不迟疑地取消经营者的特许经营权。无论愿意还是不愿意，特许经营加盟商都必须参加特许经营授权商的广告和市场推广计划，并支付相应的费用。有时双方会在经营区域问题上发生争议。

特许经营对特许经营授权商也有不利因素。尽管特许经营授权商拓展业务需要很少或者不需要资金投入（因为资金由特许经营加盟商提供），但是特许经营授权商放弃了其特许店创造的利润，只收取特许经营权使用费。特许经营授权商还将一定程度地控制权让给了特许经营加盟商。

毫无疑问，特许经营将继续是饭店业发展的主要力量。但是特许经营授权商的扩张战略在特许经营领域引发了很多动荡。

## 注释

[1] N. G. L. Hammond and H. H. Scullard, eds., *The Oxford Classical Dictionary* (Oxford England: Clarendon Press, 1979), pp. 613, 898–899.

[2] Charles L. Vaughn, *Franchising* (Lexington, Mass.: Lexington Books, D. C. Heath and Company, 1974), p. 11.

[3] Ibid., pp. 15–17.

[4] Ray Kroc and Robert Anderson, *Grinding It Out: The Making of McDonald's* (New York: Berkeley Books, 1978), p. 71.

[5] Ibid., pp. 72–73.

[6] Ibid., p. 86.

[7] Eric Schlosser, *Fast Food Nation* (New York: Houghton Mifflin Company, 2001), p. 98.

[8] Kroc, pp. 173–174.

[9] "Indigestion at Taco Bell", *Business Week*, 14 December 1992, p. 67.

[10] Barnaby J. Feder, "McDonald's Finds There's Still Plenty of Room to Grow", *New York Times*, 9 January 1994, p. F–5.

## 主要术语

经营模式特许经营（business format franchise）　　特许经营授权商与特许经营加

盟商之间的一种不断发展的业务关系，在这种关系中，特许经营授权商向特许经营加盟商出售其产品、服务、商标和经营概念，并收取特许经营权使用费和其他特许经营费。

**侵蚀**（encroachment）　把一个品牌的饭店或餐馆修建在同一品牌或相关品牌的饭店或餐馆附近。

**特许经营权**（franchise）　含义为：(1) 一个公司授予另一个公司或个人销售其独特的产品和服务的权力；(2) 经营模式或产品名称的特许使用权。

**特许经营加盟商**（franchisee）　被授予特许经营权的个人或公司。

**特许经营**（franchising）　特许经营授权商和特许经营加盟商之间的一种持续的关系，在这种关系中，特许经营授权商向特许经营加盟商提供从事某种经营的特许权，并且在组织、培训、推销和管理方面给予帮助，特许经营加盟商为此支付报酬。

**特许经营授权商**（franchisor）　将拥有的商标、产品或经营模式对外授权的特许经营公司。

**产品或商标型特许经营**（product or trade-name franchise）　一种供应商和代理商的关系。代理商（特许经营加盟商）出售供应商（特许经营授权商）提供的系列产品，并且在某种程度上代表供应商的身份。

**统一特许经营权提供公告**（Uniform Franchise Offering Circular，UFOC）　这是一份说明手册，概括说明特许经营授权商的某些重要方面的情况和特许经营协议的内容。根据法律，签订特许经营协议之前，必须将统一特许经营权提供公告交给未来的特许经营加盟商。

## 复习题

1. 特许经营授权商与特许经营加盟商有什么不同？
2. 特许经营有哪两种类型？
3. 胜家缝纫机公司、通用汽车公司和可口可乐公司对特许经营的贡献是什么？
4. 特许经营授权商如何计算基本特许经营费？
5. 什么是统一特许经营权提供公告？
6. 根据"发展集团"的调查，特许经营加盟商为什么购买特许经营权？
7. 从特许经营加盟商的角度看，特许经营的优点和缺点各有哪些？
8. 特许经营授权商为什么要求特许经营加盟商遵守如此严格的标准？
9. 从特许经营授权商的角度看，特许经营的优点和缺点各有哪些？

# 网址

访问以下网址,可以获得更多的信息。谨记:互联网地址可能不事先通知而改变。如果该网址已不存在,可以用搜索引擎查找另外的网址。

## 餐饮服务

Arby's
www.arbys.com

Baskin-Robbins
www.baskinrobbins.com

Burger King
www.burgerking.com

Dairy Queen
www.dairyqueen.com

Domino's Pizza
www.dominos.com

Wendy's
www.wendys.com

Dunkin'Donuts
www.dunkindonuts.com

KFC
www.kfc.com

McDonald's
www.mcdonalds.com

Pizza Hut
www.pizzahut.com

Taco Bell
www.tacobell.com

## 饭店公司和度假饭店

Accor
www.accor.com

Best Western
www.bestwestern.com

Carlson Companies, Inc.

Hilton Hotels
www.hilton.com

Holiday Inn Worldwide
www.basshotels.com/holidayinn

Sheraton

www. carlson. com

Choice Hotels International
www. hotelchoice. com

Hawthorn Suites
www. hawthorn. com

www. sheraton. com

Marriott International
www. marriott. com

## 组织和资源

American Association of
Franchisees & Dealers
www. aafd. org

Franchise Handbook: On-Line
www. franchise1. com

FranInfo
www. franinfo. com

International Franchise
Association (IFA)
www. franchise. org

# 附录 统一特许经营权提供公告

## 统一特许经营权提供公告

所有的特许经营授权商都必须遵守联邦贸易委员会第 436.1 规则，该规则要求向未来的特许经营加盟商提供特许经营手册，即"统一特许经营权提供公告（UFOC）"。统一特许经营权提供公告的目的是让特许经营加盟商在签订特许经营协议之前，了解特许经营授权商的某些重要方面的情况和特许经营协议的内容。统一特许经营权提供公告必须包含下述内容：

1. **背景** 特许经营授权商的背景资料必须公布，包括个人和公司的资料及财务历史。特许经营授权商必须申明，其以前是否有经营此类特许经营生意的经验。与特许经营授权商现在的企业无关的背景资料可以不公布。

2. **重要的合伙人和经理** 特许经营授权商必须介绍特许经营公司的董事、理事、合伙人、主要负责人和经理，并提供他们的背景资料。

3. **诉讼情况** 特许经营授权商必须公布其涉及不公平经营、欺诈行为或违反特许经营法的刑事或民事诉讼记录。在法律禁止公布刑事诉讼记录的州，可以只公布民事诉讼。

4. **破产** 必须公布特许经营授权商、合伙人、高级管理人员或企业的前任领导在过去的 1.5 年内是否宣告过破产。

5. **基本特许经营费** 这部分解释基本特许经营费及其支付方式。同时还要说明退款政策。

6. **其他费用和后续特许经营权使用费** 特许经营授权商应该说明特许经营加盟商每月必须支付的特许经营权使用费数额以及广告费、市场推广费、预订系统使用费和其他费用。如果特许经营授权商收取培训费或者其代表到现场指导所用的时间和成本的费用，应该明确说明这些费用。

7. **初始投资明细** 在这个部分，应该说明开设这个特许经营店所需的投资额，包括不动产、设备和供应品的成本。如果因当地条件的差异，投资数额会有变化，应该说明投资额的幅度范围。有时这个数额不包括流动资金，但是任何考虑购买特许经营店的人都应该用这笔资金支付特许店启动时期的开支，直到企业开始赢利为止。

8. **指定供应商** 特许经营授权商必须说明特许经营加盟商是否需要从指定的渠道采购或者租用产品、服务和设备。通常不赞成这种做法，有时候，这种做法也是不合法的，但是个别情况除外。例如，可能会要求特许经营加盟商从特许经营授权商手中租用房屋和土地，或者从特许经营授权商手中购买某些标志。

**9. 按特许经营授权商的标准购买供应品的责任** 特许经营授权商不得强迫特许经营加盟商从特许经营授权商处或者其指定的供应商处购买物品（前条款提到的情况除外），但是要求特许经营加盟商购买的物品必须符合特许经营规定的标准是合情合理的。快餐连锁店中使用的所有产品的标准通常都包含在经营手册中。在住宿业连锁店，典型的标准包括家具备用品和建筑材料的规格及质量。

**10. 资金筹措** 如果特许经营授权商或其他人协助筹措资金，当事各方的详细情况和筹措资金的条件应该详细说明。

**11. 特许经营授权商的责任** 特许经营授权商在这部分必须说明特许经营协议签字后，特许经营授权商对特许经营加盟商承诺的服务内容。这些服务包括开业前和开业后提供的服务，例如选择店址和培训。如果要求特许经营加盟商承担到特许经营授权商总部参训时的旅行费和食宿费用，也应该说明。

**12. 专有经营区域** 在多数情况下，特许店的经营区域仅限于所在地。有时经营保护区域可以扩张到一定的地理范围或者按人口密度确定的区域。特许经营授权商在任何情况下都必须说明可以向特许经营加盟商提供的保护措施。甚至如果特许经营授权商禁止其他特许店在特许经营加盟商的经营区域中建店，也无法保护特许经营加盟商免受其他特许经营加盟商的侵蚀，因为这些加盟商可能会在该特许经营加盟商的经营区域进行拉生意活动。例如，如果多家不同业主的特许经营旅行代理商分布在一个城市的不同地区，他们可能会相互竞争，在同一份报纸上做同一条旅游线路的广告。

**13. 商标、标志和商业标记** 由于特许经营加盟商常常购买著名名称的使用权，特许经营授权商有责任说明该名称是否受到完全的保护，如果没受到保护，要说明应该采取什么措施进行注册和保护。应该注意，某些特定产品的名称，如果也是特许经营店的名称，是可以受到保护的。例如，麦当劳不仅注册了它的名字和金色拱形标志，还注册了其产品的名称，例如"巨无霸"等。

**14. 专利和版权** 有些特许经营授权商拥有独特的专利设备或设计，并将其作为特许经营权的一部分。如果这些内容属于特许经营权的一部分，必须加以说明。

**15. 特许经营加盟商参与经营的责任** 如果特许经营授权商要求特许经营加盟商亲自经营生意，应该明确说明这种要求。有些特许经营授权商允许业主不参与经营，另一些特许经营授权商不允许这样做。

**16. 商品和服务的限制** 几乎所有的餐馆特许经营授权商都限制特许经营加盟商可以出售的菜单项目的品种。特许经营饭店通常只允许在饭店内出售与经营有关的商品和服务。

**17. 合同的续签、终止、再购买和转让** 这部分的内容规定双方在特许经营合同的续签、终止或转让的权利。这是最容易引起诉讼的条款，因为特许经营权可能由于不履行协议而被终止，有时候也可能因为特许经营加盟商希望出售特许经营权，否则将终止特许经营权。

18. **使用公众人物的名字** 一些特许经营使用真人的名字命名或者在促销宣传中使用名人的名字。如果特许经营正式使用一个或多个公众人物的名字或他们的名声，应该说明使用的细节和报酬。

19. **预期收益** 如果特许经营授权商预测收益，则必须公布计算方法。有时还要提供达到收益目标的特许店的名称和地址。但是，大多数特许经营授权商不对销售额或利润进行预测，因为这些数字可能会产生误导或误解，并可能引起法律诉讼。

20. **特许经营授权商旗下的特许经营店的情况** 要求特许经营授权商提供其售出的特许经营店的数量、地址和业主名单。鼓励未来的特许经营加盟商在购买特许店之前，与现有的特许经营店的业主联系，了解有关情况。

21. **财务报表** 统一特许经营权提供公告应该包括特许经营授权商6个月内的经过审计的财务报表。

22. **合同** 特许经营协议和其他协议，例如，特许经营加盟商需要签字的租约，必须附在统一特许经营权提供公告的后面。

23. **确认表格** 统一特许经营权提供公告中必须确认表格，要求特许经营加盟商确认收到了统一特许经营权提供公告。

民丹岛地中海俱乐部(Club Med Ria Bintan)。(地中海俱乐部提供)

# 17 饭店管理中的道德问题

## 概要

什么是道德

社会责任和商业道德
    如何了解我们的价值
    做生意和玩扑克牌一样吗
    诚实永远是最好的行为方式吗
    探索公共道德的基础

饭店业中的道德问题
    环境问题
    歧视
    性骚扰
    工作场所中的艾滋病
    广告措辞
    真实菜单法

必须要有道德规范吗
    道德测试

小结

## 学习目的

1. 学习道德的定义；了解社会责任和商业道德的区别、道德推论的6种方法；比较做生意和玩扑克游戏中的道德标准。

2. 讨论诚实是否永远是最好的行为方式；了解不同的道德观点；比较道义论和功利主义的区别；了解道德相对论。

3. 了解饭店业中的道德问题、道德规范对饭店企业的重要性、"利益相关者"的定义及人们在作决策时应该向自己提出的3个问题。

我们将在本章中界定和讨论饭店业中的道德。本章将区别道德与社会责任的不同，并探讨如何确定其价值。本章还将探讨一些概念，例如是否应该说谎。还将讨论饭店业的一些道德问题，例如歧视、艾滋病、广告措辞和真实菜单法。本章最后提供了道德测试题目。

## 什么是道德

有一个源自"印度"的关于6个盲人摸象的儿童故事。这6个盲人试图用触摸大象的方式描述大象的样子。第一个人撞到了大象的身体，说大象像一堵墙；第二个人摸到了象牙，告诉大家说大象像长矛；第三个人把大象的鼻子拿在手中，说大象像绳子；第四个人摸到了大象的腿，确信大象像大树；第五个盲人摸到了大象的耳朵，认为大象像扇子；第六个人抓住了大象的尾巴，说大象像一条蛇：

> 这些印度人
> 大声争吵了很长时间
> 每个人都坚持自己的观点
> 极端固执和强硬；
> 尽管每个人都说对了一部分
> 但都是错误的！[1]

描述道德和盲人描述大象类似。根据我们看问题的角度和不同的价值观体系，我们可能会得出非常不同的答案。

**道德**是我们用来评价事情对错的一系列道德原则和价值观。道德也可以被定义为对个人在与他人相处时发生的道德本质和特殊道德选择的本质进行的研究。

有迹象表明，许多人忘记了道德的真正含义。今天，我们往往把道德当做一个实用主义的术语，即根据在我们个人的价值体系中那些似乎是合理或者合乎逻辑的标准进行选择。我们将其称为"道德相对论"，因为这种观点认为道德与具体情势或我们对形势的认识是相对的。

实际上，道德是完全不同的一个东西。道德的概念认为，好与坏、正确与错误是真正有区别的，我们的责任是尽最大努力区别好与坏、正确与错误，然后尽最大努力做正确的事。尽管我们都有不同的个人价值观和道德观，但是我们应该承认，世界上存在一些实际上所有的宗教、文化和社会都一致赞同的普遍原则。这些原则构成了道德行为的基础。所有这些原则的基础是人们相信他人的权利和我们的权利同样重要；我们的责任是如果能够避免，尽量不要伤害他人。事实上，我们的责任是尽最大的努力帮助他人。这种观念是大多数社会、部族和组织的价值体系的核心。如果没有这种观念的存在，我们会发现人们不可能在一起生活和工作。

## 社会责任和商业道德

区分社会责任和商业道德是非常重要的。社会责任的概念认为，"在任何社会的任何一段时期都有一套人们普遍接受的主要公共机构和人们之间的关系、义务和责任"。哲学家和政治理论家把这种相互之间的融洽关系称为"社会契约"。[2]这种契约随着社会的变化而变化，也可能随着时间的变化而变化。例如，今天我们希望企业注意：(1) 不要污染我们呼吸的空气和我们喝的水；(2) 不要破坏臭氧层；(3) 提供公平的工资和职工福利待遇；(4) 以合理的价格提供满意的产品和服务；(5) 以某种方式参与所在社区的建设，使之成为更好的社区。这些并不是道德问题，而是"交易"的一部分。在这笔"交易"中，我们作为消费者希望公司以这种方式运营，因为公司是我们社会的一部分（图17-1）。

许多公司认识到了这一点，公开承认，做好公民才能做好生意。他们支持本土艺术，修建公园，捐赠慈善事业，并将其所得的部分利润返还给帮助他们获得成功的社区。例如，达美乐比萨店（Domino's Pizza）成立了"尊重环境战略委员会"（SCORE）。这个委员会由公司的高级管理人员和特许经营加盟商联合组成，负责监督一个对环境负责的项目，包括循环再利用、向特许经营店提供无毒清洁剂和建立非营利性野生动物栖息地。[3]《时代》杂志在一篇标题为"'美国的汉堡包助手'：麦当劳通过对人员和社区的投资赋予'我们一切为了你'新的含义"的文章中，认为麦当劳公司是理解社会责任含义的杰出样板。[4]《时代》杂志这样说：

> 麦当劳不仅是美国最负社会责任的一个公司，而且是美国少有的几个

真正有效的社会工程师之一。拥有麦当劳83%的特许餐馆的经营者和公司的高级管理人员都参与当地和全国性的少数民族服务组织的委员会,这使麦当劳公司能够宣称自己制订了全国最大的企业自愿者计划,参与了城市联盟、全国有色人种协进会、美国西班牙语裔商会等的全部工作。[5]

图17-1　星巴克的环境保护情况介绍

**从咖啡豆到咖啡杯：星巴克沿着供应链所做的环境保护工作**

①咖啡豆：自然环境保护
星巴克与"保护国际"(Conservation International, CI)结成伙伴关系,鼓励采用有利于生态的种植方式,帮助保护生物的多样性并为小规模生产的农民提供经济机会。

②收获：咖啡采选原则
星巴克咖啡的采选原则奖赏那些能够满足严格的环境、社会、经济和质量标准的具有优先供应权的农民。

③储存：粗麻布袋循环使用
星巴克循环使用所有运送生咖啡豆的草袋和麻袋。2003年循环使用了137万多磅这样的袋子。

④烘焙：环境管理
采用最先进的废气控制技术来控制咖啡烘焙时所产生的烟气。在设计新烘焙车间时,就采用了最新的控制技术。最大限度降低烘焙车间的环境影响的其他努力包括对灯泡进行重新处理,以防止汞卤化物进入垃圾;循环使用咖啡糠、伸缩包装膜和瓦楞纸板。

⑤星巴克支持中心：包装和包装纸采购
星巴克在作采购决策时,要考虑循环使用性、重复使用性和可再生成分的比例。要采取措施减少包装物,星巴克制定了一个目标,在所有的包装纸采购中要保证在消费后物质中有30%的可再生成分。

⑥零售：重复使用和循环使用
星巴克对自带通勤马克杯的顾客给予0.1美元的优惠。2003年,1,350万人次的顾客使用了自带的马克杯,因此减少了586,000磅纸质垃圾。星巴克寻求回收纸板箱、牛奶罐和其他有商业再生价值的废物。

⑦咖啡杯：用咖啡渣来肥沃你的花园
虽然咖啡渣是星巴克废物流中最重的部分,但是这些咖啡渣可以作为花园和堆肥的富有营养的添加剂。通过"用咖啡渣来肥沃你的花园"的项目,星巴克鼓励种植花园的顾客用咖啡渣肥田。

星巴克是另一个具有杰出社会意识的公司。在其宗旨陈述中，6条指导原则之一是"积极贡献我们的社区和环境"。

道德行为是完全不同的问题。在过去的几年里，在美国，对公司高级主管们的不道德行为的指控远远超过了以往任何时候。例如，安然公司（Enron）的高级主管们被指控通过不道德的会计手段隐匿了数十亿美元的债务；世界通信公司（WorldCom）承认，自己对投资者隐匿了40亿美元的成本，这些投资者看到其股票从2002年的每股60美元的最高点一直跌到2004年的每股几美分。在另一个商业道德沦丧的例子中，泰科公司（Tyco）的前首席执行官丹尼斯·科兹洛夫（Dennis Kozlowski）及另外两个高级主管被指控掠取了公司6亿美元，并且用这些赃款过着过度挥霍的生活，包括购买曼哈顿昂贵的公寓、度假寓所、滑雪屋和大量的艺术品。调查人员指出，科兹洛夫曾经用100万美元的公司资金在撒丁岛（Sardinia）上为其第二个妻子举办生日晚会，晚会上有角斗士、双轮敞篷马车、战马、狮子以及一座米开朗琪罗的《大卫》的冰雕像，从冰雕中喷出伏特加酒供参加晚会的人享用。

## 如何了解我们的价值

亨特·刘易斯认为，可以用6种方法了解我们的价值，即我们个人对什么是"好"、什么是"公正"的信念。这6种道德推论是：

1. 权威。信念可以来自权威。我们相信某人的话，例如《圣经》或教会。

2. 推论逻辑。推论逻辑是我们信念的另一个基础。这里有一个简单的推论逻辑例子，如果所有的巧克力都可以使人发胖，而这个甜点是巧克力制作的，那么这个甜点必定会使人发胖。

3. 感性经验。信念通常通过感性经验获得。因此我们可以从5个感官中获得直接知识。我们认为某个东西是真的，因为我们听到了它；亲眼看见了它；触摸到了它；品尝到了它或者闻到了它。

4. 感情。感情可以支配我们的信念。我们可以"感觉到"某件事情是正确的。有时候，我们对其他人的感情影响我们对他们的看法。例如，如果我们喜欢一个人，我们就会将其理想化。暴力罪犯的父母可能会说"他是个好孩子"，或"她真的是个好姑娘"。

5. 直觉。直觉是获得知识的另一种方法。在这方面，我们常常使用无意识的思维和直觉处理获得的信息，找出解决问题的办法。有时，我们认为直觉是"内心的感觉"。

6. 科学。科学是一些信念的基础。当我们使用科学方法时，我们用感觉器官收集事实数据，用直觉进行假设，用我们的逻辑思维进行试验，再用我们的感觉器官完成整个试验。医生也用这个方法诊断病因和为病人开治疗处方。[6]

虽然我们可能同时使用这6种道德推论方法，但是刘易斯认为，我们每个人都有一种起主导作用的或基本的方法。刘易斯建议，为了发现你起主导作用的方法，你应该问一下自己，如果你心中有严重的个人问题，需要咨询别人，谁是你最信赖的人。

如果你最信赖的人是神甫、牧师、犹太教教士或其他宗教领袖，那么你的基本模式是把权威当做你的信念基础。如果你向哲学教授求助，你是在寻找某个人用具有高度结构性和逻辑性的方法帮助你分析你的问题。如果你信赖的人既是历史和文学教授又是你的好朋友，你依赖的是其个人的感性经验及包含在历史和文学中的西方文化经验。假如你寻求家庭成员和好朋友的支持，你起主导作用的推论风格可能是情感型的。显然，你在寻求与你同一类人的感情移入。有些人期望从佛教徒或印度教宗师的无限平静和缄默的智慧中获取答案。他们可能希望用沉思和其他方式开启他们直觉的力量。如果你认为自己不属于上述任何一种类型，也许你应该向精神病学专家咨询，他会根据社会科学的方法和原则给你提供评价意见。[7]

问题的要害在于我们每个人都可能有不同的价值观和道德观，这取决于哪种推论方法起主导作用。我们很多人是以《圣经》、犹太教经文或者古兰经为依据来判断行动的对错。对另一些人，只有我们的朋友和家庭成员谴责的行为才是错误的。还有一些人认为，"只要不违法"或者甚至"只要你不被抓住"，任何行为都是对的。几乎所有的人都同意，说实话是对的，偷别人的东西则是错误的。

## 做生意和玩扑克牌一样吗

有一种学派认为，诚实是最好的行为，说谎和偷东西永远是不对的。但是做生意的规则是不同的，在其他地方不能接受的行为在商界是合法的。

商业作家艾尔弗雷德·卡尔把做生意比作玩扑克牌，引起了人们的很大关注：

> 没有人希望玩扑克游戏时还要遵守在教堂中宣讲的道德规范。玩扑克时，用虚张声势的手法使抓了一手好牌的朋友输牌是正确和恰当的。扑克游戏本身的道德标准不同于文明社会人际关系中的理想道德标准。这种游戏需要怀疑对方，不主张友谊。在玩扑克牌时，狡诈、欺骗及隐藏实力和意图是至关重要的，不需要友善和坦率。没有人认为玩扑克牌是一种坏游戏。也没有人认为做生意是一种坏游戏，因为做生意中的对与错的标准与我们社会中传统的道德标准不相同。[8]

卡尔的观点一眼看去似乎有道理。《这是好生意》（*It's Good Business*）是一本关于生意道德的书，该书作者罗伯特·所罗门和克里斯坦·汉森在书中指出，卡尔的观点显示出他对做生意和玩扑克牌的误解：

> 虚张声势不是说谎，说谎在玩扑克牌和做生意中都是不允许的。在大多数生意活动中，对话的基础是真实和相互信任。扑克游戏只涉及玩家，但是商业活动对整个社会的健康繁荣是至关重要的。卡尔的观点忽视了道德的核心问题，道德的核心是不随社会团体的变化而变化的。我们将其称为"社会公德"。社会公德包括的基本原则不但适用于一种游戏或一种实践活动，而且为所有的游戏和所有的实践活动提供了先决条件。卡尔认为扑克规则与其他游戏和实践活动的规则不一样，这可能稍微有点道理，但是他的那种认为可以背离社会公德的观点则是相当错误的。[9]

所罗门和汉森指出，生意活动的最终目的是改善每个人的生活和增加整个国家的财富。扑克游戏的目的是在玩家的小群体中进行财富的再分配。由于目的不同，还由于商界的许多事情都存在着利害关系，因此扑克规则和做生意的规则应该也必须不一样。

## 诚实永远是最好的行为方式吗

一些道德哲学家认为，诚实是唯一可接受的行为方式。他们认为，所有的说谎行为，无论是"不怀恶意的小谎话"，还是恶意的谎言，都会伤害说谎者和被骗者，也会损害社会。如果有人对国会说谎，欺骗国会美国在某一地区军事参与的程度、一种武器的成本或者社会福利计划的费用，其结果是我们选出的官员无法得到他们所需要的信息，以保护我们的利益，而我们选举他们的目的就是让其保护我们的利益。

《说谎：公共和私人生活中的道德选择》（*Lying: Moral Choice in Public and Private Life*）一书的作者西塞拉·博克这样描述诚实原则，"我们所有的选择都取决于我们对这件事的评价；这些评价又必须经常依赖来自他人的信息。谎言会歪曲这些信息，歪曲我们对形势的知觉，也会歪曲我们的选择"。[10]博克认为，当我们欺骗他人时，我们剥夺了其选择的权利，并且用提供虚假信息的方式操纵他们的决策。在某种意义上，我们剥夺了他们的自由。除非我们有非常靠得住的理由，否则我们不能，也不应该容忍说谎。

说谎的人一般都认为他们说谎的理由是充分的。大多数说谎的人都认为别人不应该对他们说谎，但却认为他们自己的说谎行为是为了保护一些人的感情或秘密，

571

或者认为是为了保护他们的生意和他们的员工,他们有必要说谎。但是博克认为,不论出于任何原因,如果我们说谎,我们就会有被别人发现或者损害我们自己信誉的风险。更糟糕的是,几乎没有一个谎言是单一的。第一个谎言"必须用另一个谎言掩盖,否则就会露馅儿"。[11]

最终心理障碍消失了;说谎似乎变得更有必要,更不受谴责;辨别道德是非的能力变弱;说谎者惧怕被别人戳穿的心理发生变异……由于这些原因,我认为,我们必须至少把亚里士多德的观点作为初始前提,即说谎是"卑鄙的和应该受谴责的",在缺少特殊考虑的情况下,讲真话比说谎更可取……只有当说谎是不得不使用的最后一招时,才可以考虑说谎是否在道德上情有可原。[12]

所罗门和汉森对说谎的态度稍微开明一些。他们认为,"说谎也许永远是错误的,但一些谎言比另一些谎言更错误"。[13]尽管他们也认为说谎永远是不对的,但是他们还提出,有时讲真话也许更明智、更可取。例如,销售代表在宣传一个产品时的积极热情程度超过了其平时的举止,对这一点人们是可以理解的。大多数人都知道,推销员展示的是产品或服务的优点,而不是产品或服务的所有方面。总之,他们在做生意中和个人生活中都采取这种立场,"说谎前永远需要三思,还需要找出非常好的理由,证明这种严重背离事实的谎言是可以容忍的"。[14]

每个人都必须确定什么是其最好的理由。很明显,如果一个抢劫犯走进你的公司,要求你把所有的钱都拿出来,你说所有的钱都在收款机里面,而事实上,大量的钱都藏在里屋,这是一种自我保护的方法,在这种情况下说谎是情有可原的。如果你告诉一个你要解雇的员工,你这里没有很多工作可做,而事实上,你的真正原因是他不胜任这项工作。我们如何看待这种说谎?在这种情况下,说谎是比较容易的。但是有人争辩,这种谎言很容易被识破,从长远看,对员工诚恳一些会更好,这样这个员工会去寻找更合适的工作。我们必须分别对待各种情况,倾向于说实话。

## 探索公共道德的基础

尽管每个人都用不同的价值观确定什么是道德,但是许多毕生研究道德问题的哲学家和教育家都认为,世界上有一些普遍适用的道德规范或责任,它们构成了文明行为的基础,它们对任何社会的正常运行都是必要的。迈克尔·约瑟夫森是一名律师,也是约瑟夫森和埃德娜·约瑟夫森道德促进研究所的创始人。这是一个非营利性机构,在为企业确定道德行为方面处于领先地位。约瑟夫森在公共广播社

(PBS)的比尔·莫耶斯对他进行的一次采访时说:

> 历史学、神学和哲学都显示,每一个启蒙了的文明都有对和错的意识,都需要区分什么是对和什么是错。现在我们可能对什么是对和什么是错的看法不一致,但是在任何一个哲学体系中了解对和错的区别都是很重要的,我们在这方面的观点是完全一致的。那些对人民和对社会有帮助的事情是正确的,例如同情、诚实、公正和责任感。这些是绝对具有普遍性的道德价值。[15]

约瑟夫森指出,"己所不欲,勿施于人"的黄金律,早在基督提出它的数千年之前就已经出现在希腊文化和中国文化中。[16]

约瑟夫森认为,大多数人都具有内在的什么是好与什么是坏的意识,因此当我们做错了事的时候,我们会感到内疚和羞愧。尽管这样,我们还经常忽视了什么是恰当的理想行为。其原因很多。我们的社会变成了一个权利导向的社会。有时候我们认为,我们有权利做某些事情,但是我们却忘记了这些权利上也附带着某些义务。约瑟夫森认为,我们通常通过我们得到的东西、我们学到的东西和我们认识的东西来衡量我们的生活。"人们需要在他人眼中成为赢家、智者和成功者,正是这种心态有时使人们牺牲了自己的基本理想"。

马克斯·坎派尔曼大使这样认为:"在我们的道德臭氧层中有一个洞。有权利做某事非常重要,而正确地做某事也同样重要,二者之间有很大的区别。"[17]

有时,商人认为竞争和取胜的唯一方法是完全自私,即自己的利益高于他人的利益。约瑟夫森讲了一个律师与他的朋友野营的故事。他们背着背包徒步旅行,忽然发现20码外有一只美洲狮。律师放下背包,他的朋友问:"你要干什么?"律师说:"我准备逃跑。"这个朋友说:"但是你跑不过美洲狮啊。"律师说:"我不用跑过美洲狮,我只要跑过你就行了。"[18]

有些人认为自己的利益高于一切的哲学是正确的,他们说生活就像你将手放在一桶水里,当你把手拿出来时,水在瞬间充满了你放手的地方,没有人知道你曾经把手放在那里。因此,你应该尽最大努力获得能得到的一切,因为从长远看不会对他人产生任何影响。还有另外一种看待世界和你在世界中的位置的观点,这种观点认为,通过尽最大努力改变与你接触的人的生活,你可以对社会产生永久性的积极影响。你可以给他们中的一些人带来愉快和欢乐,帮助他们减轻痛苦。

有时候人们认为,如果与不道德的人打交道,你也必须不道德,否则,你就会被踩在脚下。约瑟夫森认为:"我们通常可以选择道德或者不道德。我们告诉人们,对每个重大问题,除非你有3个可供选择的解决办法,否则你就没想好。一旦你有了3种解决办法,你就可以从中选择一种道德的方法。"[19]

最终我们大多数人都会相信帮助他人的哲学,不相信利用他人为自己谋取利益的哲学,但遗憾的是,我们大多数人到晚年才认识到这一点,这时我们才懂得,完成一项工作或者实现一个职业目标并不能使我们获得预期的满意。正如约瑟夫森所说,"我们知道人死后是不可能说:'我要是有更多的时间待在办公室里就好了。'当人们领悟到大多数慌张的行动是多么无用时,他们的价值观就开始改变了。事实上,问心无愧才能睡好觉。对我们来说,生活幸福是最重要的事情"。[20]

**道义论与功利主义** 在道德哲学中有两个主要的传统思想起支配作用:道义论和功利主义。[21]

**道义论**认为有一些基本的或带普遍意义的理想观指导我们的思维。道义论的基础是18世纪德国哲学家伊曼纽尔·康德(Immanuel Kant)的思想。康德认为,人类通过抽象的逻辑思维不可能领会和了解上帝和宇宙的真理。他说,我们可以作出的唯一判断是对那些我们能够看到或证明存在的东西进行判断。康德相信上帝的存在,但是他说,我们只能凭信仰相信上帝的存在,因为我们不能通过抽象的逻辑思维证明其存在。一旦我们承认上帝的存在,我们就能够作出合乎逻辑和合理的假设,知道我们应该做什么和我们应该如何行动。简而言之,一旦人们承认了上帝的存在,就产生了用科学方法推断出来的理想观,人类需要遵循这种理想观,也有很多证据支持这种理想观。道义论认为,道德行为仅仅是按上帝的意愿行事。既然我们大多数人都相信上帝是好的,那么像上帝爱我们一样善待或者爱其他人就是所有道德行为都必须遵循的普遍原则。

与友善概念同时出现的是遵守诺言责任的概念,也就是康德所说的**绝对命令**,即具有绝对和普遍约束力的道德法律。康德认为应该永远讲真话,因为如果我们不能相信他人对我们讲的话,就无法达成任何协议,甚至人们之间也无法谈话。如果你知道某人根本不想还钱,尽管其承诺一定还钱,你会借钱给这样的人吗?道义论认为,检验一种行为是否道德的唯一方法是问我们自己,是否愿意生活在一个每个人都按照同样规则行事的世界。如果我们的行为按普遍规律可以被我们所接受,那么这些行为就是正确的和道德的。

与道义论相反,**功利主义**不寻求适用于所有情况的普遍原则,而认为,道德行为的行为方式要符合大多数人的最大利益。功利主义就是"进行社会成本/利益分析,然后根据这个分析行事"。[22] 唐纳德·罗宾和埃里克·里登巴赫指出,这种哲学思想源自于亚当·史密斯的思想,亚当·史密斯认为,"资本主义制度为大多数人提供最大的物质利益,因此从经济哲学的观点是道德的"。[23] 但是他们还指出,一些批评功利主义的主要观点值得考虑。其中一种观点是,某种行为可能为大多数人提供少量的利益，而同时，还会严重地损害一个小团体的利益。例如，在一个不发达国家的原始海岸修建大型度假村永远是道德的吗？这样的大型项目使旅游业受益，但是对当地社区却通常是一场灾难。大型度假村为该地区带来污染，带来了大量的游客和噪声，还可能破坏当地的文化。功利主义还提出，每种行为都应该按其自己的标准判断。如果我们这样做，就会缺少一致性，一致性是通向普遍性和借口之门。如果"一切都看情况而定"，那么任何事情都既可以是道德的，又可以是不道德的。例如，一名贪污公司资金的会计是否能因为他认为公司"骗老百姓的钱，我为什么不能拿公司的钱"而得到原谅呢？通常，我们反对这种推论，因为它是完全主观的。

*伊曼纽尔·康德（1724~1804年）是德国哲学家，他提出了道义伦理或道义论，即"义务论或者道德义务"。*

**道德相对论** 道德相对论提出，世界上根本没有普遍适用的道德原则；每个问题都必须考虑其具体情况和文化背景。例如，在美国用贿赂政府官员的方式获得建筑许可或分区变化被认为是不道德的，但是在其他一些国家，贿赂是生意活动的常规部分，因此贿赂政府官员是可接受的。（学生们应该注意，人们可以争论贿赂政府官员是否道德，但是任何美国公司或公民的这种行为都绝对违反美国法律。）这种论点也称为**情境伦理**。对那些不知道自己的价值观或者不知如何了解自己的价值观的人，这是一个很方便的道德规范。但是，与功利主义一样，几乎不能为那些相信明确的和始终如一的道德规范的人提供指导。

# 饭店业中的道德问题

饭店业中的经理每天都面临着各种各样的带有道德色彩的经营决策。然而，经理们在作决策时却经常忽视道德问题。

下面是饭店总经理或者俱乐部或餐馆中相似职位的人在日常经营过程中所作的决策的实例：

### 新菜单

你刚刚批准了一个新菜单，菜单中保留了很多你喜欢的高热量、高胆固醇和高钠的食品。这个菜单上没有供替换的营养食品。你的理由是，饭店客人喜欢老菜单上的食品，他们还会光顾的。

### 被挤掉的预订

刚刚有一个有权势的客人向你提出要预订，他要在两个月之后在你的饭店举行生日晚会。但遗憾的是，饭店会议室那一天的安排已经在昨天被别人预订了。这个客人要求你取消别人的预订。他建议让你告诉那个人，销售经理犯了一个错误，他把已经预订出的会议室又预订给了他了。你同意这样做。

### 收银员的诚实性

你决定考验收银员的诚实性。该收银员已经在你的公司工作了 10 年，没有不良记录。你将一张 50 美元面额的纸币塞进收款机的钱盒内。一天工作结束时，收银员报告多出了 5 美元。经过盘问，收银员承认将 45 美元放入了自己的腰包。

### 免费酒

你最近从一个新饮料供货商手中为饭店购买了 20 箱葡萄酒。在你事先不知情的情况下，该供货商将一箱免费酒送到你家里。你决定将这箱酒留下自用，因为这并不影响饭店购买的 20 箱酒。[24]

在《住宿业》（*Lodging*）杂志进行的一个民意调查中，受访的 400 名饭店经理被问及是否同意上述假设中经理所作出的决策中的道德问题。图 17-2 是这次民意调查的结果。

"新菜单"的例子要考虑我们必须承担多少责任照顾他人的利益。我们可以不把自己当做我们兄弟的看护人，但是作为饭店专业人员，我们有责任在菜单中包含低热的营养食品,这样就可以满足那些出于健康的原因对饮食很谨慎的客人的需要。

一个很有见识的饭店经营者告诉我们,会议室预订"被挤掉"的事情经常发生。他所说的也许是事实,但是如果我们尊重别人的权利,那么公平的解决方法是让先预订的人使用会议室。而且,更错误的是说谎,把后预订的人说成先预订的人。另外,如果我们是道德相对论者,我们可能会认为,如果我们不附和这位有权势的客人,我们可能会失去大笔生意,其结果可能会导致员工暂时下岗和伤害其他人的其他后果。

"收银员的诚实性"这个例子也涉及他人的权利问题。在预先不通知的情况下,对忠诚的员工进行考验,尤其是在没发生任何问题的情况下,这种做法公平吗?我们愿意别人这样对待我们吗?

图 17-2 对饭店经理的道德调查

"新菜单"、"被挤掉的预订"、"收银员的诚实性"和"免费酒"是《住宿业》(*Lodging*)杂志给饭店经理们提出的假设问题(如上所述)。评价每个假设中经理的决策时,被调查的经理们可以选择:(a)非常同意;(b)一般同意;(c)不确定;(d)一般不同意;(e)非常不同意。下面是调查结果:

**新菜单**

| | |
|---|---|
| (a) 非常同意 | 6.1% |
| (b) 一般同意 | 15.5% |
| (c) 不确定 | 8.9% |
| (d) 一般不同意 | 24.9% |
| (e) 非常不同意 | 44.6% |

评论:回答结果表明饭店经理有很高的健康意识。

**被挤掉的预订**

| | |
|---|---|
| (a) 非常同意 | 1.3% |
| (b) 一般同意 | 5.1% |
| (c) 不确定 | 4.6% |
| (d) 一般不同意 | 13.7% |
| (e) 非常不同意 | 75.3% |

评论:很明显,经理们认为偏袒客人会导致客人不满意。

续图

| 收银员的诚实性 | |
|---|---|
| (a) 非常同意 | 36.5% |
| (b) 一般同意 | 25.6% |
| (c) 不确定 | 9.4% |
| (d) 一般不同意 | 11.7% |
| (e) 非常不同意 | 16.8% |

评论：少数经理认为这样的考验对员工的压力太大；但是，62.1%的经理同意这个经理的考验。

| 免费酒 | |
|---|---|
| (a) 非常同意 | 7.4% |
| (b) 一般同意 | 16.5% |
| (c) 不确定 | 10.6% |
| (d) 一般不同意 | 17.5% |
| (e) 非常不同意 | 48.0% |

评论：显然，65.5%的回答认为接受免费酒会影响饭店将来的饮料采购。

资料来源：雷蒙德·S·斯密德噶尔，"饭店的道德顾虑"，《住宿业》杂志，1991年1月，第38~40页。

"免费酒"的案例提出了什么是诚实的问题。这些酒可以在饭店订购完酒以后送给饭店经理，但是这仍然属于经理获得的未经认可的"服务报酬"。经理可以退回这箱酒，并请求供货商对饭店的下一次订单给予适当的折扣，用这种方式表示谢意。经理也可以将这箱酒交给饭店，这样饭店就可从这箱免费酒的销售中获得利润。检验经理留下这箱酒自用是否道德的一个方法是，问这个经理：如果饭店的其他经理发现了这个问题，他会有什么感受。希尔顿酒店公司与很多饭店公司一样制定了严格的政策禁止其经理和其他公司的人员接受与其有业务往来的人的礼物。希尔顿酒店公司甚至在公司的经理"行为准则"手册中附了一封"退礼函"的实例（图17-3）。

琳达·K·恩格哈根对113所四年制学院和大学就饭店业和旅游业的道德问题进行了调查。大家在调查中提出了35个不同的问题，但是最受关注的前10个问题是：

- 道德环境的管理；
- 与顾客和员工的关系；
- 诚实；

图 17 – 3　退礼函实例

> **退礼函格式**
>
> 尊敬的＿＿＿＿＿＿：
>
> 　　感谢您最近送给我的（礼品），我相信这是出于建立友谊的目的。但是，我必须说明，（这个礼品必须退还），因为希尔顿的政策禁止接受与希尔顿有业务往来或寻求与希尔顿建立业务关系的人送的贵重礼品。我们认为，接受这些礼品可能是适当的和清白的，但是不完全了解情况的人可能会产生误解，使双方都很尴尬。更重要的是，接受礼品后就很难完全客观地履行应尽的职责，因此接受礼品和酬金只能使我更难以完成任务。
> 　　非常感谢您对我们政策的理解和合作。
> 　　真诚的致意。

资料来源：希尔顿酒店公司，《行为准则》，第 16 页。

- 员工的隐私权；
- 酒精/毒品测试；
- 环境问题；
- 与外国政府的关系；
- 道德规范和自我约束；
- 员工滥用酒精饮料/毒品；
- 利益冲突。[25]

这些问题反映了学术界的观点。业界的领导者提出了很多他们关注的道德问题。这些问题包括：

- 旅行代理商的佣金；
- 超额预订；
- 艾滋病；
- 年龄、性别或种族方面的就业歧视；
- 回扣；
- 对美国国内税收署隐藏收入；
- 收益管理；
- 广告措辞；
- 袭击竞争对手的员工；
- 真实菜单法；
- 满足残障顾客和员工的需要；

- 足够的安全保卫措施。

下面我们将详细讨论这些业界的问题。

## 环境问题

维护和保护旅游目的地的资源已经成为一个至关重要的问题。每当一个已经挤满了游客的地区增加一个饭店或其他旅游吸引物,人们都合法地关注其给环境造成的长期影响。在墨西哥马萨特兰举行的生态和旅游国际研讨会上,联合国开发计划署行政长官詹姆斯·斯佩斯警告:"旅游和环境保护发生了冲突。"他极力主张:"旅游业应该结合环境保护政策作出迅速有力的调整。"[26] 在这次会议上,墨西哥政府官员说,他们正在重新审查一些度假区的发展计划,例如瓦图尔科和洛斯卡波斯,以阻止海岸生态环境的恶化。[27] 墨西哥的邻国巴西也正在采取行动限制和控制旅游的发展,确保80%的热带雨林不受侵害,拒绝了多个度假村开发计划。[28]

许多旅游目的地都采取了重大措施保护自然资源。在百慕大,数年内饭店房间的数量被限制在1万间,访问该地区的邮轮数量也受到限制。在埃及,政府官员缩短了吉萨金字塔的参观时间,还限制同一时间参观金字塔的游客人数。

由于认识到了环境责任的价值,许多饭店公司都坚持不懈地宣传其环保工作的进展。(洲际酒店集团供稿)

许多对环境的关注都围绕着饭店和餐馆的发展,这在那些著名的旅游目的地是不可避免的,因为如果允许游客访问这些地方,他们就需要在这里住宿。不但发展中国家面临着这种窘境,而且在高度发达的工业化国家,过度建设也已经产生了重大危害。

洲际酒店集团是认真承担环境责任的一个公司。他们制定了供其所有饭店使用的环境手册:

图17-4 迪士尼再循环物品的努力

这个卡片托(用植物性油墨印刷在再生纸上)包括一个塑料袋和一本小册子,详细介绍了沃尔特·迪士尼世界度假饭店减少固体垃圾的努力。(佛罗里达州奥兰多沃尔特·迪士尼世界度假饭店供稿)

目前,洲际酒店集团在北美的所有客房内全部配备符合环境意识的洗浴用品。香皂是以植物为原料制造的,液体洗浴用品的包装瓶是用再循环的塑料汽水瓶制造的。这些用品和它们的纸包装都使用水质染料或以植物为原料的生物降解染料,不含既有害于环境、成本又高的金属箔片和金属油墨。[29]

沃尔特·迪士尼度假饭店集团制定了很多措施减少废物垃圾。在其所有的饭店中都备有一本宣传小册子,迪士尼要求客人将所有的再循环物品,例如饮料罐、饮料瓶及外带餐盒放入专门的塑料袋中(图17-4)。在佛罗里达州奥兰多的"未来社区实验典型中心"(EPCOT),迪士尼购买"特大"卷的纸巾和卫生纸,而不购买小包装的纸巾和卫生纸,这样,一年就减少了81.3万个包装。餐馆和快餐店的餐巾分发机的餐巾纸尺寸也减小了25%,使餐饮服务的垃圾每年减少了263,085磅。

德国的许多饭店都要求客人节约用水（饭店洗衣用水），希望客人多次使用毛巾，而不要求饭店每天早上更换新毛巾（图17-5）。现代邮轮在船上的焚烧炉内焚烧垃圾或者将废物压缩后储存在船上，上岸后进行适当的处理。

图 17-5 节水策略实例

**VEREHRTER GAST,**
können Sie sich nur vage vorstellen, wieviele Tonnen Hand- und Badetücher jeden Tag in allen Hotels und Kurbetrieben der Welt unnötig gewaschen werden - und welch ungeheure, unnötige Mengen von Waschmitteln dadurch unser Wasser belasten und verunreinigen?

**BITTE ENTSCHEIDEN SIE UND HELFEN SIE MIT!**
Handtücher auf den Boden heißt »Bitte austauschen!«
Handtücher zurück auf den Halter bedeutet:
ich verwende sie ein weiteres Mal
» DER UMWELT ZULIEBE «

— VIELEN DANK —

**DEAR GUEST,**
can you vaguely guess, how many tons of towels are unnecessarily washed everyday, in all Hotels in the World? This means enormous quantities of washing powder polluting and burdering our water!

**Pleace decide yourself and help!**
Towels on the floor means »please change«
Towels hung back on the rack means
»I will use it once more«
»For the sake of our environment«

— Thankyou —

这个通知（贴在客房内）请求客人多次使用毛巾，这样就可以节约用水，避免将含有洗涤剂的洗衣用水排入河流和小溪而增加不必要的环境问题。（德国慕尼黑奥伯饭店供稿）

费尔蒙酒店和度假村集团（Fairmont Hotels & Resorts）在其所有的连锁酒店中都实施"费尔蒙绿色伙伴"（Fairmont Green Partnership）计划。每个费尔蒙酒店中都有一个（由员工志愿者组成的）"绿色团队"，监督现有的环境行动措施的执行情况，并寻找可以实施环境友好措施和方针的新领域。费尔蒙的环境事务总监认为，环境责任也是有利可图的生意。例如，费尔蒙在加拿大不列颠哥伦比亚省的5个酒店最近通过环境友好措施节省的电力可以供一个酒店使用整整一年。[30]

汉堡王用"让地球高兴的包装"（包装纸）包装其三明治（图 17-6）。麦当劳是餐馆业最大的再循环产品使用者。麦当劳的外带包装袋用再循环的瓦楞纸盒和新闻纸制造；外带饮料托盘用再循环的报纸制造。一些新建麦当劳餐馆的混凝土隔热墙砖使用了再循环摄影胶片，屋顶的瓦是用计算机包装箱制造的；麦当劳儿童乐园的游戏区使用再循环的汽车轮胎。

图 17-6　汉堡王的 Earth-Happy 纸袋

这个标志印在汉堡王三明治的纸袋上。纸袋是用再生的报纸制造的纸张做的；纸袋的背面印有免费电话号码，请顾客对汉堡王循环利用措施发表意见。（佛罗里达州迈阿密汉堡王供稿）

具有环境意识并非一定是大餐馆的责任。俄亥俄州的伊兹（Izzy's）餐馆是一个小型的餐饮连锁店，它鼓励顾客自带打包餐盒，如果顾客要求餐馆打包，餐馆则要求顾客另付0.11美元的打包费。芝加哥的一家小餐馆成功地实施了一项再循环计划，尽管他们没有足够的空间储存再循环用品——餐馆员工在下班回家的路上，顺便将可再循环的包装袋送到再循环物品收集中心。[31]

## 歧视

尽管歧视是不合法的，而且公司也可能制定了政策禁止歧视，但是这样或那样的歧视仍然会发生在工作场所。其简单原因是一些经理的价值观导致他们在某些情况下实施了歧视，他们也许是无意识的。因为歧视的种类繁多、形式微妙，例如年龄、种族、宗教、性别、性别取向、国籍或身体特征，所以歧视可能是饭店业中的一种最常见的违背道德的方式，也是最难辨认的一种违背道德的方式。在许多案例中，歧视既不是恶意的也不是故意的。但是这不是辩解的理由，经理们必须知道哪里可能会发生歧视及如何消除歧视现象。

几乎所有的歧视都涉及人们的某种惧怕。我们生活在不确定的时代；这里发生了巨大的政治和社会动荡。这些动荡肯定会使我们感到不安。我们很多人都害怕失去工作，另一些人害怕失去权力和特权，或者只是害怕不"归属于"任何人。这些恐惧可以通过歧视表现出来。歧视可以使我们堂而皇之地表现出那些恐惧。遗憾的是许多机会主义者利用我们的担心造就了一个职业，这样就把水搅得更浑了。他们的观点加剧了我们的恐惧，有时这些恐惧会在工作场所中表现出来。

世界许多地方仍然存在的最严重和最露骨的一种歧视是种族歧视。《会议和会展》(Meetings & Conventions) 杂志对美国全国黑人会议策划者联盟的50名成员进行了一次调查，了解会议策划领域中发生种族歧视事件的频次。4%的人说，他们认为这种情况经常发生；42%的人说时常发生；50%的人说有时发生。没有人回答"从未发生"。[32]《会议和会展》杂志后来又对另外100位会议策划者进行了调查，这些人选自杂志自己的发行名单，其中28%的人说，他们认为在他们的专业领域内从未发生过种族歧视事件。[33]根据该杂志的调查：

芝加哥的保罗大学妇女研究和心理学教授，《颜色情结：非洲裔美国人的肤色政治》(Color Complex: The Politics of Skin Color Among African Americans) 的合作作者米格·威尔森认为忽视种族主义的能力是白人的一种特权。她指出，"如果你是主流群体中的一员，不了解那种事情是非常典型的。这个群体成员的特权之一是：你不必关心他人发生了什么事情。白人根本不必了解这些事情"。[34]

许多人现在都认为"肯定行动计划"是必要的，这项计划可以使少数民族群体和其他群体得到以前曾经被拒绝的机会。饭店业和社会的其他领域一样也面临着同样的挑战。

有时人们也可以在俱乐部和饭店的政策中发现歧视现象，这些政策试图限制某些种族和民族的客人使用其设施。人们都知道饭店一直不鼓励来自某些群体的团体生意，因为他们认为"我们正常客人会感到不舒服"。《会议和会展》杂志认为，"有些饭店经营者不回复主流少数民族组织的电话，坐下来商谈时，在价格上也没有松动"。[35]虽然一些经理作经营决策时可能存在歧视思想，但是具有道德观念的经理一定会问，凭良心说，他们是否在执行那些与道德标准明显相抵触的政策。

许多饭店公司承认存在种族歧视的问题，并正在解决这个问题：

> 万豪酒店集团为自己被选为25个最好的善待黑人员工的雇主之一感到自豪，这是《黑人企业》（Black Enterprise）杂志的一次读者调查的结果。获得这个称号的一个理由是：万豪酒店集团主管人力资源的副总裁大卫·桑普森指出，该集团少数民族饭店总经理的人数去年增加了50%。此外，万豪酒店集团最近在董事会中增加了一名黑人妇女，弗洛里塔·麦肯齐原来是哥伦比亚学区的学监。
>
> 喜来登饭店集团为传统的黑人学院的饭店专业的学生提供奖学金，这些学校包括格兰布林州立大学和塔斯基吉学院，并且为少数民族学生安排实习项目。[36]

性别歧视是必须指出的另一种形式的歧视。多年来，大多数男性厨师长认为专业厨房中没有妇女的位置，甚至今天，这种思想仍然普遍存在。有时，这些思想基于一些谬论，例如，"专业厨房是男人的世界"或"那些大锅太重，女人提不动"。但是，歧视并不仅局限于厨房。如果考虑到饭店一半以上的员工为女性，那么饭店女性总经理的数量仍然相对较少。女性员工的工资和提升也是个问题。男性经理经常设想，因为女人结婚后生活上有丈夫资助，所以她不太需要提高工资。有时候，不给女性经理提供需要转到另一个城市工作的晋升机会，因为人们错误地认为，她丈夫的工作决定家庭在哪里居住。饭店一直都拒绝让妇女从事销售工作，因为人们认为男人更适合出差旅行和到外面与客户喝酒。换言之，女性经理不是他们需要跑外的小伙子。这种歧视显然是不道德的，在美国也是不合法的。

最后，如果不讨论年龄歧视，任何关于歧视的讨论都是不完全的，年龄歧视是

585

一个全球性的问题。如果公司由于经济压力需要削减成本，通常首先会想到年龄大的员工，因为他们的工资通常都很高（在一定程度上由于他们工作的年限长）。从长远看，如果这些员工一直工作到退休并领取养老金，公司必须支付很多钱。许多公司在审查工作申请表时，都愿意招收年轻的申请者。

虽然年龄歧视在美国是违法的，但是根据惠悦咨询公司（Wyatt Company）的报告，欧洲国家的雇主们却可以合法地拒绝考虑年龄大的人的工作申请。惠悦咨询公司的报告说，许多45岁之后失去工作的欧洲人只能找到短期的和临时性的工作。大多数欧洲国家的雇主还可以强迫员工在达到正常领取养老金年龄时退休，领取养老金的年龄各个国家的规定不同，一般在55～67岁之间。[37]

## 性骚扰

工作场所内的另一个道德问题是性骚扰。男性和女性均可以成为他们异性上级性骚扰的受害者。雇主对员工的性骚扰包括：要求与员工约会、开性玩笑或进行性评论、不适当地触摸异性员工或者暗示员工性关系可以导致其晋升。当性骚扰涉及员工的工作和经济收入时，员工就会被迫不投诉。公司不能也不应该让任何人相信这种行为可以被忽视和可以得到原谅。

美国"就业机会均等委员会"（EEOC）制定了一个防止性歧视的指导原则。这个指导原则列举了3种不端行为，这些行为构成了性骚扰：

- 以员工就业条件相威胁的行为，无论是以明示的方式还是以暗示的方式；
- 将屈服或拒绝这种行为作为是否雇用员工的依据；
- 如果这种行为有目的地或无理地妨碍了员工的工作绩效，或者使工作环境具有威胁性、敌意性或冒犯性。[38]

第三条提到的"敌意性"的工作环境应该引起经理们的特别关注，因为它的违反法律是很微妙的，而且在雇用和提升这样明显的环境中可能表现不出来。1986年，美国联邦最高法院在梅里特储蓄银行诉文森一案（Meritor Savings Bank v. Vinson）中作出了一个里程碑式的判决，法院认可存在"敌意工作环境"可以作为性骚扰的诉讼依据。[39] 法院在后来的一系列判决中，明确了可以支持敌意工作环境诉讼的行为种类。这些行为包括"不像尊重男性那样尊重女性或者辱骂女性而不辱骂男性，以性贬低的方式公开发表描绘男性或女性的图像、评论或口头议论"。[40]

是否受到性骚扰有很大的主观性。如果人们感觉受到性骚扰，他们则有权要求受到保护，不受这种行为的侵犯。经理需要对员工的这种感觉和行为非常敏感。

## 工作场所中的艾滋病

艾滋病是偏见和不正常思维如何影响经理的公平和公正决策能力的一个好的例

子。一些人认为,应该通过检查确定艾滋病毒携带者,这样就可以告知他们,防止传播。但是,正如专栏作家威廉·施奈德所说,"他们有没有不被强迫知道自己是否可能已经被判处死刑的权利?"[41]这里还涉及其他权利。已经被检测出 HIV 阳性,但还没发病的员工(也许永远也不会成为艾滋病患者)是否应该得到提升?人们可能会争辩,他们不应该得到提升,因为他们在新的岗位上可能不会坚持很长时间,不会使雇主受益,但是没人知道携带这种病毒的人能够生存多长时间,因此,无论以任何标准为依据拒绝其应该得到的提升都是不公平的。最常见的问题不是提升问题,而是是否让这些人留在工作岗位的问题。在美国,歧视感染艾滋病的员工是违法的,因为:(1)他们被认为是"残疾人";(2)根据最新的科学研究,艾滋病不能通过食物或日常的接触传播。然而,很多饭店和餐馆的经营者都没有关于艾滋病的书面的或明确表达的政策,尽管有少数经营者的态度很明确。马萨诸塞州韦克菲尔德的福德鲁克斯(Fuddruckers)汉堡包连锁集团明确声明,"公司的政策是不以任何形式歧视感染艾滋病的人,如果需要,可以提供与艾滋病相关的社会服务项目表"。

## 广告措辞

广告的目的是销售产品和服务。大多数人都了解这一点,因此对广告措辞表示怀疑。他们已经习惯于那些吹捧广告,他们知道那些声称提供"精美"膳食的餐馆,事实上只不过提供非常普通的食物;那些声称提供"豪华度假"的度假饭店实际上提供的只是普通的假期。大多数人在作餐饮和旅行计划的决策时都依靠朋友、亲戚和旅行社的推荐,他们不完全相信宣传册和广告中的词语。

斯文奥罗夫·林德布莱德是"特殊探险公司"(Special Expeditions)的总裁,这是一个专业邮轮公司,他认为,宣传册和其他旅游广告中出现夸大其词的动因是,"这个行业是非常易于受价格因素驱动的,因此告诉人们真实的事实与加强竞争之间的界限总是混淆不清"。旅游广告不能给人们造成"广告宣传的内容总是与事实相反的印象",例如,"有一幅檀香山海滩的图片,海滩上没有任何足迹,只有两个人在夕阳中散步。饶了我吧!这是不可能的"。[42]

吹捧和直接欺骗不同。如果度假饭店在广告中说它们"坐落在海滨",它们就应该在海滨,而不在街道对面。有些度假饭店的广告说,它们提供高尔夫球服务,但却忽略不说它们的高尔夫球场在距饭店 20 英里以外的地方,客人很难赶上开球时间。如果广告上介绍了价格,这个价格就应该属实。

有一种很少见的争端,里面含有大量的涉及所有当事者的负面公开信息。佛蒙特州的基灵顿滑雪胜地(Killington Ski Resorts)雇用了一家工程公司测量自己的滑雪场和新英格兰地区度假地的其他 9 个滑雪场。然后发动了一场广告运动,指责其竞

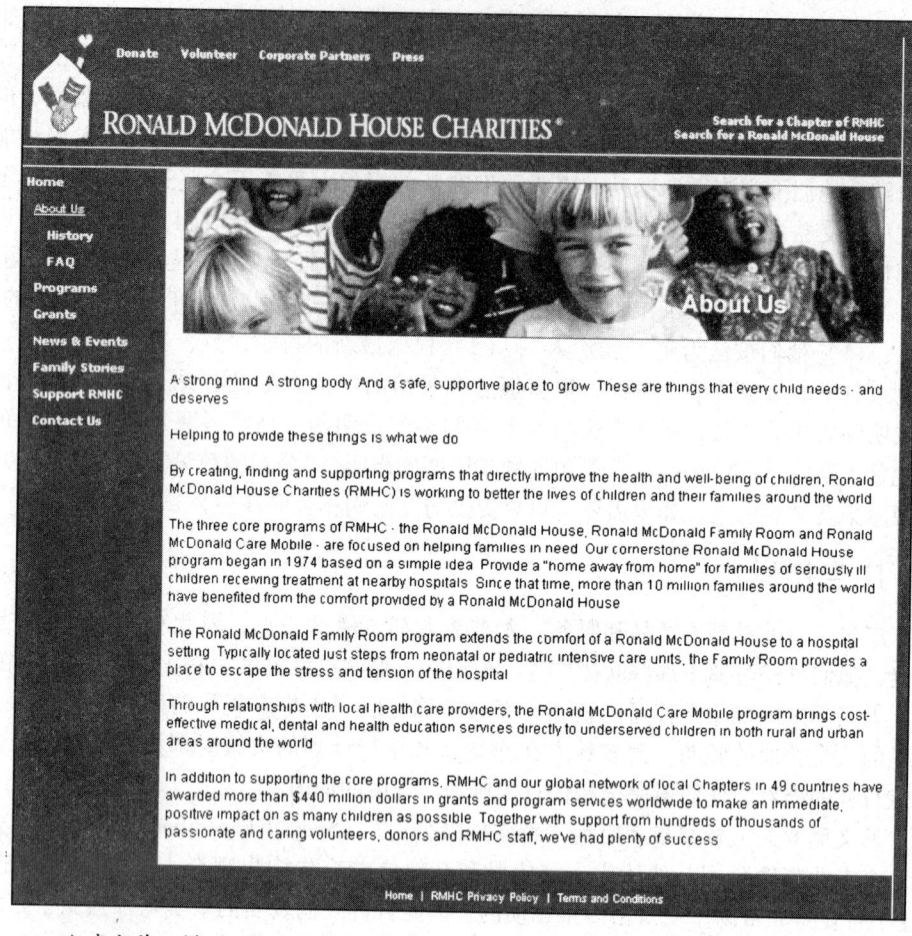

如麦当劳一样，一些公司选择在当地社区采取直接和积极的态度实施影响。（麦当劳公司供稿）

争对手夸大了他们的滑雪道的数量、雪的深度、雪的条件和滑雪场可滑雪的面积。这个滑雪胜地在全国性报纸上刊登大幅广告说，"你不能在广告上滑雪。每年的这个时候，滑雪道上的广告通常比雪还厚"。然后，这个广告详细说明了基灵顿滑雪胜地滑雪场的可滑雪面积，并将其与该地区的其他滑雪胜地进行比较。[43]在一个类似的案例中，缅因州的星期日河滑雪胜地（Sunday River Ski Resort）指责美国舒格洛夫滑雪场（Sugarloaf/USA）发布误导广告。舒格洛夫滑雪场在广告中声称，与星期日河滑雪胜地相比，它们离缅因州的波特兰只有35英里。星期日河滑雪胜地说舒格洛夫滑雪场离波特兰至少42.6英里远。后来，舒格洛夫将广告中的距离改为39英里。[44]

购买电视机时，如果你不满意可以退换，但是度假和买电视机不同，度假不可能退换，度假是在时间上的一种投资，是无法更换的。饭店经营者有向消费者详细公开他们饭店的所有相关信息的道德义务，这样消费者就能够公平地判断他们的预期是否会得到满足。

## 真实菜单法

美国的许多州都颁布了真实菜单法。一些州对那些不真实说明菜单项目的行为最高罚款可达500美元。但是在法律义务之外，还存在要公正和诚实地说明所卖食品的道德义务。人们有权知道他们吃的是什么东西，也有权得到足够的信息，以公平地评价他们花钱购买的东西是否物有所值。如果菜单上提供的是12盎司的牛腰排，那么每次端上来的都应该是12盎司的牛腰排。诚实的餐馆经营者感到自豪的是，他们的海湾虾的确来自墨西哥湾，他们的上等牛肉真的是上等的，而不是低等的。这些看起来似乎不重要，但是消费者却认为这对他们非常重要。

基因食品工程的发展产生了一个有趣的涉及真实菜单的道德问题。美国食品和药品管理局（FDA）宣称不必对采用基因工程技术培育的水果和蔬菜进行检测或标示，基因技术提高了水果和蔬菜的新鲜度和体积，厨师们对此提出了抗议。纽约市水上俱乐部的厨师里克·穆恩指出：

> 作为专业厨师，我要对向每位客人提供的每一盘菜负责。我必须知道盘子里的菜是什么。客人到你的餐馆用餐是因为他们信任你，因为他们认为你会关心他们和他们的需要。如果我向客人提供没有标示也没有经过检验的基因工程食品，我就没有履行我的义务。[45]

虽然许多客人并不在乎他们吃的是否是基因工程食品，但是他们应该对此有所了解，尤其是因为这些产品没有经过某些爱挑剔的人的认真检验。

## 必须要有道德规范吗

没有制定道德规范的饭店企业应该制定员工在生活中和在工作场所作决策时遵循的道德规范。如果没有这样的规范，经理怎么能知道公司考虑的什么事情是道德的，什么事情是不道德的呢？如果每个经理都依据其个人的道德规范作决策，那么公司就可能没有道德，或者有许多不同的道德规范，取决于谁在发号施令。道德资源中心主席迈克尔·G·戴格诺特认为，"30年前，所有商业价值和道德都基本是非正式的。人们通常都假设，你是个好人，会做正确的事情……今天的组织认识到他们是价值的传送者。许多机构都制定了道德规范，设置了道德官员并提供道德培训。钟摆已经摆到了正式道德一侧"。[46]

一个公司的道德应该反映该公司的宗旨，同时必须将其传达给那些负责执行这一宗旨的人。饭店业是"为人服务的行业"，因此饭店业的道德涉及我们与其他人的关系。因此，道德规范在饭店企业中几乎是强制性的，饭店经理希望统一指挥，满意地控制企业的行为。

足够的证据表明，如果没有道德规范，许多经理将作出不道德的决策。《人事杂志》（Personnel Journal）的一项调查显示，中等年龄的经理，尤其是40~45岁的经理，最有可能作出不道德的决策。[47]这些经理都希望"尽快成功"，力图通过走捷径的方式得到提升。此外，他们可能还产生了"公司欠我"的态度，因此，可能会在公款支付账户上作弊或者在进行采购交易时为自己捞好处。[48]

另一些经理不是有目的地进行欺骗或说谎；他们只是作决策时不考虑所有的道德内涵和潜在的问题。佐治亚大学伦理学教授阿尔奇·B·卡罗尔将商人分为3种类型：道德、不道德和非道德。他认为，大多数人属于第三种类型。他们并不是故意欺骗，而是因为他们没有想到道德问题，他们陷入了不道德的领域，但自己并没有认识到。这就是制定书面道德政策的重要所在。卡罗尔认为，如果问商人他们的基本责任是什么，他们会列出两个责任：赚钱和服从法律。事实上，还有第三个责任："他们还有道德的责任。其基本含义是，在产品的市场营销和销售过程中要公平、公正，避免伤害他人。"他还认为，道德责任与赢利和合法经营一样都是最基本的责任。[49]

喜来登酒店集团有严格明确的道德规范。喜来登要求他们的经理要严格执行公司所有的商业道德政策。这些政策的内容很多，包括下面一些内容：

**利益冲突**

员工在作任何决策时都应该按照忠诚和诚实的最高道德标准进行合理的判断。员工不能滥用公司职权为个人牟利，也不能促进任何有悖道德标准的行为……

员工及其家属不应该接受与喜来登有生意往来的第三方的现金礼物或其他有价值的物品。所有员工如果接受上述现金和物品必须立即向其主管报告。

**质量**

作为一个对股东负责的公司，衡量我们成功的最高标准是顾客的满意度。我们的政策是向我们的顾客提供产品和服务，这些产品和服务能满足他们的需要和预期；符合适当的标准和合同协议，包括可靠性的要求；使用安全；符合地方、地区和国家的有关法律要求。

质量保证顾问、"国际服务和旅游业质量与道德协会"（IIQEST）创始人斯蒂芬·S·J·霍尔提出了饭店道德规范，如图 17-7 所示。

图 17-7 饭店道德规范实例

> 1. 我们承认伦理和道德是与经营不可分割的因素，我们要依据最高的诚实、合法、公平、无罪和良心的标准检验我们的每个决策。
> 2. 我们将永远用个人和集体的行为为整体服务业和旅游业增光。
> 3. 我们将集中时间、精力和资源改进我们的产品和服务，在争取成功的过程中不诋毁我们的竞争对手。
> 4. 我们将平等对待所有的客人，无论他们的种族、宗教信仰、国籍、信念或性别如何。
> 5. 我们将坚持向每位客人提供标准一致的服务和产品。
> 6. 我们将永远向每位客人和员工提供完全安全和卫生的环境。
> 7. 我们将不断努力用文字、行动和行为在客人、客户、员工、雇主和公众之间发展和保持最大限度的信任和理解。
> 8. 我们将根据我们公布的标准向每个层次的员工提供他们工作所需的知识、培训、设施和激励手段。
> 9. 我们将保证每个层次的员工均有同等的机会表现自己和获得提升，并依据所有类似工作的相同标准对其进行评价。
> 10. 我们将尽最大努力积极主动地保护和保持我们的自然环境和自然资源。
> 11. 我们将追求公平和诚实的利润，不多要，也不少要。

资料来源：国际服务和旅游业质量与道德协会（IIQEST）。

## 道德测试

即使有法律和公司的政策和规则，道德行为仍然是每个经理和员工必须仔细斟酌的一个高度的个人问题。没有在所有情况下都适用的简单指导原则。道德哲学家经常说道德责任应该在作决策时考虑所有的利益相关者的利益。**利益相关者**指受某一决策结果影响的人。这些人可能是你的员工或你的上司、你工作的公司的业主、你的员工的家属或企业所在的社区。有时，被迫执行不道德政策的经理和员工会成为公司内幕的揭发者，他们会让其他利益相关者了解公司的内幕，而不对不道德的行为和计划保持沉默。

肯·布兰查德和诺曼·文森特·皮尔在《道德管理的力量》（*The Power of Ethical*

*Management*）一书中列出了 3 个简单的问题，他们认为经理们在作决策时应该问一问自己这 3 个问题：

1. 这个决策合法吗？我是否违反了民法或公司政策？
2. 这个决策公平吗？从短期和长期的观点看，对当事的各方公平吗？是否促进双赢关系？
3. 我对这个决策的自我感觉如何？会使我自豪吗？如果我的决策在报纸上公布，我会感觉很好吗？如果我的家人知道这个决策我会感觉很好吗？[50]

## 小结

道德是我们用来评价事情对错的一系列道德原则和价值观。它重视道德选择和与他人的关系。尽管我们都有不同的个人价值观和道德观，但是世界上存在一些实际上所有的宗教、文化和社会都一致赞同的普遍原则。所有这些原则的基础是，人们相信他人的权利和我们的权利同样重要，我们的责任是不做损害他人的事情。

社会责任和商业道德不是一回事，尽管它们是相互关联的。公司与社会存在着不成文的社会契约，涉及公司的权利和义务。道德包括在与社会契约完全无关的领域中"做正确的事情"，例如，与员工和顾客打交道。

有 6 种方法可以了解我们对什么是"好"、什么是"公正"的价值观：权威、推论逻辑、感性经验、感情、直觉和科学。其中的一种方法通常在一个人的心中占主导地位，影响其了解个人价值观的方式。尽管每个人可能有不同的价值观，但是在整体上，大多数人都同意，说实话是对的，偷别人的东西则是错误的。

尽管一些人认为，做生意就像玩扑克牌，因此道德行为的原则不适用于做生意，但是一项认真的研究显示，因为企业的目的不同，而且商界的许多事情都存在着利害关系，因此扑克规则和做生意的规则应该也必须不一样。

诚实永远是最好的政策。当我们说谎时，我们在操纵其他人，损害了他们根据真实信息作选择的能力。人们在说谎前应该认真想一想，要有非常好的理由才能违反道德的基本规则。

最基本的道德规则是黄金律：已所不欲，勿施于人。

在道德哲学中有两个主要的传统思想起支配作用。它们是道义论和功利主义。道义论认为有一些基本的或带普遍意义的理想观指导我们的思维。这些理想观包括遵守诺言和永远说真话。功利主义认为不存在基本的或普遍适用的原则；道德行为包括为最大多数人谋最大的利益。这种哲学基于资本主义思想。

许多人无法在上述两种传统思想中作出选择，他们趋向于道德相对论，也称为情境伦理。但是情境伦理的定义不明确，因此无法融入任何管理系统。

饭店经理每天都面临各种各样的道德决策。如何保护和保持环境已经成为饭店业中最重要的道德问题。许多旅游目的地已经采取重大措施保护自然资源，饭店和餐馆公司也实施再循环计划。

饭店业面临的最严重的一个道德问题是歧视，不仅表现在员工的雇用和提升方面，还表现在如何对待客人方面。可能有种族歧视、民族歧视、性别歧视或其他特征的歧视。

另一个必须强调的道德问题是工作场所的性骚扰。公司不能，也不应该让任何人相信性骚扰可以被忽视和可以得到原谅。

艾滋病问题迫使经理们在HIV检测和员工的提升方面作出道德的决策。广告措辞不应歪曲事实，也不能使人产生不切实际的预期。菜单应该真实地描述所售的食品。

每个公司都应该选用一套道德规范，例如"国际服务和旅游业质量与道德协会"（IIQEST）提出的道德规范。对道德决策进行的道德测试包括：（1）这个决策合法吗？（2）这个决策公平吗？（3）我对这个决策的自我感觉如何？

## 注释

[1] John Godfrey Saxe, *The Blind Men and the Elephant* (New York: McGraw-Hill, 1963).

[2] George A. Steiner, "Social Policies for Business", *California Management Review*, Winter 1972, pp. 17-24, cited by Donald P. Robin and Eric Reidenbach in "Social Responsibility, Ethics, and Marketing Strategy: Closing the Gap between Concept and Application", *Journal of Marketing*, January 1987, p. 45.

[3] "The Green Revolution", *Restaurant Hospitality*, September 1990, p. 30.

[4] Edwin M. Reingold, "America's Hamburger Helper", *Time*, 29 June 1992, p. 66.

[5] Ibid.

[6] Adapted from Hunter Lewis, *A Question of Values* (New York: Harper & Row, 1990), pp. 10-11.

[7] Ibid., pp. 16-17.

[8] Alfred Carr, "Is Business Bluffing Ethical?" *Harvard Business Review*, January/February 1968, cited by Robert C. Solomon and Kristine R. Hanson in *It's Good Business* (New York: Atheneum, 1985), p. 91.

[9] Solomon and Hanson, pp. 90 – 93.

[10] Sissela Bok, *Lying: Moral Choice in Public and Private Life* (New York: Random House, 1979), p. 20.

[11] Ibid., p. 26.

[12] Ibid., pp. 26 – 27, 32 – 33.

[13] Solomon and Hanson, pp. 93 – 94.

[14] Ibid., p. 96.

[15] Bill Moyers, "Ethical Dilemmas", *New Age Journal*, July/August 1989, p. 45.

[16] Ibid. The phrase Josephson is referring to appears in the New Testament: "Therefore all things whatsoever ye would that men should do to you, do ye even so to them: for this is the law and the prophets" (Matthew 7:12, King James Version).

[17] Ambassador Max Kampelman, Speaking at Florida International University's graduation ceremony, May 3, 1993, Miami, Florida.

[18] Moyers, p. 97.

[19] Ibid.

[20] Ibid.

[21] Robin and Reidenbach, p. 46.

[22] Ibid.

[23] Ibid., p. 47.

[24] Adapted from Raymond S. Schmidgall, "Hotel Scruples", *Lodging*, January 1991, pp. 38 – 40.

[25] Linda K. Enghagen, "Ethics in Hospitality/Tourism Education: A Survey", supplied by the author. Professor Enghagen has been most helpful in the formulation of some of the ideas presented here.

[26] "Hot Line", *Travel Age East*, 20 September 1993, p. 4.

[27] Ibid.

[28] Eugene Sloan, "Belize Tries to Avoid the Eco-Tourism Trap", *USA Today*, 17 December 1992, p. 8 – D.

[29] "Inter-Continental Hotels Capture 'Greening of Tourism' Award", *Florida Hotel*

& *Motel Journal*, October 1993, p. 12.
[30] Jeff Hale, "We'll Leave the Lights On for You? Not Any More", *The Globe (Toronto) and Mail*, 20 April 2007, p. B8.
[31] Susan M. Bard, "Conference Takes Look at Hotel Recycling", *Hotel & Motel Management*, 16 December 1991, p. 18.
[32] David Ghitelman, "Racism: Let's Face It", *Meetings & Conventions*, November 1992, p. 53.
[33] Ibid., p. 54.
[34] Ibid.
[35] Ibid., p. 55.
[36] Ibid., p. 58.
[37] "Labor Letter", *Wall Street Journal*, 27 July 1993, p. A-1.
[38] Arthur J. Hamilton and Peter A. Veglahn, "Sexual Harassment: The Hostile Work Environment", *Cornell Quarterly*, April 1992, p. 88
[39] Ibid.
[40] Ibid., p. 90.
[41] William Schneider, "Homosexuals: Is AIDS Changing Attitudes?" *Public Opinion*, July/August 1987, p. 59.
[42] Gary Langer, "Business Ethics", *Travel COUNSELOR*, June 1996, p. 19.
[43] Marj Charlier, "Resort Ads Caught Snowing the Ski Set", *Wall Street Journal*, 22 December 1992, p. B-1.
[44] Ibid.
[45] Julie Mautner, "Culinary Crusaders", *Food Arts*, December 1992, p. 29.
[46] Cheryl-Anne Sturken, "What's Your Ethics IQ?" *Meetings & Conventions*, August 1997, p. 50.
[47] Study by *Personnel Journal*, November 1987, cited in "Survey: Middle Managers Most Likely to Be Unethical", *Marketing News*, 6 November 1987, p. 6.
[48] Ibid.
[49] Langer, p. 19.
[50] Ken Blanchard and Norman Vincent Peale, *The Power of Ethical Management* (New York: Morrow, 1988), p. 27.

## 主要术语

**绝对命令**（categorical imperative） 一种具有无条件或普遍约束力的道德责任或命令。

**道义论**（deontology） 一种道德体系，认为有上帝存在，还认为有基本的和普遍适用的原则。

**道德相对论**（ethical relativism） 一种哲学思想，认为道德选择的基础应该是人们根据自己的价值观念判断什么是合理或合乎逻辑的。也称为情境伦理。

**道德**（ethics） （1）人们用来评价事情对错的一系列道德原则和价值观；（2）对个人在与他人相处时发生的道德本质和特殊道德选择的本质进行的研究。

**情境伦理**（situational ethics） 一种哲学思想，认为道德选择的基础应该是人们根据自己的价值观念判断什么是合理或合乎逻辑的。也称为道德相对论。

**利益相关者**（stakeholder） 指受某一决策结果影响的人。

**功利主义**（utilitarianism） 一种以大多数人的最大利益为基础的道德体系。

## 复习题

1. 什么是道德？
2. 社会责任和商业道德之间有什么区别？
3. 道德推论有哪6种方法？
4. 做生意和玩扑克牌一样吗？
5. 诚实永远是最好的行为方式吗？
6. 道义论和功利主义有什么区别？
7. 什么是道德相对论或情境伦理？
8. 饭店经理所面临的一些典型的道德窘境是什么？
9. 为什么企业应该有道德规范？
10. 经理作道德决策时应该问自己哪3个问题以检验这个决策是否道德？

## 网址

访问以下网址，可以获得更多的信息。谨记：互联网地址可能不事先通知而改变。如果该网址已不存在，可以用搜索引擎查找另外的网址。

### 饭店公司和度假饭店

Inter-Continental Hotels
www. interconti. com

Walt Disney Resorts
www. disney. com

Sheraton Hotels
www. sheraton. com

### 组织、咨询公司和资源

The Better Business Bureau
www. bbb. org

Institute for Global Ethics
www. globalethics. org

Institute for Business and Professional Ethics
www. depaul. edu/ethics

International Business Ethics Institute
www. business-ethics. org

### 餐饮公司

Domino's Pizza
www. dominos. com

McDonald's
www. mcdonalds. com

# 译 后 记

本书是美国饭店业协会教育学院（AH & LA-EI）的系列教材之一，第四版的中文译本在2004年10月出版后受到了国内旅游高等教育界和旅游业界的关爱和好评。在原书框架结构不变的基础上，作者安吉洛和弗拉迪米尔在本书的第六版中进一步汲取了更多业界专家的经验，补充和更新了大量的数据和案例，更详细、更全面地介绍了世界饭店业中各个领域的组织和管理机制。本书第六版的宗旨仍然是致力于构筑行业通往教室的桥梁，使学生通过本书的学习，能够充分做好从事饭店职业的准备。

译者再次感谢中国旅游出版社为本人提供了继续翻译本书第六版的机会。在本书第六版的翻译过程中，译者在翻译了原作者补充和更新的内容的同时，也订正和修改了第四版中文译本中的个别疏漏之处，并且尽力使译文能够在忠实原文、保持英文版的原汁原味内容的基础上，符合中国读者的阅读习惯，尽力做到"信、达、雅"的完美结合。本书第六版的翻译工作由李昕和许淑清完成。译者同时也再次衷心感谢中国旅游出版社的付蓉编辑和郭毓洁编辑对本书翻译工作的大力支持和帮助。尤其是付蓉编辑，本书中文译本的两个版本都体现着她的支持和精力。

李 昕

2010年11月于大连

责任编辑：李冉冉
整体设计：缪　惟
责任印制：冯冬青

**图书在版编目（CIP）数据**

当今饭店业 /（美）安吉洛（Angelo，R.M.），（美）弗拉迪米尔（Viadimir，A.N.）著；李昕译. —2版. —北京：中国旅游出版社，2011.1（2019.12重印）

书名原文：Hospitality Today：An Introduction

ISBN 978-7-5032-4095-9

Ⅰ.①当… Ⅱ.①安… ②弗… ③李… Ⅲ.①饭店—企业管理 Ⅳ.①F719.2

中国版本图书馆CIP数据核字（2010）第252185号

北京市版权局著作权合同登记号：图字01-2001-4369

| 书　　名： | 当今饭店业 |
|---|---|
| 作　　者： | （美）安吉洛（Angelo，R.M.），（美）弗拉迪米尔（Viadimir，A.N.）著 |
| 译　　者： | 李昕译 |
| 出版发行： | 中国旅游出版社 |
| | （北京建国门内大街甲9号 邮编：100005） |
| | http://www.cttp.net.cn　E-mail:cttp@mct.gov.cn |
| | 营销中心电话：010-85166536 |
| 排　　版： | 北京中文天地文化艺术有限公司 |
| 经　　销： | 全国各地新华书店 |
| 印　　刷： | 河北省三河市灵山芝兰印刷有限公司 |
| 版　　次： | 2011年1月第2版　2019年12月第7次印刷 |
| 开　　本： | 720毫米×970毫米　1/16 |
| 印　　张： | 38.5 |
| 印　　数： | 9801-11800册 |
| 字　　数： | 650千 |
| 定　　价： | 70.00元 |
| ISBN | 978-7-5032-4095-9 |

版权所有　翻印必究
如发现质量问题，请直接与营销中心联系调换